Die internationale Zuständigkeit deutscher Gerichte bei Persönlichkeitsrechtsverletzungen im Internet

Studien zum vergleichenden und internationalen Recht -
Comparative and International Law Studies

Herausgeber: Bernd von Hoffmann, Erik Jayme
und Heinz-Peter Mansel

Band 146

PETER LANG
Frankfurt am Main · Berlin · Bern · Bruxelles · New York · Oxford · Wien

Isabel Roth

Die internationale Zuständigkeit deutscher Gerichte bei Persönlichkeitsrechtsverletzungen im Internet

PETER LANG
Internationaler Verlag der Wissenschaften

Bibliografische Information der Deutschen Nationalbibliothek
Die Deutsche Nationalbibliothek verzeichnet diese Publikation in der Deutschen Nationalbibliografie; detaillierte bibliografische Daten sind im Internet über <http://www.d-nb.de> abrufbar.

Zugl.: Köln, Univ., Diss., 2006

D 38
ISSN 0930-4746
ISBN 978-3-631-56353-3

www.peterlang.de

Meinen Eltern

Vorwort

Die vorliegende Arbeit wurde im Sommersemester 2005 von der Rechtswissenschaftlichen Fakultät der Universität zu Köln als Dissertation angenommen.

Für die Veröffentlichung wurde das Schrifttum auf den Stand von März 2007 gebracht.

Mein besonderer Dank gilt an erster Stelle meinem Doktorvater, Herrn Prof. Dr. Heinz-Peter Mansel. Er hat das Thema angeregt und das Zustandekommen der Arbeit durch seine umsichtige und vorbildliche Betreuung sehr gefördert. Ich möchte Herrn Prof. Dr. Heinz-Peter Mansel insbesondere auch für die Aufnahme der Dissertation in die Schriftenreihe der Studien zum vergleichenden und internationalen Recht herzlich danken.

Herrn Prof. Dr. Hanns Prütting gilt mein aufrichtiger Dank für die äußerst rasche Erstellung des positiven Zweitgutachtens.

Gewidmet ist diese Arbeit meinen Eltern, ohne die das Zustandekommen der Arbeit kaum denkbar gewesen wäre. Für ihre tatkräftige, menschliche und finanzielle Unterstützung dieser Arbeit sowie meiner gesamten Ausbildung und für ihre stetige Motivation, Toleranz und gelassene Zuversicht bin ich ihnen außerordentlich dankbar. Meiner Mutter gilt zudem ein besonderer Dank für das gründliche Korrekturlesen dieser Arbeit.

Eine weitere Person, die maßgeblich zum Zustandekommen dieser Arbeit beigetragen hat, ist mein Lebensgefährte Dr. Jörg Geiben, LL.M. Für seine motivierenden Worte und seinen fortwährenden menschlichen und fachlichen Rückhalt möchte ich ihm von Herzen danken.

Schließlich möchte ich auch meinen Freunden für die vielfältige menschliche Unterstützung danken.

Frankfurt, im Juli 2007 *Isabel Roth*

Inhaltsverzeichnis

Einleitung

A. Das Thema

Das Recht muss sich stets technischen Veränderungen stellen. Im Zeitalter der Informationsgesellschaft ist insbesondere die Kommunikation über das Internet eine große Herausforderung für das sich an nationalen Rechtsverhältnissen orientierende traditionelle Recht.

Anders als die herkömmlichen Medien kennt das globale Netz keine geographischen Grenzen des Verbreitungsgebietes. Informationen sind im „digitalen Dorf" weltweit und in Sekundenschnelle verfügbar. Auf diese Weise entsteht ein Informationsaustausch in einem Verbreitungsgebiet ohne homogenen kulturellen und juristischen Standard.

Die faktische Bedeutungslosigkeit von Staatsgrenzen im Internet ist eine Bewährungsprobe für die klassische, territoriale Konzeption des Internationalen Zivilprozessrechts. In dieser werden grenzüberschreitende Rechtsverhältnisse „nationalisiert", um sie bestimmten Gerichten und Zivilprozessordnungen zuzuweisen. Die im Rahmen dieser räumlichen Zuordnung gefundenen Anknüpfungsregeln müssen an die Besonderheiten des Internet angepasst werden. Hierbei werfen insbesondere die genannte Internationalität und die fehlende Körperlichkeit von Vorgängen im Internet Fragen im Zusammenhang mit der örtlichen Anknüpfung auf.

Weitere Besonderheiten des Internet sind die geringen Kosten, die weltweite Öffentlichkeit, die Anonymität und die dezentrale Struktur. Diese Eigenschaften des Internet bewirken, dass der Kommunikation über das „Netz" ein erhöhtes Gefahrenpotential für das Persönlichkeitsrecht inne wohnt. Durch die niedrigen Kosten entsteht eine Publikationsmöglichkeit für private Personen, die aufgrund der fehlenden inhaltlichen Kontrolle durch eine Redaktion zu einer Anarchie der Meinungen im Internet führt. Die Kosteneffizienz motiviert zudem auch manche kommerzielle Internetnutzer zu einer persönlichkeitsrechtsverletzenden Nutzung des Internet, beispielsweise durch unerwünschte Werbe-Mails. Aufgrund der Tatsache, dass das Internet geographische Entfernungen bedeutungslos macht, ermöglicht es die Wahrnehmung durch eine weltweite Öffentlichkeit. Hierdurch entsteht die Gefahr einer intensiveren Persönlichkeitsbeeinträchtigung als bei den herkömmlichen, meist in ihrem Verbreitungsgebiet beschränkten Massenmedien. Die erhöhte Anzahl verletzender Inhalte ist darüber hinaus die Folge der anonymen Kommunikation, denn im Internet ist die Identität des Urhebers einer Persönlichkeitsrechtsverletzung leicht verschleierbar. Ferner führt die dezentrale Struktur dazu, dass sich die Verbreitung von Informationen schlechter überprüfen lässt, da es keinen Hauptverantwortlichen und keine zentrale Kontrollinstanz gibt.

Besondere Aufmerksamkeit ist dem Internet des Weiteren wegen seines empfängergesteuerten Verbreitungsgebiets zu widmen, das es dem Inhalteanbieter nicht ermöglicht, das Verbreitungsgebiet seiner Nachricht einzuschränken. Dadurch unterscheidet sich das Internet erheblich von den herkömmlichen Massenmedien, die sendergesteuert sind.

Auch bei den herkömmlichen Medien ist die zuständigkeitsrechtliche Anknüpfung von Persönlichkeitsrechtsverletzungen bereits höchst umstritten. Mithin ergibt sich zusätzlich zu den Abweichungen durch die Besonderheiten des Internet die Schwierigkeit, dass auf keine anerkannten Grundsätze zurückgegriffen werden kann.

Ein weiterer Punkt, der gerade die Untersuchung von Persönlichkeitsrechtsverletzungen besonders interessant erscheinen lässt, ist der Umstand, dass das Persönlichkeitsrecht sich nicht lokalisieren lässt. Bei dem Persönlichkeitsrecht handelt es sich nicht um ein gegenständlich verkörpertes Rechtsgut, das an einem bestimmten Ort belegen ist. Vielmehr besteht das Persönlichkeitsrecht in der Beziehung des Rechtsgutsträgers zu seiner Umwelt und ist damit überall und nirgends belegen.

In Verbindung mit der Frage nach der internationalen Gerichtszuständigkeit wird ein System der örtlichen Anknüpfung dementsprechend mit zwei geographisch nicht fassbaren Bereichen, dem Internet und dem Persönlichkeitsrecht, konfrontiert.

B. Fragestellungen der Arbeit und Vorgehensweise der Untersuchung

Im Rahmen dieser Arbeit gilt es, das ubiquitäre Persönlichkeitsrecht im ubiquitären Internet räumlich zuzuordnen. Es soll die Frage geklärt werden, an welchem Gerichtsort Persönlichkeitsrechtsverletzungen, die mittels des Internet begangen werden, gerichtlich geltend gemacht werden können. Dabei ist Gegenstand der Arbeit die internationale, nicht aber die örtliche Gerichtszuständigkeit.

Die Arbeit gibt zunächst einen kurzen Einblick in die Funktionsweise und die Dienste des Internet (1. Teil). Dies erleichtert das Verständnis der technischen Vorgänge und die Vorstellung der im Internet entstehenden Konfliktfälle.

Ebenso dient die anschließende Darstellung des sachrechtlichen Persönlichkeitsschutzes (2. Teil, A) dazu, sich von möglichen persönlichkeitsrechtsbezogenen Streitigkeiten im Internet ein Bild zu machen. Sie soll aber auch die materiellen Wertungsgrundlagen und die Besonderheiten des Persönlichkeitsrechts verdeutlichen. Der Untersuchung der Ansprüche bei Persönlichkeitsrechtsverletzungen (2. Teil, B) bedarf es, um diese später den entsprechenden internationalen Zuständigkeitsregelungen zuordnen zu können, die sich maßgeblich an dem Charakter des Anspruchs orientieren.

Die festgestellten Ansprüche bei Persönlichkeitsrechtsverletzungen führen zur Untersuchung des internationalen Gerichtsstands der unerlaubten Handlung. Es werden daher zunächst die Rechtsgrundlagen des internationalen Gerichtsstands der unerlaubten Handlung ermittelt, um festzustellen, welche Vorschriften zu untersuchen sind (3. Teil).

Bevor der Gerichtsstand der unerlaubten Handlung eine eingehende Untersuchung erfährt, wird die Frage aufgeworfen und untersucht, ob die zum Deliktsstatut bei Persönlichkeitsrechtsverletzungen gesammelten Erkenntnisse des Kollisionsrechts für die Auslegung des internationalen Gerichtsstands der unerlaubten Handlung herangezogen werden können (4. Teil). Hierfür werden die Übereinstimmungen und Unterschiede des Kollisionsrechts und des internationalen Zuständigkeitsrechts aufgezeigt.

Die Untersuchung des internationalen Gerichtsstands der unerlaubten Handlung beginnt sodann mit der Ermittlung des Anwendungsbereichs des Deliktsgerichtsstands, mithin mit der Auslegung des Begriffs der unerlaubten Handlung (5. Teil). Hierfür muss zunächst die Auslegungsorientierung, das heißt die Frage nach der für die Auslegung maßgeblichen Rechtsordnung, geklärt werden (5. Teil, A, I und 5. Teil, B, I). Danach wird festgestellt, ob alle bei Persönlichkeitsrechtsverletzungen festgestellten Ansprüche dem internationalen Gerichtsstand der unerlaubten Handlung zugewiesen werden können. Hier schließt sich die Frage an, inwieweit die Gerichte bereits in der Zuständigkeitsprüfung das Vorliegen einer unerlaubten Handlung prüfen müssen, um eine Zuständigkeit am Deliktsgerichtsstand annehmen zu können (5. Teil, C).

Im Anschluss an die Feststellung des Anwendungsbereichs des Deliktsgerichtsstands wird untersucht, wo die Ansprüche aus Persönlichkeitsrechtsverletzungen geltend gemacht werden können (6.-8. Teil). Es erfolgt die Auslegung des Begriffs des Tatorts, der sowohl den Handlungs- als auch den Erfolgsort umfasst. Auch hier muss zunächst geklärt werden, anhand welcher Rechtsordnung die Auslegung des Tatortbegriffs zu erfolgen hat (6. Teil, A).

Nach der Ermittlung des Handlungsortes mit Hilfe der zivilprozessualen Interessen (7. Teil) konzentriert sich die Untersuchung auf die besonders problematische Bestimmung des Erfolgsortes (8. Teil). Hier wird vorab die allgemeine Frage geklärt, ob und wo das geschützte Interesse bei Persönlichkeitsrechtsverletzungen zu lokalisieren ist (8. Teil, A). Anschließend wird der Erfolgsort im Internet getrennt nach den verschiedenen Formen der Internetnutzung untersucht (8. Teil, B). Die Ermittlung des Handlungs- und Erfolgsortes erfolgt jeweils anhand einer zivilprozessualen Interessenanalyse und der Untersuchung der Tragfähigkeit der bisherigen Meinungen.

Nachfolgend wird der Frage nachgegangen, inwieweit die Gerichte am Tatort über die geltendgemachten Ansprüche entscheiden können (9. Teil). Es stellt sich Frage, ob sie für die Entscheidung über den gesamten oder nur den im Forumstaat entstandenen Schaden zuständig sind. In diesem Zusammenhang gilt es, das zuständigkeitsrechtliche Mosaikprinzip des EuGH zu diskutieren.

Abschließend werden die Ergebnisse zusammengefasst (Zusammenfassung).

C. Methodische Vorüberlegung

I. Differenzierung zwischen dem autonomen und dem europäischen internationalen Zuständigkeitsrecht

Die Arbeit untersucht den Gerichtsstand der unerlaubten Handlung im autonomen internationalen Zuständigkeitsrecht und auf europäischer Ebene. Sie unterscheidet bei der Auslegung des Begriffs der unerlaubten Handlung zwischen der autonomen Zuständigkeitsregelung gemäß § 32 ZPO (5. Teil, A) und der europäischen Zuständigkeitsregelung gemäß Art. 5 Nr. 3 EuGVO (5. Teil, B). Dies rührt daher, dass es sich bei dem Begriff der „unerlaubten Handlung" um einen materiellrechtlich geprägten Begriff handelt, der folglich eine Berücksichtigung des nationalen materiellen Rechts (§ 32 ZPO) bzw. des gemeinsamen Nenners der nationalen materiellen Rechte der Mitgliedsstaaten (Art. 5 Nr. 3 EuGVO) erfordert.

Im Übrigen bedarf es im Rahmen dieser Arbeit keiner Differenzierung zwischen dem autonomen und dem europäischen internationalen Zuständigkeitsrecht. Für die Untersuchung des Umfangs der gerichtlichen Prüfungspflicht (5. Teil, C) ist dies damit zu begründen, dass sich der Umfang der gerichtlichen Prüfungspflicht nach dem Recht des Forumstaates (lex fori) bestimmt. Aus diesem Grund gelten diesbezüglich sowohl für die autonome als auch die europäische Zuständigkeitsregelung die Grundsätze des deutschen Zivilprozessrechts[1]. Hinsichtlich der Auslegung des Tatortbegriffs (6.-8. Teil) bedarf es keiner Differenzierung zwischen den Zuständigkeitsregelungen, da der Tatortbegriff im Gegensatz zum Begriff der unerlaubten Handlung nicht materiellrechtlich geprägt ist. Er kann in beiden Regelungsbereichen gleich ausgelegt werden, weil der Begründung des Gerichtsstandes der unerlaubten Handlung im autonomen und im europäischen Zuständigkeitsrecht die gleichen Interessen zugrunde liegen. Aus dem gleichen Grund wird die Diskussion um den Umfang der Entscheidungsbefugnis (9. Teil), bei der diese Interessen ebenso eine entscheidende Rolle spielen, in beiden Bereichen mit gleicher Argumentation geführt. Folglich bedarf es auch hier keiner Unterscheidung zwischen dem autonomen und dem europäischen internationalen Zuständigkeitsrecht.

[1] Eine Ausnahme hierzu bilden die Art. 25 und 26 EuGVO (Art. 19 und 20 EuGVÜ).

II. Differenzierung zwischen den Formen der Internetnutzung

Des Weiteren wird im Rahmen dieser Arbeit, soweit die Untersuchung dies erfordert, zwischen den verschiedenen Formen der Internetnutzung, das heißt zwischen den einzelnen Internetdiensten, unterschieden. Das Internet ist sowohl für den Informationsaustausch zwischen bestimmten Teilnehmern (z.B. E-Mail) als auch für die Kommunikation an eine unbestimmte und grundsätzlich unbegrenzte Öffentlichkeit (z.B. WWW) verfügbar. Diese Unterschiede zwischen den Kommunikationsformen im Internet führen dazu, dass sich je nach Ausgestaltung des Internetdienstes eine unterschiedliche Einflussnahme des Verletzers auf den/die Kenntnisnehmenden und eine unterschiedliche Quantität der Kenntnisnahme ergibt. Hierdurch wird eine zwischen den Kommunikationsformen differenzierende Bewertung der Erfolgsorte erforderlich.

III. Blickwinkel und Einschränkungen der Arbeit

Im Rahmen dieser Arbeit werden die in Deutschland anwendbaren internationalen Zuständigkeitsregelungen untersucht. Dies bedeutet, dass die Frage, ob deutsche Gerichte für eine bestimmte Streitigkeit wegen einer Persönlichkeitsrechtsverletzung zuständig sind, im Vordergrund der Untersuchung steht. Allerdings trifft die Arbeit auch Feststellungen außerhalb dieser „deutschen" Fragestellung. So ist der Anwendungsbereich des Art. 5 Nr. 3 EuGVO nicht auf die Zuständigkeit deutscher Gerichte beschränkt. Zudem erweitern eventuelle Auswirkungen auf die Anerkennungszuständigkeit[2] den Wirkungsgrad der Ergebnisse dieser Arbeit auf die Frage der Zuständigkeit ausländischer Gerichte[3].

Die Arbeit beschränkt sich sowohl bei der Darstellung der möglichen materiellen Ansprüche aus Persönlichkeitsrechtsverletzungen als auch bei deren Einordnung der Ansprüche unter den Begriff der unerlaubten Handlung der internationalen Zuständigkeitsregelungen auf die Ansprüche nach deutschem Recht. Es ist zwar aufgrund der ebenfalls im Rahmen dieser Arbeit festgestellten Unabhängigkeit von internationalem Zuständigkeitsrecht und Kollisionsrecht nicht zwingend, dass an deutschen Gerichten auch deutsches Recht zur Anwendung kommt. Von dieser Maßgabe wird angesichts der bestehenden erhöhten Wahrscheinlichkeit dennoch ausgegangen. Eine Darstellung und zuständigkeitsrechtliche Analyse der für Persönlichkeitsrechtsverletzungen in Betracht kommenden

[2] Die Untersuchung der Anerkennungszuständigkeit wird im Rahmen dieser Arbeit ausgespart.

[3] Nach dem im Rahmen der Anerkennungszuständigkeit gemäß § 328 Abs. 1, Nr. 1 ZPO geltenden „Spiegelbildprinzip" müssen die Gerichte des Urteilsstaates unter hypothetischer Zugrundelegung der deutschen Zuständigkeitsvorschriften international zuständig gewesen sein.

Anspruchsgrundlagen sämtlicher Staaten würde zudem den Rahmen dieser Arbeit sprengen.

Ferner ist anzumerken, dass die Arbeit sich auf die Verantwortlichkeit des Inhalteanbieters und nicht auf die der Service-Provider stützt. Die Verantwortlichkeit der Service-Provider muss angesichts der dort bestehenden zahlreichen Rechtsprobleme einer eigenständigen Untersuchung vorbehalten bleiben.

Des Weiteren wird das Urheberpersönlichkeitsrecht wegen seiner Besonderheit des Werkbezuges thematisch ausgespart. Aufgrund der öffentlich-rechtlichen Bezüge und damit des rechtlichen Eigenlebens muss auch der Datenschutz einer gesonderten Diskussion vorbehalten bleiben. Vertragliche Ansprüche werden im Rahmen dieser Arbeit nicht weiter verfolgt, da sie von geringer praktischer Relevanz sind und meist von den deliktischen Ansprüchen überlagert werden. Schließlich wird auch dem Anspruch aus angemaßter Eigengeschäftsführung im Rahmen dieser Arbeit nicht weiter nachgegangen, da die Schwierigkeiten bei der Ermittlung der Rechtsfolgen ihn neben dem Schadensersatz- und Bereicherungsanspruch als unpraktikabel erscheinen lassen.

1. Teil: Technik und Kommunikationsformen des Internet

Das Internet ist nicht nur in juristischer Hinsicht eine Herausforderung. Durch seine technische Komplexität und eigene „Sprache“ ist das „Netz der Netze“ für den Juristen oft ein Buch mit sieben Siegeln, wenn es an technische Feinheiten geht. Diese können jedoch unter Umständen relevant für die rechtliche Beurteilung werden. Es folgt daher ein kurzer technischer Überblick, um eine terminologische Basis zu schaffen. Auf einige einzelne technische Details wird im Laufe der Untersuchung näher eingegangen, soweit dies erforderlich ist.

A. Funktionsweise des Internet

Das Internet ist ein Kind des kalten Krieges[4]. Seine Entwicklung in den sechziger Jahren geht auf das amerikanische Pentagon zurück. Ziel war es, ein System zu entwickeln, das die militärische Kommunikation zwischen den auf der ganzen Welt verteilten Stützpunkten der US-Army auch im Kriegsfall bei Beschädigung einzelner Stützpunkte durch einen atomaren Treffer noch gewährleistete. So entstand ein dezentralisiertes Computernetz, das ARPA-Netz, bei dem es keinen Zentralrechner mehr gab, dessen Ausfall das gesamte System lahmgelegt hätte. Vielmehr konnten sich nun die Nachrichten auf mehreren verschiedenen Datenwegen zwischen den Servern ihren Weg bahnen, so dass auch der Ausfall einzelner Netzabschnitte unschädlich blieb. Der Informationsaustausch wurde militärisch unverwundbar.

Hinzu kam eine neuartige Form der „paketorientierten Datenübertragung“, bei der die zu versendenden Daten als getrennte Pakete, durchnummeriert und gepackt in einen Rahmen in Form eines standardisierten Datenaustauschformats (dem so genannten IP = Internet Protokoll[5]), übermittelt werden. Für die richtige Reihenfolge und die Vollständigkeit der die Nachricht bildenden einzelnen Pakete à 1500 Bytes sorgt das Transmission Control Protokoll (TCP). Die Kommunikation und damit die Vernetzung der Computer geschieht über das einheitliche Kommunikationsprotokoll TCP/IP.

Damit die Computer eine eindeutige Adresse im Internet aufweisen, erhält jeder Computer, der am weltweiten Netz angeschlossen ist, eine IP-Adresse. Dies

---

[4] Eingehend zur Geschichte des Internet: Hafner/Lyon, Arpa Kadabra – Die Geschichte des Internet, Überblick bei Hoeren/Sieber-Sieber, Handbuch Multimedia-Recht, Teil 1, Rn. 1-5.

[5] Eingeführt in den Jahren 1981 bis 1983.

ist eine bis zu 12-stellige Zahlenkolonne[6]. Da sich diese nicht gut merken lässt, ermöglicht es das Domain-Name-System (DNS) statt einer IP-Adresse eine Textadresse (sog. Domain-Namen, z.B. www.tagesschau.de) zu verwenden[7]. Jeder einzelne Nutzer wiederum bekommt beim Einwählen über einen Provider automatisch eine persönliche IP zugewiesen[8].

Zuerst übernahmen vor allem Wissenschaftler diese Art des zugleich einfachen und globalen Nachrichtenaustauschs und bauten ihn weiter aus. Es folgte die Wirtschaft, die sich auf das Interesse der Allgemeinheit an Informationen und Unterhaltung stützen konnte und dem Internet zu einem weiteren Ausbau und schließlich dem Siegeszug verhalf[9].

So entwickelte sich das Netz von Computernetzen vom militärischen Netzwerk ARPANET über ein Forschungsnetzwerk zum modernsten Informations- und Kommunikationsmedium unserer Zeit. Das Internet übernahm rasch Aufgaben, die zuvor von Briefen, Telefon, Katalogen und Postwurfsendungen wahrgenommen wurden. Im Laufe der Jahre zeichnete sich ab, dass die Entwicklung des Internet erheblichen Einfluss auf die gesellschaftlichen und auch rechtlichen Strukturen nimmt.

B. Dienste des Internet

Das Internet kann in unterschiedlicher Weise genutzt werden. Eine Abgrenzung der verschiedenartigen Angebote ist geboten, da mit abweichender Konzeption bzw. Kommunikationsstruktur des Internetdienstes auch die rechtliche Betrachtung divergieren kann.

Die Darstellung der Internetdienste erfolgt unter Beschränkung auf solche Dienste, die persönlichkeitsrechtliches Konfliktpotential beherbergen.

Im Rahmen der Untersuchung wird insbesondere die Frage der Lokalisierung der Nutzer und die Ausbreitung der schädigenden Äußerung relevant, so dass eine Einteilung der Dienste nach Beteiligungsform- und anzahl sinnvoll erscheint.

---

[6] Hage/Hitzfeld in: Loewenheim/Koch, Praxis des Onlinerechts, S. 25.

[7] Hage/Hitzfeld in: Loewenheim/Koch, Praxis des Onlinerechts, S. 29.

[8] Hierdurch ist laut Gutachten anlässlich eines Gerichtsverfahrens in Frankreich gegen Yahoo Inc. (Urteil des Tribunal de Grande Instance de Paris) die Identität von 70 % aller französischen Nutzer feststellbar, vgl. Hartmann, K&R 2001, 63 (64).

[9] Vgl. hierzu auch Fechner, Medienrecht, Rn. 1060.

I. Kommunikation zwischen zwei Personen (Individualkommunikation)

Ein viel genutzter Dienst ist der E-Mail-Dienst (deutsch: elektronische Post). Er ermöglicht es, Textmitteilungen an elektronische Postfächer („Mailbox") zu versenden. Jede Mailbox erhält eine Adresse, die jeweils nur einmalig auf der Welt ausgegeben wird. Der Empfänger gelangt durch das „Leeren" der Mailbox (für welches er online gehen muss) an seine Mails. Mit E-Mails lassen sich Textdateien aber auch Bild-, Ton- und Videodateien gezielt an andere Netzteilnehmer verschicken. Funktionell entspricht der E-Mail-Dienst damit überwiegend der klassischen Briefpost mit der zusätzlichen Möglichkeit, gleichzeitig automatisch Kopien an andere Personen zu verschicken, auch ohne dass der Empfänger die anderen Adressatennamen sehen kann.

Ein weiterer Fall der Individualkommunikation via Internet ist die Internet-Telefonie. Hierbei handelt es sich nicht um schriftliche, sondern um sprachliche Kommunikation. Bei der Internet-Telefonie wird die Sprache digitalisiert und komprimiert. Die in digitalisierte Pakete zerlegten Sprachdaten werden dann über das Internet vermittelt. Die Internet-Telefonie ist demnach, abgesehen von der abweichenden Form der Datenübertragung, identisch mit dem herkömmlichen Telefongespräch.

II. Kommunikation zwischen einer begrenzten bzw. begrenzbaren Anzahl von Personen

Ebenfalls um eine Form der Individualkommunikation, jedoch als Instrument massenhafter Verbreitung eingesetzt, handelt es sich bei den sog. Mailing-Listen. Sie basieren in technischer Hinsicht auf E-Mail, fungieren jedoch eher als eine Art regelmäßiger Rundbrief. Im Rahmen dieses Dienstes werden nicht private Nachrichten versandt, sondern es wird der ständige Informationsaustausch innerhalb einer bestimmten Interessengruppe ermöglicht. Mailing-Listen werden von einem zentralen Rechner (List-Server) verwaltet, welcher die Funktion des Verteilerdienstes oder einer Versandstelle übernimmt. Wer sich bei einem List-Server anmeldet, erhält jeden von einem anderen Teilnehmer eingesandten Beitrag automatisch als E-Mail zugesandt und kann eigene Nachrichten zur Weiterverbreitung einsenden.

In ähnlich massenorientierter Form setzen Nachrichtendienste E-Mails zur Verbreitung ihrer Inhalte ein. Statt oder zusätzlich zum Angebot ihrer Inhalte im WWW (World Wide Web), senden die Informationsdienste ihre Inhalte in regelmäßigen Abständen per E-Mail an ihre Abonnenten (so genannte E-Mail-Informationsdienste).

Zu einer Begrenzung, der sonst im WWW herrschenden globalen Verfügbarkeit, führen die zugriffsgeschützten Inhalte im WWW. Um ein solches Angebot abrufen zu können, muss sich der Nutzer beim jeweiligen Content Provider anmelden und u.U. bestimmte Angaben hinterlassen (bei Angeboten gegen Entgelt meist die Kreditkarten-Nummer). Auf diese Weise erwirkt er die Zugriffserlaubnis und damit die Freischaltung. Bei Abonnenten werden meist Passwörter vergeben, um die wiederholte Zugriffsmöglichkeit zu vereinfachen. Die Online-Ausgaben vieler international bekannter Tageszeitungen oder Fachzeitschriften werden auf diese Weise nur gegen Entgelt verbreitet.

Wiederum nur begrenzte Zugänglichkeit bietet das sog. Intranet. Das Intranet ist ein internes Firmennetzwerk, das lediglich auf die Internet-Technik zurückgreift und auf hausinternen Servern angesiedelt ist. Häufig werden hier Firmenzeitschriften, Jobbörsen und E-Mail-Möglichkeiten für Mitarbeiter eingerichtet. Es ist jedoch nicht Teil des Internet und damit kein Internetdienst.

III. Offene Kommunikation einer Vielzahl von Nutzern (Massenkommunikation)

Der wohl bekannteste Internetdienst ist das bereits erwähnte World Wide Web (WWW). Nicht selten wird es mit dem Internet gleichgesetzt, obwohl es nur einer von vielen Diensten ist. Das WWW setzt sich aus einer sich täglich erhöhenden Anzahl von Bildschirmseiten (sog. Web-Pages oder Web-Seiten[10]) zusammen, auf denen Informationen graphisch aufbereitet sind. Die Web-Pages[11] kann man mit Hilfe der so genannten Browser[12] aufrufen und ansehen. Neben Textdarstellungen können auch Bilder, Animation, Musik und Videos übermittelt werden, weswegen das WWW auch als multimedialer Dienst bezeichnet werden kann. Die Web-Seiten werden auf so genannten WWW-Servern[13] bereitgestellt und können über eine eigene Adresse[14] direkt abgerufen werden[15]. Im WWW kann man mit Hilfe der Browser auch andere Internetdienste zur Anwendung kommen lassen, wie E-Mails verschicken oder Newsgroups aufrufen.

---

[10] Ein sog. Web-Site besteht meist aus mehreren Web Pages/Web-Seiten. Die Start- oder Hauptseite eines Web-Site nennt man Homepage.

[11] Die Web-Seiten sind im einheitlichen Format HTML (Hypertext Markup Language) geschrieben.

[12] Browser sind Programme zur multimedialen (Text, Ton, Bild, Video) Wiedergabe von Web-Seiten auf dem PC. Die bekanntesten sind der Microsoft Internet Explorer und der Netscape Navigator sowie dessen Nachfolger Mozilla.

[13] Ein WWW-Server ist ein an das Internet angeschlossener Rechner, der auf Abruf Daten überträgt.

[14] Diese Adressen werden URL (Uniform Resource Locator) genannt. Bsp.: www.uni-koeln.de ist die URL der Universität zu Köln.

[15] Ein weiteres Merkmal sind die sogenannten Hyperlinks (Querverweise zu anderen Dokumenten), die durch Mausklick ein schnelles Springen von einem Dokument zum anderen ermöglichen, auch wenn dieses auf einem Server am anderen Ende Welt gespeichert ist.

Aufgrund der unterschiedlichen Kommunikationsstruktur der einzelnen Dienste müssen diese jedoch in rechtlicher Hinsicht getrennt voneinander betrachtet werden.

Ein weiterer Dienst, der seine Nachrichten sozusagen öffentlich ausstellt, so dass sie weltweit für einen offenen Austausch verfügbar sind, bilden die sog. Newsgroups[16]. Newsgroups entsprechen globalen „schwarzen Brettern". Sie bieten ein öffentliches Diskussionsforum, indem sie es jedem Interessenten ermöglichen zum jeweiligen Thema der Newsgroup[17], Beiträge – sei es Kritik, Kommentare, Informationen oder schlicht Meinungen – abzugeben, welche dann wiederum an der „elektronischen Pinnwand" öffentlich zugänglich sind. Die Newsgroups weisen eine gewisse Ähnlichkeit zu Mailing-Listen auf, jedoch mit dem wesentlichen Unterschied, dass die Nachrichten statt nur von dem beschränkten Teilnehmerkreis einer Mailing-Liste von sämtlichen Internet-Nutzern gelesen und beantwortet werden können.

Die Möglichkeit des gesprächsähnlichen globalen Austausches bietet der sog. Chat. Dieser gestattet die gleichzeitige schriftliche Kommunikation mit beliebig vielen Teilnehmern in Echtzeit. Gechattet werden kann über den IRC („Internet Relay Chat"[18]) oder über das WWW. Jeder Internet-Nutzer kann sich an den in den verschiedenen sog. Chatrooms laufenden Diskussionen und Unterhaltungen beteiligen. Der Teilnehmerkreis ist demnach offen. Es gibt ernsthafte Chats, z.B. wenn sich Wissenschaftler zur „Besprechung" wissenschaftlicher Themen zum weltweiten Chat treffen. Doch die Mehrzahl sind reine Unterhaltungs-Chats, in welchen kaum jemand seine wahre Identität zu erkennen gibt.

---

[16] Teilweise wird auch der Begriff Usenet für die Gesamtheit aller Newsgroups verwendet. Usenet ist ein Computernetz, das aus tausenden von News-Servern besteht, die i.d.R. von Internet-Service-Providern gepflegt werden. Es ist ursprünglich außerhalb des Internet entstanden, wird heute aber weitgehend über das Internet abgewickelt. Die Newsgroups basieren auf diesem System.

[17] Um Newsgroups lesen und daran teilnehmen zu können, wird ein Newsreader-Programm benötigt, das jedoch in modernen Browsern eingebaut ist.

[18] Der IRC läuft über eigene IRC-Server ab, zu deren Teilnahme ein besonderes Clientprogramm notwendig ist.

2. Teil: Persönlichkeitsrechtsverletzung im Sachrecht

Die Darstellung des sachrechtlichen Persönlichkeitsschutzes erfolgt unter dem Blickwinkel der Internetsachverhalte. Sie dient dazu, die Vorstellung über die im Internet entstehenden persönlichkeitsrechtsbezogenen Streitigkeiten zu erleichtern. Dies ist erforderlich, da das Persönlichkeitsrecht einige Besonderheiten aufweist, die seinen Schutzbereich besonders facettenreich und schwer greifbar machen. Eine klare Vorstellung von den Ausprägungen des Persönlichkeitsrechts besteht mangels Definition daher meist nicht.

Neben der Konkretisierung des Persönlichkeitsrechts bedarf es zudem der Untersuchung der bei Persönlichkeitsrechtsverletzungen entstehenden Ansprüche. Dies rührt daher, dass sich die im Rahmen von Persönlichkeitsrechtsverletzungen in Frage kommenden internationalen Zuständigkeitsregelungen maßgeblich am Charakter des Anspruchs orientieren. Dementsprechend erfordert die Zuordnung der Persönlichkeitsrechtsverletzungen zu einem internationalen Gerichtsstand zunächst eine Ermittlung der möglichen materiellen Ansprüche[19].

A. Persönlichkeitsschutz

I. Historische Entwicklung

Betrachtet man die historische Entwicklung in anderen Ländern[20], so hinkte Deutschland mit der Ausgestaltung eines zivilrechtlichen Persönlichkeitsschut-

---

[19] Die Arbeit beschränkt sich auf die Untersuchung der Ansprüche bei Persönlichkeitsrechtsverletzungen nach dem deutschen Recht, siehe hierzu die Einleitung.

[20] Am frühesten setzte die Entwicklung in Frankreich ein, wo einzelne Persönlichkeitsrechte, wie z. B. das Recht am Bild bereits 1860 anerkannt wurden. Ein allgemeines Persönlichkeitsrecht als Rahmenrecht wurde hingegen bis heute stets abgelehnt. In dieser Zeit gelang allerdings der Schweiz ein umfassender gesetzlicher Schutz. 1881 sah Art. 55 des gesamtschweizerischen Obligationenrechts bei ernstlicher Persönlichkeitsrechtsverletzung eine angemessene Geldentschädigung auch bei fehlendem Nachweis eines Vermögensschadens vor (Rötelmann, AcP 160 (1961), 366 (367 f.)). 1918 wurde sodann nach Ausbau des Schutzes zu einem allg. Persönlichkeitsrecht erstmals das Recht auf Achtung der Privatsphäre als absolutes Persönlichkeitsrecht bestätigt. In den USA wurde erstmalig 1905 durch den Supreme Court von Georgia in Pavesich vs. New England Life Ins. das Recht auf Achtung der Privatsphäre als Persönlichkeitsrecht (right of privacy) gerichtlich anerkannt. Dem war 1890 ein einschneidender Aufsatz der Anwälte Warren und Brandeis vorrausgegangen. Die Vereinigten Staaten können wohl auch als Ursprungsland des Rechts auf Schutz der Privatsphäre ge-

zes lange hinterher[21]. Das Reichsgericht lehnte den Gedanken eines allgemeinen Persönlichkeitsrechts strikt ab[22]. Doch nach Inkrafttreten des Grundgesetzes war diese Ansicht nicht mehr mit dem Schutz der Menschenwürde des Art. 1 Abs. 1 GG und der freien Entfaltung der Persönlichkeit des Art. 2 Abs. 1 GG vereinbar, an deren Beachtung die Rechtsprechung durch Art. 1 Abs. 3 GG gebunden war. So erkannte der BGH[23] erstmals im Jahre 1954 in verfassungskonformer Auslegung des Deliktsrechts ein allgemeines Persönlichkeitsrecht als sonstiges Recht i.S.d. § 823 Abs. 1 BGB an, welches eingreift, soweit nicht bereits durch spezielle Normen der gebotene Schutz gewährt wird.

Durch seine oft kritisierte generalklauselartige Weite konnte dem Konkretisierungsbedürfnis dieses Schutzgutes nur durch eine Vielzahl weiterer höchstrichterlicher Entscheidungen genüge getan werden. Zur Gewährleistung eines effektiven Rechtsschutzes billigte der BGH in ständiger Rechtsprechung seit 1958[24] darüber hinaus – entgegen den sich aus dem Gesetzeswortlaut des § 253 BGB[25] ergebenden Schranken – Geldersatz wegen immateriellen Schadens zu[26]. Dies

---

sehen werden. Näher hierzu v. Gerlach, AfP 2001, S. 1 (4-5) oder v. Gerlach, JZ 1998, 741 (743).

[21] Zum Zeitpunkt der Entstehung des BGB lag es dem Gesetzgeber noch fern, ein allgemeines Persönlichkeitsrecht oder zumindest die Ehre in den Kreis der Schutzgüter des § 823 Abs. 1 BGB aufzunehmen. Er sah den zivilrechtlichen Schutz der persönlichen Ehre als durch § 823 Abs. 2 i.V.m. den strafrechtlichen Beleidigungstatbeständen genügend gewahrt (Staudinger-Schäfer, 12. Aufl., Vorbem. zu §§ 823 ff. Rn. 45; ausführlich zum Persönlichkeitsschutz im 19. Jahrhundert: Leuze, die Entwicklung des Persönlichkeitsrechts im 19. Jahrhundert, S. 72 ff.). Nur der Name war in § 12 BGB, wenn auch inhaltlich auf seine Identifikationsfunktion begrenzt (Palandt-Heinrichs, § 12 Rn. 1) als besonderes Persönlichkeitsgut geschützt. 1907 trat, ausgelöst durch die Fotografie des toten Otto v. Bismarck die Normierung des Rechts am eigenen Bild in § 22 Kunsturhebergesetz (KUG) hinzu (v. Gerlach, AfP 2001, 1 (1, 4); die Fotografie Bismarcks auf dem Totenbett war von zwei unbefugt in sein Haus eingedrungenen Fotografen angefertigt worden, vgl. RGZ 45, 170 ff.).

[22] RGZ 69, 401 (403).

[23] BGHZ 13, 334 (338) das sog. Schachtbrief-Urteil.

[24] BGHZ 26, 349 (355, 356) der sog. Herrenreiterfall.

[25] Zum damaligen Zeitpunkt ergaben sich die Schranken aus dem Gesetzeswortlaut der §§ 847, 253 BGB. § 847 BGB ist jedoch durch Art. 2 Nr. 7 des Zweiten Gesetzes zur Änderung schadensrechtlicher Vorschriften vom 19.07.2002 (vgl. BGBl I 2002 Nr. 50 vom 25.07.2002) aufgehoben worden. Dafür wird Schmerzensgeld nun nach dem neu eingefügten § 253 Abs. 2 BGB gewährt (Art. 2 Nr. 2 des Zweiten Gesetzes zur Änderung schadensrechtlicher Vorschriften vom 19.07.2002).

[26] Der BGH begründete dies zunächst (BGHZ 26, 349 (356) Herrenreiter-Entscheidung), indem er die im damaligen § 847 BGB getroffene Regelung zum Schmerzensgeld im Wege der Analogie auch auf die Freiheitsberaubung „im Geistigen“, das heißt auf Eingriffe in das Recht der freien Willensbetätigung, erstreckte. Später stützte er die Erweiterung auf die verfassungsrechtliche Gebotenheit eines lückenlosen Persönlichkeitsschutzes und bezeichnete die Entschädigung als einen Rechtsbehelf, der auf den Schutzauftrag aus Art. 1 und 2 Abs. 1 GG zurückgeht (vgl. BGH NJW 1995, 861 (864); so auch zuvor BVerfGE 34, 269 (282, 292)).

hielt er für geboten, da der Schutz der „inneren Freiheit“ ohne das Recht auf Ersatz immaterieller Schäden weitgehend unwirksam sei, denn die Schadensfolgen lägen auf Grund der Natur des angegriffenen Rechtsgutes der Persönlichkeit zwangsläufig vorwiegend auf immateriellem Gebiet[27].

II. Aktuelle Entwicklung

Die Rechtsprechung hat den Persönlichkeitsschutz stetig weiterentwickelt und ihn an die jeweils sich wandelnden Gefährdungen der Persönlichkeit durch die Entwicklung der modernen Technik angepasst[28]. Durch das Zusammenwachsen der Datenverarbeitung mit den Inhalten der Massenmedien hat die Verletzung eine neue Reichweite und damit eine neue Dimension bekommen.

Die immer größer werdende Bedeutung der Medien als Wirtschaftsmarkt und der damit einhergehende steigende Konkurrenzdruck zwischen den Anbietern führen bekanntlich zu einer steigenden Rücksichtslosigkeit der Medien in Form von gezielten Persönlichkeitsrechtsverletzungen, um Auflagen oder Einschaltquoten zu steigern. Die Rechtsprechung reagiert hierauf mit der zunehmenden Betonung des präventiven Charakters des zivilrechtlichen Anspruchs auf Geldentschädigung[29]. Den Gewinnen auf Kosten der Persönlichkeit soll ihre Lukrativität durch drohende beträchtliche Schadensersatzverpflichtungen entzogen werden. Zwar sind die bisher verhängten Höhen noch nicht vergleichbar mit US-amerikanischen Verhältnissen, doch hat zumindest eine Abkehr vom bisher praktizierten gewissermaßen reinen Ausgleichsgedanken des Schadensersatzes stattgefunden[30].

Im Rahmen der aktuellen Entwicklung der Gesellschaft und ihrer Auswirkungen auf das Persönlichkeitsrecht darf die ansteigende Kommerzialisierung der Persönlichkeit nicht übersehen werden[31]. Die wirtschaftliche Nutzung von Ab-

---

Die oft noch verwendete Bezeichnung als Schmerzensgeld ist daher überholt. Man spricht heute von der sog. Geldentschädigung.

[27] Sowohl die Rechtsprechung zur Anerkennung des allgemeinen Persönlichkeitsrechts als auch die Rechtsprechung zur Gewährung eines immateriellen Schadensersatzes bei der Verletzung des selbigen wurde vom BVerfG als verfassungsgemäß bestätigt (BVerfGE 34, 269 ff. (die sog. Soraya-Entscheidung)).

[28] Zur jüngeren Rspr. zum allgemeinen Persönlichkeitsrecht vgl. Wanckel, Persönlichkeitsschutz in der Informationsgesellschaft, S. 105 ff., insbesondere durch Medienberichterstattung vgl. S. 110 ff.

[29] Der Geldentschädigungsanspruch wurde unmittelbar aus dem Schutzauftrag aus Art. 1 und 2 GG abgeleitet vgl. hierzu die Caroline-Entscheidungen des BGH NJW 1995, 861 (864); BGH NJW 1996, 984 (985).

[30] Vgl. BGH NJW 1996, 984 (985) Caroline I-Entscheidung.

[31] Zur Entwicklung der wirtschaftlichen Komponente des Persönlichkeitsschutzes siehe Helle, RabelsZ 60 (1996), 448 (454 ff.).

bildungen, Namen, Image oder anderen Persönlichkeitsbestandteilen bekannter Persönlichkeiten (sog. Personenmerchandising) hat in den letzten Jahren herausragende wirtschaftliche Bedeutung erlangt[32]. Die zunehmende Ökonomisierung des Persönlichkeitsrechts hat zur Herausbildung eines neuen Schutzbereiches des Persönlichkeitsrechts geführt, dem Schutz vor wirtschaftlicher Nutzung von Persönlichkeitsmerkmalen[33]. Hieran erkennt man deutlich die Einflüsse neuester Entwicklungen auf die Reichweite des Persönlichkeitsschutzes.

III. Besondere Persönlichkeitsrechte

Der Begriff der so genannten „besonderen Persönlichkeitsrechte“ wird uneinheitlich verwendet. Teilweise werden vielumfassend die später dargestellten Fallgruppen des allgemeinen Persönlichkeitsrechts als von der höchstrichterlichen Rechtsprechung herausgebildete, verselbständigte besondere Persönlichkeitsrechte bezeichnet[34]. Überwiegend werden hierunter jedoch – so auch im Rahmen dieser Untersuchung – die Elemente des allgemeinen Persönlichkeitsrechts verstanden, welche ihren Ausdruck in speziellen gesetzlichen Regelungen finden[35].

Die Besonderheit der gesetzlich geregelten Persönlichkeitsrechte ist, dass bei ihnen die beschriebenen Tatbestände das Schutzgut bereits festlegen, während beim allgemeinen Persönlichkeitsrecht die fallbezogene Güter- und Interessenabwägung regiert. Es handelt sich daher bei diesen Schutzgütern um einen vorverlagerten und formalisierten Schutz der Persönlichkeit, welcher eine Einzel-

---

[32] Vgl. hierzu den Fall „Marlene“, BGH NJW 2000, 2195 ff., bei welchem die Tochter der Schauspielerin gegen die unbefugte Nutzung des Namens und Abbilds ihrer Mutter vorging. Beispiele für die Vermarktung durch Lizenzprodukte sind ferner der Verkauf von James-Dean-Memorabilia (30 Mio. Dollar) oder die extra zur Vermarktung von Lizenzprodukten von den Angehörigen gegründete Firma „Elvis Presley Enterprises“, die jährlich ca. 100 Mio. Dollar umsetzen.
In den USA wird der wirtschaftliche Wert an den Identitätsmerkmalen vor allem prominenter Persönlichkeiten über das „right of publicity“ geschützt (näher dazu Seemann, Prominenz als Eigentum, S. 90 ff.).

[33] Hierbei entstanden Auswirkungen auf die Frage nach den Rechtsfolgen bei einer unerlaubten Nutzung von Persönlichkeitsbestandteilen. Zum Beispiel, ob dem Betroffenen gegebenenfalls neben einem Anspruch auf Schmerzensgeld auch ein Anspruch auf Zahlung einer angemessenen fiktiven Lizenzgebühr oder auf Herausgabe des erzielten Gewinns zusteht (vgl. hierzu Ullmann, AfP 1999, 209 ff.).

[34] Z.B. Fechner, Medienrecht, Rn. 191; Nipperdey, Das allgemeine Persönlichkeitsrecht, UFITA 30 (1960/I), 1 (12).

[35] RGRK-Dunz Anh. I zu § 823 Rn. 20; a.A. Wronka, UFITA 69 (1973), 71 ff., der die Existenz von selbständigen besonderen Persönlichkeitsrechten ganz leugnet und nur das allg. Persönlichkeitsrecht gelten lässt.

fallabwägung überflüssig macht[36]. Ungeachtet dieses Unterschieds kann die spezifische Sanktion des allgemeinen Persönlichkeitsrechts, der Anspruch auf Geldentschädigung, auch zum Schutz der besonderen Persönlichkeitsrechte eingesetzt werden[37].

1) Recht am eigenen Bild

Das Recht der Person zur Bestimmung darüber, ob und wie ihr Bildnis in die Öffentlichkeit gebracht wird, ist durch die §§ 22 ff. KUG geregelt. Die gesetzliche Regelung schützt das Selbstbestimmungsrecht über die Veröffentlichung und Verbreitung[38] von Bildnissen. Nicht umfasst wird die Herstellung von Bildnissen, welche folglich nur in den Schutz des allgemeinen Persönlichkeitsrechts fällt[39].

Als Besonderheit enthält der bildliche Selbstdarstellungsschutz in dem Regelungszusammenhang der §§ 22, 23 KUG ein gesetzlich normiertes Abwägungserfordernis zwischen den schutzwürdigen Interessen der abgebildeten Person und den mit ihnen kollidierenden Publikationsinteressen[40]. Die den §§ 22, 23 KUG zu entnehmenden Abwägungskriterien gliedern sich wie folgt. Grundsätzlich sind die Verbreitung und Veröffentlichung des Bildnisses gemäß § 22 KUG nur mit Einwilligung des Abgebildeten zulässig. Doch werden in § 23 KUG einzelne schutzwürdige Publikationsinteressen genannt, die dem Selbstbestim-

[36] Hoeren/Sieber-Helle, Handbuch Multimedia-Recht, Teil 8.1, Rn. 133; Helle, Besondere Persönlichkeitsrechte im Privatrecht, S. 35. Kontrovers sind die Meinungen zum Verhältnis der besonderen Persönlichkeitsrechte zum allgemeinen Persönlichkeitsrecht. Eine Aufführung der hierzu existierenden Meinungen ist zu finden bei Helle, Besondere Persönlichkeitsrechte im Privatrecht, S. 27 ff.

[37] Hoeren/Sieber-Helle, Handbuch Multimedia-Recht, Teil 8.1, Rn. 133; Helle, Besondere Persönlichkeitsrechte im Privatrecht, S. 40/41, mit der Begründung, die Tatbestandserfüllung bei besonderen Persönlichkeitsrechten indiziere zugleich, dass der Tatbestand einer Verletzung des allgemeinen Persönlichkeitsrechts gegeben ist. Nur auf Tatbestandsebene gehe das besondere Persönlichkeitsrecht dem allgemeinen Persönlichkeitsrecht vor, nicht hingegen hinsichtlich der Rechtsfolgen.

[38] Der Begriff des Verbreitens ist weiter als der entsprechende Begriff im Urheberrecht. Er betrifft zum Beispiel auch die Weitergabe eines Fotos im privaten Bereich.

[39] Ein sozusagen vorverlagerter Schutz durch das allgemeine Persönlichkeitsrecht ist zumindest dann gegeben, wenn die Herstellung der Aufnahmen in der Absicht einer Veröffentlichung geschieht. Doch auch die gezielte Herstellung von Bildnissen einer Person ohne Verbreitungsabsicht kann eine Persönlichkeitsrechtsverletzung sein (BGH NJW 1995, 1955 (1956 f.) – Überwachung eines öffentlichen Zugangsweges mittels Videoanlage).

[40] Löffler-Steffen, Presserecht, § 6 LPG Rn. 120.

mungsrecht vorgehen können[41]. Von besonderer praktischer Relevanz ist hierbei § 23 Abs. 1, Nr. 1 KUG, welcher die Entbehrlichkeit der Einwilligung bei Bildnissen aus dem Bereich der Zeitgeschichte enthält[42]. Dabei unterscheidet man relative Personen der Zeitgeschichte, das heißt solche, die aufgrund der Verbindung mit einem zeitgeschichtlichen Geschehen zum Gegenstand des Informationsinteresses der Öffentlichkeit werden, von absoluten Personen der Zeitgeschichte, so genannten „Berühmtheiten", die aufgrund ihrer Rolle in der Gesellschaft im Mittelpunkt des öffentlichen Interesses stehen[43].

§ 23 Abs. 2 KUG versagt dem Publikationsinteresse allerdings den Vorrang bei einem aufgrund besonderer Umstände entgegenstehenden berechtigten Interesse des Betroffenen (z.B. der schützenswerten Privatsphäre)[44]. Somit entscheidet trotz der generellen Leitlinien des § 23 Abs. 1 KUG eine Gesamtabwägung der gegenläufigen Interessen im Einzelfall[45].

Die Gefahr und Reichweite solcher Angriffe gegen den Bildnisschutz sind durch die Informations- und Kommunikationsplattform des Internet immens gestiegen. Das Internet vereinfacht das öffentlich zur Schau stellen für den Einzelnen beträchtlich und verleiht der Verbreitung zugleich eine globale Dimension. Erwähnenswert sind an dieser Stelle beispielsweise die durch Webcams entstehenden und meist zeitgleich verbreiteten Bildnisse oder auch umfangreiche Bildarchive im Internet[46].

---

[41] Die Beweislast für die Einwilligung bzw. die schutzwürdigen Publikationsinteressen trägt derjenige, der das Bildnis verbreitet bzw. veröffentlicht (Löffler-Steffen, Presserecht, § 6 LPG Rn. 120/128).

[42] Die Ausnahmevorschrift des § 23 Abs. 1, Nr. 1 KUG regelt den Konflikt zwischen Medien und Persönlichkeitsrecht.

[43] Gleichauf, Das postmortale Persönlichkeitsrecht im internationalen Privatrecht, S. 79; Löffler-Steffen, Presserecht, § 6 LPG Rn. 132. Zur Unterscheidung absoluter und relativer Personen der Zeitgeschichte vgl. grundlegend Neumann-Duesberg, JZ 1960, 114 ff.; ausführlich Helle, Besondere Persönlichkeitsrechte im Privatrecht, S. 145 ff.; Soehring, NJW 1997, 360 (365).

[44] Für die berechtigten Interessen trägt der Betroffene die Beweislast (Löffler-Steffen, Presserecht, § 6 LPG Rn. 120.

[45] Löffler-Steffen, Presserecht, § 6 LPG Rn. 135. Siehe zur Abwägung zwischen dem Persönlichkeitsrecht und dem Publikationsinteresse EGMR, Urteil v. 24.06.2004, GRURInt. 2004, 937 ff. Hiernach besteht kein schützenswertes Informationsinteresse der Öffentlichkeit an Fotos Prominenter aus ihrem Privatleben. Das BVerfG hatte diesen Fall zuvor gegenteilig entschieden (BVerfG, Urteil v. 15.12.1999, GRUR 2000, 446 ff.).

[46] Der damalige Bundesbeauftragte für Datenschutz, Jacob, betonte anlässlich der Vorlage des Datenschutzberichtes für die Jahre 1999 und 2000 die Zunahme der im Internet veröffentlichten Fotos von Personen, die weder von der Aufnahme noch von deren Verbreitung Kenntnis hätten. Meist hielten sich diese Personen in Räumen auf, in denen sie sich bewusst der Öffentlichkeit entziehen wollten, etwa in Privatwohnungen oder Umkleidekabinen von Schwimmbädern. Er forderte gar einen strafrechtlichen Schutz vor heimlichen Bildaufnahmen (FAZ vom 06.04.01, S. 1).

2) Namensrecht

Der Namensschutz ist gesetzlich in § 12 BGB geregelt. Die Aufgabe des Namens ist es, den Namensträger zu identifizieren[47]. Geschützt sind der bürgerliche Name der natürlichen Person ebenso wie der Berufs- und Künstlername[48]. Gleichfalls erfasst werden die Namen von juristischen Personen, Personenvereinigungen[49] und Firmennamen des Einzelkaufmannes oder der Gesellschaft des bürgerlichen Rechts[50]. Auch namensartige Kennzeichen werden erfasst, soweit sie unterscheidungskräftig sind und Namensfunktion besitzen[51]. Hierunter fällt nach h.M. auch der mit dem Namen identische oder aus ihm abgeleitete Domain-Name, das heißt die Internet-Adresse[52].

Der Namensschutz steht im Dienst des Identitätsschutzes und der Vermeidung einer Zuordnungsverwirrung. Die Verletzung kann in einer Namensbestreitung oder Namensanmaßung bestehen[53]. Ebenso erfasst ist der Fall, wenn der Handelnde den fremden Namen einer dritten Person beilegt. Einen unbefugten Namensgebrauch sieht die Rechtsprechung und die h.L. nicht nur in der Bezeichnung mit dem Namen eines anderen, sondern in jeglicher Benutzung eines fremden Namens zu eigenen Zwecken, z.B. auch im Missbrauch zu Werbezwecken[54].

§ 12 BGB regelt eigenständig Ansprüche auf Beseitigung und Unterlassung. Hinsichtlich möglicher Schadensersatzansprüche kommt § 823 Abs. 1 BGB zur Anwendung, im Rahmen dessen das Namensrecht als „sonstiges Recht" angesehen wird. Auch ein bereicherungsrechtlicher Anspruch gemäß § 812 Abs. 1, S. 1, 2. Alt. kann bei der Verwendung eines fremden Namens gegeben sein[55].

---

[47] Der Name ist die sprachliche Kennzeichnung einer Person zur Unterscheidung von anderen (BGH NJW 1959, 525 (525)). Soweit der Name jedoch als Kennzeichenrecht oder sonstiges Immaterialgüterrecht aufgefasst wird, soll er nicht in den Persönlichkeitsrechtsbegriff dieser Arbeit fallen, da er dann dem Wettbewerbsrecht und damit den dort geltenden Prinzipien unterstellt ist.

[48] Palandt-Heinrichs, § 12 Rn. 8.

[49] Palandt-Heinrichs, § 12 Rn. 9; MüKo-Bayreuther, BGB, § 12 Rn. 6 ff., für gewerbliche Namensbezeichnungen existieren allerdings teilweise Spezialvorschriften, z.B. § 37 HGB, §§ 14, 15 MarkenG.

[50] MüKo-Bayreuther, BGB, § 12 Rn. 32 ff.

[51] BGHZ 11, 214 (217); z.B. Embleme und Wappen; Palandt-Heinrichs, § 12 Rn. 10

[52] Palandt-Heinrichs, § 12 Rn. 10; Renck, NJW 1999, 3587 (3588); KG NJW 1997, 3321 f.; OLG Hamm NJW-RR 1998, 909 f.; BGH NJW 2002, 2031 ff.; BGH NJW 2002, 2096 ff.; BGH NJW 2003, 2978 ff.

[53] Palandt-Heinrichs, § 12 Rn. 18, ff.; nicht vom Namensrecht umfasst, ist der Schutz der Person davor mit ihrem Namen in die Öffentlichkeit gezerrt zu werden.

[54] vgl. MüKo-Bayreuther, BGB, § 12 Rn. 169 ff.

[55] Siehe hierzu näher unten 2. Teil, B, III.

Das Gefahrenpotential der Verwendung fremder Namen im Internet liegt aufgrund der schlicht technisch vermittelten Kommunikationsform auf der Hand. Die Verständigung erfolgt, ohne dass weitere Identifikationsmerkmale zum Vorschein kommen, die einen Missbrauch entlarven könnten, wie Aussehen, Stimme oder Handschrift. Zudem ist die Namensanmaßung in der Gestalt des Gebrauchs eines fremden Namens als Domain-Name[56] häufig Inhalt gerichtlicher Auseinandersetzungen.

3) Urheberpersönlichkeitsrecht

Das Urheberpersönlichkeitsrecht findet seinen gesetzlichen Ausdruck in den §§ 11 bis 14 UrhG. Es schützt den Urheber in seiner geistigen und persönlichen Beziehung zu seinem Werk und in dessen Nutzung, insbesondere vor ungenehmigter Veröffentlichung und vor Entstellungen und Beeinträchtigungen des Werkes[57]. Entscheidend für die Abgrenzung des Urheberpersönlichkeitsrechts zum allgemeinen Persönlichkeitsrecht ist der Werkbezug. Das Urheberrecht schützt lediglich die Interessen des Schöpfers an seinem Werk; das allgemeine Persönlichkeitsrecht schützt den Urheber dagegen werkunabhängig. Auf diese Weise ist bei der Vortäuschung, ein fremdes Werk sei ein eigenes, das Urheberrecht, bei der Unterschiebung eines fremden Werkes als eigenes dagegen das allgemeine Persönlichkeitsrecht betroffen[58].

Aufgrund dieses Werkbezugs des Urheberpersönlichkeitsrechts fällt es nicht unter den engen Persönlichkeitsbegriff, der gerade nur die nicht werkbezogenen Bereiche der Persönlichkeit umfasst. Um das Auffinden einer einheitlichen Zuständigkeitsregel zu gewährleisten und eine Vermischung mit Bereichen, die anderen Prinzipien und Interessen folgen, zu vermeiden, muss im Rahmen dieser Untersuchung eine Begrenzung auf den engen Persönlichkeitsbegriff erfolgen. Die zuständigkeitsrechtliche Behandlung der Verletzungen des Urheberpersönlichkeitsrechts wird mithin nicht Gegenstand dieser Arbeit sein.

4) Datenschutz

Das Datenschutzrecht besteht aus einer Vielzahl von Gesetzen. So gibt es das Bundesdatenschutzgesetz[59] und die Landesdatenschutzgesetze sowie zudem be-

---

[56] Palandt-Heinrichs, § 12 Rn. 21.

[57] Löffler-Steffen, Presserecht, § 6 LPG Rn. 73.

[58] Zur Unterscheidung vgl. Neumann-Duesberg, NJW 1971, 1640 (1640, 1641).

[59] In diesem Regelwerk existiert ein Recht auf Auskunft, Berichtigung, Sperrung und Löschung. Soweit das BDSG eine Lücke aufweist, kommt das allgemeine Persönlichkeitsrecht zur Geltung (BGHZ 80, 311 (319)).

reichsspezifische Regelungen, z.B. im Teledienstedatenschutzgesetz (TDDSG) oder Mediendienste-Staatsvertrag (MDStV)[60].

Der Datenschutz dient dem Schutz personenbezogener Daten[61]. Als Ausfluss des allgemeinen Persönlichkeitsrechts in der Form des Rechts auf „informationelle Selbstbestimmung" gewährleistet er die Befugnis des Einzelnen, grundsätzlich selbst über die Preisgabe und Verwendung seiner Daten zu bestimmen[62].

Mit der Etablierung des Internet ist ein bedeutendes neues Gefahrenpotential für den Datenschutz entstanden[63].

Die Zuständigkeitsfrage im Bereich des Rechts grenzüberschreitender Datenverarbeitung ist jedoch aufgrund der öffentlich-rechtlichen Bezüge und damit des rechtlichen Eigenlebens gesonderter Diskussion vorbehalten. Sie wird im Rahmen dieser Arbeit folglich thematisch ausgespart.

IV. Schutzbereiche des allgemeinen Persönlichkeitsrechts

Den Regelungsbereich des allgemeinen Persönlichkeitsrechts exakt zu konturieren gelingt nicht, denn er entzieht sich einer allgemeingültigen, abschließenden Festlegung[64]. Das Problem ist im Wesen des allgemeinen Persönlichkeitsrechts begründet, dessen grundrechtlicher Gehalt auch nach der Rechtsprechung des BVerfG[65] nicht abschließend beschrieben werden kann. Dadurch dass es aus der schwer umreißbaren Menschenwürde und aus dem Element der Handlungsfrei-

---

[60] Das BDSG ist gemäß § 1 Abs. 4 BDSG gegenüber diesen bereichsspezifischen Regelungen subsidiär.

[61] Zur Begriffsbestimmung „personenbezogener Daten" vgl. Hoeren/Sieber-Helfrich, Handbuch Multimedia-Recht, Teil 16.1, Rn. 26 ff.

[62] Zu den verfassungsrechtlichen Anforderungen an die Verarbeitung personenbezogener Daten vgl. die ersten drei Leitsätze des BVerfG (BVerfGE 65, 1 (1)).

[63] Das „Surfen" im Internet hinterlässt personenbezogene Spuren vielfältiger Art. Entweder gibt der Nutzer seine Daten selbst preis, weiß aber in vielen Fällen nicht, was damit geschieht. Oder er wird zum Objekt der Ausforschung anderer. Durch die erwartete zunehmende Benutzung von Mobilfunknetzen für den Internetzugang ist es möglich, z.B. den jeweiligen Aufenthaltsort des Teilnehmers aufzuzeichnen und auf diese Weise z. B. für die Werbung wertvolle Bewegungs-, Nutzer- oder Kommunikationsprofile zu erstellen.
Die personenbezogenen Daten stellen inzwischen einen Wirtschaftsfaktor da. Der Markt mit diesen Benutzerdaten gilt als Wachstumsbranche (näher hierzu vgl. Weichert, NJW 2001, 1463 ff.). Das Spektrum, in dem mit Personendaten Geld verdient wird, geht von der Vermittlung von Arbeitskräften bis hin zur bedarfsgerechten Zusendung von Werbe-E-Mails (sogenanntes Direktmarketing). Das Direktmarketing erlebt derzeit enorme Zuwachsraten. Direktmarketingunternehmen und Adressenhändler sammeln Millionen von Kundendaten über das Konsumverhalten, Vorlieben, Hobbys, sozialen Status, Beruf, Alter, Familienstand usw., um eine zielgruppenorientierte Werbung durchführen zu können.

[64] BGHZ 24, 72 (78).

[65] BVerfG NJW 1989, 891 (891).

heit besteht, ist sein Anwendungsbereich so vielfältig wie die menschliche Existenz[66]. Bei dem allgemeinen Persönlichkeitsrecht handelt es sich deswegen nach überwiegender Meinung[67] um ein Rahmenrecht, das der Ausgrenzung und Konkretisierung bedarf.

Die Ausprägung des Persönlichkeitsrechts solle, laut BVerfG68, aufgrund des dynamischen Charakters des Grundrechts jeweils anhand des zu entscheidenden Falles herausgearbeitet werden. Der Umfang des tatbestandsmäßigen Schutzes und damit auch die Feststellung einer Rechtsverletzung kann mithin grundsätzlich nur im Einzelfall bestimmt werden.

Daraus folgt zugleich, dass die Tatsache, dass ein bestimmtes Verhalten zur Beeinträchtigung persönlichkeitsbezogener Belange geführt hat, noch nicht genügt, um eine rechtswidrige Verletzung der Persönlichkeit anzunehmen. Beim generalklauselartigen Gut der Persönlichkeit wird nicht grundsätzlich jeder Eingriff missbilligt[69]. Da es grundsätzlich mit genauso schützenswerten Gütern, wie etwa dem für unsere Demokratie konstitutiven Grundrecht der Meinungsfreiheit in Konflikt tritt, liegt eine unrechtmäßige Persönlichkeitsrechtsverletzung vielmehr nur vor, wenn die Rechtswidrigkeit nach einer Güterabwägung zwischen den Rechten und schutzwürdigen Interessen des Verletzten und jenen des Schädigers besonders festgestellt wird[70].

Aufgrund der Unbestimmtheit des allgemeinen Persönlichkeitsrechts entfällt folglich die sonst übliche Trennung von Tatbestand und Rechtswidrigkeit. Erst die Einzelabwägung ergibt sowohl Tatbestandsmäßigkeit als auch Rechtswidrigkeit des Eingriffs[71]. Im Rahmen dieser umfassenden Güter- und Interessenabwägung im Einzelfall sind der betroffene Rechtskreis bzw. Schutzbereich, die Rechtfertigung durch die Wahrnehmung von Grundrechten (insbes. Art. 5 GG), besondere Rechtfertigungsgründe und die Schwere des Eingriffs zu berücksich-

---

[66] Wanckel, Persönlichkeitsschutz in der Informationsgesellschaft, S. 1.

[67] Ausdrücklich Fikentscher/Heinemann, Schuldrecht, Rn. 1584; MüKo-Rixecker, BGB, Anhang zu § 12 Allg. PersönlR Rn. 8; Staudinger-Hager § 823 C 18.

[68] Vgl. BVerfGE 72, 155 (170); BVerfGE 54, 148 (153 f.).

[69] Im Rahmen des § 823 Abs. 1 BGB indiziert normalerweise der Tatbestand als vertyptes Unrecht im Falle seiner Verletzung die Rechtswidrigkeit.

[70] MüKo-Schwerdtner, BGB, 3. Aufl., § 12 Rn. 203; Ehmann, JuS 1997, 193 (197); Erman-Ehmann, Anhang zu § 12 Rn. 14; Soergel-Zeuner, § 823 Rn. 73; Fikentscher/Heinemann, Schuldrecht, Rn. 1584; seit BGHZ 13, 334 (338) ständige Rspr.; a.A. Larenz/Canaris, Schuldrecht II 2, § 80 II, S. 498, mit der Begründung, dass bei einer Tatbestandskonkretisierung durch eine genaue Schutzbereichsanalyse ebenso wie bei den „klassischen" Rechten und Gütern des § 823 Abs. 1 BGB, die Rechtswidrigkeit aus der Tatbestandmäßigkeit abzuleiten sei; zustimmend v. Holleben, Geldersatz bei Persönlichkeitsrechtsverletzungen, S. 20 f.

[71] Helle, Besondere Persönlichkeitsrechte im Privatrecht, S. 33; Hoeren/Sieber-Helle, Handbuch Multimedia-Recht, 8.1, Rn. 52; a. A. Nipperdey, Das allgemeine Persönlichkeitsrecht, UFITA 30 (1960/I), 1 (7, 8).

tigen[72]. Die Beweislast für Tatbestandsmäßigkeit und Rechtswidrigkeit liegt beim Anspruchsteller[73].

Die Kasuistik liefert zahlreiche konkretisierte Ausgestaltungen von Persönlichkeitsrechtsverletzungen. Eine Art der Systematisierung ist die Einteilung in eine Reihe von Fallgruppen, auch Schutzbereiche genannt[74]. Damit steht nicht das Persönlichkeitselement als solches im Vordergrund sondern die Art seiner Beeinträchtigung[75]. Vorteil dieses Ansatzes ist die Möglichkeit einer schnellen und flexiblen Reaktion auf neue Bedrohungen der Persönlichkeit[76] und die gleichzeitig „normative Leitung“ durch einige allgemeine Prinzipien, die dem Rechtsanwender im einzelnen Fall bei der Normfindung und Einzelfallentscheidung helfen sollen[77]. So wird dem vagen Begriff der Persönlichkeit Substanz gegeben, indem er auf ein Fundament aus anerkannten Fallgruppen gestellt wird. Die Fallgruppen- bzw. Schutzbereichsbildung kann allerdings nur einen Überblick über die Zielrichtungen des Persönlichkeitsschutzes durch das allgemeine Persönlichkeitsrecht verschaffen. Sie dient damit als eine „Abwägungshilfe“, befreit jedoch nicht von der unter Berücksichtigung der besonderen Umstände des Einzelfalls erforderlichen Abwägung[78].

Die Darstellung erfolgt unter Beschränkung auf die internetrelevanten Schutzbereiche[79].

---

[72] MüKo-Schwerdtner, BGB, 3. Aufl., § 12 Rn. 203; Palandt-Sprau, § 823 Rn. 96 ff.

[73] MüKo-Schwerdtner, BGB, 3. Aufl., § 12 Rn. 279.

[74] Andere sehen in den Teilbereichen / Fallgruppen verselbständigte besondere Persönlichkeitsrechte, vgl. hierzu ausführlich Helle, Besondere Persönlichkeitsrechte im Privatrecht, S. 27 ff.

[75] So Larenz/Canaris, Schuldrecht II 2, § 80 II, S. 499, der jedoch die Fallgruppen als vertyptes Unrecht charakterisiert und damit von einer indizierten Rechtswidrigkeit ausgeht.

[76] Staudinger-Hager, § 823 C 16.

[77] Ehmann, JuS 97, 193 (193, 194).

[78] Erman-Ehmann, Anhang zu § 12 Rn. 4 ff. Zur stets erforderlichen Abwägung im Einzelfall: Palandt-Sprau, § 823 Rn. 95. Siehe Zur Darstellung von Schutzbereichen Larenz/Canaris, Schuldrecht II 2, § 80 II, S. 498 ff.; Erman-Ehmann Anhang zu § 12 Rn. 18 ff.; MüKo-Rixecker, BGB, Anhang zu § 12 Allg. PersönlR Rn. 8 ff.

[79] Für die Zusammenfassung der zahlreichen Judikate zu Fallgruppen hat sich noch kein allgemein anerkanntes System gebildet. Die folgende Fallgruppen bzw. Schutzbereichseinteilung weicht von der des BVerfG etwas ab. Die vom BVerfG in der Eppler-Entscheidung (BVerfGE 54, 148 (154)) formulierten Fallgruppen sind jedoch weder bindend noch abschließend, sondern stellen nur eine Aufzählung solcher Anwendungsgebiete dar, zu denen das BVerfG zu diesem Zeitpunkt bereits Stellung genommen hat. Andere Versuche der Systematisierung vgl. Prinz/Peters, Medienrecht, Rn. 52.

1) Schutz vor Verfälschung des Persönlichkeitsbildes

Ein typisches Problemfeld der Persönlichkeitsrechtsverletzungen durch Medienunternehmen oder durch einzelne in den Medien ist der Schutz vor Entstellungen und unwahren Behauptungen[80]. Hierbei spielt es keine Rolle, ob zugleich die Ehre des Betroffenen berührt ist. Es darf schlichtweg niemand durch Darstellung in der Öffentlichkeit in ein „falsches Licht" gerückt werden[81]. Alle Privatrechtssubjekte haben ein Recht auf autonome Selbstbestimmung über ihr Erscheinungsbild[82]. Beispiele für eine Verletzung dieses Schutzbereiches sind die Veröffentlichung eines erfundenen Interviews[83] oder von Falschzitaten[84]. Auch die unautorisierte Werbung mit dem Bild oder sonstigen Persönlichkeitsmerkmalen eines Prominenten, z.B. für sexuelle Stärkungsmittel[85] oder Zahnhaftmittel[86], fällt unter den Verfälschungsschutz, da der unrichtige Eindruck erweckt wird, die Person biete ihr Konterfei oder Namen zu derartigen Reklamezwecken an.

Das Internet bietet unzweifelhaft ein ideales Forum für weltweite Angriffe auf die Identität einer Person. Es ist leicht, das Persönlichkeitsbild durch Online-Zeitungsartikel oder Werbung, durch Äußerungen in Newsgroups oder Chats oder schlicht durch unwahre Behauptungen in E-Mails zu entstellen.

2) Schutz der Privatsphäre

Ein weiteres vordringliches Ziel des Persönlichkeitsschutzes ist der Schutz vor der Verbreitung von Einzelheiten aus dem persönlichen Bereich. Im Gegensatz zur verfälschten Darstellung erfolgt hier der Angriff zwar durch eine indiskrete aber dennoch wahre Berichterstattung. Trotz der Richtigkeit der Information kann jedoch ihre Verbreitung bzw. die Art ihrer Erlangung zum Eingriff in den Schutzbereich führen[87].

Jeder hat den „Anspruch, in gewählter Anonymität zu bleiben und die eigene Person nicht in der Öffentlichkeit dargestellt zu sehen"[88]. Damit ist es grundsätz-

---

[80] Larenz/Canaris, Schuldrecht II 2, § 80 II Nr. 1, S. 499 f.

[81] Nach dem treffenden aus dem angloamerikanischen Recht stammenden Ausdruck „placing the plaintiff in a false light in the public eye".

[82] v. Hinden, Persönlichkeitsverletzungen im Internet, S. 19.

[83] BGH NJW 1995, 861 ff. (Caroline I-Entscheidung); BGH NJW 1965, 685 ff. (Soraya-Entscheidung).

[84] BGH NJW 1996, 1128 ff. (Caroline IV-Entscheidung).

[85] BGHZ 26, 349 ff. (Herrenreiter-Entscheidung).

[86] BGHZ 30, 7 ff. (Caterina Valente-Entscheidung).

[87] Erman-Ehmann, Anhang zu § 12 Rn. 120 zu Tagebüchern; MüKo-Rixecker, BGB, Anhang zu § 12 Allg. PersönlR Rn. 94.

[88] KG Berlin, AfP 1988, 137 (137).

lich Sache des Betroffenen zu entscheiden, wann und innerhalb welcher Grenzen persönliche Lebenssachverhalte offenbart werden[89].

Es handelt sich hierbei um die zivilrechtliche Umsetzung des vom BVerfG[90] als Teil des allgemeinen Persönlichkeitsrechts anerkannten Rechts auf informationelle Selbstbestimmung. Jede Verwendung von personenbezogenen Informationen ohne Einwilligung der betroffenen Person bedarf damit der Rechtfertigung mit überwiegenden Drittinteressen. Maßgeblich für die Frage der Rechtfertigung ist der jeweilige soziale Kontext, in dem sich die Person befindet. Einschränkungen der alleinigen Dispositionsbefugnis des Einzelnen über die seine Person betreffenden Informationen können sich im überwiegenden Allgemeininteresse insbesondere dann ergeben, wenn der Einzelne als gemeinschaftsbezogener und gemeinschaftsgebundener Bürger in Kommunikation mit anderen tritt und Belange der Gemeinschaft berührt[91]. Man denke hierbei zum Beispiel an die Schutzschmälerung, welche für Personen von öffentlichem Interesse, wie Politiker, Schauspieler oder sonstige Prominente, gelten[92].

Der Schutz wird vielfach in verschiedene Sphären wie die Intim[93]-, Privat[94]- und Individualsphäre[95] unterteilt[96]. Die Intimsphäre als letzter unantastbarer Bereich privater Lebensgestaltung genießt grundsätzlich absoluten Persönlichkeitsschutz[97]. Die Privatsphäre und Individualsphäre ist zumindest in der Regel dann verletzt, wenn es sich um erzwungene, heimliche, durch Täuschung erschlichene, das heißt unter grober Missachtung fremder Selbstbestimmung erlangte In-

---

[89] BVerfGE 78, 77 (84); BGH NJW 1991, 1532 (1533).

[90] Vgl. BVerfGE 65, 1 (41 ff.).

[91] Vgl. BVerfGE 80, 367 (373 f.).

[92] Als rechtfertigendes Drittinteresse fungiert hier meist das ernsthafte Informationsinteresse der Öffentlichkeit. Hinsichtlich des Bildnisschutzes des §§ 22 ff. KUG gilt für Personen der Zeitgeschichte z.B. die Einschränkung des § 23 Abs. 1, Nr. 1 KUG, welche jedoch wiederum durch § 23 Abs. 2 zugunsten eines berechtigten Interesses des Abgebildeten (z. B. die schützenswerte Privatsphäre) begrenzt ist (s.o.).

[93] Umfasst die innere Gedanken- und Gefühlswelt mit ihren Erscheinungsformen wie Gesundheitszustand, vertrauliche Briefe, Tagebuchaufzeichnungen und Sexualleben (Palandt-Sprau, § 823 Rn. 87).

[94] Umfasst das Leben im häuslichen oder Familienkreis und das sonstige Privatleben, und zwar nicht nur im eigentlichen häuslichen Bereich, u.U. auch außerhalb, wenn sich jemand in eine örtliche Abgeschiedenheit zurückgezogen hat, in der er erkennbar für sich allein sein will (Palandt-Sprau, § 823 Rn. 87).

[95] Sie schützt das Selbstbestimmungsrecht und bewahrt die persönliche Eigenart des Menschen in seinen Beziehungen zur Umwelt, seinem öffentlichen, wirtschaftlichen und beruflichen Wirken (Palandt-Sprau, § 823 Rn. 87).

[96] Palandt-Sprau, § 823 Rn. 87; Staudinger-Hager, § 823 C 187; kritisch MüKo-Rixecker, BGB, Anhang zu § 12 Allg. PersönlR Rn. 9; BVerfGE 34, 238 (245 f.); BGHZ 73, 120 (124).

[97] Palandt-Sprau, § 823 Rn. 87; kritisch MüKo-Rixecker, BGB, Anhang zu § 12 Allg. PersönlR Rn. 9; Staudinger-Hager, § 823 C 188; Larenz/Canaris, Schuldrecht II 2, § 80 II 4a; BVerfGE 6, 32 (41); BGHZ 64, 178 (182).

formation handelt[98]. Doch auch die reine Verwendung kann in den Schutzbereich fallen, wenn beispielsweise ein fremder Rechtsbruch ausgenutzt wird, gegen Verschwiegenheitspflichten verstoßen wird oder die Kundmachung z.B. durch ihre Prangerwirkung besonders schadensträchtig für den Betroffenen ist[99].

Ein Kernproblem des Internet ist die Verbreitung von Bildern oder persönlichen Informationen[100]. Die typische Eingriffshandlung der Medien liegt hier in der Anfertigung und Veröffentlichung von Paparazzifotos. Da im Rahmen des Internet jede Person die Möglichkeit hat, ihr eigener Verleger zu sein, geht eine Verletzungsgefahr gleichwohl nicht nur von der Presse, sondern von jedem einzelnen Internetteilnehmer aus. So ist es dem Einzelnen zum Beispiel problemlos technisch und finanziell möglich, Webcams an verschiedensten Orten anzubringen und ohne Einwilligung der Betroffenen das Bildmaterial ins Netz zu stellen.

3) Ehrenschutz

Klassischer Schutzbereich des allgemeinen Persönlichkeitsrechts ist ferner der persönliche Ehrenschutz[101]. Der Begriff der persönlichen Ehre umfasst sowohl den Bereich der Selbstachtung, der sog. „inneren Ehre“, als auch das Ansehen und die Geltung in der Gesellschaft, die sog. „äußere Ehre“[102]. Strafrechtlich ist der Ehrenschutz in den §§ 185 ff. StGB besonders ausgestaltet. Diese Beleidigungstatbestände haben im Rahmen zivilrechtlicher Ansprüche unrechtsindizierende Bedeutung[103].

Gerade im Bereich der herabsetzenden Äußerungen finden die legitimen Interessen, die aus den essentiell demokratischen Kommunikationsgrundrechten des Art. 5 GG folgen, große Beachtung. Um den grundrechtlichen Konflikt zu bewältigen, ist im Bereich des Ehrenschutzes zwischen Tatsachenbehauptungen und Werturteilen zu unterscheiden[104].

---

[98] Die Rechtswidrigkeit der Erlangung indiziert die Rechtswidrigkeit der Verwendung (Larenz/Canaris, Schuldrecht II 2, § 80 II 4g, S. 507).

[99] Larenz/Canaris, Schuldrecht II 2, § 80 II 5, S. 508 ff.

[100] Zwar kommt es im Internet auch zum unbefugten Zugriff auf geheimhaltungswürdige Daten z.B. durch „hacking“. Solche Angriffe fallen i.d.R. unter datenschutzrechtliche oder strafrechtliche Vorschriften, welche meist Schutzgesetze i.S. von § 823 Abs. 2 BGB sind, so dass es eines Rückgriffs auf das allgemeine Persönlichkeitsrecht für den Schadensersatzanspruch nicht bedarf.

[101] Ehmann, JuS 1997, 193 (197 f.).

[102] MüKo-Rixecker, BGB, Anhang zu § 12 Allg. PersönlR Rn. 74.

[103] §§ 185 ff. StGB verleihen der persönlichen Ehre einen detaillierten strafrechtlichen Schutz, welcher über § 823 Abs. 2 BGB auch zivilrechtliche Wirkung zeigt. Das allgemeine Persönlichkeitsrecht als sonstiges Recht i.S.v. § 823 Abs. 1 BGB kommt damit vor allem bei fahrlässigen Ehrverletzungen zur Geltung (Larenz/Canaris, Schuldrecht II 2, § 80 II 2a, S. 501).

[104] Larenz/Canaris, Schuldrecht II 2, § 80 V 1a, S. 523; ob eine Äußerung als Tatsachenbehauptung oder als Werturteil zu verstehen ist, beurteilt sich danach, ob ihr Gehalt einer objek-

Die Behauptung erwiesen unwahrer Tatsachen ist nicht von Art. 5 GG gedeckt[105] und fällt zugleich in den Schutz der Verfälschung des Persönlichkeitsbildes[106]. Bei Vorliegen berechtigter Interessen (vgl. § 193 StGB) dürfen zwar auch Tatsachen behauptet werden, deren Wahrheit nicht feststeht, jedoch nur unter der Voraussetzung, dass der Erklärende seiner Prüfungs- und Informationspflicht (Recherchepflicht) nachgekommen ist[107]. Verletzt er sie, so verletzt er auch das Persönlichkeitsrecht.

Wahre Tatsachenbehauptungen hingegen können den verdienten sozialen Achtungsanspruch nicht verletzen und sind mithin nicht als Ehrverletzungen zu werten[108]. Allerdings können sie in den Schutzbereich der Privatsphäre eingreifen[109].

Werturteile sind dagegen streng an Art. 5 GG zu messen. Harsche Kritik durch überspitzte Werturteile, welche die persönliche Empfindlichkeit u.U. berühren, sind im Namen der freien Kommunikation erwünscht, wohingegen Fälle der Schmähkritik[110] den sozialen Achtungsanspruch herabsetzen und damit zur Ehrverletzung führen[111]. Auch Diskriminierungen stellen eine Persönlichkeitsrechtsverletzung dar, wenn sie eine Entwürdigung des Betroffenen bedeuten[112].

Gerade die Diskussionsforen des Internet bieten einen idealen Raum für hitzige Debatten und strenge Kritik. Da liegt es nicht fern, dass ein Teilnehmer den ehrverletzenden Charakter seines Werturteils verkennt oder fahrlässig falsche Tatsachen behauptet. Doch auch online angebotene Zeitungsartikel oder andere kommerzielle wie auch private Web-Seiten können ohne weiteres ehrverletzende oder entwürdigende Inhalte aufweisen, die fahrlässig oder auch vorsätzlich dort eingestellt wurden.

---

tiven Klärung zugänglich ist und als etwas Geschehenes grundsätzlich dem Beweis offen steht (Erman-Ehmann, Anhang zu § 12 Rn. 30 ff.).

105 So überwiegend die Rechtsprechung BVerfGE 54, 208 (219); BVerfG NJW 1993, 1845; BGH NJW 1981, 2117 (2120); BVerfGE 90, 1 (15) nimmt jedoch nur die bewusst unwahre Information vom Grundrechtsschutz aus.

106 Siehe 2. Teil, I, 4), a).

107 Staudinger-Hager, § 823 C 119.

108 Erman-Ehmann, Anhang zu § 12 Rn. 23; MüKo-Rixecker, BGB, Anhang zu § 12 Allg. PersönlR Rn. 74.

109 Siehe 2. Teil, I, 4), b).

110 Schmähkritik ist gegeben, wenn bei einer Äußerung nicht mehr die Auseinandersetzung in der Sache, sondern die Herabsetzung einer Person im Vordergrund steht (BVerfGE 93, 266 (294)).

111 Ehmann, JuS 1997, 193 (198).

112 Larenz/Canaris, Schuldrecht II 2, § 80 II 2d, S. 501.

4) *Schutz vor wirtschaftlicher Nutzung*

Wie bereits oben[113] erwähnt, hat sich mit zunehmender Vermarktung von Persönlichkeitsbestandteilen ein neuer Schutzbereich eröffnet. Der Träger des Persönlichkeitsrechts hat grundsätzlich die alleinige Befugnis über die wirtschaftliche Nutzung desselben zu entscheiden[114]. Es stellt sich jedoch die Frage, wann bei den vielfältigen Nutzungen von Persönlichkeitsbestandteilen von einer Persönlichkeitsrechtsverletzung bzw. dem Erfordernis einer meist lizenzbeladenen Einwilligung zur Abwendung einer derartigen Verletzung auszugehen ist[115].

Auch hier gilt der Grundgedanke der informationellen Selbstbestimmung, so dass stets eine Einwilligung erforderlich ist, wenn für die Verwendung personenbezogener Informationen keine Rechtfertigung durch überwiegende Drittinteressen gegeben ist. Seit der Paul-Dahlke-Entscheidung[116] steht bezüglich der klassischen Wirtschaftswerbung jedenfalls fest, dass auch Personen der Zeitgeschichte selbst darüber befinden sollen, ob ihr Name oder ihr Bildnis zu „Werbezwecken“ verwendet werden kann[117].

Werbung im Internet allgegenwärtig ist, z.B. weil die verschiedenen Service-Dienste sich hierüber finanzieren oder weil fast jede Firma inzwischen im Internet über ihre Web-Seiten Eigenwerbung betreibt. Aus diesem Grund ist auch hier das globale Netz ein Tummelfeld für Verletzungen der wirtschaftlichen Nutzungsbefugnis von Persönlichkeitsbestandteilen.

5) *Schutz vor Belästigungen*

Das allgemeine Persönlichkeitsrecht umfasst grundsätzlich auch den Schutz vor Belästigungen[118].

Ein praktisch bedeutsamer Fall von Belästigungen, das heißt von unbefugtem Eindringen in den privaten oder auch beruflichen Bereich eines anderen Menschen, ist die unerwünschte Briefkastenwerbung. Sie ist dann als Zwang zu werten, wenn sie gegen den erklärten oder erkennbaren Willen des Betroffenen (z.B. durch Aufkleber an seinem Kasten oder Mitteilung an werbendes Unternehmen)

---

113 Siehe 2. Teil, I, 3).

114 Ebenso im Ergebnis BGHZ 20, 345 (355); 81, 75 (79 f.).

115 Vgl. hierzu eingehend Schertz, AfP 2000, 495 (496 ff.)

116 BGHZ 20, 345 ff.

117 Vgl. eingehend zur Kommerzialisierung der Persönlichkeit: Götting, Persönlichkeitsrechte als Vermögensrechte; v. Holleben, Geldersatz bei Persönlichkeitsrechtsverletzungen; Ullman, AfP 1999, 209 ff.; Helle, RabelsZ 60 (1996), 448 ff.; vgl. hierzu auch den Fall „Marlene“, BGH NJW 2000, 2195 ff. und 2201 ff., bei welchem die Tochter der Schauspielerin gegen die unbefugte Nutzung des Namens und Abbilds ihrer Mutter vorging.

118 Larenz/Canaris, Schuldrecht II 2, § 80 II 7, S. 516; BGHZ 60, 296 (299 f.).

erfolgt oder wenn sie als Privatpost getarnt wird und somit eine faktische Notwendigkeit hervorruft, sie zumindest teilweise zur Kenntnis zu nehmen[119].

Im Zeitalter des Internet, in dem die Kommunikation zunehmend elektronisch statt per Brief vonstatten geht, hat sich auch die Werbung diesen Weg gesucht. Beachtenswert ist in diesem Zusammenhang daher die aktuell viel diskutierte und richterlich konträr entschiedene Frage der Zusendung unerwünschter E-Mails, dem so genannten „Spamming“[120], als Persönlichkeitsrechtsverletzung.

Die h.M.[121] sieht in der Werbung durch unaufgefordertes Zusenden von E-Mails einen Eingriff in das Persönlichkeitsrecht, da das Interesse des Betroffenen seinen persönlichen Lebensbereich von jedem Zwang zur Auseinandersetzung mit Werbung freizuhalten, als Ausfluss seines personalen Selbstbestimmungsrechts schutzwürdig sei[122]. Dem Betroffenen sei es nicht zuzumuten, seinen gegen die Zusendung von Werbung mittels E-Mail gerichteten Willen kundzutun[123]. Es sei technisch nicht möglich, die eigene E-Mail-Adresse ebenso wie den Hausbriefkasten mit einem entsprechenden Vermerk zu versehen[124] und der Verbraucher sähe sich einer unüberschaubaren Anzahl von Unternehmen gegenüber, denen er seinen Willen mitteilen müsste. Als Belästigungsfaktoren, die jedoch im einzelnen umstritten sind, lassen sich anführen: die den Internet-User belastende Download-Zeit (Aufwand von Zeit und Mühe)[125], die durch die begrenzte Speicherkapazität der Mailboxen bestehende Gefahr der Löschung oder Blockierung erwünschter Mails[126], möglicherweise entstehende Kosten[127]

---

119 Vgl. BGHZ 106, 229 (233 f.); BGHZ 60, 296 (300).

120 „Spam“ ist der Fachausdruck für: „unerbetene kommerzielle Kommunikation“ (Unsolicited Commercial E-Mail – UCE). Der Begriff „Spam“ steht eigentlich als Kurzform für „Spiced Porc and Ham“ – ein Produkt der Firma Hormel Foods. Seit Monty Phythons Flying Circus „Spam Sketch“ steht „Spam“ aber auch als Synonym für etwas, was niemand bestellt hat.

121 Staudinger-Hager, § 823 C 237; weitere Nachweise zur Literatur vgl. MMR 1999, 675 (677); LG Berlin NJW 1998, 3208 (3208); LG Berlin MMR 2000, 571 (571); AG Brakel NJW 1998, 3209 (3209); LG Augsburg NJW-CoR 1999, 52; a.A. AG Kiel K&R 2000, 201 (202); die Frage konnte in der nächsten Instanz (LG Kiel K&R 2000, 514 (517)) nicht geklärt werden, da die streitgegenständliche E-Mail nicht als Werbung, sondern als Vertragsangebot gewertet wurde.

122 LG Kiel (K&R 2000, 514 (516)) spricht vom „Eindringen in den persönlich-häuslichen Bereich, zu dem auch der Betrieb des privaten E-Mail-Anschlusses gehöre“.

123 Vgl. AG Brakel NJW 1998, 3208 (3208).

124 Diskutiert werden sog. Opt-out-Register, in welche sich die User, die keine Werbung wünschen, eintragen können und welche der Versender vor Versendung konsultieren muss. Im Rahmen der E-Commerce-Richtlinie sind diese in Form der sog. Robinson-Listen (Art. 7 E-Commerce-Richtlinie) bereits in gesetzliche Realität erwachsen, s.u.

125 LG Berlin NJW 1998, 3208 (3209).

126 Vehslage, Anmerk. zu AG Kiel, K&R 2000, 201 (204); NJW 1998, 1648 ff. verneint eine solche Gefahr angesichts der hohen Speicherkapazitäten.

127 LG Berlin NJW 1998, 3208 (3209); a.A. Jankowski, K&R 2000, 499 (502), der das Kostenargument mit Hilfe einer Kostenanalyse ablehnt.

für den Empfänger und die durch die unverhältnismäßig leichte und finanziell günstige Werberealisierung drohende Überschwemmung mit Werbe-E-Mails.

Die herrschende Rechtsprechung in Deutschland hat sich folglich für die so genannte Opt-In-Lösung entschieden[128], das heißt die Zusendung von Werbe-E-Mails ist nur bei ausdrücklich kundgegebener Zustimmung zulässig.

Weder die Fernabsatz-Richtlinie[129] noch die E-Commerce-Richtlinie[130] erfordern eine Änderung dieser Rechtspraxis. Die Datenschutzrichtlinie für elektroni-

---

[128] OLG Koblenz MMR 2003, 590 (590 f.); KG CR 2003, 291 (291 f.). Siehe auch Hoeren, NJW 2004, 3513 (3513 f.), Hoffmann, NJW 2002, 2602 (2609). Weitere Länder, die eine Opt-In-Lösung vertreten, sind Österreich, Dänemark, Finnland und Italien (MMR 5/2001, S. XXVI).

[129] Richtlinie 97/7/EG des Europäischen Parlaments und des Rates über den Verbraucherschutz bei Vertragsabschlüssen im Fernabsatz, ABl. EG Nr. L 144 v. 04.06.1997, S. 19 ff. Die sogenannte Opt-Out-Lösung des Art. 10 der Fernabsatz-Richtlinie (FARL) geht zwar von dem Grundsatz aus, dass individuelle Telekommunikationstechniken dann vom Anbieter genutzt werden dürfen, wenn der Verbraucher dies nicht offenkundig abgelehnt hat. Die Fernabsatzrichtlinie beabsichtigt jedoch lediglich einen europäischen Mindeststandard. Ihr Art. 14 erlaubt nach h.M. den Mitgliedstaaten, zu Gunsten des Verbrauchers einen höheren Schutzstandard aufzustellen oder aufrechtzuerhalten (Hoeren, MMR 1999, 192 (197); Zehentmeier, BB 2000, 940 (944); Krajewski, MMR 2001, 86 (88); Härting, DB 2000, 2312 (2314) m.w.N.; a.A. Böhm, MMR 1999, 643 (647); Vehslage, GRUR 1999, 656 (658)). An der bewusst fehlenden Aufnahme des Opt-Out-Systems des Art. 10 FARL in das FernAG ist abzulesen, dass der Gesetzgeber in Deutschland einen solchen höheren Verbraucherschutz mit der oben genannten Rechtsprechung zugunsten einer „Opt-In-Lösung“ als gegeben und erhaltenswert sieht (Härting, DB 2000, 2312 (2314); vgl. Begründung des Regierungsentwurfs, BT-Drs. 14/2658, S. 25; vgl. hierzu auch die Bemerkung des Bundesrates zur fehlenden Umsetzungsbedürftigkeit in BR-Drs. 25/00, S. 69 f.).

[130] Richtlinie 2000/31/EG des Europäischen Parlaments und des Rates über bestimmte rechtliche Aspekte der Dienste der Informationsgesellschaft, insbesondere des elektronischen Geschäftsverkehrs, im Binnenmarkt („Richtlinie über den elektronischen Geschäftsverkehr“ – „E-Commerce-Richtlinie“ – „ECRL“), ABl. EG Nr. L 178 v. 17.07.2000, S. 1 ff. Zwar enthält Art. 7 ECRL ebenfalls ein Opt-Out-System (mit zusätzlicher Kennzeichnungspflicht und Registerprüfungspflicht für kommerzielle E-Mail-Werbung). Nach überwiegender Meinung stellt die Regelung in Art. 7 ECRL allerdings wiederum nur einen EU-Mindeststandard dar (Hoeren, MMR 1999, 192 (198); Maennel, MMR 1999, 187 (190); Ahrens, CR 2000, 835 (839); Brisch, CR 1999, 235 (239)). Dies wird zum einen durch Nr. 30 der Erwägungsgründe zur ECRL bestätigt, wonach das Zustimmungserfordernis des Empfängers nicht Gegenstand der ECRL, sondern insbesondere bereits in der FARL geregelt sei. Zum anderen hat die Bundesregierung in der Begründung zu ihrem Gesetzentwurf zur Umsetzung der E-Commerce-Richtlinie (Entwurf eines Gesetzes über die rechtlichen Rahmenbedingungen für den elektronischen Geschäftsverkehr daraufhin gewiesen, dass eine Umsetzung des Art. 7 ECRL im Geltungsbereich des deutschen Rechts angesichts des von der Rechtsprechung nahezu einhellig praktizierten Verbots unaufgeforderter E-Mails überflüssig sei (Elektronischer-Geschäftsverkehr-Gesetz-EGG); als PDF-Datei abrufbar unter http://www.computerundrecht.de/media/140201_eeg.pdf (Stand: 28.03.2007) (Begründung zum Umsetzungsbedarf des Art. 7 der ECRL auf S. 22); zur Stellungnahme des Bundesrates vom 30.03.2001 zum Gesetzent-

sche Kommunikation[131] bestätigt die Opt-In-Lösung. In den Gründen zur Datenschutzrichtlinie für elektronische Kommunikation wird das Bedürfnis nach einem gemeinschaftsweit harmonisierten Ansatz betont. Angesichts dieser Entwicklungen ist zu erwarten, dass sich die Opt-In-Lösung durchsetzt.

Durch die auf uns zurollende Entwicklung des mobilen Internet und der verbesserten Ortungssysteme[132], die eine ortsabhängige und damit zielgenaue Werbung ermöglichen, ist ein ganz neues Ausmaß an Belästigungen durch unerwünschte Werbung zu erwarten. Während bei Telefon- und Faxwerbung der Eintrittsbereich noch örtlich auf die Wohnung oder das Büro begrenzt war, kann die E-Mail-Werbung durch den geplanten Dauer-Online-Status der Handys den Kunden stets und überall treffen, denn sein Handy trägt er gewöhnlich bei sich[133]. Zwar mag die einzelne E-Mail als Störfaktor unerheblich sein, es besteht jedoch die Gefahr, dass aufgrund der immensen Vorteile, die eine solche ortsabhängige Reklame für die Werbenden mit sich bringt, der Nachahmungsanreiz und damit die Zahl solcher Werbeattacken eine förmlich erdrückende Größe annehmen wird.

---

wurf vgl. BR-Drs. 136/01 (Beschluss); ebenso Härting, CR 2001, 271 (273); Waldenberger, EuZW 1999, 296 (299)).

Deutschland kann die Opt-In-Regel auch gegenüber Diensteanbietern aus anderen EU-Mitgliedstaaten durchsetzen, da die Frage der Zulässigkeit nicht angeforderter kommerzieller Kommunikation mittels elektronischer Post aufgrund der Ausnahmeregelung im Anhang zu Art. 3 III ECRL gerade nicht in den Anwendungsbereich des Herkunftslandprinzips des Art. 3 der ECRL fällt. Nach dem Herkunftslandprinzips, wären die Dienste der Informationsgesellschaft lediglich nach dem Recht desjenigen Mitgliedstaates zu beurteilen gewesen, in dem der Anbieter der Dienste niedergelassen ist.

[131] Richtlinie 2002/58/EG des Europäischen Parlaments und des Rates vom 12.07.2002 über die Verarbeitung personenbezogener Daten und die Privatsphäre in der elektronischen Kommunikation („Datenschutzrichtlinie für elektronischen Kommunikation"), ABl. EG Nr. L 201 v. 31.07.2002, S. 37 ff. Im Gegensatz zur Fernabsatz-Richtlinie und zur E-Commerce-Richtlinie sieht die zeitlich nach diesen erlassene Datenschutzrichtlinie für elektronische Kommunikation zum Schutze von natürlichen Personen in Art. 13 eine Opt-In-Lösung vor.

[132] Näher hierzu siehe 8. Teil, B, I, 3), c).

[133] Gleiches gilt für die Reklame per SMS (Short Message Service, kurze Textnachrichten, die direkt auf das Display eines Handys gesandt werden). Die Diskussion über die Zulässigkeit von Direktmarketingmethoden wird zunehmend auch hinsichtlich kommerzieller SMS-Nachrichten geführt. Auch hier bietet das neue Kommunikationsmittel viele Eigenschaften, die ein gutes Werbemedium kennzeichnen, nämlich die Möglichkeit der persönlich, zeitlich und geographisch exakten Adressierung (näher Krajewski, MMR 2001, 86 (87)). Diese Eigenschaften bergen damit auch die Gefahr der Überflutung des Empfängers mit Werbenachrichten. Insofern lässt sich eine Parallele zwischen der Reklame per SMS und per E-Mail feststellen. Auch findet in beiden Fällen die Übermittlung schriftlich (in Abgrenzung zur Rspr. zur Telefonwerbung) statt, ohne dass sie beim Empfänger unter Verbrauch seiner Ressourcen fixiert wird (in Abgrenzung zur Rspr. zur Faxwerbung).

6) Zwischenergebnis

Festzuhalten bleibt, dass es angesichts immer neuer Konfliktsituationen zwischen dem Schutzverlangen des Einzelnen und der Freiheit der Medien bzw. des individuellen Informationsverkünders sowie einer ständig fortschreitenden technischen Entwicklung eine abschließende Umschreibung des allgemeinen Persönlichkeitsrechts wohl niemals geben wird[134].

V. Träger des Persönlichkeitsrechts

Träger des allgemeinen Persönlichkeitsrechts ist jede natürliche Person[135]. Das Recht auf Achtung und Entfaltung der Persönlichkeit ist demnach kein Prominentenrecht, wenngleich jedoch im Bereich der Medien Prominente häufiger angegriffen werden als andere Bürger. Doch auch juristische Personen, Personengesellschaften und nichtrechtsfähige Vereine haben nach Ansicht des BGH „im Rahmen ihres Wesens und ihrer vom Gesetz zugewiesenen Funktionen Anspruch auf Persönlichkeitsschutz“[136]. Im Wesentlichen sind es die Schutzbereiche des Ehrenschutzes und der Namensschutz, die zum Schutz rechts- und nicht rechtsfähiger Verbände zur Anwendung kommen[137].

VI. Postmortales Persönlichkeitsrecht

Der Gesetzgeber hat hinsichtlich des postmortalen Persönlichkeitsschutzes einzelne, verstreute aber keinesfalls umfassende Regelungen geschaffen. So hat er z.B. für das besondere Persönlichkeitsrecht des Rechts am eigenen Bild in § 22 S. 3 und 4 KUG einen zehnjährigen postmortalen Schutz normiert und ihn den nächsten Angehörigen zuerkannt[138]. Im Übrigen entwickelte die Rechtsprechung das postmortale Persönlichkeitsrecht aus dem allgemeinen Persönlichkeitsrecht. Es kann heute als anerkanntes Rechtsinstitut bezeichnet werden[139].

---

[134] So auch Prinz/Peters, Medienrecht, Rn. 50.

[135] MüKo-Rixecker, BGB, Anhang zu § 12 Allg. PersönlR Rn. 19.

[136] So BGHZ 81, 75 (78); MüKo-Rixecker, BGB, Anhang zu § 12 Allg. PersönlR BGB Rn. 21; Erman-Ehmann, Anhang zu § 12 BGB Rn. 291; näher hierzu vgl. Meissner, Persönlichkeitsschutz juristischer Personen im deutschen und US-amerikanischen Recht. Das allgemeine Persönlichkeitsrecht der juristischen Personen ist in der Literatur sehr umstritten, vgl. hierzu den Überblick von Klippel, JZ 1988, 625 ff.

[137] Im Einzelnen hierzu vgl. Erman-Ehmann, Anhang zu § 12 Rn. 292 ff.

[138] Regelungen zum postmortalen Ehrenschutz sind weiter z.B. in den §§ 189, 168 StGB zufinden, die über § 823 Abs. 2 BGB zivilrechtlichen Schutz gewähren.

[139] Gleichauf, Das postmortale Persönlichkeitsrecht im internationalen Privatrecht, S. 93. Die Dauer des postmortalen Schutzes richtet sich nach den Umständen des Einzelfalles. Nach dem

Der Schutz der Persönlichkeit erfährt nach dem Tode durch die Nichtmehr-Existenz der Person zwar eine Einschränkung, er wird wegen des Schutzauftrages des Art. 1 Abs. 1 GG jedoch nicht ganz aufgehoben. Nach ständiger Rechtsprechung[140] ist das fortwirkende Lebensbild der Persönlichkeit auch nach dem Tode weiterhin gegen schwerwiegende Entstellungen geschützt.

Der Schutz betrifft allgemein alle nachwirkenden Interessen des Toten, die in einer Weise und mit einem Gewicht berührt werden, so dass trotz des Todes ihres früheren Trägers ein fortwirkender Schutz um seiner Menschenwürde willen geboten ist. Hierzu zählen z.B. die Herabsetzung und Erniedrigung des Verstorbenen[141].

Die Wahrnehmungsberechtigten[142] können zur Abwehr postmortaler Verletzungen ideeller Interessen der Persönlichkeit lediglich Unterlassungs- und Widerrufsansprüche[143], nicht aber Schadensersatzansprüche geltend machen, da eine Genugtuung nach dem Tode nicht mehr erreicht werden kann[144].

Der BGH[145] billigt hingegen neuerdings bei einer postmortalen Verletzung der kommerziellen Interessen der Persönlichkeit den Erben dieser vermögenswerten Bestandteile des Persönlichkeitsrechts einen Schadensersatzanspruch

---

BGH (BGH ZUM 1990, 180 (183) – Emil Nolde) kommt es auf die Intensität der Beeinträchtigung und die Bekanntheit und Bedeutung des Persönlichkeitsbildes an.

[140] BGHZ 50, 133 (136 ff.) – Mephisto; 107, 384 (391) – Emil Nolde, m.w.N.

[141] MüKo-Rixecker, BGB, Anhang zu § 12 Allg. PersönlR Rn. 31; Beispiele hierfür siehe Prinz/Peters, Medienrecht, Rn. 132.

[142] Dies sind nahe Angehörige oder hierzu vom Verstorbenen Berufene (MüKo-Rixecker, BGB, Anhang zu § 12 Allg. PersönlR Rn. 32; Prinz/Peters, Medienrecht, Rn. 135).

[143] Ein Gegendarstellungsanspruch ist von Gerichten bisher abgelehnt worden (OLG Hamburg AfP 1994, 322 (322) mit der Begründung, der Gegendarstellungsanspruch setze lediglich eine Betroffenheit des Persönlichkeitsrechts voraus, während der postmortale Schutz nur für grobe Entstellungen gelte; OLG Stuttgart NJW-RR 1996, 599 (599)). Prinz/Peters (Prinz/Peters, Medienrecht, Rn. 134) spricht sich hingegen für einen solchen zügig durchsetzbaren Anspruch der Angehörigen aus.

[144] BGH GRUR 1974, 794 (795) – Todesgift; BGH GRUR 1974, 797 (800) – Fiete Schulze. A.A. OLG München (OLG München GRUR-RR 2002, 341 ff.), das als Reaktion auf das sogleich aufgeführte BGH-Urteil aus dem Jahr 2000 den Angehörigen auch bei einer Verletzung des Persönlichkeitsrechts im ideellen Bereich einen Geldentschädigungsanspruch zusprach. Nach Auffassung des Gerichts sei es nicht einzusehen, dass der Schutz des postmortalen Persönlichkeitsrechts im kommerziellen Bereich verstärkt würde, während der ideelle Bereich den Zugriffen der Medien weitgehend schutzlos ausgeliefert bliebe. Bei einem schwerwiegenden und schuldhaften Eingriff sei wegen des Schutzauftrags aus Art. 1 GG als zusätzliches Hemmnis für solche Übergriffe und zum Ausgleich wirtschaftlich nicht fassbarer Nachteile daher ein Geldentschädigungsanspruch zu gewähren (OLG München GRUR-RR 2002, 341 (342 f.))

[145] BGH NJW 2000, 2195 ff. – Marlene; ebenso BGH NJW 2000, 2201 f.; gleicher Auffassung schon vor diesen Entscheidungen Prinz/Peters, Medienrecht, Rn. 133. Laut Bundesverfassungsgericht bestehen keine verfassungsrechtlichen Bedenken gegen diese richterliche Rechtsfortbildung des BGH, BVerfG NJW 2006, 3409 ff.

zu[146]. Im Gegensatz zu den Ansprüchen bei der Verletzung ideeller Interessen sei bei der Verletzung materieller Interessen eine besondere Eingriffsintensität der Rechtsverletzung nicht vorausgesetzt[147]. Der BGH beabsichtigt damit einen über die ineffektiven Abwehrbefugnisse hinausgehenden Schutz vor einer unerwünschten Vermarktung durch die unbefugte Verwendung kennzeichnender Persönlichkeitsmerkmale (wie z.B. Namenszug oder Stimme)[148].

VII. Charakteristika des Persönlichkeitsrechts

Das allgemeine Persönlichkeitsrecht wird als umfassendes Recht auf Achtung und Entfaltung der Persönlichkeit aus Art. 1, 2 GG abgeleitet[149]. Menschenwürde und Handlungsfreiheit sind demnach die dem Persönlichkeitsrecht das Leben schenkenden Grundrechte. Diese mehr geistig als sachlich geprägte Genetik gebärt auch die Besonderheit des Persönlichkeitsrechts, nämlich die fehlende äußerliche Greifbarkeit und Sichtbarkeit dieses Rechts. Es fehlt ihm sämtliche „gegenständliche Verkörperung“[150], welche seine Existenz und Reichweite nach außen publik machen könnte. Dementsprechend wird auch seine Verletzung, anders als zum Beispiel bei Rechtsgütern, wie Leben, Körper, Gesundheit und Eigentum, nicht in materieller Form erkennbar[151]. Das Persönlichkeitsrecht erinnert an eine Aura, welche jedoch nicht nur den Menschen als körperliche Person, sondern seine darüber hinausgehende Existenz, sein gesamtes raumunabhängiges Wirken und Gelten, umgibt.

---

[146] Laut BGH dürften die Erben diesen allerdings nur im Einklang mit dem Wert- und Achtungsanspruch des Erblassers, das heißt in Abstimmung mit den zur Wahrung der ideellen Interessen Berufenen, nutzen. Hierzu ist erklärend anzumerken, dass die Träger der Berechtigung der ideellen und der kommerziellen Interessen personenverschieden sein können. Der Schutz ideeller Interessen geht auf die nächsten Angehörigen oder den hierzu vom Verstorbenen berufenen Wahrnehmungsberechtigten (z.B. Stiftung) über. Die kommerziellen Interessen als vermögenswerten Bestandteile des Persönlichkeitsrechts gehen dagegen allein auf die Erben über (BGH JZ 2000, 1056 (1059)).

[147] BGH JZ 2000, 1056 (1060). Zeitlich solle der Schutz der kommerziellen Interessen nicht über den Schutz der ideellen Interessen an der Persönlichkeit hinausreichen. Als Anhaltspunkt diene daher die Zehnjahresfrist des § 22 S. 3 KUG (BGH JZ 2000, 1056 (1059/1060); ebenso BGH WM 2007, 35 (37)).

[148] A.A. Schack, JZ 2000, 1060 (1061). Hintergrund dieser wissenschaftlichen Auseinandersetzung ist die Erörterung der Frage, inwieweit Persönlichkeitsrechte ähnlich wie gewerbliche Schutzrechte oder Urheberrechte (die sog. Immaterialgüterrechte) ein eigenständiges, vermögenswertes, verfügbares Gut sein können. Das heißt, inwieweit sie vererblich oder gar übertragbar sind (vgl. hierzu Götting, Persönlichkeitsrechte als Vermögensrechte; Magold, Personenmerchandising, S. 548; Ullmann, AfP 1999, 209 ff.).

[149] Palandt-Sprau, § 823 Rn. 84.

[150] Erman-Ehmann, Anhang zu § 12 Rn. 269.

[151] Vgl. Ehmann, JuS 97, 193 (195).

Ein weiteres Charakteristikum des Persönlichkeitsrechts ist die starke normative Prägung seines Regelungsbereichs. Als ein durch die Verfassung geprägtes Recht ist es bestimmt von der Wertvorstellung des die Verfassung beherrschenden Volkes und unterliegt seiner dynamischen Entwicklung. Gerade der Bereich des Persönlichkeitsrechts, der in vielfältiger Hinsicht mit den Rechten und Interessen anderer kollidiert, ist der stetigen Entwicklung und Veränderung durch die sich wandelnden Wertmaßstäbe der Gesellschaft ausgesetzt.

Ein maßgeblicher Grund für die anhaltende Evolution und mangelnde exakte Fixierbarkeit des allgemeinen Persönlichkeitsrechts ist das Spannungsverhältnis, in welchem es zu den essentiell demokratischen Gütern der Meinungs- und Pressefreiheit steht. Insbesondere die beständig tiefer in den Privat- und Intimbereich vordringende Boulevardpresse sorgt dafür, dass der Konkurrenzbeziehung des Persönlichkeitsrechts zu Art. 5 GG beständig Aufmerksamkeit gewidmet wird. Der Medienbereich als Heimat der Kommunikationsgrundrechte des Art. 5 GG zeichnet sich zudem durch eine Vielzahl technischer Neuerungen aus, die immer neue potentielle Verletzungsbereiche und damit auch Schutzbedürfnisse eröffnen. Er ist damit ein Gebiet, das eine ständige Abwägung und geistige Neuausrichtung der Werte erforderlich macht.

Auffallende Besonderheit der allgemeinen Persönlichkeitsrechte ist, dass erst eine einzelfallbezogene, umfassende Güter- und Interessenabwägung zwischen den durch das allgemeine Persönlichkeitsrecht zu schützenden und den durch die Gegeninteressen zu gewährenden Freiheitsrechten über das Vorliegen einer tatbestandsmäßigen und rechtswidrigen Verletzungs- bzw. Eingriffshandlung zu entscheiden vermag[152]. Der konkrete Inhalt des Persönlichkeitsrechts ergibt sich damit erst aus seiner Verletzung und steht erst in der jeweiligen Handlungssituation fest. Die Abwägung wird sowohl bei deliktischen, bereicherungsrechtlichen als auch bei Ansprüchen aus § 1004 Abs. 1, S. 2 BGB relevant.

Durch die normative Prägung und damit „Relativität" des Persönlichkeitsrechts kommt es teilweise im Schutzbereich des Persönlichkeitsrechts zu nicht unbeachtlichen Divergenzen zwischen den verschiedenen nationalen Rechtsordnungen. Die Unterschiede setzen sich bei der Frage der Regulierung, z.B. bei der Höhe des Schadensersatzes, fort.

Kulturelle, politische, religiöse und wirtschaftliche Grundhaltungen der Gesellschaft prägen Inhalt und Grenzen des Persönlichkeitsrechts. Die Relativität des Persönlichkeitsrechts wird besonders deutlich, wenn ein Blick auf exotischere Rechtskulturen als jene unserer demokratischen westlichen Welt gewagt wird. Ein solcher scheint angesichts der globalen Reichweite des Internet geboten. So prägt in buddhistischen Kulturen ihr Ideal des Zurücktretens des eigenen Ichs den Schutz der Persönlichkeit, insbesondere den Teilaspekt der Individualitätsentfaltung. Soziale Anschauungen kultureller oder religiöser Herkunft, – man

---

[152] Helle, RabelsZ 60 (1996), 448 (451 f.).

denke z.B. an das Frauenbild des Islam – beeinflussen die Ausgestaltung des Persönlichkeitsschutzes, insbesondere des Ehrenschutzes.

Vor allen Dingen gilt aber die unterschiedliche Gewichtung der Meinungs- und Pressefreiheit im Rahmen ihres Spannungsverhältnisses zum Persönlichkeitsrecht als Quelle für die Disharmonien von Schutzniveau und Schutzinstrumenten. So wird in Ländern, in denen aus politischer Motivation die Meinungsfreiheit keine große Beachtung findet, wie in China, eine regierungskritische Medienberichterstattung eher als Persönlichkeitsrechtsverletzung gewertet als in den USA, in denen die Meinungsfreiheit nahezu als unantastbar gilt[153].

Eine weltweite sachrechtliche Harmonisierung des Persönlichkeitsschutzes ist in Anbetracht dieser kulturell, politisch und religiös bedingten Divergenzen nicht zu erwarten. Selbst auf europäischer Ebene fällt eine Vereinheitlichung angesichts der unterschiedlichen Ausprägungen des Persönlichkeitsschutzes schwer. Zwar finden sich entsprechende Ansätze, z.B. in Art. 8 EMRK, wonach jedermann Anspruch auf Achtung seines Privatlebens hat, oder in der Resolution der Versammlung des Europarats[154], in welcher die Mitgliedsstaaten aufgefordert werden, eine Rechtsordnung zu schaffen, welche die Privatsphäre schützt und bestimmte dort aufgeführte Voraussetzungen erfüllt. Doch geht ungeachtet dessen beispielsweise der Persönlichkeitsschutz gegenüber der Presse in Frankreich weiter als in Deutschland, indem dort dem öffentlichen Informationsinteresse gegenüber den Belangen des Individuums ein tendenziell geringerer Wert zuerkannt wird[155]. Eine entgegengesetzte Tendenz ist hingegen in England zu beobachten[156]. England hat zudem bis zum heutigen Tage als einziges europäisches Land noch kein eigenständiges Persönlichkeitsrecht anerkannt. Hieraus resultieren ein lückenhafter Persönlichkeitsschutz und eine beträchtliche Rechtsunsicherheit[157]. Überdies ist in England der Schadensersatzanspruch bei Ehrverletzungen – wird er denn zuerkannt – durch das Fehlen eines Verschul-

---

[153] Die Bedeutung der Meinungs- und Pressefreiheit findet ihren Ursprung wiederum meist in der jeweiligen Verfassungstradition des einzelnen Staates. So ist z.B. die in den Vereinigten Staaten von Amerika festzustellende überragende Gewichtung zugunsten der Redefreiheit auf das First Amendment zurückzuführen, welches dieses Grundrecht nachdrücklich betont. Ausführlich zum US-amerikanischen Persönlichkeitsschutz vgl. Beater, Zivilrechtlicher Schutz vor der Presse als konkretisiertes Verfassungsrecht: Grundstrukturen im Vergleich von englischem, US-amerikanischem und deutschem Recht. Zum englischen Recht vgl. Ohly, RabelsZ Bd. 65 (2001), 39 ff.

[154] Parliamentary Assembly of the Council of Europe, Resolution 1165 (1998) – Right to privacy, zu finden unter http://assembly.coe.int/Main.asp?link=http://assembly.coe.int/Documents/AdoptedText/ta98/FRES1165.htm (Stand: 28.03.2007)

[155] Zum Persönlichkeitsschutz in Frankreich siehe Zweigert/Kötz, Einführung in die Rechtsvergleichung, S. 700 ff.

[156] v. Gerlach, AfP 2001, 1 (6).

[157] Prinz, ZRP 2000, 139 (141).

denserfordernisses und die Existenz eines Strafschadensersatzes strenger als z.B. in Deutschland[158].

Länderübergreifende Strukturen sind allerdings insoweit zu erkennen als, weit verbreitet, eine einzelfallorientierte Güter- und Interessenabwägung stattfindet. Das Tangieren der Persönlichkeitssphäre wird folglich nicht schlechthin missbilligt, sondern in einer wechselbezüglichen Betrachtung mit den Gegeninteressen des Handelnden beurteilt[159]. Wegen dieses interessen- bzw. meist sogar grundrechtlich bedingten Spannungsverhältnisses ist eine, das Ergebnis dieser wertungsoffenen Abwägung vorwegnehmende, einseitige Sympathie mit dem Kläger bzw. vermeintlich Verletzten nicht angeraten.

Ebenfalls in anderen Rechtsordnungen anzutreffen, ist die Anerkennung der wirtschaftlichen Nutzbarkeit bestimmter Persönlichkeitsgüter[160]. Durch die Einbeziehung des wirtschaftlichen Bereiches des Selbstbestimmungsrechtes über die eigene Identität, ist eine kategorische Beschränkung auf die Wahrung ideeller Interessen und damit die strenge Abgrenzung zu den Vermögensrechten nicht mehr haltbar[161].

Zuletzt ist die verhaltenssteuernde Komponente im Rahmen der Haftung als länderübergreifendes Merkmal zu nennen. Die unzulängliche Kompensierbarkeit immaterieller Schäden lässt den Präventionsgedanken in den Vordergrund treten. Der haftungsrechtlichen Verhaltenssteuerung zur Schadensvermeidung kommt damit bei der Persönlichkeitshaftung charakteristische Bedeutung zu[162]. Das englische und US-amerikanische Recht gewähren zu diesem Zwecke sogar einen Strafschadensersatz (sog. punitive damages).

B. Ansprüche bei Persönlichkeitsrechtsverletzungen

Zur Regulierung der erlittenen Persönlichkeitsrechtsverletzung stehen dem Betroffenen im deutschen Recht mehrere Möglichkeiten zur Verfügung.

---

[158] v. Hinden, Persönlichkeitsverletzungen im Internet, S. 24; siehe zum Persönlichkeitsschutz in England und in den USA Zweigert/Kötz, Einführung in die Rechtsvergleichung, S. 704 ff.

[159] v. Hinden, Persönlichkeitsverletzungen im Internet, S. 33; in England wird ein System von „privileges" und „defences" praktiziert.

[160] Zum Überblick über den Persönlichkeitsschutz in einigen Länder vgl. Erman-Ehmann, Anhang zu § 12 Rn. 316 unter Bezugnahme auf die 10. Aufl. Anhang zu § 12 Rn. 131 ff.

[161] v. Hinden, Persönlichkeitsverletzungen im Internet, S. 35; vgl. BGH JZ 2000, 1056 (1057), wonach das Persönlichkeitsrecht nicht nur dem Schutz ideeller, sondern auch kommerzieller Interessen der Persönlichkeit dient.

[162] Steffen, NJW 1997, 10 (12 ff.).

Die unterschiedlichen Ansprüche beruhen auf verschiedenen Anspruchsgrundlagen. Ihre Voraussetzungen und ihre Reichweite divergieren je nach Betroffenheit der Rechte aus Art. 5 GG[163].

I. Gegendarstellungsanspruch

Bei der Gegendarstellung hat der Schädiger eine Sachverhaltsversion aus der Sicht des Betroffenen zu publizieren[164]. Der Betroffene hat somit die Befugnis an gleicher Stelle und mit entsprechendem Publizitätsgrad die ihn betreffende Darstellung durch seine Wortmeldung und seine Sicht des Sachverhalts zu vervollständigen. Die Gegendarstellung ist ein Rechtsmittel, das dem Spannungsfeld der Art. 5 GG und Art. 2 Abs. 1 GG entspringt[165] und als Gegengewicht zur verfassungsrechtlich verbürgten Meinungsfreiheit der Gewährleistung des allgemeinen Persönlichkeitsrechts dient[166]. Sie wird folglich gegenüber den verschiedenen Medien, wie Presse, Rundfunk und Mediendiensten, gewährt, für welche unterschiedliche landesrechtliche oder staatsvertragliche Regelungen bestehen[167].

Der Gegendarstellungsanspruch ist zum Schutz der Meinungsfreiheit grundsätzlich nur auf Tatsachenbehauptungen und nicht auf Werturteile anwendbar[168]. Doch weist er dafür die geringsten anspruchsbegründenden Voraussetzungen auf[169]. Erforderlich ist lediglich eine persönlichkeitsrechtliche Betroffenheit und zur Vermeidung rechtsmissbräuchlicher Verwendung ein „berechtigtes Interesse“[170] an der Gegendarstellung. Ein rechtswidriges oder gar schuldhaftes Handeln ist nicht vorausgesetzt. Eine Wahrheitsprüfung der behaupteten Tatsachen

[163] Eine Qualifikation der Ansprüche nach ihrer Rechtsnatur erfolgt, soweit erforderlich, im Rahmen der Subsumtion unter die internationalen Zuständigkeitsbestimmungen.

[164] Fechner, Medienrecht, Rn. 251.

[165] Seitz u.a., Der Gegendarstellungsanspruch, Rn. 5.

[166] Nach der Rechtsprechung des BGH wurzelt der Gegendarstellungsanspruch im allgemeinen Persönlichkeitsrecht vgl. BGH GRUR 1963, 638 ff.

[167] Landesrechtliche Regelungen: z.B. § 11 Pressegesetz für das Land Nordrhein-Westfalen; die gesammelten Gegendarstellungsvorschriften für Presse und elektronische Medien vgl. Prinz/Peters, Medienrecht, Rn. 948 ff. oder Wenzel-Burkhardt, Das Recht der Wort- und Bildberichterstattung, Kap. 11 Rn. 9 ff. Staatsvertragliche Regelungen: z.B. § 10 Mediendienste-Staatsvertrag (MDStV). Zur Rechtsnatur des Gegendarstellungsanspruchs später eingehend 5. Teil, A, II, 2) und 5. Teil, B, II, 2).

[168] Erman-Ehmann, Anhang zu § 12 Rn. 30; BVerfG NJW 2002, 356 (356).

[169] Vgl. BVerfGE 1997, 125 (146-148) zu den Voraussetzungen und der Verfassungsmäßigkeit des Gegendarstellungsrechts.

[170] Ein solches ist z.B. ausgeschlossen bei Belanglosigkeit der Erstmitteilung, irreführenden Entgegnungen oder bei Verwendung strafbaren Inhalts (Seitz u.a., Der Gegendarstellungsanspruch, Rn. 141 ff.; Wenzel-Burkhardt, Das Recht der Wort- und Bildberichterstattung, 11. Kapitel, Rn. 114 ff.).

erfolgt weder bei Erstmitteilung noch bei der Gegendarstellung. Schon die ausschließliche Durchsetzung im Wege der einstweiligen Verfügung schließt eine solche aus[171].

Der Gegendarstellungsanspruch eignet sich dementsprechend bei Eingriffen in das Persönlichkeitsbild durch unwahre bzw. vermeintlich unwahre Tatsachenbehauptungen, das heißt bei Eingriffen in den Verfälschungsschutzbereich, nicht hingegen bei solchen in die Privatsphäre oder bei Ehrverletzungen.

Doch ist der Gegendarstellungsanspruch eher als schwaches Instrument zum Schutze der Persönlichkeit zu werten[172].

Vor allen Dingen aber erfasst das Gegendarstellungsrecht die Bandbreite der Persönlichkeitsverfälschungen im Internet nur unzureichend. Da es als Verteidigungsmittel gegen die Medien fungiert, kommt es für Verletzungen auf Homepages ohne presseähnlichen Charakter nicht zur Geltung[173].

---

[171] Vgl. zur Ausschließlichkeit der einstweiligen Verfügung die jeweiligen Landespressegesetze z.B. § 11 Abs. 4, S. 5 Berliner Pressegesetz; § 11 Abs. 4, S. 5 Pressegesetz Baden Württemberg.

[172] Ähnlich das BVerfG, das von einer nur „begrenzten Schutzfunktion" spricht, NJW 1998, 1381 (1385). Zum einen hat die Gegendarstellung häufig nicht den gewünschten Effekt. So besteht die Gefahr, dass sie die Verletzung durch die erhöhte Aufmerksamkeit, ohne dass sie den Wahrheitsbeweis erbringen kann, nur weiter vertieft oder ihre Wirkung durch die zugelassenen redaktionellen Äußerungen der anspruchsverpflichteten Medienorgane vereitelt wird (Dieses Recht des sog. Redaktionsschwanzes besteht in allen Bundesländern, mit Ausnahme des Saarlandes -Neuregelung in § 11 Abs. 3, S. 4 und 5 des Saarländischen Pressegesetzes-. Ausgeschlossen ist es im Mediendienste-Staatsvertrag, vgl. § 10 Abs. 1, S. 5 MDStV). Zum anderen vermindert das sog. Alles-oder-Nichts-Prinzip die Effektivität der Gegendarstellung. Hiernach bleibt ein nicht einwandfrei formulierter Antrag, der dadurch die rechtlichen Voraussetzungen (diese sind u.a. Beschränkung auf tatsächliche Angaben, Umfang darf beanstandeten Text nicht überschreiten) nicht erfüllt, in der Regel fruchtlos, da die Gerichte eine Änderung des Gegendarstellungstextes meist nicht zulassen.

[173] Der Gegendarstellungsanspruch des § 10 MDStV betrifft nur Angebote i.S.d. § 6 Abs. 2 MDStV, d.h. journalistisch redaktionell gestaltete Angebote, in denen Inhalte periodischer Druckerzeugnisse in Text und Bild oder in periodischer Folge Texte verarbeitet werden. Er soll die Ungleichheit hinsichtlich des Publizitätsgrades von Mitteilungen zwischen einer Privatperson und einem Presseorgan ausgleichen. Zwar wird eine Tatsachenbehauptung durch das Einstellen in die Homepage einem größeren Publikum zugänglich gemacht, doch ergibt sich hieraus noch kein mit einer vom Massenpublikum genutzten Informationsquelle vergleichbarer Publizitätsgrad (so das LG Düsseldorf C&R 1998, 431 f.). A.A. hinsichtlich der Einstufung als Mediendienst Ernst, NJW-CoR 1998, 430 (430), der in gewöhnlichen Homepages einen Prototyp des Teledienstes sieht. Eingehender zum Gegendarstellungsanspruch im Internet: Lerch, CR 1997, 261 ff.

II. Ansprüche aus § 1004 Abs. 1, S. 2 BGB analog[174]

1) Unterlassungsansprüche

Der Schädiger kann im Falle bestehender oder drohender Persönlichkeitsrechtsverletzungen gemäß § 1004 Abs. 1, S. 2 BGB analog zur Unterlassung verpflichtet werden[175].

Anders als beim Gegendarstellungsrecht ist Voraussetzung des Unterlassungsanspruchs, dass die Widerrechtlichkeit des Eingriffs feststeht; ein Verschulden ist jedoch nicht erforderlich[176]. Zudem muss für den „regulären“, das heißt auf Unterlassung „weiterer“ Störungen gerichteten Unterlassungsanspruch, eine Wiederholungsgefahr und für den vorbeugenden Unterlassungsanspruch eine Erstbegehungsgefahr gegeben sein[177]. Darlegungs- und ggf. Beweislast hierfür treffen den Anspruchsteller[178]. Dies ist beim regulären Unterlassungsanspruch unproblematisch, da die Tatsache, dass ein rechtswidriger Eingriff bereits stattgefunden hat, laut BGH eine Wiederholungsgefahr vermuten lässt[179]. Beim primär relevanten vorbeugenden Unterlassungsanspruch muss der Betroffene hingegen konkrete Anhaltspunkte dafür liefern, welche die Verbreitung einer konkreten Tatsachenbehauptung erwarten lassen. Dies bedeutet, dass der Anspruchsteller im Falle zu befürchtender Medienberichte über eine den Bericht vorbereitende bloße Recherche hinausgehende Indizien vorweisen muss. Dazu wird er jedoch in den seltensten Fällen in der Lage sein.

Der Unterlassungsanspruch ist ein Verteidigungsmittel nicht nur gegen unrichtige Tatsachenbehauptungen, sondern auch gegen wahre Schilderungen, welche die Privatsphäre mangels rechtfertigenden Drittinteresses verletzen[180], und darüber hinaus gegen Werturteile, welche die Grenze zur Schmähkritik überschritten haben[181]. Er kann jedoch nur punktuellen Schutz liefern, da er sich

---

[174] Für das Namensrecht bestehen eigenständige Beseitigungs- und Unterlassungsansprüche in § 12 BGB.

[175] Fechner, Medienrecht, Rn. 256. Die Nennung der Anspruchsgrundlage ist nicht einheitlich. Manche nennen §§ 862 Abs. 1, S. 2, 1004 BGB analog (Damm/Rehbock, Widerruf, Unterlassung und Schadensersatz in Presse und Rundfunk, Rn. 560 ff.), andere noch zusätzlich den § 12 S. 2 BGB (MüKo-Rixecker, BGB, Anhang zu § 12 Allg. PersönlR Rn. 179). Er kann auch zusätzlich noch auf § 823 Abs. 1 BGB oder auf § 823 Abs. 2 BGB i.V.m. §§ 185 ff. StGB bzw. in Verbindung mit sonstigen Schutzgesetzen gestützt werden.

[176] Erman-Ehmann, Anhang zu § 12 Rn. 318; BGHZ 38, 200 (206).

[177] BGHZ 14, 163 (169 f.).

[178] Damm/Rehbock, Widerruf, Unterlassung und Schadensersatz, Rn. 250.

[179] BGH NJW 1986, 2503 (2505); kritisiert von OLG Celle AfP 77, 345 (346).

[180] OLG Hamburg UFITA 81 (1978), 278 ff.

[181] BGH NJW 1982, 2246 (2247).

aufgrund des Erfordernisses der Bestimmtheit[182] des Unterlassungsantrages nur gegen die konkret drohende Verletzung nicht aber gegen wesentliche Modifizierungen[183] dieser richten kann.

2) *Widerrufs- und Richtigstellungsanspruch*

Der Widerruf und die Richtigstellung sind im Gegensatz zur Gegendarstellung eine eigene Erklärung des Schädigers, dass die veröffentlichte Tatsachenbehauptung unwahr ist. Und während der Unterlassungsanspruch der Abwehr künftiger Verletzungen dient, wird mit dem Widerrufs- und Richtigstellungsanspruch die Korrektur der Folgen eines in der Vergangenheit liegenden Eingriffs verlangt[184]. Der Widerrufsanspruch ist geboten bei Tatsachenbehauptungen, die insgesamt falsch sind. Die Richtigstellung hingegen ist geboten, wenn lediglich Teile der Behauptung unwahr sind, die Behauptungen einseitig, unvollständig[185] oder aus einem anderen Grund missverständlich sind[186].

Der Widerrufs- bzw. Richtigstellungsanspruch lässt sich wegen seines die Beeinträchtigung beseitigenden Charakters sowohl auf § 1004 Abs. 1, S. 2 BGB analog[187] als auch wegen seines wiederherstellenden bzw. zumindest schadensmindernden Elements auf die §§ 823 ff. BGB stützen[188]. Erforderlich ist eine tatbestandsmäßige und rechtswidrige Persönlichkeitsrechtsverletzung[189].

---

[182] Vgl. § 253 Abs. 2, Nr. 2 ZPO. Unbestimmte Anträge führten sonst zu einer die Pressefreiheit unzumutbar beschneidenden Rechtsunsicherheit, da der Streit, welche Äußerungen nach dem Urteil verboten sind, ins Vollstreckungsverfahren verlagert würde (BGH NJW 1991, 1114 (1115)).

[183] Nach der Kerntheorie des BGH werden allerdings gleichwertige Verletzungsformen, die im Kern der sich aus dem Urteil ergebenden Verletzungsform entsprechen, vom Urteil mit umfasst. (MüKo-Lüke, ZPO, § 253 Rn. 132).

[184] Bei Verletzungen des Rechts am eigenen Bild folgt aus § 37 KUG ein Anspruch auf Vernichtung rechtswidrig verbreiteter oder vorgeführter Bildnisse sowie der dazu ausschließlich bestimmten Vorrichtungen (MüKo-Rixecker, BGB, Anhang zu § 12 Allg. PersönlR Rn. 205).

[185] Bei Behauptungen, die zwar in sich richtig sind, denen jedoch bestimmte Tatsachen fehlen, die für eine umfassende und richtige Beurteilung des Sachverhalts unabdingbar sind, wird er auch als Ergänzungsanspruch bezeichnet (BGH NJW 1972, 431 ff.).

[186] Erman-Ehmann, Anhang zu § 12 Rn. 347 f.

[187] Auch hier erfolgt die Nennung der Anspruchsgrundlage nicht einheitlich, und es werden sowohl § 862 BGB als auch § 12 BGB zusätzlich zitiert (MüKo-Rixecker, BGB, 4. Aufl., Anhang zu § 12 Rn. 183).

[188] Fechner, Medienrecht, Rn. 272; Klein, Der zivilrechtliche Schutz des einzelnen vor Persönlichkeitsrechtsverletzungen durch die Sensationspresse, S. 22. Nach früherer Rechtsprechung des RG (RGZ 97, 343 (345)) konnte der Anspruch nur nach § 823 BGB geltend gemacht werden, später (RGZ 148, 114 (123 ff.)) erfolgte jedoch die Anerkennung des Anspruchs als sog. quasi-negatorischer Anspruch, wobei die Anspruchsmöglichkeit aus § 823 BGB erhalten geblieben ist (vgl. auch Erman-Ehmann, Anhang zu § 12 Rn. 333).

[189] Erman-Ehmann, Anhang zu § 12 Rn. 333.

Der Anspruch wird nur bei unrichtigen Tatsachenbehauptungen gewährt; reine Meinungsäußerungen können aufgrund des durch Art. 5 GG geschützten offenen Meinungsaustausches keinen Widerrufsanspruch auslösen[190]. Bei verfehlten Werturteilen kann jedoch die Veröffentlichung eines erfolgten richterlichen Urteils oder einer Unterlassungsverpflichtung verlangt werden, wenn neben der Verurteilung oder der Verpflichtung zur Unterlassung gerade deren öffentliche Bekanntgabe zur Beseitigung erforderlich ist[191].

Die Unwahrheit der Tatsachenbehauptung muss vom Anspruchsteller bewiesen werden. Zuletzt wird der Anspruch nur dann gewährt, wenn die Beeinträchtigung durch die falsche Tatsachenbehauptung noch fortdauert, das heißt der zugrundeliegende Sachverhalt für die Öffentlichkeit noch von Interesse ist[192].

Eine Geltendmachung im Wege der einstweiligen Verfügung ist ausgeschlossen[193], da der Beweis der Unwahrheit mit den eingeschränkten Mitteln des Eilverfahrens nicht geführt werden kann und zudem bei Widerruf bzw. Richtigstellung eine Vorwegnahme der Hauptsache droht. Die Durchsetzung im Hauptsacheverfahren bedeutet für den Betroffenen einen erheblichen Zeitverlust[194].

Dieser Nachteil in Verbindung mit der Beschränkung des Anwendungsbereiches auf unwahre Tatsachen, das heißt den Verfälschungsschutz, verschlägt den Widerrufs- bzw. Richtigstellungsanspruch in der Anwendungspraxis eher auf die hinteren Ränge.

III. Bereicherungsansprüche

Der Schädiger kann gemäß § 812 Abs. 1, S. 1, 2. Alt. BGB zur Herausgabe der vermögenswerten Vorteile, die durch einen Eingriff in das Persönlichkeitsrecht gezogen worden sind, verpflichtet werden[195].

Voraussetzung dieses Anspruchs ist lediglich, dass es sich bei dem betroffenen Persönlichkeitselement um ein vermögenswertes[196] Ausschließlichkeitsrecht handelt, das heißt, ihm der für die Eingriffskondiktion erforderliche „Zuweisungsgehalt" zugesprochen wird. Außerdem muss es sich um einen rechtswidri-

---

[190] Erman-Ehmann, Anhang zu § 12 Rn. 335.

[191] MüKo-Rixecker, BGB, Anhang zu § 12 Allg. PersönlR Rn. 201; BGH NJW 1987, 1400 ff.

[192] Fechner, Medienrecht, Rn. 277.

[193] Gemäß der Rechtssprechung ist die Geltendmachung im Wege der einstweiligen Verfügung beim „eingeschränkten Widerruf" zulässig, d.h. wenn der Widerruf den Zusatz enthält, dass die Behauptung „gegenwärtig nicht aufrechterhalten werden kann" (MüKo-Rixecker, BGB, Anhang zu § 12 Allg. PersönlR Rn. 211, 215).

[194] I.d.R. liegen zwei bis drei Jahre zwischen Erstmitteilung und Widerruf vgl. Prinz, NJW 1995, 817 (820).

[195] Erman-Ehmann, Anhang zu § 12 Rn. 352 ff.

[196] A. A hinsichtlich der Vorraussetzung, dass es sich um einen vermögenswerten Teil des Persönlichkeitsrechts handeln muss: v. Gerlach, VersR 2002, 917 (925).

gen Eingriff in die dem Betroffenen ausschließlich zugewiesene Dispositionsbefugnis handeln[197]. Damit bietet der Bereicherungsanspruch den nicht zu verachtenden Vorteil der Verschuldens- und Schadensunabhängigkeit[198].

Der BGH hat den Charakter des vermögenswerten Ausschließlichkeitsrechts für das Recht am Bild[199] sowie für das Namensrecht[200] anerkannt. Doch wird zunehmend gefordert, dass dies für alle diejenigen Elemente der Persönlichkeit gelten muss, die der Betroffene von der Rechtsordnung unbeanstandet „vermarkten" kann, das heißt für alle verkehrsfähigen Persönlichkeitsdetails[201].

Der Anspruch spielt meist dort eine Rolle, wo üblicherweise für eine Veröffentlichung eine Vergütung zu zahlen ist, z.B. bei der Verwendung von Persönlichkeitsmerkmalen zu Werbezwecken[202]. Der Bereicherungsanspruch ist damit das Verteidigungsmittel gegen Angriffe auf den Schutz vor wirtschaftlicher Nutzung. Die auf Kosten des Verletzten erlangten und herauszugebenden Vermögensvorteile sind in der Regel das ersparte Honorar, von dem der Betroffene die Erlaubniserteilung der Nutzung hätte abhängig machen können (sog. fiktive Lizenzgebühr)[203]. Die grundsätzliche Verwertungsbereitschaft des Betroffenen, das heißt, seine hypothetische Bereitwilligkeit der Veröffentlichung zum damaligen Zeitpunkt überhaupt zuzustimmen, gilt nach überwiegender Meinung[204] nicht als Voraussetzung des bereicherungsrechtlichen Anspruchs.

---

[197] Vgl. insbes. für das Recht am eigenen Bild: Helle, Besondere Persönlichkeitsrechte im Privatrecht, S. 217.

[198] Ausdrücklich BGHZ 81, 75 (81 f.).

[199] BGHZ 20, 345 (353) – Paul Dahlke; BGH NJW 1992, 2084 (2085) – Talkmaster m.w.N.; NJW-RR 1987, 230 (231) – Nena; BGH NJW 1979, 2205 (2206) – Fußballtorwart.

[200] BGHZ 81, 75 (81 f.).

[201] MüKo-Rixecker, BGB, Anhang zu § 12 Allg. PersönlR Rn. 234; Erman-Ehmann, Anhang zu § 12 Rn. 248. Hintergrund dieser Diskussion ist die sich im Rahmen der zunehmenden Vermarktung von Personen zu stellende Frage, inwieweit einzelnen Persönlichkeitsdetails ein vermögenswerter Charakter und damit u.U. auch die Qualität von Immaterialgüterrechten zuerkannt wird (vgl. hierzu auch Ullmann, AfP 1999, 209 (210 ff.). Befürwortend: Beuthien/ Schmölz, Persönlichkeitsschutz durch Persönlichkeitsgüterrechte, S. 64 f. Ablehnend: Peukert, ZUM, 710 (712 ff.).

[202] Insbesondere die Verwendung von Personenbildern oder Namen. Hierzu LG München ZUM 2002, 238 ff.

[203] BGH NJW 1979, 2205 (2206) – Fußballtorwart; BGH NJW 1981, 2402 (2403); BGH NJW 1992, 2084 (2085) m.w.N; LG München ZUM 2002, 238 (240).

[204] BGH NJW 1981, 2402 (2403); BGH NJW 1992, 2084 (2085) m.w.N.; OLG München ZUM 1996, 160 (162); OLG Hamburg AfP 1983, 282 (283); MüKo-Rixecker, BGB, Anhang zu § 12 Allg. PersönlR Rn. 226; Staudinger-Lorenz, § 818 Rn. 29; Ullmann, AfP 1999, 209 (212); Beuthien/Hieke, AfP 2001, 353 (360 f.); Wenzel-v.Strobl-Alberg, Das Recht der Wort- und Bildberichterstattung, Kapitel 9, Rn. 10. Wohingegen der BGH in der Herrenreiter-Entscheidung (BGHZ 26, 349 (353 f.)) noch erklärt hatte, die Bemessung des zu ersetzenden Betrages nach dem Entgelt, das bei Abschluss einer Vereinbarung vermutlich zu entrichten gewesen wäre, versage, wenn feststehe, dass der Betroffene der Verwertung nicht zugestimmt hätte.

Die Höhe der fiktiven Lizenzgebühr bestimmt sich danach, welches Entgelt vernünftige Vertragspartner als angemessene Vergütung ausgehandelt hätten. Maßgeblich hierfür sind u.a. die Auflagenstärke, die Verbreitung sowie Art und Gestaltung der Nutzung[205].

Einen über die Lizenzgebühr hinausgehenden Gewinn des Verletzers kann der Rechtsgutsträger nach h.M. im Bereicherungsrecht nicht verlangen[206]. Hierfür wird insbesondere angeführt, dass der erzielte Gewinn nicht alleine auf der Verwertung des Persönlichkeitsrechts, sondern zu einem großen Teil auf der geldwerten Tätigkeit des Verletzers beruht[207].

IV. Ansprüche aus §§ 823 ff. BGB

Schließlich kann der Schädiger zum Schadensersatz herangezogen werden. Der Schadensersatzanspruch der §§ 823 ff. BGB beinhaltet die strengsten Voraussetzungen[208]. Er erfordert die tatbestandsmäßige Verletzung der Norm, die Rechtswidrigkeit der Handlung und zudem ein Verschulden des Anspruchsgegners.

Die zumeist herangezogene deliktische Anspruchsgrundlage ist § 823 Abs. 1 BGB, im Rahmen derer das allgemeine Persönlichkeitsrecht als sonstiges Recht anerkannt ist[209].

Der Anspruch aus § 823 Abs. 1 BGB erfordert eine fallbezogene Güter- und Interessenabwägung, um die Tatbestandsmäßigkeit sowie die Rechtswidrigkeit festzustellen[210], wohingegen bei den Ansprüchen aus § 823 Abs. 2 BGB das Schutzgut bereits durch die Tatbestände der Schutzgesetze festgelegt wurde. Als Schutzgesetze i.S.d. § 823 Abs. 2 BGB gelten z.B. die strafrechtlichen Ehren-

---

205 Prinz/Peters, Medienrecht, Rn. 901; LG München ZUM 2002, 238 (240). Eine Übersicht der marktüblichen Vergütungen für Bildnutzungsrechte, zusammengestellt von der MFM, ist bestellbar unter http://www.mittelstandsgemeinschaft-foto-marketing.de/ (Stand: 28.03.2007). Die MFM-Honorarübersicht ist die gerichtlich anerkannte Grundlage zur Berechnung der Schadensersatzhöhe nach der Lizenzanalogie.

206 Schlechtriem, Bereicherung aus fremden Persönlichkeitsrecht, in: Festschrift für Hefermehl, S. 445 (458); Staudinger-Lorenz, § 818 Rn. 29; BGHZ 82, 299 (305, 308); BGHZ 99, 244 (248 f.). Zur Gewinnabschöpfung nach § 687 Abs. 2 BGB siehe unten 2. Teil, B, VI.

207 Staudinger-Lorenz, § 818 Rn. 29.

208 Meist wird § 823 Abs. 1 BGB (teilweise i.V.m. § 1004 BGB) als deliktische Anspruchsgrundlage herangezogen. Die Anwendung anderer deliktischer Vorschriften ist allerdings nicht ausgeschlossen (Erman-Ehmann, Anhang zu § 12 Rn. 368).

209 Der BGH qualifiziert das Persönlichkeitsrecht als sonstiges Recht i.S.d. § 823 BGB (Fikentscher/Heinemann, Schuldrecht, Rn. 1225).

210 Eine Ausnahme bilden jedoch die besonderen Persönlichkeitsrechte, bei welchen eine Einzelfallabwägung entbehrlich ist (siehe oben 2 Teil, A, III).

schutzvorschriften gemäß §§ 185 ff. StGB[211] oder der Bildnisschutz gemäß §§ 22 ff. KUG[212]. Auch die Regelungen des Bundesdatenschutzgesetzes werden nach überwiegender Ansicht als Schutzgesetze i.S.d. § 823 Abs. 2 BGB angesehen[213].

In Anspruchskonkurrenz zu § 823 BGB steht die sittenwidrige Schädigung gemäß § 826 BGB, die zwar nicht die Verletzung eines spezifischen Rechtsguts jedoch vorsätzliches Handeln erfordert. Ebenso neben § 823 BGB anwendbar ist § 824 BGB, der den wirtschaftlichen Ruf, das heißt die Geschäftsehre schützt, um die Kreditgefährdung des Einzelnen zu vermeiden. Er gewährt allerdings nur materiellen Schadensersatz und nicht den Schutz immaterieller Interessen[214].

1) Beseitigungsanspruch

Nach § 249 BGB, der auch bei nicht vermögensrechtlichen Schäden gilt, ist im Rahmen des Schadensersatzes der Zustand wiederherzustellen, der bestünde, wenn der zum Ersatz verpflichtende Umstand nicht eingetreten wäre. Die Naturalrestitution lässt damit auch Beseitigungsansprüche in den Anwendungsbereich der §§ 823 ff. BGB fallen. Wie bereits erwähnt[215], kann der Widerrufs- und Richtigstellungsanspruch wegen seines wiederherstellenden Charakters auch auf die §§ 823 ff. BGB gestützt werden. Gleiches gilt für den Unterlassungsanspruch und den Anspruch auf Veröffentlichung eines solchen Unterlassungsanspruchs[216].

2) Geldentschädigung

Ist eine Wiederherstellung des ursprünglichen Zustandes nicht oder nicht vollständig möglich, so kann der Geschädigte für diesen Fall bzw. Teil nach § 251 Abs. 1 BGB Geldersatz fordern.

Unproblematisch zu ersetzen sind materielle Schäden, wie Vermögenseinbußen durch den Verlust eines Arbeitsplatzes nach einer Persönlichkeitsverfälschung oder Aufwendungen durch Inserate zur Schadensminderung.

---

[211] Der Rechtsprechung zufolge wird § 823 Abs. 2 BGB i.V.m. den strafrechtlichen Ehrenschutzvorschriften (§§ 185 ff. StGB) ohne Spezialitätsverhältnis neben § 823 Abs. 1 BGB angewandt (BGH NJW 1985, 2644 (2645); a. A. Fikentscher/Heinemann, Schuldrecht, Rn. 1230).

[212] Helle, Besondere Persönlichkeitsrechte im Privatrecht, S. 50.

[213] BGH NJW 1981, 1738 (1740); Erman-Schiemann, § 823 Rn. 163.

[214] MüKo-Wagner, BGB, § 824 Rn. 5.

[215] Siehe oben 2. Teil, B, II, 2).

[216] Erman-Ehmann, Anhang zu § 12 Rn. 332.

Meist sind bei Persönlichkeitsrechtsverletzungen jedoch nicht materielle Schäden zu beklagen, sondern Schäden immaterieller Natur. Wie bereits erwähnt hat der BGH[217] schon frühzeitig (1958) erkannt, dass entgegen der Schranken des § 253 BGB die Zuerkennung eines immateriellen Schadensersatzes bei Persönlichkeitsrechtsverletzungen verfassungsrechtlich geboten ist, um einen effektiven Persönlichkeitsschutz zu gewährleisten, da aufgrund der Natur des Persönlichkeitsrechts fast ausschließlich immaterielle Schäden entstehen[218]. Deswegen gilt heute § 823 BGB als Anspruchsgrundlage des auf den Schutzauftrag aus Art. 1 und 2 Abs. 1 GG gestützten Geldentschädigungsanspruchs[219] mit der Besonderheit, dass die Sperre des § 253 BGB aus verfassungsrechtlichen Gründen nicht eingreift[220].

a) Voraussetzungen des immateriellen Schadensersatzes

Um sicherzustellen, dass es nicht zu einer die freie geistige Auseinandersetzung gefährdenden Ausuferung der Ansprüche kommt, stellt die Rechtsprechung eng gefasste Voraussetzungen an den Ersatzanspruch für Nichtvermögensschäden. Es muss sich um einen besonders schweren Fall der Persönlichkeitsrechtsverletzung handeln, was aufgrund aller Umstände des Einzelfalles, insbesondere der Bedeutung und Tragweite des Eingriffs, Anlass und Beweggrund des Handelnden und Grad des Verschuldens beurteilt werden kann[221].

Des Weiteren darf Genugtuung auf andere Weise nicht zu erlangen sein, das heißt, der Geldentschädigungsanspruch ist gegenüber anderen Möglichkeiten des Rechtsschutzes subsidiär[222]. Doch sind aufgrund der jeweiligen Defizite[223] der einzelnen Ansprüche schwerwiegende Persönlichkeitsrechtsverletzungen durch Gegendarstellungs-, Widerrufs- und Unterlassungsansprüche häufig nicht

---

[217] BGHZ 26, 349 (355, 356) Herrenreiter-Entscheidung.

[218] Vgl. unter Hinweis auf den Schutzauftrag aus Art. 1, Art. 2 GG BVerfGE 34, 269 ff.

[219] Zur Entwicklung dieses Geldentschädigungsanspruchs vgl. 2. Teil, A, I, insbesondere Fn. 26. Die Rechtsprechung des BGH zur Geldentschädigung bei Verletzungen des allgemeinen Persönlichkeitsrechts soll durch die Neufassung des § 253 Abs. 2 BGB nicht beeinträchtigt werden (Jauernig-Teichmann, § 253 Rn. 7; BT-Drs. 14/7752, S. 49, 55).

[220] v. Holleben, Geldersatz bei Persönlichkeitsverletzungen, S. 33.

[221] So BGH 35, 363 (369); BGH NJW 1982, 635 (636); BGH NJW 1995, 861, (864); BGH NJW 1996, 2870 (2871, 2872).

[222] Ständige Rechtsprechung seit BGHZ 35, 363 ff.; BGH NJW 1979, 1041 (1041); Palandt-Sprau, § 823 Rn. 124; Fechner, Medienrecht, Rn. 302.

[223] Meist fehlt die notwendige Präventionswirkung; auch kann ein Unterlassungsurteil die bereits eingetretene Verletzung nicht mehr aufheben und bietet zudem nur punktuellen Schutz; Gegendarstellungs- und Widerrufsansprüche können aufgrund ihres beschränkten Anwendungsgebietes keine Eingriffe in die Privatsphäre beseitigen etc.; vgl. zu den Nachteilen der einzelnen Ansprüche jeweils die Ausführungen hierzu am Ende der Darstellung der einzelnen Ansprüche im Rahmen dieser Arbeit.

befriedigend zu kompensieren. Der BGH gewährt daher in diesen Fällen zusätzlich zu den herkömmlichen Instrumentarien des Persönlichkeitsschutzes eine Geldentschädigung[224].

Trotz seiner Subsidiarität spielt der Geldentschädigungsanspruch inzwischen die zentrale Rolle bei der effektiven Durchsetzung des Persönlichkeitsschutzes. Ursache hierfür ist vor allen Dingen die zunehmend einseitige Ausrichtung einiger Medienunternehmen am wirtschaftlichen Erfolg, auf welche die Gerichte aus Gesichtspunkten der Prävention mit der Einbeziehung der Gewinnerzielungsabsicht als Bemessungsfaktor in der Entschädigungshöhe reagierten[225].

b) *Bemessung der Höhe der Entschädigung*

Angesichts der Tatsache, dass der EuGH, wie später eingehend zu erörtern sein wird, die Kognitionsbefugnis der Gerichte auf den nur in dem jeweils eigenen Land entstandenen Schaden beschränkt, ist zur Beurteilung der Praktikabilität dieser Lösung besonderes Augenmerk auf die Höhe bzw. Bemessung des Schadensersatzes zu richten. Aus diesem Grunde folgt eine kurze Darstellung der Bemessungskriterien bei Persönlichkeitsrechtsverletzungen in den klassischen Medien. Inwieweit diese auch bei Verletzungen im Rahmen des Internet brauchbar sind und, ob sich die Faktoren in den einzelnen Ländern getrennt erheben und berechnen lassen, wird an späterer Stelle untersucht[226].

Die Suche nach dem angemessenen Geldäquivalent für Persönlichkeitsrechtsverletzungen gestaltet sich wegen der vielfältigen Facetten der Entschädigung nicht einfach.

Maßgeblich für die Frage der Art und Weise der Bemessung ist stets die Funktion des Ersatzanspruches[227]. Der Geldentschädigungsanspruch aus der Verletzung des allgemeinen Persönlichkeitsrechts hat sich zu einem Schadensersatzanspruch eigener Art mit eigenständigen Voraussetzungen[228] und folglich ebenso eigener Zielsetzung entwickelt.

---

224 So z.B. BGH NJW 1995, 861 (864) neben Widerrufs- und Richtigstellungsanspruch (u.a. wegen der Schwere des Eingriffs und der Zeitverzögerung bei der Durchsetzung von Widerrufsansprüchen). Doch soll nach Auffassung des BGH jeweils anhand der Umstände des Einzelfalls geprüft werden, ob der Widerruf zu einem hinreichenden Ausgleich für die Rechtsbeeinträchtigung führt (a.A. MüKo-Schwerdtner, BGB, 3. Aufl., § 12 Rn. 294: Widerruf schließt grundsätzlich Geldentschädigung nicht aus; a. A. Damm/Rehbock, Widerruf, Unterlassung und Schadensersatz, Rn. 353: Widerruf behebt i.d.R. Persönlichkeitsrechtsverletzung).

225 BGH NJW 1995, 861 (865) Caroline I-Entscheidung.

226 Siehe 9. Teil, C, X, 1), b).

227 So der Darstellung von Prinz zu entnehmen NJW 1996, 953 (954 f.).

228 v. Holleben, Geldersatz bei Persönlichkeitsverletzungen, S. 32.

Der Entschädigung kommt danach die Funktion des Ausgleichs, der Genugtuung sowie der Prävention zu[229]. Im Vordergrund steht laut BGH[230] – anders als beim Schmerzensgeld – der Gesichtspunkt der Genugtuung des Opfers. Den Präventionszweck hat der BGH erstmals ausdrücklich in der Caroline I-Entscheidung manifestiert[231]. Er hat der Präventionsfunktion zumindest für die Fälle der vorsätzlich unbefugten Vermarktung der Persönlichkeit („Zwangskommerzialisierung") sogar Vorrang gegenüber der normalerweise bei Schadensersatzansprüchen maßgeblichen Ausgleichsfunktion einräumt[232].

Aufgrund dieser mannigfaltigen Aufgaben verfügt der Entschädigungsanspruch über eine Fülle von Bemessungskategorien[233]. Eine abschließende Bestimmung ist daher nicht möglich. Da sich die Bemessungskriterien aus den Funktionen des Anspruchs ableiten, sollen sie im Folgenden auch anhand dieser dargestellt werden.

Aus der Genugtuungsfunktion folgt zunächst, dass das Verschulden des Verletzers für die Entschädigungshöhe zu berücksichtigen ist. Vorsätzliche und grob fahrlässige Verletzungen sind Ausdruck besonderer Missachtung der Persönlichkeit des Betroffenen und bedürfen daher eines Mehr an Kompensationsleistung[234].

Genugtuung bedeutet vor allen Dingen Besänftigung des Opfers. Eine solche ist nur dann gegeben, wenn das Opfer davon ausgehen kann, dass der Täter von der Sanktion auch getroffen wird. Daher ist die Solvenz des Verletzers in die Bemessung einzubeziehen[235]. Teilweise wird seitens der Rechtsprechung vertreten, dass zudem auf die Solvenz des Opfers abgestellt werden müsse, da zur Besänftigung des Opfers mit finanziellen Wohltaten eine Orientierung an seiner finanziellen Situation unumgänglich sei[236].

Im Rahmen der Genugtuungsfunktion findet weiterhin das Verhalten des Täters nach der Verletzungshandlung Beachtung. Wiedergutmachungshandlun-

---

[229] Erman-Ehmann, Anhang zu § 12 Rn. 380.

[230] BGHZ 35, 363 (369).

[231] Vgl. BGH NJW 1995, 861 (865) Caroline I-Entscheidung; dies ein halbes Jahr später wiederholend BGH NJW 1996, 984 (985) Caroline II-Entscheidung; den Präventionszweck andeutend bereits im sog. Ginseng-Urteil BGH NJW 61, 2059 (2061).

[232] Vgl. BGH NJW 1996, 984 (985): „... hier muss der Ausgleichsgedanke ... bei der Bemessung der Geldentschädigung, zugunsten des Präventionsgedankens in den Hintergrund treten".

[233] So auch Steffen, NJW 1997, 10 (10).

[234] Prinz, NJW 1996, 953 (955).

[235] BGHZ 18, 149 (159 f.); dies bedeutet jedoch nicht, dass bei schlechten wirtschaftlichen Verhältnissen des Verletzers eine Befreiung der Entschädigungspflicht eintritt (BGHZ 18, 149 (160)).

[236] Die Solvenz des Opfers berücksichtigend BGHZ 18, 149 (159); zustimmend Erman-Ehmann, 10. Aufl., Anhang zu § 12 Rn. 820; dies ablehnend mit dem Einwand, dies führe zur Klassenjustiz v. Holleben, Geldersatz bei Persönlichkeitsverletzungen, S. 59; ebenso ablehnend v. Bar, NJW 1980, 1724 (1728).

gen[237], wie ein unverzügliches Bemühen um Schadensausgleich oder ein freiwilliger Widerruf, wirken sich besänftigend und damit positiv, die Vornahme weiterer, gleichgelagerter Handlungen zu Lasten des Opfers dagegen empörungssteigernd und somit negativ auf die Entschädigungshöhe aus[238].

Im Rahmen der Ausgleichsfunktion findet die Intensität der Persönlichkeitsbeeinträchtigung, welche den Umfang des immateriellen Schadens bestimmt, Eingang in die Entschädigungsbemessung. Es ist auf die beim Opfer eingetretenen Verletzungsfolgen, das heißt, das Ausmaß an „Schmerzen im Geistigen"[239] abzustellen. Bemessungskriterien sind demnach die den Verletzungsgrad beeinflussenden Faktoren, wie Sprachwahl, Größe, Aufmachung und Position der Veröffentlichung[240].

Da sich die Intensität der Rechtsverletzung evident steigert, je mehr Personen von ihr Kenntnis nehmen, ist die Verbreitung der verletzenden Verlautbarung, ein wesentliches Berechnungsmoment. Die Verbreitung ist bei Presseartikeln in den klassischen Medien anhand der Auflage und des Verbreitungsgebietes des Berichtes ermittelbar.

Relevant für die Tiefe des Eingriffs ist auch, welche Schutzintensität die betroffene Sphäre genießt[241]. Ferner ist die Dauer der Verletzung zu berücksichtigen[242], das heißt, die Zeit, in welcher der verletzende Beitrag beim Publikum nachwirken[243] oder wiederbelebt (z.B. bei der Existenz von Archiven) werden kann. Die Subsidiarität der Geldentschädigung kann sich ebenfalls auf die Höhe auswirken, denn eine zeitnahe Berichtigung durch Widerruf oder Gegendarstellung kann den entstandenen immateriellen Schaden vermindern[244].

Ein weiterer Bemessungsfaktor, der sich aus der Ausgleichsfunktion ergibt, ist die soziale Stellung des Störers oder des Betroffenen. Die Bedeutung der sozialen Stellung des Verletzers rührt daher, dass ehr- und persönlichkeitsverlet-

---

[237] v. Holleben, Geldersatz bei Persönlichkeitsverletzungen, S. 63 spricht hier von „tätiger Reue" im Zivilrecht oder der Rückkehr des Schädigers zur Rechtstreue.

[238] Die gleichzeitige strafrechtliche Verurteilung wirkt sich nicht auf die Höhe der Geldentschädigung aus, da sie als staatliche Sanktion das Genugtuungsbedürnis des Geschädigten nicht beeinflusst (So BGH NJW 1995, 781 (783) zum Schmerzensgeld nach dem damaligen § 847 BGB).

[239] So Prinz, NJW 1996, 953 (955).

[240] Prinz, NJW 1996, 953 (955); ähnlich Steffen, NJW 1997, 10 (11).

[241] Eingriff in schutzintensivste Intimsphäre wiegt z.B. schwerer als in die weniger intensiv geschützte Privatsphäre (Klein, Der zivilrechtliche Schutz des einzelnen vor Persönlichkeitsrechtsverletzungen durch die Sensationspresse, S. 116).

[242] Prinz, NJW 1996, 953 (955); Klein, Der zivilrechtliche Schutz des einzelnen vor Persönlichkeitsrechtsverletzungen durch die Sensationspresse, S. 116.

[243] Meldungen in Tageszeitungen werden i.d.R. schneller vergessen, als der in Lesezirkeln im Wartezimmer lange ausliegende Illustriertenbericht (Steffen, NJW 1997, 10 (11)).

[244] So entschieden von LG Berlin NJW-RR 1998, 316 (317).

zende Äußerungen den Betroffenen umso intensiver treffen, desto größer die Autorität des Äußernden ist[245].

Auf Seiten des Geschädigten können, abhängig von seinen Lebensumständen, z.B. wenn er auf einen untadeligen Ruf in der Öffentlichkeit angewiesen ist, die Auswirkungen des Eingriffs und damit die Intensität der Verletzung unterschiedlich sein[246].

Durch die Präventivfunktion erhält der Entschädigungsanspruch das Ziel der Steuerung des Schädigerverhaltens. Hieraus ergibt sich zunächst das Bemessungskriterium der Wiederholungsgefahr. Hat der Verletzer in der Vergangenheit bereits des Öfteren die Persönlichkeit des Opfers oder anderer missachtet, so verlangt dies nach einem besonders großen Hemmungseffekt in Form einer für den Schädiger deutlich „fühlbaren“ Entschädigungssumme (spezialpräventiver Gedanke)[247]. Der Abschreckungsgedanke führt überdies zu generalpräventiven Überlegungen. So soll nach Auffassung des OLG Hamburg[248] die Zuerkennung höherer Geldentschädigungen allgemein das Risiko für die Medienunternehmen erhöhen, Ansprüchen spürbarer Dimension ausgesetzt zu sein. Bezweckt wird, ihr zukünftiges Marktverhalten in der Weise zu steuern, dass das geschützte Rechtsgut der Persönlichkeit vor Schädigungen bewahrt wird[249].

Das Ziel der Verhaltenssteuerung lässt ferner die Intention des Verletzers bei der Bemessung Berücksichtigung finden[250]. Die verwerfliche Motivation des Schädigers wirkt sich entschädigungserhöhend aus. Zu fragen ist daher nach dem Handlungsmotiv des Störers. Dient seine Veröffentlichung der Bekanntmachung und Erörterung von für die Öffentlichkeit (abgesehen von ihrer Sensationslust) Wesentlichem und Berührendem oder erfolgt sie aus bloßem Profitinteresse, sei es in wirtschaftlicher oder politischer Hinsicht? In der Absicht der Gewinnerzielung in Form der rücksichtslosen Zwangskommerzialisierung[251] sieht die Rechtsprechung einen besonders schweren Fall. Um vor solcher Skrupellosigkeit mit Hilfe eines echten Hemmungseffekts Schutz zu gewähren, soll

---

245 Erman-Ehmann, 10. Aufl., Anhang zu § 12 Rn. 819.

246 Vgl. Wasserburg, Der Schutz der Persönlichkeit im Recht der Medien, S. 217.

247 Vgl. Prinz, NJW 1996, 953 (955).

248 OLG Hamburg NJW 1996, 2870 (2874).

249 A.A. Steffen (NJW 1997, 10 (13)), der eine generalpräventive Funktion ablehnt.

250 Dies hat der BGH in den Caroline-Entscheidungen deutlich hervorgehoben, in dem er ausführte, dass „besonders in Betracht zu ziehen ist, dass der Schädiger die Verletzung als Mittel zur Auflagensteigerung und damit zur Verfolgung kommerzieller Interessen eingesetzt hat“ (BGH NJW 1996, 984 (985)) bzw. „die Entschädigung der Höhe nach ein Gegenstück dazu bildet, dass die Persönlichkeit zur Gewinnerzielung verletzt worden ist“ (BGH NJW 1995, 861 (865)).

251 Das heißt, wenn der Schädiger „die Privatsphäre des Betroffenen zum Zwecke der Auflagensteigerung und ihres kommerziellen Vorteils der Neugier und Sensationslust von Hunderttausenden von Lesern aussetzt“ (BGH NJW 1995, 861 (864)).

nach neuerer Rechtsprechung[252] der erzielte Gewinn aus der Rechtsverletzung zwar in die Bemessung der Geldentschädigung einbezogen werden, eine genaue Berechnung und Abschöpfung desselben soll jedoch nicht erforderlich sein[253].

Je nachdem, welche Funktion im Einzelfall in den Vordergrund rückt, gilt dies auch für die der Funktion entsprechenden Bemessungskriterien des Geldentschädigungsanspruchs. Der entstandene Nichtvermögensschaden, der in der Intensität der Verletzung seinen Ausdruck findet, bildet jedoch den Ausgangspunkt[254].

Doch lässt das Zusammenspiel der vorgenannten Gesichtspunkte den Richtern im Einzelfall große Ermessensspielräume[255]. Eine Berechnungsformel für die richtige Entschädigung gibt es nicht. Abstrakt lässt sich nicht regeln, welcher Betrag für eine Persönlichkeitsrechtsverletzung angemessen ist[256]. Eine Orientierungsmarke für die Höhenbemessung ist lediglich die bisherige Kasuistik[257]. Ein Entschädigungsniveau kann sich aus den verschiedenen Entscheidungen ergeben, wenn diese einen bestimmten Rahmen erkennen lassen, über dessen Angemessenheit ein „allgemeiner Konsens" besteht[258]. Der Richter hat diesen Rahmen jedoch den sich ändernden Wertanschauungen der Gesellschaft anzupassen.

V. Ansprüche aus §§ 280 Abs. 1, 241 Abs. 2 BGB

Aufgrund der Verletzung des Persönlichkeitsrechts kommen auch vertragliche Schadensersatzansprüche gemäß §§ 280 Abs. 1, 241 Abs. 2 BGB in Betracht.

Gemäß § 241 Abs. 2 BGB kann ein Schuldverhältnis nach seinem Inhalt die Parteien zur Rücksicht auf die Rechte, Rechtsgüter und (rechtlich geschützten) Interessen der jeweils anderen Partei verpflichten. Diese Regelung soll dem Umstand Rechnung tragen, dass die Beteiligten innerhalb einer rechtlichen Sonderverbindung meist gezwungen sind, ihre Rechtspositionen und Interessen Einwirkungen des anderen Teils auszusetzen[259]. Bei den in § 241 Abs. 2 BGB normierten Verhaltenspflichten handelt es sich daher um Pflichten, die nicht mit der Primärleistung in Zusammenhang stehen, sondern dem Schutz des personen-

---

252 BGH NJW 1995, 861 (865); BGH NJW 1996, 984 (985).

253 A. A. Prinz, der die Ermittlung und Abschöpfung des Vermögensvorteils verlangt und hierzu ein imposantes Berechnungsmodell liefert (Prinz, NJW 1996, 953 (956 f.)). Dies näher erläuternd v. Holleben, Geldersatz bei Persönlichkeitsverletzungen, S. 66 ff.

254 Vgl. Holleben, Geldersatz bei Persönlichkeitsverletzungen, S. 57.

255 Erman-Ehmann, 10. Aufl., Anhang zu § 12 Rn. 816.

256 Diese Rechtsunsicherheit birgt laut Steffen (NJW 1997, 10 (14)) gewissermaßen einen Präventiveffekt.

257 Eine Zusammenstellung enthält Erman-Ehmann, Anhang zu § 12 Rn. 386 f.

258 Donaldson, AcP 166, 462 (473).

259 Hk-BGB-Schulze, § 241 Rn. 4.

und vermögensrechtlichen „status quo“ des anderen Teils dienen[260]. Folglich erstrecken sich die Verhaltenspflichten auch auf den Schutz des Persönlichkeitsrechts des Vertragspartners. Umfang und Inhalt dieser Pflichten ergeben sich aus den vertraglichen Abreden der Parteien, dem Vertragszweck, dem Vertragscharakter[261], der Verkehrssitte, den Anforderungen des redlichen Geschäftsverkehrs und den konkreten Umständen des Einzelfalls[262].

Schutzpflichten, die sich aus der Verpflichtung zur Rücksichtnahme auf das Persönlichkeitsrecht des Vertragpartners ergeben könnten, sind beispielsweise Verschwiegenheitspflichten hinsichtlich der im Rahmen des Vertragsverhältnisses erlangten persönlichen Daten. Bestimmte Vertragsverhältnisse erfordern die Preisgabe sensibler Daten über die Person des Vertragspartners. Durch diesen Datenaustausch wird dem Vertragspartner eine gesteigerte Einwirkungsmöglichkeit auf das Recht auf informationelle Selbstbestimmung des anderen und damit auf dessen Persönlichkeitsrecht eröffnet. Zum Schutze der informationellen Selbstbestimmung des Vertragspartners könnten diesen Verträgen daher Verschwiegenheits- und Geheimhaltungspflichten in Bezug auf die sensiblen persönlichen Daten entnommen werden. Eine Veröffentlichung der entsprechenden Daten würde demnach eine Verletzung des Persönlichkeitsrechts in der Form der vertraglichen Verschwiegenheits- und Geheimhaltungspflicht bedeuten. So würde bei einem Chiffre-Anzeigenvertrag der Auftragnehmer seine Verschwiegenheitspflicht verletzen, wenn er die Person des Anzeigenden offenbarte. Eine Bank, die Informationen über die finanzielle Situation eines Kunden offen legt, würde gegen das dem Bankvertrag immanente Bankgeheimnis[263] verstoßen, das ebenso als Ausdruck der informationellen Selbstbestimmung zu sehen ist.

Eine Verletzung der Pflichten aus § 241 Abs. 2 BGB führt zu einer Haftung aus § 280 Abs. 1 BGB, die neben die deliktische Haftung tritt[264].

Ansprüche aus vertraglichen Pflichtverletzungen wegen Persönlichkeitsrechtsverletzungen im Internet sind allerdings bisher nicht gerichtslastig geworden, und es ist auch nicht zu erwarten, dass die Gerichte in Zukunft in großer Anzahl mit ihnen betraut werden.

Dies liegt zum einen daran, dass es sich bei vertraglichen Pflichtverletzungen wegen Persönlichkeitsrechtsverletzungen nicht um typische Internetsachverhalte handelt. Die Konfliktparteien bei persönlichkeitsrechtlichen Streitigkeiten im

---

260 Palandt-Heinrichs, § 241 Rn. 6.

261 Beim Vertragscharakter sind Dauer und Intensität der mit dem Vertrag verbundenen sozialen Kontakte zu berücksichtigen (Hk-BGB-Schulze, § 241 Rn. 5; Jauernig-Mansel, § 241 Rn. 10).

262 Palandt-Heinrichs, § 241 Rn. 7; Bamberger/Roth-Grüneberg, § 241 Rn. 44.

263 Die Wahrung des Bankgeheimnisses ist in den AGB-Banken ausdrücklich niedergelegt.

264 Jauernig-Mansel, § 241 Rn. 10, 15 ff. (eingehend zum Zusammentreffen von Ansprüchen aus Delikt und Vertrag).

Internet stehen in der Regel in keiner vertraglichen Beziehung zueinander, sondern sie treffen sich beim Meinungsaustausch oder kennen sich vorher gar nicht, wie bei unverlangter E-Mail-Werbung oder erfundenen Interviews.

Zum anderen wird der vertragliche Anspruch von dem daneben stehenden Deliktsanspruch überlagert. Dies ist darauf zurückzuführen, dass der Anspruch aus § 280 BGB zwar einen Ersatz des materiellen nicht aber des im Rahmen von Persönlichkeitsrechtsverletzungen wesentlichen immateriellen Schadens gewährt.

Folgende Begründung ist für einen mangelnden immateriellen Schadensersatz anzuführen:

Der Inhalt des Schadensersatzes nach § 280 Abs. 1 BGB bemisst sich nach den §§ 249 ff. BGB. Ein immaterieller Schadensersatzanspruch wird gemäß § 253 BGB nur bei der Verletzung der in § 253 Abs. 2 BGB genannten Rechtsgüter gewährt, zu denen das Persönlichkeitsrecht nicht zählt[265]. Der von der Rechtsprechung im Deliktsrecht entwickelte Geldentschädigungsanspruch bei Persönlichkeitsrechtsverletzungen greift im Rahmen der vertraglichen Haftung hingegen nicht. Bei diesem Anspruch handelt es sich, wie bereits ausgeführt[266], nicht um einen Schmerzensgeldanspruch, der analog zu § 253 Abs. 2 BGB gewährt wird, sondern um einen eigenständigen Rechtsbehelf, der den Schutzauftrag von Art. 1 und Art. 2 GG realisiert[267]. Der Geldentschädigungsanspruch wurde vom BGH im Hinblick auf die Verwirklichung eines deliktischen Tatbestandes entwickelt und unmittelbar aus § 823 Abs. 1 BGB i.V.m. Art. 1, 2 GG abgeleitet[268]. Angesichts dieses Hintergrundes ist nicht anzunehmen, dass er auch für die Verletzung vertraglicher Pflichten gelten soll[269]. Dafür spricht auch die Feststellung des Bundesrates, dass eine Geldentschädigung wegen der Verletzung des allgemeinen Persönlichkeitsrechts nur bei der Verwirklichung eines deliktischen Tatbestands gewährt werden soll[270] und die

[265] G. Wagner, NJW 2002, 2029 (2056).

[266] Siehe oben 2. Teil, A, I und 2. Teil, B, IV, 2). Ebenso OLG München GRUR-RR 2002, 341 (341).

[267] Dies gilt auch für die Rechtslage nach dem Zweiten Schadensersatzrechtsänderungsgesetz vgl. BT-Drs. 14/7752, S. 49 f. (55); Hk-BGB-Staudinger, § 823 Rn. 112; Jauernig-Teichmann, § 253 Rn. 7.

[268] Hk-BGB-Staudinger, § 823 Rn. 112; OLG München GRUR-RR 2002, 341 (341).

[269] Gegen die Erstreckung der Vertragshaftung auf das allgemeine Persönlichkeitsrecht Ströfer, JZ 1982, 663 (669 f.); a.A. Wickler, AuR 2004, 87 (90); die Frage offen lassend G. Wagner, NJW 2002, 2049 (2057).

[270] BT-Drs. 14/7752, S. 49 f. Der Bundesrat hatte eine Klarstellung hinsichtlich des Geldentschädigungsanspruchs bei Persönlichkeitsrechtsverletzungen im Gesetzestext angeregt, in dem er die Normierung eines solchen Anspruchs in § 847 BGB und damit im Titel der unerlaubten Handlung (2. Buch, 8. Abschnitt, 27. Titel „Unerlaubte Handlung“, §§ 823-853) vorschlug (BT-Drs. 14/7752, S. 49 f.).

diesbezügliche Einlassung der Bundesregierung, die diese Aussage nicht in Zweifel zieht[271].

Ein weiterer Grund, warum sich der vertragliche Anspruch nicht gegen den Deliktsanspruch bei Persönlichkeitsrechtsverletzungen durchsetzen kann, ist, dass der Deliktsanspruch bei Persönlichkeitsrechtsverletzungen im Hinblick auf die Unterlassungs- und Widerrufsansprüche kein Verschulden erfordert[272]. Während normalerweise der vertragliche, im Rahmen der Naturalrestitution zu gewährende Unterlassungs- und Widerrufsanspruch durch die Beweislastumkehr auf der Ebene des Verschuldens[273] und die Gehilfenhaftung ohne Exkulpationsmöglichkeit[274] vorteilig gegenüber den deliktischen Ansprüchen ist, gilt dies nicht für den Persönlichkeitsschutz. Bei Persönlichkeitsrechtsverletzungen ist vielmehr den verschuldensunabhängigen deliktischen Unterlassungs- und Widerrufsansprüchen der Vorzug zu geben.

Abgesehen hiervon ist der praktische Anwendungsbereich des vertraglichen Unterlassungs- und Widerrufsanspruchs gering. Dieser greift nur bei unwahren Tatsachenbehauptungen[275]. Er findet damit bei den im Rahmen von vertraglichen Nebenpflichtverletzungen typischen Fällen des Eindringens in die Privatsphäre durch die wahrheitsgemäße Verbreitung von vertraulich erlangten Informationen keine Anwendung.

Ferner ist anzumerken, dass auch ein vorbeugender Unterlassungsanspruch bei der Verletzung von Verhaltenspflichten aus § 241 Abs. 2 BGB nicht besteht[276] und die Frage, ob ein „regulärer" Unterlassungsanspruch bei der Verletzung von nichtleistungsbezogenen Nebenpflichten zugebilligt wird, noch nicht geklärt ist[277].

---

[271] Die Bundesregierung hatte den Vorschlag des Bundesrates zwar abgelehnt. Sie hat dies allerdings damit begründet, dass dieser nicht alle rechtspolitischen Fragen hinsichtlich der Geldentschädigung bei Persönlichkeitsrechtsverletzungen kläre, und sie es daher vorziehe, in der Zukunft ein schlüssiges Gesamtkonzept zur Regelung des allgemeinen Persönlichkeitsrechts zu erarbeiten (BT-Drs. 14/7752, S. 55).

[272] Siehe oben 2. Teil, B, II, 1) und 2).

[273] Bei den Vertragsansprüchen muss der Schuldner mangelndes Verschulden nachweisen. Der Gläubiger trägt hingegen die Beweislast für die Pflichtverletzung, die Entstehung des Schadens und den Kausalzusammenhang zwischen Pflichtverletzung und Schaden (Palandt-Heinrichs § 280 Rn. 34 ff.).

[274] Vertraglich: Zurechnung des Verschuldens des Erfüllungsgehilfen gemäß § 278 BGB, deliktisch: Haftung gemäß § 831 BGB, jedoch mit Exkulpationsmöglichkeit.

[275] Erman-Ehmann, Anhang zu § 12 Rn. 335.

[276] Bamberger/Roth-Grüneberg, § 241 Rn. 91; Hk-BGB-Schulze, § 241 Rn. 13; Jauernig-Mansel, § 241 Rn. 8.

[277] Erman-Westermann, § 280, Rn. 25; a.A. Palandt-Heinrichs § 280 Rn. 33, der einen Unterlassungsanspruch zubilligt, solange die Verletzungshandlung oder der pflichtwidrig geschaffene Zustand andauert.

Der vertragliche Anspruch bei Persönlichkeitsrechtsverletzungen ist demnach von geringer praktischer Relevanz und wird vom deliktischen Anspruch überlagert. Die Verletzung vertraglicher Pflichten im Hinblick auf das Persönlichkeitsrecht ist im Zusammenhang mit der vorliegenden Fragestellung folglich vernachlässigbar und wird im Rahmen dieser Arbeit nicht weiter verfolgt.

VI. Ansprüche aus §§ 687 Abs. 2, 681 S. 2, 667 BGB

Teilweise wird ein Anspruch aus angemaßter Eigengeschäftsführung gemäß §§ 687 Abs. 2, 681 S. 2, 667 BGB bejaht[278].

Der Gewinnabschöpfungsanspruch soll als Hemmnis für Angriffe auf den Schutzbereich der wirtschaftlichen Nutzung dienen. Dies gilt insbesondere für den Bereich der Werbewirtschaft. Eine Geschäftsanmaßung ist allerdings nur möglich für die Abspaltungen des Persönlichkeitsrechts mit wirtschaftlichem Zuweisungsgehalt, z.B. das Recht am Bild[279].

Einer Zubilligung eines Gewinnherausgabeanspruchs gemäß §§ 687 Abs. 2, 681 S. 2, 667 BGB bei Persönlichkeitsrechtsverletzungen stehen jedoch verschiedene Bedenken entgegen.

Zunächst können die gleichen Gründe, die gegen eine Zuerkennung eines Gewinnabschöpfungsanspruchs im Bereicherungsrecht sprechen, auch gegen einen Gewinnherausgabeanspruch bei angemaßter Eigengeschäftsführung vorgebracht werden[280]. Der erzielte Gewinn ist nicht in dem Zuweisungsgehalt des Persönlichkeitsrechts verkörpert, sondern beruht vielmehr überwiegend auf persönlichen Fähigkeiten des Nutzers. Selbst wenn man einen Teil des Gewinns auf die Verwertung des Persönlichkeitsrechts zurückführt, so stellt sich das Problem zwischen den Gewinnen, die auf der Nutzung des Rechts und jenen, die auf der geldwerten Tätigkeit des Verletzers beruhen, zu differenzieren[281].

Darüber hinaus ergeben sich erhebliche Schwierigkeiten bei der Ermittlung des mit Hilfe der Persönlichkeitsrechtsverletzung erzielten Gewinns. Es stellt sich die Frage, wie bei demjenigen, der z.B. ein Bild zu Werbezwecken (Produkthersteller) oder zur Erhöhung der Auflage (Verlagshaus) nutzt, festgestellt

---

278 Vollkommer, Zum Schutz der Persönlichkeit vor unbefugter Vermarktung durch die Medien, in: Festschrift für Leisner, S. 599 (607 ff.); Siemes, AcP 201 (2001), 202 (228 ff.); v. Gerlach, VersR 2002, 917 (923 ff.); Beuthien, NJW 2003, 1220 (1221 f.).

279 Staudinger-Wittmann, § 687 Rn. 69; Palandt-Sprau, § 687 Rn. 7; a.A. v. Gerlach, VersR 2002, 917 (924 f.), der einen Gewinnherausgabeanspruch auch bei Eingriffen in den ideellen Bereich des Persönlichkeitsrechts bejaht, z.B. bei einem erfundenen Interview.

280 Siehe auch oben 2. Teil, B, III.

281 So Siemes, AcP 201 (2001), 202 (227) zum Bereicherungsanspruch. A.A. Beuthien/ Schmölz, Persönlichkeitsschutz durch Persönlichkeitsgüterrechte, S. 53, die den aufgrund der besonderen Geschäftstüchtigkeit erzielten Übererlös in den Anspruch aus Geschäftsanmaßung miteinbeziehen.

werden soll, in welchem Umfang der erwirtschaftete Gewinn des Unternehmens tatsächlich auf der Verletzung des Persönlichkeitsrechts beruht. Der Anspruch ist folglich mangels Praktikabilität nicht durchsetzbar[282].

Angesichts der bestehenden Schadensersatz- und Bereicherungsansprüche bedeutet dies jedoch im Ergebnis keine wesentliche Verkürzung der Rechte des Rechtsgutsträgers. Dem Präventionsgedanken, Unternehmen mit Hilfe der Gewinnabschöpfung von der unbefugten Vermarktung der Persönlichkeit abzuhalten, kann im Rahmen des Schadenersatzanspruchs genüge getan werden. Wie oben dargelegt[283], kann das Ziel, steuernd auf das Verletzerverhalten einzuwirken (Präventionsfunktion), im Rahmen der Schadensbemessung berücksichtigt werden und zu einer entsprechenden Erhöhung des Ersatzanspruchs führen.

Ein erheblicher Vorteil der Berücksichtigung des Gewinnstrebens des Verletzers im Rahmen des Schadensersatzanspruchs ist, dass auf diese Weise der „Gewinnabschöpfungsanspruch" nicht auf Eingriffe in den wirtschaftlichen Zuweisungsgehalt beschränkt ist. Auch bei Verletzungen im Bereich des ideellen Persönlichkeitsrechts, des Persönlichkeitsrechts ohne Marktwert, gilt die Präventionsfunktion als Bemessungsfaktor des Ersatzanspruchs und kann z.B. durch spürbar hohe Schadensersatzansprüche erfundenen Interviews entgegenwirken. Ferner ist die damit verbundene einheitliche Handhabung von kommerziellem und ideellem Persönlichkeitsrecht begrüßenswert.

Des Weiteren ist anzumerken, dass die praktische Bedeutung des Anspruchs aus Geschäftsanmaßung wegen seines Erfordernisses des vorsätzlichen Eingriffs gegenüber dem verschuldensunabhängigen Bereicherungsanspruch gering ist[284]. Schließlich wird das Gewicht des Anspruchs durch die angeführte Kürzung um die Eigenleistung des Geschäftsführers und die teilweise geforderte[285] Begrenzung des Anspruchs auf die Höhe des Entschädigungsanspruchs gemindert.

Der Anspruch aus Geschäftsanmaßung ist daher wegen der mit ihm verbundenen Beweisschwierigkeiten bei der Ermittlung des Umfangs des Herausgabeanspruchs und wegen seiner geringen Bedeutung neben den Schadensersatz- und Bereicherungsansprüchen vernachlässigbar. Der Anspruch wird aus diesem Grund im Rahmen dieser Arbeit nicht weiter verfolgt.

---

282 Gounalakis, AfP 1998, 10 (19). A.A. Beuthien/Schmölz, Persönlichkeitsgüterrechte, S. 53 ff., dessen Berechnungsmethode allerdings insbesondere für den Bereich der redaktionellen Beiträge in Zeitung, Fernsehen und Rundfunk nicht überzeugend ist.

283 Siehe oben 2. Teil, B, IV, 2).

284 Siemes, AcP 201 (2001), 202 (229).

285 OLG München GRUR-RR 2002, 341 (343) mit der Begründung, dass die Pressefreiheit nicht unverhältnismäßig eingeschränkt werden dürfe und eine übermäßige Kommerzialisierung des Persönlichkeitsrechts unangemessen wäre.

3. Teil: Die Bedeutung und Rechtsgrundlage des internationalen Gerichtsstands der unerlaubten Handlung

Betrachtet man die aufgeführten Ansprüche bei Persönlichkeitsrechtsverletzungen im deutschen Recht[286], so kommt zu deren gerichtlicher Geltendmachung sowohl der allgemeine Gerichtsstand, und damit zumeist der Wohnsitz des Beklagten, als auch der besondere Gerichtsstand der unerlaubten Handlung in Betracht.

Von maßgeblicher Bedeutung ist im Bereich der Persönlichkeitsrechtsverletzungen der besondere Gerichtsstand der unerlaubten Handlung[287]. Dieser streitgegenstandsbezogene Gerichtsstand am Tatort ermöglicht es dem Kläger, die Klage im Inland zu erheben, selbst wenn der Beklagte dort nicht seinen Wohnsitz hat. Der zusätzliche Wahlgerichtsstand[288] ist für den Kläger von besonderem Interesse[289], da er ihm unter anderem einen heimatnäheren Gerichtsstand sowie eine erhöhte Sach- und Beweisnähe des Gerichts bieten kann. Ferner eröffnen sich im Hinblick auf Persönlichkeitsrechtsverletzungen im Internet im Rahmen des Gerichtsstands der unerlaubten Handlung mehrere Auslegungsfragen[290], während sich beim allgemeinen Gerichtsstand keine Besonderheiten ergeben. Dies bedingt, dass die Frage nach der internationalen Zuständigkeit bei Persönlichkeitsrechtsverletzungen im Internet zu einer Untersuchung des internationalen Gerichtsstands der unerlaubten Handlung führt.

---

[286] Siehe oben 2. Teil, B.

[287] § 32 ZPO: Für Klagen aus unerlaubten Handlungen ist das Gericht zuständig, in dessen Bezirk die Handlung begangen ist.
Art. 5 Nr. 3 EuGVÜ/LugÜ: Eine Person, die ihren Wohnsitz in dem Hoheitsgebiet eines Vertragsstaats hat, kann in einem anderen Vertragsstaat verklagt werden, wenn eine unerlaubte Handlung oder eine Handlung, die einer unerlaubten Handlung gleichgestellt ist, oder wenn Ansprüche aus einer solchen Handlung den Gegenstand des Verfahrens bilden, vor dem Gericht des Ortes, an dem das schädigende Ereignis eingetreten ist.
Art. 5 Nr. 3 EuGVO: Eine Person, die ihren Wohnsitz in dem Hoheitsgebiet eines Vertragsstaats hat, kann in einem anderen Vertragsstaat verklagt werden, wenn eine unerlaubte Handlung oder eine Handlung, die einer unerlaubten Handlung gleichgestellt ist, oder wenn Ansprüche aus einer solchen Handlung den Gegenstand des Verfahrens bilden, vor dem Gericht des Ortes, an dem das schädigende Ereignis eingetreten ist oder einzutreten droht.

[288] Das diesbezügliche Wahlrecht des Klägers ergibt sich aus § 35 ZPO bzw. aus dem Wortlaut des Art. 5 EuGVO.

[289] Siehe für die Klägerinteressen am Deliktsgerichtsstand die Parteiinteressen im 4. Teil, C, IV.

[290] Siehe insbesondere 5.-8. Teil.

Bevor auf die Tatbestandsmerkmale des Gerichtsstands der unerlaubten Handlung und ihre Auslegung im Einzelnen eingegangen wird, muss die Rechtsgrundlage eines solchen Gerichtsstandes ermittelt werden. Hierfür müssen sowohl das deutsche Zivilprozessrecht als auch die verschiedenen europäischen Regelungswerke herangezogen werden.

Zuvor soll kurz verdeutlicht werden, dass sich die Bedeutung der internationalen Zuständigkeit nicht allein in der Frage des Austragungsortes der Gerichtsverhandlung erschöpft.

A. Die Bedeutung der internationalen Zuständigkeit

Unter dem Begriff der internationalen Zuständigkeit versteht man allgemein die Zuständigkeit der Gerichte eines bestimmten Staates in einem Streitverfahren mit Auslandsbezug[291]. Aus dem Blickwinkel Deutschlands bedeutet dies die Frage, in welchen Fällen deutsche Gerichte in Streitigkeiten mit Auslandsberührung zuständig sind.

Die Bestimmung des Gerichtsstaates in Verfahren mit Auslandsberührung kann, neben dem aus der örtlichen Zuständigkeit bekannten räumlichen Gewicht, erhebliche prozessuale und bedeutende materielle Auswirkungen haben[292].

Die räumlichen Auswirkungen liegen auf der Hand. Mit wachsender Distanz zum Gericht steigen die Kosten und der zeitliche Aufwand. Hinzu kommt unter Umständen die Belastung mit einer fremden Sprache.

Noch wesentlicher sind die rechtlichen Folgen der Gerichtsstaatsbestimmung. Aufgrund der so genannten Lex-fori-Regel[293] bestimmt die internationale Zuständigkeit zugleich das anwendbare Verfahrensrecht[294]. Die Wahl eines be-

---

[291] Geimer, IZPR, Rn. 44; Kegel/Schurig, IPR, § 22 II, S. 1049; Schwarz, S. 50; Kropholler, IPR, § 58 I 2 a, S. 606.

[292] Zur Bedeutung des Gerichtsstands für den Kläger siehe auch Frank Vischer, Bemerkungen zum Verhältnis von internationaler Zuständigkeit- und Kollisionsrecht, in: Festschrift für D'Alfred E. von Overbeck, Kollision und Vereinheitlichung, S. 350 ff.

[293] Nach der lex-fori-Regel wendet das Gericht stets sein eigenes Verfahrensrecht an (BGH NJW 1985, 552 (553); Linke, IZPR, Rn. 37; v. Bar, IPR, Bd. II, Rn. 483; Baumbach/Lauterbach-Hartmann, ZPO, Einl. III Rn. 74. Begründet wird das heute nicht mehr ausnahmslos geltende lex-fori-Prinzip überwiegend mit Praktikabilitätserwägungen (Linke, IZPR, Rn. 37; Schack, IZVR, Rn. 43).

[294] Das Verfahrensrecht kann von Staat zu Staat sehr unterschiedlich sein. Beispielsweise ist das aus den Common-Law Ländern bekannte Discovery-Prinzip, wonach jede Partei die Gegenseite darüber informieren muss, welche für den Streitgegenstand relevanten Dokumente sie in ihrem Besitz hat oder hatte (siehe für England: Kessel, ZVglRWiss 92 (1993), 395 (406 ff.); siehe für die USA: Roth, P., International and Comparative Law Quarterly, 1992 Vol. 41, 245 ff. oder Schack, Einführung in das US-amerikanische Zivilprozeßrecht, S. 44 ff.), dem Verfahrensrecht der Civil-Law Länder unbekannt.

stimmten Forums bestimmt also auch das Beweisrecht, das heisst es entscheidet beispielsweise, ob ein Ausforschungsbeweis möglich ist. Daneben unterwirft sich der Kläger mit der Wahl des Gerichtsstandes der Gerichtsorganisation und der Prozesskostenregelung des Forumstaates. Er entscheidet damit beispielsweise darüber, ob ein Richter oder eine Jury über seinen Schadensersatzanspruch entscheidet[295], ob er mit den Rechtsanwälten ein Erfolgshonorar vereinbaren kann und, ob mit dem Gerichtsverfahren eine Kostenerstattungspflicht verbunden ist. Zudem wird durch die Festlegung des Gerichtsstaats das Kollisionsrecht des Gerichtsstaates und hierdurch das in der Sache anzuwendende Recht bestimmt[296].

Schließlich hat die internationale Zuständigkeit auch Auswirkungen auf die nach Erlass der Entscheidung folgende Vollstreckung. Denn im Gerichtsstaat ist die Vollstreckung mangels Erfordernisses eines weiteren Anerkennungs-[297] und Exequaturverfahrens (Verfahren zur Erlangung der Vollstreckbarerklärung)[298] keinen weiteren Hindernissen ausgesetzt.

[295] Insbesondere hinsichtlich der Höhe des Schadensersatzes fallen die Entscheidungen, je nachdem ob eine Jury oder ein Berufsrichter entscheidet, sehr unterschiedlich aus.

[296] Unabhängig vom anwendbaren materiellen Recht hat insbesondere bei Schadensersatzprozessen das Rechtsklima im Forumstaat einen maßgeblichen Einfluss auf die Höhe des zugesprochenen Anspruchs (Vischer, Bemerkungen zum Verhältnis von internationaler Zuständigkeit- und Kollisionsrecht, in: Festschrift für D'Alfred E. von Overbeck, Kollision und Vereinheitlichung, 1990, S. 350 ff.

[297] Im Rahmen des Anwendungsbereich des EuGVÜ/EuGVO ist dies allerdings keine zusätzliche Erleichterung, da dort ohnehin gemäß Art. 26 Abs. 1 EuGVÜ/Art. 33 Abs. 1 EuGVO grundsätzlich auf ein besonderes Anerkennungsverfahren verzichtet wird. Insbesondere darf gemäß Art. 28 Abs. 3 EuGVÜ/Art. 35 Abs. 3 EuGVO die Zuständigkeit der Gerichte des Urteilsstaates (Erstrichter) im Anerkennungsstaat grundsätzlich (mit Ausnahme der Zuständigkeit für Versicherungssachen, Verbrauchersachen und der ausschließlichen Zuständigkeit) nicht mehr nachgeprüft werden.

[298] Mit Erlass des EuGVO wurde das Exequaturverfahren für die Mitgliedstaaten umgestaltet und beschleunigt. Vollstreckungshindernisse werden nicht mehr im Rahmen des Verfahrens der Vollstreckbarerklärung, sondern erst im nachgelagerten Rechtsbehelfsverfahren überprüft (Art. 41 ff. EuGVO; vgl. zu den Änderungen durch die Vergemeinschaftung des EuGVÜ Micklitz/Rott, EuZW 2002, 15 ff.). Des Weiteren wurde mit der Verordnung Verordnung (EG) Nr.°805/2004 des Europäischen Parlaments und des Rates vom 21. April 2004 der europäische Vollstreckungstitel für unbestrittene Forderungen eingeführt (Datum des Inkrafttretens: 21.01.05). Das Interesse des Klägers an einem vollstreckungsnahen Gerichtsstand tritt im Anwendungsbereich des EuGVO aufgrund dieser Maßnahmen zugunsten einer Titelfreizügigkeit zunehmend zurück. Es bleibt jedoch bisher das wesentliche Vollstreckungshindernis des ordre public Vorbehalts bei bestrittenen Forderungen, welches weiterhin ein maßgebliches Interesse im Vollstreckungsstaat klagen zu können begründet.

B. Rechtsgrundlage der internationalen Zuständigkeit

In der Regel[299] bestimmt jeder Staat selbst, wann eigene Gerichte internationale Entscheidungszuständigkeit beanspruchen[300]. Das Element „international" im Begriff der internationalen Zuständigkeit soll entgegen dem ersten Anschein nicht die Rechtsquelle, sondern lediglich die Auslandsberührung andeuten[301]. Auslandsbezogen ist das Streitverfahren u.a. durch die Staatsangehörigkeit, den Wohnsitz bzw. Sitz der Gesellschaft, den gewöhnlichen oder einfachen Aufenthalt, durch die Belegenheit des Streitgegenstandes oder auch durch den Tatort einer unerlaubten Handlung.

I. Die Regelungen nach der deutschen Zivilprozessordnung

Im deutschen Zivilprozessrecht sind nur wenige Regelungen zu finden, die ausdrücklich die internationale Zuständigkeit betreffen[302]. Abgesehen von diesen regelt die ZPO die internationale Zuständigkeit nur mittelbar, indem die Regelungen über die örtliche Zuständigkeit doppelfunktional verstanden werden. Doppelfunktional bedeutet, dass sowohl die örtliche als auch die internationale Zuständigkeit deutscher Gerichte durch diese Vorschriften bestimmt wird[303].

Der besondere Gerichtsstand der unerlaubten Handlung ist in § 32 ZPO in geregelt[304]. Hiernach ist für Klagen aus unerlaubten Handlungen das Gericht zuständig, in dessen Bezirk die Handlung begangen wurde.

---

[299] Ausnahme der Regel bilden die europarechtlichen Regelungen (z.B. das EuGVÜ).

[300] BGHZ 30, 1 (3); Schröder, Internationale Zuständigkeit, S. 83.

[301] Nagel/Gottwald, IZPR, Rn. 3; Geimer, IZPR, Rn. 13.

[302] Zum Beispiel §§ 15, 16, 23a, 27 Abs. 2, 38 Abs. 2 und 3 Nr. 2, 606a Abs. 1, 640a Abs. 2, 689 Abs. 2 S. 2, 703 d ZPO.

[303] Diese Sicht ist historisch legitimiert, vgl. hierzu Schröder, Internationale Zuständigkeit, S. 85, dort insbesondere Fußnote 7 mit weiteren Nachweisen. Über die Doppelfunktionalität besteht weitgehend Einigkeit, Putzo/Thomas-Hüßtege, Vor § 1 Rn. 6; Geimer, IZPR, Rn. 946; Schack, IZVR, Rn. 236; BGHZ 44, 46 ff.; BGH NJW 1983, 1976 (1976). Unter der Doppelfunktionalität versteht man allerdings nur die Verknüpfung der Voraussetzungen, örtliche und internationale Zuständigkeit sind jedoch weiterhin unterschiedliche Zuständigkeiten (BGHZ 44, 46 ff.).

[304] Daneben kommen in Betracht der allgemeinen Gerichtsstand nach §§ 12 ff. ZPO, die Gerichtsstände am Ort der Niederlassung (§ 21 ZPO) und der Vermögensbelegenheit (§ 23 ZPO). Nachträgliche Gerichtsstandvereinbarungen (§ 38) sowie vertragliche Ansprüche (Gerichtsstand des Erfüllungsortes § 29 ZPO) sind eher selten. Unberührt bleibt jedoch die Möglichkeit der Begründung des Gerichtsstands durch rügeloses Einlassen (§ 39 ZPO). Der Gerichtsstand der Adhäsion gemäß §§ 403 ff. ZPO ist von nahezu keiner praktischen Bedeutung in Deutschland (Kropholler, Internationale Zuständigkeit, in: Handbuch des IZVR, Bd. I, S. 343, (Kap. III, Rn. 371)).

II. Die Zuständigkeitsregelungen des EuGVÜ[305], EuGVO[306] und LugÜ[307]

Die genannten autonomen Zuständigkeitsvorschriften werden von den Regeln des EuGVÜ, der EuGVO und des LugÜ verdrängt[308], sofern ihr jeweiliger Anwendungsbereich eröffnet ist[309].

1) EuGVÜ

Durch das EuGVÜ werden in den Mitgliedsstaaten für Prozesse mit grenzüberschreitendem Sachverhalt einheitliche Zuständigkeits- und Rechtshängigkeitsvorschriften festgelegt. Zudem garantiert es die gegenseitige Anerkennung von Vollstreckungstiteln.

In Art. 5 Nr. 3 EuGVÜ ist der für die Ansprüche aus Persönlichkeitsrechtsverletzungen besonders bedeutsame besondere Gerichtsstand[310] der unerlaubten Handlung normiert[311]. Hiernach kann, wenn eine unerlaubte Handlung oder eine Handlung, die einer unerlaubten Handlung gleichgestellt ist, den Gegenstand des

---

[305] Brüsseler EWG-Übereinkommen über die gerichtliche Zuständigkeit und die Vollstreckung gerichtlicher Entscheidungen in Zivil- und Handelssachen vom 27.09.1968 (BGBl. 1972 II, S. 774) i.d.F. des 3. Beitrittsübereinkommens vom 26.05.1989 (BGBl. 1994 II, S. 519).

[306] Verordnung (EG) Nr. 44/2001 des Rates vom 22.12.2000 über die gerichtliche Zuständigkeit und die Anerkennung und Vollstreckung von Entscheidungen in Zivil- und Handelssachen, ABl. EG Nr. L 12/1 ff. v. 16.01.2001 („Brüssel I").

[307] Luganer Übereinkommen über die gerichtliche Zuständigkeit und die Vollstreckung gerichtlicher Entscheidungen in Zivil- und Handelssachen vom 16.09.1988 (BGBl. 1994 II, S. 2660).

[308] Das EuGVÜ ist ein Staatsvertrag und geht in seinem Anwendungsbereich nationalem Recht vor (Schack, IZVR, Rn. 78, 238). Der EuGH hat darauf hingewiesen, dass aufgrund der Rechtssicherheit innerhalb der Gemeinschaftsordnung und der Koordinierungsziele des Art. 220 EWGV das Übereinkommen den innerstaatlichen Regelungen – und zwar sowohl früheren als auch späteren – vorgehen muss (EuGH, Urteil v. 15.11.1983, Rs. 288/82 (Kongress Agentur Hagen./.Zeehaghe), IPRax 85, 92 (93)).
Die EuGVO geht als unmittelbar geltender Rechtsakt der Gemeinschaftsorgane dem autonomen Recht der Mitgliedstaaten vor (vgl. Art. 249 EGV) (Linke, IZPR, Rn. 21; Kropholler, EuZPR, Einl. Rn. 19; Kropholller, EuZPR, vor Art. 2, Rn. 16 ff.).

[309] Zum Anwendungsbereich siehe unten 3. Teil, B, 5).

[310] Die besonderen Zuständigkeiten des EuGVO regeln neben der internationalen Zuständigkeit zugleich auch die örtliche Zuständigkeit (Kropholler, EuZPR, Vor Art. 2 Rn. 3).

[311] Da Persönlichkeitsrechtsverletzungen häufig mit Beleidigungen im strafrechtlichen Sinne einhergehen, stellt sich die Frage nach Kombinationsmöglichkeiten von Straf- und Zivilklage. Art. 5 Nr. 4 EuGVO verweist hierzu auf das nationale strafprozessuale Kompetenzrecht. Der Gerichtsstand für Adhäsionsverfahren gemäß Art. 5 Nr. 4 EuGVO (vgl. §§ 403 ff. Strafprozessordnung (StPO)) spielt in Deutschland jedoch keine nennenswerte Rolle (Kropholler, EuZPR, Art. 5 Rn. 94).

Verfahrens bilden, vor dem Gericht des Ortes, an dem das schädigende Ereignis eingetreten ist, geklagt werden.

2) EuGVO

In den letzten Jahren ist die Europäisierung des Zivilprozessrechts um einen weiteren Schritt vorangekommen. Durch den im Rahmen des Amsterdamer Vertrages[312] neu eingefügten Art. 65 EGV[313] hat die Gemeinschaft eine originäre Rechtssetzungskompetenz zur Schaffung eines europäischen internationalen Privat- und Verfahrensrechts erhalten[314]. Aufgrund dieser neuen Kompetenz wurde u.a. das Brüsseler Gerichtsstands- und Vollstreckungsübereinkommen (EuGVÜ) durch die neue Verordnung über die gerichtliche Zuständigkeit und die Anerkennung und Vollstreckung von Entscheidungen in Zivil- und Handelssachen (EuGVO)[315] ersetzt[316].

Abgesehen von den eingearbeiteten Reformvorschlägen[317], schreibt die EuGVO im Übrigen das EuGVÜ nahezu wörtlich fort[318]. Hinsichtlich der Fragestellung

[312] Der Amsterdamer Vertrag vom 02.10.1997 (ABl. 1997 Nr. C 340, I; BGBl. 1998 II 386) trat am 01.05.1999 in Kraft (BGBl. 1999 II 296).

[313] Dieser sieht die Harmonisierung der „justiziellen Zusammenarbeit in Zivilsachen" vor. Die in Art. 65 EGV erwähnte Befugnis zum Erlass von Maßnahmen umfasst auch Verordnungen und Richtlinien (Linke, IZPR, Rn. 18; Basedow, Vergemeinschaftung des Kollisionsrechts nach dem Vertrag von Amsterdam, in: Baur/Mansel, Systemwechsel im europäischen Kollisionsrecht, S. 19 (45)).

[314] Heß, NJW 2000, 23 (23); Die Tragweite der Rechtssetzungsbefugnis ist in der Wissenschaft umstritten, siehe hierzu die Kritik von Schack, ZEuP 7 (1999), 805 (807 f.).

[315] Siehe Fn. 306. Die Tragfähigkeit der Rechtsgrundlage des Art. 65 EGV i.V.m. Art. 61 lit. C EG wird allerdings im Schrifttum teilweise bezweifelt, so etwa Geimer, IPRax 2002, 69 (70, Fn. 5); Jayme/Kohler, IPRax 2000, 454 (458). Zum Hintergrund des Art. 65 EGV und die durch ihn entstehenden Fragen vgl. Mansel, Zum Systemwechsel im europäischen Kollisionsrecht nach Amsterdam und Nizza, in: Baur/Mansel, Systemwechsel im Europäischen Kollisionsrecht, 2002, S. 3 ff.

[316] Vgl. Art. 68 EuGVO. Die EuGVO ist am 01.03.2002 in Kraft getreten (Art. 76 EuGVO). Der Übergang der Rechtsform von einem völkerrechtlichen Staatsvertrag zur Verordnung im Rahmen der Europäischen Gesetzgebung vereinfacht Revisionen, lässt diese in den Mitgliedstaaten gleichzeitig in Kraft treten (zu Zeiten des EuGVÜ waren durch schleppende Ratifizierungsverfahren in den Mitgliedstaaten oft jahrelang unterschiedliche Fassungen des EuGVÜ parallel in Kraft) und macht Beitrittsübereinkommen sowie deren Ratifizierung hinfällig (Kropholler, EuZPR, Einl., Rn. 15; Geimer, IPRax 2002, 69 (71)).

[317] Zu den Reformvorschlägen der Ad-hoc-Gruppe vgl. eingehend: Jayme/Kohler, IPRax 1999, 402 ff. und IPRax 2001, 501 ff.

[318] Als inhaltliche Änderungen ist beispielhaft die Vereinfachung des Exequaturverfahrens (Art. 33 ff., insbes. die Verlagerung der Anerkennungsprüfung in die Rechtsbehelfsphase) zu nennen. Beachtenswert ist zudem die neue Regelung des Art. 15 Abs. 1 c) EuGVO (vgl. den alten Art. 13 Abs. 1 Nr. 3 EuGVÜ), welche als Reaktion auf Auslegungsschwierigkeiten bei

dieser Arbeit ist die Ergänzung des Wortlauts des Art. 5 Nr. 3 von besonderem Interesse. Hiernach sind nun auch die Gerichte des Ortes zuständig, an dem das schädigende Ereignis einzutreten droht. Diese Ergänzung klärt die im Rahmen der EuGVÜ und LugÜ umstrittene Frage, ob auch vorbeugende Unterlassungsklagen und Klagen im einstweiligen Rechtsschutz am Deliktsgerichtsstand geltend gemacht werden können, im positiven Sinne[319]. Im Vorfeld der Verabschiedung der neuen Verordnung wurde zunächst auch eine Konkretisierung des Begehungsortes bei Delikten, die sich über mehrere Staaten erstrecken, erwogen. Als klärungsbedürftig wurden hierbei insbesondere auch die Fälle der Ehrverletzungen im Internet oder durch die Presse angeführt. Eine Präzisierung ist jedoch im Ergebnis nicht erfolgt[320].

Im Verhältnis zwischen Dänemark und den Mitgliedsstaaten galt bisher weiterhin das EuGVÜ einschließlich des Protokolls von 1971, da sich Dänemark nicht an der Annahme der Verordnung beteiligt hatte[321]. Am 19. Oktober 2005 unterzeichnete die Gemeinschaft allerdings ein Abkommen mit Dänemark, durch das die Bestimmungen der EuGVO auf dieses Land ausgedehnt werden[322]. Dieses Abkommen zwischen der Europäischen Gemeinschaft und dem Königreich Dänemark über die gerichtliche Zuständigkeit und die Anerkennung und Vollstreckung von Entscheidungen in Zivil- und Handelssachen tritt laut Bekanntmachung des Rates[323] am 1. Juli 2007 in Kraft.

3) LugÜ

Ein Parallelabkommen zu dem von der EuGVO abgelösten Brüsseler Abkommen stellt das zwischen den Mitgliedsstaaten und den EFTA-Staaten geschlossene Übereinkommen von Lugano über die gerichtliche Zuständigkeit und die Vollstreckung gerichtlicher Entscheidungen in Zivil- und Handelssachen dar

Internetgeschäften entstanden ist und den Verbrauchergerichtsstand auf Internetgeschäfte ausweitet. Art. 5 Nr. 3 EuGVÜ, bei welchem ähnliche Auslegungsschwierigkeiten bei Internetdelikten bekannt waren, hat hingegen keine Klarstellung erfahren.

[319] Kropholler, EuZPR, Einl. Rn. 61; Micklitz/Rott, EuZW 2001, 325 (329). Dies auch schon zuvor bejahend: Zöller-Geimer, 20. Aufl., Art. 5 EuGVÜ Rn. 16; Wagner, IPRax 1998, 241 (243).

[320] Micklitz/Rott, EuZW 2001, 325 (329); Wagner, IPRax 1998, 241 (243).

[321] Vgl. Erwägungsgrund Nr. 21 und 22 zur Verordnung (EG) Nr. 44/2001 des Rates vom 22.12.2000. Hierzu näher: Basedow, Vergemeinschaftung des Kollisionsrechts nach dem Vertrag von Amsterdam, in: Baur/Mansel, Systemwechsel im europäischen Kollisionsrecht, S. 19 (29).

[322] ABl. EG Nr. L 300 v. 07.11.2005, S. 55 ff. Beschluss 2005/790/EG des Rates vom 20.09.2005 zur Unterzeichnung des Abkommens veröffentlicht unter ABl. EG Nr. L 299 v. 16.11.2005, S. 61 ff.

[323] ABl. EG Nr. L 94 v. 04.04.2007, S. 70.

(LugÜ)[324]. Das LugÜ bleibt im Verhältnis zu den EFTA-Staaten Schweiz, Norwegen und Island in Kraft.

Das Luganer Übereinkommen stimmt mit dem EuGVÜ in Inhalt und Artikelfolge weitgehend überein[325]. Insbesondere sind die für diese Arbeit maßgeblichen Art. 2 und Art. 5 in den beiden Übereinkommen wortgleich.

Hinsichtlich der EuGVO besteht im Bereich der im Zuge der Umwandlung vorgenommenen Reformen noch keine Parallelität, da das LugÜ bisher noch nicht an den Text der EuGVO angepasst wurde. Eine Revision ist jedoch in Arbeit[326]. Ungeachtet dessen, ist mit Ausnahme der oben erwähnten Ergänzung des Art. 5 Nr. 3 EuGVO[327], der lediglich einen Auslegungsstreit klarstellt, auch der Wortlaut der für die Arbeit maßgeblichen Vorschriften der EuGVO und LugÜ identisch.

4) Gegenstand der Untersuchung

Die inhaltlich identischen Vorschriften von EuGVO, EuGVÜ und LugÜ sind in der Praxis einheitlich auszulegen.

Sowohl das EuGVÜ[328] als auch das EuGVO[329] unterliegen der Auslegungsbefugnis des EuGH. Soweit die Vorschriften des EuGVÜ unverändert in die

---

[324] Vgl. Fn. 307. Das Übereinkommen von Lugano wurde 1988 von den Mitgliedstaaten und den EFTA-Staaten (Europäische Freihandelsassoziation) geschlossen. Ihm können Drittstaaten unter den Voraussetzungen seines Art. 62 beitreten. Das Verhältnis des Anwendungsbereichs des LugÜ zu dem des EuGVÜ wird in Art. 54 b LuGÜ geregelt. Gemäß Art. 68 Abs. 2 EuGVO gilt der dortige Verweis auf das EuGVÜ für die Mitgliedstaaten im Sinne der EuGVO nunmehr als Verweis auf die Verordnung. Das Lugano-Übereinkommen kommt zur Anwendung, wenn die maßgeblichen Bezugspunkte, wie im Regelfall der Beklagtenwohnsitz, nicht auf die Mitgliedstaaten, sondern auf einen Lugano-Staat weisen.

[325] Kropholler, EuZPR. Einl. Rn. 59.

[326] Von der 1995 vom Rat eingesetzten Ad-hoc-Gruppe aus Vertretern der Mitgliedstaaten und der damaligen Lugano-Staaten Schweiz, Norwegen und Island wurde zunächst ein gemeinsamer Revisionstext zum EuGVÜ und LugÜ erarbeitet. Seine Umsetzung wurde jedoch angesichts des EuGVO-Rechtsetzungsverfahren zurückgestellt (Jayme/Kohler, IPRax 2000, 454 (462)). Die Verordnung setzt allerdings im Wesentlichen die dort erarbeiteten Reformvorschläge um (Jayme/Kohler, IPRax, 2000, S. 454 (458); Kropholler, EuZPR, Einl. Rn. 16). Derzeit wird noch an der Anpassung des Luganer Übereinkommens an die Regelungen der Verordnung gearbeitet (Kropholler, IPR, § 56 III 3a, S. 594).

[327] Vgl. 3. Teil, B, II, 2). Ergänzung um den Satzteil „oder einzutreten droht".

[328] Um eine einheitliche Auslegung des EuGVÜ zu sichern, vereinbarten die Vertragsstaaten im sogenannten Luxemburger Auslegungsprotokoll eine Auslegungsbefugnis des EuGH (Oppermann, Europarecht, Rn. 713). Das Auslegungsprotokoll wurde am 03.06.1971 geschlossen und trat am 01.09.1975 in Deutschland in Kraft. Die Auslegungskompetenz des EuGH umfasst das EuGVÜ, die Beitrittsübereinkommen und das Auslegungsprotokoll selbst (Schack, IZVR, Rn. 97). Entscheidungen des EuGH haben, abgesehen von der direkten Bindungswirkung im anhängigen Rechtsstreit, zudem eine faktische Bindungswirkung für sämtliche Gerichte der Mitgliedstaaten. Diese faktische Bindungswirkung für die Mitgliedstaaten ergibt sich daraus,

EuGVO übernommen wurden, kann auf die unter dem EuGVÜ gültige Auslegung durch den EuGH zurückgegriffen werden, da diese auch unter der EuGVO ihre Fortgeltung findet[330]. Der gesetzgeberische Wille zur Fortgeltung der unter dem EuGVÜ gefundenen Auslegung wird durch den ausdrücklichen Hinweis der Kommission auf die EuGVÜ-Beitrittsberichte und die Auslegung einzelner Vorschriften durch den EuGH verdeutlicht[331]. Für eine Fortgeltung spricht zudem der Erwägungsgrund Nr. 19 aus den der EuGVO vorangestellten Erwägungsgründen, der den Willen zur Kontinuität zwischen dem Brüsseler Übereinkommen und der Verordnung betont[332]. Der Wechsel der Rechtsform beeinträchtigt damit nicht die Beständigkeit der Auslegung der Normen.

Das Luganer Abkommen weist dem EuGH zwar keine Zuständigkeit zum Erlass von Vorabentscheidungen über die Auslegung des Luganer Abkommens zu[333]. Die Vertragsstaaten haben jedoch im zweiten Protokoll zum LugÜ zum Ausdruck gegeben, eine möglichst einheitliche Auslegung der beiden Übereinkommen herbeiführen zu wollen[334]. Die geplante Anpassung des Lugano-Übereinkommens an die Regelungen der EuGVO[335] lässt darauf schließen, dass die Einheitlichkeit der Zuständigkeitsregelungen weiterhin angestrebt wird und

---

dass jedes Gericht eines Mitgliedsstaates, das von der Rechtsprechung des EuGH abweichen will, die Rechtsfrage erneut dem EuGH vorlegen muss (Kropholler, EuZPR, Einl. Rn. 38).

[329] Die EuGVO untersteht als Sekundärrecht in vollem Umfang der Rechtsprechung des EuGH (Art. 220 ff. EGV). Das Luxemburger Auslegungsprotokoll ist zur Begründung der Gerichtsbarkeit des EuGH im Rahmen der Verordnung demnach obsolet (Heß, NJW 2000, 23 (28); Geimer, IPRax 2002, 69 (71); Micklitz/Rott, EuZW 2001, 325 (327)).

[330] Kropholler, Die Auslegung von EG-Verordnungen zum Internationalen Privat- und Verfahrensrecht, in: Basedow (u.a.), Aufbruch nach Europa, S. 583 (589); Micklitz/Rott, EuZW 2001, 325 (327).

[331] Zum Verordnungsvorschlag der Kommission vgl. ABl. EG Nr. C 376 E v. 28.12.1999, S. 1.

[332] Die bisherige Praxis der begleitenden Berichte zu den Übereinkommen entfällt im Rahmen der EuGVO und damit ein wichtige Auslegungshilfe. Die Erwägungsgründe der Verordnungen und Richtlinien bieten keinen adäquaten Ersatz (Heß, NJW 2000, 23 (31, dort Fn. 164). Die Berichte zum EuGVÜ bleiben für die Auslegung der EuGVO jedoch insoweit bedeutsam, als die Verordnung den Text des Übereinkommens wörtlich übernimmt. Gleiches gilt für den Bericht zum Lugano-Übereinkommen (Kropholler, EuZPR, Einl. Rn. 45).

[333] Die Vertragsstaaten des Luganer Übereinkommens konnten die Auslegungskompetenz des EuGH nicht akzeptieren. Eine Erweiterung des EuGH um Richter aus den Nicht-EU-Staaten wurde angesichts der Problematik, die der Umgang mit den europäischen Vertragswerken mit sich bringen würde, abgelehnt (Schlosser, EuZPR, Einl. Rn. 16; Heß, NJW 2000, 23 (25)).

[334] Das Auslegungsprotokoll Nr. 2 zum LugÜ verpflichtet die Gerichte, die Rechtsprechung anderer Vertragsstaaten gebührend zu berücksichtigen. Eine echte Bindung besteht jedoch nicht. Vgl. Schmidt-Parzefall, Die Auslegung des Parallelübereinkommens von Lugano, 1995, S. 57 ff. m.w.N. Zum Zwecke der Erfüllung des zweiten Protokolls existiert ein Informationsaustausch und ein zur Auswertung eingesetzter Ständiger Ausschuss (Jayme/Kohler, IPRax 2000, 454 (463, Fn. 104)).

[335] Vgl. 3. Teil, B, II, 3), Fn. 326.

daher die Praxis der einheitlichen Auslegung im Verhältnis zum LugÜ nun auch für die Interpretation der EuGVO durch den EuGH gilt[336]. Dies muss zumindest insoweit gelten, als die Vorschriften noch inhaltlich identisch sind. Für die im Rahmen dieser Arbeit relevanten Vorschriften (insbesondere Art. 5 Nr. 3 EuGVÜ/ EuGVO/LugÜ) ist dies wie dargelegt weitgehend der Fall.

In Anbetracht der einheitlich Auslegung, werden im Fortlauf dieser Arbeit EuGVO, EuGVÜ und LugÜ zusammen untersucht und dargestellt. Die Arbeit orientiert sich hinsichtlich der Artikelangaben an der EuGVO und wird zur Verkürzung auch nur diese als Gesetzesquelle nennen. Allerdings wird im Rahmen dieser Arbeit auf die Rechtsprechung zum EuGVÜ eingegangen, da es aufgrund der kurzen Geltungszeit der EuGVO für diese noch keine gerichtlichen Interpretationsvorgaben gibt. Dies ist angesichts der oben dargestellten Fortgeltung der EuGH-Rechtssprechung jedoch unbedenklich.

5) Anwendungsbereich der europäischen Regelungen

Die genannten europäischen Regelungen kommen nur zur Anwendung, sofern ihr Anwendungsbereich eröffnet ist.

a) Sachlicher Anwendungsbereich

Der sachliche Anwendungsbereich erstreckt sich gemäß Art. 1 EuGVO, von bestimmten Rechtsgebieten abgesehen[337], auf den wesentlichen Teil des Zivil- und Handelsrechts[338]. Ein Anspruch aus Zivil- und Handelssachen i.S.d. Art. 1 EuGVO ist nach der autonomen Auslegung des EuGH nicht gegeben, wenn er seinen Ursprung in einer hoheitlichen Tätigkeit hat[339]. Da Rechtsstreite um Persönlichkeitsrechtsverletzungen im Internet nicht im Zusammenhang mit der Ausübung hoheitlicher Befugnisse geführt werden, stellen sie zivilrechtliche Streitigkeiten i.S.d. Art. 1 EuGVO dar. Dies gilt auch für den Gegendarstellungsanspruch, da er dem Schutz privater Rechtsgüter gegenüber den Medien dient[340].

---

[336] Ähnlich Kropholler, EuZPR, Einl. Rn. 59.

[337] Vgl. Art. 1 S. 2 und S. 3 Nr. 1-4 EuGVO.

[338] Erwägung Nr. 7 zur Verordnung (EG) Nr. 44/2001 des Rates vom 22.12.2000. Die vom Anwendungsbereich in Art. 1 EuGVO ausgenommenen Rechtsgebiete betreffen nicht den Bereich des Persönlichkeitsrechts.

[339] EuGH, Urteil v. 14.10.1976, Rs. 29/76 (LTU./.Eurocontrol), NJW 1977, 489 (492 f., Anm. Geimer); Kropholler, IPR, § 56 III 2a, S. 590.

[340] Hohloch, ZUM 1986, 165 (172); Stadler, JZ 1994, 642 (646). Unschädlich ist, dass der Anspruch auf Gegendarstellung in manchen Mitgliedstaaten zur Durchsetzung den Strafgerichten zugewiesen wird. Die zivilrechtliche Zuordnung gilt gemäß Art. 1 Abs. 1 S. 1 EuGVO unabhängig von der Gerichtsbarkeit.

b) Persönlicher Anwendungsbereich

Der persönliche Anwendungsbereich ist gegeben, wenn der Beklagte seinen Wohnsitz[341] in einem der Mitgliedsstaaten[342] hat[343]. In Fortschreibung des EuGVÜ stellt auch die EuGVO keine Vereinheitlichung des internationalen Zuständigkeitsrechts dar, sondern es werden weiterhin lediglich die Gerichtspflichtigkeit der Personen mit Wohnsitz bzw. Sitz in der EU geregelt und nicht sämtliche internationalen Rechtsstreitigkeiten von den europäischen Vorschriften erfasst. Das nationale Zuständigkeitsrecht bleibt infolge dieses limitierten Anwendungsbereichs der europäischen Zuständigkeitsordnung damit weiter bestehen[344].

c) Auslandsberührung

Entsprechend einer teleologischen Reduktion des Anwendungsbereichs des EuGVÜ ist nach h.M. für die Eröffnung des Anwendungsbereichs des EuGVÜ neben dem Wohnsitz des Beklagten in einem Vertragsstaat zudem erforderlich, dass der Fall Auslandsberührung aufweist. Dies ergibt sich aus Abs. 4 der Präambel, wonach das EuGVÜ bezweckt, die „internationale Zuständigkeit“ zu re-

---

[341] Der für die Frage des persönlichen Anwendungsbereichs erhebliche Wohnsitz des Beklagten bestimmt sich gemäß Art. 52 EuGVÜ bzw. Art. 59 EuGVO nach der lex fori. Bei der Bestimmung des Sitzes von Gesellschaften und juristischen Personen hat das Gericht im Rahmen des EuGVÜ sein internationales Privatrecht anzuwenden. Während die im Zuge der Reform angestrengten Bemühungen um eine autonome Definition des Wohnsitzes scheiterten, waren sie hingegen beim Sitz von Gesellschaften und juristischen Personen fruchtbar. Art. 60 EuGVO bestimmt diese nun autonom.

[342] Hinsichtlich des LugÜ: in einem der Vertragsstaaten.

[343] Dies ergibt sich aus Art. 2 Abs. 1 EuGVO/EuGVÜ/LugÜ. Hinsichtlich der EuGVO vgl. zudem Erwägungsgrund Nr. 8 zur EuGVO. Ausnahmen vom Grundsatz der Maßgeblichkeit des Beklagtenwohnsitzes sind die ausschließliche Zuständigkeit des Art. 16, welcher ohne Rücksicht auf den Wohnsitz zur Anwendung kommt, und die Zuständigkeitsvereinbarung nach Art. 17, für die ausreicht, dass eine der beiden Parteien in einem Vertragsstaat wohnt. Das Verhältnis des Anwendungsbereichs des LugÜ zu dem des EuGVÜ wird in Art. 54 b LugÜ geregelt. Das Lugano-Übereinkommen kommt zur Anwendung, wenn die maßgeblichen Bezugspunkte, wie im Regelfall der Beklagtenwohnsitz, nicht auf die Mitgliedstaaten, sondern auf einen Lugano-Staat weisen.

[344] Es wird kritisiert, dass die Ermächtigung in Art. 65 EGV nicht dazu benutzt wurde, um ein einheitliches europäisches Zuständigkeitsrecht zu schaffen, welches unabhängig vom Beklagtenwohnsitz gilt (Geimer, IPRax 2002, 69 (73)). Eine einheitliche europäische Regelung ohne die partielle Fortgeltung des nationalen Zuständigkeitsrechts hätte viele Ungereimtheiten und Streitigkeiten bei der Anwendung der europäischen Zuständigkeitsordnung gelöst (z.B. im Rahmen des Art. 6 EuGVO, siehe Kropholler, EuZPR, vor Art. 2 Rn. 9) und im Rahmen der Haager Konferenz eine einheitliche und gefestigte europäische Verhandlungsposition ermöglicht, sowie die Problematik der Abschlusskompetenz aufgelockert.

geln[345]. An diesem Regelungszweck hat sich auch durch die Umwandlung in das EuGVO nichts geändert. Dies stellt der Erwägungsgrund Nr. 2 der Verordnung klar, der als Ziel der Verordnung die Vereinheitlichung der „internationalen Zuständigkeit“ nennt. Die stillschweigende Voraussetzung der Auslandsberührung gilt mithin fort.

d) Drittstaatenproblematik

Umstrittener ist hingegen die zweite Stufe der teleologischen Reduktion des Anwendungsbereichs des EuGVO. Hier stellt sich die Frage, ob die Auslandsberührung mit einem Drittstaat genügt, oder ob eine Berührung mit einem weiteren Vertragsstaat bestehen muss. Die so genannte Drittstaatenproblematik betrifft damit das Problem, ob das EuGVÜ auch im Verhältnis zu Drittstaaten angewendet werden kann, die das Abkommen nicht unterzeichnet haben[346].

Die früher wohl herrschende Auffassung hat vertreten, dass der Rechtsstreit Verknüpfungen zu mehreren Vertragsstaaten aufweisen muss, um den Anwendungsbereich des EuGVÜ zu eröffnen, da es der Zweck des EuGVÜ sei, die Zuständigkeitsordnung innerhalb der Gemeinschaft, nicht aber im Verhältnis zu Drittstaaten zu regeln[347].

Die Gegenmeinung[348] lehnt diese teleologische Reduktion ab und lässt Beziehungen zu einem Nichtvertragsstaat ausreichen. Sie begründet dies damit, dass eine derartige Einschränkung des Anwendungsbereichs weder dem Wortlaut noch dem Zweck des Übereinkommens zu entnehmen sei. Das Ziel des EuGVÜ, die Anerkennung und Vollstreckung in anderen Staaten ergangener Entscheidungen zu erleichtern, spräche vielmehr dafür, Urteile möglichst oft auf die vereinheitlichten Zuständigkeitsregeln des EuGVÜ zu stützen. Eine Abgrenzung

345 Schack, IZVR, Rn. 239. Des Weiteren sprechen hierfür die Berichte zum Übereinkommen (Jenard spricht unter Hinweis auf Abs. 4 der Präambel von Fällen mit Auslandsbeziehungen, Schlosser von Sachverhalten mit internationalem Bezug). A.A. Kropholler (Kropholler, EuZPR, vor Art. 2 Rn. 6 f.), der hierin keine eigenständige Voraussetzung sieht.

346 Ausführlich zur Drittstaatenproblematik vgl. Grolimund, Drittstaatenproblematik des europäischen Zivilverfahrensrechts; Kerameus, Erweiterung des EuGVÜ-Systems und Verhältnis zu Drittstaaten, in: Gottwald, Revision des EuGVÜ.

347 Siehe hierzu die Nachweise bei Wannemacher, Die Außenkompetenz der EG im Bereich des IZVR, S. 86. Zur Begründung führt die Meinung Absatz 3 der Präambel des Übereinkommens – „innerhalb der Gemeinschaft den Rechtsschutz der dort ansässigen Personen zu verstärken“ – sowie Art. 293 EGV, der die Grundlage des EuGVÜ bildet und von der Vereinfachung der „gegenseitigen“ Anerkennung und Vollstreckung richterlicher Entscheidungen spricht, an (siehe Wannemacher, Die Außenkompetenz der EG im Bereich des IZVR, S. 86).

348 Kropholler, EuZPR, vor Art. 2 Rn. 8; Geimer, IPRax 1991, 31 (31 f.); Rauscher, IPRax 1993, 21 (24 f.); OLG Hamm, Bericht in IPRax 1989, 107 f.; v. Hoffmann, IPR, Rn. 213; Wannemacher, Die Außenkompetenz der EG im Bereich des IZVR, S. 87 .

führe mangels gesetzlicher Festlegung der Art der erforderlichen Berührungspunkte überdies zu Unsicherheiten[349]. Diese Ansicht wird bestätigt durch die jüngste Rechtsprechung des EuGH zum EuGVÜ[350].

Die EuGVO nimmt zu dieser Problematik keine Stellung. Der den Anwendungsbereich regelnde Art. 2 wurde unverändert in die EuGVO übernommen. Die unterlassene Ergänzung des Wortlauts um den von erstgenannter Meinung verlangten Bezug zu mehreren Vertragsstaaten spricht allerdings gegen ein solches zusätzliches Erfordernis. Ferner spricht Erwägungsgrund Nr. 8 gegen die Notwendigkeit eines weiteren Bezugspunktes zu einem Mitgliedsstaat neben dem Beklagtenwohnsitz. Er erwähnt das Erfordernis eines Anknüpfungspunktes und erklärt diesen grundsätzlich als gegeben, wenn der Beklagte seinen Wohnsitz in einem dieser Mitgliedsstaaten hat[351]. Durch die wortgleiche Übernahme des Art. 2 EuGVÜ ins EuGVO kann zudem von einer Fortgeltung der den weiteren Bezugspunkt ablehnenden EuGH-Rechtsprechung zum EuGVÜ[352] ausgegangen werden.

III. Die Pläne der Haager Konferenz für Internationales Privatrecht für ein weltweites Zuständigkeits- und Vollstreckungsübereinkommen

Die Angst vor einem zu gefestigten und mächtigen europäischen Regelungswerk veranlasste die USA innerhalb der Haager Konferenz für Internationales Privatrecht, das Vorhaben zu initiieren, ein weltweites Gerichtsstands- und Vollstreckungsübereinkommen in Zivil- und Handelssachen zu entwickeln[353]. Das

---

349 Kropholler, EuZPR, vor Art. 2 Rn. 8; Wannemacher, Die Außenkompetenz der EG im Bereich des Internationalen Zivilverfahrensrechts, Frankfurt a.M. 2003, S. 100 ff.

350 Der EuGH hat in seiner Entscheidung vom 13.07.2000 die Anwendbarkeit des EuGVÜ gemäß Art. 2 EuGVÜ auch dann als gegeben angesehen, wenn lediglich der Beklagte seinen Wohnsitz/Sitz in einem Vertragsstaat hat, der Kläger dagegen außerhalb der Gemeinschaft ansässig ist (EuGH Urteil v. 13.07.2000, Rs. C-412/98 (Group Josi Reinsurance Company SA./.Universal General Insurance Company (UGIC)), IPRax 2000, 520 (520 ff.). A.A. zum Aussageinhalt der EuGH-Entscheidung: Wannemacher, Die Außenkompetenz der EG im Bereich des Internationalen Zivilverfahrensrechts, Frankfurt a.M. 2003, S. 100 ff.

351 Laut Mansel möchte Brüssel die Drittstaatenverhältnisse komplett den nationalen Regelungskompetenzen entziehen (Mansel, Das Kölner Institut heute, in: Mansel, Vergemeinschaftung des Europäischen Kollisionsrechts, S. 4). Jayme hingegen ist der Auffassung, dass es stets zwei Kollisionsrechte geben wird, das in Brüssel gesetzte Integrationsrecht und das dem nationalen Gesetzgeber vorbehaltene Internationale Privatrecht für reine Drittstaatensachverhalte (Jayme, Europa: Auf dem Weg zu einem interlokalen Kollisionsrecht?, in: Mansel, Vergemeinschaftung des Europäischen Kollisionsrechts, S. 35).

352 Siehe oben Fn. 350.

353 Ausführlicher zum Vorhaben des weltweiten Gerichtsstands- und Vollstreckungsübereinkommens: Wagner, IPRax 2001, 533 ff.

Übereinkommen soll als globale IZVR-Rahmenordnung, die grundsätzlich der Beteiligung aller Staaten offen steht[354], nach Absicht der vorbereitenden Kommission neben das Brüsseler und das Lugano-Übereinkommen treten[355].

Im Oktober 1999 wurde der erste Entwurf einer Konvention von einer hierfür eingerichteten Spezialkommission verabschiedet. Er wurde im Juni 2001 erstmals im Rahmen des ersten Teils einer Diplomatischen Konferenz diskutiert[356]. Es stellte sich heraus, dass es schwierig sein würde, sich bezüglich aller Fragen in absehbarer Zeit zu einigen[357]. Die Beratungen über das Übereinkommen gerieten ins Stocken, woraufhin die Kommission für allgemeine Fragen und Politik der Konferenz im April 2002 beschloss, zunächst die so genannten Kern-

[354] Mit Erlass der EuGVO wurde die Legitimation der Haager Konferenz für Internationales Privatrecht insofern in Frage gestellt, als fraglich erschien, inwiefern die Mitgliedstaaten noch für den Regelungsgegenstand der Haager Konferenz zuständig waren oder, ob dies nun Aufgabe der Gemeinschaft geworden war. Ausführlich zu den Auswirkungen des Vertrages von Amsterdam auf die Haager Konferenz für IPR: Basedow, Was wird aus der Haager Konferenz für Internationales Privatrecht?, in: Festschrift für Werner Lorenz, S. 463 ff.; Wannemacher, Die Außenkompetenz der EG im Bereich des Internationalen Zivilverfahrensrechts, S. 8 ff., 68 ff. Vor diesem Hintergrund hatte die Kommission für allgemeine Fragen und Politik die Aufnahme der Europäischen Union in die Haager Konferenz für Internationels Privatrecht und die hierfür erforderlichen Änderungen der Statuten der Haager Konferenz für Internationales Privatrecht empfohlen (Siehe hierzu die Website der Haager Konferenz: http://www.hcch.net/upload/wop/genaff_pd32b_e.pdf (Stand: 28.03.2007). Nach einer entsprechenden Änderung der Statuten der Haager Konferenz für Internationales Privatrecht im Januar 2007 wurde die Europäische Union am 3. April 2007 sodann neben den 27 EU-Mitgliedstatten Mitglied der Haager Konferenz für Internationales Privatrecht.

[355] Grolimund, Drittstaatenproblematik des europäischen Zivilverfahrensrechts, S. 272.

[356] Zu den Ergebnissen der Beratung im Rahmen des ersten Teils der Diplomatischen Konferenz vgl. die Website der Haager Konferenz: http://www.hcch.net/upload/wop/jdgm2001 draft_e.pdf (Stand: 28.03.2007). Weitere Dokumente zur Haager Konferenz für internationales Privatrecht siehe die Website der Haager Konferenz http://www.hcch.net/index_en.php?act=progress.listing&cat=4 (Stand: 28.03.2007).

[357] Die teilweise gravierenden Meinungsverschiedenheiten mit den USA, insbesondere im Bereich der Zuständigkeitsregeln, sind unter anderem auf die unterschiedlichen Justizsysteme zurückzuführen. Während das US-amerikanische Justizwesen die Interessen des Klägers in den Vordergrund stellt, betont das deutsche Zivilverfahrensrecht die Belange des Beklagten. Einen weiteren wesentlichen Unterschied bildet das eher detaillierte, strikte Regelungssystem der meisten kontinentaleuropäischen Staaten zu dem sehr flexiblen, weiten US-amerikanischen Zuständigkeitsregelungen (Wagner, IPRax 2001, 533 (535); Heß, IPRax 2000, 342 (343)). Außerdem wurden unvorhersehbare Auswirkungen technischer Entwicklungen, insbesondere des Internet, auf die Zuständigkeitsregelungen als Verzögerungsgrund genannt (siehe hierzu S. 6 des „Working Document“ Nr. 49 sowie das „Preliminary Document“ Nr. 16 und das „Preliminary Document“ Nr. 17, abzurufen unter http://www.hcch.net/index_en.php?act=conventions.publications&dtid=35&cid=98).

bereiche („core areas“[358]) des Übereinkommens in Angriff zu nehmen. Bisher beschränken sich die Tätigkeiten allerdings auf ein Abkommen über Gerichtsstandsvereinbarungen[359]. Die Zukunft des darüber hinaus gehenden Konventionsentwurfs ist folglich zurzeit offen. Es ist zu diesem Zeitpunkt nicht absehbar, ob und wann Beratungen über den im Rahmen dieser Arbeit wesentlichen Art. 10 des Konventionsentwurfes (Deliktsgerichtsstand) wieder aufgenommen werden, insbesondere da er nicht zu den Kernbereichen zählt[360].

Im Rahmen dieser Arbeit wird daher von einer ausführlichen Darstellung des Konventionsentwurfes abgesehen. Es sei allerdings angemerkt, dass er insofern den deutschen und europäischen Regelungen entspricht, als er den Beklagtenwohnsitz als allgemeinen Gerichtsstand vorsieht (Art. 3) und im Rahmen des Deliktsgerichtsstand (Art. 10) wahlweise an den Handlungsort (Art. 10 Abs. 1a) oder an den Erfolgsort (Art. 10 Abs. 1b) anknüpft. Die Arbeit beschränkt sich darauf, im Rahmen der späteren Diskussion nur diejenigen Vorschläge des Entwurfs aufzugreifen, die in der deutschen und europäischen Diskussion um den Deliktsgerichtsstand bisher nicht erwähnt wurden[361].

---

[358] Diese sollten sein: „choice of court agreements in B2B cases, submission, defendant's forum, counterclaims, trusts and physical torts“. Es handelt sich hierbei um Bereiche, in denen eine Einigung zu erwarten ist. Es wurden hingegen diejenigen Bereiche ausgeklammert, die noch einer intensiven Vorbereitung und Diskussion bedürfen. Hierzu zählen insbesondere die von den Auswirkungen des Internet betroffenen Bereiche und damit auch der Bereich der Verletzung von Persönlichkeitsrechten („non-physical torts“) im Internet.

[359] Diesbezüglich wurde am 30.06.2005 eine Konvention zur Gerichtsstandsvereinbarung („Convention on Choice of Court Agreements“) verabschiedet. Siehe hierzu die Website der Haager Konferenz: http://www.hcch.net/index_en.php?act=conventions.text&cid=98 (Stand: 28.03.2007).

[360] Siehe Fn. 358.

[361] Siehe hierzu 8. Teil, B, II, 1), i). Abgesehen von den dort diskutierten Vorschlägen wird in Anlehnung an die Shevill-Entscheidung des EuGH in Absatz 5 des Art. 10 vorgeschlagen, dass am Erfolgsort nur der jeweils dort angefallene Schaden und der volle Schaden damit nur am Handlungsort eingeklagt werden kann (Siehe hierzu 9. Teil). Allerdings kann in Abweichung zu der EuGH Rechtsprechung gemäß Absatz 5 dann am Erfolgsort der gesamte Schaden geltend gemacht werden, wenn der Verletzte dort seinen gewöhnlichen Aufenthalt hat. Absatz 4 des Art. 10 sieht zudem entsprechend des Gesetzeswortlauts des Art. 5 Nr. 3 EuGVO und der herrschenden Meinung zu § 32 ZPO eine Deliktszuständigkeit für drohende Delikte vor (siehe hierzu 5. Teil, A, II, 3) und 5. Teil, B, II, 3)). Es sei angemerkt, dass die Streichung der Absätze 4 und 5 des Art. 10 vorgeschlagen wurde, diesbezüglich jedoch keine Einigung gefunden wurde. Ferner ist die gemäß Art. 22 bestehende Möglichkeit zu erwähnen, die Zuständigkeit in Anwendung der Forum-non-conveniens-Lehre abzudrängen. Diese gilt gleichwohl nur unter den sehr engen Voraussetzungen des Art. 22. Außerdem wird die Forum-non-conveniens-Lehre sowohl im deutschen als auch europäischen Zuständigkeitsrecht von der h.M. abgelehnt (siehe hierzu später 8. Teil, B, II, 1), j)).

4. Teil: Heranziehung der Erkenntnisse aus dem Kollisionsrecht[362] für die Bestimmung des Tatortbegriffs im Recht der internationalen Zuständigkeit?

A. Einleitung

Im Rahmen der internationalen Deliktszuständigkeit dient der Tatort als Anknüpfungspunkt für die Bestimmung der Zuständigkeit der Gerichte eines Staates[363]. Ebenso verwendet das Deliktsstatut des Kollisionsrechts den Tatort als Anknüpfungspunkt für die Bestimmung des anwendbaren Rechts[364].

Zur Definition des Tatorts bei Verletzungen des Persönlichkeitsrechts findet man in der kollisionsrechtlichen Literatur eine Vielzahl von Meinungen und Lösungsvorschlägen. Die Tatsache, dass das Deliktsstatut und die Deliktszuständigkeit sich des gleichen Anknüpfungspunktes bedienen, wirft die Frage auf, ob die im Kollisionsrecht gewonnenen Erkenntnisse zur Tatortbestimmung auf die Untersuchung im Rahmen der internationalen Zuständigkeit übernommen werden können.

Die Verwendung des gleichen Anknüpfungspunktes bedeutet nicht notwendigerweise zugleich die identische Auslegung dieser Begriffe. Der Gedanke der

---

[362] Der Begriff des Kollisionsrecht ist gleichbedeutend mit dem Begriff des Internationalen Privatrechts (IPR). Dieses ist nach in Deutschland üblicher Terminologie die Gesamtheit der Rechtssätze, die sagen, welchen Staates Privatrecht anzuwenden ist (Kegel/Schurig, IPR, § 1 II, S. 4; v. Hoffmann, IPR, Rn. 34). Es wird auch Kollisionsrecht genannt, da es den Konflikt löst, welche der verschiedenen Rechtsordnungen auf einen Sachverhalt anzuwenden ist. Der Begriff des IPR wird jedoch teilweise auch in einem weiteren Sinne verstanden. Zum Beispiel werden in Staaten wie Belgien, Frankreich und Italien dem IPR – neben dem Kollisionsrecht – auch weitere Gebiete, wie das Internationale Einheitsrecht oder das Internationale Prozessrecht zugerechnet (vgl. hierzu MüKo-Sonnenberger, BGB, Einl. IPR Rn. 3). Entgegen dem deutschen Verständnis ist in diesen Staaten das internationale Zuständigkeitsrecht mithin nicht Neben- sondern Teilgebiet des IPR. Um Missverständnissen vorzubeugen, wird im Rahmen dieser Arbeit daher der Begriff des Kollisionsrechts bevorzugt.

[363] Art. 5 Nr. 3 EuGVO: „...Ort, an dem das schädigende Ereignis eingetreten ist oder einzutreten droht.“, bzw. § 32 ZPO: „...Gericht, in dessen Bezirk die unerlaubte Handlung begangen ist.“

[364] Art. 40 Einführungsgesetz zum Bürgerlichen Gesetzbuche (EGBGB): „Ansprüche aus unerlaubter Handlung unterliegen dem Recht des Staates, in dem der Ersatzpflichtige gehandelt hat. Der Verletzte kann verlangen, dass anstelle dieses Rechts das Recht des Staates angewandt wird, in dem der Erfolg eingetreten ist. ...“.

möglichen Gleichschaltung der Bestimmung des Tatorts ergibt sich allerdings daraus, dass das internationale Zuständigkeitsrechts und das Kollisionsrecht das gleiche Ziel verfolgen. Beide Bereiche stellen Kriterien auf, nach denen die Kollisionen nationaler Rechtsordnungen aufgelöst werden sollen. Doch ist zu beachten, dass die Regelungsgegenstände des Kollisionsrechts und des Rechts der internationalen Zuständigkeit gänzlich unterschiedlich sind. Während die Regeln der internationalen Zuständigkeit festlegen, welchen Landes Gerichte für einen Rechtsstreit zuständig sein sollen, bestimmt das Regelwerk des Kollisionsrechts, welchen Landes materielles Recht zur Anwendung kommt. Der schlichte Transfer der im Kollisionsrecht gewonnenen Ergebnisse zur Tatortbestimmung könnte daher vorschnell und unrichtig sein. Eine Gegenüberstellung beider Bereiche ist angebracht. Anhand einer vergleichenden Betrachtung der für die Auslegung des Tatortbegriffs erheblichen Grundsätze, Interessen[365] und Wertungen[366] der internationalen Zuständigkeit und des Kollisionsrechts wird aufgezeigt, ob die Ergebnisse aus dem Kollisionsrecht auf die Fragestellung dieser Arbeit übertragen werden können.

B. Übereinstimmungen des Kollisionsrechts und des Rechts der internationalen Zuständigkeit

I. Fehlende internationale Einheitlichkeit

Beide Regelwerke richten sich nur an die inländischen Rechtsanwendungsorgane. Weder im Kollisionsrecht noch im internationalen Zuständigkeitsrecht gibt es eine dem nationalen Recht vorgegebene internationale Ordnung[367]. Vielmehr bestimmen die nationalen Gesetzgeber das Kollisionsrecht und ihre internationale Zuständigkeit selbst. Lediglich im Anwendungsbereich der auf verschiedenen

---

[365] Eine in der Literatur (vgl. z.B. Kegel/Schurig, IPR, § 2, S. 131 ff.; Schack, IZVR, Rn. 199 ff.) häufig vorzufindende Kategorisierung der Interessen nach dem Subjekt des Interessenträgers (z.B. Parteiinteresse, Gerichtsinteresse, Staatsinteresse) wurde hier nicht vorgenommen, da sich diese nicht zum umfassenden Vergleich eignete.

[366] Es wird von dem Interessenbegriff Kegels (Kegel/Schurig, IPR, § 2 I, S. 133) ausgegangen. Demnach sind Interessen nicht nur die „Begehrungsvorstellungen" der an dem Rechtsstreit konkret Beteiligten, sondern auch die Interessen des Rechtsverkehrs oder der Rechtsgemeinschaft an einer funktionierenden Rechtsordnung (wie Vorhersehbarkeit, Widerspruchsfreiheit, Übersichtlichkeit und Durchsetzbarkeit). Diese können auch im Rahmen der Abwägung und Bewertung eine Rolle spielen, d.h. sowohl Objekt als auch Maßstab der Wertung sein. Dies ändert jedoch nichts am Charakter solcher Interessen (näher vgl. Schurig, RabelsZ 59 (1995), 229 (236)). Eine strikte Trennung von Interessen und Werten, wie sie der im Sachrecht etablierten „Wertungsjurisprudenz" zugrunde liegt, wurde demnach nicht vorgenommen.

[367] Schack, IZVR, Rn. 186.

Gebieten geschlossenen Staatsverträge[368] und der EuGVO sind die Nationen an eben diese gebunden[369].

Das Problem des Mangels einer weltweit einheitlichen Ordnung und die daraus folgenden internationalen Unstimmigkeiten haben das Kollisionsrecht und das internationale Zuständigkeitsrecht mithin gemein. Das System der nationalen Regelungen steht im Widerspruch zur Globalität des Internets. Internationale Unstimmigkeiten führen in dem internationalen Medium Internet zu einer beträchtlichen Rechtsunsicherheit. Überlegungen und Lösungsansätze zur Behebung dieses Widerspruchs, z.B. durch die Schaffung eines separaten Rechtsraumes[370] oder durch die weltweite Vereinheitlichung bzw. Harmonisierung der Regelungen, werden sowohl im Kollisionsrecht[371] als auch im Recht der internationalen Zuständigkeit[372] angestrengt.

II. Gleichwertigkeit der Rechtsordnungen im In- und Ausland

Bei der Abgrenzung der eigenen Rechtsanwendungs- bzw. Jurisdiktionssphäre zu der des Auslands ist nach h.M. stets von der grundsätzlichen Austauschbarkeit der nationalen Verfahrensordnungen bzw. der materiellen Rechtsordnungen auszugehen. Keinem Recht dürfe, sei es, weil es z.B. als „kulturell höherstehend" angesehen wird, der Vorrang eingeräumt werden, wenn ein vernünftiges, berechenbares Nebeneinander von Rechtsordnungen gewährleistet werden solle[373]. Das Postulat der Beachtung der Gleichwertigkeit der Rechtspflege im In- und Ausland gilt sowohl im Kollisionsrecht als auch im IZPR[374]. Dementsprechend muss im Rahmen der Auslegung des Tatortbegriffes sowohl im Kollisi-

---

368 Z.B. das Haager Übereinkommen über die Zuständigkeit der Behörden und das anzuwendende Recht auf dem Gebiet des Schutzes von Minderjährigen vom 5.10.1961 (MSA).

369 Vgl. Geimer, IZPR, Rn. 848.

370 Siehe zum Kollisionsrecht v. Hinden, Persönlichkeitsverletzungen im Internet, S. 242 ff.

371 Auf europäischer Ebene sind z.B. die Arbeiten an einer Vereinheitlichung des Kollisionsrechts der außervertraglichen Schuldverhältnisse („Rom II") zu nennen.

372 Vgl. das Bestreben nach einem weltweiten Gerichtsstand-, Anerkennungs- und Vollstreckungsübereinkommen in Zivil- und Handelssachen im Rahmen der Haager Konferenz für Internationales Privatrecht Siehe hierzu die Website der Haager Konferenz: http://www.hcch.net/index_en.php?act=progress.listing&cat=4 (Stand: 28.03.2007).

373 OLG Stuttgart NJW 1971, 994 (997); kritisch hierzu Geimer, IZPR, Rn. 37. Die These der Gleichberechtigung aller Rechtsordnungen interessenjuristisch ablehnend: Flessner, Interessenjurisprudenz im internationalen Privatrecht, S. 115.

374 Siehe zum Grundsatz der Gleichheit von Rechts- und Jurisdiktionsordnungen, der sich insbesondere in der Anerkennungszuständigkeit zeigt, Mansel, Vermögensgerichtsstand und Inlandsbezug bei der Entscheidungs- und Anerkennungszuständigkeit am Beispiel der Anerkennung US-amerikanischer Urteile in Deutschland, in: Festschrift für Jayme, S. 561 (564).

onsrecht als auch im Zuständigkeitsrecht der Tendenz der Bevorzugung des „eigenen Rechts" bzw. der „eigenen Zuständigkeit" entgegengewirkt werden.

III. Grundlage der Auslegung

Die konkrete Ausgestaltung des internationalen Zuständigkeitsrechts ist das Ergebnis der Bewertung der Zuständigkeitsinteressen[375]. Ebenso ist das Regelwerk des Kollisionsrechts auf eine Abwägung der Anwendungsinteressen zurückzuführen[376]. Zur Auslegung eines Anknüpfungspunktes müssen mithin in beiden Bereichen die widerstreitenden Interessen und deren Bewertung herangezogen werden.

Die Übernahme der Ergebnisse des Kollisionsrechts würde allerdings voraussetzen, dass die Erkenntnisse im Kollisionsrecht auf Partei- oder Ordnungsinteressen zurückzuführen sind, die ebenso im internationalen Zuständigkeitsrecht Berücksichtigung finden und dort in gleicher Weise gewichtet werden. Verschiedenartige Interessen[377] oder eine andere Gewichtung können hingegen trotz einer identischen Begriffswahl zu einem unterschiedlichen Auslegungsergebnis führen.

IV. Interesse an Konzentration und Widerspruchsfreiheit

Im internationalen Zuständigkeitsrecht und im Kollisionsrecht liegt es im Interesse der geordneten Rechtspflege und im Interesse der Parteien, sachlich Zusammenhängendes einheitlich zu behandeln. Wenn Teile eines komplexen Sachverhalts den Gerichten verschiedener Staaten zur Beurteilung zugewiesen werden, kann dies zu einer unwirtschaftlichen Zersplitterung führen. Zudem beschwört es die Gefahr widersprechender Gerichtsentscheidungen herauf[378], da die Gerichte des einen Staates in der Regel nicht ipso iure an die Entscheidungen der Gerichte eines anderen Staates gebunden sind. In gleicher Weise kann es unzweckmäßig sein, Teile eines zusammenhängenden Sachverhalts verschiedenen materiellen Rechtsordnungen zu unterwerfen. Auch hier besteht die Gefahr, dass Elemente desselben Lebenssachverhältnisses eine widersprüchliche Behandlung erfahren[379].

Gesichtspunkte der Konzentration und Widerspruchsfreiheit finden damit sowohl im Kollisionsrecht als auch im internationalen Zuständigkeitsrecht Berück-

---

[375] Schack, IZVR, Rn. 199.

[376] Kegel/Schurig, IPR, § 2 I, S. 131 ff.

[377] Zu den Parteiinteressen siehe 4. Teil, C, IV.

[378] Widersprechende Urteile stellen eine große Gefahr für den geordneten internationalen Rechtsverkehr und zugleich für die Autorität der Gerichte und der Staaten dar (Schack, IZVR, Rn. 213).

[379] Vgl. Heldrich, Internationale Zuständigkeit und anwendbares Recht, S. 118 f; Kegel/Schurig, IPR, § 2 II 3 b), S. 141 f.; Die Folge kann Normenhäufung oder Normenmangel sein.

sichtigung. Allerdings ist anzumerken, dass insbesondere das Kriterium der Konzentration eine unterschiedliche Gewichtung im Kollisions- und Zuständigkeitsrecht erfahren kann. Im Zuständigkeitsrecht erhält das Kriterium der Prozessökonomie mehr Beachtung als im Kollisionsrecht. Dies rührt daher, dass die nachteiligen Folgen einer Zersplitterung eines Sachverhaltes hinsichtlich des Zuständigkeitsrechts größer sind als beim Kollisionsrecht. Denn es ist im Verhältnis aufwendiger denselben Sachverhalt durch mehrere Gerichte rechtlich und tatsächlich prüfen zu lassen, als wenn ein Gericht einen Sachverhalt nach mehreren Rechtsordnungen prüfen muss.

V. Erfordernis der Rechtssicherheit

Im Recht der internationalen Zuständigkeit sowie im Kollisionsrecht ergibt sich aus dem Rechtsstaatsgebot das Erfordernis der Rechtssicherheit[380]. Die Rechtssicherheit verlangt vor allem eindeutige, klare Regeln sowie voraussehbare, berechenbare Entscheidungen[381]. Der Staat hat ein Interesse an der Berechenbarkeit seiner Rechtspflege und damit an der Autorität seiner Rechtsordnung[382]. Den Parteien liegt daran, möglichst frühzeitig Gewissheit darüber zu erlangen, vor welchen Gerichten sie ihre Angelegenheit möglicherweise werden vertreten müssen und nach welchem Recht diese zu entscheiden ist.

Im Interesse der Rechtssicherheit bedürfen sowohl die Frage der Kompetenzverteilung der Gerichte als auch die des anwendbaren Rechts einer von der Entscheidung des Einzelfalles unabhängigen, generellen, klaren Ordnung[383]. Die Regelungen und ihre Auslegung müssen die Voraussehbarkeit der zuständigen Gerichte bzw. des anwendbaren Rechts gewährleisten. Das in den USA vielfach verwendete Institut des forum non conveniens[384] wird in Deutschland mithin in beiden Bereichen überwiegend abgelehnt[385].

---

[380] Rauscher, IPR, S. 15.

[381] Kropholler, IPR, § 4 IV; S. 30:

[382] Heldrich, Internationale Zuständigkeit und anwendbares Recht, S. 130.

[383] Bzgl. des Zuständigkeitsrechts vgl. Heldrich, Internationale Zuständigkeit und anwendbares Recht, S. 129/130; Rauscher, IPR, S. 15; zum Kollisionsrecht: Kropholler, IPR, § 21 II, S. 149 , der jedoch anmerkt, dass man nicht um der vermeintlichen Rechtssicherheit willen eine rein mechanische Anknüpfung wählen darf, die dann ob ihrer häufig offensichtlich unbilligen Ergebnisse, keine Aussicht auf Anerkennung und Durchsetzung hat und daher am Ende doch nicht der Rechtssicherheit dient.

[384] Dieses beinhaltet die Möglichkeit der Gerichte, eine gegebene Zuständigkeit nicht auszuüben, wenn sie im Einzelfall die Streitsache vor einem anderen Gericht für deutlich besser aufgehoben halten (Schack, IZVR, Rn. 494).

[385] Schack, IZVR, Rn. 499 ff., mit dem Hinweis, dass die Eingrenzung überschießender Zuständigkeiten die Aufgabe einer vernünftigen Auslegung der Zuständigkeitsnorm sei; Geimer, IZPR, Rn. 1075 ff.; Pfeiffer, Internationale Zuständigkeit und prozessuale Gerechtigkeit,

C. Unterschiede des Kollisionsrechts und des Rechts der internationalen Zuständigkeit

I. Beklagtenfreundlichkeit des Zuständigkeitsrechts

Bei einem Vergleich zwischen dem Anknüpfungssystem des Kollisionsrechts mit dem der internationalen Zuständigkeit fällt auf, dass als dominierendster Anknüpfungspunkt im Kollisionsrecht die Staatsangehörigkeit dient[386]. Dem internationalen Zuständigkeitsrecht ist eine solche Anknüpfung hingegen in der Regel fremd[387]. Das Zuständigkeitsrecht stellt typischerweise auf den Wohnsitz einer Partei, meist des Beklagten im Inland ab[388].

Aus dem bevorzugten Abstellen auf den Wohnsitz des Beklagten ergibt sich ein gravierender Unterschied der Regelungen. Während das Kollisionsrecht grundsätzlich nach der engsten Verbindung der Rechtsbeziehung zum anwendbaren Recht fragt, ohne einer der Parteien eine sympathisierende Grundhaltung entgegenzubringen, weist das Kompetenzrecht durch den Grundsatz des actor sequitur forum rei[389] einen tendenziell beklagtenfreundlichen Charakter auf (favor defensoris)[390]. Da der Kläger in den status quo eingreift, soll er auch die Last des für ihn fremden Gerichts tragen. Die Interessen des Beklagten an einer erleichterten Verteidigung an seinem Lebensmittelpunkt werden daher im Zuständigkeitsrecht grundsätzlich höher gewichtet als die des Klägers an einer Rechtsverfolgung an einem Gericht in seiner Nähe[391].

Jedoch ist hervorzuheben, dass die Bevorzugung des Beklagten auf einer Interessenbewertung beruht, die nur im Normalfall Gültigkeit beansprucht. Die Vorschriften der besonderen Zuständigkeiten der Gerichte sind Ausnahmen zu diesem Grundsatz. Sie betreffen Fallgestaltungen, bei denen es dem Beklagten

---

S. 381 ff., 421; a.A. Wahl, Die verfehlte internationale Zuständigkeit, S. 113 ff.; Jayme, StAZ 1975, 91 ff.

[386] Kegel/Schurig, IPR, § 13 II 3, S. 443 f.

[387] Ausnahmen: § 27 Abs. 2, 606 a Abs. 1 Nr. 1, 640a Abs. 2 Nr. 1 ZPO; 36 Abs. 2, 43 Abs. 1, 43 b Abs. 3, 65 Abs. 3, 73 Abs. 2 FGG (vgl. Geimer, IZPR, Rn. 1323; Kegel/Schurig, IPR, § 20 X 4, S. 916).

[388] Schack, IZVR, Rn. 36.

[389] Vgl. umfassend hierzu im europäischen Zuständigkeitsrecht Buchner, Kläger- und Beklagtenschutz, S. 4 ff., S. 50 ff.

[390] Zur Beklagtenfreundlichkeit der internationalen Zuständigkeit Pfeiffer, Internationale Zuständigkeit und prozessuale Gerechtigkeit, S. 596, 601. Der Vorrang des Beklagtenschutzes wird in der deutschen Rechtsprechung (BGHZ 115, 90 (92, 98); OLG Hamm NJW 1987, 138 (138 f.)) und in der Literatur sowohl zum EuGVÜ (Schack, IZVR, Rn. 192; Neuner, Internationale Zuständigkeit, S. 23) als auch zum deutschen Recht befürwortet (Zöller-Vollkommer § 12 Rn. 2; a.A. Geimer, IZPR, Rn. 1131, 1280; Schröder, Internationale Zuständigkeit, S. 229 ff.; Buchner, Kläger- und Beklagtenschutz, S. 94).

[391] Neuner, Internationale Zuständigkeit, S. 23; Schack, IZVR, Rn. 192.

durchaus zuzumuten ist, sich außerhalb seines Sitzstaates auf den Rechtsstreit einzulassen. Der besondere Gerichtsstand für unerlaubte Handlungen stellt auf einen besonders engen Sachbezug des Gerichtsortes zum Gegenstand der Klage ab. Damit ist er ähnlich geprägt wie der Grundsatz der engsten Verbindung des Kollisionsrechts.

Trotz dieser ähnlichen Prägung besteht der Unterschied der Vorschriften jedoch darin, dass das Kriterium der engsten Verbindung im Kollisionsrecht die Richtschnur bildet, während es sich bei der Berücksichtigung des engen Sachbezugs im Rahmen der Deliktszuständigkeit gerade um eine Ausnahme zum Grundsatz der Zuständigkeit der Gerichte am Wohnsitz des Beklagten handelt. Dieser Ausnahmecharakter der Deliktszuständigkeit im Gegensatz zum Regelfall beim Deliktsstatut beeinflusst die Auslegung der entsprechenden Normen[392].

II. Zielvorstellung hinsichtlich der Anzahl der zu gewinnenden Gerichtsstände bzw. Rechtsordnungen

Ein wesentlicher Unterschied zwischen dem Recht der internationalen Zuständigkeit und dem Kollisionsrecht äußert sich in der Anzahl der im Ergebnis zur Wahl stehenden Gerichtsstände bzw. Rechtsordnungen.

Das Kollisionsrecht bezweckt das Recht, welches dem Sachverhalt am nächsten ist, anzuwenden, so dass immer nur *ein* konkretes anwendbares materielles Recht (lex causae) in Betracht kommt[393]. Fälle, in denen nur das Gericht eines Staates für die Beurteilung eines bestimmten Rechtsverhältnisses international zuständig ist, sind im internationalen Zuständigkeitsrecht hingegen selten[394]. Vielmehr erfordern die Zuständigkeitsinteressen flexible, konkurrierende Zuständigkeiten[395]. Das internationale Zuständigkeitsrecht bestimmt, ob die Rechtspflege im Inland gewährt oder verweigert wird. Daher gebietet das Rechtsstaatsprinzip in allen Fällen eine internationale Zuständigkeit zu eröffnen, in denen wegen eines ausreichenden Inlandsbezuges ein inländisches Rechtspflegebedürfnis gegeben ist[396]. Das Kollisionsrecht dagegen entscheidet ledig-

---

[392] Der Europäische Gerichtshof (EuGH) hat sich hinsichtlich des Deliktsgerichtsstandes des EuGVÜ mit der Begründung des Ausnahmecharakters teilweise für eine einschränkende Auslegung ausgesprochen, um die Gerichtspflichtigkeit des Beklagten außerhalb seines Wohnsitzstaates zu begrenzen (EuGH, Urteil v. 27.09.1988, Rs. 189/87 (Kafelis./.Schröder), Slg. 1988, 5565 (5583 ff.)).

[393] Geimer, IZPR, Rn. 30, 1042; Schack, IZVR, Rn. 218.

[394] Mit Ausnahme der ausschließlichen Zuständigkeiten.

[395] Heldrich, Internationale Zuständigkeit und anwendbares Recht, S. 63, 161 f.

[396] Geimer, IZPR, Rn. 250. Je schwächer die Inlandsbeziehungen des Falles, desto weniger Rechtsfrieden und Rechtssicherheit innerhalb des Gebietes sind durch eine Justizverweigerung gefährdet, desto geringer auch das Interesse des Staates an Gerichtsschutz (Heldrich, Internationale Zuständigkeit und anwendbares Recht, S. 106).

lich über die Frage anhand welcher Gesetze, das heißt in welcher Form, die Justizgewährung erfolgt. Das Bedürfnis nach der Eröffnung der Zuständigkeit eines bestimmten Staates ist somit grundsätzlich nicht gleichzusetzen mit der Notwendigkeit der Anwendung des materiellen Rechts eines bestimmten Staates.

Für die Bestimmung des Tatorts bedeutet dies, dass die Überlegungen zur Anzahl und Begrenzung der möglichen Anknüpfungsorte im Kollisionsrecht und im internationalen Zuständigkeitsrecht nicht auf der gleichen Grundlage erfolgen und daher nicht gleichzusetzen sind.

III. Wahlrecht

Die Konsequenz der konkurrierenden internationalen Gerichtsstände und des entsprechenden klägerischen Wahlrechts[397] ist das forum shopping[398], das heisst die Wahl des für den Kläger vorteilhaftesten Gerichtsstandes[399]. Die Bedeutung des Forums für den Ausgang des Prozesses und damit auch die Tragweite einer solchen Wahlmöglichkeit des erfolgversprechendsten Gerichtsstandes ist erheblich. Wie oben ausgeführt[400] bestimmt die Wahl des Forums über das Verfahrensrecht, die Gerichtsverfassung, das Kostenrecht, die Vollstreckbarkeit und mittelbar auch über das anwendbare materielle Recht. Ferner kann die Dauer des Verfahrens in den verschiedenen Fora erheblich divergieren.

Ein Wahlrecht mit derartig weitreichenden Auswirkungen auf den Prozessausgang ist dem Kollisionsrecht nicht zu entnehmen. Zwar sieht auch das Deliktsstatut in Art. 40 Abs. 1 EGBGB ein Wahlrecht des Verletzten zwischen Handlungs- und Erfolgsort[401] vor. Dieses betrifft nur das anwendbare Recht und ist damit nicht von so vielfältigen Interessen beeinflusst wie das forum shopping. Außerdem stellt die Wahlmöglichkeit im Kollisionsrecht eine Ausnahme dar, während sie im Recht der Zuständigkeiten die Regel ist[402].

Die Wahlrechte im Kollisionsrecht und im internationalen Zuständigkeitsrecht sind nicht vergleichbar. Daher können die Überlegungen zu den Wahlmög-

---

[397] Dies ergibt sich aus § 35 ZPO, der auch für die internationale Zuständigkeit gilt (BGH NJW 1985, 552 (553); Geimer, IZPR, Rn. 1105).

[398] Geimer, IZPR, Rn. 1095 ff.; Schack, IZVR, Rn. 220 ff.; Kropholler, IPR, § 58 VI, S. 635 f.

[399] Das forum shopping ist allgemein als legitim anerkannt (Schack, IZVR, Rn. 222; Kropholler, IPR, § 58 VI, S. 636). Ursache des forum shopping ist der international fehlende Entscheidungseinklang mangels einheitlicher Kollisionsregeln, Verfahrensrecht und Rechtsklima (Geimer, IZPR, Rn. 1099 ff.).

[400] Zur Bedeutung der internationalen Zuständigkeit siehe oben 3. Teil, A.

[401] Zu den Begriffen Handlungs- und Erfolgsort vgl. Kegel/Schurig, IPR, § 18 IV 1, S. 720 ff. Hierzu auch im Rahmen dieser Arbeit später eingehend 6.-8. Teil.

[402] Lediglich Art. 10, 11, 14 Abs. 2 u. 3, 15 Abs. 2 u. 3, 19, 20 EGBGB ermöglichen eine Rechtswahl, während das System der allgemeinen und besonderen Gerichtsstände stets eine Wahl zwischen diesen zulässt.

lichkeiten, ihrer Rechtfertigung oder Begrenzung nicht für beide Bereiche gleichgesetzt werden.

IV. Parteiinteressen[403]

Im Kollisionsrecht und im Recht der internationalen Zuständigkeit[404] kommt den Interessen der Parteien im Rahmen der Auslegung eine bedeutende Rolle zu. Die Parteiinteressen der beiden Bereiche unterscheiden sich jedoch beträchtlich.

Prägend für die Divergenzen der Interessen ist der Umstand, dass das internationale Zuständigkeitsrecht aufgrund des herrschenden Lex-fori-Prinzips[405] gleichzeitig das anzuwendende Verfahrensrecht bestimmt. Damit schafft es u.a. die Voraussetzung und die Bestimmungen für die Ermittlung des Sachverhaltes. Bei der Frage, welches materielle Recht zur Anwendung gelangt, wird der Sachverhalt hingegen als feststehend vorausgesetzt[406]. Im internationalen Zuständigkeitsrecht spielen mithin nicht nur die Interessen der Parteien an der Anwendung einer bestimmten, ihnen günstigen materiellen Rechtsordnung, sondern zudem zahlreiche verfahrensrechtliche Interessen[407] eine Rolle.

Im Kollisionsrecht hat die Partei jeweils ein Interesse an dem ihr gelegenen Recht. Meist ist dies das Recht, dem sie eng verbunden ist, mit dem sie vertraut ist[408]. Es handelt sich also fast immer um diametrale Interessen der Parteien, welche einer Abwägung und eines Ausgleiches bedürfen.

Die Zuständigkeitsinteressen sind wesentlich vielfältiger. Ähnlich dem Interesse an einem eng verbundenen Recht im Kollisionsrecht haben beide Parteien

---

[403] Teilweise haben die Auswirkungen verschiedener Parteiinteressen bereits in den aufgeführten Gemeinsamkeiten und Differenzen Erwähnung gefunden.

[404] Geimer, IZPR, Rn. 856; Buchner, Kläger- und Beklagtenschutz, S. 59; Schröder, Internationale Zuständigkeit, S. 264; Schack, IZVR, Rn. 206.

[405] Die Regel forum regit processum dominiert weltweit, hiernach wird das Verfahren nach dem Recht des Gerichtsstaates abgewickelt (Geimer, IZPR, Rn. 319). „Die deutschen Gerichte wenden in den vor ihnen anhängigen Verfahren nur deutsches Verfahrensrecht an." (BGH NJW 1985, 552 (553)); ebenso BGH NJW 1993, 130. Seine Rechtfertigung findet das lex-fori-Prinzip hauptsächlich in seiner Praktikabilität (Geimer, IZPR, Rn. 322; Linke, IZPR, Rn. 37; v. Hoffmann, IPR, § 3 Rn. 8, S. 67; Schack, IZVR, Rn. 43; Coester-Waltjen, Internationales Beweisrecht, Rn. 136). Ebenso wird mit der Neutralität des Verfahrensrechts argumentiert (v. Hoffmann, IPR, § 3 Rn. 8, S. 67; a.A. Schack, IZVR, Rn. 41). Als veraltet gilt das Argument der öffentlich-rechtlichen Natur des Verfahrensrechts (v. Hoffmann, IPR, § 3, Rn. 6, S. 67; Linke, IZPR, Rn. 37; Geimer, IZPR, Rn. 321). Die h.M. hält am lex-fori-Prinzip als Grundsatz fest, lässt jedoch die Anwendung ausländischen Sachrechts in sachgerechten Ausnahmefällen zu (Schack, IZVR, Rn. 40; Linke, IZPR, Rn. 39; Geimer, IZPR, Rn. 323, 325).

[406] Geimer, IZPR, Rn. 22.

[407] Beispiele hierfür siehe oben unter 4. Teil, C, III.

[408] Kegel/Schurig, IPR, § 2 II 1, S. 135 ff.

ein Interesse an einem jeweils heimatnahen Gerichtsstand. Dies erklärt sich damit, dass an dem der Partei nahegelegenen Gericht die räumlichen und sprachlichen Zugangsbarrieren entfallen. Zudem ist das Vertrauen der Partei in einheimische Gerichte und deren Verfahren größer als das Vertrauen in die Gerichte fremder Staaten[409].

Über das Interesse an der Heimatnähe des Gerichts hinaus besteht jedoch das gemeinsame Interesse der Parteien an einem sach- und beweisnahen Gerichtsstand[410]. Es handelt sich hierbei um ein besonderes verfahrensrechtliches Parteiinteresse. Beide Parteien haben ein Interesse an richtiger sachlicher Aufklärung und leichtem und billigem Zugang zu den Beweismitteln. Im Rahmen der Deliktszuständigkeit rückt das Interesse an einer erleichterten Beweisaufnahme in den Vordergrund. Gerade dieses Interesse findet im Kollisionsrecht allerdings keine Entsprechung.

Des Weiteren ist als rein verfahrensrechtliches und zudem bloßes Klägerinteresse die Vollstreckungsnähe zu nennen. Kann der Kläger in Staaten klagen, in denen sich vollstreckungstaugliches Vermögen des Beklagten befindet, so erspart er sich ein zeitaufwendiges Urteilsanerkennungsverfahren[411].

Von einem Gleichlauf der zuständigkeitsrechtlichen und der kollisionsrechtlichen Parteiinteressen kann angesichts der aufgezeigten Divergenzen nicht ausgegangen werden.

V. Hintergründe für das Interesse an der Sachverhaltsnähe

Beide Regelungsbereiche weisen ein Interesse an der Sachverhaltsnähe aus. Allerdings ist das Verständnis von der Sachverhaltsnähe jeweils ein anderes.

In der Regelung der besonderen Gerichtszuständigkeit am Tatort kommt der Gedanke der Bindung der Zuständigkeit an die Nähe zum Sachverhalt zum Aus-

[409] BGH 44, 46 (50) spricht vom „natürlichen Interesse jedes Staatsangehörigen, dass sein Staat, dessen Organisation und Funktionsweise er kennt, dessen Sprache er spricht und dem er auf mannigfaltige Weise verbunden ist, auch seiner Rechtssache sich annimmt". Außerdem wächst die Gefahr der Rechtsverweigerung mit der Entfernung des Forums vom Wohnort (Schack, IZVR, Rn. 200). Daher möchte der Kläger an seinem Wohnort klagen, sofern nicht Besonderheiten seine Erfolgsaussichten im Ausland verbessern. Der Beklagte möchte die Unannehmlichkeiten gering halten und sich in der Nähe seines Wohnortes verteidigen, um nicht mit einem mit der wahren Rechtslage nicht übereinstimmenden Versäumnisurteil belastet zu werden (Schack, IZVR, Rn. 200).

[410] Schack, IZVR, Rn. 201; Ein sach- und beweisnaher Gerichtsstand steht ebenso im Interesse des Gerichtes bzw. des Staates an einer geordneten Rechtspflege. Die unmittelbare Wahrnehmung der entscheidungserheblichen Tatsachen durch das räumlich nächste Gericht ist für die genaue und vollständige Aufklärung des Sachverhaltes wesentlich (Heldrich, Internationale Zuständigkeit und anwendbares Recht, S. 113; Schack, IZVR, Rn. 205).

[411] Schack, IZVR, Rn. 204.

druck. Der Hintergrund hierfür sind vielfältige, streitgegenstandsbezogene Interessen, die vorwiegend räumlichen Charakter aufweisen. Den Gedanken der räumlichen Nähe verfolgt z.B. das staatliche Interesse an der Aufrechterhaltung des Rechtsfriedens[412]. Es besteht das allgemeine Interesse jeder Rechtsgemeinschaft, lokale Vorfälle auch vor Ort verhandelt, entschieden und so ihre Integrität an Ort und Stelle bestätigt zu sehen. Dies gebietet, dass eine deliktsrechtliche Zuständigkeit dort eröffnet wird, wo unerlaubt gehandelt wurde[413]. Ortsbezogen ist auch der prozessökonomische Gedanke, dass am Tatort mehrere Verfahren wegen desselben schädigenden Ereignisses zusammengezogen und parallele strafrechtliche Verfolgung erfolgen kann. Ebenfalls auf die räumliche Nähe zielt das im Rahmen der Abwägung sehr gewichtige Interesse an der Sach- und Beweisnähe. Im Rahmen der Zuständigkeit ist primär sicherzustellen, dass das Gericht den Sachverhalt in seiner tatsächlichen Gegebenheit möglichst leicht und frei von einem Tatirrtum feststellen kann[414].

Im Kollisionsrecht ist ebenfalls das Kriterium der Sachverhaltsnähe sehr bedeutsam[415]. Dies äußert sich an dem Grundsatz der Anwendung der dem Fall nächstliegenden Rechtsordnung. Diesem Grundsatz trägt auch das an den Tatort anknüpfende Deliktsstatut Rechnung. Der Hintergrund des Interesses der Sachverhaltsnähe im Kollisionsrecht ist die Maßgeblichkeit der intensivsten soziologischen Beziehung zwischen dem Sachverhalt und einer Rechtsordnung[416]. Das materielle Recht wertet den Sachverhalt unter stillschweigender Zugrundelegung gewisser kultureller, politischer, ethnischer, wirtschaftlicher und sozialer Verhältnisse. Entscheidend für die Bestimmung des anzuwendenden Rechts ist daher, welches Recht dem Sachverhalt in seiner für die Bewertung wichtigen Umweltbedingtheit am ehesten gerecht wird. Das hiernach angemessenste Recht muss also – im Gegensatz zum internationalen Zuständigkeitsrecht – nicht das räumlich am nächsten gelegene sein[417].

Die Überlegungen zur Sachverhaltsnähe im Kollisionsrecht und im Recht der internationalen Zuständigkeit sind daher nicht auf die gleichen Interessen zurückzuführen.

---

[412] Vgl. auch § 7 StPO.

[413] Schröder, Internationale Zuständigkeit, S. 268 „Wo Unrecht getan wurde, darf Abhilfe begehrt werden." (Schröder, Internationale Zuständigkeit, S. 169). Zur Schlichtung im Inland aufgetretener Konflikte sollte auch ein inländisches Gericht zuständig sein (Schack, IZVR, Rn. 206).

[414] Heldrich, Internationale Zuständigkeit und anwendbares Recht, S. 112 f.

[415] Kropholler, IPR, § 58 II 2, S. 612.

[416] Heldrich, Internationale Zuständigkeit und anwendbares Recht, S. 114.

[417] Heldrich, Internationale Zuständigkeit und anwendbares Recht, S. 114.

VI. Justizgewährungsanspruch im Zuständigkeitsrecht

Das Zuständigkeitsrecht ist geprägt von dem Ausgleich der verfassungsrechtlichen Positionen der Parteien. Auf der einen Seite steht der Justizgewährungsanspruch des Klägers, der einen umfassenden Rechtsschutz und damit eine möglichst großzügige Eröffnung der internationalen Zuständigkeit verlangt[418]. Auf der Gegenseite fordert das Recht des Beklagten auf ein faires, rechtsstaatliches Verfahren die Begrenzung der internationalen Gerichtspflichtigkeit auf zumutbare Gerichtsstände. Dem Beklagten soll eine reale Chance auf eine effektive Verteidigung bleiben[419].

Auf Seiten des Kollisionsrechts gibt es kein mit dem Justizgewährungsanspruch des Klägers vergleichbares Recht, da die Nichtanwendbarkeit eines bestimmten materiellen Rechts den Kläger vor diesen Gerichten nicht rechtlos stellt.

Es ist folglich ein spezielles Interesse im Zuständigkeitsrecht, die Zuständigkeitsregeln weit und allgemein zu fassen bzw. auszulegen, um den Kläger nicht rechtlos zu stellen[420]. Ein solches Interesse kann dem Kollisionsrecht nicht entnommen werden, so dass seine Berücksichtigung im Rahmen der Auslegung des Tatortbegriffes im Kollisionsrecht fehlt.

VII. Rückwirkung des anwendbaren Rechts auf die internationale Zuständigkeit

Es gibt keinen grundsätzlichen Gleichlauf von Kollisionsrecht und internationaler Zuständigkeit. Das deutsche internationale Zuständigkeitsrecht kennt kein forum legis (Gleichlaufzuständigkeit)[421]. Doch existiert das Interesse des Staates, die Anwendung fremden Rechts nach Möglichkeit zu vermeiden und die „richtige" Anwendung des eigenen Rechts durch die Begründung der inländischen Gerichtszuständigkeit zu sichern[422].

Dieser Gedanke der Rechtsnähe findet z.B. in Form der Nutzung der gleichen Anknüpfungspunkte seinen Niederschlag[423], wie dies beim Deliktsstatut und der

---

[418] Geimer, IZPR, Rn. 856; Heldrich, Internationale Zuständigkeit und anwendbares Recht, S. 115.

[419] Pfeiffer, Internationale Zuständigkeit und prozessuale Gerechtigkeit, S. 16.

[420] Schröder, Internationale Zuständigkeit, S. 108.

[421] Geimer, IZPR, Rn. 39, Kropholler, IPR, § 58 II 3, S. 612; Schack, IZVR, Rn. 216 ff.; Ausnahme: freiwillige Gerichtsbarkeit in Nachlasssachen (Schack, IZVR, Rn. 216, 505; Heldrich, Internationale Zuständigkeit und anwendbares Recht, S. 199). Gleichlaufzuständigkeit bedeutet die Zuständigkeitsbegründung deutscher Gerichte, weil nach deutschem Kollisionsrecht in der Sache deutsches Recht anwendbar ist (Schack, IZVR, Rn. 216).

[422] Heldrich, Internationale Zuständigkeit und anwendbares Recht, S. 112.

[423] Schack, IZVR, Rn. 217.

Deliktszuständigkeit der Fall ist. Eine solche Parallelität der Anknüpfungen bezweckt zwar u.a. einen gewissen Gleichlauf[424], führt aber nicht zwangsläufig zu einem solchen[425]. Denn die Frage, ob die internationale Zuständigkeit gegeben ist, ist trotz der identischen Anknüpfungsmomente selbständig und – wie oben festgestellt – nach vorwiegend unterschiedlichen Kriterien zu beantworten als die Frage, welches Recht aus Sicht des deutschen Kollisionsrecht Anwendung findet[426]. Das internationale Zuständigkeitsrecht und das Kollisionsrecht sind nicht jeweils das Zubehör des anderen, sondern ergänzen einander und wahren jeweils spezifische Interessen[427]. Eine Gleichschaltung der Bestimmung des Tatortbegriffs, schlichtweg um einen Gleichlauf von Zuständigkeit und anwendbaren Recht zu erreichen, würde zu einer Negierung der spezifischen Zuständigkeitsinteressen führen und ist mithin verfehlt.

D. Ergebnis

Die Gegenüberstellung der Grundsätze, Interessen und Wertungen des internationalen Zuständigkeitsrechts und des in der Sache anzuwendenden Rechts ergibt, dass eine vollständige Gleichschaltung der Tatortbestimmung in den beiden Regelungsbereichen nicht möglich ist. Das Zuständigkeits- und Rechtsanwendungsrecht haben jeweils ihre eigenen, unverwechselbaren Gerechtigkeitserwägungen, die eine schlichte Übernahme der im Kollisionsrecht zur Auslegung des Tatortbegriffs gewonnenen Ergebnisse verhindert.

Es sind zwar einige Übereinstimmungen zwischen dem Kollisionsrecht und dem internationalen Zuständigkeitsrecht festzustellen. Bei beiden stehen sich das System der nationalen Regelungen und das internationale Medium des Internet gegenüber, in beiden muss der Tendenz der Bevorzugung des eigenen Rechts entgegengewirkt werden, und bei beiden gebietet das Erfordernis der Rechtssicherheit eine von der Entscheidung des Einzelfalles unabhängige, generelle Regelung. Auch liegt beiden Regelungswerken eine Abwägung der Partei- und Ordnungsinteressen zugrunde. Allerdings entsprechen sich das Kollisionsrecht und das internationale Zuständigkeitsrecht damit nur in einigen allgemeinen Vorgaben. Hinsichtlich anderer wesentlicher Wertungen und Interessen sind erhebliche Divergenzen festzustellen. Zum Beispiel ist dem Zuständigkeitsrecht

[424] So Schack, IZVR, Rn. 25; Ähnlich Fricke, Unterlassungsanspruch gegen Presseunternehmen im IPR, S. 30.

[425] Schack, IZVR, Rn. 217; Ein strikter Gleichlauf kann im Falle der Deliktszuständigkeit schon deshalb nicht gewollt sein, da es sich nicht um eine ausschließliche Zuständigkeit handelt und sowohl bei Art. 40 EGBGB als auch bei § 32 ZPO bzw. Art. 5 Nr. 3 EuGVO eine Rechts- bzw. Gerichtsstandswahl möglich ist.

[426] Geimer, IZPR, Rn. 39.

[427] Schack, IZVR, Rn. 24.

eine Vielzahl von Gerichtsständen und ein entsprechendes Wahlrecht immanent, während das Kollisionsrecht das eine anwendbare Recht sucht. Ferner stellt das Zuständigkeitsrecht im Rahmen der Tatortanknüpfung auf die räumliche Nähe ab, das Kollisionsrecht indessen knüpft an die soziologische Umgebung an. Betrachtet man zudem die den Regelungswerken zugrundeliegenden Ordnungs- und Parteiinteressen, so fällt auf, dass diese nicht identisch sind oder, soweit sie sich entsprechen, zumindest eine andere Gewichtung erfahren.

Die genannten Übereinstimmungen bewirken mithin lediglich, dass einzelne Überlegungen, die im Kollisionsrecht angestrengt werden, sich in gleicher oder ähnlicher Form im internationalen Zuständigkeitsrecht wiederfinden. Sie können jedoch auf keinen Fall dazu führen, die Erkenntnisse aus dem Kollisionsrecht zur Tatortauslegung zu übernehmen. Es bedarf folglich einer eigenständigen Untersuchung der Tatortauslegung im internationalen Zuständigkeitsrecht gemäß der spezifischen zuständigkeitsrechtlichen Interessen und Wertungen.

5. Teil: Der Begriff der unerlaubten Handlung im Zivilprozessrecht

Nachdem die Ansprüche bei Persönlichkeitsrechtverletzungen im Internet und die Rechtsgrundlage des im Rahmen dieser Ansprüche bedeutenden Gerichtsstands der unerlaubten Handlung beleuchtet wurden, soll nun die Auslegung des Deliktsgerichtsstands die Frage nach dem für diese Ansprüche international zuständigen Gericht beantworten.

Die Auslegung der Vorschriften zur Deliktszuständigkeit im deutschen und im europäischen Recht wirft zwei Hauptprobleme auf. Diese sind die Bedeutung des Begriffs „unerlaubte Handlung" (5. Teil)[428] und die Lokalisierung des Tatortes der unerlaubten Handlung (6. Teil)[429].

Die Auslegung des Begriffs der unerlaubten Handlung bestimmt darüber, welche der aufgeführten Ansprüche bei Persönlichkeitsrechtsverletzungen am Gerichtsstand der unerlaubten Handlung geltend gemacht werden können. Bei der Auslegung muss insbesondere aufgrund der Nähe des Begriffs der unerlaubten Handlung zum materiellen Recht zwischen dem deutschen und dem europäischen Zivilprozessrecht unterschieden werden.

Bei der Frage, ob Persönlichkeitsrechtsverletzungen als unerlaubte Handlungen im Sinne des Deliktsgerichtsstands zu qualifizieren sind, muss zunächst geklärt werden, anhand welcher Rechtsordnung eine derartige Qualifikation[430] vorzunehmen ist. Sodann kann im Anschluss aufgeschlüsselt werden, ob die einzelnen Ansprüche aus Persönlichkeitsrechtsverletzungen vom Deliktsgerichtsstand erfasst werden. Zuletzt ist zu untersuchen, wieweit im Rahmen der Zuständigkeitsprüfung eine gerichtliche Prüfungspflicht hinsichtlich des Vorliegens einer unerlaubten Handlung reicht.

---

428 Die Auslegung des Begriffs „unerlaubte Handlung" (§ 32 ZPO) (I.) bzw. des weiteren europäischen Wortlauts „unerlaubte Handlung oder ihr gleichgestellte Handlung" (Art. 5 Nr. 3 EuGVÜ/EuGVO/LugÜ) (II.).

429 Die Lokalisierung des schädigenden Ereignisses (Art. 5 Nr. 3 EuGVÜ/EuGVO/LugÜ) bzw. des Begehungsortes der unerlaubten Handlung (§ 32 ZPO).

430 Qualifikation ist die Subsumtion unter Kollisionsnormen (siehe Lüderitz, IPR, Rn. 125) bzw. die Auslegung von Kollisionsnormen (Kegel/Schurig, IPR, § 7 IV, S. 355). Auch im Rahmen der Zuständigkeitsnormen des IZVR spricht man von Qualifikation (Schack, IZVR, Rn. 49; Linke, IZPR, Rn. 48, 53). Vorliegend wird unter Qualifikation die Zuordnung von Anspruchsnormen des deutschen Rechts zu dem prozessualen Sammelbegriff der „unerlaubten Handlung" verstanden. Näher zum Begriff der Qualifikation im internationalen Zivilprozessrecht siehe Ost, Doppelrelevante Tatsachen im IZVR, S. 43 f.

A. Der Begriff der unerlaubten Handlung im deutschen Zivilprozessrecht

I. Auslegungsorientierung

Im Folgenden wird dargelegt, an welcher Rechtsordnung sich die Auslegung des Begriffs der unerlaubten Handlung im deutschen Zivilprozessrecht orientiert.

1) Auslegung nach lex fori[431] oder lex causae[432]?

Die Auslegung der deutschen Zuständigkeitsvorschriften erfolgt grundsätzlich nach der lex fori, also nach deutschem Recht, weil jede Rechtsordnung in erster Linie selbst über ihre Auslegung zu befinden hat[433]. Hiernach ist auch der Begriff der unerlaubten Handlung im Rahmen der Deliktszuständigkeit nach der lex fori zu bestimmen.

Allerdings ist zu beachten, dass angesichts der besonderen Nähe des Begriffs der unerlaubten Handlung zum materiellen Recht diesbezüglich eine Ausnahme zugunsten der Interpretation nach der lex causae denkbar wäre[434]. Da am Tatortgerichtsstand nicht zwingend das dort geltende materielle Deliktsrecht Anwendung findet, hätte eine Auslegung nach dem im Hauptverfahren anwendbaren materiellen Recht den Vorteil, dass der prozess- und materiellrechtliche Begriff der unerlaubten Handlung innerhalb eines Gerichtsverfahrens inhaltsgleich interpretiert würden[435].

Dieser Vorteil der übereinstimmenden Interpretation rechtfertigt jedoch keine Auslegung nach der lex causae, denn eine übereinstimmende Interpretation gleichlautender materieller und zivilprozessualer Begriffe ist aufgrund der verschiedenen Interessen und Ziele der beiden Bereiche selbst bei reinen Inlandsfällen nicht angezeigt[436]. Entsprechend müssen verschiedenartige Interpretationen des Begriffs erst recht akzeptiert werden, wenn deutsches zivilprozessuales und fremdes materielles Recht aufeinanderstoßen. Unter Anwendung der lex causae

---

[431] Lex fori ist das am Gerichtsort geltende eigene Recht (Kropholler, IPR, § 15 II 3, S. 118; Kegel/Schurig, IPR, § 10 VI, S. 409 f.).

[432] Lex causae ist das durch das Kollisionsrecht des Forumstaates berufene anwendbare materielle Recht (Kropholler, IPR, § 16 II 1, S. 122).

[433] Das internationale Verfahrensrecht hat keine eigenständigen Qualifikationsmethoden, sondern verwendet die des internationalen Privatrechts (Geimer, IZPR, Rn. 312). Zum Grundsatz des lex fori im Rahmen der Qualifikation im IPR siehe Kropholler, IPR, § 16 I, S. 121.

[434] Für eine Auslegung nach dem maßgeblichen Deliktsrecht: Ahrens, IPRax 1990, 128 (132); Geimer, IZPR, Rn. 1512.

[435] Der Beklagte wäre auf diese Weise nur dann dem vom Beklagtengerichtsstand abweichenden Gerichtsstand der unerlaubten Handlung ausgesetzt, wenn seine Handlung auch materiell, d.h. in der Hauptsache, als unerlaubte Handlung gewertet wird.

[436] Siehe unten 5. Teil, A, I, 2).

würde überdies die Ausgestaltung ausländischer Deliktsansprüche über die Kognitionsbefugnis deutscher Gerichte entscheiden können. Die Frage der Justizgewährung in Deutschland soll jedoch nicht von einem Recht bestimmt werden, auf welches die deutsche Justiz bzw. der deutsche Gesetzgeber keinerlei Einfluss hat[437].

Die Lex-causae-Auslegung wird daher in Deutschland weitgehend abgelehnt und eine Anwendung der lex fori auch für den Begriff der unerlaubten Handlung befürwortet[438]. Dies entspricht der Eigenständigkeit der Zuständigkeitsregelung im deutschen Recht, die eine Bestimmung der Zuständigkeit ohne Rückgriff auf das in der Sache anwendbare Recht gebietet[439]. Für eine Auslegung nach der lex fori spricht ferner, dass diese sicherstellt, dass deutsches Recht über Umfang und Grenzen der internationalen Zuständigkeit deutscher Gerichte befindet.

2) Auslegung nach materiellem Recht oder eigenständiger zivilprozessualer Begriff?

Bei der Auslegung nach deutschem Recht als lex fori, stehen wiederum zwei verschiedene Wege zur Verfügung, um den Begriff der unerlaubten Handlung i.S.d. § 32 ZPO zu interpretieren. Man kann sich an dem materiellen Recht orientieren, so dass der Begriff der unerlaubten Handlung im Prozessrecht dem Begriff im materiellen Recht entspricht, oder einen eigenständigen zivilprozessualen Begriff der unerlaubten Handlung bestimmen. Eine Ausrichtung an der Auslegung im Kollisionsrecht kommt angesichts der oben ermittelten[440] unterschiedlichen Interessen im Zuständigkeits- und Kollisionsrecht nicht in Betracht.

Der Orientierung am materiellen Recht ist entgegenzuhalten, dass trotz der Verwendung derselben Rechtsbegriffe im Prozessrecht und im materiellen Recht, diese nicht notwendigerweise die gleiche Bedeutung haben müssen[441]. Da

[437] Problematisch ist hierbei insbesondere die Vereinbarkeit mit dem Souveränitätsgedanken. Ebenfalls kritisch zum parallelen Problem bei Art. 5 Nr. 3 EuGVÜ: Roth, Die Reichweite der Lex-fori-Regel im IZPR, in: Festschrift für Stree/Wessels, 1045 (1052). Ähnlich Kubis, IZ bei Persönlichkeits- und Immaterialgüterrechtsverletzungen, S. 99.

[438] BGHZ 105 (110 f.), eine diesbezügliche Haltung des BGH ist seiner Aussage zu entnehmen, dass kollisionsrechtliche Überlegungen erst in der Begründetheit angestrengt wurden; Stein/Jonas-Roth, § 32 Rn. 17; Zöller-Vollkommer, § 32 Rn. 4; Kropholler, Internationale Zuständigkeit, in: Handbuch des IZVR, Band I, S. 228 (Kap. III, Rn. 81); Ost, Doppelrelevante Tatsachen im IZVR, S. 45 f; Kubis, IZ bei Persönlichkeits- und Immaterialgüterrechtsverletzungen, S. 123 ff.

[439] Kropholler, IPR, § 58 II 1, S. 609 f.

[440] Siehe oben 4. Teil.

[441] Jauernig, Zivilprozessrecht, § 2 IV, S. 8; Rosenberg/Schwab/Gottwald, Zivilprozessrecht, § 1 VI, Rn. 23; Stein/Jonas-Brehm, Vor § 1 Rn. 34. Schon innerhalb der ZPO ist keine einheitliche Begriffsverwendung gegeben, vgl. hierzu Stein/Jonas-Brehm, Vor § 1 Rn. 33, mit

die ZPO das ältere Gesetzeswerk ist, sind ihre Begrifflichkeiten nicht auf das Bürgerliche Gesetzbuch abgestimmt[442]. Grundlegend gegen eine zwingende Übereinstimmung der Begriffsinhalte spricht, dass Gegenstände und Zielsetzungen des Zivilprozessrechts nicht mit denen des materiellen Rechts identisch sind[443]. Eine ausschließliche Orientierung der Auslegung am materiellen Recht würde folglich sämtliche zivilprozessualen Interessen und Ziele unberücksichtigt lassen.

Auch die h.M.[444] muss sich diese Argumente entgegenhalten lassen, da sie dem § 32 ZPO einen in erster Linie den §§ 823 ff. BGB entnommenen Begriff der unerlaubten Handlung zugrunde legt. Allerdings überträgt die h.M. die materiellrechtliche Begriffsbestimmung aus den §§ 823 ff. BGB nicht identisch auf den § 32 ZPO, sondern versteht den zivilprozessualen Begriff der unerlaubten Handlung im weiteren Sinne[445]. So bezieht sie beispielsweise Ansprüche aus Gefährdungshaftung, die im materiellen Recht nicht unter den Begriff der „unerlaubten Handlung" subsumiert werden[446], in den Anwendungsbereich des § 32 ZPO mit ein[447]. Folglich erkennt auch die h.M. eine Eigenständigkeit des zivilprozessualen Begriffs der unerlaubten Handlung an.

---

mehreren Beispielen. Beispiele inhaltlich divergierender Begriffe im ZPO und BGB sind: Anerkenntnis, Vergleich, Verzicht, Einrede.

442 Schwarz, Der Gerichtsstand der unerlaubten Handlung, S. 120.

443 Zu den verschiedenen Zielen vgl. Rosenberg/Schwab/Gottwald, Zivilprozessrecht, § 1 VI, Rn. 23; Jauernig, Zivilprozessrecht, § 2 IV, S. 8.

444 Stein/Jonas-Roth, § 32 Rn. 17; Zöller-Vollkommer, § 32 Rn. 4; BGH NJW 1974, 410 (411).

445 Von einer weiten Auslegung sprechen z.B. MüKo-Patzina, ZPO, § 32 Rn. 2; Wieczorek/Schütze-Hausmann, § 32 Rn. 4; Zöller-Vollkommer, § 32 Rn. 4; Stein/Jonas-Roth, § 32 Rn. 18. Zöller-Vollkommer fasst hierunter jeden rechtswidrigen Eingriff in eine fremde Rechtssphäre. Stein/Jonas-Roth nennt sie außervertragliche Zuwiderhandlungen. Nach MüKo-Patzina fallen hierunter Handlungen, die gesetzlich verboten sind und die wie §§ 823 ff. BGB eine Schadensersatzpflicht auslösen. Wieczorek/Schütze-Hausmann subsumiert jeden rechtswidrigen Eingriff in eine fremde Rechtsphäre, der nicht an einen Vertrag anknüpft, unter den Begriff der unerlaubten Handlung.

446 Nach heutiger Auffassung unterfällt die Gefährdungshaftung im materiellen Recht aufgrund der Verschiedenheit ihrer Haftungsart (Haftung für Unglücksschäden aufgrund besonderer Risikoverteilung) nicht mehr dem Systembegriff der unerlaubten Handlung (Unrechtshaftung als Einstandspflicht für Folgen rechtswidrigen Verhaltens), vgl. hierzu Larenz/Canaris, Schuldrecht II 2; § 84 I 3, S. 610; MüKo-Wagner, BGB, Vor § 823 Rn. 1; Soergel-Zeuner, Vor § 823 Rn. 2; a.A. Staudinger-Hager Vor § 823 Rn. 25.

447 Schack, IZVR, Rn. 290; MüKo-Patzina, ZPO, § 32 Rn. 3; Zöller-Vollkommer, § 32 Rn. 7; Baumbach/Lauterbach-Hartmann, § 32 Rn. 9; Wieczorek/Schütze-Hausmann, § 32 Rn. 9; Stein/Jonas-Roth, § 32 Rn. 18. Schadensersatzansprüche als Folge der Verletzung vertraglicher Beziehungen sind nach der h.M. hingegen keine Ansprüche aus unerlaubter Handlung (Zöller-Vollkommer, § 32 Rn. 12; Baumbach/Lauterbach-Hartmann, § 32 Rn. 14; Wieczorek/Schütze-Hausmann, § 32 Rn. 20; Stein/Jonas-Roth, § 32 Rn. 21).

Die h.M. bietet mit dem Hinweis auf das materielle Recht in Verbindung mit dem Gebot einer weiten Auslegung jedoch keine eindeutige Begriffsbestimmung. Sie legt weder fest, in welchen Punkten Abweichungen gegenüber dem materiellen Recht hinnehmbar sind, noch gibt sie generelle Kriterien und Voraussetzungen an, an denen sich die „weite Auslegung" orientieren könnte. So orientiert sich die in der Literatur vorzufindende Abgrenzung des Anwendungsbereichs neben der materiellrechtlichen Bestimmung der unerlaubten Handlung lediglich an der bisherigen Praxis hinsichtlich des Anwendungsbereichs.

Entgegen der h.M. ist daher ein prozessual eigenständiger Begriff der unerlaubten Handlung, welcher die besonderen Interessen und Wertungen des Prozessrechts beachtet, vorzuziehen[448]. Bei der Inhaltsbestimmung des Begriffs der unerlaubten Handlung i.S.d. § 32 ZPO sind die gesetzgeberischen Erwägungen, die zur Einrichtung eines besonderen Gerichtsstands der unerlaubten Handlung führten, zu berücksichtigen[449]. Es zählen hierzu insbesondere die Nutzung der Sach- und Beweisnähe sowie die Privilegierung des Opfers[450].

Die Forderung nach der Berücksichtigung zivilprozessualer Besonderheiten bedeutet jedoch nicht eine vollständige Loslösung vom materiellen Recht. Auch wenn keine Übereinstimmung der Inhaltsbestimmung des Begriffs der unerlaubten Handlung im materiellen und zivilprozessualen Sinne verlangt wird, so bedarf es, da das Prozessrecht der Verwirklichung des materiellen Rechts dient[451], doch einer Abstimmung beider Rechtsgebiete. Sachrecht und internationales Prozessrecht unterliegen durch die unterschiedlichen Zielrichtungen zwar verschiedenen Wertungen. Sie stehen jedoch nie beziehungslos nebeneinander, sondern beeinflussen durch ihre Verzahnung gegenseitig die praktische Wirk-

---

[448] So auch Kubis, IZ bei Persönlichkeits- und Immaterialgüterrechtsverletzungen, S. 92/93 und Schwarz, Der Gerichtsstand der unerlaubten Handlung, S. 4, 18 ff., 123 f. Ebenso für das schweizerischen internationale Zivilprozessrecht Wyss, Gerichtsstand der unerlaubten Handlung, S. 9; 19 ff. Abweichend Ost, der zwar für einen prozessualen Begriff des unerlaubten Handlung eintritt (Einordnung des Anspruchs nach der lex fori), diesen im Rahmen der Zuständigkeitsprüfung jedoch wiederum mit den materiellrechtlichen Begriffen ausfüllt (Subsumtion nach der lex causae). Er nennt dies eine zweistufige lex fori/lex causae Qualifikation (Ost, Doppelrelevante Tatsachen im IZVR, S. 45 ff.). Dieses zweistufige Modell ist allerdings nur erforderlich, wenn man im Rahmen der Frage nach dem Umfang der Prüfungspflicht der Gerichte (siehe hierzu sogleich unter 5. Teil, C) die Schlüssigkeitstheorie oder eine vollständige materielle und tatsächliche Prüfung annimmt. Ansonsten bedarf es nur der ersten Stufe.

[449] Schwarz, Der Gerichtsstand der unerlaubten Handlung, S. 4.

[450] Musielak-Heinrich, § 32 Rn. 1; Wieczorek/Schütze-Hausmann, § 32 Rn. 1; Stein/Jonas-Roth, § 32 Rn. 1; Zöller-Vollkommer, § 32 Rn. 1; a.A. hinsichtlich der Privilegierung des Opfers Schröder, Internationale Zuständigkeit, S. 266 ff. Nur zur Sach- und Beweisnähe: BGH NJW 1977, 1590 (1590); MüKo-Patzina, ZPO, § 32 Rn. 1, Kubis, IZ bei Persönlichkeits- und Immaterialgüterrechtsverletzungen, S. 89.

[451] Schröder, Internationale Zuständigkeit, S. 525; Schwarz, Der Gerichtsstand der unerlaubten Handlung, S. 121, Pfeiffer, Internationale Zuständigkeit und prozessuale Gerechtigkeit, S. 115; Zöller-Vollkommer, Einl. Rn. 92.

samkeit ihrer jeweiligen Wertungen. Dies ist in besonderem Maße bei der internationalen Zuständigkeit der Fall, da diese zugleich das Kollisionsrecht und damit auch das maßgebliche nationale materielle Recht bestimmt. So werden beispielsweise die zivilprozessualen Interessen der Parteien und deren Wertung u.a. durch die für das betreffende Rechtsgebiet maßgeblichen materiellen Regelungen und deren Gerechtigkeitserwägungen beeinflusst. Sachrecht und internationalem Prozessrecht sollte mithin insoweit zur Harmonie verholfen werden, als sie zur Wirksamkeit ihrer Gerechtigkeitsvorstellungen notwendig ist[452].

Den Bedürfnissen beider Rechtsgebiete entspricht demnach eine Bestimmung des prozessual eigenständigen Begriffs der unerlaubten Handlung anhand einer materiellrechtsfreundlichen Auslegung[453], die unter Heranziehung der zivilprozessualen Interessen und Wertungen begrenzt bzw. korrigiert wird[454].

II. Anwendbarkeit des § 32 ZPO auf Ansprüche aus Persönlichkeitsrechtsverletzungen

Der zivilprozessuale Einfluss erschwert eine abschließende Definition der unerlaubten Handlung i.S.d. § 32 ZPO und damit des Anwendungsbereichs dieser Norm. Eine Hilfestellung bei der Bestimmung des Anwendungsbereichs bietet die Bildung von Anspruchsgruppen[455]. Statt einer Definition des Anwendungsbereichs des § 32 ZPO erfolgt damit eine Zuweisung der materiellrechtlichen Ansprüche zu der Zuständigkeitsnorm. Die folgende Untersuchung beschränkt sich hierbei auf die Zuordnung der bereits dargestellten materiellen Ansprüche nach deutschem Recht[456].

Auf der Grundlage der dem § 32 ZPO anerkanntermaßen unterfallenden Haftungstatbestände[457], wie dem Anspruch aus § 823 BGB und der Gefährdungshaftung, wird im Folgenden untersucht, inwieweit die im Rahmen von Persönlichkeitsrechtsverletzungen in Frage kommenden Ansprüche[458] in den Anwendungsbereich des § 32 ZPO fallen. Hierbei sollen den unstreitig unter § 32 ZPO fallenden Anspruchsgruppen materielle Gemeinsamkeiten und übereinstimmende prozessuale Interessen entnommen werden, an denen dann der entsprechende Anspruch gemessen wird. Im Rahmen der Subsumtion der Ansprüche unter den

---

[452] Für die Harmonisierung von sachrechtlicher und kollisionsrechtlicher Gerechtigkeit: Looschelders, ZVglRWiss 95 (1996), 48 (49); ebenso v. Hinden, Persönlichkeitsverletzungen im Internet, S. 15 (bzgl. des Kollisionsrechts).

[453] Zöller-Vollkommer, Einl. Rn. 99.

[454] So auch Schwarz, Der Gerichtsstand der unerlaubten Handlung, S. 121.

[455] Vgl. hierzu Zöller-Vollkommer, § 32 Rn. 5 ff.; Wieczorek/Schütze-Hausmann, § 32 Rn. 6 ff.; Baumbach/Lauterbach-Hartmann, § 32 Rn. 7 ff.; Musielak-Heinrich, § 32 Rn. 4 ff.

[456] Siehe zur Begründung Einleitung, C, III.

[457] Vgl. z.B. die Gefährdungshaftung, 5. Teil, A, I, 2).

[458] Vgl. zu den Ansprüchen im Einzelnen 2.Teil, B.

zivilprozessualen Begriff der unerlaubten Handlung werden daher die konkreten Anspruchskategorien zum einen hinsichtlich ihrer materiellen Vergleichbarkeit mit der unstreitig in den Anwendungsbereich fallenden unerlaubten Handlung gemäß §§ 823 ff. BGB beleuchtet. Zum anderen wird die zivilprozessuale Interessenlage bei den einzelnen Anspruchskategorien auf Übereinstimmung mit den gesetzgeberischen Erwägungen und der Interessenlage beim Anspruch aus §§ 823 ff. BGB überprüft. Soll eine Verwirklichung des hinter dem § 32 ZPO liegenden Zweckes gewährleistet werden, so muss allerdings Folgendes gelten: je mehr die zivilprozessuale Interessenlage des fraglichen Anspruchs der des Anspruchs aus §§ 823 ff. BGB entspricht, desto weniger strikt darf an den materiellen Begriffsmerkmalen festgehalten werden. Eine nach materiellem Recht unerlaubte Handlung gibt nur den Mindestanwendungsbereich des § 32 ZPO vor, sie erschöpft den Anwendungsbereich des § 32 ZPO jedoch nicht[459].

1) Bereicherungsansprüche

Aufgrund der steigenden Kommerzialisierung des Persönlichkeitsrechts[460] hat der Bereicherungsanspruch[461] als Reaktion auf Persönlichkeitsrechtsverletzungen zunehmend Bedeutung gewonnen[462]. Er ist das maßgebliche Verteidigungsmittel gegen die unerwünschte wirtschaftliche Nutzung von Persönlichkeitsmerkmalen und tritt dabei regelmäßig neben den Deliktsanspruch[463]. Seine Verschuldensunabhängigkeit und die längeren Verjährungsfristen[464] sind für den Anspruchsteller besonders günstig. Die Eingriffskondiktion ist als Instrumentarium zum Erhalt des Persönlichkeitsverwertungsrechts insbesondere auch im postmortalen Persönlichkeitsschutz von Bedeutung. Der bereicherungsrechtliche Persönlichkeitsschutz ergänzt mithin den deliktischen Persönlichkeitsschutz[465].

---

[459] So auch Schwarz, Der Gerichtsstand der unerlaubten Handlung, S. 124.

[460] So ist das Abbild und der Name prominenter Persönlichkeiten aufgrund des hohen Bekanntheitsgrades dieser Personen und des damit verbundenen Aufmerksamkeitswertes erheblichen kommerziellen Verwertungsinteressen ausgesetzt. Zu den Erscheinungsformen der Werbung mit dem Abbild prominenter Personen vgl. Beuthien/Hieke, AfP 2001, 353 ff.

[461] Zum Bereicherungsanspruch bei Persönlichkeitsrechtsverletzungen siehe 2. Teil, B, III.

[462] Vgl. hierzu bereits 2. Teil, A, II.

[463] Der Deliktsanspruch erfasst z. B. den Ersatz der Rechtsverfolgungskosten und den Ersatz schadensmindernder Aufwendungen wie sog. Marktenwirrungskosten (hierzu näher Löffler/Ricker, Handbuch des Presserechts, 44. Kapitel III, Rn. 39). Außerdem wird unter bestimmten Voraussetzungen der immaterielle Schaden ersetzt. vgl. oben 2. Teil, B, IV, 2).

[464] Vgl. hierzu insbesondere § 852 BGB, der den Bereicherungsanspruch nach Verjährung des Schadensersatzanspruchs ausdrücklich aufrechterhält.

[465] So auch Staudinger-Hoffmann/Fuchs, Art. 38 Rn. 15.

Es stellt sich die Frage, ob der Bereicherungsanspruch am Deliktsgerichtsstand geltend gemacht werden kann[466]. Obwohl der Anspruch aus Eingriffskondiktion im Schutzbereich der wirtschaftlichen Nutzung von Persönlichkeitsmerkmalen regelmäßig neben den Deliktsanspruch tritt oder mangels Verschulden als alleiniges Verteidigungsmittel verbleibt, wird die Einbeziehung in den Anwendungsbereich des § 32 ZPO teilweise[467] abgelehnt. Nach dieser Meinung würde der Kläger zur Geltendmachung bereicherungsrechtlicher Ansprüche aus Persönlichkeitsrechtsverletzungen auf den allgemeinen Gerichtsstand nach §§ 12 ff. ZPO verwiesen.

Ob eine Ungleichbehandlung gegenüber dem Deliktsanspruch jedoch notwendig bzw. gerechtfertigt ist, erscheint fraglich. Angesichts der durch die zunehmende Ökonomisierung des Persönlichkeitsrechts bedingten Verbundenheit dieser beiden Ansprüche durch ihre parallele Entstehung und in Anbetracht der zunehmenden Bedeutung des Kondiktionsanspruchs, ist eine eingehende Untersuchung geboten.

a) Materielle Vergleichbarkeit

Die im materiellen Recht verwendete Definition der unerlaubten Handlung dient entsprechend der vertretenen[468] materiellrechtsfreundlichen Auslegung als Ausgangsbasis der Prüfung des Anwendungsbereichs des § 32 ZPO. Im materiellen Recht gilt als unerlaubte Handlung jeder Eingriff in den Rechtskreis eines anderen, der im Widerspruch zu den allgemeinen Anforderungen der Rechtsordnung erfolgt und einen Schaden zur Folge hat[469].

---

[466] Hinsichtlich der Eingriffskondiktion befürwortend: Schwarz, Der Gerichtsstand der unerlaubten Handlung, S. 35 ff.; Zöller-Vollkommer, § 32 Rn. 9; Spickhoff, ZZP 109, 493 (513); Wieczorek/Schütze-Hausmann, § 32 Rn. 5, 17, 25; MüKo-Patzina, ZPO, § 32 Rn. 8, 17; Stein/Jonas-Roth, § 32 Rn. 19; Musielak-Heinrich, § 32 Rn. 7; einschränkend Baumbach/Lauterbach-Hartmann, § 32 Rn. 7 („soweit dieser Anspruch an die Stelle eines Schadensersatzanspruchs getreten ist, etwa im Fall des § 203 BGB").

[467] Schlosser Art. 5 EuGVVO Rn. 16; Hoeren/Sieber-Pichler, Handbuch Multimedia-Recht, Teil 25, Rn. 178. Implizit: OLG Hamm NJW-RR 2000, 727 (727); OLG Köln NJW-RR 1999, 1081 (1082), die den Bereicherungsanspruch nicht eigenständig in den Anwendungsbereich des § 32 ZPO einbeziehen, sondern sich des Gerichtsstands des Sachzusammenhangs bedienen. Ebenso die früher überwiegende Meinung vgl. Stein/Jonas-Schumann, 21. Aufl., § 32 Rn. 24; MüKo-Patzina, ZPO, 1. Aufl., § 32 Rn. 14; Zöller-Vollkommer, 20. Aufl., § 32 Rn. 12, die ohne nähere Begründung aufgegeben wurde.

[468] Siehe oben 5. Teil, A, I, 2).

[469] Staudinger-Hager, Vor § 823 Rn. 25; Soergel-Zeuner, Vor § 823 Rn. 1; MüKo-Wagner, BGB, Vor § 823 Rn. 1, der jedoch insbesondere auf das Merkmal der außervertraglichen Pflichtverletzung abstellt.

aa) Verletzung allgemeiner Rechtsbeziehungen

Voraussetzung für das Vorliegen einer unerlaubten Handlung nach materiellem Recht ist zunächst die Verletzung allgemeiner Rechtsbeziehungen[470]. Allgemeine Rechtsbeziehungen sind solche, die zwischen allen Personen bestehen, das heißt deren Unverletzlichkeit jeder beachten muss[471]. Ausgegliedert sind damit Verletzungen von Sonderrechtsbeziehungen. Hierunter fallen insbesondere Vertragsbeziehungen, da diese besondere Rechtsbeziehungen zwischen bestimmten Personen begründen[472]. Damit ist der Begriff der Sonderrechtsbeziehung allerdings nicht erschöpft. Er erfasst neben vertraglichen Beziehungen alle weiteren Interessenverbindungen, die sich nach Struktur und höherer Intensität von den allgemeinen nachbarrechtlichen Beziehungen abheben[473].

Fraglich ist, ob der Bereicherungsanspruch bei Persönlichkeitsrechtsverletzungen aus der Verletzung einer Sonderrechtsbeziehung[474] oder der Verletzung einer allgemeinen Rechtsbeziehung folgt.

Bei der bereicherungsrechtlichen Rückabwicklung im Rahmen von Persönlichkeitsrechtsverletzungen handelt es sich um Fälle der Eingriffskondiktion gemäß § 812 Abs. 1, S. 1, 2. Alt. BGB[475]. Dieser Anspruch basiert auf einem von der Rechtsordnung nicht gebilligten Eingriff in die Rechtsposition des Ent-

---

470 Vgl. Umschreibung der unerlaubten Handlung im materiellen Recht unter 5. Teil, A, II, 1), a).

471 KG MDR 1998, 897 (897).

472 Ansprüche, die auf einem Vertragsverhältnis beruhen, fallen in den Anwendungsbereich des § 29 ZPO. Zum Anwendungsbereich des § 29 ZPO vgl. eingehend Schack, Der Erfüllungsort im deutschen, ausländischen und internationalen Privat- und Zivilprozessrecht, S. 110 ff. Zur Abgrenzung von Vertrags- und Deliktsgerichtsstand im europäischen Zivilprozessrecht vgl. eingehend Lohse, Das Verhältnis von Vertrag und Delikt: eine rechtsvergleichende Studie zur vertragsautonomen Auslegung von Art. 5 Nr. 3 EuGVÜ.

473 RGRK-Steffen, Vor. § 823 Rn. 13. Aus Sonderrechtsbeziehungen, die nicht Vertragsbeziehungen sind, resultieren z. B. nach h.M. Ansprüche aus Geschäftsführung ohne Auftrag (Zöller-Vollkommer, § 29 Rn. 13; Baumbach/Lauterbach-Hartmann, § 29 Rn. 3) und Ansprüche aus vormundschaftlicher Verwaltung gemäß § 1833 (Stein/Jonas-Roth, § 29 Rn. 6, § 32 Rn. 21; Zöller-Vollkommer, § 32 Rn. 12). Damit ist die Bezeichnung des Gerichtsstands der unerlaubten Handlung als Gerichtsstand für „außervertragliche“ Rechtsverletzungen nicht richtig. Es muss korrekterweise Gerichtsstand für „außerhalb einer rechtlichen Sonderbeziehung“ entstehende Rechtsverletzungen heißen.

474 Bezüglich der Ansprüche aus Leistungskondiktion (§ 812 Abs. 1, S. 1, 1. Alt. BGB) kann eine Sonderrechtsbeziehung bejaht werden, da eine Leistungsbeziehung zu einer verdichteten rechtlichen Beziehung führt. Die bereicherungsrechtliche Rückabwicklung im Rahmen der Leistungskondiktion betrifft in der Regel fehlgeschlagene bzw. gescheiterte vertragliche Beziehungen. Sie ist damit die Folge eines Vertragsverhältnisses, sei es auch nur ein vermeintliches.

475 Siehe oben 2. Teil, III.

reicherten[476]. Bei Persönlichkeitsrechtsverletzungen greift der Bereicherungsschuldner in den wirtschaftlichen Nutzen der Persönlichkeitsmerkmale ein. Da die Nutzungsbefugnis dem Träger des Persönlichkeitsrechts zusteht[477], wird damit in den Zuweisungsgehalt eines dem Entreicherten zustehenden Rechts eingegriffen.

Der durch die Eingriffskondiktion geschützte Zuweisungsgehalt des Bereicherungsgläubigers wird maßgeblich durch den Deliktsschutz bestimmt[478], denn der Rechtskreis des Betroffenen, hier in Form des Persönlichkeitsrechts, besteht nicht nur im Verhältnis zu bestimmten Personen, sondern muss von allen beachtet werden. Der im Rahmen von Persönlichkeitsrechtsverletzungen verletzte Zuweisungsgehalt entspricht folglich einer allgemeinen Rechtsbeziehung.

Die Verletzung einer Sonderrechtsbeziehung liegt dem Bereicherungsanspruch bei Persönlichkeitsrechtsverletzungen hingegen nicht zugrunde. Die Bereicherung bei Persönlichkeitsrechtsverletzungen steht in keinem Zusammenhang mit vertraglichen oder vertragsähnlichen Beziehungen. Denkt man z.B. an Eingriffe in das Namensrecht oder das Recht am Bild, wird deutlich, dass die Anspruchsteller und Anspruchsgegner sich vielmehr vor dem Eingriff in das Persönlichkeitsrecht in der Regel fremd sind oder zumindest in keinerlei rechtlicher Beziehung zueinander stehen. Auch eine sonstige erhöhte Interessenverbindung, die eine Sonderrechtsbeziehung begründen könnte, kann im Rahmen von Persönlichkeitsrechtsverletzungen nicht festgestellt werden.

Weil somit die Eingriffskondiktion auf eine Rechtsverletzung außerhalb rechtlicher Sonderbeziehungen zurückzuführen ist, ist die Voraussetzung der Verletzung allgemeiner Rechtsbeziehungen gegeben.

bb) Rechtswidrigkeit

Weitere Voraussetzung der unerlaubten Handlung im materiellen Sinne ist, dass der Eingriff rechtswidrig erfolgen muss[479]. Dem Wortlaut des § 812 Abs. 1 BGB fehlt zwar der Begriff der Rechtswidrigkeit, er enthält jedoch das Tatbestandsmerkmal „ohne rechtlichen Grund“, welches im Rahmen von Persönlichkeitsrechtsverletzungen die Rechtswidrigkeit ersetzen könnte.

Um dies festzustellen, muss zunächst die Frage der Rechtswidrigkeit bei Persönlichkeitsrechtsverletzungen erläutert werden. Die Rechtswidrigkeit der un-

---

[476] Palandt-Sprau, § 812 Rn. 10.

[477] Vgl. 2. Teil, B, III.

[478] Larenz/Canaris, Schuldrecht II 2, § 69 I 1 b und c, S. 169 ff.

[479] Zur Umschreibung der unerlaubten Handlung im materiellen Recht vgl. 5. Teil, A, II, 1), a). In dieser wird von einem Eingriff „im Widerspruch zu den allgemeinen Anforderungen der Rechtsordnung“ gesprochen. Der Gesetzestext von § 823 BGB spricht von einer „widerrechtlichen“ Handlung.

erlaubten Handlung wird grundsätzlich durch die Tatbestandsmäßigkeit indiziert[480]. Dies ist bei dem offenen Verletzungstatbestand des Persönlichkeitsrechts jedoch nicht der Fall. Erst die einzelfallbezogene Güter- und Interessenabwägung zwischen dem allgemeinen Persönlichkeitsrecht und den Gegeninteressen ergibt sowohl die Tatbestandsmäßigkeit als auch die Rechtswidrigkeit des Eingriffs[481].

Die Unbestimmtheit des Persönlichkeitsrechts erfordert diese Abwägung jedoch nicht nur im Deliktsrecht. Auch der bereicherungsrechtliche Eingriff ist nur dann gegeben und ohne rechtlichen Grund erfolgt, sofern nicht anderweitige Interessen, z.B. das Informationsinteresse der Allgemeinheit[482], überwiegen[483].

Neben dem Abwägungserfordernis gleichen sich die Voraussetzungen einer rechtswidrigen Handlung und eines rechtsgrundlosen Eingriffs noch im Weiteren. Das Verhalten des Verletzers ist gerechtfertigt und damit nicht rechtswidrig, wenn der Träger des Persönlichkeitsrechts in die Beeinträchtigung des Persönlichkeitsrechts einwilligt[484]. Ebenso erfolgt die Bereicherung nicht rechtsgrundlos, wenn der Rechtsinhaber der Inanspruchnahme des Verwertungsrechts zustimmt[485].

Sowohl Rechtsgrundlosigkeit als auch Rechtswidrigkeit sind folglich das Ergebnis der Güter- und Interessenabwägung sowie der fehlenden Rechtfertigung. Sie kennzeichnen beide das Ergebnis, dass die Beeinträchtigung des Persönlichkeitsrechts der Rechtsordnung widerspricht und befinden somit beide über die Normwidrigkeit des Verhaltens.

Diese Übereinstimmung führt dazu, dass rechtsgrundlos und rechtswidrig im Rahmen von § 32 ZPO gleichgesetzt werden können.

cc) Verschulden

Fraglich ist, ob auch das Verschulden als allgemeines Wesensmerkmal der unerlaubten Handlung im materiellen Sinne zu verstehen ist. Ein solches ist im Rahmen der Eingriffskondiktion nicht erforderlich.

Der 25. Titel des BGB (§§ 823 ff. BGB) enthält unter der Überschrift „unerlaubte Handlungen" sowohl Tatbestände, die Verschulden bzw. eine Verschul-

---

480 Palandt-Sprau, § 823 Rn. 24 f.

481 Siehe oben 2. Teil, A, VII.

482 Bezüglich des Bildnisschutzes sind dies die in § 23 Kunsturhebergesetz (KUG) genannten schutzwürdigen Publikationsinteressen.

483 Vgl. 2. Teil, A, VII. Der bildliche Selbstdarstellungsschutz enthält z.B. in dem Regelungszusammenhang der §§ 22, 23 KUG ein gesetzlich normiertes Abwägungserfordernis zwischen den schutzwürdigen Interessen der abgebildeten Person und den mit ihnen kollidierenden Publikationsinteressen (vgl. 2. Teil, A, III, 1)).

484 Palandt-Sprau, § 823 Rn. 38.

485 So bzgl. des Bildnisschutzes Beuthien/Hieke, AfP 2001, S. 353 (362).

densvermutung enthalten[486] als auch deliktische Rechtsfolgen ohne Verschulden[487]. Es wird folglich der Begriff der unerlaubten Handlung mit Tatbeständen ausgefüllt, die nicht streng am Verschuldensprinzip festhalten. Aus diesem Grunde wird angenommen, dass das Verschulden für den materiellen Begriff der unerlaubten Handlung nicht bestimmend ist[488].

Der Begriff der unerlaubten Handlung wird im Zivilprozessrecht weiter verstanden als der materielle Begriff der unerlaubten Handlung. An den Begriff der unerlaubten Handlung werden im Zivilprozessrecht daher weniger Ansprüche gestellt als im materiellen Recht. Ein Merkmal, auf das bereits im Rahmen des materiellen Begriffs der unerlaubten Handlung verzichtet werden kann, kann demnach nicht für den weiter verstandenen zivilprozessualen Begriff maßgebend sein[489].

Für einen Verzicht auf das Merkmal des Verschuldens im Rahmen des zivilprozessualen Begriffs der unerlaubten Handlung spricht des Weiteren, dass § 32 ZPO unstrittig allgemein die Gefährdungshaftung erfasst[490], welche verschuldensunabhängig ist. Der gegen diesen Rückschluss denkbare Einwand, die Gefährdungshaftung biete als Äquivalent zum Verschulden zumindest das „Setzen einer Gefahr“, greift nicht. Das „Setzen einer Gefahr“ bildet keinen gleichwertigen Ersatz für das Verschulden. Verschulden ist die endgültige Beurteilung der Verantwortlichkeit des Schädigers für sein normwidriges Verhalten i.S. der Vorwerfbarkeit[491]. Das „Setzen einer Gefahr“ könnte damit zwar ein Gegenwert i.S.d. Verantwortlichkeit sein, nicht jedoch im Sinne der Vorwerfbarkeit, da die Gefährdung gerade erlaubt ist.

Die fehlende Tatbestandsvoraussetzung des Verschuldens im Rahmen des Bereicherungsanspruchs steht der Qualifizierung als unerlaubte Handlung im Sinne des § 32 ZPO mithin nicht entgegen.

---

486 Vgl. §§ 823 bis 826, 831, 832, 833 S. 2, 834, 836 bis 839 BGB.

487 § 829 BGB, der eine Ersatzpflicht des schuldlos Handelnden aus Billigkeitsgründen begründet und § 833 S. 1 BGB, der eine Gefährdungshaftung darstellt, die kein schuldhaftes Verhalten voraussetzt.

488 Palandt-Sprau, Vor § 823 Rn. 2c; RGRK-Steffen, Vor § 823 Rn. 8; Staudinger-Hager, Vor § 823 Rn. 25; Soergel-Zeuner, Vor § 823 Rn. 1.

489 Ausdrücklich für die Verschuldensunabhängigkeit des § 32 ZPO: Stein/Jonas-Roth, § 32 Rn. 20; Schwarz, Der Gerichtsstand der unerlaubten Handlung, S. 7.

490 Siehe oben 5. Teil, A, I, 2). Hierzu gehört z.B. auch die Haftung aus unberechtigter Zwangsvollstreckung gemäß §§ 302 IV, 600 II, 717 II, 945 ZPO. Diese wird allgemein in den Anwendungsbereich des § 32 ZPO miteinbezogen. Obwohl es sich bei der Haftung aus unberechtigter Zwangsvollstreckung um eine Gefährdungshaftung handelt (Putzo/Thomas-Putzo, § 717 Rn. 8; BGH NJW 1997, 2601 (2603)) wird sie außerhalb der sonstigen Gefährdungstatbestände extra aufgeführt (vgl. MüKo-Patzina, ZPO, § 32 Rn. 6; Zöller-Vollkommer, § 32 Rn. 7; Stein/Jonas-Roth, § 32 Rn. 22; Wiezcorek/Schütze-Hausmann, § 32 Rn. 10).

491 RGRK-Steffen, § 823 Rn. 106.

dd) Schaden

Die Haftung aus unerlaubter Handlung wird als Schadenshaftung verstanden[492]. Ansprüche aus Eingriffskondiktion erfordern jedoch keinen Schaden des Bereicherungsgläubigers. Indes verlangt das Tatbestandsmerkmal des § 812 Abs. 1 S. 1 BGB „auf dessen Kosten" als Gegenstück zum Vermögensvorteil des Bereicherungsschuldners einen Vermögensnachteil auf Seiten des Entreicherten. Für den Inhalt des Anspruchs aus Eingriffskondiktion ist allerdings allein die Bereicherung des Bereicherungsschuldners, nicht hingegen die Entreicherung des Anspruchsberechtigten maßgeblich[493]. Damit ist zwar auch im Rahmen der Eingriffskondiktion ein Vermögensnachteil erforderlich, er bildet jedoch nicht den Anspruchsinhalt, so dass es sich bei der Eingriffskondiktion trotz des erforderlichen Vermögensnachteils nicht um eine Schadenshaftung handelt. Im materiellen Sinne kann die Eingriffskondiktion daher nicht als eine Haftung aus unerlaubter Handlung qualifiziert werden.

Die Einbeziehung der aus dem materiellen Systembegriff der unerlaubten Handlung ausgegliederten Gefährdungshaftung[494] in den Anwendungsbereich des § 32 ZPO[495] hat allerdings deutlich gemacht, dass Abweichungen des zivilprozessualen Verständnisses des Begriffs der unerlaubten Handlung gegenüber dem des materiellen Rechts möglich sind. Fraglich ist demnach, ob auf das Erfordernis des Schadens im Rahmen des für den § 32 ZPO maßgeblichen zivilprozessualen Begriffs der unerlaubten Handlung verzichtet werden kann.

Im Gerichtsstand nach § 32 ZPO können nach überwiegender Meinung auch Klagen auf Unterlassung bereits begonnener oder drohender unerlaubter Handlungen geltend gemacht werden[496]. Ein Schaden ist in diesen Fällen meist noch nicht eingetreten und zu einem solchen wird es bei erfolgreicher Klage auch

---

[492] Staudinger-Hager, Vor § 823 Rn. 9; Larenz/Canaris, Schuldrecht II 2, § 75 II, S. 360.

[493] Palandt-Sprau, § 812 Rn. 33. Bei Persönlichkeitsrechtsverletzungen sind die auf Kosten des Verletzten erlangten und herauszugebenden Vermögensvorteile in der Regel das ersparte Honorar, von dem der Betroffene die Erlaubniserteilung der Nutzung hätte abhängig machen können (sog. fiktive Lizenzgebühr) (BGH NJW 1979, 2205 (2206) – Fußballtorwart; BGH NJW 1981, 2402 (2403); BGH NJW 1992, 2084 (2085) m.w.N.). Näheres zum Bereicherungsanspruch siehe oben 2. Teil, B, III.

[494] Zur Ausgliederung der Gefährdungshaftung aus dem materiellen Begriff der unerlaubten Handlung siehe oben 5. Teil, A, I, 2).

[495] Zur Einbeziehung in den Anwendungsbereich des § 32 ZPO siehe oben 5. Teil, A, I, 2).

[496] Zöller-Vollkommer, § 32 Rn. 14; Wieczorek/Schütze-Hausmann, § 32 Rn. 26; Stein/Jonas-Roth, § 32 Rn. 23; MüKo-Patzina, ZPO, § 32 Rn. 13; BGH NJW 1956, 911 (912); BGH MDR 1995, 282 (282); KG NJW 1997, 3321 (3322). Näher hierzu siehe unten 5. Teil, A, II, 3).

nicht mehr kommen[497]. Dass ein Schaden entstanden ist, ist folglich nach bisheriger Rechtspraxis und Rechtslehre im Rahmen des § 32 ZPO nicht erheblich.

Es könnte jedoch das Erfordernis eines zumindest potentiellen Schadens bleiben, da im Rahmen von Unterlassungsklagen zwar kein tatsächlicher Schaden verlangt wird, ein solcher aber zumindest drohen muss. In dieser Hinsicht könnte argumentiert werden, dass die Einbeziehung der Unterlassungsklagen in den Gerichtsstand das Schadenserfordernis nicht entbehrlich mache, sondern lediglich den Zeitpunkt der Klagemöglichkeit vorverlagere.

Die Schadensunabhängigkeit des Bereicherungsanspruchs würde bei bloßer Berücksichtigung der materiellen Voraussetzungen und der bisher von der h.M. einbezogenen Ansprüche einer Einbeziehung des Bereicherungsanspruchs in den Anwendungsbereich des § 32 ZPO damit entgegenstehen. Allerdings kommt es, wie bereits erwähnt[498], nicht alleine auf das Vorliegen der materiellen Begriffsmerkmale an. Vielmehr treten die materiellen Merkmale des Begriffs der unerlaubten Handlung in den Hintergrund, sofern sie für die zivilprozessuale Interessenlage nicht von Bedeutung sind.

Aus der Berücksichtigung der zivilprozessualen Interessenlage ergibt sich, wie später dargelegt[499], die Irrelevanz des Vorliegens eines Schadens oder eines potentiellen Schadens bzw. die zivilprozessuale Gleichwertigkeit des Vermögensnachteils und des Schadens für den Begriff der unerlaubten Handlung i.S.d. § 32 ZPO.

ee) Rechtsfolge

Die mit der Klage geltend gemachte Rechtsfolge spielt nach allgemeiner Meinung keine Rolle[500]. Für den Gerichtsstand des § 32 ZPO ist nicht entscheidend, ob ein Schadensersatzanspruch, ein Unterlassungsanspruch oder Beseitigungsanspruch verfolgt wird. Soweit der Eingriff i.S.d. § 812 I, S. 1, 2. Alt. BGB die konstitutiven Merkmale einer unerlaubten Handlung erfüllt, ist es gleichgültig, welche Rechtsfolge – hier die Abschöpfung der Bereicherung – geltend gemacht

---

[497] Vereinzelt wird vertreten, dass auch die Haftung aus verbotener Eigenmacht, für welche der Schaden nicht konstitutiv ist, unter dem Gerichtsstand des § 32 ZPO geltend gemacht werden kann, vgl. Stein/Jonas-Roth, § 32 Rn. 20.

[498] Siehe oben 5. Teil, A, II.

[499] Siehe unten 5. Teil, A, II, 1), b), aa), (2), und 5. Teil, A, II, 1), b), bb), (2). Die Prüfung der zivilprozessualen Interessen kommt zu dem Ergebnis, dass das Vorliegen eines Schadens für das zivilprozessuale Interesse der Sach- und Beweisnähe unerheblich ist und für das zivilprozessuale Interesse der Klägerprivilegierung eine Gleichwertigkeit der Merkmale des Schadens und des Vermögensnachteils anzunehmen ist.

[500] Wieczorek/Schütze-Hausmann, § 32 Rn. 5, 25; Stein/Jonas-Roth, § 32 Rn. 22; Zöller-Vollkommer, § 32 Rn. 14.

wird. Entscheidend ist vielmehr der Ausgleich der mit der Rechtsordnung nicht in Einklang stehenden Folgen des Eingriffs.

ff) Gegenstand der Haftung

Teilweise[501] wird eingewandt, dass aufgrund des unterschiedlichen Gegenstands des Schadensersatzanspruchs und des Bereicherungsanspruchs eine Geltendmachung am Gerichtsstand der unerlaubten Handlung nicht in Betracht käme. Bei der Eingriffskondiktion ginge es nicht um die Entschädigung des Verletzten, sondern um den Ausgleich der eingetretenen Vermögensverschiebung. Anders als beim Schadensersatzrecht, das sich zur Bestimmung des Schadens maßgeblich an der Person des Gläubigers orientiere, stelle das Bereicherungsrecht in Hinblick auf den Vermögensvorteil auf den Schuldner ab[502].

Dem ist zunächst entgegenzuhalten, dass aus der Erweiterung auf die Gefährdungstatbestände[503] gefolgert werden kann, dass der exakte Gegenstand der Haftung für die Auslegung des § 32 ZPO grundsätzlich nicht relevant sein kann, denn auch Gefährdungshaftung und Deliktshaftung unterscheiden sich im Gegenstand ihrer Haftung[504].

Vielmehr ist die Zielsetzung der Ansprüche im Rahmen des § 32 ZPO maßgeblich. Diesbezüglich unterscheiden sich der Anspruch aus unerlaubter Handlung und der Bereicherungsanspruch jedoch nicht. Sowohl die Ansprüche aus Eingriffskondiktion als auch die deliktsrechtlichen Ansprüche dienen dem Rechtsgüterschutz[505]. Beide Ansprüche sollen den Gewinnen auf Kosten des Persönlichkeitsrechts ihren Anreiz nehmen[506]. Eine entsprechende zuständigkeitsrechtliche Behandlung der Ansprüche liegt somit nahe.

---

501 Kubis, IZ bei Persönlichkeits- und Immaterialgüterrechtsverletzungen, S. 107 f.

502 Kubis, IZ bei Persönlichkeits- und Immaterialgüterrechtsverletzungen, S. 107 f.

503 Siehe oben 5. Teil, A, I, 2).

504 Die Deliktshaftung ist die Unrechtshaftung als Einstandspflicht für Folgen rechtswidrigen Verhaltens. Die Gefährdungshaftung ist hingegen die Haftung für Unglücksschäden aufgrund besonderer Risikoverteilung (siehe oben Fn. 446).

505 Staudinger-Hoffmann/Fuchs, Art. 38 EGBGB Rn. 9 zum Kondiktionsanspruch; Busse, Internationales Bereicherungsrecht, S. 131 zum Deliktsrecht.

506 Hinsichtlich des Schadensersatzanspruchs ist die Entwicklung des präventiven Gedankens, durch eine die Gewinne aufzehrende Schadensersatzhöhe der Persönlichkeitsrechtsverletzung den Anreiz zu nehmen, seit der Caroline-Entscheidungen des BGH (NJW 1995, 861 (864); BGH NJW 1996, 984 (985)) zu beobachten. Siehe oben 2. Teil. A, II.
Durch die zunehmende Anerkennung vermögenswerter Persönlichkeitselemente entstehen in bestimmten Bereichen, die zuvor lediglich Schutz durch Schadensersatzansprüche erfahren haben, zusätzlich bereicherungsrechtliche Ansprüche. Schutzgedanke und Eingriff bleiben dabei gleich. Das Zuständigkeitsrecht ist aufgrund seines eigenständigen Begriffs der unerlaubten Handlung flexibel hinsichtlich derartiger Entwicklungen im materiellen Recht.

gg) Ergebnis zur materiellen Vergleichbarkeit

Als Ergebnis ist festzuhalten, dass unter Berücksichtigung des materiellen Begriffs der unerlaubten Handlung und der bisher einbezogenen Ansprüche jeder widerrechtliche oder rechtsgrundlose Eingriff in die Rechtssphäre eines anderen als unerlaubte Handlung i.S.d. § 32 ZPO anzusehen ist. Auf den Bereicherungsanspruch trifft dies zu.

Die unerlaubte Handlung i.S.d. § 32 ZPO ist hingegen unabhängig von einem Verschulden und unabhängig von der mit der Klage konkret geltend gemachten Rechtsfolge. Aus diesem Grund ist die Verschuldensunabhängigkeit des Bereicherungsanspruchs und sein Ziel der Bereicherungsabschöpfung unschädlich.

Der Eingriff darf sich allerdings nicht ausschließlich auf vertragliche oder vertragsähnliche Pflichten beziehen. Diesbezüglich bestehen hinsichtlich des Bereicherungsanspruchs jedoch keine Bedenken.

Die Frage nach dem Erfordernis eines Schadens wird im Folgenden anhand der zivilprozessualen Interessenlage geklärt.

b) Zivilprozessuale Interessenlage

Neben der Orientierung an den Tatbestandsvoraussetzungen des materiellen Anspruchs muss die Einordnung der Ansprüche bei Persönlichkeitsrechtsverletzungen als Ansprüche aus „unerlaubter Handlung" i.S.d. § 32 ZPO, wie oben ausgeführt[507], die Wertung des zivilprozessualen Interessenwiderstreits berücksichtigen.

Die Zuständigkeitsinteressen, welche der Einrichtung des besonderen Gerichtsstands der unerlaubten Handlung zugrunde liegen, sind vornehmlich die Nutzung der Sach- und Beweisnähe des Gerichts sowie die Privilegierung des Opfers[508].

Zwar ist den gesetzgeberischen Motiven und den Protokollen der Beschlussfassung des Gesetzgebers zur ZPO nicht zu entnehmen, welche Gründe speziell zur Aufnahme des § 32 ZPO geführt haben. Es kann jedoch einer pauschalen Bezugnahme auf die damals bereits existenten partikularen Prozessrechtsordnungen zumindest entnommen werden, dass deren Zielsetzungen wohl auch für

---

[507] Siehe oben 5. Teil, A, I, 2).

[508] Musielak-Heinrich, § 32 Rn. 1; Wieczorek/Schütze-Hausmann, § 32 Rn. 1; Stein/Jonas-Roth, § 32 Rn. 1; Zöller-Vollkommer, § 32 Rn. 1; Baumbach/Lauterbach-Hartmann, § 32 Rn. 5; Kollar, Der Gerichtsstand der unerlaubten Handlung, S. 115; a.A. hinsichtlich der Privilegierung des Opfers Schröder, Internationale Zuständigkeit, S. 266 ff. Nur zur Sach- und Beweisnähe: BGH NJW 1977, 1590 (1590); MüKo-Patzina, ZPO, § 32 Rn. 1, Kubis, IZ bei Persönlichkeits- und Immaterialgüterrechtsverletzungen, S. 89; Geimer, IZPR, Rn. 1129, 1131.

die ZPO gelten sollen[509]. Die Zielsetzung der Sach- und Beweisnähe ist demnach den Motiven zur Badischen Prozessordnung von 1851 als eine dieser partikularen Prozessordnungen zu entnehmen. Nach deren allgemeinen Erwägungen zur Einführung besonderer Gerichtsstände müsse es den Parteien möglichst erleichtert werden, ihr Recht auf bequemste und angenehmste Weise zu suchen, und daher müsse der Richter, der am nächsten greifbar und die Mittel zur Aufklärung am nächsten zur Hand hat, anzugehen sein[510]. Das Reichsgericht nahm sodann auf das Argument der Sachnähe in seinen ersten Entscheidungen zu § 32 ZPO Bezug[511].

Die Literatur führt zudem die Privilegierung des Opfers als Zuständigkeitsinteresse und damit als Beweggrund zur Einrichtung eines Gerichtsstands der unerlaubten Handlung an[512].

Die Ratio des § 32 ZPO erfordert, dass, sofern die prozessuale Interessenlage des fraglichen Anspruchs der prozessualen Interessenlage des deliktischen Anspruchs entspricht, die materiellen Begriffsmerkmale der unerlaubten Handlung, soweit sie für die Interessenlage nicht relevant sind, für den Anwendungsbereich des § 32 ZPO in den Hintergrund treten. Ob ein bestimmtes Merkmal, das für den materiellen Begriff der unerlaubten Handlung vorausgesetzt wird, auch für den zivilprozessualen Begriff der unerlaubten Handlung konstitutiv ist, entscheidet sich folglich danach, ob das Merkmal zugleich für die prozessuale Interessenlage des § 32 ZPO von Bedeutung ist.

aa) Sach- und Beweisnähe

Eine der maßgeblichen zivilprozessualen Interessen, die zur Errichtung des Gerichtsstands der unerlaubten Handlung führten, ist die Sach- und Beweisnähe des zuständigen Gerichts zum streitgegenständlichen Geschehen[513]. Unter Sach- und Beweisnähe des Gerichts ist das besondere Näheverhältnis des entscheidenden Gerichts zu der zu prüfenden materiellen Sach- und Rechtslage zu verstehen, das eine einfache und schnelle Klärung des Sachverhalts ermöglicht, u.a. weil dort Ortstermine sowie Zeugenvernehmungen ohne zusätzlichen Aufwand vorgenommen werden können[514].

---

[509] Schwarz, Der Gerichtsstand der unerlaubten Handlung, S. 2, Kollar, Der Gerichtsstand der unerlaubten Handlung, S. 22.

[510] Freydorf, Prozessordnung in bürgerlichen Rechtsstreitigkeiten für das Großherzogtum Baden, S. 349.

[511] RGZ 4, 380 (382); 6, 383 (385); 60, 300 (306).

[512] Musielak-Heinrich, § 32 Rn. 1; Wieczorek/Schütze-Hausmann, § 32 Rn. 1; Stein/Jonas-Roth, § 32 Rn. 1; Zöller-Vollkommer, § 32 Rn. 1; Kollar, Der Gerichtsstand der unerlaubten Handlung, S. 115; a.A. Schröder, Internationale Zuständigkeit, S. 266 ff.

[513] Vgl. oben 5. Teil, A, II, 1), b), (Fn. 508).

[514] Würthwein, ZZP 106 (1993), 51 (67).

(1) Sach- und Beweisnähe als Kriterium zur Inhaltsbestimmung des § 32 ZPO

Teilweise wird angezweifelt, dass die Sachnähe des Gerichts als maßgebliches Kriterium zur Inhaltsbestimmung des § 32 ZPO dienen kann[515]. Die Erwägung, dass ein tatortnahes Gericht die beste und kostengünstigste Sachaufklärung und Beweiserhebung bietet, gelte schließlich für eine Vielzahl von Klageansprüchen. Dieses Zuständigkeitsinteresse bestünde sowohl wenn vertragliches Unrecht als auch wenn außervertragliches Unrecht Streitgegenstand der Klage ist[516].

Eine Dienlichkeit eines tatortnahen Gerichtsstands auch bei vertraglichem Unrecht soll nicht bezweifelt werden. Doch fällt der Sach- und Beweisnähe im Rahmen der Zuständigkeitsinteressen bei vertraglichen Rechtsverletzungen eine wesentlich geringere Gewichtung als bei Rechtsverletzungen außerhalb rechtlicher Sonderbeziehungen zu. Das Interesse an Sach- und Beweisnähe bei vertraglichen Verletzungen rechtfertigt daher keinen besonderen Gerichtsstand. Dies erklärt sich damit, dass den vertraglichen und außervertraglichen Verletzungen verschiedenartige Situationen zugrunde liegen, die eine differenzierte Wertung der Zuständigkeitsinteressen rechtfertigen[517].

Der Unterschied zwischen vertraglichen und außervertraglichen Unrechtsansprüchen ist wie bereits erläutert die Sonderrechtsverbindung zwischen Kläger und Beklagtem[518]. Bei vertraglichen Rechtsverletzungen kennen sich Kläger und Beklagter und wurden nicht erst zufällig durch das Unrechtsgeschehen zusammengeführt. Das maßgebliche Bindeglied zwischen ihnen ist daher die Sonderrechtsbeziehung und nicht die Verletzung. Es erscheint demnach billig, den Parteien einen Gerichtsstand zu bieten, der sich an diesem Bindeglied, dem Vertrag, orientiert (vgl. § 29 ZPO).

Ebenso stellt die Verweisung des Klägers auf den Beklagtengerichtsstand[519] (vgl. §§ 12 ff. ZPO) bei Sonderrechtsverbindungen, die nicht vertraglicher Natur sind und bei denen mithin § 29 ZPO nicht greift, angesichts der besonderen Verbindung zwischen Kläger und Beklagtem keine unangemessene Härte für den Kläger dar.

Mangels einer besonderen Verbindung zwischen Kläger und Beklagtem verlangt die Regelung für Verletzungen außerhalb von Sonderrechtsverbindungen

---

[515] Schwarz, Der Gerichtsstand der unerlaubten Handlung, S. 19, 27; Schröder, Internationale Zuständigkeit, S. 270.

[516] Schröder, Internationale Zuständigkeit, S. 270.

[517] Deutlich wird dies bereits dadurch, dass der Gesetzgeber hinsichtlich vertraglicher und außervertraglicher Verletzungen in den §§ 29 und 32 ZPO unterschiedliche besondere zuständigkeitsrechtliche Regelung erlassen hat.

[518] Siehe oben 5. Teil, A, II, 1), a), aa).

[519] Ist kein besonderer oder ausschließlicher Gerichtsstand gegeben, kommt der allgemeine Gerichtsstand gemäß §§ 12 ZPO zur Anwendung. Hiernach ist in der Regel der Beklagtenwohnsitz maßgeblich.

hingegen ein stärkeres Maß an Neutralität. Dieses wird dadurch gewährleistet, dass der Schwerpunkt der Zuständigkeitsinteressen auf das parteineutrale[520] und streitgegenstandsbezogene Interesse der Sach- und Beweisnähe gesetzt wird.

Die Deliktszuständigkeit unterscheidet sich von den anderen Zuständigkeiten mithin gerade durch die starke Gewichtung der Sach- und Beweisnähe, so dass die Sach- und Beweisnähe als entscheidendes Kriterium zur Inhaltsbestimmung des § 32 ZPO herangezogen werden kann.

(2) Bedeutung der materiellen Merkmale der unerlaubten Handlung für die Sach- und Beweisnähe

Zu untersuchen ist, inwieweit die festgestellten materiellen Merkmale des Begriffs der unerlaubten Handlung[521] eine Bedeutung für die von § 32 ZPO bezweckte Sach- und Beweisnähe des Gerichts haben.

Die gesteigerte Bedeutung von Sach- und Beweisnähe im Rahmen des § 32 ZPO ergibt sich, wie soeben dargelegt, aus dem Eingriff außerhalb einer Sonderrechtsverbindung. Damit ist das Merkmal des außervertraglichen Eingriffs in eine fremde Rechtssphäre konstitutiv für die zivilprozessuale Interessenlage des § 32 ZPO.

Wie bereits festgestellt, liegt sowohl dem deliktischen Anspruch aus den §§ 823 ff. BGB als auch dem bereicherungsrechtlichen Anspruch aus § 812 Abs. 1, S. 1, 2. Alt. BGB ein Eingriff in einen fremden Rechtskreis außerhalb einer Sonderrechtsverbindung zugrunde. Der Eingriff ist bei beiden Ansprüchen der Auslöser des (Streit-)Verhältnisses zwischen Kläger und Beklagtem. Erst durch diesen werden Kläger und Beklagter zusammengeführt. Dort, wo der Eingriff stattfindet, beginnt der Sachverhalt und entstehen die beweisbedürftigen Tatsachen. Die Sach- und Beweisnähe des entscheidenden Gerichts fördert daher bei Eingriffen in den Zuweisungsgehalt fremder Rechte nach § 812 Abs. 1, S. 1, 2. Alt. BGB im gleichen Maße die sachgemäße Aufklärung wie bei Eingriffen in fremde Rechtsgüter durch eine unerlaubte Handlung.

Es bleibt zu fragen, ob auch der im materiellen Recht erforderliche Schaden für das Interesse an der Sach- und Beweisnähe relevant ist. Sach- und Beweisnähe sind gemäß § 32 ZPO an dem Ort gegeben, an dem die unerlaubte Handlung begangen wurde. Dies ist sowohl der Ort, an dem der Täter gehandelt hat (Handlungsort), als auch der Ort an dem in das geschützte Rechtsgut eingegrif-

---

[520] Das Interesse an der Sach- und Beweisnähe liegt im Interesse beider Parteien und im Staatsinteresse (Schröder, Internationale Zuständigkeit, S. 264).

[521] Das Verschulden ist, wie oben festgestellt (5. Teil, A, II, 1), a), cc)), kein allgemeines Wesensmerkmal der unerlaubten Handlung im materiellen Sinne.

fen wurde (Erfolgsort)[522]. Der Ort, an dem ein über den Verletzungserfolg hinausgehender Schaden eingetreten ist (Schadensort), ist hingegen für § 32 ZPO nach h.M. unerheblich[523]. Die Nähe des Gerichts zur Schadensfolge ist mithin nicht relevant. Ob neben der Verletzung auch ein Schaden vorliegt, ist für das zivilprozessuale Interesse der Sach- und Beweisnähe damit gleichgültig.

Mithin ist der beiden Ansprüchen zugrunde liegende Eingriff und nicht das Vorliegen eines Schadens für das Interesse an der Sach- und Beweisnähe des Gerichts konstitutiv. Das erhöhte Interesse an der Sach- und Beweisnähe des Gerichts ist demnach bei bereicherungsrechtlichen Ansprüchen in gleicher Weise gegeben wie bei deliktischen Ansprüchen.

bb) Klägerprivilegierung

Nach der überwiegenden Meinung[524] bezweckt der Gerichtsstand des § 32 ZPO eine Privilegierung des Klägers, indem er diesem einen zusätzlichen Gerichtsstand zur Verfügung stellt. Teilweise wird die Absicht einer prozessualen Besserstellung des Klägers jedoch mit der Begründung bestritten, dass eine Sympathie mit dem Kläger dem § 32 ZPO nicht zu entnehmen sei[525].

Richtig ist, dass die alleinige Tatsache, dass dem Kläger ein sach- und beweisnaher Gerichtsstand geboten wird, nicht auf eine Privilegierung des Klägers schließen lässt. Dies erklärt sich daraus, dass die Möglichkeit, dass anspruchsnah, das heißt beweis- und sachnah und damit auch schnell und billig, entschieden wird, sowohl im Interesse beider Parteien[526] als auch im öffentlichen Interesse der Rechtspflege liegt[527]. Dass es sich beim Deliktsgerichtsstand dennoch um eine Klägerbegünstigung handelt[528], folgt aus dem Wahlrecht des Klägers gemäß § 35 ZPO. Wäre das öffentliche Interesse an der Sach- und Beweisnähe des Gerichts entscheidend, hätte der Deliktsgerichtsstand als ausschließlicher

---

522 BGH NJW 1964, 969 (971); BGH NJW 190, 1533 (1533) zum Erfolgsort; Wieczorek/Schütze-Hausmann, § 32 Rn. 31; Musielak-Heinrich, § 32 Rn. 15; Stein/Jonas-Roth, § 32 Rn. 26; MüKo-Patzina, ZPO, § 32 Rn. 20; Zöller-Vollkommer, § 32 Rn. 16.

523 Hierzu eingehend siehe 6. Teil, B, II.

524 Musielak-Smid, ZPO, § 32 Rn. 1; Wieczorek/Schütze-Hausmann, § 32 Rn. 1; Stein/Jonas-Roth, § 32 Rn. 1; Zöller-Vollkommer, § 32 Rn. 1; Kollar, Der Gerichtsstand der unerlaubten Handlung, S. 115; Schwarz, Der Gerichtsstand der unerlaubten Handlung, S. 3; Schack, IZVR, Rn. 222; Geimer, IZPR, Rn. 1497. Den Motiven und Protokollen zur ZPO ist nicht zu entnehmen, welche Gründe im einzelnen zur Aufnahme des § 32 ZPO geführt haben, vgl. 5. Teil, A, II, 1), b).

525 Buchner, Kläger- und Beklagtenschutz, S. 128 f.; Schröder, Internationale Zuständigkeit, S. 266 ff.

526 Schröder, Internationale Zuständigkeit, S. 264.

527 Siehe hierzu RGZ 6, 383 (385); RGZ 60, 300 (306).

528 Andere Ansicht Schröder, der in der Sympathie mit dem Opfer einen ungerechtfertigten materiellrechtlichen Vorgriff sieht, (Schröder, Internationale Zuständigkeit, S. 266).

Gerichtsstand gestaltet werden müssen. Auch entscheiden nicht beide Parteien, ob das sachnächste Gericht zur Entscheidung berufen wird, sondern der Kläger allein wählt das ihm genehmere Gericht[529]. Dies kann unter Umständen auch der weniger sachnahe Beklagtengerichtsstand sein.

Mit dem Gerichtsstand des § 32 ZPO geht damit eine prozessuale Besserstellung des Verletzten einher.

(1) Klägerprivilegierung als Kriterium zur Inhaltsbestimmung des § 32 ZPO

Der opferausgleichenden Privilegierung des Geschädigten[530] wird dennoch teilweise die Fähigkeit abgesprochen, als Anhaltspunkt für die Abgrenzung des Anwendungsbereichs des § 32 ZPO dienen zu können. Die Besserstellung des Geschädigten sei bei jeder rechtswidrig erlittenen Verletzung, vertraglich oder außervertraglich, gerechtfertigt, da sich der Geschädigte gegenüber dem Schädiger stets in einer Art „Opferrolle" befinde[531].

Dem ist zu entgegnen, dass die „Opferrolle" des im Rahmen einer Sonderrechtsbeziehung Verletzten gerade nicht mit der „Opferrolle" des deliktisch Geschädigten identisch ist. Die Schutzbedürftigkeit des aufgrund vertraglichen Unrechts Verletzten ist wesentlich geringer, da dieser sich zuvor mit dem Verletzer vertraglich eingelassen hat. Damit war für den vertraglich Geschädigten die Person des Verletzers einschließlich einer eventuellen Auslandsberührung voraussehbar und die Verletzung nicht überraschend[532]. Der Geschädigte wusste somit, dass im Streitfalle eine gerichtliche Auseinandersetzung im Ausland stattfinden könnte, und hätte anderweitige Gerichtsstandsvereinbarungen treffen können. Erst die gegenüber dem vertraglich Geschädigten erhöhte Schutzbedürftigkeit des deliktisch Verletzten, der zuvor keinerlei Verbindung zu dem Verletzer hatte, rechtfertigt die Besserstellung des Klägers durch einen Tatortgerichtsstand.

Das Bedürfnis nach einer Besserstellung des Verletzten zeichnet somit den Tatortgerichtsstand aus und dient daher als Anhaltspunkt für die Abgrenzung des Anwendungsbereichs des § 32 ZPO.

---

[529] Vgl. Schwarz, Der Gerichtsstand der unerlaubten Handlung, S. 3 f., der die Privilegierung des Klägers gegenüber der Sachnähe allerdings als nachrangig einstuft.

[530] Die Bezeichnung als Geschädigter ist in diesem Zusammenhang missverständlich, da, wie dargelegt, im Rahmen des § 32 ZPO kein Schaden vorausgesetzt wird. Dieser Begriff wird jedoch in der Literatur und der Rechtsprechung in Zusammenhang mit § 32 ZPO weitgehend verwendet und ist im Sinne eines Verletzten zu verstehen.

[531] Schwarz, Der Gerichtsstand der unerlaubten Handlung, S. 27 f.

[532] Gleiches gilt, wenn auch abgeschwächt, für jede gesteigerte Interessenverbindung.

(2) Bedeutung der materiellen Merkmale der unerlaubten Handlung für die Klägerprivilegierung

Fraglich ist, inwiefern die festgestellten materiellen Merkmale des Begriffs der unerlaubten Handlung Bedeutung für die von § 32 ZPO bezweckte Besserstellung des Klägers haben.

Die Klägerprivilegierung i.S.v. § 32 ZPO ist, wie soeben dargelegt, immer dann vertretbar, wenn der Verletzte Opfer eines Eingriffs ist, der im Widerspruch zu den allgemeinen Anforderungen der Rechtsordnung steht, und er in keiner Sonderrechtsbeziehung mit dem Täter steht. Entscheidend für die Privilegierung des Klägers ist damit die Qualität des Eingriffs, das heißt dessen Normwidrigkeit, sowie der Umstand, dass der Verletzte Opfer einer nicht voraussehbaren Verletzung wird[533].

Die Qualität des Eingriffs ist die gleiche, unabhängig davon, ob rechtswidrig in das Persönlichkeitsrecht (Deliktsanspruch) oder rechtsgrundlos in dessen Zuweisungsgehalt (Bereicherungsanspruch) eingegriffen wird. In beiden Fällen ist der Träger des Persönlichkeitsrechts gleichermaßen ahnungslos hinsichtlich einer drohenden Verletzung durch den Beklagten und wird von einem eventuellen Auslandsbezug des Beklagten überrascht. Aus diesem Grunde ist der Verletzte sowohl bei einer deliktischen Verletzung als auch bei einem rechtsgrundlosen Eingriff schutzwürdig und darf vom Verletzer nicht auf dessen, unter Umständen weit entfernten, allgemeinen Gerichtsstand verwiesen werden können[534].

Allerdings könnte die Frage, ob ein Schaden die Folge des Eingriffs bildet, für die Qualität des Eingriffs und damit für die Privilegierung des Klägers von Bedeutung sein. Da jedoch auch die Eingriffskondiktion einen Vermögensnachteil auf Seiten des Klägers verlangt[535], ist diesbezüglich bei Anspruchsinhabern von Kondiktionsansprüchen die gleiche Schutzbedürftigkeit des Klägers gegeben wie bei Anspruchsinhabern von deliktischen Ansprüchen im materiellen Sinne. Für die Qualität des Eingriffs ist dabei unerheblich, ob der Vermögensnachteil zudem den Anspruchsinhalt und damit den Gegenstand der Rechtsfolge bildet, wie dies im materiellen Recht für den Begriff der unerlaubten Handlung

---

533 Aus Sicht des Verletzten ist es hingegen gleichgültig, ob der Eingriff verschuldet oder unverschuldet erfolgte.

534 Die geringere Schutzwürdigkeit des Deliktsschuldners führen an: Musielak-Heinrich, § 32 Rn. 1; Wieczorek/Schütze-Hausmann, § 32 Rn. 1; Zöller-Vollkommer, § 32 Rn. 1; Schack, IZVR, Rn. 289; Geimer, IZPR, Rn. 1497.

535 Für den Vermögensnachteil i.S.d. § 812 Abs. 1, S. 1 BGB genügt jede wirtschaftliche Schlechterstellung, das heißt der Verlust des einen braucht sich nicht mit dem Gewinn des anderen zu decken. Der Vermögensnachteil i.S.d. § 812 unterscheidet sich vom Vermögensschaden lediglich dadurch, dass er nicht mit der Differenzhypothese festgestellt wird, so dass auch keine Vorteilsanrechnung stattfindet (Palandt-Sprau, § 812 Rn. 32 ff.).

verlangt wird[536]. Relevant für die Frage der gerechtfertigten Besserstellung des Klägers ist vielmehr lediglich die Existenz eines Vermögensnachteils.

Der Anspruch aus Eingriffskondiktion enthält alle diejenigen materiellen Merkmale, an welchen das Bedürfnis einer Besserstellung des Verletzten festgemacht wird, so dass das Erfordernis der Privilegierung des Klägers im Rahmen von bereicherungsrechtlichen Ansprüchen in gleichem Maße gegeben ist wie bei deliktischen Ansprüchen.

cc) Wiederherstellung des Rechtsfriedens

Ein weiteres Zuständigkeitsinteresse im Rahmen des § 32 ZPO ist das Staatsinteresse an der Wiederherstellung des Rechtsfriedens[537]. Der Täter soll sich dort verantworten, wo er Unrecht getan hat[538]. Die betroffene Rechtsgemeinschaft hat ein Interesse daran, ihre Integrität an Ort und Stelle bestätigt zu sehen[539].

Auch im Rahmen dieses für § 32 ZPO erheblichen Zuständigkeitsinteresses wird erneut auf den im Widerspruch zur Rechtsordnung stehenden Eingriff abgestellt. Dieser ist sowohl beim bereicherungsrechtlichen als auch beim deliktischen Anspruch gegeben. Für das Staatsinteresse der Wiederherstellung des Rechtsfriedens macht es daher keinen Unterschied, ob und welche weiteren Voraussetzungen – wie Schaden und Verschulden – erfüllt sind und welche Rechtsfolge aus dem Eingriff geltend gemacht wird. Das Interesse an der Wiederherstellung des Rechtsfriedens ist bei Ansprüchen aus §§ 823 ff. BGB und solchen aus Eingriffskondiktion in gleicher Intensität gegeben.

dd) Ergebnis zur zivilprozessualen Interessenlage des Bereicherungsanspruchs

Die Zuständigkeitsinteressen und deren Gewichtung entsprechen sich bei Ansprüchen aus §§ 823 ff. BGB und solchen aus Eingriffskondiktion. Die Interessenlage und deren Gewichtung wird bestimmt durch den Eingriff, der im Widerspruch zu allgemeinen Anforderungen der Rechtsordnung erfolgt. Dieser ist beiden Ansprüchen gemein. Hingegen ist der Schaden für die Interessenlage nicht konstitutiv und mithin auch nicht für den zivilprozessualen Begriff der unerlaubten Handlung bestimmend. Die Eingriffskondiktion kann somit unter den zivil-

---

[536] Der Umstand, dass der Vermögensnachteil nicht Anspruchsinhalt ist, führt auf materieller Ebene zum Ausschluss der Eingriffskondiktion aus dem Begriff der unerlaubten Handlung im Sinne der Schadenshaftung, siehe hierzu oben 5. Teil, A, II, 1), a), dd).

[537] Kollar, Der Gerichtsstand der unerlaubten Handlung, S. 115.

[538] „Wo Unrecht getan wurde, darf Abhilfe begehrt werden", so Schröder, Internationale Zuständigkeit, S. 269.

[539] Schröder, Internationale Zuständigkeit, S. 268 f.

prozessualen Begriff der unerlaubten Handlung i.S.d. § 32 ZPO subsumiert werden.

c) *Gerichtsstand des Sachzusammenhangs*

Teilweise wird die umfassende Zuständigkeit des Gerichts am Tatort der unerlaubten Handlung gefordert. Das nach § 32 ZPO zuständige Gericht soll kraft Sachzusammenhangs auch über die jeweils konkurrierenden Ansprüche entscheiden können, um auf diese Weise Mehrfachprozesse zu vermeiden[540]. Dies hätte zur Folge, dass das Gericht am Tatort nicht auf die Prüfung deliktischer Ansprüche beschränkt wäre, sondern bei entsprechendem Zusammenhang z.B. auch Ansprüche aus Eingriffskondiktion erfassen würde[541].

Für eine Annexzuständigkeit kraft Sachzusammenhangs werden Gesichtspunkte der Prozessökonomie, der Verfahrenskonzentration und der Rechtssicherheit vorgebracht[542]. Zunehmend wird die umfassende Entscheidungsbefugnis des Gerichts zudem auf die Neuregelung des § 17 Abs. 2 S. 1 GVG gestützt[543]. So hat der BGH zur örtlichen Zuständigkeit nach § 32 ZPO festgestellt, dass die Neuregelung des § 17 Abs. 2 GVG eine Wertungsentscheidung zugunsten der Prozessökonomie treffe, und daher an der vorherigen Rechtsprechung des BGH[544], wonach im Gerichtsstand der unerlaubten Handlung nur über deliktsrechtliche materielle Ansprüche entschieden werden durfte, nicht mehr festgehalten werden dürfe[545]. Der BGH hat jedoch ausdrücklich darauf hingewiesen,

---

540 Die Diskussion wird überwiegend hinsichtlich des Zusammentreffens von deliktischen und vertraglichen Ansprüchen geführt: Zöller-Vollkommer, § 12 Rn. 20 f., § 32 Rn. 20; Wieczorek/Schütze-Hausmann, § 32 Rn. 28; Mansel, ZVglRWiss 86 (1987), 1 (19 ff.); Geimer, NJW 1974, 1045 (1045 f.), IPRax 1986, 80 ff. und Geimer, IZPR Rn. 1523. Eine Annexzuständigkeit des Art. 5 Nr. 3 EuGVO kraft Sachzusammenhangs bejahend Mansel, IPRax 1989, 84 (85). Gegen einen Gerichtsstand des Sachzusammenhangs spricht sich Spickhoff aus (vgl. eingehend Spickhoff, ZZP 109 (1996), 493 ff.; a.A. hinsichtlich des konkurrierenden Bereicherungsanspruchs im Rahmen des § 32 ZPO: OLG Hamm NJW-RR 2000, 727 f. m.w.N.; OLG Köln NJW-RR 1999, 1081 f.).

541 Folglich würde sich für die Vertreter dieser Meinung die Frage, ob der Anwendungsbereich des § 32 ZPO den Anspruch aus Eingriffskondiktion erfasst, nur dann stellen, wenn nur ein Anspruch aus Eingriffskondiktion und kein deliktischer Anspruch (z.B. mangels Verschulden) gegeben wäre.

542 Mansel, ZVglRWiss 86 (1987), 1 (21); Geimer, NJW 1974, 1045 (1045 f.); Wieczorek/Schütze-Hausmann, § 32 Rn. 28.

543 Nach § 17 Abs. 2 GVG entscheidet ein im zulässigen Rechtsweg angerufenes Gericht den Rechtsstreit unter allen in Betracht kommenden rechtlichen Gesichtspunkten. § 17 Abs. 2 GVG betrifft allerdings ausschließlich die Rechtswegezuständigkeit (OLG Hamm NJW-RR 2000, 727 (727)).

544 BGH NJW 1986, 2436 (2437); BGH NJW 1987, 442 (443).

545 BGH NJW 2003, 828 (829).

dass diese von ihm vorgenommene Auslegung nicht der Rechtsprechung zur internationalen Zuständigkeit entgegenstünde[546], wonach die Entscheidungsbefugnis der Gerichte auf deliktsrechtliche Anspruchsgrundlagen beschränkt ist[547].

Im Schutzbereich der wirtschaftlichen Nutzung von Persönlichkeitsmerkmalen tritt bei einem Eingriff in diesen Schutzbereich der Anspruch aus Eingriffskondiktion regelmäßig neben den Deliktsanspruch, so dass der Anspruch aus Eingriffskondiktion im Rahmen von Persönlichkeitsrechtsverletzungen vielfach einen konkurrierenden Anspruch darstellt. Kann der Anspruch aus Eingriffskondiktion im Forum des § 32 ZPO geltend gemacht werden, so wird eine doppelte Prozessführung vermieden. Der Kläger muss nicht zweifach Kraft und Kosten aufbringen, um eine Entscheidung über die Ansprüche, denen der gleiche Eingriff zugrunde liegt, zu erhalten.

Es kann allerdings dahingestellt bleiben, ob auch im Rahmen der internationalen Zuständigkeit der Gesichtpunkt der Prozessökonomie eine Annexzuständigkeit kraft Sachzusammenhangs erfordert. Hinsichtlich der Ansprüche aus Eingriffskondiktion ist das Ziel der Vermeidung von Mehrfachprozessen bereits durch eine an den zivilprozessualen Interessen orientierte Qualifikation des Anspruchs erreicht. Eine umfassende Entscheidungsbefugnis des Gerichts im Bereich der Persönlichkeitsrechtsverletzungen wird dadurch gewonnen, dass die Anspruchsgrundlagen nicht nur formal nach ihrer Stellung im System des Gesetzes betrachtet werden, sondern funktional qualifiziert werden[548]. Es bedarf daher keiner Annexzuständigkeit kraft Sachzusammenhangs, um den Anspruch aus Eingriffskondiktion im Forum des § 32 ZPO geltend zu machen.

d) Ergebnis zum Bereicherungsanspruch

Die Nähe der Eingriffskondiktion zum Deliktsrecht sowohl im materiellrechtlichen Sinne als auch hinsichtlich der zivilprozessualen Interessen rechtfertigt die Qualifizierung des Eingriffs nach § 812 Abs. 1, S. 1, 2.Alt. BGB als unerlaubte Handlung i. S. d. § 32 ZPO[549].

---

[546] Da die Entscheidung über die internationale Zuständigkeit mit besonders weit reichenden Konsequenzen verbunden ist, sei es nach Meinung des BGH hinnehmbar, dass die Entscheidungsbefugnis des Gerichts weniger weit reiche, wenn § 32 ZPO zur Bestimmung der internationalen und nicht der örtlichen Zuständigkeit herangezogen werde (BGH NJW 2003, 828 (830)). Dies bestätigend BGH WM 2005, 339 (342).

[547] BGH NJW 1996, 1411 (1412); EuGH, Urteil v. 27.09.1988, Rs. 189/87 (Kalfelis./. Schröder), RIW 1988, 901 (903).

[548] Ebenso spricht sich Spickhoff, ZZP 109 (1996), 493 (511, 515 f.) gegen eine prozessrechtliche Qualifikation aus, die blind der materiellrechtlichen Systematik folgt.

[549] A.A. Kubis, IZ bei Persönlichkeits- und Immaterialgüterrechtsverletzungen, S. 107 f.

e) Exkurs zum Kollisionsrecht

Es ist auffällig, dass auch im Kollisionsrecht die Fälle der Eingriffskondiktion im Ergebnis parallel zum Deliktsrecht an den gleichen Ort angeknüpft werden. Auf Ansprüche aus unerlaubter Handlung findet gemäß Art. 40 EGBGB das Recht am Tatort Anwendung. Ansprüche aus Eingriffskondiktion werden nach Art. 38 EGBGB an den „Eingriffsort" angeknüpft[550]. Der Eingriffsort bedeutet für das Eingriffsrecht nichts anderes als der Tatort für das Deliktsrecht[551]. Damit wird der angestrebte Gleichlauf des Bereicherungsstatuts mit dem Deliktsstatut ermöglicht[552].

Die Anknüpfung im Internationalen Privatrecht orientiert sich an der Gewichtung kollisionsrechtlicher Interessen[553]. Wie dargelegt[554], sind die zivilprozessualen und kollisionsrechtlichen Interessen jedoch nur teilweise identisch. Der Gleichlauf des Bereicherungsstatuts mit dem Deliktsstatut im Kollisionsrecht kann demnach nur einen Anhaltspunkt für eine entsprechende parallele Anknüpfung im Zuständigkeitsrecht bieten, soweit er auf überschneidende Interessen im Kollisionsrecht und Zuständigkeitsrecht beruht[555]. Im Folgenden werden daher die Gründe und Interessen für die parallele Anknüpfung von Deliktsrecht und Eingriffskondiktion im Kollisionsrecht dargestellt und untersucht, ob eine vergleichbare Interessenlage im Zuständigkeitsrecht eine entsprechende parallele Anknüpfung nahe legt.

aa) Materiellrechtliche Verwandtschaft der Eingriffskondiktion mit den deliktischen Ansprüchen

Die parallele Anknüpfung im Kollisionsrecht kann zunächst auf eine materiellrechtliche Verwandtschaft der Ansprüche zurückgeführt werden. Insbesondere im Bereich des Persönlichkeitsrechts ergänzt der bereicherungsrechtliche Persönlichkeitsschutz den deliktischen Persönlichkeitsschutz.

Das materielle Recht findet im Kollisionsrecht Berücksichtigung, da das Kollisionsrecht die sachrechtliche Gerechtigkeit mit den ihm eigenen Mitteln fort-

---

[550] Im Rahmen des Art. 38 EGBGB wird zwischen Leistungskondiktion (Abs. 1) und Eingriffskondiktion (Abs. 2) unterschieden.

[551] Busse, Internationales Bereicherungsrecht, S. 131.

[552] Palandt-Heldrich, Art. 38 EGBGB Rn. 3; Wagner, IPRax 1999, 210 (210); Staudinger-Hoffmann/Fuchs, Art. 38 EGBGB Rn. 9.

[553] Ziel jeder Wahl eines Anknüpfungspunktes ist die Verwirklichung international-privatrechtlicher Gerechtigkeit (Plaßmeier, Ungerechtfertigte Bereicherung im IPR, S. 75).

[554] Siehe oben 4. Teil.

[555] Vgl. zu den sich überschneidenden Interessen und Wertungen im internationalen Zuständigkeitsrecht und im Internationalen Privatrecht 4. Teil, B.

setzt[556]. Aus diesem Grunde spiegelt sich die materiellrechtliche Verwandtschaft der Ansprüche aus Eingriffskondiktion und Delikt in der deliktsparallelen Anknüpfung des Bereicherungsstatuts wieder.

Das Internationale Zivilprozessrecht dient der Durchsetzung materieller Ansprüche[557]. Aufgrund dieser Zielsetzung liegt es nahe, dass auch hier das Sachrecht und damit die materiellrechtliche Verwandtschaft der Ansprüche aus Eingriffskondiktion und Delikt Berücksichtigung finden.

Wegen der in beiden Bereichen bestehenden Verbindung zum materiellen Recht ist der im Kollisionsrecht hinter der parallelen Anknüpfung von Deliktsrecht und Eingriffskondiktion stehende Gedanke der materiellrechtlichen Verwandtschaft der Ansprüche auch für das Zuständigkeitsrecht ein Anhaltspunkt für eine entsprechende parallele Anknüpfung der Ansprüche.

bb) Vergleichbare Interessenlage bei Eingriffskondiktion und deliktischen Ansprüchen

Ferner bildet die vergleichbare Interessenlage bei der Eingriffskondiktion mit der Interessenlage bei einer deliktischen Situation einen Grund für den Gleichlauf im Kollisionsrecht.

Im Bereich des Deliktsrechts erfolgt im Kollisionsrecht eine Interessenbewertung zugunsten des Geschädigten[558]. Die parallele Anknüpfung im Rahmen des Bereicherungsstatuts zeigt, dass im Kollisionsrecht auch bei Eingriffskondiktionen die Sympathie mit dem Opfer vorherrscht.

Auch das Zuständigkeitsrecht gewichtet die Schutzwürdigkeit des Gläubigers bei deliktischen Eingriffen höher als die des Schädigers. Dies äußert sich in der zivilprozessualen Klägerprivilegierung, die dem Tatortgerichtsstand zugrunde liegt[559].

Damit bezwecken im Bereich des Deliktsrechts sowohl das Kollisions- als auch das Zuständigkeitsrecht eine Begünstigung des Geschädigten. Angesichts dieses gleichen Schutzgedankens im Kollisions- und Zuständigkeitsrecht spricht der Umstand, dass das Kollisionsrecht das Bedürfnis nach einer solchen Begünstigung ebenso im Falle der Eingriffskondiktion sieht, dafür, die Eingriffskondiktion auch im Zuständigkeitsrecht entsprechend den deliktischen Ansprüchen zu behandeln.

---

[556] Plaßmeier, Ungerechtfertigte Bereicherung im IPR, S. 75.
[557] Siehe oben 5. Teil, A, I, 2), Fn. 451.
[558] Kegel/Schurig, IPR, § 18 IV 1 a) aa), S. 725.
[559] Zur Klägerprivilegierung siehe oben 5.Teil, A, II, 1), b), bb).

cc) Konzentration und Widerspruchsfreiheit

Der kollisionsrechtliche Gleichlauf zwischen bereicherungsrechtlichen und deliktischen Ansprüchen ermöglicht einen inneren Entscheidungseinklang. Der Bereicherungsanspruch, der auf einem deliktischen Eingriff beruht, tritt als dessen Verlängerung neben die deliktischen Ansprüche[560]. Eine parallele Anknüpfung und damit die Unterwerfung unter die gleiche materielle Rechtsordnung verhindert eine widersprüchliche Behandlung der gleichgelagerten Ansprüche und eine unwirtschaftliche Zersplitterung des auf dem gleichen Eingriff beruhenden Sachverhalts[561].

Die Gesichtpunkte der Konzentration und Widerspruchsfreiheit finden auch im Zuständigkeitsrecht Berücksichtigung[562]. Die Verweisung des Bereicherungs-anspruchs auf den Gerichtsstand des Beklagtenwohnsitzes würde zu unwirtschaftlichen Mehrfachprozessen führen und unter Umständen zu einer widersprechenden Beurteilung des gleichen Eingriffs bzw. des ihm zugrundeliegenden Sachverhalts.

Das Bedürfnis nach Konzentration und Widerspruchsfreiheit der Gerichtsentscheidungen besteht folglich in beiden Bereichen. Das Kollisionsrecht berücksichtigt dieses Bedürfnis, indem es durch die parallele Anknüpfung von Eingriffskondiktion und Deliktsrecht gleichläufige Entscheidungen dieser oft zusammen auftretenden Anspruchskategorien unterstützt. Diese Behandlung im Kollisionsrecht kann angesichts des entsprechenden Bedürfnisses nach Konzentration und Widerspruchsfreiheit im Zuständigkeitsrecht als Hinweis für eine im Zuständigkeitsrecht entsprechende Berücksichtigung in Form eines Gleichlaufs der Gerichtszuständigkeiten dienen.

dd) Gleichlauf von Zuständigkeit und anwendbarem Recht

Schließe sich das Zuständigkeitsrecht der Gleichbehandlung der Ansprüche aus Eingriffskondiktion und solchen aus §§ 823 ff. BGB an, so entstünde ein Gleichlauf zwischen internationaler Zuständigkeit und anwendbarem Recht. Ein solcher Gleichlauf hat den Vorteil einer vereinfachenden Nähe des entscheidenden

---

[560] Das Prinzip des „waiver of tort" im angloamerikanischen Recht ermöglicht dem Verletzten statt des verwirkten Schadensersatzes auf die Herausgabe des durch den Eingriff erlangten Vorteils zu klagen (Plaßmeier, Ungerechtfertigte Bereicherung im IPR, S. 143, 205). Dies zeigt die Verbindung zwischen dem deliktischen Eingriff und dem daraus resultierenden Vermögenszuwachs des Eingreifenden.

[561] Ähnlich Staudinger-Hoffmann/Fuchs, Art. 38 EGBGB Rn. 15.

[562] Vgl. hierzu 4. Teil, B, IV.

Gerichts zum anwendbaren Recht (sog. Rechtsnähe), denn das zuständige Gericht könnte das ihm vertraute eigene Recht anwenden[563].

Teilweise wird ein genereller Gleichlauf zwischen internationaler Zuständigkeit und anwendbarem Recht befürwortet[564]. Ein genereller Gleichlauf ist jedoch aufgrund der Selbständigkeit des Zuständigkeitsrechts gegenüber dem Kollisionsrecht und mangels Identität kollisionsrechtlicher und zuständigkeitsrechtlicher Interessen[565] abzulehnen[566]. Das deutsche Zuständigkeitsrecht kennt keine Zuständigkeit kraft anwendbaren Sachstatuts (forum legis)[567]. Das Interesse des Gerichts, sein eigenes Recht anzuwenden, ist aus diesem Grunde kein durchschlagendes Zuständigkeitsinteresse. Die Rechtsnähe ist dennoch ein nützlicher Reflex. An der Gleichartigkeit der Anknüpfung der kollisionsrechtlichen und der zuständigkeitsrechtlichen Regelung (Tatort) ist zu erkennen, dass bei Ansprüchen aus unerlaubter Handlung dieser Reflex zugunsten eines Gleichlaufs oder zumindest einer Harmonisierung von Zuständigkeit und anwendbarem Recht gewollt ist.

ee) Ergebnis zum Exkurs

Die parallele Anknüpfung der Eingriffskondiktion und des Deliktsrechts im Kollisionsrecht zeigt einen engen Zusammenhang zwischen diesen. Die Tatsache, dass sich die für diese parallele Anknüpfung im Kollisionsrecht maßgeblichen Interessen auch im Zuständigkeitsrecht wiederfinden, spricht für eine entsprechende parallele Anknüpfung im Zuständigkeitsrecht. Nur eine Einbeziehung der Ansprüche aus Eingriffskondiktion in den Anwendungsbereich des § 32 ZPO gewährleistet, dass der kollisionsrechtliche Gleichlauf von Ansprüchen aus

---

[563] Die Rechtsnähe gilt als Zuständigkeitsinteresse, da es Zeit und Kosten spart, wenn das Gericht den Rechtsstreit nach dem eigenen Recht entscheiden kann (Schack, IZVR, Rn. 202). Teilweise wird zusätzlich argumentiert, das Gericht des anwendbaren Rechts sei für die entscheidenden Rechtsfragen am kompetentesten (Heldrich, Internationale Zuständigkeit und anwendbares Recht, S. 110 ff.; Kropholler, Internationale Zuständigkeit, in: Handbuch des IZVR, Bd. I, S. 249 (Kap. III, Rn. 130).

[564] Eingehend zu den verschiedenen Gleichlauftheorien vgl. Pfeiffer, Internationale Zuständigkeit und prozessuale Gerechtigkeit, S. 91 ff. Ausführlich zum Verhältnis anwendbares Recht und Zuständigkeitsrecht Heldrich, Internationale Zuständigkeit und anwendbares Recht.

[565] Siehe oben 4. Teil.

[566] Ähnlich Geimer, IZPR, Rn. 39, 1041 ff.; Pfeiffer, Internationale Zuständigkeit und prozessuale Gerechtigkeit, S. 109 ff.

[567] Geimer, IZPR, Rn. 1041 ff.; Heldrich, Internationale Zuständigkeit und anwendbares Recht, S. 199.

Delikt und Eingriffskondiktion nicht auf der Ebene der internationalen Zuständigkeit zerrissen wird[568].

2) *Gegendarstellungsanspruch*

Mit Hilfe des Gegendarstellungsanspruchs kann den Persönlichkeitsrechtsverletzungen frühzeitig begegnet werden. Er ist das maßgebliche Verteidigungsmittel gegen Medienübergriffe[569]. Die Gegendarstellungsansprüche sind in Deutschland in den Landespresse- und den Mediengesetzen geregelt[570].

Fraglich ist, ob sich der Anspruch auf Gegendarstellung dem Recht der unerlaubten Handlung i.S.d. § 32 ZPO zuordnen lässt. Die Rechtsnatur des Gegendarstellungsanspruchs ist umstritten. Die herrschende Meinung lehnt eine deliktische Qualifikation ab[571]. Seine Eigenschaft als stark formalisierter Anspruch, der insbesondere keinen rechtswidrigen und schuldhaften Eingriff voraussetzt[572], und sein bezweckter medienspezifischer Schutz der Persönlichkeit mache ihn zu

---

[568] So Mansel, ZVglRWiss 86 (1987), 1 (21) in Bezug auf die Zuständigkeit kraft Sachzusammenhangs bei vertraglichen und deliktischen Ansprüchen.

[569] Zur Frage, ob der Gegendarstellungsanspruch auf die „elektronische" Presse und damit auf das Internet Anwendung findet, vgl. Lerch, CR 1997, 261 ff.

[570] Siehe 2. Teil, B, I. Besonders beachtenswert für das Internet ist das spezielle Gegendarstellungsrecht für Mediendienste in § 14 des Mediendienstestaatsvertrages (MDStV). Dieser erfasst die typischen Online-Periodika wie Tageszeitungen (z. B. Spiegel-online). Für Äußerungen auf einer einfachen Homepage im World Wide Web steht der Gegendarstellungsanspruch nicht zur Verfügung, da hier die diesen rechtfertigende strukturelle Ungleichheit des Publizitätsgrades fehlt (vgl. zur Rechtfertigung des Gegendarstellungsanspruchs mit dem Bedürfnis das Gefälle der publizistischen Wirkungsmöglichkeiten zwischen der Presse und dem Einzelnen auszugleichen BVerfGE 97, 125 (146)). Eine Darstellung des Gegendarstellungsanspruchs nach den Landespressegesetzen ist zu finden bei Wenzel-Burkhardt, Das Recht der Wort- und Bildberichterstattung, Kap. 11 Rn. 9 ff.

[571] Kollar, Der Gerichtsstand der unerlaubten Handlung, S. 26; Zöller-Vollkommer, § 32 Rn. 12; widersprüchlich MüKo-Patzina, ZPO, § 32 Rn. 13 und 16; Seitz u.a., Gegendarstellungsanspruch, Rn. 337; Wasserburg, Der Schutz der Persönlichkeit im Recht der Medien, S. 467; Schack, Rechtsschutz gegen grenzüberschreitende Persönlichkeitsrechtsverletzungen, in: Hübner, Das Persönlichkeitsrecht im Spannungsfeld zwischen Informationsauftrag und Menschenwürde, 113 (128 f.); BGH NJW 1965, 1230 (1230). Gegen eine deliktische Qualifikation im Kollisionsrecht: Schack, Rechtsschutz gegen grenzüberschreitende Persönlichkeitsrechtsverletzungen, in: Hübner, Das Persönlichkeitsrecht im Spannungsfeld zwischen Informationsauftrag und Menschenwürde, 113 (118 ff.); v. Hinden, Persönlichkeitsverletzungen im Internet, S. 50 ff.

[572] Schack, Rechtsschutz gegen grenzüberschreitende Persönlichkeitsrechtsverletzungen, in: Hübner, Das Persönlichkeitsrecht im Spannungsfeld zwischen Informationsauftrag und Menschenwürde, S. 113 (119) (zum Kollisionsrecht); von Dewall, Gegendarstellungsrecht und right of reply, S. 20; OLG Köln NJW 1962, 48 (49).

einem medienrechtlichen Anspruch eigener Art[573]. Inzwischen mehren sich allerdings die Stimmen, die den Gegendarstellungsanspruch als deliktisch oder zumindest deliktsähnlich einordnen[574]. Es handele sich um ein Schutzmittel gegen Persönlichkeitsrechtsverletzungen im Vorfeld von Schadensersatz bzw. Widerruf, welches der Schadensbegrenzung diene[575]. Aufgrund seiner Nähe zu den übrigen Schutzansprüchen sei er zumindest als deliktsähnlich zu qualifizieren[576].

a) Materiellrechtliche Vergleichbarkeit

Um zu klären, ob der Gegendarstellungsanspruch deliktischer Natur i.S.d. § 32 ZPO ist, muss zunächst untersucht werden, ob er eine materiellrechtliche Vergleichbarkeit zur unerlaubten Handlung aufweist. Hierfür muss ihm ein Eingriff in die Rechtssphäre eines anderen zugrunde liegen, der im Widerspruch zu den allgemeinen Anforderungen der Rechtsordnung steht und einen Schaden provoziert[577].

aa) Verletzung allgemeiner Rechtsbeziehungen, Verschulden, Rechtsfolge

Der Gegendarstellungsanspruch betrifft einen Eingriff außerhalb von Sonderrechtsbeziehungen und richtet sich damit gegen eine Verletzung allgemeiner Rechtsbeziehungen. Darüber hinaus ist der Anspruch auf Gegendarstellung verschuldensunabhängig und seine Rechtsfolge, das Entgegnungsrecht des Betroffenen, ist eine andere als bei den übrigen deliktischen Ansprüchen[578]. Die Merkmale Verschulden und Rechtsfolge sind jedoch, wie im Rahmen des Bereicherungsanspruchs dargelegt, für die Charakterisierung als unerlaubte Handlung im materiellrechtlichen Sinne und i.S.v. § 32 ZPO ohne Bedeutung[579].

---

[573] Seitz u.a., Gegendarstellungsanspruch, Rn. 6 ff.

[574] Thümmel/Schütze, JZ 1977, 786 (788); Looschelders, ZVglRWiss 95 (1996), 48 (90); Wieczorek/Schütze-Hausmann, § 32 Rn. 18; Stadler, JZ 1994, 642 ff.; Löffler, Mediendelikte im IPR und IZPR, S. 237 ff.; Coester-Waltjen, Internationale Zuständigkeit bei Persönlichkeitsrechtsverletzungen, in: Festschrift für Schütze, S. 175 (176); Lütcke, Persönlichkeitsrechtsverletzungen im Internet, S. 147.
Für eine deliktische Qualifikation im Kollisionsrecht: Thümmel/Schütze, JZ 1977, 786 (786 f.); Wagner, IPR bei Persönlichkeitsrechtsverletzungen, S. 105 ff.; Lütcke, Persönlichkeitsrechtsverletzungen im Internet, S. 127.

[575] Stadler, JZ 1994, 642 (645).

[576] Löffler, Mediendelikte im IPR und IZPR, S. 229.

[577] Siehe oben 5. Teil, A, II, 1), a), gg).

[578] Siehe oben 2. Teil, B, I.

[579] Siehe oben 5. Teil, A, II, 1), a), cc) und ee). A. A. hinsichtlich des Kollisionsrechts v. Hinden, Persönlichkeitsverletzungen im Internet, S. 50.

bb) Rechtswidrigkeit

Gegen die Anwendbarkeit von § 32 ZPO auf Gegendarstellungsansprüche könnte sprechen, dass der Gegendarstellungsanspruch im Gegensatz zur unerlaubten Handlung im materiellrechtlichen Sinne kein rechtswidriges Handeln voraussetzt. Eine rechtswidrige Verletzung des Persönlichkeitsrechts ist im Rahmen des Gegendarstellungsrechts nicht erforderlich, vielmehr reicht eine persönlichkeitsrechtliche Betroffenheit[580]. Es findet weder eine Wahrheitsprüfung der umstrittenen Äußerung noch eine Abwägung der Interessen der Beteiligten statt.

Die herrschende Meinung folgert, dass der Gegendarstellungsanspruch weder im materiellen Recht noch im Zuständigkeitsrecht dem Systembegriff der unerlaubten Handlung zugeordnet werden könne[581]. Sie nimmt einen Anspruch sui generis an. Das Darstellungsrecht sei ein spezifisches Institut des Medienrechts, welches in Korrelation zur Rundfunk- und Pressefreiheit stünde[582]. Der Gegendarstellungsanspruch sei, da er im allgemeinen Persönlichkeitsrecht wurzele, kein Mittel des privatrechtlichen Schadensausgleichs, sondern der grundrechtsbedingte Ausgleich der widerstreitenden Interessen der Presse und der in ihrem Persönlichkeitsrecht betroffenen Personen[583]. Da der Anspruch auch gegenüber rechtmäßigen Erstmitteilungen gegeben sei und bereits bei einer bloßen Gefährdung des Rechts auf Identität greife, sei er nicht deliktisch zu qualifizieren, sondern stelle einen selbständigen Anspruch auf dem Gebiet des Zivilrechts dar[584].

Dem ist zu entgegnen, dass die grundrechtliche Herleitung des Anspruchs einen deliktischen Charakter nicht ausschließt[585]. Das aus Art. 1 und Art. 2 GG entwickelte allgemeine Persönlichkeitsrecht, das dem Gegendarstellungsan-

---

580 Die Unbestimmtheit des allgemeinen Persönlichkeitsrechts lässt die Trennung zwischen Tatbestand und Rechtswidrigkeit entfallen. Eine Persönlichkeitsrechtsverletzung liegt daher erst nach Feststellung der Rechtswidrigkeit des Eingriffs vor, die eine umfassende Güter- und Interessenabwägung erfordert. Ohne eine umfassende Güter- und Interessenabwägung im Einzelfall kann nur von einer Betroffenheit des Persönlichkeitsrechts gesprochen werden. Vgl. 2. Teil, A, VII.

581 Palandt-Sprau, Einf. vor § 823 Rn. 36; MüKo-Patzina, ZPO, § 32 Rn. 16; Zöller-Vollkommer, § 32 Rn. 12; Seitz u.a., Gegendarstellungsanspruch, Rn. 337; Wenzel-Burkhardt, Das Recht der Wort- und Bildberichterstattung, Kap. 11 Rn. 235; a.A. Stadler, JZ 1994, 642 ff.; Wieczorek/Schütze-Hausmann, § 32 Rn. 18; Stein/Jonas-Roth, § 32 Rn. 20.

582 Seitz u.a., Gegendarstellungsanspruch, Rn. 5 ff.; Löffler-Sedelmeier, Presserecht, § 11 LPG Rn. 33; Wenzel-Burkhardt, Das Recht der Wort- und Bildberichtserstattung, Kap. 11 Rn. 28.

583 Löffler-Sedelmeier, Presserecht, § 11 LPG Rn. 39; Staudinger-Hoffmann, Art. 40 EGBGB, Rn. 75 (zum Kollisionsrecht).

584 Von Dewall, Gegendarstellungsrecht und right of reply, S. 24; Löffler-Sedelmeier, Presserecht, § 11 LPG Rn. 44; v. Hinden, Persönlichkeitsverletzungen im Internet, S. 50 (zum Kollisionsrecht).

585 Thümmel/Schütze, JZ 1977, 786 (786).

spruch zugrunde liegt und dessen Schutz er dient[586], ist zudem ein sonstiges Recht i.S.d. § 823 Abs. 1 BGB.

Weiterhin ist hervorzuheben, dass der Gegendarstellungsanspruch sich nicht gegen rechtmäßige Erstmitteilungen sondern gegen unrichtige Behauptungen richtet[587]. Dies zeigt sich daran, dass der Anspruch gerade nicht besteht, wenn die Veröffentlichung offensichtlich richtig, das heißt die verlangte Gegendarstellung unwahr ist[588]. Hierbei ist daraufhin zu deuten, dass einer richtigen Äußerung die Rechtswidrigkeit fehlt. Neben offensichtlicher Unwahrheit der Gegendarstellung ist der Anspruch ebenso bei der Einwilligung durch den Träger des Persönlichkeitsrechts ausgeschlossen[589], da auch die Einwilligung die Rechtswidrigkeit ausschließt. Die Tatsache, dass der Gesetzgeber für diese Fälle, in denen die Rechtswidrigkeit fehlt, keinen Gegendarstellungsanspruch zur Verfügung stellt, verdeutlicht, dass der Gegendarstellungsanspruch im Prinzip lediglich der Abwehr rechtswidriger Eingriffe dienen soll.

Gegen die herrschende Meinung spricht ferner die Nähe des Gegendarstellungsanspruchs zu den deliktischen Schutzansprüchen aus Persönlichkeitsrechtsverletzungen. Sinn und Zweck des Gegendarstellungsanspruchs ist es, eine Möglichkeit zu eröffnen, im öffentlichen Meinungsprozess falsche, verzerrende oder unvollständige Berichte richtig darstellen bzw. ergänzen zu können[590]. Damit er seine Funktion als frühzeitiges Verteidigungsinstrument erfüllen kann, wurden die Voraussetzungen des Anspruchs auf die bloße Betroffenheit des Persönlichkeitsrechts reduziert. Die „Betroffenheit“ des Persönlichkeitsrechts indiziert die Rechtswidrigkeit[591] bzw. macht diese plausibel[592].

Damit entfällt der bei Ansprüchen aus § 823 BGB im Rahmen der Rechtwidrigkeit erfolgende Ausgleich der grundrechtlich geschützten Güter des allgemeinen Persönlichkeitsrechts gemäß Art. 1 und Art. 2 GG und der Rundfunk- und Pressefreiheit gemäß Art. 5 I, 2 GG allerdings nicht. Vielmehr wird er durch das Recht auf Gegendarstellung lediglich vorweggenommen. Der Ausgleich äußert sich in einem vergleichsweise geringen Eingriff in die Rundfunk- und Pressefreiheit zugunsten eines effektiven Rechtsschutzes des Betroffenen.

Diese Vorverlagerung ist aufgrund der Besonderheiten der Medien zugunsten eines effektiven Persönlichkeitsschutzes erforderlich. Dem Betroffenen soll zur

---

[586] Das Gegendarstellungsrecht dient dem Schutz der Selbstbestimmung und ist damit Teil des Persönlichkeitsrechts aus Art. 2 Abs. 1 i.V.m. Art. 1 Abs. 1 GG (BVerfGE 63, 131 (142)).

[587] In mehreren Gegendarstellungsrechten ist die Unrichtigkeit der Ausgangsbehauptung Anspruchsvoraussetzung vgl. hierzu Seitz u.a., Gegendarstellung, Rn. 15 Fn. 20.

[588] Thümmel/Schütze, JZ 1977, 786 (786). Beispielsweise kann gemäß § 11 Abs. 1 Ziff. 4 Mediengesetz (MedienG) die Unwahrheit der Entgegnung geltend gemacht werden.

[589] Thümmel/Schütze, JZ 1977, 786 (786).

[590] Stadler, JZ 1994, 642 (645).

[591] Thümmel/Schütze, JZ 1977, 786 (786).

[592] Von der Plausibilität des Eingriffs spricht Stadler, JZ 1994, 642 (645).

Förderung der Waffengleichheit gegenüber den übermächtigen und schnelllebigen Medien eine rasche Gegenwehr ermöglicht werden[593]. Eine gerichtliche Klärung der Frage der Verletzung der Persönlichkeit und ihrer Rechtswidrigkeit würde eine zeitraubende Wahrheitsprüfung sowie Gesamtabwägung der Interessen erfordern. Dies würde dem Anspruch seine Effektivität nehmen[594].

Das Verfahren des einstweiligen Rechtsschutzes könnte alleine keine ausreichende Beschleunigung des Verfahrens bieten, da es lediglich die Beweisführung auf die Glaubhaftmachung[595] beschränkt, nicht aber vom Erfordernis der Abwägung absieht[596]. Zudem wird eine Richtigstellung im Wege der einstweiligen Anordnung meist am Verbot der Vorwegnahme der Hauptsache scheitern. Unterlassungs- und Widerrufsansprüche für sich bieten aus diesen Gründen keinen effektiven Rechtsschutz[597]. Zum Schutze der Persönlichkeit im Vorfeld bedarf es daher des Gegendarstellungsanspruchs.

Der Schutzauftrag zugunsten des Persönlichkeitsrechts und die Vorschaltfunktion hinsichtlich der deliktischen Ansprüche aus Persönlichkeitsrechtsverletzungen zeigen die Nähe des Gegendarstellungsanspruchs zu den übrigen Schutzansprüchen und damit seinen deliktischen Charakter.

Der Gegendarstellungsanspruch kann daher, auch ohne ein rechtswidriges Handeln vorauszusetzen, materiellrechtlich als deliktisch bzw. deliktsähnlich qualifiziert werden.

cc) Schaden

Weiterhin könnte die Anwendbarkeit von § 32 ZPO auf Gegendarstellungsansprüche nach der materiellrechtlichen Betrachtung ausgeschlossen sein, wenn dieser in keinerlei Verbindung mit einem Schaden stünde.

---

[593] Lerch, CR 1997, 261 (261).

[594] Ähnlich Thümmel/Schütze, JZ 1977, 786 (786).

[595] Vgl. § 294 ZPO. Glaubhaftmachung bedeutet eine Beweisführung, die dem Richter einen geringeren Grad an Wahrscheinlichkeit vermitteln soll und zusätzliche Beweismittel zulässt. Die Beweiserhebung muss allerdings sofort möglich sein (Putzo/Thomas-Reichold, § 294 Rn. 1). Der Anspruchsteller trägt die Beweislast für die Unwahrheit der behaupteten Tatsachen. Mit den eingeschränkten Mitteln des Eilverfahrens kann der Beweis der Unwahrheit nicht geführt werden. Vgl. 2.Teil, B, II, 2).

[596] Auf eine mündliche Verhandlung sollte zugunsten der Vollstreckbarkeit im Ausland nicht verzichtet werden. Nach der Rechtsprechung des EuGH werden nur die einstweiligen Verfügungen anerkannt, die in einem kontradiktorischen Verfahren bzw. nach Berichtigung des Gegners ergangen sind (EuGH IPRax 1981, 95 (95 f.) mit Anm. Hausmann IPRax 1981, 79 ff.

[597] Vgl. zu den Nachteilen des Unterlassungs- , Widerrufs- und Richtigstellungsanspruchs 2.Teil, B, II.

Der Gegendarstellungsanspruch dient, wie soeben dargelegt, als Schutzmittel im Vorfeld der übrigen Schutzansprüche. In dieser Funktion bezweckt er die Schadensbegrenzung, indem er dem Betroffenen mit Hilfe der Gegendarstellung ermöglicht, sein beschädigtes Persönlichkeitsbild frühzeitig wiederherzustellen. Dies zeigt, dass ebenso wie die Rechtswidrigkeit im Rahmen des Gegendarstellungsanspruchs vorweggenommen wird, auch die Annahme eines Schadens antizipiert wird. Als vorgeschalteter Anspruch verzichtet der Gegendarstellungsanspruch mithin nicht auf einen Schaden, sondern geht vielmehr durch die Betroffenheit des Persönlichkeitsrechts von einem Schaden aus und bezweckt diesen zu begrenzen.

Zugunsten eines schnellen und damit effektiven Persönlichkeitsschutzes in den Medien verzichtet der Gegendarstellungsanspruch lediglich auf den Nachweis eines tatsächlichen Schadens und lässt einen potentiellen Schaden genügen. Diesbezüglich entspricht er dem ebenfalls vom § 32 ZPO erfassten Unterlassungsanspruch, bei welchem aufgrund der Vorverlagerung der Klagemöglichkeit ein potentieller Schaden ausreicht[598]. Die Einbeziehung des Unterlassungsanspruchs zeigt, dass ein potentieller Schaden für die Anwendbarkeit des § 32 ZPO hinreichend ist, so dass auch die antizipierte Schadensannahme des Gegendarstellungsanspruchs ein eventuelles Schadenserfordernis des § 32 ZPO erfüllt.

b) Zivilprozessuale Interessenlage

Die Frage, ob der Gegendarstellungsanspruch am Gerichtsstand der unerlaubten Handlung geltend gemacht werden kann, muss auch im Rahmen des Gegendarstellungsanspruchs neben der Orientierung an der materiellrechtlichen Begrifflichkeit der unerlaubten Handlung durch einen Vergleich der zivilprozessualen Interessenlage geklärt werden.

aa) Sach- und Beweisnähe

Es wird vorgebracht, dass sich durch den Verzicht auf die Rechtswidrigkeit und das Vorliegen einer Persönlichkeitsrechtsverletzung das im Rahmen des § 32 ZPO wesentliche zivilprozessuale Interesse an der Sach- und Beweisnähe des Gerichtsstandes reduzieren würde[599]. Der Gegendarstellungsanspruch würde daher nicht in den Anwendungsbereich des § 32 ZPO fallen.

Dem kann entgegnet werden, dass trotz Verzichts auf den Nachweis einer rechtswidrigen Persönlichkeitsrechtsverletzung die Tatsache der Veröffentli-

---

[598] Siehe oben 5. Teil, A, II, 1), a), dd).

[599] Stadler, JZ 1994, 642 (647).

chung der Behauptung weiterhin beweisbedürftig bleibt. In beweiserheblicher Verbindung mit der Veröffentlichung steht der Ort, an dem der Täter gehandelt hat, sowie der Ort der Kenntnisnahme. Diese Orte entsprechen dem in § 32 ZPO bestimmten Tatort[600], so dass der Tatortgerichtsstand auch bei Gegendarstellungsansprüchen die gewünschte Beweisnähe aufweist. Eine Nähe des Gerichts zum Tatort i.S.d. § 32 ZPO ist demnach auch dann für die Sachaufklärung förderlich, wenn der Wahrheitsbeweis und die Abwägung der widerstreitenden Interessen durch den Verzicht auf die Rechtswidrigkeit und das Vorliegen einer Verletzung wegfallen. Zudem ist hervorzuheben, dass der Wahrheitsbeweis ohnedies bei mehreren Arten der Persönlichkeitsrechtsverletzungen erst gar nicht anfällt, z.B. bei Eingriffen in die Privatsphäre, wo die verletzende Darstellung nur indiskret nicht aber unwahr ist[601].

Die Sach- und Beweisnähe des Gerichts als zivilprozessuales Interesse i.S.d. § 32 ZPO ist damit trotz der beschränkten Voraussetzungen auch im Rahmen des Gegendarstellungsanspruchs bedeutsam.

bb) Klägerprivilegierung

Der Gegendarstellungsanspruch muss ferner das Bedürfnis einer zivilprozessualen Klägerprivilegierung hervorrufen. Für die Rechtfertigung einer dem § 32 ZPO zugrundeliegenden Klägerprivilegierung sind, wie oben dargelegt[602], die Qualität des Eingriffs und die Voraussehbarkeit der Verletzung bzw. der Person des Verletzers ausschlaggebend.

Mangels Sonderrechtsbeziehungen des Opfers zum Schädiger ist auch die „Betroffenheit" des Persönlichkeitsrechts und deren Verursacher nicht voraussehbar. Diesbezüglich besteht kein Unterschied zum deliktischen Anspruch aus § 823 BGB, in dessen Vorfeld der Gegendarstellungsanspruch angesiedelt ist.

Die Qualität des Eingriffs ergibt sich aus der strukturellen Überlegenheit der Medien. Die Medienunternehmen vermarkten Informationen über Personen und Geschehen, welche im Allgemeinen persönlichkeitsrechtsrelevant sind. Sie nehmen hierdurch Einfluss auf den Meinungsbildungsprozess. Zur Gewährleistung eines ausgeglichenen öffentlichen Meinungskampfes muss der Betroffene schnell und effektiv korrigierend Einfluss nehmen können. Dies ist der Grundgedanke des Gegendarstellungsrechts, für dessen Umsetzung der Gerichtsstand entscheidend ist und der für eine prozessuale Besserstellung des Betroffenen spricht[603]. Die zivilprozessuale Umsetzung dieses Ziels ist dabei verfassungs-

---

[600] Siehe unten 6. Teil-8. Teil.

[601] Siehe oben 2. Teil, A, IV, 2).

[602] Vgl. 5. Teil, A, II, 1), b), bb).

[603] Bezüglich des Kollisionsrechts a.A. Schack, Rechtsschutz gegen grenzüberschreitende Persönlichkeitsrechtsverletzungen durch Rundfunksendungen, in: Hübner, Das Persönlich-

rechtlich geboten, denn nach Ansicht des BVerfG muss das Gegendarstellungsrecht auch verfahrensmäßig gewährleistet werden[604].

Ausländische Medienunternehmen haben insbesondere durch das Internet ungehinderten Zugang zum weltweiten Markt. Der schutzwürdige Betroffene, der zudem die gesamte Darlegungslast trägt, darf nicht auf deren möglicherweise weit entfernten und mit sprachlichen und organisatorischen Schwierigkeiten verbundenen allgemeinen Gerichtsstand verwiesen werden. Dies widerspräche dem Ziel eines effektiven und schnellen Rechtsschutzes. Je nach Intensität derartiger Schwierigkeiten für den Kläger kann dies sogar einer Rechtsverweigerung gleichkommen[605] und widerspräche damit den verfassungsrechtlichen Vorgaben des BVerfG zur verfahrensmäßigen Gewährleistung des Gegendarstellungsanspruchs[606].

Die Privilegierung des Betroffenen durch den Gerichtsstand des Tatorts ist demnach auch beim Gegendarstellungsanspruch gewollt.

cc) Wiederherstellung des Rechtsfriedens

Auch bei der bloßen Betroffenheit des Persönlichkeitsrechts im Vorfeld echter Rechtsgutsverletzungen hat die Rechtsgemeinschaft ein Interesse daran, dass der Täter sich dort verantwortet, wo die Beeinträchtigung erfolgt ist[607]. Das Interesse an der Wiederherstellung des Rechtsfriedens ist beim Gegendarstellungsanspruch folglich ebenso gegeben.

dd) Prozessökonomie

Als weiteres Zuständigkeitsinteresse gilt das prozessökonomische Interesse, sachlich Zusammenhängendes einheitlich zu behandeln[608].

Der Gegendarstellungsanspruch ist ein den übrigen Schutzansprüchen vorgeschalteter Rechtsbehelf[609]. Seiner gerichtlichen Geltendmachung folgt meist direkt die Unterlassungs- Widerrufs- und/oder Schadensersatzklage. Die Verwei-

---

keitsrecht im Spannungsfeld zwischen Informationsauftrag und Menschenwürde, S. 113 (118 ff.). Schack zustimmend: v. Hinden, Persönlichkeitsverletzungen im Internet, S. 50.

604 Eine den sachlichen Erfordernissen entsprechende Ausgestaltung des Gegendarstellungsrechts durch das Verfahrensrecht ist nach Ansicht des BVerfG ebenso wie das Gegendarstellungsrecht Teil des verfassungsrechtlich gewährleisteten allgemeinen Persönlichkeitsrechts (BVerfGE, 63, 131 (143)).

605 Schröder, Internationale Zuständigkeit, S. 264; Stadler, JZ 1994, 642 (648).

606 Siehe zu den verfassungsrechtlichen Vorgaben: BVerfGE, 63, 131 (143).

607 Stadler, JZ 1994, 642 (647).

608 Schack, IZVR, Rn. 213; siehe oben 4.Teil, B, IV.

609 Siehe oben 5. Teil, A, II, 2) und 5. Teil, A, II, 2), a), bb).

sung des Gegendarstellungsanspruchs auf den allgemeinen Gerichtsstand würde dazu führen, dass dieser an einem anderen Gerichtsstand geltend gemacht werden müsste als die Ansprüche auf Unterlassung, Widerruf und Schadensersatz, da diese dem besonderen Gerichtsstand des § 32 ZPO unterliegen. Die verfahrensrechtliche Aufspaltung dessen, was materiellrechtlich eng verbunden ist und den gleichen Entstehungsgrund hat, liegt weder im Interesse der Parteien noch im Interesse der Gerichte. Vielmehr ist der gesamte Komplex aus Gründen der Prozessökonomie und der Vermeidung von Widersprüchen weitgehend vor demselben Gericht zu verhandeln und zu entscheiden[610].

Der Gesichtpunkt der Prozessökonomie spricht daher für die zulässige Geltendmachung des Gegendarstellungsanspruchs am Gerichtsstand der unerlaubten Handlung.

ee) Vollstreckungsnähe

Eine andere Meinung weist dem Gegendarstellungsanspruch ein erhöhtes Interesse an einem vollstreckungsnahen Gerichtsstand zu, das dem Tatortgerichtsstand entgegenstehe. Gegen eine deliktische Qualifikation des Gegendarstellungsanspruchs spräche, dass der am Tatort erlangte Titel mangels Vollstreckungsnähe[611] nur selten erfolgreich durchsetzbar sei[612]. Auch wenn die Gegendarstellung als Korrektur möglicher Falschbehauptungen dort sinnvoll sei, wo die Behauptung wahrgenommen wurde, also am Tatort, müsse der Anspruch dennoch meist am Ort des Medienunternehmens vollstreckt werden. Es könne zu Vollstreckungsproblemen kommen, wenn z.B. der Vollstreckungsstaat einen Gegendarstellungsanspruch gar nicht kenne[613], wie beispielsweise das US-amerikanische und das englische Recht[614]. Insoweit bestünde die Gefahr, dass der Vollstreckungsstaat die ordre-public-Widrigkeit der Verurteilung einwende[615]. Zumindest widerspräche ein gegebenenfalls notwendig werdendes Anerkennungs- und Vollstreckungsverfahren dem Zweck der effektiven und zeitna-

---

[610] Stadler, JZ 1994, 642 (645); Löffler, Mediendelikte im IPR und IZPR, S. 229.

[611] Die Vollstreckungsnähe gilt als ein Interesse, dass zur Begründung von Zuständigkeiten herangezogen wird (Zuständigkeitsinteresse) (Schack, IZVR, Rn. 213).

[612] Kubis, IZ bei Persönlichkeits- und Immaterialgüterrechtsverletzungen, S. 117.

[613] Stadler, JZ 1994, 642 (652).

[614] In den USA wird das Gegendarstellungsrecht gar als verfassungswidrig betrachtet. Zum nicht existenten Gegendarstellungsanspruch im englischen und US-amerikanischen Recht vgl. v. Hinden, Persönlichkeitsverletzungen im Internet, S. 24, 26.

[615] Kubis, IZ bei Persönlichkeits- und Immaterialgüterrechtsverletzungen, S. 118.

hen Anspruchsdurchsetzung im Gegendarstellungsrecht, der sich zusätzlich im regelmäßig vorgesehenen Eilverfahren ausdrücke[616].

Der Annahme eines erhöhten Bedürfnisses der Vollstreckungsnähe im Gegendarstellungsrecht kann nicht zugestimmt werden. Der ordre-public-Vorbehalt, der einer Vollstreckung in einem vom Urteilsstaat verschiedenen Staat entgegenstehen könnte, greift lediglich bei untragbaren Widersprüchen. Die bloße Nichtexistenz des Anspruchs im Vollstreckungsstaat berechtigt nach allgemeiner Meinung noch nicht zur Vollstreckungsversagung[617]. Das Problem, dass andere Länder einen entsprechenden Anspruch nicht kennen, ist zudem kein Einzelfall. Wäre dies ein Zuständigkeitskriterium, so müssten die Anspruchssteller bei nicht weltweit existierenden Ansprüchen stets auf die Gerichte im Vollstreckungsland verwiesen werden. Überdies sind mögliche Schwierigkeiten und ein eventueller Zeitverlust bei der Anspruchsdurchsetzung kein Grund den Gerichtsstand erst gar nicht zu gewähren. Dem Betroffenen bleibt es unbenommen den allgemeinen Gerichtsstand zu wählen, wenn ein Titel des Tatortlandes wegen Vollstreckungsproblemen zu umständlich oder vergeblich wäre[618].

Der Tatortgerichtsstand scheitert auch nicht am Eilbedürfnis des Gegendarstellungsanspruchs. Die diesbezügliche Kritik der Gegenmeinung geht ins Leere, da ansonsten für alle Verfahren des einstweiligen Rechtsschutzes ausschließlich eine internationale Zuständigkeit im späteren Vollstreckungsland angenommen werden müsste[619].

Das Interesse an der Vollstreckungsnähe des Gerichtsstands führt für den Gegendarstellungsanspruch mithin nicht zur Versagung des Tatortgerichtsstands gemäß § 32 ZPO.

c) Ergebnis zum Gegendarstellungsanspruch

Der Gegendarstellungsanspruch kann am Gerichtsstand der unerlaubten Handlung gemäß § 32 ZPO geltend gemacht werden. Er kann, aufgrund seiner engen Verbindung und des gemeinsamen Entstehungsgrundes mit den übrigen deliktischen Persönlichkeitsschutzansprüchen deliktisch qualifiziert werden und weist eine identische zivilprozessuale Interessenlage mit den Deliktsansprüchen auf.

---

[616] Schack, Rechtsschutz gegen grenzüberschreitende Persönlichkeitsrechtsverletzungen, in: Hübner, Das Persönlichkeitsrecht im Spannungsfeld zwischen Informationsauftrag und Menschenwürde, 113 (128 f.); Zum Eilverfahren beim Gegendarstellungsanspruch vgl. 2.Teil, B, I.

[617] Stadler, JZ 1994, 642 (652).

[618] Löffler, Mediendelikte im IPR und IZPR, S. 242; Stadler, JZ 1994, 642 (654):

[619] Lütcke, Persönlichkeitsrechtsverletzungen im Internet, S. 147.

3) Unterlassungs- und Widerrufsansprüche

Zu den möglichen Ansprüchen aus einer Persönlichkeitsrechtsverletzung zählen zudem Unterlassungs- und Widerrufs- bzw. Richtigstellungsansprüche[620]. Nach einheitlicher Meinung steht für diese der Gerichtsstand des § 32 ZPO offen[621], da es gleichgültig ist, welche Rechtsfolge der unerlaubten Handlung geltend gemacht wird[622].

Ebenso kann die vorbeugende Unterlassungsklage nach einhelliger Meinung am Deliktsgerichtsstand geltend gemacht werden[623]. Der Gerichtsstand des § 32 ZPO ist nicht auf Ansprüche aus vollendeten oder bereits begonnenen Handlungen beschränkt, sondern kann auch in Anspruch genommen werden, wenn eine unerlaubte Handlung erst künftig droht[624]. Dies kann dem Normzweck des § 32 ZPO entnommen werden, der dem Kläger ein sachnahes Forum zur Verfügung stellt[625]. Die hierdurch bezweckten Vorzüge der Sach- und Beweisnähe des Gerichtsstandes gelten für drohende und bereits begangene unerlaubte Handlungen gleichermaßen, denn Sach- und Beweisnähe sind im Bereich des vorbeugenden Rechtsschutzes, der oft mit einer Eilbedürftigkeit verbunden ist, erst recht hilfreich[626].

4) Klageart

Für den Gerichtsstand des § 32 ZPO ist es gleichgültig, welche Klageform gewählt wird. Der Kläger kann sein Begehren im Wege der Leistungsklage und ebenso im Wege der positiven oder negativen Feststellungsklage verfolgen[627].

---

620 Die Unterlassungs-, Widerrufs und Richtigstellungsansprüche beruhen materiellrechtlich auf § 1004 Abs. 1, S. 2 BGB analog bzw. § 823 Abs. 1 BGB. Siehe oben 2. Teil, B, II.

621 Musielak-Heinrich, § 32 Rn. 14; Wieczorek/Schütze-Hausmann, § 32 Rn. 25; Stein/Jonas-Roth, § 32 Rn. 22 f.; MüKo-Patzina, ZPO, § 32 Rn. 13; Zöller-Vollkommer, § 32 Rn. 14; Kollar, Der Gerichtsstand der unerlaubten Handlung, S. 25; zum Widerrufsanspruch: BGH NJW 1966, 647 (649).

622 Siehe oben 5. Teil, A, II, 1), a), ee).

623 Zöller-Vollkommer, § 32 Rn. 14; Wieczorek/Schütze-Hausmann, § 32 Rn. 26; Stein/Jonas-Roth, § 32 Rn. 23; MüKo-Patzina, ZPO, § 32 Rn. 13; BGH NJW 1956, 911 (912); OLG Hamburg GRUR 1987, 403 (403); BGH MDR 1995, 282 (282) zwar zu Art. 5 Nr. 3 EuGVÜ aber mit Hinweis auf das entsprechende nationale Verständnis; KG NJW 1997, 3321 (3321).

624 MüKo-Patzina, ZPO, § 32 Rn. 13; Wieczorek/Schütze-Hausmann, § 32 Rn. 26.

625 Wieczorek/Schütze-Hausmann, § 32 Rn. 26.

626 MüKo-Patzina, ZPO, § 32 Rn. 13.

627 Wieczorek/Schütze-Hausmann, § 32 Rn. 25 m.w.N.; Zöller-Vollkommer, § 32 Rn. 14; Stein/Jonas-Roth, § 32 Rn. 22 m.w.N.; MüKo-Patzina, ZPO, § 32 Rn. 13; OLG Köln WRP 1978, 917 (917); A.A. Mansel, JZ 1994, 618 (621) hinsichtlich negativer Feststellungsklagen, die der Schädiger gegen den Geschädigten erhebt, mit der Begründung, dass die in § 32 ZPO

5) Ergebnis

Der eigenständige prozessuale Begriff der „unerlaubten Handlung“ i.S.d. § 32 ZPO erfasst neben den Ansprüchen aus unerlaubter Handlung gemäß §§ 823 ff. BGB auch die Bereicherungs-, Gegendarstellungs-, Unterlassungs- und Widerrufsansprüche, soweit diesen Ansprüchen eine Persönlichkeitsrechtsverletzung zugrunde liegt. Folglich können alle Ansprüche aus Persönlichkeitsrechtsverletzung am Deliktsgerichtsstand des § 32 ZPO geltend gemacht werden. Auf diese Weise werden die Ansprüche aus der Verletzung gleichgelagerter Verhaltenspflichten an einem einheitlichen Ort beurteilt.

B. Der Begriff der unerlaubten Handlung im „europäischen Zivilprozessrecht“

I. Auslegungsorientierung

Um zu untersuchen, ob die Ansprüche aus Persönlichkeitsrechtsverletzungen unter den Begriff der unerlaubten Handlung nach Art. 5 Nr. 3 EuGVO fallen, muss zunächst die Methode zur Auslegung des Begriffs der unerlaubten Handlung festgestellt werden. Der Begriff der unerlaubten Handlung ist dem Zivilrecht entnommen. Die europäischen Vorschriften verwenden häufig Rechtsbegriffe aus dem Bereich des Zivil-, Handels- und Verfahrensrechts, deren Bedeutung in den einzelnen Mitgliedsstaaten verschieden sein kann[628]. Es stellt sich die Frage, ob diese Begriffe nach nationalem Recht oder autonom, das heißt statt unter Bezugnahme auf eine nationale Rechtsordnung aus der europäischen Regelung heraus, qualifiziert werden[629].

Hierzu führte der EuGH hinsichtlich des EuGVÜ aus, dass keiner dieser beiden Möglichkeiten unter Ausschluss der anderen der Vorrang gebühre, sondern eine sachgerechte Entscheidung nur für jede Bestimmung gesondert getroffen

---

enthaltene Klägerbegünstigung nur dem Geschädigten und nicht dem Schädiger zugute kommen soll.

[628] Dieses Problem erstmalig aufwerfend: EuGH, Urteil v. 06.10.1976, Rs. 12/76 (Tessili./.Dunlop), NJW 1977, 491 (491).

[629] Hält man das nationale Recht für maßgeblich, so ergibt sich wiederum die Frage, ob nach der lex fori, das heißt nach dem Recht des angerufenen Staates, ausgelegt werden muss oder, ob die lex causae, und damit das nach den Kollisionsnormen des Forums in der Hauptsache anzuwendende Recht maßgeblich sein soll. Eine Auslegung nach der lex fori wurde vor den ersten EuGH Entscheidungen von der überwiegenden Meinung in Literatur und Rechtsprechung befürwortet (Nachweise dazu bei Geimer, NJW 1977, 492 (492)).

werden könne[630]. Im Folgenden legte der EuGH den Begriff der unerlaubten Handlung sowie die meisten ihm zur Entscheidung vorgelegten Begriffe jedoch autonom aus[631]. Er begründete dies mit der Zielsetzung und dem Gesamtzusammenhang des Übereinkommens, wonach sicherzustellen sei, dass sich für die Vertragsstaaten und die betroffenen Personen möglichst gleiche und einheitliche Rechte und Pflichten ergäben[632]. Hieraus folgt, dass das EuGVÜ als gemeinschaftsbezogenes Übereinkommen im Zweifel autonom auszulegen ist, damit eine einheitliche Geltung sichergestellt ist[633].

Im ersten Moment widersprüchlich erscheint allerdings in diesem Zusammenhang die Entscheidung des Gerichtshofs in der Sache Shevill. In dieser zur Auslegung des Art. 5 Nr. 3 EuGVÜ ergangenen Entscheidung stellt der Gerichtshof fest, dass „die Voraussetzungen für die Beurteilung des schädigenden Charakters des streitigen Ereignisses und für den Beweis des Vorliegens und des Umfangs des Schadens..., nicht im Übereinkommen enthalten sind, sondern sich nach dem gemäß den Kollisionsnormen des nationalen Rechts des angerufenen Gerichts maßgeblichen materiellen Recht bestimmen...“[634].

Diese Aussage scheint auf den ersten Blick den Schluss zuzulassen, der EuGH sei hinsichtlich der Auslegung des Begriffs der unerlaubten Handlung[635] von seiner die autonome Qualifikation favorisierenden Rechtsprechung abgekommen und befürworte nun eine Auslegung nach der lex causae[636]. Doch, obwohl die Erklärung des Gerichts vordergründig betrachtet zu einem derartigen

---

[630] Zur Auslegung des EuGVÜ im Allgemeinen verwies der EuGH auf die Systematik des Übereinkommens, den in der Präambel artikulierten Zweck des EuGVÜ und die Zielsetzung des dem EuGVÜ zugrundeliegenden Art. 220 EWGV (jetzt Art. 293 EGV) (EuGH, Urteil v. 06.10.1976, Rs. 12/76 (Tessili./.Dunlop), NJW 1977, 491 (491)).

[631] Der Begriff der „unerlaubten Handlung“ sei angesichts der Zielsetzungen und des Gesamtzusammenhangs des Übereinkommens nicht als Verweisung auf nationales Recht zu verstehen. (EuGH, Urteil v. 27.09.1988, Rs. 189/87 (Kalfelis./.Schröder), Slg. 1988, 5565, Rn. 15 und 16 = NJW 1988, 3088 (3089). Weitere Urteile zur autonomen Auslegung des Art. 5 EuGVÜ: EuGH Urteil v. 26.03.1992, Rs. 261/90 (Reichert und Kockler./.Dresdner Bank)), Slg. 1992, I-2149, Rn. 15 (zu Art. 5 Nr. 3); EuGH Urteil v. 22.03.1983, Rs. 34/82 (Peters./.Zuid Nederlandse), Slg. 1983, 987, Rn. 9 und 10 (zu Art. 5 Nr. 1).

[632] EuGH, Urteil v. 27.09.1988, Rs. 189/87 (Kalfelis./.Schröder), NJW 1988, 3088 (3089).

[633] Vgl. ausführlich Buck, Über die Auslegungsmethoden des Gerichtshofs der Europäischen Gemeinschaft; Oppermann, Europarecht, Rn. 680 ff. m.w.N.

[634] EuGH, Urteil v. 07.03.1995, Rs. C-68/93 (Shevill./.Press Alliance), NJW 1995, 1881 (1882, Tz. 41).

[635] Die Stellungnahme des EuGH betrifft zwar die Auslegung des Begriffs des „schädigenden Ereignisses“, dieser bezieht sich jedoch auf die „unerlaubte Handlung“ bzw. die dieser gleichgestellten Handlung, so dass die Begriffe „schädigendes Ereignis“ und „unerlaubte Handlung“ in gleicher Weise zu interpretieren sind (Anm. Rauscher, ZZPInt. 1 (1996), 151 (164)).

[636] MüKo-Gottwald, ZPO, Art. 5 EuGVÜ Rn. 36, schließt aus dem Urteil, dass die Kriterien, ob ein Ereignis wirklich eine unerlaubte Handlung bildet, dem jeweiligen nationalen Kollisionsrecht unterstehen.

Ergebnis verleitet, spricht bei näherer Betrachtung vieles dafür, die entscheidenden Passagen der EuGH-Entscheidung in einem anderen Sinne zu interpretieren.

Die Ausführungen des Gerichtshofes nehmen keinen Bezug auf die bisherige Rechtsprechung. Dies deutet darauf hin, dass sie eine Änderung der Rechtsprechung nicht bezwecken oder diese erst gar nicht berühren[637]. Es ist anzunehmen, dass der EuGH sich lediglich missverständlich ausgedrückt hat und die Darlegung sich nicht auf die Frage, ob der Begriff der unerlaubten Handlung autonom oder nach der lex causae interpretiert wird, bezieht.

Vielmehr liegt es nahe, dass der EuGH bezweckte, das Erfordernis des Schadens aus dem Begriff der unerlaubten Handlung i.S.d. Art. 5 Nr. 3 EuGVÜ vollständig auszuklammern. Dies wird deutlicher, wenn man die der Entscheidung des EuGH zugrundeliegenden Vorlagefragen betrachtet. Hintergrund der Entscheidung des EuGH ist die Frage, ob die Schadensvermutung bei Ehrverletzungen im englischen Recht der Anwendung von Art. 5 Nr. 3 EuGVÜ entgegensteht[638]. Die Schadensvermutung ist eine Frage des materiellen Rechts[639]. Hieraus erklärt sich der diesbezügliche Verweis des EuGH auf das anzuwendende materielle Recht. Es liegt daher die Vermutung nahe, dass der Gerichtshof lediglich klar stellen wollte, dass das EuGVÜ sich nicht mit der Frage des Schadens befasst, und zwar weder mit dessen Anforderungen, dessen Beweis, noch dessen Umfang[640], da dies materiellrechtliche Fragen sind und dementsprechend vom anzuwendenden Recht zu klären sind[641]. Eine in diesem Sinne verstandene Stellungnahme des Gerichtshofs berührt die Frage der autonomen Auslegung nicht.

---

637 Den einschlägigen Kommentaren ist keine Änderung der Rechtsprechung zu entnehmen. In den Kommentaren, in denen die Entscheidung zu diesem Punkt Erwähnung findet, werden die Ausführungen des Gerichtshofs neben der Befürwortung einer autonomen Auslegung angeführt, vgl. MüKo-Gottwald, ZPO, Art. 5 EuGVÜ Rn. 36; Zöller-Geimer, Anh I Art. 5 Rn. 23.

638 Das vorlegende Gericht möchte wissen, „ob es für die Feststellung seiner Zuständigkeit als Gerichtsstand des Ortes der Verwirklichung des Schadenserfolges gemäß Art. 5 Nr. 3 EuGVÜ in der Auslegung durch den Gerichtshof in Bezug auf die Voraussetzungen für die Beurteilung des schädigenden Charakters des streitigen Ereignisses und für den Beweis des Vorliegens eines Schadens, ..., besondere Rechtsvorschriften zu berücksichtigen hat, die von denjenigen seines nationalen Rechts abweichen." (EuGH, Urteil v. 07.03.1995, Rs. C-68/93 (Shevill./.Press Alliance), NJW 1995, 1881 (1882, Tz. 34)).

639 Coester-Waltjen, Internationales Beweisrecht, S. 317; zum englischen Recht Coester-Waltjen, Internationales Beweisrecht, S. 72, 319; zum deutschen Recht Schack, IZVR, Rn. 664 f.

640 Ähnlich Anm. Rauscher, ZZPInt. 1 (1996), 151 (164); ähnlich Dietze/Schnichels, EuZW 1996, 455 (457).

641 Den in dieser Weise verstandenen Ausführungen kann dann andererseits entnommen werden, dass der Schaden keine Voraussetzung für das Bestehen eines Deliktsgerichtsstandes ist (vgl. hierzu EuGH, Urteil v. 07.03.1995, Rs. C-68/93 (Shevill./.Press Alliance), NJW 1995, 1881 (1882, Tz. 35 und 37)). Ebenso Lundstedt, GRURInt. 2001, 103 (109).

Der EuGH ist von seiner autonomen Auslegung durch die Entscheidung in der Sache Shevill mithin nicht abgerückt[642].

Teilweise wird dennoch hinsichtlich des Begriffs der unerlaubten Handlung aufgrund seiner starken materiellrechtlichen Bezüge eine Durchbrechung des Grundsatzes der autonomen Auslegung zugunsten der Qualifikation nach der lex causae verlangt[643]. Es widerspräche dem inneren Entscheidungseinklang, das heißt der Stimmigkeit des Urteils, wenn ein Begriff, der für Zulässigkeit und Begründetheit gleichermaßen von Bedeutung sei, jeweils unterschiedlich ausgelegt werde[644]. Gefordert wird die inhaltsgleiche Interpretation von gleichlautenden Begriffen innerhalb derselben Entscheidung, um einen Gleichklang zwischen Prozessrecht und materiellem Recht herzustellen[645].

Dies lässt sich allerdings nicht mit dem Gemeinschaftsrechtscharakter des EuGVÜ vereinbaren[646]. Bei einer Verweisung auf die lex causae würden die Inhalte des einzelstaatlichen materiellen Rechts auch für das Prozessrecht maßgeb-

---

642 A.A. Ost, Doppelrelevante Tatsachen im IZVR, S. 177 ff.; Kubis, der eine lex causae Auslegung des EuGH im Hinblick auf den Begriff der unerlaubten Handlung feststellt, eine solche Auslegung aber selbst ablehnt (Kubis, IZ bei Persönlichkeits- und Immaterialgüterrechtsverletzungen, S. 126 ff.).

643 Schlosser, EuZPR, Einl. Rn. 29; Lohse, Das Verhältnis von Vertrag und Delikt: eine rechtsvergleichende Studie zur vertragsautonomen Auslegung von Art. 5 Nr. 3 EuGVÜ, S. 227; Anmerk. Geimer, NJW 1988, 3089 (3090); Geimer/Schütze, Internationale Urteilsanerkennung, Bd. I, 1. Halbband., § 84 III, S. 616; anders nun Geimer/Schütze, EuZVR, Art. 5 Rn. 204 f.; Grunsky, RIW 1977, 1 (4); BGHZ 98, 263 (274) (zu Art. 5 Nr. 3 EuGVÜ). Abweichend Ost (Ost, Doppelrelevante Tatsachen im IZVR, S. 190 ff.), welcher, der Meinung Schlossers folgend (Schlosser, RIW 1988, 987 (989)), eine zweistufige autonome/lex-causae-Qualifikation vertritt. Hiernach wird zunächst die materiellrechtliche Anspruchsgrundlage autonom qualifiziert, indem sie einer Zuständigkeitsnorm zugeordnet wird (1. Stufe) und danach wird der Sachverhalt unter die nationale Norm subsumiert (2. Stufe). Dieses von Ost vertretene zweistufige Modell ist allerdings nur erforderlich, wenn man im Rahmen der Frage nach dem Umfang der Prüfungspflicht der Gerichte (siehe hierzu sogleich unter 5. Teil, C) die Schlüssigkeitstheorie oder eine vollständige materielle und tatsächliche Prüfung annimmt. Ansonsten bedarf es nur der ersten Stufe, die der hier vertretenen autonomen Auslegung entspricht.

644 So käme nicht selten die Situation vor, dass ein Gericht bei der Zuständigkeitsprüfung eine unerlaubte Handlung bejahe, sie bei der Entscheidung in der Sache hingegen nicht als eine solche einordne. Diese führe zu nicht hinnehmbaren Verwirrungen (Geimer, Internationale/ Schütze, Bd. I, 1. Halbband, S. 616).

645 Schlosser argumentiert, dass das europäische Zivilprozessrecht schließlich der Durchsetzung des nationalen Rechts diene. Außerdem habe der europäische Rechtsbürger ein Interesse an der Überschaubarkeit der Rechtlage und damit an einer konsistenten Interpretation der ineinandergreifenden Rechtsordnungen (Schlosser, EuZPR, Einl. Rn. 29).

646 Eingehend zur Unvereinbarkeit mit den Grundsätzen des europäischen Gemeinschaftsrechts und zur Geltung des Gebots einheitlicher Interpretation von materiellem Recht und Prozessrecht im deutschen Recht: Schwarz, Der Gerichtsstand der unerlaubten Handlung, S. 118 ff.

lich. Eine solche Dominanz des materiellen Rechts über das Prozessrecht würde dem Geltungsvorrang des EuGVÜ widersprechen. Bei einer Auslegung nach der lex causae ist eine einheitliche Anwendung der europäischen Regelungen in allen Mitglieds- bzw. Vertragsstaaten mangels einheitlichem europäischen Internationalen Privatrechts und angesichts der bestehenden Unterschiede bei der Qualifikation des Begriffs der „unerlaubten Handlung" in den Einzelstaaten unmöglich. Eine einheitliche Anwendung in allen betroffenen Staaten ist jedoch Voraussetzung für die von den Übereinkommen bezweckte „Freizügigkeit von gerichtlichen Entscheidungen"[647].

Die autonome Auslegung sorgt neben der Gewährleistung gleicher Rechte und Pflichten innerhalb des Übereinkommens zudem für mehr Rechtssicherheit. Sie unterstützt das Ziel des EuGVÜ, den Rechtsschutz für die in der Gemeinschaft niedergelassenen Personen zu verstärken, indem sie die Bestimmung der gerichtlichen Zuständigkeit für Kläger und Beklagten vereinfacht[648]. Die vom EuGH im Falle des Begriffs der „unerlaubten Handlung" gewählte, von nationalen Rechten losgelöste, gemeinschaftsrechtliche Begriffsinterpretation ist daher zu bevorzugen[649]. Sie entspricht dem im Vertragsschluss zum Ausdruck gebrachten Willen der Vertragspartner, die Regeln über die internationale Zuständigkeit möglichst weitgehend zu harmonisieren[650]. Die autonome Auslegung entspricht zudem der vom EuGH befürworteten dynamischen Interpretation gemeinschaftsrechtlicher Normen, wonach im Zweifel eine die Integration begüns-

---

[647] Schmidt-Parzefall, Die Auslegung des Parallelabkommens von Lugano, S. 40.

[648] Kropholler, EuZPR, Einl. Rn. 41; EuGH, Urteil v. 13.07.1993, Rs. 125/92 (Mulox./.Hendrick Geels), unter Nr. 11; EuGH, Urteil v. 20.03.1997, Rs. 295/95 (Farrell./.Long), unter Nr. 13).

[649] Die Begriffsbestimmung der „unerlaubten Handlung" zählt nicht zu den Fällen, in denen mit den autonomen Auslegungsmethoden kein hinreichend genaues Auslegungsergebnis erzielt werden kann. Nur in solchen Fällen ist nach Ansicht des EuGH ein Rückgriff auf nationales Recht noch mit der Zielsetzung der europäischen Vereinheitlichung vereinbar (EuGH, Urteil v. 6.10.1976, Rs. 12/76 (Tessili./.Dunlop), NJW 1977, 491 (491); bestätigend EuGH, Urteil v. 29.06.1994, Rs. C-288/92 (Custom Made Commercial./.Stawa Metallbau), NJW 1995, 183 ff.). Probleme bei der einheitlichen Auslegung werden z.B. bei Begriffen wie dem des Erfüllungsortes nach Art. 5 Nr. 1 EuGVO angenommen, der eine starke Wechselwirkung mit dem materiellen Recht und große Unterschiede in den einzelstaatlichen Rechtsordnungen aufweist (Geimer, WM 1976, 1289 (1290); Schröder, Internationale Zuständigkeit, S. 325; Lohse, Das Verhältnis von Vertrag und Delikt: eine rechtsvergleichende Studie zur vertragsautonomen Auslegung von Art. 5 Nr. 3 EuGVÜ, S. 37).

[650] Capotorti, Die Aufgabe des Gerichtshofes und das System des Brüsseler Übereinkommens, in: Gerichtshof der EG, Internationale Zuständigkeit und Urteilsanerkennung in Europa, S. 11 (17).

tigende und nicht eine die nationalen Unterschiede aufrechterhaltende Lösung zu wählen ist[651].

Die gleichen Gesichtspunkte sprechen auch im Rahmen der EuGVO für eine autonome Auslegung. Den Erwägungsgründen der Verordnung und der Rechtsgrundlage des EuGVO[652] kann das gleiche Ziel entnommen werden wie der Präambel und der Grundlage des EuGVÜ[653], und zwar die Freizügigkeit gerichtlicher Entscheidungen im Dienste des reibungslosen Funktionierens des Binnenmarktes[654] und die Harmonisierung der einzelstaatlichen Vorschriften[655]. Die hierfür erforderliche einheitliche Anwendung der EuGVO kann nur die autonome Auslegung sicherstellen[656].

Zudem können, aufgrund der Fortgeltung der Rechtsprechung des EuGH, die vom EuGH zur Auslegung des EuGVÜ getroffenen methodischen Aussagen auf das EuGVO übertragen werden. Sofern es sich, wie hier, um in EuGVÜ und EuGVO gleichlautende Vorschriften handelt, gilt dies auch für die inhaltlichen Klärungen[657].

Für die Auslegung des Lugano-Übereinkommens kann aus den bereits genannten Gründen[658] ebenso auf die Praxis zum EuGVÜ zurückgegriffen werden[659].

II. Anwendbarkeit des Art. 5 Nr. 3 EuGVO[660] auf Ansprüche aus Persönlichkeitsrechtsverletzungen

Wie auch § 32 ZPO regelt Art. 5 Nr. 3 EuGVO den Wahlgerichtsstand der unerlaubten Handlung. Im Rahmen des § 32 ZPO versteht die überwiegende Mei-

---

[651] Zur dynamischen Interpretation siehe Kropholler, Die Auslegung von EG-Verordnungen zum Internationalen Privat- und Verfahrensrecht, in: Basedow (u.a.), Aufbruch nach Europa, S. 583 (593), m.w.N.

[652] Art. 65 EGV.

[653] Art. 220 EWGV (jetzt Art. 293 EGV).

[654] EuGVO-Erwägungsgrund Nr. 1 und Nr. 6; Art. 65 a) u. c) EGV.

[655] EuGVO-Erwägungsgrund Nr. 2; Art. 65 b) EGV.

[656] So auch Kropholler, EuZPR, Einl. Rn. 41.

[657] Kropholler, Die Auslegung von EG-Verordnungen zum Internationalen Privat- und Verfahrensrecht, in: Basedow (u.a.), Aufbruch nach Europa, S. 583 (589).

[658] Siehe oben, 3. Teil, B, II, 3).

[659] Die Berichte von Jenard und Möller sind als Kommentar zum Luganer Übereinkommen angelegt und bieten -wie die entsprechenden Berichte zum EuGVÜ- eine wesentliche Auslegungshilfe (abgedruckt in ABl. EG 1990 Nr. C 189, 57 ff. vom 28.07.1990).

[660] Im Folgenden wird zur Verkürzung lediglich das EuGVO als Gesetzesquelle des Art. 5 Nr. 3 genannt. Die Ausführungen beziehen sich, soweit keine Abweichungen angemerkt werden, ebenso auf den Art. 5 Nr. 3 des EuGVÜ und des LugÜ. Der Wortlaut der Vorschriften ist mit Ausnahme der Ergänzung des Art. 5 Nr. 3 EuGVO um den Satzteil „einzutreten droht" identisch. Zu dieser Abweichung siehe 3. Teil, B. II, 2).

nung den Begriff der unerlaubten Handlung im weiteren Sinne. Art. 5 Nr. 3 EuGVO drückt dieses weite Verständnis bereits im Wortlaut aus. Der Gerichtsstand des Art. 5 Nr. 3 EuGVO ist eröffnet, wenn „eine unerlaubte Handlung oder eine dem gleichgestellte Handlung oder ein Anspruch aus einer solchen Handlung den Gegenstand des Verfahrens bildet“.

Aufgrund der durch die einheitliche Rechtsanwendung gebotenen autonomen Auslegung im Rahmen des Art. 5 Nr. 3 EuGVO verbietet sich ein Rückgriff auf das innerstaatliche Recht zur Begriffserklärung. Die Ausführungen zum Anwendungsbereich des § 32 ZPO können daher nicht übernommen werden.

Nach der Rechtsprechung des EuGH[661] findet Art. 5 Nr. 3 EuGVÜ auf Klagen Anwendung, „mit denen eine Schadenshaftung des Beklagten geltend gemacht wird und die nicht an einen Vertrag im Sinne von Art. 5 Nr. 1 EuGVÜ anknüpfen“. Eine allgemein gültige Definition der unerlaubten Handlung hat der EuGH auf diese Weise nicht formuliert[662]. Der Gerichtshof hat hierdurch lediglich eine Eingrenzung des Anwendungsbereichs vorgenommen und dabei nur jene Strukturmerkmale bestimmt, die im Hinblick auf den der Vorlage zugrundeliegenden Sachverhalt von Bedeutung waren[663]. Die Entscheidung ist allenfalls der Anfang einer Gemeinschaftsdefinition, die sich erst durch eine wachsende Zahl von Urteilen verfeinern wird. Daher ist es momentan weiterhin die Aufgabe der autonomen Auslegungsmethoden, die einzelnen materiellrechtlichen Ansprüche der mitgliedsstaatlichen Rechtsordnungen als deliktisch oder nicht deliktisch im Sinne des Art. 5 Nr. 3 EuGVO zu qualifizieren.

Die autonome Auslegung allgemein bedient sich der klassischen Interpretationsmethoden[664], das heißt der grammatischen[665], systematischen[666],

---

[661] EuGH, Urteil v. 27.9.1988, Rs. 189/87 (Kalfelis./.Schröder), Slg. 1988, 5565, Rn. 17 = NJW 1988, 3088 f.

[662] Schwarz führt an, dass eine Definition von der autonomen Auslegung gar nicht zu erwarten und auch vom EuGH nicht erwogen worden sei (Schwarz, Der Gerichtsstand der unerlaubten Handlung, S. 132, Fn. 1). Auch Wyss weist darauf hin, dass der EuGH bisher noch keine allgemeingültige und international verständliche Definition des Begriffs der „unerlaubten Handlung“ gegeben hat (Wyss, Gerichtsstand der unerlaubten Handlung, S. 27; 47 f.).

[663] Zur einzelfallbezogenen Arbeitsweise des EuGH: Schwarz, Der Gerichtsstand der unerlaubten Handlung, S. 134.

[664] Eingehend zur Verwendung der Auslegungskriterien im Gemeinschaftsrecht vgl. Buck, Über die Auslegungsmethoden des Gerichtshofs der Europäischen Gemeinschaft.

[665] Die grammatikalische Auslegung geht vom allgemeinen Sprachgebrauch der Normalsprache oder der Fachsprache aus (eingehend hierzu Larenz, Methodenlehre, S. 320 ff.).

[666] Die systematische Auslegung stellt auf die Stellung des einzelnen Begriffs im Rahmen des Gesetzes oder der gesamten Rechtsordnung ab (eingehend hierzu Larenz, Methodenlehre, S. 324 ff.).

historischen[667] und teleologischen[668] Interpretation, allerdings unter der Berücksichtigung der Besonderheiten des internationalen Einheitsrechts[669] und unter Ergänzung einer rechtsvergleichenden Interpretation[670].

Der EuGH hat hinsichtlich des EuGVÜ einige Direktiven zur Ausgestaltung der autonomen Auslegung aufgestellt[671]. Danach seien Zielsetzungen und Systematik des Übereinkommens sowie allgemeine Rechtsgrundsätze, die sich aus der Gesamtheit der innerstaatlichen Rechtsordnung ergeben, zu berücksichtigen, um die volle Wirksamkeit des Übereinkommens sicherzustellen[672]. Damit spielen teleologische, systematische und rechtsvergleichende Überlegungen eine zentrale Rolle.

1) Bereicherungsansprüche

Ansprüche aus Eingriffskondiktion müssten als unerlaubte Handlung i.S.d. Art. 5 Nr. 3 EuGVO qualifizierbar sein, um den Anwendungsbereich des Art. 5 Nr. 3 EuGVO zu eröffnen.

---

[667] Die historische Auslegung berücksichtigt die Entstehungsgeschichte des Rechtssatzes (eingehend hierzu Larenz, Methodenlehre, S. 328 ff.).

[668] Die teleologische Auslegung bezieht Ziel und Zweck einer Regelung ein (eingehend hierzu Larenz, Methodenlehre, S. 333 ff.).

[669] Schack, IZVR, Rn. 90. Bei der grammatischen Auslegung sind sämtliche Vertragssprachen zu berücksichtigen, die systematische Auslegung nimmt auf den Aufbau des EuGVÜ/EuGVO sowie auf das Verhältnis zu anderen EG-Übereinkommen/Verordnungen und zu den Gemeinschaftsverträgen Zugriff, die historische Auslegung greift auf die Berichte der Sachverständigen Jenard (EuGVÜ 1968), Schlosser (EuGVÜ 1978), Evrigenis/Kerameus (EuGVÜ 1982) und Almeida Cruz/Real-Desantes/Jenard (EuGVÜ 1989) zurück (Kropholler, EuZPR, Einl. Rn. 42 ff.). Die Berichte sind abgedruckt in Bülow/Böckstiegel, Internationaler Rechtsverkehr, 2. Band, B, I, 1, a, 601-1 ff. In Analogie zu den genannten Berichten existiert ein Bericht von Jenard/Möller zum Luganer Übereinkommen (ABl. EG 1990 C 189, 57 ff., vom 28.07.1990 oder Bülow/Böckstiegel, Internationaler Rechtsverkehr, 2. Band, B, I, 2, b, 609-1 ff.).

[670] Es sind zum einen die ausländische Rechtsprechung und Literatur zum EuGVÜ und zum anderen die nationalen Rechtsordnungen der Vertragsstaaten zu vergleichen (Kropholler, EuZPR, Einl. Rn. 48). Dabei ist nicht der gemeinsame Minimumstandard, sondern die beste Lösung zu suchen. Die Rechtsvergleichung dient der Prüfung der Lösung auf ihre Verträglichkeit mit den nationalen Rechtsordnungen und ihre Praktikabilität (Kropholler, EuZPR, 6. Aufl., Einl. Rn. 42, 43).

[671] Die zur Interpretation des EuGVÜ gemachten methodischen Aussagen des EuGH behalten grundsätzlich auch für die EuGVO Gültigkeit, denn das EuGVÜ war bereits ein gemeinschaftsbezogenes Übereinkommen (Kropholler, Die Auslegung von EG-Verordnungen zum Internationalen Privat- und Verfahrensrecht, in: Basedow (u.a.), Aufbruch nach Europa, 2001, S. 583 (589).

[672] EuGH, Urteil v. 27.09.1988, Rs. 189/87 (Kalfelis./.Schröder), NJW 1988, 3088 (3089); EuGH, Urteil v. 15.11.1983, Rs. 288/82 (Duijnstee./.Goderbauer) IPRax 1985, 92 (93 f.).

Dies wird von der herrschenden Meinung abgelehnt[673]. Art. 5 Nr. 3 EuGVO setze eine Schadenshaftung voraus, welche die Bereicherungsansprüche nicht darstellten[674]. Inhalt der Bereicherungshaftung sei nicht, wie bei Schadensersatzansprüchen, die Kompensation von Vermögenseinbußen, sondern Kern des Anspruchs sei es, dem Anspruchsgegner einen Vermögensvorteil abzunehmen[675].

Die autonome Auslegung des Begriffs der unerlaubten Handlung wird klären, ob der Anspruch aus Eingriffskondiktion deliktisch eingeordnet werden kann oder ob die Argumente der herrschenden Meinung gegen die deliktische Qualifikation greifen.

a) Rechtsvergleichende Auslegung

Es existiert keine rechtsvergleichende Betrachtung des zivilprozessualen Begriffs der unerlaubten Handlung, der gemeinsame Elemente des Begriffs innerhalb der Mitgliedsstaaten entnommen werden könnten.

Angesichts der Tatsache, dass in den Zuständigkeitsregelungen der Mitgliedsstaaten sich meist die Qualifikation eines Sachverhalts im Rahmen deren materiellen Rechts widerspiegelt[676], bliebe die Überlegung, sich zunächst an einem

[673] Rauscher-Leible, EuZPR, Art. 5 Rn. 83; Lorenz, IPRax 1993, 44 (46); Wieczorek/Schütze-Hausmann, Art. 5 EuGVÜ Rn. 53; Schlosser, EuZPR, Art. 5 Rn. 16; Schack, ZEuP 1998, 931 (946); Kubis, IZ bei Persönlichkeits- und Immaterialgüterrechtsverletzungen, S. 107 f.; MüKo-Gottwald, ZPO, Art. 5 EuGVÜ Rn. 41; Zöller-Geimer, Anh. I Art. 5 Rn. 22; Geimer/Schütze, Internationale Urteilsanerkennung, Bd. I, 1. Halbband, § 84 III, S. 615; Geimer/Schütze, EuZVR, Art. 5 Rn. 224; Kropholler, Internationale Zuständigkeit, in: Handbuch des IZVR, Bd. I, S. 461 (Kap. III, Rn. 688); a.A. Schultsz, Die besonderen Zuständigkeiten bei Streitigkeiten aus unerlaubter Handlung und aus dem Betrieb einer Sekundärniederlassung, in: Gerichtshof der Europäischen Gemeinschaft, Internationale Zuständigkeit und Urteilsanerkennung in Europa, S. 89 (90); Holl, IPRax 1998, 120 (122) bzgl. bereicherungsrechtlichen Rückgewähranspruch und Art. 5 Nr. 1 EuGVÜ. Tebbens erwägt, dass die ungerechtfertigte Bereicherung der Definition der unerlaubten Handlung des EuGH entsprechen könnte, lässt dies aber offen (Tebbens, Die besonderen Zuständigkeiten bei Streitigkeiten aus unerlaubter Handlung und aus dem Betrieb einer Sekundärniederlassung, in: Gerichtshof der Europäischen Gemeinschaft, Internationale Zuständigkeit und Urteilsanerkennung in Europa, 1993, S. 77 (80)).

[674] Schack, ZEuP 1998, 931 (946); Kubis, IZ bei Persönlichkeits- und Immaterialgüterrechtsverletzungen, S. 108.

[675] Kubis, IZ bei Persönlichkeits- und Immaterialgüterrechtsverletzungen, S. 107 f.; Lorenz, IPRax 1993, 44 (46).

[676] Tebbens, Die besonderen Zuständigkeiten bei Streitigkeiten aus unerlaubter Handlung und aus dem Betrieb einer Sekundärniederlassung, in: Gerichtshof der Europäischen Gemeinschaft, Internationale Zuständigkeit und Urteilsanerkennung in Europa, 1993, S. 77 (77).

rechtsvergleichenden Betrachtung des materiellen Begriffs der unerlaubten Handlung zu orientieren.

Hierfür eignen sich die von der Forschungsgruppe „European Group on Tort Law“ (so genannte Tilburg Gruppe) entwickelten „Principles of European Tort Law“, die auf Länderberichten und rechtsvergleichenden Reporten beruhen[677]. Eine Definition des Begriffs der unerlaubten Handlung auf der Ebene der Mitgliedsstaaten lässt sich den Grundsätzen allerdings nicht entnehmen. Es kann daher nicht durch die bloße Subsumtion unter bestimmte Merkmale festgestellt werden, ob der Anspruch aus Eingriffskondiktion dem materiellen Begriff der unerlaubten Handlung im Sinne der Mitgliedsstaaten zugeordnet würde.

Betrachtet man allerdings den Anspruch aus Eingriffskondiktion und die Grundsätze der deliktischen Haftung der Tilburg Gruppe, so kann man eine materielle Verwandtschaft zwischen diesen erkennen. Der im Rahmen der Eingriffskondiktion erforderliche Eingriff in den Rechtskreis eines anderen entspricht einer Verletzung eines geschützten Interesses. Diese ist nach den Grundsätzen der Tilburg Gruppe Grundlage der deliktischen Haftung[678]. Ein weiteres verwandtes Merkmal ist der Ausgleichsgedanke der Ansprüche. Im Rahmen des Bereicherungsanspruchs soll der von der Rechtsordnung missbilligte Vermögenszustand ausgeglichen werden. Dies kommt der Schadenswiedergutmachung aus dem Deliktsrecht sehr nahe, dessen Grundgedanke sich deutlich in den Tilburg-Grundsätzen wiederfindet[679]. Ferner ist es unschädlich, dass es sich bei dem Bereicherungsanspruch um einen verschuldensunabhängigen Anspruch handelt. Die Grundsätze der Tilburg Gruppe schließen die verschuldensunabhängige Gefährdungshaftung[680] in das Deliktsrecht mit ein. Dies zeigt, dass nach den Tilburg-Grundsätzen das Verschulden keine allgemeines Merkmal des europäischen Deliktsrechts ist[681]. Schließlich entsteht der Anspruch aus Eingriffskondiktion nicht aus der Verletzung eines Vertrages oder einer Sonderrechtsbeziehung, da das Näheverhältnis zwischen Verletzer und Verletztem erst durch den Eingriff entsteht.

Die dargelegte materielle Verwandtschaft der Ansprüche spricht für eine zumindest quasi-deliktische Qualifikation des Anspruchs aus Eingriffskondiktion.

---

677 Die „Principles of European Tort Law“ sind abrufbar unter der Homepage der Tilburg Gruppe (http://civil.udg.es/tort/ Stand: 28.03.2007).

678 Siehe hierzu auch Title II, Chapter 2, Art. 2 (Recoverable Damage) der „Principles of European Tort Law“, die eine materielle oder immaterielle Verletzung eines rechtlich geschützten Interesses verlangen.

679 Vgl. Title I, Chapter 1, Art. 1:101 und Chapter 2 sowie Title VI der „Principles of European Tort Law“.

680 Vgl. Title III, Chapter 5 (Strict Liability) der „Principles of European Tort Law“.

681 Ferner kann hinsichtlich der Grundsätze zusammenfassend gesagt werden, dass sie auf dem Gedanken der Verantwortlichkeit für den entstandenen Schaden und der Schadenswiedergutmachung aufbauen.

Zugunsten einer Subsumierung des Anspruchs aus Eingriffskondiktion unter den Begriff der unerlaubten Handlung i.S.d. Art. 5 Nr. 3 EuGVO kann neben der materiellen Verwandtschaft des Weiteren angeführt werden, dass die Rechtsordnungen der Mitgliedsstaaten den Begriff der „unerlaubten Handlung" für die Zuständigkeitsfrage weit verstehen[682]. Für eine weite Auslegung im europäischen Zivilprozessrecht spricht insbesondere die Konfrontation mit den verschiedenartigen deliktischen und deliktsähnlichen Ansprüchen der Mitgliedsstaaten. Bei einer engen Auslegung und damit verschiedenartigen Anknüpfung trotz vielfältiger Überschneidungen der materiellrechtlichen Anspruchsmerkmale stiege die Gefahr der Wertungswidersprüche.

b) Grammatikalische Auslegung

Dem Wortlaut des Art. 5 Nr. 3 EuGVO ist ein weiter Anwendungsbereich des Gerichtsstandes zu entnehmen. Die Erwähnung der Handlungen, die einer unerlaubten Handlung gleichgestellt sind, bezieht die Quasidelikte ausdrücklich in den Anwendungsbereich ein[683]. Damit werden alle Eingriffe in subjektive Rechte, rechtliche Interessen und Vermögenspositionen erfasst, ohne dass es auf ein Verschulden[684] oder einen Schaden[685] ankommt. Die Grenze bilden die vertraglichen Beziehungen[686].

Für die Qualifikation als quasi-deliktisch, die maßgeblich auf den Eingriff abstellt, ist es unerheblich, ob ein Vermögensvorteil des Anspruchsgegners abgeschöpft oder ein Vermögensnachteil des Opfers ersetzt werden soll. Schließlich muss auch im Bereicherungsrecht die Bereicherung „auf Kosten" des Anspruchstellers erfolgen und daher dem Vermögensvorteil des Bereicherten unmittelbar ein Vermögensnachteil des Entreicherten gegenüberstehen[687].

---

[682] Zum weiten Verständnis im Rahmen der Rechtsordnungen der Mitgliedstaaten: Hohloch, ZUM 1986, 165 (170); Stadler, JZ 1994, 642 (647); Geimer/Schütze, Internationale Urteilsanerkennung, Bd. I, 1. Halbband., § 84 III 1, S. 615.

[683] Die verschiedenen sprachlichen Fassungen des Begriffs „unerlaubte Handlung oder ihr gleichgestellte Handlung" sprechen meist von Quasidelikten. Französische Fassung: „en matière délictuelle ou quasi-délictuelle". Englische Fassung : „in matters relating to tort, delict or quasi-delict". Spanische Fassung: „en material delictual o cuasidelictual". Italienische Fassung: „in material di delitti o quasi-delitti".

[684] Geimer/Schütze, Internationale Urteilsanerkennung, Bd. I, 1. Halbband, § 84, III, S. 615.

[685] Lundstedt, GRURInt. 2001, 103 (109), die ihre Meinung u.a. auf die Shevill-Entscheidung stützt und das Schadenserfordernis in Art. 5 Nr. 3 EuGVÜ im Sinne einer Verletzung versteht. Zur Auslegung der Shevill-Entscheidung hinsichtlich eines Verzichtes auf das Schadenserfordernis siehe oben 5. Teil, B, I.

[686] Geimer/Schütze, Internationale Urteilsanerkennung, Bd. I, 1. Halbband, § 84, III, S. 615.

[687] Palandt-Sprau, § 812 Rn. 31.

Die weite Formulierung des Art. 5 Nr. 3 EuGVO ordnet den bereicherungsrechtlichen Eingriff als Quasidelikt dem Anwendungsbereich des Deliktsgerichtsstandes zu.

c) *Systematische Auslegung*

Die systematische Betrachtung des Art. 5 Nr. 3 EuGVO gibt keine Auslegungshilfe.

Eine konstant streng restriktive Anwendung der besonderen Zuständigkeit des Art. 5 Nr. 3 EuGVO zugunsten des allgemeinen Gerichtsstandes könnte einer Einbeziehung des Anspruchs aus Eingriffskondiktion möglicherweise entgegenstehen. Sie lässt sich aber weder der Wortwahl, der Systematik, der Entstehungsgeschichte noch den Zielen der Verordnung entnehmen[688].

Der EuGH weist kein einheitliches Entscheidungsbild hinsichtlich der systematischen Auslegung der besonderen Zuständigkeiten auf[689]. Einerseits äußerte sich der Gerichtshof, dass die in Art. 5 und 6 EuGVÜ aufgezählten „besonderen Zuständigkeiten“ einschränkend auszulegen seien, da sie Ausnahmen vom Grundsatz der Zuständigkeit der Gerichte am Wohnsitz des Beklagten (Art. 2 EuGVÜ) darstellten[690], andererseits befürwortete der EuGH eine weite Auslegung des Deliktsgerichtsstandes[691].

Die Entscheidung des EuGH zugunsten einer einschränkenden Auslegung ist vor dem Hintergrund zu werten, dass der Gerichtshof sich hinsichtlich einer Annexzuständigkeit kraft Sachzusammenhangs für nicht-deliktische Klageansprüche zu äußern hatte. Die Vertrags- bzw. Deliktsnatur der Klageansprüche stand für den Gerichtshof nicht mehr in Frage[692]. Die ablehnende Stellungnahme des Gerichtshofs bezieht sich folglich auf die Frage der Einbeziehung eindeutig nicht-deliktischer Ansprüche, hier insbesondere vertraglicher Ansprüche, unter

---

[688] Eingehend hierzu Schwarz, Der Gerichtsstand der unerlaubten Handlung, S. 4 ff.

[689] Huber, ZEuP 1996, 295 (306); Schultsz schließt hieraus, das der Unterschied zwischen der allgemeinen und der besonderen Zuständigkeit bei der Auslegung des Art. 5 Nr. 3 EuGVO in der Rechtsprechung keine bedeutende Rolle gespielt habe (Schultsz, Die besonderen Zuständigkeiten bei Streitigkeiten aus unerlaubter Handlung und aus dem Betrieb einer Sekundärniederlassung Gerichtshof der Europäischen Gemeinschaft, Internationale Zuständigkeit und Urteilsanerkennung in Europa, 1993, S. 89 (89 f.)).

[690] EuGH, Urteil v. 27.09.1988, Rs. 189/87 (Kalfelis./.Schröder), NJW 1988, 3088 (3089, Tz. 19).

[691] EuGH, Urteil v. 30.11.1976, Rs. 21/76 (Bier./.Mines des Potasse), NJW 1977, 493 (493); EuGH, Urteil v. 22.03.1983, Rs. 34/82 (Peters./.Zuid Nederlandse), IPRax 1984, 85 (87) insbesondere mit dem Hinweis auf die Berücksichtigung der Wirksamkeit des Übereinkommens.

[692] Tebbens, Die besonderen Zuständigkeiten bei Streitigkeiten aus unerlaubter Handlung und aus dem Betrieb einer Sekundärniederlassung, in: Gerichtshof der Europäischen Gemeinschaft, Internationale Zuständigkeit und Urteilsanerkennung in Europa, 1993, S. 77 (79).

dem Gesichtspunkt des bloßen Sachzusammenhangs[693]. Ausgeschlossen werden sollte damit nicht die Qualifizierung bestimmter Ansprüche als deliktisch oder quasi-deliktisch aufgrund ihrer materiellen Nähe und ihrer vergleichbaren zuständigkeitsrechtlichen Interessenlage. Vielmehr deutet die vom EuGH in dem gleichen Urteil entwickelte Formel zur unerlaubten Handlung[694] auf das Gegenteil einer einschränkenden Auslegung hin[695]. Der Entscheidung des Gerichtshofs ist daher keine aus systematischen Gründen streng restriktive Auslegung des Art. 5 Nr. 3 EuGVO zu entnehmen[696]. Die Berufung auf ein Regel-Ausnahme-Verhältnis zur Auslegung des Art. 5 Nr. 3 EuGVO kann nicht als geeignetes Auslegungskriterium dienen[697].

Ebenso wenig ist der systematischen Betrachtung des Verhältnisses von Art. 5 Nr. 3 EuGVO zu Art. 5 Nr. 1 EuGVO eine Auslegungsregel zu entnehmen. Ansprüche, die nicht in den Anwendungsbereich des Art. 5 Nr. 1 EuGVO fallen, sind dadurch nicht automatisch dem Deliktsgerichtsstand zuzuordnen[698]. Zudem ist auch der Begriff des „Vertrages“ i.S.v. Art. 5 Nr. 1 EuGVO bisher nur vage umrissen[699]. Der Anwendungsbereich des Art. 5 Nr. 3 EuGVO lässt sich demnach nicht lediglich in Abgrenzung zum Anwendungsbereich des Art. 5 Nr. 1 EuGVO bestimmen.

In eine andere Richtung geht allerdings die neuste Entscheidung des EuGH zur vorvertraglichen Haftung. Hierin stellt der EuGH fest, dass es sich bei der Haftung wegen Nichtzustandekommen des Vertrages nicht um eine Haftung vertraglicher Natur handelt, da es an einer freiwillig eingegangenen Verpflichtung fehle und die Haftung aus einem Verstoß gegen die Vorschriften von Treu

---

693 Für eine solche sprechen sich aus: Gottwald, IPRax 1989, 272 (273 f.); Geimer, IPRax 1986, 80 (81); Mansel, IPRax 1989, 84 (85).

694 „alle Klagen, mit denen eine Schadenshaftung des Beklagten geltend gemacht wird und die nicht an einen Vertrag' i.S.d. Art. 5 Nr. 1 EuGVÜ anknüpfen“ (EuGH, Urteil v. 27.09.1988, Rs. 189/87 (Kalfelis./.Schröder), NJW 1988, 3088 (3089).

695 So auch Schultsz, Die besonderen Zuständigkeiten bei Streitigkeiten aus unerlaubter Handlung und aus dem Betrieb einer Sekundärniederlassung, in: Gerichtshof der Europäischen Gemeinschaft, Internationale Zuständigkeit und Urteilsanerkennung in Europa, 1993, S. 89 (90).

696 Schwarz, Der Gerichtsstand der unerlaubten Handlung, S. 14, bemängelt, dass der EuGH weder eine überzeugende Begründung für eine eingeschränkte Auslegung liefert, noch seine Vorgehensweise Halt im Übereinkommen findet.

697 Im Ergebnis so auch Kropholler, EuZPR, Vor Art. 5 Rn. 2; Wieczorek/Schütze-Hausmann, Art. 5 EuGVÜ Rn. 2.

698 Pocar, Die besonderen Zuständigkeiten bei Streitigkeiten aus unerlaubter Handlung und aus dem Betrieb einer Sekundärniederlassung, in: Gerichtshof der Europäischen Gemeinschaft, Internationale Zuständigkeit und Urteilsanerkennung in Europa, 1993, S. 99 (100 f.).

699 Tebbens, Die besonderen Zuständigkeiten bei Streitigkeiten aus unerlaubter Handlung und aus dem Betrieb einer Sekundärniederlassung, in: Gerichtshof der Europäischen Gemeinschaft, Internationale Zuständigkeit und Urteilsanerkennung in Europa, 1993, S. 77 (79).

und Glauben folge. Aus dieser Feststellung schließt der EuGH, dass der Gerichtsstand des Art. 5 Nr. 3 EuGVÜ gegeben sei[700]. Der Gerichtshof folgt hiermit der schriftlichen Erklärung der Kommission der Europäischen Gemeinschaften in diesem Verfahren. Die Kommission hatte ausgeführt, dass sich unter Zugrundelegung der Rechtsprechung des Gerichtshofs der allgemeine Grundsatz aufstellen ließe, dass für alle vom Brüsseler Übereinkommen erfassten Klagen, mit denen die Haftung des Beklagten festgestellt werden solle, jedenfalls einer der beiden besonderen Gerichtsstände des Art. 5 Nr. 1 und Nr. 3 des Brüsseler Übereinkommens gegeben sei[701].

Dieser Ansicht des EuGH und der Kommission ist jedoch nicht zu folgen. Die besonderen Gerichtsstände des Art. 5 EuGVO stellen eine Ausnahme vom Grundsatz der Zuständigkeit der Gerichte des Wohnsitzstaates des Beklagten dar[702]. Aus diesem Grund ist nur in den dort vorgesehenen Fällen und nicht in allen Fällen, die eine Haftung des Beklagten zum Gegenstand haben, eine Abweichung vom allgemeinen Gerichtsstand anzuerkennen[703]. Der Umkehrschluss, dass alle Ansprüche, die nicht vertraglicher Natur sind, in den Gerichtsstand der unerlaubten Handlung fallen, ohne dass die Rechtsnatur der unerlaubten Handlung festgestellt werden müsste, geht mithin zu weit. Er widerspricht zudem dem Wortlaut des Art. 5 Nr. 3 EuGVO, der den Begriff der unerlaubten Handlung ausdrücklich als Abgrenzungskriterium des Anwendungsbereichs nennt[704] statt in Abgrenzung zu Art. 5 Nr. 1 EuGVO formuliert zu sein.

d) Teleologische Auslegung

Mangels Eindeutigkeit der rechtsvergleichenden und systematischen Auslegung ist im Rahmen der Auslegung entscheidend, ob sich der Anspruch aus Eingriffskondiktion an der Zielsetzung des Deliktsgerichtsstands und der Verordnung bzw. des Übereinkommens messen lässt.

Nach Aussage des EuGH ist der Grund für die besondere Zuständigkeit des Art. 5 Nr. 3 EuGVO darin zu sehen, „dass in bestimmten Fallgestaltungen eine besonders enge Beziehung zwischen einer Streitigkeit und dem zur Entschei-

---

[700] EuGH, Urteil v. 17.09.2002, Rs. C-334/00 (Tacconi./.HWS), Slg. 2002, I-07325, Rn. 23 bis 27.

[701] EuGH, Urteil v. 17.09.2002, Rs. C-334/00 (Tacconi./.HWS), Slg. 2002, I-07325, Rn. 14.

[702] EuGH, Urteil v. 27.09.1988, Rs. 189/87 (Kalfelis./.Schröder), NJW 1988, 3088 (3089, Tz. 19).

[703] EuGH, Urteil v. 11.01.1990, Rs. C-220/88 (Dumez France./.Hessische Landesbank), NJW 1991, 631 (632, Tz. 17).

[704] EuGH, Urteil v. 27.09.1988, Rs. 189/87 (Kalfelis./.Schröder), NJW 1988, 3088 (3089, Tz. 15).

dung über sie berufenen Gericht besteht“[705]. Die Deliktszuständigkeit, oder auch Lex-loci-delicti-Regel genannt, ist demnach im Interesse einer sachgerechten Prozessführung in das Übereinkommen aufgenommen worden und soll die größtmögliche Sach- und Beweisnähe des Gerichts gewährleisten.

Die Bedeutung der Sach- und Beweisnähe beim Anspruch aus Eingriffskondition wurde im Rahmen der Ausführungen zu § 32 ZPO dargelegt[706]. Diese bedingt die enge Verknüpfung des Anspruchs zum Tatortgerichtsstand. Im Gegensatz zu Verletzungsereignissen im Rahmen einer bestehenden Verbindung führt bei bereicherungsrechtlichen Eingriffen erst das Ereignis des Eingriffs die Parteien zufällig zusammen. Durch die beziehungsbegründende Funktion des Eingriffs und damit seine konstitutive Bedeutung für den Sachverhalt erhält der Eingriff eine gesteigerte prozessrechtliche Bedeutung, aus der sich das Bedürfnis der Nähe des Gerichtsstands zum Ereignis ergibt.

Ferner ist aus der weiten Auslegung des EuGH zugunsten einer zur Wahl des Klägers stehenden Zuständigkeit sowohl am Handlungs- als auch am Erfolgsort zu schließen, dass der EuGH auch den Schutz der verletzten Partei als Regelungszweck im Auge hatte. Entsprechend den Ausführungen zu § 32 ZPO kann dem Wahlrecht des Klägers im Rahmen des Art. 5 Nr. 3 EuGVO folglich entnommen werden, dass dem Kläger ein prozessualer Vorteil gewährt werden soll[707]. Dem unvorhersehbar Betroffenen soll eine zumutbare Möglichkeit der Rechtsverfolgung gegeben werden[708].

Das Bedürfnis nach einer prozessualen Besserstellung des Beklagten ist im Rahmen der Eingriffskondiktion in gleichem Maße gegeben wie bei deliktischen Ansprüchen. Wie im Rahmen der Diskussion zu § 32 ZPO ausgeführt wurde[709], sind die materiellen Merkmale, die das Bedürfnis nach einer Privilegierung des Verletzten bedingen, sowie die Unvorhersehbarkeit der Verletzung ebenso im Anspruch aus Eingriffskondiktion enthalten. Die Zielsetzung der Regelung des Art. 5 Nr. 3 EuGVO spricht folglich für eine Einordnung des Anspruchs aus Eingriffskondiktion unter den Begriff der unerlaubten Handlung bzw. einer dieser gleichgestellten Handlung i.S.d. Art. 5 Nr. 3 EuGVO.

Ebenso ist im Hinblick auf die allgemeinen Ziele der EuGVO eine Einordnung des Anspruchs aus Eingriffskondiktion unter den Deliktsgerichtsstand zu

---

[705] EuGH, Urteil v. 30.11.1976, Rs. 21/76 (Bier./.Mines des Potasse), NJW 1977, 493 (493); EuGH, Urteil v. 07.03.1995, Rs. 68/93 (Shevill./.Press Alliance), NJW 1995, 1881 (1882); Schlussantrag des Generalanwalts Darmon in der Rechtssache C-68/93 (Shevill./.Press Alliance), Slg. 1995, I-420, Rz. 17 ff.; Schlussantrag des Generalanwalts Léger in der Rechtssache C-68/93 (Shevill./.Press Alliance), Slg. 1995, I-441, Rz. 7 und I-446, Rz. 29; MüKo-Gottwald, ZPO, Art. 5 EuGVÜ Rn. 34 f.; G. Wagner, RabelsZ 62 (1998), 243 (263).

[706] Siehe oben 5. Teil, A, II, 1), b), aa), (2).

[707] Schack, IZVR, Rn. 222.

[708] Koch, IPRax 2000, 186 (187).

[709] Siehe oben 5. Teil, A, II, 1), b), bb), (2).

befürworten. Im Rahmen von Persönlichkeitsrechtsverletzungen kann ein deliktischer Eingriff sowohl bereicherungsrechtliche als auch deliktische Ansprüche auslösen. Kann der Anspruch aus Eingriffskondiktion am Deliktsgerichtsstand geltend gemacht werden, so dient dies durch die Vermeidung von Doppelprozessen dem effektiven Rechtsschutz, der Prozessökonomie sowie der Rechtssicherheit und damit den Zielen der EuGVO[710]. Der EuGH hat für eine weite Auslegung der besonderen Zuständigkeiten angeführt, dass zur Förderung der Rechtssicherheit und des effektiven Rechtsschutzes im gesamten Gebiet der Gemeinschaft eine Häufung von Zuständigkeiten für gleichartige Streitigkeiten zu vermeiden und die Bestimmungen daher so auszulegen seien, dass das angerufene Gericht bei engem Zusammenhang der Ansprüche umfassend entscheiden könne[711].

Dem möglichen Einwand, ein weites Verständnis des Deliktsgerichtsstandes zugunsten der Rechtssicherheit und des effektiven Rechtsschutzes stelle die Beklagteninteressen zu stark zurück und widerspräche so der actor-sequitor-Forum-rei-Regel, kann Art. 6 EuGVO entgegengehalten werden. Art. 6 EuGVO[712] ist zu entnehmen, dass im Zweifel das Verfahrensinteresse an einer einheitlichen Entscheidung zusammengehörender Lebenssachverhalte hinter die Zuständigkeitsinteressen des Beklagten zurücktritt[713]. Weiterhin würde der Beklagte durch zwei aufeinanderfolgende Prozesse stärker belastet, als wenn er sich nur einmal umfassend in einem Prozess verteidigen müsste. Effektiver Rechtsschutz und Rechtssicherheit sprechen folglich für eine Einbeziehung des Anspruchs aus Eingriffskondiktion.

Der Zielsetzung des Deliktsgerichtsstands und des europäischen zivilprozessualen Regelungswerkes insgesamt entspricht es, die gerichtliche Geltendmachung des Anspruchs aus Eingriffskondiktion dem Deliktsgerichtsstand zuzuordnen.

---

[710] Reichelt, Europäisches Kollisionsrecht, S. 25. Zur Rechtssicherheit als Zweck der EuGVO siehe Kropholler, EuZPR, Einl. Rn. 46.

[711] EuGH, Urteil v. 22.03.1983, Rs. 34/82 (Peters./.Zuid Nederlandse), IPRax 1984, 85 (87).

[712] Art. 6 EuGVO: „Eine Person, die ihren Wohnsitz im Hoheitsgebiet eines Mitgliedstaats hat, kann auch verklagt werden: 1. wenn mehrere Personen zusammen verklagt werden, vor dem Gericht des Ortes, an dem einer der Beklagten seinen Wohnsitz hat, sofern zwischen den Klagen eine so enge Beziehung gegeben ist, dass eine gemeinsame Verhandlung und Entscheidung geboten erscheint, um zu vermeiden, dass in getrennten Verfahren widersprechende Entscheidungen ergehen könnten; 2. wenn es sich um eine Klage auf Gewährleistung oder um eine Interventionsklage handelt, vor dem Gericht des Hauptprozesses, es sei denn, dass die Klage nur erhoben worden ist, um diese Person dem für sie zuständigen Gericht zu entziehen; 3. wenn es sich um eine Widerklage handelt, die auf denselben Vertrag oder Sachverhalt wie die Klage selbst gestützt wird, vor dem Gericht, bei dem die Klage selbst anhängig ist; 4. wenn...“

[713] Mansel, IPRax 1989, 84 (86); Geimer, IPRax 1986, 80 (82).

e) Ergebnis zum Bereicherungsanspruch

Aufgrund der materiellrechtlichen Verwandtschaft der Ansprüche, des weiten Wortlauts des Art. 5 Nr. 3 EuGVO und der vergleichbaren zuständigkeitsrechtlichen Interessenlage steht der Gerichtstand des Art. 5 Nr. 3 EuGVO für Ansprüche aus Eingriffskondiktion offen.

2) Gegendarstellungsanspruch

Im Gegensatz zum Meinungsbild bei § 32 ZPO subsumiert die überwiegende Meinung in der Literatur den Anspruch auf Gegendarstellung unter den Begriff der „unerlaubten Handlung“ im Sinne von Art. 5 Nr. 3 EuGVO[714].

a) Materiellrechtliche Betrachtung

Für die Anwendbarkeit des Art. 5 Nr. 3 EuGVO auf den Gegendarstellungsanspruch spricht die materiellrechtliche Nähe des Gegendarstellungsanspruchs zu den deliktischen Persönlichkeitsschutzansprüchen. Der Gegendarstellungsanspruch ist zugunsten eines effektiven Persönlichkeitsschutzes im Vorfeld der Unterlassungs-, Widerrufs- und Schadensersatzansprüche zu finden und bildet gemeinsam mit diesen ein in den Voraussetzungen und Wirkungen abgestuftes Rechtsschutzinstrumentarium[715]. Er ist damit dem deliktischen Persönlichkeitsschutz im weiteren Sinne zuzurechnen und daher materiellrechtlich zumindest quasi-deliktisch zu qualifizieren[716].

b) Rechtsvergleichende Auslegung

Auch der nach rechtsvergleichender Betrachtung weite Deliktsbegriff der Mitgliedsstaaten im Sinne des Zuständigkeitsrechts gebietet es, den funktionell vergleichbaren Gegendarstellungsanspruch als deliktisch i.S.d. Art. 5 Nr. 3 EuGVO zu werten.

---

[714] Hohloch, ZUM 1986, 165 (175); Stadler, JZ 1994, 642 (647); MüKo-Gottwald, ZPO, Art. 5 EuGVÜ Rn. 37; Lütcke, Persönlichkeitsrechtsverletzungen im Internet, S. 147; Wagner, IPR bei Persönlichkeitsrechtsverletzungen, S. 53; Thümmel/Schütze, JZ 1977, 786 (787); Coester-Waltjen, Internationale Zuständigkeit bei Persönlichkeitsrechtsverletzungen, in: Festschrift für Schütze, S. 175 (176); Geimer/Schütze, EuZVR, Art. 5 Rn. 231; a. A. Kubis, IZ bei Persönlichkeits- und Immaterialgüterrechtsverletzungen, S. 116 ff.

[715] Hohloch, ZUM 1986, 165 (175).

[716] Siehe für eine ausführliche Darstellung 5. Teil, A, II, 2), a), bb).

c) *Grammatikalische Auslegung*

Bestärkt wird das weite Verständnis des Deliktsbegriffs im zuständigkeitsrechtlichen Sinne durch den weiten Wortlaut des Art. 5 Nr. 3 EuGVO, der Quasidelikte einschließt. Durch diesen werden alle Eingriffe in subjektive Rechte, rechtliche Interessen und Vermögenspositionen erfasst, ohne dass es auf ein Verschulden oder einen Schaden ankommt.

Die Verschuldens- und Schadensunabhängigkeit des Gegendarstellungsanspruchs steht der Charakterisierung als unerlaubte Handlung i.S.d. Art. 5 Nr. 3 EuGVO mithin nicht entgegen.

Zudem wird teilweise im Rahmen des Art. 5 Nr. 3 EuGVO auf die Rechtswidrigkeit des Handelns verzichtet[717]. Hinsichtlich des Gegendarstellungsanspruchs ist dieser Ansicht zu zustimmen.

Der Gegendarstellungsanspruch setzt zwar kein rechtwidriges Handeln voraus, dennoch bezweckt er die Abwehr rechtswidriger Eingriffe[718], denn er dient nicht der Gegenwehr offensichtlich richtiger Äußerungen oder solcher, in die eingewilligt wurde[719]. Zugunsten eines effektiven Persönlichkeitsschutzes wird der sonst im Rahmen der Rechtswidrigkeit erfolgte Ausgleich der grundrechtlich geschützten Güter vorweggenommen, indem im Gegenzug zur Verringerung des grundrechtlichen Eingriffs in die Rundfunk- und Pressefreiheit die Voraussetzungen des Anspruchs auf die „Betroffenheit" des Persönlichkeitsrechts reduziert werden. Die Betroffenheit bedingt zwar nicht notwendig eine rechtswidrige Verletzung des Persönlichkeitsrechts, die Berührung der durch das Persönlichkeitsrecht geschützten Individualsphäre macht eine Verletzung allerdings plausibel[720].

Aufgrund der Vorverlagerung der Rechtsgüterabwägung sowie der Zielrichtung des Gegendarstellungsanspruchs, das Persönlichkeitsrecht vor rechtswidrigen Eingriffen zu schützen, kann auf das Erfordernis der Rechtswidrigkeit des Handelns im Rahmen der Tatbestandvoraussetzungen verzichtet werden.

Da der Gegendarstellungsanspruch Eingriffe außerhalb von Sonderrechtsbeziehungen betrifft ist auch die Grenze zu den Ansprüchen aus vertraglichen Beziehungen gewahrt.

---

[717] Ein Beispiel für eine Haftung für rechtmäßiges Handeln, die unter Art. 5 Nr. 3 EuGVO fällt, bildet der Schadensersatz- oder Rückerstattungsanspruch wegen Vollstreckung von später aufgehobenen gerichtlichen Urteilen und Beschlüssen (Geimer/Schütze, Internationale Urteilsanerkennung, Bd. I, 1. Halbband, § 84 III, S. 615).

[718] Siehe oben 5. Teil, A, II, 2), a), bb).

[719] Siehe oben 5. Teil, A, II, 2), a), bb).

[720] Näher hierzu siehe oben 5. Teil, A, II, 2), a), bb).

d) Teleologische Auslegung

Die Einbeziehung des Anspruchs auf Gegendarstellung in den Gerichtsstand des Art. 5 Nr. 3 EuGVO müsste zudem der besonderen Zielsetzung des Deliktsgerichtsstandes und den allgemeinen Zielen der Verordnung bzw. des Übereinkommens entsprechen.

Die Grundlage des besonderen Gerichtsstandes des Art. 5 Nr. 3 EuGVO ist die besonders enge Beziehung zwischen der Streitigkeit und dem zur Entscheidung berufenen Gericht[721]. Diese ergibt sich im Rahmen des Gegendarstellungsanspruchs aus der beziehungsbegründenden Funktion der Betroffenheit des Persönlichkeitsrechts. Mangels anderweitiger Verbindungen besteht ein gesteigertes Bedürfnis nach Nähe des Gerichtsstandes zu dem Ort, an dem das den Gegendarstellungsanspruch auslösende Ereignisses stattgefunden hat. Sach- und Beweisnähe begünstigen zudem die vom Gegendarstellungsanspruch bezweckte zeitnahe Anspruchsdurchsetzung.

Auch der Regelungszweck des Art. 5 Nr. 3 EuGVO, den Betroffenen zu schützen[722], findet im Rahmen des Gegendarstellungsanspruchs seine Rechtfertigung. Dem unvorhersehbar in seinem Persönlichkeitsrecht Betroffenen darf durch den Verweis auf den möglicherweise weit entfernten allgemeinen Gerichtsstand die Rechtsverfolgung nicht unzumutbar erschwert werden. Die vom Gegendarstellungsanspruch beabsichtigte schnelle und effektive Gegenwehr erfordert einen für den Betroffenen hinsichtlich Entfernung, Sprache und Organisationsaufwand tragbaren Gerichtsstand.

Im Rahmen des Gegendarstellungsanspruchs kann folglich ein der Zielsetzung des Deliktsgerichtsstands entsprechendes Bedürfnis nach einer prozessualen Besserstellung des Betroffenen und nach Sach- und Beweisnähe des Gerichtsstands festgestellt werden.

Die Eröffnung des Deliktsgerichtsstandes für den Anspruch auf Gegendarstellung ist ebenso im Hinblick auf die allgemeinen Ziele der Verordnung, effektiver Rechtsschutz, Prozessökonomie und Rechtssicherheit[723] geboten. Als vorgeschalteter Rechtsbehelf folgt diesem meist direkt die Geltendmachung der deliktischen Persönlichkeitsschutzansprüche. Den Ansprüchen liegt der gleiche Entstehungsgrund zugrunde. Sie sind hierdurch materiellrechtlich eng verbunden. Eine zuständigkeitsrechtliche Trennung der Ansprüche würde die Gefahr der widersprechenden Entscheidungen in sich bergen und widerspräche dadurch sowohl der Prozessökonomie, dem effektiven Rechtsschutz als auch der Rechtssicherheit.

---

[721] EuGH, Urteil v. 30.11.1976, Rs. 21/76 (Bier./.Mines des Potasse), NJW 1977, 493 (493).
[722] Koch, IPRax 2000, 186 (187).
[723] Siehe oben 5. Teil, B, II, 1), d).

e) Ergebnis zum Gegendarstellungsanspruch

Der weite Deliktsbegriff im Zuständigkeitsrecht, der sowohl den Rechtsordnungen der Mitgliedsstaaten als auch dem Wortlaut des Art. 5 Nr. 3 EuGVO zu entnehmen ist, die materiellrechtliche Nähe des Gegendarstellungsanspruchs zu den deliktischen Persönlichkeitsschutzansprüchen sowie die der Zielsetzung des Art. 5 Nr. 3 EuGVO entsprechende zivilprozessuale Interessenlage bewirken, dass die Zuständigkeitsregelung des Art. 5 Nr. 3 EuGVO für die gerichtliche Durchsetzung des Gegendarstellungsanspruchs anwendbar ist.

3) Unterlassungs- und Widerrufsansprüche

Der EuGH hat sich in seinen Entscheidungen bisher lediglich mit der internationalen Zuständigkeit für Schadensersatzklagen befasst[724]. Nach einheitlicher Meinung steht der Gerichtsstand des Art. 5 Nr. 3 EuGVO jedoch auch für Unterlassungs- und Widerrufs- bzw. Richtigstellungsansprüche zur Verfügung[725]. Die Ansprüche dienen der Vermeidung und Beseitigung der unerlaubten Handlung und stellen daher als „Minus" zum Schadensersatzanspruch eine Form der Schadensersatzhaftung dar.

Die Unsicherheit, ob auch vorbeugende Unterlassungsklagen von Art. 5 Nr. 3 EuGVO erfasst werden, wurde durch die Ergänzung der Vorschrift des Art. 5 Nr. 3 EuGVO um die Worte „oder einzutreten droht" im Zuge der Umwandlung in die EuGVO beseitigt[726].

Zuvor schien die reine Vergangenheitsform des Wortlautes von Art. 5 Nr. 3 EuGVÜ („an dem das schädigende Ereignis eingetreten ist") die Geltendmachung der vorbeugenden Unterlassungsklage auszuschließen[727]. Doch bereits vor der Wortlautergänzung wurde eine Ausgrenzung der vorbeugenden Unterlassungsklagen aus dem Anwendungsbereich des Art. 5 Nr. 3 EuGVÜ als nicht

---

[724] Mit Beschluss vom 17.03.1994 (I ZR 304/91, Kennwort „Beta") hat der BGH dem EuGH die Frage zur Vorabentscheidung vorgelegt, ob der Gerichtsstand der unerlaubten Handlung des Art. 5 Nr. 3 EuGVÜ auch für vorbeugende Unterlassungsklagen gilt (RIW 1994, 678 ff.). Der EuGH hat hierzu keine Stellung genommen, da sich der Vorlagebeschluss aufgrund einer Klagerücknahme erledigt hat.

[725] MüKo-Gottwald, ZPO, Art. 5 EuGVÜ Rn. 37; Schlosser, EuZPR, Art. 5 Rn. 16 (zum Unterlassunganspruch); Kropholler, EuZPR, Art. 5 Rn. 72; Behr, GRURInt. 92, 604 (607); Schlosser-Bericht zum EuGVÜ, ABl. EG 1979, Nr. C 59, 71 (111, Rn. 134), vom 05.03.1979; Wieczorek/Schütze-Hausmann, Art. 5 EuGVÜ Rn. 51 (zum Unterlassungsanspruch); Geimer/Schütze, EuZVR, Art. 5 Rn. 174 (zum Unterlassungsanspruch); a.A. OLG Bremen RIW 92, 231 (233).

[726] Micklitz/Rott, EuZW 2001, 325 (329); Kropholler, EuZPR, Rn. 76.

[727] Wieczorek/Schütze-Hausmann, Art. 5 EuGVÜ Rn. 54.

sachgerecht und nicht gewollt empfunden[728]. Es entspräche den praktischen Bedürfnissen, präventive Klagen, die der Vermeidung unerlaubter Handlungen dienten, am Gerichtsstand des Art. 5 Nr. 3 EuGVÜ zuzulassen[729].

Diese Ansicht, vorbeugende Unterlassungsklagen in den Anwendungsbereich des Deliktsgerichtsstands einzubeziehen, ist zu bekräftigen, denn auch Sinn und Zweck des Art. 5 Nr. 3 EuGVÜ legen eine Einbeziehung der vorbeugenden Unterlassungsklage nahe. Die im Rahmen des Art. 5 Nr. 3 EuGVÜ erforderliche räumliche Beziehung eines Rechtsverhältnisses zum Gerichtsstand kann ebenso durch eine drohende Handlung hergestellt werden[730]. Das Gericht am Tatort weist hinsichtlich der in seinem Umkreis stattfindenden relevanten Vorbereitungshandlung die erforderliche Sach- und Beweisnähe auf, welche die besonders enge Beziehung begründet.

Mit ähnlicher Argumentation hat der EuGH[731] inzwischen eine Auslegung des Art. 5 Nr. 3 EuGVÜ zugunsten der Einbeziehung der vorbeugenden Klage bestätigt. Auf eine Vorlagefrage des Obersten Gerichtshofs Österreichs[732] hat der Gerichtshof festgestellt, dass die Anwendbarkeit des Art. 5 Nr. 3 EuGVÜ nicht vom tatsächlichen Vorliegen eines Schadens abhänge. Die Überlegungen der Sach- und Beweisnähe gelten unabhängig davon, ob Ersatz für einen bereits eingetretenen Schaden gesucht würde, oder ob die Klage zur Verhinderung des Schadenseintritts diene. Auch gebiete das Erfordernis der Kohärenz, für Art. 5 Nr. 3 EuGVÜ denselben Anwendungsbereich anzunehmen wie für Art. 5 Nr. 3

---

[728] MüKo-Gottwald, ZPO, Art. 5 EuGVÜ Rn. 40; Lange, WRP 2000, 940 (946); Zöller-Geimer, Anh. I Art. 5 Rn. 25; Wieczorek/Schütze-Hausmann, Art. 5 EuGVÜ Rn. 54; Wagner, IPRax 1998, 241 (243); Geimer/Schütze, Internationale Urteilsanerkennung, Bd. I, 1. Halbband, § 84, S. 622; Kropholler, EuZPR, Art. 5 Rn. 76 f.; kritisch Tebbens, Die besonderen Zuständigkeiten bei Streitigkeiten aus unerlaubter Handlung und aus dem Betrieb einer Sekundärniederlassung, in: Gerichtshof der Europäischen Gemeinschaft, Internationale Zuständigkeit und Urteilsanerkennung in Europa, 1993, S. 77 (80).

[729] Kropholler, EuZPR, 6. Aufl., Art. 5 Rn. 59; Laut BGH sei dem Gemeinschaftsrecht eine Anwendung des Art. 5 Nr. 3 EuGVÜ auf vorbeugende Unterlassungshandlungen zudem nicht fremd, da auch die Gemeinschafts(-Patent und -Marken)gerichte für drohende Verletzungshandlungen angerufen werden können (BGH RIW 1994, 678 (680)). Schlosser wies darauf hin, dass der Kläger schließlich über Art. 24 EuGVÜ und das nationale Zuständigkeitsrecht einstweiligen Rechtsschutz auch am Ort der drohenden unerlaubten Handlung beantragen könne (Schlosser-Bericht zum EuGVÜ, ABl. EG 1979, Nr. C 59, 71 (111, Rn. 134), vom 05.03.1979; dem zustimmend MüKo-Gottwald, ZPO, Art. 5 EuGVÜ Rn. 40).

[730] So bereits Siemssen, Eine Analyse der Anknüpfungen für die internationale Zuständigkeit im internationalen Zivilprozess, S. 23.

[731] EuGH, Urteil v. 01.10.2002, Rs. C-167/00 (Verein für Konsumenteninformation./.Henkel), Slg. 2002, I-08111, Rn. 46-49.

[732] Ein ähnlicher Vorlagebeschluss des BGH zum EuGH (BGH MDR 1995, 282 (282)) hat sich vorzeitig erledigt, so dass hierzu keine Stellungnahme des EuGH ergangen ist (Staudinger-Hoffmann, Vorbem. zu Art. 40 EGBGB Rn. 94).

EuGVO. Es gäbe keinen Grund die beiden Vorschriften unterschiedlich auszulegen. Dies gelte umso mehr, als die EuGVO das EuGVÜ ersetzen soll[733].

Aus diesen Gründen ist die vorbeugende Unterlassungsklage trotz des vergangenheitsbezogenen Wortlauts auch im Rahmen des EuGVÜ und des LugÜ am Deliktsgerichtsstand zulässig.

4) Klageart

Es ist umstritten, ob eine negative Feststellungsklage am Gerichtsstand des Art. 5 Nr. 3 EuGVO geltend gemacht werden kann.

Der niederländische Gerichtshof in Den Haag[734] sowie ein belgisches Berufungsgericht in Brüssel[735] lehnten die Zulässigkeit einer negativen Feststellungsklage am Gerichtsstand des Art. 5 Nr. 3 EuGVO ab. Es fehle an der erforderlichen engen Beziehung zwischen der Verletzungshandlung und dem Gericht. Da statt der Verantwortlichkeit die Nicht-Verantwortlichkeit des Gegners Gegenstand der Klage sei, falle diese nicht unter die durch die EuGH-Entscheidung in der Sache Kalfelis./.Schröder[736] gebotene restriktive Auslegung[737].

Im deutschen Schrifttum wird hingegen die Auffassung vertreten, dass die negative Feststellungsklage des angeblichen Schädigers am Gerichtsstand des Art. 5 Nr. 3 EuGVO zulässig sei[738]. Die erforderliche Sach- und Beweisnähe des Gerichts am Tatort sei auch bei der Feststellung des Nichtvorliegens einer unerlaubten Handlung gegeben[739].

Dieser Ansicht ist zuzustimmen. Gegenstand der Klage ist die unerlaubte Handlung, gleichgültig, ob ihr Vorliegen oder ihr Nichtvorliegen behauptet wird. Deutlich wird dies durch die Entscheidung des EuGH („Tatry“), in der festgestellt wurde, dass eine Klage auf Verurteilung zum Schadensersatz densel-

---

[733] Der EuGH führt zudem den Bericht von Schlosser zum EuGVÜ (ABl. EG 1979, C 59, 71 (111, Nr. 134), vom 05.03.1979), wonach Art. 5 Nr. 3 EuGVÜ auch für Klagen zur Unterbindung einer drohenden unerlaubten Handlung gelte, für eine Einbeziehung der vorbeugenden Klagen an.

[734] Urteil v. 27.09.1997 in der Sache Chiron Corp. ./. Evans Medical Ltd. (unreported), zitiert von Lange, WRP 2000, 940 (946).

[735] Sich anschließend: Hoeren, Rechtsfragen im Internet, Internetskript, § 9, I., 2., a).

[736] EuGH, Urteil v. Urteil v. 27.09.1988, Rs. 189/87 (Kalfelis./.Schröder), NJW 1988, 3088 ff.

[737] Urteil v. 27.09.1997 in der Sache Chiron Corp. ./. Evans Medical Ltd. (unreported), zitiert von Lange, WRP 2000, 940 (946).

[738] Coester-Waltjen, Internationale Zuständigkeit bei Persönlichkeitsrechtsverletzungen, in: Festschrift für Schütze, S. 175 (182); Wieczorek/Schütze-Hausmann, Art. 5 EuGVÜ Rn. 63; Lange, WRP 2000, 940 (946); Lundstedt, GRURInt. 2001, 103 (106 ff., 110 f.), die allerdings zur Vermeidung unbefriedigender Ergebnisse je nach Art des Sachverhalts eine differenzierte Auslegung des Art. 5 Nr. 3 EuGVÜ fordert.

[739] Lange, WRP 2000, 940 (946 f.).

ben Streitgegenstand aufweist, wie eine Klage auf Feststellung, dass die betreffende Partei nicht haftet[740]. Die unerlaubte Handlung bedingt die enge Beziehung des Falles zum Gerichtsstand. Diese Verknüpfung und damit die Eignung des Gerichts für die Gestaltung des Prozesses sowie dessen Nähe zu möglichen Beweisen entfällt nicht allein deswegen, weil die Klage in Form einer negativen Feststellungsklage erhoben wird. Eine stets restriktive Auslegung des Art. 5 Nr. 3 EuGVO ist, wie bereits dargelegt, nicht geboten[741].

5) Ergebnis

Nach autonomer Auslegung des Begriffs der „unerlaubten Handlung" i.S.v. Art. 5 Nr. 3 EuGVO fallen neben den Schadensersatzansprüchen gemäß §§ 823 ff. BGB alle übrigen Ansprüche aus Persönlichkeitsrechtsverletzungen, wie Bereicherungs-, Gegendarstellungs-, Unterlassungs- und Widerrufsansprüche, in den Anwendungsbereich des Art. 5 Nr. 3 EuGVO[742]. Zudem können diese auch in Form der negativen Feststellungsklage am Deliktsgerichtsstand geltend gemacht werden.

C. Umfang der gerichtlichen Prüfungspflicht hinsichtlich der Zuständigkeitsvoraussetzungen des Deliktsgerichtsstands

Der Begriff der „unerlaubten Handlung" ist Tatbestandsmerkmal des § 32 ZPO bzw. Art. 5 Nr. 3 EuGVO und zugleich Voraussetzung für den materiellrechtlichen Anspruch. Hieraus wird gefolgert, dass die Tatsachen, die eine unerlaubte Handlung begründen, sowohl für die Zuständigkeit als auch für die Begründet-

---

[740] Dementsprechend hat der EuGH entschieden, dass eine Klage auf Verurteilung zum Schadensersatz, denselben Streitgegenstand aufweist wie eine Klage auf Feststellung, dass die betreffende Partei nicht haftet (EuGH, Urteil v. 06.12.1994, Rs. C-406/92 (Tatry./.Maciej Rataj), Slg. 1994, I-5439, Rn. 44.

[741] Siehe oben 5. Teil, B, II, 1), c).

[742] Entsprechend dem einheitlichen Ergebnis dieser Untersuchung für alle Ansprüche aus Persönlichkeitsrechtsverletzungen könnte man im Fall der Persönlichkeitsrechtsverletzungen nun auch eine Qualifikation nach einer typischen sozialen Konfliktlage vornehmen (Dieses Modell der Qualifikation führt Ost (Ost, Doppelrelevante Tatsachen im IZVR, S. 191) kurz an, lehnt es aber im Ergebnis ab). Die typische soziale Konfliktlage wäre dann die Haftung wegen Persönlichkeitsrechtsverletzung, die in diesem Fall stets dem Gerichtsstand der unerlaubten Handlung zugeordnet werden könnte.

heit erheblich sind, und sie damit so genannte „doppelrelevante Tatsachen“ darstellen[743].

Dies führt zu der Frage, inwieweit bereits im Rahmen der Zuständigkeitsprüfung das Vorliegen einer unerlaubten Handlung gerichtlich geprüft werden muss[744]. Ist eine vollständige materiellrechtliche Prüfung inklusive eventueller Beweiserhebung erforderlich, kann diese auf die materiellrechtliche Würdigung des Klägervorbringens (Schlüssigkeitsprüfung) reduziert werden oder ist bereits die bloße Behauptung des Klägers, es habe eine unerlaubte Handlung im Gerichtsstaat stattgefunden, ausreichend?

I. Keine vollständige Prüfung in materieller und tatsächlicher Hinsicht

Ginge man davon aus, dass für die Zulässigkeit der Klage am Deliktsgerichtsstand das tatsächliche Vorliegen einer unerlaubten Handlung Voraussetzung ist, so müsste bereits bei der Zuständigkeitsprüfung das Kläger- und Beklagtenvorbringen gewürdigt und erforderlichenfalls mittels Beweiserhebung festgestellt werden, ob eine unerlaubte Handlung vorliegt. Die Begründetheitsprüfung erfolgt dann bereits in der Zulässigkeitsprüfung[745].

Eine derart weitgehende Prüfungspflicht wäre unökonomisch[746]. Sie würde die Zulässigkeitsprüfung mit Fragen der Begründetheit überlasten[747] und den Beklagten, statt ihn zu schützen, benachteiligen[748]. Selbst wenn festgestellt wird, dass der Beklagte nicht deliktisch verantwortlich ist, erhält er lediglich ein Prozessurteil und kein Sachurteil. Er kann daher mangels entsprechender Rechts-

---

743 Schumann, Internationale Zuständigkeit: Besonderheiten, Wahlfeststellung, doppelrelevante Tatsachen, in: Festschrift für Nagel, S. 402 (415, 419); Stein/Jonas-Roth, § 1 Rn. 24 ff. und § 32 Rn. 15.

744 Der Umfang der gerichtlichen Prüfungspflicht bestimmt sich nach der lex fori (Kropholler, EuZPR, Art. 5, Rn. 94; Kropholler, Internationale Zuständigkeit, in: Handbuch des IZVR, Bd. I, S. 462 (Kap. III, Rn. 692); MüKo-Gottwald, ZPO, Art. 5 EuGVÜ Rn. 45). Lediglich Art. 25 EuGVO (entspricht Art. 19 EuGVÜ) und Art. 26 EuGVO (entspricht Art. 20 EuGVÜ) bilden hierzu eine Ausnahme. Sie regeln jedoch nur den Mindeststandard in einem Randbereich. Soweit sie von der Untersuchung dieser Arbeit betroffen sind, werden sie gesondert erwähnt. Im Rahmen dieser Untersuchung ist eine Unterscheidung zwischen Art. 5 Nr. 3 EuGVO und § 32 ZPO mithin entbehrlich.

745 Dies befürwortend: Hager, Die Manipulation des Rechtsweges, in: Festschrift für Kissel, S. 327 (337), allerdings nur für Art. 17 Abs. 2, S. 1 GVG; Rimmelspacher, Zur Prüfung von Amts wegen im Zivilprozess, S. 165 f.

746 Das Argument des Prozessökonomie führen u.a. an: BGH NJW 1994, 1413 (1413 f.), Hohloch, JuS 1994, 800 (800). Gegen das Argument der Prozessökonomie spricht sich aus Ost, Doppelrelevante Tatsachen im IZVR, S. 123 f.

747 Stein/Jonas-Roth, § 1 Rn. 20.

748 Das Argument des Beklagtenschutzes führt u.a. an: BGH NJW 1994, 1413 (1414).

kraft[749] erneut vor einem anderen Gericht vom Kläger zur Einlassung gezwungen werden[750]. Der Beklagte erhielte auf diese Weise nie ein klageabweisendes Sachurteil[751]. Der Kläger könnte, ohne das Risiko eines rechtskräftig abweisenden Sachurteils einzugehen, zunächst die Erfolgsaussichten seiner Klage an einem ihm genehmen Tatort überprüfen lassen[752].

Eine vollständige Prüfungspflicht in rechtlicher und tatsächlicher Hinsicht in Bezug auf das Vorliegen einer unerlaubten Handlung hätte überdies zur Folge, dass der Deliktsgerichtsstand regelmäßig nur für begründete Klagen eröffnet wäre. Gerichtsstände müssen jedoch auch für im Ergebnis unbegründete Ansprüche offen stehen, da selbst aussichtslosen Klagen nicht das Rechtsschutzbedürfnis fehlt[753]. Nur durch die Gewährleistung des so genannten „abstrakten Klagerechts", das es verbietet, die Zulässigkeit des Anspruchs an die Existenz des behaupteten Rechts zu knüpfen, kann der Staat die tatsächlich bestehenden Rechte schützen[754].

Das tatsächliche Vorliegen einer unerlaubten Handlung kann aus diesen Gründen keine Voraussetzung für die Zulässigkeit der Klage am Deliktsgerichtsstand sein[755].

---

[749] Die Wirkung der materiellen Rechtskraft beschränkt sich auf den Zulässigkeitsstreit (Blomeyer, Zivilprozessrecht, S. 232; Zöller-Vollkommer, § 322 Rn. 1a). Ein Prozessurteil wegen Unzuständigkeit des Gerichts am Deliktsort erwächst nur bezüglich der zuständigkeitsrelevanten Feststellung, dass am Ort des entscheidenden Gerichts keine unerlaubte Handlung begangen wurde, in Rechtskraft. Es stellt nicht rechtskräftig fest, dass auch anderenorts keine unerlaubte Handlung begangen wurde.

[750] Schumann, Internationale Zuständigkeit: Besonderheiten, Wahlfeststellung, doppelrelevante Tatsachen, in: Festschrift für Nagel, S. 402 (423).

[751] Es sei denn, er lässt sich rügelos ein (§ 39 ZPO, Art. 18 EuGVO).

[752] Kubis, IZ bei Persönlichkeits- und Immaterialgüterrechtsverletzungen, S. 95.

[753] Stein/Jonas-Schumann, Vor § 253 Rn. 118; Jauernig, Zivilprozessrecht, § 35 V, S. 148, Zöller-Greger, Vor § 253, Rn. 18.

[754] Neuner, Internationale Zuständigkeit, S. 27.

[755] Aus den gleichen Gründen ist auch die von Wüllrich (Wüllrich, Das Persönlichkeitsrecht des Einzelnen im Internet, S. 244 ff.) im Zusammenhang mit Persönlichkeitsrechtsverletzungen im Internet geforderte „schlüssige" Darlegung einer tatsächlichen Persönlichkeitsrechtsverletzung im Forumstaat abzulehnen. Auch wenn er von einer „schlüssigen" Darlegung spricht, ist seinen übrigen Ausführungen zu entnehmen, dass er in letzter Konsequenz bei Bestreiten der gegnerischen Partei eine Beweisführung und damit eine vollständige Begründetheitsprüfung befürwortet. Sollten seine Ausführungen hingegen so zu verstehen sein, dass sich die Prüfung nur auf die Beziehungen des Geschädigten zum Forumstaat begrenzt und damit nicht sämtliche rechtlichen und tatsächlichen Umstände der Persönlichkeitsrechtsverletzung erfasst, so ist diesem Erfordernis durch das unter 5. Teil, C, III, 1) dargelegte Erfordernis des Ortsbezuges Rechnung getragen. Die Beziehungen des Geschädigten zum Forumstaat sind nicht bei der materiellrechtlichen Frage des Vorliegens einer unerlaubten sondern vielmehr bei der Definition des Tatortes zu verorten (ähnlich Pichler in Hoeren/Sieber-Pichler, Handbuch Multimedia-Recht, 25. Teil, Rn. 208, der Teile der deutschen Rechtspre-

II. Keine Schlüssigkeitsprüfung

Zur Vermeidung der Überlastung der Zulässigkeitsprüfung mit Begründetheitsfragen soll nach überwiegender Meinung[756] der schlüssige Vortrag des Klägers der die unerlaubte Handlung begründenden Tatsachen genügen, sofern dargelegt wird, dass der angebliche Deliktsort im Forumstaat liegt. Im Rahmen dieser Auffassung ergibt sich aus dem Klägervorbringen, ob eine unerlaubte Handlung gegeben ist, ohne dass hierüber Beweis erhoben werden muss. Eine rechtliche Würdigung des Klägervortrags bleibt jedoch erforderlich.

Hinsichtlich des Beweisverzichts für das Vorliegen einer unerlaubten Handlung ist dieser Meinung zuzustimmen[757]. Der Beklagte soll nicht benachteiligt werden, indem er lediglich ein Prozessurteil statt eines Sachurteils erhält[758], auch darf die Zuständigkeitsprüfung nicht überlastet werden[759]. Angesichts die-

---

chung dafür rügt, dass sie einen besonderen Inlandsbezug in der materiellrechtlichen statt in der zuständigkeitsrechtlichen Prüfung fordern).

[756] Zu Art. 5 Nr. 3 EuGVÜ: BGH NJW 1987, 592 (594); Kropholler, Internationale Zuständigkeit, in: Handbuch des IZVR, Bd. I, S. 286 (Kap III, Rn. 219); Kropholler, EuZPR, Art. 5 Rn. 94; Wiezcorek/Schütze-Hausmann, Art. 5 Rn. 64; MüKo-Gottwald, ZPO, Art. 5 EuGVÜ Rn. 45; Ost, Doppelrelevante Tatsachen im IZVR, S. 213 f., 227 allerdings nicht für den Fall der Beklagtensäumnis.

Zu § 32 ZPO: Musielak-Heinrich, § 32 Rn. 19; Wiecorek/Schütze-Hausmann, § 32 Rn. 49, 50; MüKo-Patzina, ZPO, § 32 Rn. 38; Stein/Jonas-Roth, § 1 Rn. 24 f. und § 32 Rn. 15; Zöller-Vollkommer, § 12 Rn. 14; BGH NJW 1994, 1413 (1413); OLG Stuttgart NJW 1954, 515 (515); Deutsch, MDR 1967, 88 (91); Ost, Doppelrelevante Tatsachen im IZVR, S. 221 ff., allerdings mit Einschränkungen (nicht im Falle der Beklagtensäumnis und nur solange keine Annexkompetenz kraft Sachzusammenhangs in besonderen Gerichtsständen zugelassen wird); Baumbach/Lauterbach-Hartmann, § 32 Rn. 21; RGZ 95, 268 (270) ausdrücklich bzgl. internationaler Zuständigkeit; Schröder, Internationale Zuständigkeit, S. 265; einschränkend Hager, Die Manipulation des Rechtsweges, in: Festschrift für Kissel, S. 327 (335 f.), der die Unvereinbarkeit der h.M. mit § 17 a Abs. 2, S. 1 GVG anführt; a.A. Würthwein, ZZP 106 (1993), 51 (56 ff.); Kubis, IZ bei Persönlichkeits- und Immaterialgüterrechtsverletzungen, S. 96 ff.

[757] Einschränkend Geimer, der in einer solchen Vorgehensweise die Gefahr willkürlicher Gerichtsstandsbegründungen durch den Kläger sieht und daher verlangt, dass das Gericht prüft, ob der vom Kläger behauptet Geschehensablauf stattgefunden hat, das heißt, den äußeren Tatbestand einer unerlaubten Handlung feststellt. Anders als die herrschende Meinung sieht er hingegen von einer Schlüssigkeitsprüfung ab (Geimer/Schütze, Internationale Urteilsanerkennung, Bd. I, 1. Halbband, § 84 XVIII, S. 635; Geimer, WM 1986, 117 (119)). Ihm folgend Mansel, IPRax 1989, 84 (86). Ähnlich Schwarz, Der Gerichtsstand der unerlaubten Handlung, S. 66.

[758] So auch Zöller-Vollkommer, § 12 Rn. 14; Gottwald, IPRax 1995, 75 (75); Kubis, IZ bei Persönlichkeits- und Immaterialgüterrechtsverletzungen, S. 94 f.; Stein/Jonas-Roth, § 1 Rn. 30; Schumann, Internationale Zuständigkeit: Besonderheiten, Wahlfeststellung, doppelrelevante Tatsachen, in: Festschrift für Nagel, S. 402 (423, 426).

[759] Kropholler, EuZPR, Art. 5 Rn. 94.

ser Überlegungen ist allerdings nicht ersichtlich, warum die herrschende Meinung weiterhin eine Schlüssigkeitsprüfung zur Zuständigkeitsbegründung fordert[760], statt auf eine materiellrechtliche Prüfung in der Zuständigkeitsprüfung ganz zu verzichten. Außerdem ist in Anbetracht der Eigenständigkeit des zivilprozessualen Begriffs der „unerlaubten Handlung" fraglich, ob es sich bei diesem überhaupt um einen Fall der „doppelrelevanten Tatsachen" handelt.

1) Benachteiligung des Beklagten durch Schlüssigkeitsprüfung

Die materiellrechtliche Vorprüfung bietet dem Beklagten keinen besseren Schutz vor ungerechtfertigten Klagen. Vielmehr wird der Kläger mangels Risiko eines klageabweisenden Sachurteils zum Prozessieren ermutigt. Gerade bei einem unschlüssigen Klägervortrag hat der Beklagte ein berechtigtes Interesse an einer abschließenden Sachentscheidung und möchte nicht unter unnötigem Zeit- und Kostenaufwand vom Kläger erneut vor ein Gericht zitiert werden können[761]. Dies gilt insbesondere für Persönlichkeitsrechtsverletzungen im Internet, bei denen meist die rechtliche Würdigung des Sachverhalts in Streit steht. Bei Anwendung der von der herrschenden Meinung geforderten Schlüssigkeitsprüfung eröffnet sich dem Kläger die Möglichkeit zum forum shopping, ohne in die Gefahr zu kommen, mit einem Sachurteil abgewiesen zu werden. Er kann ohne Risiko testen, an welchem Gerichtsstand eine in Streit stehende Äußerung als Persönlichkeitsrechtsverletzung, und nicht als eine von der Meinungsfreiheit geschützte Bekundung, angesehen wird.

Weiterhin ist zu berücksichtigen, dass der Kläger durch die Maßgeblichkeit des Klägervortrags zur Bestimmung der Gerichtszuständigkeit ungerechtfertigt einen prozessualen Vorteil genießt und ihm die Möglichkeit einer Manipulation eröffnet wird[762]. Dies widerspricht der Prüfung der Zuständigkeitstatsachen von Amts wegen[763], die gerade keine Partei bevorzugen soll.

---

[760] Auch Ost (Ost, Doppelrelevante Tatsachen im IZVR, S. 101 und 112 f.) wirft der h.M. Inkonsequenz bei ihrer Argumentation vor (insbesondere hinsichtlich des Rechtskraftarguments, das heißt des angeführten Nachteils des Beklagten statt eines Sachurteils nur ein Prozessurteils zu erhalten).

[761] Würthwein, ZZP 106 (1993), 51 (60). Die Möglichkeit des Beklagten zur rügelosen Einlassung bietet keinen gleichwertigen Schutz (siehe hierzu Ost, Doppelrelevante Tatsachen im IZVR, S. 104).

[762] Würthwein, ZZP 106 (1993), 51 (56 f.).

[763] Zur Prüfung von Amts wegen siehe später 5. Teil, C, IV.

2) Überlastung der Zulässigkeitsprüfung durch Schlüssigkeitsprüfung

Durch das Erfordernis der Schlüssigkeitsprüfung bleibt es bei der Überfrachtung der Zulässigkeitsprüfung mit insbesondere im Bereich der Persönlichkeitsrechtsverletzungen teilweise hochkomplizierten und brisanten Rechtsfragen. Die herrschende Meinung vermag keine sachgerechte Abgrenzung zwischen Zulässigkeit und Begründetheit zu schaffen, sondern führt zu einer dem Verfahren undienlichen Trennung der Behandlung von Sach- und Rechtsfragen[764].

3) Eigenständiger zivilprozessualer Begriff der unerlaubten Handlung

Das Erfordernis der Schlüssigkeitsprüfung der herrschenden Meinung beruht auf der Annahme, dass es sich bei dem Begriff der „unerlaubten Handlung“ um einen Fall der „doppelrelevanten Tatsachen“ handelt. Diese Annahme setzt voraus, dass sich die Bedeutung des Begriffs der „unerlaubten Handlung“ in beiden Bereichen deckt.

Der Begriff der „unerlaubten Handlung“ im Zuständigkeitsrecht wird jedoch sowohl im deutschen als auch im europäischen Recht als eigenständiger zivilprozessualer Begriff verstanden[765]. Er ist mit dem materiellrechtlichen Begriff der „unerlaubten Handlung“ des anwendbaren Rechts nicht identisch.

Die Subsumtion unter den zivilprozessualen Begriff der „unerlaubten Handlung“ wird zum einen anhand eines Vergleichs der materiellrechtlichen Voraussetzungen, zum anderen aber insbesondere durch den Vergleich der zivilprozessualen Interessenlage vorgenommen[766]. Die Voraussetzungen der unerlaubten Handlung im zivilprozessualen Sinne und die Tatbestandsmerkmale der unerlaubten Handlung im materiellrechtlichen Sinne überschneiden sich daher teilweise, sie sind aber nicht deckungsgleich. Eine Schlüssigkeitsprüfung vermag folglich nicht den Anspruch als unerlaubte Handlung im zuständigkeitsrechtlichen Sinne einzuordnen.

Darüber hinaus bedarf es einer Schlüssigkeitsprüfung im Rahmen der Deliktszuständigkeit auch nicht, da der zivilprozessuale Begriff der „unerlaubten Handlung“ keine materiellrechtliche Prüfung erfordert. Die Zuständigkeit gemäß § 32 ZPO bzw. Art. 5 Nr. 3 EuGVO setzt lediglich voraus, dass der vom Kläger behauptete Anspruch die Rechtsnatur einer unerlaubten Handlung aufweist,

---

764 Würthwein, ZZP 106 (1993), 51 (60 f.).

765 Eingehend siehe oben 5. Teil, A, I, 1) und 2) und 5. Teil, B, I. Ähnlich argumentiert auch der Illinois Supreme Court in einer Entscheidung aus dem Jahre 1957 zu dem Illinois Long-Arm-Statute, das die Begehung eines „tortius act“ im Forumstaat fordert (Nelson v. Miller, 143 N.E. 2d 673 (680 ff.)). Um die Zuständigkeit nicht von der materiellen Begründetheit des Anspruchs abhängig zu machen, sei zwischen der prozessualen und der materiellen Bedeutung des Begriffs „tort“ deutlich zu unterscheiden.

766 Siehe oben 5. Teil, A, I, 2) und 5. Teil, B, I.

nicht jedoch, dass die unerlaubte Handlung materiellrechtlich nach dem anzuwendenden Recht gegeben ist[767].

Ansprüche aus Persönlichkeitsrechtsverletzungen müssen demnach deliktischer Natur sein, was, wie dargelegt, der Fall ist[768]. Die behaupteten Persönlichkeitsrechtsverletzungen müssen hingegen nicht nach dem anwendbaren materiellen Recht rechtlich gegeben sein.

Es bleibt festzuhalten, dass es sich aufgrund der Eigenständigkeit des zivilprozessualen Begriffs der „unerlaubten Handlung" bei diesem, entgegen der Annahme der herrschenden Meinung, nicht um einen Fall der „doppelrelevanten Tatsachen" handelt und seine Funktion, nämlich die Rechtsnatur des geltend gemachten Anspruchs zu bestimmen, keine Schlüssigkeitsprüfung erfordert. Eine Schlüssigkeitsprüfung ist folglich mit der eigenständigen zivilprozessualen Auslegung des Begriffs der „unerlaubten Handlung" nicht vereinbar.

4) Erfordernis der Bestimmung des maßgeblichen materiellen Rechts für die Schlüssigkeitsprüfung

Maßgeblich gegen eine Schlüssigkeitsprüfung im Rahmen der internationalen Zuständigkeit spricht, dass diese erfordert, dass bereits in der Zuständigkeitsprüfung das anwendbare Recht bestimmt wird. Dieses Erfordernis ergibt sich daraus, dass das Gericht bevor es eine rechtliche Würdigung des Klägervortrags vornehmen kann, erst feststellen muss, nach welchem materiellen Recht diese Rechtsprüfung zu erfolgen hat.

Das Gericht muss demnach feststellen, welches Recht in der Begründetheitsprüfung zur Anwendung kommt, um damit zu erfahren, welches materielle Recht in der vorgezogenen Schlüssigkeitsprüfung herangezogen werden soll. Die Bestimmung des anwendbaren Rechts kann jedoch mit erheblichen Schwierigkeiten, zusätzlichem Aufwand und Verzögerungen verbunden sein.

Verzögert und erschwert wird die Feststellung des materiellen Rechts am Deliktsgerichtsstand insbesondere dadurch, dass dem Verletzten bei Ansprüchen aus unerlaubter Handlung gemäß Art. 40 Abs. 1, S. 2 EGBGB ein Wahlrecht hinsichtlich des anwendbaren Rechts zusteht. Insbesondere bei Persönlichkeitsrechtsverletzungen im Internet besteht die Möglichkeit, dass eine Vielzahl von Rechtsordnungen anwendbar ist, aus denen der Kläger wählen kann[769]. Der An-

[767] Hinsichtlich Art. 5 Nr. 3 EuGVO ebenso Kubis, IZ bei Persönlichkeits- und Immaterialgüterrechtsverletzungen, S. 105.

[768] Siehe oben 5. Teil, A, II, 5) und 5. Teil, B, II, 5).

[769] Zum anwendbaren Recht bei Persönlichkeitsrechtsverletzungen im Internet vgl. v. Hinden, Persönlichkeitsverletzungen im Internet, S. 54 ff.; Lütcke, Persönlichkeitsrechtsverletzungen im Internet, S. 123 ff.; Kristin, Das Deliktsstatut bei Persönlichkeitsrechtsverletzungen über das Internet, S. 123 ff.

spruchsinhaber kann sein Wahlrecht gemäß Art. 40 Abs. 1, S. 3 EGBGB bis zum Ende des frühen ersten Termins oder dem Ende des schriftlichen Vorverfahrens ausüben. Dieses ausgedehnte Wahlrecht des Klägers erschwert es dem Beklagten, die Voraussetzungen für Zulässigkeitsrügen gemäß § 282 Abs. 3 ZPO zu erfüllen. Hiernach muss der Beklagte Zulässigkeitsrügen vor seiner Verhandlung zur Hauptsache bzw. bei gesetzter Klageerwiderungsfrist innerhalb dieser Frist geltend machen. Trifft der Kläger seine Rechtswahl erst sehr spät, so ist der Beklagte zuvor gezwungen, die Zulässigkeitsrügen anhand aller in Betracht kommenden Rechtsordnungen zu prüfen und vorzubringen, um die Rügefrist nach § 282 Abs. 3 ZPO einzuhalten. Außerdem kann das Gericht erst mit Ablauf der Frist nach Art. 40 Abs. 1, S. 3 EGBGB seine Zuständigkeit gemäß der Deliktszuständigkeitsregelung prüfen.

Zur Lösung der Ungewissheit der Rechtswahl des Verletzten könnte die Überlegung dienen, dass die hinsichtlich des Gerichtsstandes ausgeübte Wahl zugleich als konkludente Wahl in Bezug auf das anwendbare Recht zu deuten ist. Zwar verwendet sowohl das Zuständigkeitsrecht als auch das anwendbare Recht das gleiche Anknüpfungsmerkmal des Tatorts, sie können aber, wie ihre Gegenüberstellung zeigt[770], durchaus zu verschiedenen Auslegungsergebnissen kommen. Am gewählten Gerichtsstand muss demnach nicht zwingend auch die materielle Rechtsordnung des Gerichtsstaates zur Wahl stehen. Dem Prozessverhalten der Parteien kann zudem nur dann ausnahmsweise ein bestimmter Rechtswahlwillen entnommen werden, wenn die Parteien sich über ihre kollisionsrechtliche Rechtsmacht, das anwendbare Recht zu bestimmen, bewusst sind[771]. Angesichts der Unabhängigkeit des anwendbaren Rechts vom Zuständigkeitsrecht und der teilweise sehr unterschiedlichen und damit möglicherweise entgegengesetzten Interessen im internationalen Zuständigkeitsrecht und im anwendbaren Recht kann dem Prozessverhalten der Parteien jedoch in der Regel kein entsprechender Rechtswahlwillen entnommen werden.

Weitere Schwierigkeiten bei der Bestimmung des anwendbaren Rechts können sich aus dem zusätzlichem Prüfungsaufwand ergeben. Streiten die Parteien über die Frage des anwendbaren Rechts, so kann die Bestimmung des materiellen Rechts schwierige kollisionsrechtliche Prüfungen und den zusätzlichen Aufwand einer Beweisaufnahme mit sich bringen. Dies würde die Zulässigkeitsprüfung erheblich überlasten[772].

---

770 Siehe oben 4. Teil.

771 Mansel, ZVglRWiss 86 (1987), 1 (12, 24).

772 A.A. Ost, der argumentiert, dass das anwendbare Recht zu einem späteren Zeitpunkt ohnehin bestimmt werden müsse (Ost, Doppelrelevante Tatsachen im IZVR, S. 54). Ost übersieht hierbei jedoch, dass ein Prozessurteil keine Rechtskraft hinsichtlich des anwendbaren Rechts entfalten würde. Dies zeigt, dass die Prüfung des anwendbaren Rechts in der Zuständigkeitsprüfung nicht ihren Platz hat und erweist die Prüfung zu diesem Zeitpunkt als nicht prozessökonomisch.

Gegen das Erfordernis einer materiellrechtlichen Vorprüfung im Rahmen der Zulässigkeit spricht daher, dass es durch die Rechtswahlmöglichkeit des Klägers zu einer nicht adäquaten Belastung des Beklagten hinsichtlich seines Rügevorbringens führt und die Zuständigkeitsprüfung durch kollisionsrechtliche Prüfungen überbeansprucht.

Um den genannten Schwierigkeiten bei der Bestimmung des anwendbaren Rechts zu entgehen, könnte man daran denken, die Schlüssigkeitsprüfung grundsätzlich anhand des materiellen Rechts des Forumstaates vorzunehmen[773]. Eine solche Vorgehensweise ist jedoch mit dem Gedanken der doppelrelevanten Tatsachen, welcher der Schlüssigkeitstheorie der h.M. zugrunde liegt, nicht vereinbar. Danach bestimmt sich die Doppelrelevanz einer Tatsache nach deren konstitutiver Bedeutung für die Begründetheit der Klage. Bei einer Prüfung der doppelrelevanten Tatsachen anhand des materiellen Rechts des Forumstaates könnte jedoch die Zuständigkeit angenommen werden, obwohl der Anspruch nach dem anwendbaren Recht in der Begründetheitsprüfung nicht gegeben ist. Ebenso würde umgekehrt die Zuständigkeit unter Umständen abgelehnt, obgleich der Anspruch nach dem anwendbaren Recht gegeben wäre[774]. Aus den gleichen Gründen scheidet eine alternative Prüfung nach einer der möglichen Rechtsordnungen aus.

Des Weiteren wäre eine kumulative Prüfung nach allen in Betracht kommenden Rechtsordnungen denkbar. Dies würde indessen erfordern, dass dem Kläger entsprechend seinem Sachvortrag nach allen in Betracht kommenden Rechten ein Anspruch zusteht. Ein solch weitgehendes Erfordernis an die Eröffnung des Deliktsgerichtsstandes kann auch von den Vertretern der Schlüssigkeitsprüfung nicht gewollt sein[775]. Es würde außerdem erneut die Gefahr der Abweisung wegen Unzuständigkeit bergen, obschon nach dem anwendbaren Recht der Anspruch gegeben ist. Die mit einer kumulativen Prüfung verbundene äußerst aufwendige Schlüssigkeitsprüfung ist zudem aus prozessökonomischen Gründen nicht tragbar. Gerade im Bereich des Internet ist es, wie bereits erwähnt, möglich, dass eine Vielzahl von Rechtsordnungen in Betracht kommt.

Alternative Möglichkeiten zur Bestimmung des anwendbaren Rechts bestehen mithin nicht.

5) Unvereinbarkeit der Schlüssigkeitsprüfung mit dem Gedanken der Rechtsvereinheitlichung im europäischen Recht

In Bezug auf die europäischen Zuständigkeitsregelungen gebietet insbesondere das Ziel der Rechtsvereinheitlichung das Absehen von einer materiellrechtlichen

[773] So OLG Düsseldorf IPRspr. 1958/59, Nr. 160, S. 531 ff.
[774] Im Ergebnis ebenso Ost, Doppelrelevante Tatsachen im IZVR, S. 47f.
[775] Ähnlich Ost, Doppelrelevante Tatsachen im IZVR, S. 54.

Schlüssigkeitsprüfung. Der durch die Schlüssigkeitsprüfung erforderliche Rückgriff auf die jeweilig anzuwendende nationale Rechtsordnung birgt die Gefahr, dass die Zuständigkeitsfrage von Land zu Land verschieden beurteilt wird, und hindert auf diese Weise die vereinheitlichte Anwendung[776]. Insbesondere im Bereich der Persönlichkeitsrechtsverletzungen ist eine solche Gefahr der uneinheitlichen Beurteilung der Zuständigkeit gegeben, da gerade im Bereich des Persönlichkeitsschutzes aufgrund des Spannungsverhältnisses mit der Meinungs- und Pressefreiheit erhebliche materielle Unterschiede feststellbar sind[777].

6) Ergebnis zur Frage der Schlüssigkeitsprüfung

Aufgrund obiger Einwendungen ist auf eine Schlüssigkeitsprüfung im Rahmen der Zulässigkeit zu verzichten[778].

Angesichts der Eigenständigkeit des zivilprozessualen Begriffs sind im Rahmen der Zuständigkeitsprüfung materielle Gesichtspunkte von prozessualen Gesichtspunkten zu trennen und von einer umfassenden materiellrechtlichen Würdigung abzusehen. Auf diese Weise erhält der Beklagte bei unschlüssigem Klägervortrag ein klageabweisendes Sachurteil, welches ihn vor weiterer Inanspruchnahme schützt und den Kläger aufgrund des erhöhten Risikos vom Testen der Erfolgsaussichten seiner Klage abhält. Die Zulässigkeitsprüfung wird nicht mit der Frage des anwendbaren materiellen Rechts und mit den bei Persönlichkeitsrechtsverletzungen häufig schwierigen rechtlichen Bewertungen belastet.

---

[776] Ost, sieht hierin keine Beeinträchtigung des „effet-utile-Vorbehalts", da sich die Unterschiedlichkeit nationaler Entscheidungen auf die Rechtskraft beschränken würde (Ost, Doppelrelevante Tatsachen im IZVR, S. 219 f.).

[777] Vgl. die vergleichende Betrachtung bei v. Hinden, Persönlichkeitsverletzungen im Internet, S. 28 ff.

[778] Ebenso Würthwein, ZZP 106 (1993), 51 (64); Kubis, IZ bei Persönlichkeits- und Immaterialgüterrechtsverletzungen, S. 99 ff.; Anmerk. Koch, ZZP 108 (1995), 367 (371) bezüglich der Annerkennungszuständigkeit. Ebenso ist BGH NJW 1435 (1436) zu verstehen, der ausreichen lässt, dass eine Verletzung des geschützten Rechtsguts im Inland behauptet und nicht von vornherein ausgeschlossen wird (zu Art. 5 Nr. 3 EuGVO). Auch Geimer verzichtet auf eine rechtliche Überprüfung des Klagebegehrens (Geimer/Schütze, Internationale Urteilsanerkennung, Bd. I, 1. Halbband, § 84 XVIII, S. 635; Geimer, Zur Prüfung der Gerichtsbarkeit und der internationalen Zuständigkeit bei der Anerkennung ausländischer Urteile, Bielefeld 1966, S. 165); a.A. Ost, Doppelrelevante Tatsachen im IZVR, S. 126 ff.
Ein Verzicht auf die Schlüssigkeitsprüfung ist ebenso in der neueren Rechtsprechung des Bundesarbeitsgerichts (BAG) hinsichtlich der zur Bejahung der arbeitsgerichtlichen Zuständigkeit erforderlichen Arbeitnehmer-Eigenschaft zu finden. Das BAG lässt die Rechtsansicht der Klägers, er sei Arbeitnehmer genügen. Den Interessen der Parteien sei durch die Abweisung der Klage als unbegründet im Falle dessen, dass sich die Ansicht als rechtlich unzutreffend erweise, am besten gedient (BAG ZIP 2000, 899 (901)).

III. Prüfungspflicht hinsichtlich Ortsbezug und Rechtsnatur

Verzichtet man auf die Schlüssigkeitsprüfung so bleibt die Frage, ob es für die Zuständigkeitsbegründung ausreicht, dass der Kläger behauptet, der Beklagte habe eine unerlaubte Handlung am Ort des Gerichtsstands begangen. Einer Reduzierung der Anforderungen im Rahmen der Zuständigkeitsprüfung auf eine bloße Behauptung des Klägers kann entgegengesetzt werden, dass auf diese Weise der Beklagte der willkürlichen Gerichtsstandbegründung durch den Kläger schutzlos ausgesetzt wäre[779]. Außerdem wäre der Kläger verpflichtet, Rechtsansichten vorzutragen und das Gericht an diese Rechtsbehauptungen gebunden, was dem deutschen Zivilprozessrecht fremd ist[780].

1) Ortsbezug

Um zu vermeiden, dass die Zuständigkeitsbestimmung allein in den Händen des Klägers liegt, muss das Gericht daher prüfen, ob der vom Kläger zur Begründung der Klage behauptete Geschehensablauf tatsächlich im Forumstaat stattgefunden hat. Dies verlangt auch die herrschende Meinung[781]. Da die Ortsbelegenheit keine doppelrelevante, sondern nur eine zuständigkeitsrelevante Tatsache sei, müsse geprüft werden, ob der angebliche Begehungsort im Gerichtsbezirk liegt[782].

Bei Persönlichkeitsrechtsverletzungen im Internet bedeutet dies, dass das Gericht im Rahmen der Zuständigkeitsprüfung untersuchen muss, ob die in Streit stehende Äußerung im Forumstaat abgegeben[783] bzw. veröffentlicht[784] wurde.

---

[779] Deutsch, MDR 1967, 88 (90); Schumann, Internationale Zuständigkeit: Besonderheiten, Wahlfeststellung, doppelrelevante Tatsachen, in: Festschrift für Nagel, S. 402 (420) mit dem Einwand die Zuständigkeit des Gerichts dürfe nicht allein von der Behauptung der Klägers abhängen.

[780] Ost, Doppelrelevante Tatsachen im IZVR, S. 133.

[781] Zu Art. 5 Nr. 3 EuGVO: Kropholler, EuZPR, Art. 5 Rn. 94; Wieczorek/Schütze-Hausmann, Art. 5 EuGVÜ Rn. 64; MüKo-Gottwald, ZPO, Art. 5 EuGVÜ Rn. 45.
Zu § 32 ZPO: Kropholler, Internationale Zuständigkeit, in: Handbuch des IZVR, Bd. I, S. 345 (Kap III, Rn. 375); Stein/Jonas-Roth, § 32 Rn. 15; Schumann, Internationale Zuständigkeit: Besonderheiten, Wahlfeststellung, doppelrelevante Tatsachen, in: Festschrift für Nagel, S. 402 (419); Würthwein, ZZP 106 (1993), 51 (56); Wieczorek/Schütze-Hausmann, § 32 Rn. 50; Zöller-Vollkommer, § 32 Rn. 19.

[782] Schumann, Internationale Zuständigkeit: Besonderheiten, Wahlfeststellung, doppelrelevante Tatsachen, in: Festschrift für Nagel, S. 402 (419); Würthwein, ZZP 106 (1993), 51 (56); Wieczorek/Schütze-Hausmann, § 32 Rn. 50; Zöller-Vollkommer, § 32 Rn. 19.

[783] Abgabe der Äußerung im Forumstaaat im Sinne des unten dargelegten Handlungsortes. Zum Handlungsort siehe unten 7. Teil.

[784] Veröffentlichung der Äußerung im Forumstaat im Sinne des unten dargelegten Erfolgsortes. Zum Erfolgsort siehe unten 8. Teil.

Es entspricht dem Regelungszweck der Vorschrift, den Schwerpunkt der Prüfungspflicht des Gerichts im Rahmen der Deliktszuständigkeit auf die Feststellung zu setzen, dass die streitgegenständliche Handlung tatsächlich im Forumstaat stattgefunden hat. Ziel der Zuständigkeitsregelung des Deliktsgerichtsstandes ist es, wie bereits dargelegt, die besondere Sach- und Ortsnähe des Gerichts zu dem entscheidungserheblichen Geschehen zu gewährleisten[785]. Die maßgebliche Zuständigkeitsvoraussetzung und damit der Prüfungsschwerpunkt ist mithin der Ortsbezug zwischen dem Tatort der unerlaubten Handlung und dem Gerichtsort.

2) Rechtsnatur

Damit der Kläger das Gericht nicht durch möglicherweise fernliegende rechtliche Ausführungen zur Befassung mit einem eindeutig nicht deliktischen Anspruch nötigt[786], muss das Gericht den vom Kläger behaupteten Anspruch als Anspruch aus „unerlaubter Handlung" im zivilprozessualen Sinne qualifizieren. Somit ist nicht die klägerische Rechtsmeinung hinsichtlich der rechtlichen Natur des erhobenen Anspruchs maßgeblich, sondern die Qualifizierung des behaupteten Anspruchs durch das Gericht[787].

Die Bestimmung der rechtlichen Natur des Anspruchs erfordert allerdings keine Schlüssigkeitsprüfung. Vielmehr ist das Klagebegehren und der hierzu vorgetragene Sachverhalt anhand der für den zivilprozessualen Begriff der „unerlaubten Handlung" erforderlichen Kriterien[788] zu überprüfen. Es ist lediglich der deliktische Charakter des behaupteten Anspruchs in Abgrenzung zu nicht-deliktischen Ansprüchen festzustellen, nicht jedoch dessen rechtliches Bestehen[789].

---

785 Siehe oben 5. Teil, A, II, 1), b); Würthwein, ZZP 106 (1993), 51 (67).

786 Deutsch, MDR 1967, 88 (90); Ost, Doppelrelevante Tatsachen im IZVR, S. 133.

787 Stein/Jonas-Roth, § 1 Rn. 18; Deutsch, MDR 1967, 88 (90).

788 Zu den Kriterien siehe oben 5. Teil, A, I, 2) und 5. Teil, B, I, 1).

789 So auch Würthwein, ZZP 106 (1993), 51 (66). Auch Roth (Stein/Jonas-Roth, § 32 Rn. 15) und Kropholler (Kropholler, Internationale Zuständigkeit, in: Handbuch des IZVR, Bd. I, S. 345 (Kap. III, Rn. 375)) führen an, dass zur Begründung der Zuständigkeit nicht erforderlich sei, dass eine unerlaubte Handlung vorliege, sondern sich die Zulässigkeitsprüfung darauf beschränke, ob der vom Kläger vorgetragene Sachverhalt als unerlaubte Handlung zu qualifizieren sei und ob der angebliche Deliktsort im Gerichtsbezirk liege. Im Zusammenhang mit der Qualifizierung als unerlaubte Handlung sprechen sie allerdings von einer Schlüssigkeitsprüfung (Kropholler, Internationale Zuständigkeit, in: Handbuch des IZVR, Bd. I, S. 286 (Kap. III, Rn. 219); Stein/Jonas-Roth, § 32 Rn. 15). Es ist daher unklar, welchen Umfang die von ihnen geforderte Prüfung haben soll. Die Ausführungen von Roth und seine Beispiele (Stein/Jonas-Roth, § 1 Rn. 17 f., 25 ff.) deuten zwar entgegen der Bezeichnung als Schlüssigkeitsprüfung eher auf eine bloße Prüfung der Rechtsnatur hin, doch eindeutig sind sie diesbezüglich nicht. A.A. Ost, Doppelrelevante Tatsachen im IZVR, S. 131 f., mit dem Hinweis auf

Das Gericht überprüft aus diesem Grunde beispielsweise, ob sich das Klagebegehren des Klägers auf einen Anspruch stützt, der nicht auf einer Sonderrechtsbeziehung beruht. Trägt der Kläger etwa nur Tatsachen vor, die eine Vertragsverletzung rechtfertigen könnten, so erklärt sich das Gericht am Ort der unerlaubten Handlung für unzuständig.

Trägt der Kläger Ansprüche aus Persönlichkeitsrechtsverletzungen vor, so sind diese, wie festgestellt, als deliktisch im zivilprozessualen Sinne zu qualifizieren[790]. Das Gericht prüft hingegen nicht, ob alle materiellrechtlichen Tatbestandsvoraussetzungen des behaupteten Anspruchs gegeben sind. Die Frage des rechtlichen Bestehens des Anspruchs aus Persönlichkeitsrechtsverletzung ist eine Frage der Begründetheit und muss von der Frage des deliktischen Charakters des Anspruchs getrennt werden. Daher untersucht das Gericht z.B. nicht, ob das vorgetragene Verhalten des Beklagten als rechtswidrig zu werten ist[791]. Dies ist insbesondere bei Persönlichkeitsrechtsverletzungen von Vorteil, da hier die Frage der Rechtswidrigkeit häufig im Mittelpunkt des Streits steht. Über diese oft sehr schwierige materiellrechtliche Frage muss auf diese Weise nicht im Rahmen der Zuständigkeitsprüfung befunden werden.

Eine Überprüfung der Rechtsnatur des behaupteten Anspruchs entspricht dem Regelungszweck der Deliktszuständigkeit, den Kläger hinsichtlich deliktisch zu qualifizierender Ansprüche zu privilegieren[792].

IV. Prüfung der Zuständigkeitsvoraussetzungen bei Säumnis

Im Hinblick auf die internationale Zuständigkeit bei Persönlichkeitsrechtsverletzungen im Internet ist insbesondere die Frage des Umfangs der Zuständigkeitsprüfung bei Säumnis des Beklagten von Bedeutung. Aufgrund der globalen Reichweite des Internet und der fehlenden Belegenheit des Persönlichkeitsrechts sind in Deutschland Klagen gegen angebliche Täter denkbar, die ihren Wohnsitz in weit entfernten Staaten haben. Es wird nicht selten vorkommen, dass solche Beklagte auf die ihnen vielleicht schon sprachlich unverständliche Klageschrift nicht reagieren und es auf diese Weise zu einem Versäumnisurteil kommt[793]. Es

---

die Filterfunktion der Zuständigkeitsprüfung bei besonderen Gerichtsständen, der durch die bloße Zuordnung nicht genüge getan würde.

[790] Siehe oben 5. Teil, A, II, 5) und 5. Teil, B, II, 5).

[791] Ebenso Geimer, Zur Prüfung der Gerichtsbarkeit und der internationalen Zuständigkeit bei der Anerkennung ausländischer Urteile, S. 165.

[792] Siehe oben S. 5. Teil, A, II, 1), b), bb).

[793] Ost führt ferner an, dass der zunehmend freie Verkehr von Urteilen, d.h. die Weite der Vollstreckungsräume, den Voraussetzungen eines Versäumnisurteils besondere Bedeutung zukommen lässt (Ost, Doppelrelevante Tatsachen im IZVR, S. 76).

stellt sich die Frage, inwieweit das Gericht in einem Fall der Säumnis des Beklagten die Voraussetzungen für seine internationale Zuständigkeit prüft.

Der Umfang der Prüfungspflicht des Gerichts in einem Gerichtsverfahren bestimmt sich grundsätzlich nach der lex fori[794]. Die deutschen Gerichte prüfen die internationale Zuständigkeit in jeder Lage des Verfahrens von Amts wegen[795]. Eine Prüfung von Amts wegen bedeutet, dass das Gericht auch ohne Rüge[796] das Fehlen von Prozessvoraussetzungen berücksichtigt und die Parteien gegebenenfalls zur Beschaffung der Nachweise auffordert[797]. Sie beinhaltet ebenso, dass der Richter in der Tatsachenfeststellung an die Wahrunterstellung wegen Säumnis (§ 331 ZPO, sog. Geständnisfiktion)[798] nicht gebunden ist[799], sondern vielmehr von ihrer Wahrheit überzeugt sein muss (§ 286 ZPO)[800]. Hiernach könnte das Gericht den Kläger auch im Säumnisfall zum Beweis der den Gerichtsstand am Deliktsort begründenden Tatsachen, und damit zum Beweis von Ortsbezug und Rechtsnatur[801] des Anspruchs, auffordern.

§ 331 Abs. 1, S. 2 ZPO schränkt die Prüfungspflicht des Gerichts allerdings für die Prüfung der Deliktszuständigkeit im Säumnisfall ein, indem er die Geständnisfiktion im Säumnisfall hinsichtlich der Zuständigkeitstatsachen bis auf zwei vorliegend nicht relevante Ausnahmen zulässt[802]. Es stellt sich jedoch die

---

[794] Kropholler, EuZPR, Art. 5 Rn. 94; Kropholler, Internationale Zuständigkeit, in: Handbuch des IZVR, Bd. I, S. 462 (Kap. III, Rn. 692); MüKo-Gottwald, ZPO, Art. 5 EuGVÜ Rn. 45.

[795] In der deutschen Rechtsprechung und im Schrifttum ist dies anerkannt (Kropholler, Internationale Zuständigkeit, in: Handbuch des IZVR, Bd. 1, S. 285 (Kap III, Rn. 216) m.w.N.). BGH NJW 1987, 592 (594); BGH NJW 1982, 1947 (1947); MüKo-Gottwald, ZPO, Art. 5 EuGVÜ Rn. 45.

[796] Dies schließt nicht die rügelose Einlassung gemäß § 39 ZPO bzw. Art. 18 EuGVO aus. § 39 ZPO gilt für die internationale Zuständigkeit entsprechend (BGH NJW 1993, 1270 (1272) m.w.N.).

[797] Prüfung von Amts wegen bedeutet nicht Amtsermittlung, wie beim Untersuchungsgrundsatz, sondern es bleibt beim Beibringungsgrundsatz (Putzo/Thomas-Thomas, vor § 253 Rn. 12).

[798] Putzo/Thomas-Reichold, § 331 Rn. 8 mit Verweis auf § 288 Rn. 6

[799] Die fehlende Bindung des Richters an die Wahrunterstellung der Tatsachen gilt auch für die Fälle des Nichtbestreitens, § 138 Abs. 3 ZPO (Putzo/Thomas-Reichold, § 138 Rn. 14) und des Geständnisses, § 288 ZPO (Putzo/Thomas-Reichold, § 288 Rn. 6 mit Hinweis auf vor § 253 Rn. 12).

[800] Kropholler, Internationale Zuständigkeit, in: Handbuch des IZVR, Bd. I, S. 285 (Kap. III, Rn. 218).

[801] Im Falle der Rechtsnatur des Anspruchs bezieht sich die Beweislast auf die der Rechtsnatur des Anspruchs zugrundeliegenden Tatsachen, wie das Fehlen einer Sonderrechtsverbindung.

[802] § 331 Abs. 1, S. 2 ZPO schließt die Geständnisfiktion hinsichtlich der Zuständigkeitstatsachen nur in den Fällen der Erfüllungsortvereinbarung und der Zuständigkeitsvereinbarung aus. Hieraus ist zu schließen, dass in den übrigen Fällen die Geständnisfiktion Anwendung findet.

Frage, ob § 331 Abs. 1, S. 2 ZPO im Falle der internationalen Zuständigkeitsprüfung Anwendung findet.

Im Gegensatz zu § 331 Abs. 1, S. 2 ZPO verbietet Art. 26 Abs. 1 EuGVO[803] aus Gründen des Beklagtenschutzes[804] bei Säumnis des Beklagten eine Geständnisfiktion für alle vom Kläger behaupteten Zuständigkeitstatsachen[805]. Im Anwendungsbereich des EuGVO verdrängt der Grundsatz des Art. 26 Abs. 1 EuGVO das nationale Prozessrecht[806].

Hinsichtlich der internationalen Zuständigkeit muss dieser Grundsatz des Verbots der Geständnisfiktion jedoch ebenso im deutschen Prozessrecht gelten. Auch im deutschen Prozessrecht ist eine Prüfung der zuständigkeitsbegründenden Tatsachen allgemein und nicht nur in den in § 331 Abs. 1, S. 2 ZPO genannten Ausnahmefällen zu verlangen[807]. Die gesteigerte Bedeutung der internationalen gegenüber der örtlichen Zuständigkeit gebietet einen erhöhten Schutz des Beklagten davor, nicht unberechtigt in einem fremden Forum in Anspruch genommen zu werden. Aufgrund des fremden Rechts[808], der fremden Sprache und des fremden Gerichtssystems sowie möglicherweise großer Entfernung ist die Belastung des Beklagten mit einer Klage vor einem ausländischen Gericht ungleich größer. Die Gefahr, dass der Beklagte aufgrund einer unrichtigen Behauptung des Klägers vor ein fremdes Gericht gezogen wird, reduziert sich mit Hilfe einer allgemeinen Prüfungspflicht hinsichtlich aller zuständigkeitsbegründenden Tatsachen. Das Bedürfnis nach dem von Art. 26 Abs. 1 EuGVO bezweckten Beklagtenschutz besteht folglich im deutschen internationalen Zuständigkeitsrecht im gleichen Maße. Es ist daher kein Grund für eine unterschiedliche Behandlung innerhalb und außerhalb des Anwendungsbereichs der europäischen Vorschriften ersichtlich. Aus diesem Grund ist eine europarechtskonforme[809], einschränkende Auslegung des § 331 Abs. 1, S. 2 ZPO zu befürworten. Danach gilt die Einschränkung der Prüfungspflicht gemäß § 331 Abs. 1, S. 2 ZPO nicht

---

[803] Art. 26 Abs. 1 EuGVO entspricht Art. 20 Abs. 1 EuGVÜ.

[804] Geimer/Schütze, EuZVR, Art. 26 EuGVVO Rn. 4.

[805] Putzo/Thomas-Hüßtege, Art. 26 EuGVVO Rn. 5; Schlosser, EuZPR, Art. 26 Rn. 1; MüKo-Gottwald, ZPO, Art. 20 EuGVÜ Rn. 3; Geimer/Schütze, EuZVR, Art. 26 Rn. 9; Kubis, IZ bei Persönlichkeits- und Immaterialgüterrechtsverletzungen, S. 106.

[806] Zur Vorrangstellung der Übereinkommen und der Verordnung siehe oben 3. Teil, B, II, 1) und 3. Teil, B, II, 2).

[807] Kropholler, Internationale Zuständigkeit, in: Handbuch des IZVR, Bd. I, S. 286 (Kap. III, Rn. 218); Geimer, IZPR, Rn. 1494, 1526, 1822, 1826; Pagenstecher, RabelsZ 11 (1937), 337 (437 ff.); Wieczorek/Schütze-Hausmann, Vor § 12 Rn. 100; Linke, IZPR, Rn. 211; Ost, Doppelrelevante Tatsachen im IZVR, S. 79 ff.; a.A. Kubis, IZ bei Persönlichkeits- und Immaterialgüterrechtsverletzungen, S. 97; MüKo-Prütting, ZPO, § 331 Rn. 13; Stein/Jonas-Grunsky, § 331 Rn. 6.

[808] Verfahrens- sowie auch Kollisionsrechts.

[809] Geimer (Geimer/Schütze, EuZVR, Art. 26 EuGVO Rn. 9) erklärt § 331 Abs. 1, S. 2 ZPO als nicht konventionskonform.

hinsichtlich der internationalen Zuständigkeit, sondern es bleibt bei der allgemeinen Prüfungspflicht von Amts wegen, die eine Geständnisfiktion bei Säumnis ausschließt.

Das Gericht muss demnach davon überzeugt sein, dass die behauptete Persönlichkeitsrechtsverletzung im Forumstaat stattgefunden hat. Ist es dies nicht, muss es die Parteien zur Beschaffung von Nachweisen auffordern und kann kein Versäumnisurteil erlassen.

V. Ergebnis

Es bedarf keiner Überprüfung, ob tatsächlich die Voraussetzungen einer unerlaubten Handlung gegeben sind oder ob sie schlüssig vorgetragen wurden. Das Gericht prüft hingegen von Amts wegen, ob die in Streit stehende Persönlichkeitsrechtsverletzung im Forumstaat stattgefunden hat. Im Säumnisfall gilt diesbezüglich keine Geständnisfiktion. Das Gericht stellt weiterhin fest, dass Ansprüche aus Persönlichkeitsrechtsverletzungen als deliktisch zu qualifizieren sind.

Durch einen derartigen Prüfungsumfang wird der Beklagte hinreichend vor einer willkürlichen Zuständigkeitsbegründung geschützt und die inländischen Gerichte müssen nicht ohne hinreichende Beziehung zum Inland tätig werden[810]. Eine Prüfungspflicht in dieser Form verwirklicht zudem den Zweck der Zuständigkeitsregelung. Durch die Prüfung, ob das in Streit stehende Verhalten im Gerichtsstaat stattgefunden hat, wird das Ziel der Tatortzuständigkeit, ein sachnahes Gericht zur Entscheidung zu berufen, gewährleistet. Die Überprüfung der Rechtsnatur des behaupteten Anspruchs auf seinen deliktischen Charakter stellt zudem die Berücksichtigung des Regelungszwecks der Privilegierung von Klägern mit deliktischen Ansprüchen sicher.

Bei dieser Lösung kann zwar nicht in jeglicher Hinsicht die Gefahr missbräuchlicher Klägerbehauptungen ausgeschlossen werden. Es kommt aber darauf an, jedenfalls die Zumutbarkeit der Verteidigung am Gerichtsstand des Deliktsortes sicherzustellen. Dies geschieht mit der Feststellung eines Gerichtsbezugs zur behaupteten im zivilprozessualen Sinne deliktisch zu qualifizierenden Persönlichkeitsrechtsverletzung.

---

[810] Mit diesem Argument spricht sich Kropholler für die Amtsprüfung der internationalen Zuständigkeit aus (Kropholler, Internationale Zuständigkeit, in: Handbuch des IZVR, Bd. I, S. 285 (Kap. III, Rn. 216).

6. Teil: Der Begriff des Tatorts nach § 32 ZPO und Art. 5 Nr. 3 EuGVO

Maßgeblich für die internationale Zuständigkeit deutscher Gerichte am Deliktsgerichtsstand ist, dass der Tatort der unerlaubten Handlung im Inland liegt[811]. Bei einer Persönlichkeitsrechtsverletzung im Internet bedarf es folglich zur Begründung der Zuständigkeit eines deutschen Gerichts gemäß § 32 ZPO oder gemäß Art. 5 Nr. 3 EuGVO einer Persönlichkeitsrechtsverletzung in Deutschland.

Im Rahmen dieses Abschnitts wird zunächst dargelegt, welche Orte allgemein als Anknüpfungspunkte dienen, um den Tatort i.S.v. § 32 ZPO und Art. 5 Nr. 3 EuGVO zu bestimmen. In den folgenden Abschnitten (7. und 8. Teil) wird sodann die Frage untersucht, wo diese Anknüpfungsorte im Falle der Persönlichkeitsrechtsverletzung im Internet zu finden sind. Durch die fehlende Belegenheit des Persönlichkeitsrechts und die Ubiquität des Internet eröffnen sich zunächst eine Vielzahl von Ansatzpunkten. Diese werden auf die Vereinbarkeit mit den zuständigkeitsrechtlichen Interessen untersucht und zuletzt auf interessengerechte Anknüpfungsorte reduziert.

A. Auslegungsorientierung

Ebenso wie bei der Untersuchung des Tatbestandsmerkmals der unerlaubten Handlung ist auch im Rahmen der Untersuchung des Tatortbegriffs zunächst zu fragen, anhand welcher Rechtsordnung bzw. welcher Kriterien die Auslegung der entsprechenden Tatbestandsmerkmale erfolgt.

Wie dargelegt, wird § 32 ZPO nach der lex fori[812] und Art. 5 Nr. 3 EuGVO autonom[813] ausgelegt.

Eine Durchbrechung dieser Grundsätze zugunsten einer Lex-causae-Auslegung ist hinsichtlich des Begriffs des Tatorts nicht zu rechtfertigen[814]. Im Gegensatz zum Begriff der „unerlaubten Handlung" findet sich das Tatbestandsmerkmal des Ortes an dem „die Handlung begangen ist" (§ 32 ZPO) bzw. an

[811] Wieczorek/Schütze-Hausmann, § 32 Rn. 63.

[812] Siehe oben 5. Teil, A, I, 1).

[813] Siehe oben 5. Teil, B, I.

[814] Der EuGH hat sich ausdrücklich dagegen ausgesprochen, bei der Auslegung des Begriffs „Ort, an dem das schädigende Ereignis eingetreten ist" das anwendbare materielle Recht zu berücksichtigen (EuGH, Urteil v. 19.09.1995, Rs. 364/93 (Marinari./.Lloyds Bank), JZ 1995, 1107 (1008, Rz. 16 ff.).

dem „das schädigende Ereignis eingetreten ist“ (Art. 5 Nr. 3 EuGVO) nicht im materiellen Recht wieder[815]. Es ist demnach keine materiellrechtliche Interpretation zugunsten des Gleichklangs zwischen Prozessrecht und materiellem Recht innerhalb der Entscheidung erforderlich[816].

Teilweise wird dennoch diskutiert, ob für die Bestimmung der zuständigkeitsbegründenden Orte und zur Abgrenzung von den nicht zuständigkeitsrelevanten Orten der Deliktstatbestand der lex causae berücksichtigt werden muss[817]. So wird vorgebracht, dass die Frage was Tatort sei, das heißt, welches die maßgebenden gerichtsstandsbegründenden Tatbestandsmerkmale seien, nach der tatbestandlichen Struktur der Anspruchsgrundlage des anwendbaren materiellen Rechts beurteilt werden müsse[818]. Nach dieser Auffassung wäre z.B., wenn es sich bei der lex causae um eine romanische Rechtsordnung handelt, auch der Schadensort zuständigkeitsrelevant[819], da im romanischen Recht die Deliktshaftung im allgemeinen nicht an die Verletzung bestimmter absoluter Rechtsgüter, sondern allein an die Verursachung eines Schadens anknüpft[820].

---

[815] Es stellt sich daher auch nicht die im Rahmen des Begriffs der „unerlaubten Handlung“ diskutierte Frage der Doppelrelevanz (siehe 5. Teil, C); siehe hierzu auch Ost, Doppelrelevante Tatsachen im IZVR, S. 51 f.

[816] Mit einem Gleichklang zwischen Prozessrecht und materiellem Recht wird im Rahmen des Begriffs der „unerlaubten Handlung“ zugunsten der lex causae argumentiert, siehe oben 5. Teil, A, I, 1) und 5. Teil, B, I.

[817] Buchner, Kläger- und Beklagtenschutz, S. 125, aber im Ergebnis ablehnend; Geimer, IZPR, Rn. 1505 ff.; Geimer/Schütze, EuZVR, Art. 5 Rn. 260; die deutsche Bundesregierung im Rahmen des Verfahrens vor dem EuGH in der Rechtssache Marinari./.Lloyds, siehe EuGH, Urteil v. 19.09.1995, Rs. 364/93, JZ 1995, 1107 (1008, Rz. 16 f.); Geimer, JZ 1995, 1107 (1108) der das EuGH-Urteil gegen eine lex causae Auslegung (Marinari./.Lloyds Bank) zwar für richtig hält, dem EuGH aber eine mangelnde Konkretisierung der Auslegungsmethode vorwirft; für eine Auslegung nach dem in der Sache anwendbaren Recht: BGHZ 98, 263 (274).

[818] BGH NJW 1987, 592 (594) zu Art. 5 Nr. 3 EuGVÜ; im Ergebnis ebenso Geimer, IZPR, Rn. 1512;. Ost lehnt zwar eine Auslegung nach der lex causae ab, sieht in der Prüfung der wesentlichen Tatbestandsmerkmale jedoch eine nach materiellen Recht zu klärende „Vorfrage“ (Ost, Doppelrelevante Tatsachen im IZVR, S. 50). Ähnlich Schack, IZVR, Rn. 299.

[819] Zu dieser Problematik auch Geimer, IZPR, Rn. 1505 ff. Überraschenderweise lokalisiert die französische Rechtsprechung den Schadensort bei Presseartikeln allerdings am Verbreitungsort des Presseerzeugnisses und nicht am Sitz des Opfervermögens (Kubis, IZ bei Persönlichkeits- und Immaterialgüterrechtsverletzungen, S. 48, mit Nachweisen zur franz. Rechtsprechung). Zur Unbeachtlichkeit des Schadensortes aus deutscher und europäischer Sicht siehe unten 6. Teil, B, II.

[820] Vgl. hierzu aus deutscher Sicht Zweigert/Kötz, Einführung in die Rechtsvergleichung, S. 619 ff.; außerdem v. Hinden, Persönlichkeitsverletzungen im Internet, S. 21.

Eine Orientierung an der lex causae ist jedoch aus den bereits hinsichtlich der unerlaubten Handlung genannten Gründen abzulehnen[821]. Die Lokalisierung des zuständigkeitsrelevanten Deliktsortes darf nicht davon abhängen, ob die anwendbare Rechtsordnung beispielsweise eine schadensbezogene Generalklausel (romanische Rechtsordnungen) oder einen rechtsgüterbezogenen Deliktstatbestand (deutsche Haftungsnorm) aufweist[822]. Die Ausgestaltung ausländischer Deliktstatbestände soll nicht über die Zuständigkeit deutscher Gerichte gemäß § 32 ZPO entscheiden[823]. Eine Ausrichtung nach dem jeweils anwendbaren Recht würde ferner einer einheitlichen Anwendung der europäischen Regelungen des Art. 5 Nr. 3 EuGVO entgegenstehen. Zudem würde eine Lex-causae-Auslegung dem Ziel des Übereinkommens, sichere und voraussehbare Zuständigkeitszuweisungen festzulegen, widersprechen, da es die Zuständigkeit des Gerichts vom anwendbaren Haftungssystem abhängig machen würde[824].

Ausschlaggebend für die Bestimmung des Handlungs- und Erfolgsortes und die Abgrenzung vom Schadensort sind vielmehr zuständigkeitsautonome Wertungen[825]. Die Lokalisierung des Schwerpunktes des deliktischen Verhältnisses im Sinne der zuständigkeitsrechtlichen Regelungen ist daher anhand zivilprozessualer Gesichtpunkte zu ermitteln.

Zur Bestimmung des Tatortbegriffs sind folglich vorwiegend zivilprozessuale Interessen, das heißt Sinn und Zweck der Zuständigkeitsregelung und deren systematische Stellung, relevant[826]. Sinn und Zweck sowohl von § 32 ZPO als auch von Art. 5 Nr. 3 EuGVO ist die Sach- und Beweisnähe des Gerichts sowie die

---

[821] Siehe oben 5. Teil, A, I, 1) und 5. Teil, B, I. Auch Kubis äußert, dass das anwendbare Recht keine Rolle für die zuständigkeitsrechtliche Bestimmung des Tatorts spielt (Kubis, IZ bei Persönlichkeits- und Immaterialgüterrechtsverletzungen, S. 178). Ebenso Staudinger-Hoffmann, Vorbem. zu Art. 40 EGBGB Rn. 94 (zu Art. 5 Nr. 3 EuGVO).

[822] Buchner, Kläger- und Beklagtenschutz, S. 125.

[823] So auch Kubis, IZ bei Persönlichkeits- und Immaterialgüterrechtsverletzungen, S. 125.

[824] Der EuGH hat sich in seiner so genannten „Rheinwasser-Entscheidung" (EuGH, Urteil v. 30.11.1976, Rs. 21/76 (Bier./.Mines des Potasse), NJW 1977, 493 (493)) für die autonome Auslegung des Ortes „an dem das schädigende Ereignis eingetreten ist" (Art. 5 Nr. 3 EuGVO) entschieden. Dies hat er in der Entscheidung Marinari./.Lloyds (EuGH, Urteil v. 19.09.1995, Rs. 364/93 (Marinari./.Lloyds Bank), JZ 1995, 1107 (1108)) bestätigt und sich ausdrücklich gegen die von der deutschen Regierung vorgeschlagene lex-causae- Auslegung des Art. 5 Nr. 3 EuGVÜ gewandt.

[825] So auch Buchner, Kläger- und Beklagtenschutz, S. 126 ff; Kubis, IZ bei Persönlichkeits- und Immaterialgüterrechtsverletzungen, S. 130; im Ergebnis Kropholler, EuZPR, Art. 5 Rn. 82; Geimer, IZPR, Rn. 1511 f., der allerdings gleichzeitig in Frage stellt, ob ohne die Heranziehung des maßgeblichen Deliktsstatuts zur Bestimmung des Erfolgsortes auf die Dauer praktikable Ergebnisse erzielt werden können.

[826] So auch Schwarz, Der Gerichtsstand der unerlaubten Handlung, S. 49 (bzgl. § 32 ZPO); Buchner, Kläger- und Beklagtenschutz, S. 126 ff; Kubis, IZ bei Persönlichkeits- und Immaterialgüterrechtsverletzungen, S. 130, der insbesondere von der „räumlichen Nähe" zum Forum spricht.

Klägerprivilegierung[827]. Bei beiden Vorschriften handelt es sich zudem um besondere Zuständigkeiten. Angesichts der übereinstimmenden Zielsetzung und systematischen Stellung beider Normen liegt es nahe, diese gleich auszulegen[828]. Eine gemeinsame Darstellung der beiden Regelungen hinsichtlich des Tatortbegriffs bietet sich mithin an.

B. Anknüpfungsorte

Art. 5 Nr. 3 EuGVO erklärt den Gerichtsstand für zuständig, „an dem das schädigende Ereignis eingetreten ist". § 32 ZPO bestimmt das Gericht für zuständig, „in dessen Bezirk die Handlung begangen ist". Obwohl der Wortlaut es keineswegs zwingend nahe legt, wird unter beiden Formulierungen dasselbe verstanden, nämlich der Tatort (auch als Begehungsort bezeichnet)[829]. Als Tatort gilt wiederum sowohl der Handlungs- als auch der Erfolgsort.

I. Handlungs- und Erfolgsort

Hinsichtlich § 32 ZPO gilt jeder Ort als Tatort, an dem eines der wesentlichen Tatbestandsmerkmale verwirklicht wurde. Bei mehraktigen Tatbeständen ist dies sowohl der Ort, an dem der Täter gehandelt hat (Handlungsort), als auch der Ort, an dem in das geschützte Rechtsgut eingegriffen wurde (Erfolgsort)[830].

Art. 5 Nr. 3 EuGVÜ wird vom EuGH dahingehend interpretiert, dass durch die Regelung sowohl der Ort, an dem der Schaden eingetreten ist (Ort der Verwirklichung des Schadenserfolges, Erfolgsort), als auch der Ort an dem das dem Schaden zugrundeliegende Ereignis vorgenommen wurde (Ort des ursächlichen Geschehens, Handlungsort)[831], erfasst wird. Unter dem „Ort der Verwirklichung des Schadenserfolges" ist der Erfolgsort und nicht, wie der Wortlaut zunächst vermuten lässt, der Schadensort zu verstehen. Die Verwendung des Begriffs

---

[827] Siehe oben 5. Teil, A, II, 1), b) und 5. Teil, B, II, 1), d). Die Wortlautauslegung ist bei den europäischen Regelungen wegen der mehreren Sprachfassungen, die notwendig zu Unterschieden zwischen den einzelnen Fassungen führen, nicht so gewichtig (Schwarz, Der Gerichtsstand der unerlaubten Handlung, S. 89 f.).

[828] Kropholler, IPR, § 58 III 3, S. 619, der die Rechtsprechung des EuGH auch bei der Auslegung des § 32 ZPO beachten möchte.

[829] G. Wagner, RabelsZ 62 (1998), 243 (250) m.w.N.

[830] Wieczorek/Schütze-Hausmann, § 32 Rn. 31; Stein/Jonas-Roth, § 32 Rn. 26; Zöller-Vollkommer, § 32 Rn. 16; BGH NJW 1996, 1411 (1413).

[831] EuGH, Urteil v. 30.11.1976, Rs. 21/76 (Bier./.Mines des Potasse), NJW 1977, 493 (493): Klage des niederländischen Gärtnereibetriebes „Bier", der für die Bewässerung seiner Pflanzen Rheinwasser verwandte, gegen die französische Firma „Mines de Potasse d'Alsace", die Salzrückstände in den Rhein eingeleitet hatte.

„Schaden" in der Definition des EuGH erklärt sich durch den Einfluss des romanischen (insbesondere französischen) Rechts und dessen Ausgestaltung der Deliktshaftung als Schadenshaftung, die keine Differenzierung zwischen Rechtsgutverletzung und Schaden kennt[832]. Die Verwendung des Begriffs „Schaden" durch den EuGH ist daher im Sinne des Deliktsbegriffes und damit im weiteren Sinne zu verstehen. Der Rechtsprechung des EuGH zum Tatort ist zu entnehmen ist, dass er inhaltlich nicht an den Schadenseintritt, sondern an die Rechtsgutverletzung anknüpft[833].

Den Formulierungen beider Zuständigkeitsregelungen sind mithin Handlungs- und Erfolgsort als maßgebliche Anknüpfungspunkte zu entnehmen.

II. Schadensort

Dem Schadensort wird hingegen nach h.M. jegliche zuständigkeitsrechtliche Relevanz abgesprochen[834]. Als Schadensort gilt der Ort, an dem weitere über den primären Verletzungserfolg hinausgehende Schadensfolgen, regelmäßig in Form reiner Vermögensschäden, auftreten[835]. Bei Persönlichkeitsrechtsverletzungen ist dies der Ort, an welchem der Betroffene aufgrund der Verletzung

---

[832] Rauscher, ZZP Int. 1 (1996), 151 (160), Kubis, IZ bei Persönlichkeits- und Immaterialgüterrechtsverletzungen, S. 120.

[833] Siehe unten 6. Teil, B, II.

[834] Zu Art. 5 Nr. 3 EuGVO: EuGH, Urteil vom 10.06.2004, Rs. 168/02 (Kronhofer./.Maier), Rn. 18 ff., zu finden unter http://lexetius.com/2004,1135 (Stand: 28.03.2007) (Vermögensmittelpunkt des Verletzten als Schadensort); EuGH Urteil v. 19.09.1995, Rs. 364/63 (Marinari./-Lloyds Bank), JZ 1995, 1107 (1108); EuGH, Urteil v. 11.01.1990, Rs. 220/88 (Dumez France./.Hessische Landesbank), NJW 1991, 631 (632); EuGH, Urteil v. 07.03.1995, Rs. 68/93 (Shevill./.Press Alliance), NJW 1995, 1881 (1882); Kropholler, EuZPR, Art. 5 Rn. 87; Schlosser, EuZPR, Art. 5 Rn. 19; Koch, IPRax 2000, 186 (187 f.); Geimer/Schütze, Internationale Urteilsanerkennung, Bd. I, 1. Hb, § 84 XVI, S. 633.
Zu § 32 ZPO: BGHZ 98, 263 (275); BGH NJW 1980, 1224 (1225); BGH NJW 1977, 1590 (1590); OLG Hamm NJW-RR 1986, 1047 (1047); Kollar, Der Gerichtsstand der unerlaubten Handlung, S. 31 ff.; Kropholler, Internationale Zuständigkeit, in: Handbuch des IZVR, Bd. I, S. 345 f. (Kap. III, Rn. 376) und S. 462 f. (Kap. III, Rn. 695); Schack, UFITA 108 (1988) 51 (69); Geimer, IZPR, Rn. 1501; Wieczorek/Schütze-Hausmann, § 32 Rn. 31 und 64; Baumbach/Lauterbach-Hartmann, § 32 Rn. 23; Stein/Jonas-Roth, § 32 Rn. 29; Musielak-Heinrich, § 32 Rn. 14; Zöller-Vollkommer, § 32 Rn. 16; a. A. Buchner, Kläger- und Beklagtenschutz, S. 145; Schröder, Internationale Zuständigkeit, S. 280.

[835] Wieczorek/Schütze-Hausmann, § 32 Rn. 31; BGH NJW 1977, 1590 (1590). Abweichend definiert Kropholler (Kropholler, EuZPR, Art. 5 Rn. 87) dies als Ort des weiteren Schadenseintritts und versteht unter dem Schadensort den Ort des Erstschadens.

weitere Schäden, z.B. den Verlust seiner Arbeitsstätte oder eines Geschäftsabschlusses, erleidet[836].

Die Unbeachtlichkeit des Schadensortes lässt sich mit zivilprozessualen Gesichtpunkten rechtfertigen. Der durch eine unerlaubte Handlung verursachte (Vermögens-)Schaden tritt regelmäßig am Wohnsitz des Klägers ein, so dass die Berücksichtigung des Schadensortes auf die Anerkennung eines Klägergerichtsstandes hinauslaufen würde[837].

Reine Klägergerichtsstände widersprechen jedoch der in den §§ 12 ff. ZPO und Art. 2 ff. EuGVO zum Ausdruck kommenden Zuständigkeitsordnung[838]. Prinzipiell sind Klagen am allgemeinen Gerichtsstand des Beklagten zu erheben. Von dieser Regel wird lediglich dann abgewichen, wenn das Gericht eine besonders enge Beziehung zum Streitgegenstand hat, die aus Gründen einer geordneten Rechtspflege und einer sachgerechten Gestaltung des Prozesses eine Zuständigkeit an diesem Gericht rechtfertigt[839]. Im Rahmen der Deliktszuständigkeit wird diese Beziehung durch die Ortsbezogenheit der unerlaubten Handlung zum Gerichtsstand begründet. Dem unerwartet Betroffenen wird auf diese Weise ein Wahlgerichtsstand eröffnet[840]. Der Deliktsgerichtsstand dient damit zwar der Privilegierung des Klägers, er soll jedoch zu keiner einseitigen Parteinahme für den Kläger führen[841].

---

[836] Schadensort bei reinen Vermögensschäden ist der Ort, an dem der Verletzte seinen Vermögensmittelpunkt hat. Vergleiche hierzu EuGH, Urteil vom 10.06.2004, Rs. 168/02 (Kronhofer./.Maier), Rn. 18 ff., zu finden unter http://lexetius.com/2004,1135 (Stand: 28.03.2007).

[837] Generalanwalt Darmon in seinem Schlussantrag in der Rechtssache Marinari./.Lloyds Bank, 364/93, Slg. 1995, 2721, Rn. 31; Stoll in seinem Gutachten in der Rechtssache Dumez France./.Hessische Landesbank, 220/88, Slg. 1990 I (S. 49 ff.) Rn. 53 f.; Kubis, IZ bei Persönlichkeits- und Immaterialgüterrechtsverletzungen, S. 119; Wieczorek/Schütze-Hausmann, § 32 Rn. 64; BGH NJW 1977, 1590 (1590).

[838] So auch Schwarz, Der Gerichtsstand der unerlaubten Handlung, S. 46; Löffler, Mediendelikte im IPR und IZPR, S. 197. Art. 3 Nr. 2 EuGVO, der die Anwendung nationaler Bestimmungen ausschließt, die eine Zuständigkeit am Wohnsitz des Klägers vorsehen, zeigt, dass die EuGVO Klägergerichtsstände grundsätzlich ablehnt (EuGH, Urteil v. 11.01.1990, Rs. 220/88 (Dumez France./.Hessische Landesbank), NJW 1991, 631 (632, Tz. 16 ff.); EuGH, Urteil v. 19.09.1995, Rs. 364/93 (Marinari./.Lloyds Bank), JZ 1995, 1107 (1008, Tz. 13)). Zudem erkennt keine Rechtsordnung eines Vertragsstaats einen Klägergerichtsstand an (Schlussantrag des Generalanwalts Darmon in der Rechtssache 68/93 (Shevill./.Presse Alliance), Slg. 1995, I-426).

[839] Kropholler, EuZPR, Art. 5 Rn. 73; EuGH, Urteil v. 30.11.1976, Rs. 21/76 (Bier./.Mines de Potasse), NJW 1977, 493 (493); EuGH, Urteil v. 11.01.1990, Rs. 220/88 (Dumez France./.Hessische Landesbank), NJW 1991, 631 (632, Tz. 17); EuGH, Urteil v. 07.03.1995, Rs. 68/93 (Shevill./.Press Alliance), NJW 1995, 1881 (1882).

[840] Kropholler, EuZPR, Art. 5 Rn. 73; EuGH, Urteil v. 07.03.1995, Rs. 68/93 (Shevill./.Press Alliance), NJW 1995, 1881 (1882).

[841] Hausmann (Wieczorek/Schütze-Hausmann, § 32 Rn. 64) weist auf die Überwertung der Zuständigkeitsinteressen des Klägers auf Kosten des Beklagten hin. Für einen gerechten Aus-

Der Deliktsgerichtsstand will vielmehr einen parteineutralen Gerichtsstand begründen, der sich nach der Eignung des Gerichts für die Entscheidung bestimmt[842]. Dies wird durch das Zuständigkeitsziel der Sach- und Beweisnähe des Gerichts deutlich[843]. Dort, wo die Sachaufklärung und Beweiserhebung am besten und kostengünstigsten ist, soll dem Kläger ein zusätzlicher Gerichtsstand eröffnet werden[844]. Der Ort des Vermögensschadens weist jedoch keine Sachnähe zum aufzuklärenden haftungsbegründenden Ereignis auf, sondern ist allein von den Vermögensdispositionen des Geschädigten abhängig, die typischerweise zu seinem Wohnsitz führen[845]. Einen Klägergerichtsstand zu begründen, ist indessen nicht Sinn und Zweck des Gerichtsstands der unerlaubten Handlung[846].

Mit dieser Begründung wird die Berücksichtigung des Schadensortes zugleich im Rahmen des Art. 5 Nr. 3 EuGVO abgelehnt[847]. Auch der EuGH hat den Tatortbegriff auf den Handlungs- und Erfolgsort eingeschränkt. Dies ergibt sich daraus, dass der Gerichtshof den Wohnsitz eines nur mittelbar Geschädigten[848]

---

gleich der Kläger- und Beklagteninteressen statt eines Klägergerichtsstandes spricht sich ebenso Buchner (Buchner, Kläger- und Beklagtenschutz, S. 128) aus.

842 Der EuGH rechtfertigt die besondere Zuständigkeit des Art. 5 Nr. 3 EuGVÜ mit „Gründen einer geordneten Rechtspflege und einer sachgerechten Gestaltung des Prozesses" (EuGH, Urteil v. 07.03.1995, Rs. 68/93 (Shevill./.Press Alliance), NJW 1995, 1881 (1882)).

843 Der BGH nennt als Sinn des § 32 ZPO, einen Gerichtsstand dort zu eröffnen, wo die sachliche Aufklärung und Beweiserhebung in der Regel am besten, sachlichsten und mit den geringsten Kosten erfolgen kann (BGH NJW 1977, 1590 (1590)). Auch der EuGH nennt die Sach- und Beweisnähe als Rechtfertigung für den besonderen Gerichtsstand des Art. 5 Nr. 3 EuGVO (EuGH, Urteil v. 19.09.1995, Rs. 364/93 (Marinari./.Lloyds Bank), JZ 1995, 1107 (1008); EuGH, Urteil v. 30.11.1976, Rs. 21/76 (Bier./.Mines des Potasse), NJW 1977, 493 (493)).

844 Wieczorek/Schütze-Hausmann, § 32 Rn. 64; BGH NJW 1977, 1590 (1590).

845 Schwarz, Der Gerichtsstand der unerlaubten Handlung, S. 45; BGH NJW 1977, 1590 (1590). Ebenso bemängelt der EuGH die mangelnde Sach- und Beweisnähe am Schadensort (EuGH, Urteil v. 19.09.1995, Rs. 364/93 (Marinari./.Lloyds Bank)), JZ 1995, 1107 (1008); EuGH, Urteil v. 11.01.1990, Rs. 220/88 (Dumez France./.Hessische Landesbank), NJW 1991, 631 (632, Tz. 19)).

846 Dies gilt sowohl für § 32 ZPO als auch für Art. 5 Nr. 3 EuGVO. Vgl. Neumann-Duesberg, NJW 1955, 696 (698); Schack, UFITA 108 (1988), 51 (70); Schack, IZVR, Rn. 304. Für § 32 ZPO: Wieczorek/Schütze-Hausmann, § 32 Rn. 64.

847 Rauscher-Leible, EuZPR, Art. 5 Brüssel I-VO Rn. 86; Generalanwalt Darmon in seinem Schlussantrag in Marinari./.Lloyds Bank, Slg. 1995, 2721, Rn. 31; Kropholler, EuZPR, Art. 5 Rn. 77. Der EuGH hat ausdrücklich jede Auslegung abgelehnt, die zu der Anerkennung einer Zuständigkeit am Wohnsitz des Klägers führen könnte und die dem Kläger dadurch ermöglichen würde, durch die Wahl seines Wohnsitzes das zuständige Gericht zu bestimmen (EuGH, Urteil v. 11.01.1990, Rs. 220/88 (Dumez France./.Hessische Landesbank), NJW 1991, 631 (632, Tz. 19)). Zuletzt: EuGH, Urteil vom 10.06.2004, Rs. 168/02 (Kronhofer./.Maier), Rn. 18 ff., zu finden unter http://lexetius.com/2004,1135 (Stand: 28.03.2007).

848 EuGH, Urteil v. 11.01.1990, Rs. 220/88 (Dumez France./.Hessische Landesbank), NJW 1991, 631 (632).

und den Ort, an dem der Kläger nur Folgeschäden erlitten hat[849], als nicht zuständigkeitsbegründend bezeichnet hat. Trotz der Verwendung des Begriffs „Schaden“ in der Definition des EuGH hinsichtlich des Tatortes, kann der Rechtsprechung des EuGH daher entnommen werden, dass der Gerichtshof hinsichtlich der Tatortbestimmung auf die Rechtsgutverletzung und nicht auf den weiteren Schadenseintritt abstellt[850]. Die Unbeachtlichkeit des Schadensortes entspricht dem Ziel der EuGVO, sichere und voraussehbare Zuständigkeitszuweisungen festzulegen. Dieses Ziel wäre durch die Anknüpfung an ungewisse Umstände, wie mögliche Folgeschäden des Geschädigten an seinem Vermögen, gefährdet[851].

Sowohl im Rahmen von Art. 5 Nr. 3 EuGVO als auch im Anwendungsbereich von § 32 ZPO wird mithin der Schadensort als zuständigkeitsbegründender Anknüpfungsort ausgeschlossen.

III. Tatort bei Pressedelikten

Die Rechtsprechung zum Tatort bei den so genannten Pressedelikten setzt sich bereits mit der Problematik von Persönlichkeitsrechtsverletzungen in Massenmedien auseinander und bietet somit Lösungsansätze zum Tatort bei Persönlichkeitsrechtsverletzungen im Internet.

Der EuGH hat den Tatortbegriff für Pressedelikte i.S.d. Art. 5 Nr. 3 EuGVÜ in der Entscheidung Shevill./.Press Alliance präzisiert[852]. Hiernach kann der Betroffene eine Schadensersatzklage wegen Ehrverletzung gegen den Herausgeber des Presseartikels sowohl in dem Vertragsstaat, in dem der Herausgeber nieder-

---

[849] EuGH, Urteil v. 19.09.1995, Rs. 364/93 (Marinari./.Lloyds Bank), JZ 1995, 1107 (1008, Rz. 15); ebenso Kiethe, NJW 1994, 222 (225).

[850] So auch Schlosser, EuZPR, Art. 5 Rn. 19 und Lundstedt, GRUR Int. 2001, 103 (109).

[851] EuGH, Urteil v. 19.09.1995, Rs. 364/93 (Marinari./.Lloyds Bank), JZ 1995, 1107 (1008, Rz. 19); Kropholler, EuZPR, Art. 5 Rn. 88. Der Ort des Vermögensschadens ist abhängig von den Vermögensdispositionen des Geschädigten und hat keinen unmittelbaren Bezug mehr zum deliktischen Ereignis.

[852] In der Rechtssache Shevill./.Press Alliance ging es um die Frage, in welchem Vertragsstaat Schadensersatzklagen wegen Ehrverletzungen durch Presseartikel erhoben werden können. Die von der in Paris niedergelassenen Presse Alliance SA herausgegebene Zeitung France Soir veröffentlichte einen Artikel, der eine Mitarbeiterin der französischen Firma Chequepoint, die britische Staatsangehörige Frau Shevill, sowie die von Chequepoint SARL in Paris betriebenen Wechselstuben in Zusammenhang mit Drogenhandel oder Geldwäsche brachte. Daraufhin erhoben unter anderem Chequepoint SARL und Fiona Shevill, die nach Großbritannien zurückgekehrt war, vor den britischen Gerichten Schadensersatzklage gegen Presse Alliance wegen Ehrverletzung. Die France Soir wird hauptsächlich in Frankreich und nur im geringen Maße in Großbritannien verbreitet. Presse Alliance rügte die Zuständigkeit der britischen Gerichte.

gelassen ist (Ort des ursächlichen Geschehens)[853], als auch in jedem Vertragsstaat, in dem die Veröffentlichung verbreitet und das Ansehen des Betroffenen nach dessen Behauptung beeinträchtigt worden ist (Ort der Verwirklichung des Schadenserfolges), erheben[854].

Der BGH benennt hinsichtlich der Persönlichkeitsrechtsverletzungen in der Presse den Erscheinungs- und den Verbreitungsort des Druckwerks als Tatort i.S.d. § 32 ZPO[855]. Ein Verbreiten liege allerdings nur dann vor, wenn die Information dritten Personen bestimmungsgemäß und nicht bloß zufällig zur Kenntnis gebracht wird[856].

Wie in den vom EuGH und BGH betrachteten herkömmlichen Massenmedien geht es auch im Internet um die Übermittlung von Informationen an verschiedene Orte. Maßgebliche Unterschiede sind allerdings der Grad der Verbreitung, der im Internet wesentlich höher – nämlich weltweit – ist, sowie die Kosten für die Verbreitung, die im Internet außerordentlich gering sind. Nicht zuletzt aus diesen Gründen veröffentlichen zahlreiche Presseorgane ihre Printmedien inzwischen auch im Internet[857]. Ein wesentlicher Unterschied zwischen den herkömmlichen Massenmedien und dem Internet ist zudem, dass es dem Inhalteanbieter im Internet im Gegensatz zum Presseunternehmen oder Radio- und Fernsehsender nicht in zuverlässiger und zumutbarer Weise möglich ist, sein Verbreitungsgebiet zu beschränken[858].

Aufgrund des unterschiedlichen Verbreitungsgrades und der Möglichkeit der Beschränkung des Verbreitungsgebietes bei Pressedelikten im Gegensatz zur mangelnden Beschränkungsmöglichkeit im Internet, kann nicht zwingend von einer parallelen Behandlung der Presse- und der Internetdelikte ausgegangen werden. Die strukturelle Vergleichbarkeit der Sachverhalte legt jedoch eine Auseinandersetzung mit den in der Rechtsprechung zu Pressedelikten entwickelten Grundsätzen nahe. Im Rahmen der folgenden Untersuchung wird daher an verschiedener Stelle auf die Rechtsprechung zu Pressedelikten eingegangen.

---

[853] Mit der Begründung, von diesem Ort aus nahm das schädigende Ereignis seinen Ausgang und von ihm aus wurde die ehrverletzende Äußerung gemacht und in Umlauf gebracht (EuGH, Urteil v. 07.03.1995, Rs. 68/93 (Shevill./.Press Alliance), NJW 1995, 1881 (1882, Tz. 24)).

[854] EuGH, Urteil v. 07.03.1995, Rs. 68/93 (Shevill./.Press Alliance), NJW 1995, 1881 (1882).

[855] BGH NJW 1977, 1590 (1590) m.w.N.

[856] BGH NJW 1977, 1590 (1590); OLG München OLGZ 1987, 217 – Opus Dei; OLG Köln MDR 1973, 143 (143); Schack, UFITA 108 (1988), 51 (71); Wieczorek/Schütze-Hausmann, § 32 Rn. 41.

[857] Elektronische Publikationen existieren als Online-Version eines Print-Erzeugnisses oder als originäres Online-Erzeugnis, das nur über elektronische Medien verfügbar ist. Inzwischen bieten auch Hörfunksender ihre Inhalte über das Internet an.

[858] Zu der Frage der technischen Möglichkeiten zur geographischen Beschränkung des Abrufgebietes siehe unten 8. Teil, B, II, 1), b), aa).

IV. Wahlrecht

Bei einem typischen Verletzungstatbestand i.S.d. Deliktsrechts, z.B. im Rahmen eines Verkehrsunfalls[859], fallen Handlungs- und Erfolgsort regelmäßig zusammen. Anders ist dies bei den so genannten Distanz- und Streudelikten, die insbesondere im Internet vorzufinden sind. Von Distanzdelikten spricht man, wenn die Teilakte einer unerlaubten Handlung nicht alle in demselben, sondern in verschiedenen Gerichtsstaaten verwirklicht werden, und damit zum Auseinanderfallen von Handlungs- und Erfolgsort führen. Bei Streudelikten verursacht eine Handlung an mehreren Orten zugleich einen unmittelbaren Schadenserfolg und damit eine Mehrzahl von Erfolgsorten[860].

Das Auseinanderfallen von Handlungs- und Erfolgsort ist im Internet die Regel. Ebenso entsteht meist eine Mehrzahl von Erfolgsorten. Beispielsweise kann eine beleidigende E-Mail in den USA geschrieben und in Deutschland empfangen werden. Ein wahrheitswidriger Artikel auf den Web-Seiten einer deutschen Zeitschrift über das englische Königshaus kann unter anderem in den USA, in China und in Australien gelesen werden. Bereits in den herkömmlichen Massenmedien, wie Rundfunk, Fernsehen und Zeitung, entsteht eine Vielzahl von Erfolgsorten. Durch die Allgegenwart des Internet wird im Netz die Anzahl der möglichen Erfolgsorte jedoch nochmals übertroffen.

Fallen Handlungs- und Erfolgsort auseinander oder entsteht eine Mehrzahl von Erfolgsorten, so kann der Kläger zwischen den Gerichtsständen wählen[861]. Das Wahlrecht zwischen Handlungs- und Erfolgsort folgt im Rahmen des § 32 ZPO aus dem Ubiquitätsprinzip i.V.m. dem allgemeinen Wahlrecht aus § 35 ZPO. Das Ubiquitätsprinzip setzt fest, dass sämtliche Handlungs- und Erfolgsorte gleichwertig sind[862], während das allgemeine Wahlrecht aus § 35 ZPO dem Kläger das Wahlrecht zwischen mehreren zuständigen Gerichtsständen gibt.

In Bezug auf Art. 5 Nr. 3 EuGVO hat der EuGH die Gleichwertigkeit von Handlungs- und Erfolgsorten[863] und damit die Wahlmöglichkeit des Klägers aus dem Sinn und Zweck der besonderen Zuständigkeiten nach Art. 5 EuGVO ge-

---

[859] Der Verkehrsunfall liegt der Schaffung des Gerichtsstands der unerlaubten Handlung zugrunde.

[860] Schack, IZVR, Rn. 293; Wieczorek/Schütze-Hausmann, § 32 Rn. 35.

[861] BGH NJW 1996, 1411 (1412 f.); Kropholler, Internationale Zuständigkeit, in: Handbuch des IZVR, Bd. I, S. 345 (Kap. III, Rn. 376); Schack, IZVR, Rn. 293; G. Wagner, RabelsZ 62 (1998), 243 (250) m.w.N.; Stein/Jonas-Roth, § 32 Rn. 26. Zur Wahl zwischen Handlungs- und Erfolgsort bei Art. 5 Nr. 3: EuGH, Urteil v. 30.11.1976, Rs. 21/76 (Bier./.Mines des Potasse), NJW 1977, 493 (493).

[862] RGZ 27, 418 (419 f.); RGZ 72, 41 (43 f.); Schack, IZVR, Rn. 293.

[863] Im Kollisionsrecht wird die Berücksichtigung sowohl des Handlungs- als auch des Erfolgsortes hingegen mit den beiden Hauptfunktionen des Haftungsrechts, Verhaltenssteuerung und Ausgleich, begründet, vgl. hierzu Staudinger-Hoffmann, Art. 40 EGBGB Rn. 3 f.

schlossen[864]. Der die besondere Zuständigkeit bedingende enge Zusammenhang zwischen der Streitigkeit und dem entscheidenden Gericht sei sowohl am Handlungs- als auch am Erfolgsort zu finden. An beiden Orten werden wesentliche Tatbestandsmerkmale der unerlaubten Handlung verwirklicht, so dass je nach Lage des Falles beide Orte in gleicher Weise für die Beweiserhebung und Sachaufklärung bedeutend und damit für die sachgerechte Gestaltung des Prozesses förderlich sein können[865].

Der EuGH begründet die Maßgeblichkeit beider Deliktsorte weiterhin damit, dass die Auswahl nur einer der beiden Orte nicht interessengerecht wäre. So würde die alleinige Geltung des Ortes des ursächlichen Geschehens (Handlungsort) dazu führen, dass in den meisten Fällen die vorgesehenen Gerichtsstände von Art. 2 (allgemeiner Gerichtsstand am Wohnsitz des Beklagten) und Art. 5 Nr. 3 EuGVO zusammenfielen, wodurch der Deliktsgerichtsstand seine Wirksamkeit verlöre. Fielen Wohnsitz und Handlungsort hingegen auseinander, so würde eine Klagemöglichkeit nur am Erfolgsort wiederum einen der Schadensursache besonders nahen Gerichtsstand ausschließen[866]. Ein Blick auf die nationalen Regelungen und die Rechtsprechung der Mitgliedsstaaten zeigt, dass auch dort sowohl dem Handlungs- als auch dem Erfolgsort zuständigkeitsbegründende Bedeutung beigemessen wird[867].

Das Wahlrecht des Klägers eröffnet dem Rechtssuchenden die Möglichkeit des so genannten forum shopping[868]. Hierunter versteht man das Ausnutzen der Gerichtsstandswahl zur Sicherung rechtlicher Vorteile. Rechtsvorteile bieten sich dem Kläger durch die Möglichkeit der mittelbaren Einflussnahme auf die Anwendung eines dem Kläger günstigen Sach- oder Prozessrechts[869]. Auf das anwendbare Sachrecht nimmt der Kläger über das im Forumstaat geltende Kollisionsrecht Einfluss[870]. Wichtige materiellrechtliche Motive für das forum shopping bei Persönlichkeitsrechtsverletzungen sind die Gewichtung der Meinungsfreiheit bei der Abwägung mit dem Persönlichkeitsrecht, die Existenz eines Gegendarstellungsrechts und die Höhe der zu erwartenden Schadensersatzleistungen. Prozessuale Motive für das forum shopping können Beweisvorteile, ein schnelleres Verfahren, Ausforschungsmöglichkeiten (in den USA und England

---

[864] EuGH, Urteil v. 30.11.1976, Rs. 21/76 (Bier./.Mines des Potasse), NJW 1977, 493 (493).

[865] Kropholler, EuZPR, Art. 5 Rn. 82.

[866] EuGH, Urteil v. 30.11.1976, Rs. 21/76 (Bier./.Mines des Potasse), NJW 1977, 493 (493).

[867] EuGH, Urteil v. 30.11.1976, Rs. 21/76 (Bier./.Mines des Potasse), NJW 1977, 493 (493); Kropholler, EuZPR, Art. 5 Rn. 73; Eine rechtsvergleichende Betrachtung bietet Gleichauf, Das postmortale Persönlichkeitsrecht im internationalen Privatrecht, S. 391 ff.

[868] Schack, IZVR, Rn. 293, 222.

[869] Schack, IZVR, Rn. 221, 223 ff.

[870] Zu den Bestrebungen der Vereinheitlichung des Kollisionsrechts für außervertragliche Schuldverhältnisse auf europäischer Ebene vgl. Fn. 943.

das so genannte Discovery-Verfahren), Verfahrenskosten und Vollstreckungsvorteile sein[871].

Um diese Möglichkeit des forum shopping einzugrenzen werden verschiedenartige Beschränkungen des Wahlrechts und der Tatortauslegung vertreten[872], welche an späterer Stelle eingehend dargestellt und untersucht werden[873]. Die Einschränkungen des Ubiquitätsprinzips zeigen sich insbesondere im Rahmen der Auslegung des Tatortbegriffs. Eine restriktive Auslegung zugunsten nur weniger oder nur eines Anknüpfungspunktes beschränkt das Wahlrecht des Klägers und damit auch die Möglichkeit des forum shopping.

Im Rahmen der Diskussion um die Auslegung des Handlungsortes wird daher teilweise gefordert, dass der Handlungsort ausschließlich am Ort des Einspeisens der Nachricht ins Internet[874] bzw. bei Unternehmen am Ort der Entscheidung zu finden ist[875]. Eine andere Auffassung sieht den Standort des Servers als alleinigen Anknüpfungspunkt für den Handlungsort[876].

Hinsichtlich des Erfolgsortes wird vorgeschlagen, schon wegen der fehlenden Möglichkeit, das Persönlichkeitsrecht zu lokalisieren, auf die Anknüpfung an den Erfolgsort ganz zu verzichten oder diese auf den gewöhnlichen Aufenthaltsort des Verletzten zu beschränken[877]. Nach anderer Ansicht ist das Ubiquitätsprinzip dahingehend zu verkürzen, dass als Erfolgsort nur das Gebiet der bestimmungsgemäßen Verbreitung in Betracht kommt[878]. Weitere einschränkende Anknüpfungspunkte, die vertreten werden, sind u.a. der Betriebsort des Systems[879], der quantitative Schwerpunkt der Verbreitung[880], der Lebensmittelpunkt des Geschädigten[881] oder eine Anknüpfung anhand der Zielortbestimmung oder

---

871 Schack, IZVR, Rn. 225 ff.

872 Fricke lehnt eine Beschränkung der Erfolgsortgerichtsstände, allein um den Gefahren des forum shopping zu begegnen, ab (Fricke, Unterlassungsanspruch gegen Presseunternehmen im IPR, S. 307). Ebenso vertritt Wüllrich die Auffassung, dass es sich beim legitimen forum shopping um ein Problem handelt, dass durch eine Vereinheitlichung der Regeln auf kollisionsrechtlicher Ebene gelöst werden muss, nicht aber auf Kosten der internationalen Zuständigkeit (Wüllrich, Das Persönlichkeitsrecht des Einzelnen im Internet, S. 224, 257).

873 Eingehend zur Tatortauslegung siehe unten 7. Teil (zum Handlungsort) sowie 8. Teil (zum Erfolgsort), zudem 9. Teil, A und B, I (zur beschränkten Kognitionsbefugnis). Zum Bedürfnis nach einer Einschränkung des Ubiquitätsprinzips vgl. ebenso Schack, IZVR, Rn. 293; Schack, UFITA 108 (1988), 51 (63 f. für das Kollisionsrecht, 70 f. für das Zuständigkeitsrecht); Schröder, Internationale Zuständigkeit, S. 278 ff. (zur „last event rule“); Wüllrich, Das Persönlichkeitsrecht des Einzelnen im Internet, S. 225 ff.

874 Siehe unten 7. Teil, A, I.

875 Siehe unten 7. Teil, A, II.

876 Siehe unten 7. Teil, A, IV.

877 Siehe unten 8. Teil, A, I und III.

878 Siehe unten 8. Teil, B, II, 1), c).

879 Siehe unten 8. Teil, B, II, 1), f).

880 Siehe unten 8. Teil, B, II, 1), g).

881 Siehe unten 8. Teil, B, II, 1), e).

Herkunftserklärung zu Beginn der Web-Seite[882]. Wiederum andere begrenzen das Ubiquitätsprinzip, indem sie eine besondere Beziehung des Verletzten zum Forumstaat[883] oder die dortige Bekanntheit des Verletzten[884] verlangen.

Eine weitere Einschränkung erfährt das Ubiquitätsprinzip durch die vom EuGH vertretene beschränkte Entscheidungsbefugnis der Erfolgsortgerichte (so genannte Mosaikbeurteilung)[885]. Die nach dem Ubiquitätsprinzip geltende Gleichwertigkeit der Anknüpfungspunkte wird im Rahmen der Mosaikbeurteilung des EuGH nicht gewahrt. Der Erfolgsort verliert seine Gleichwertigkeit gegenüber dem Handlungsort, wenn am Ort des tatbestandlichen Erfolges nur der in diesem Staat entstandene Schaden geltend gemacht werden kann, während am Handlungsort über den gesamten Schaden entschieden werden kann.

Eine Einschränkung des Ubiquitätsprinzips ist zwar erforderlich, sie muss allerdings den Interessen beider Parteien gerecht werden. Es ist sowohl das Interesse des Klägers an einer leichten Rechtsverfolgung als auch das Verlangen des Beklagten nach einem Schutz vor möglicherweise unberechtigten Angriffen zu beachten[886]. Im Rahmen dieser Arbeit wird daher eine Anknüpfungsmethode entwickelt, die sich am Ausgleich der widerstreitenden Interessen orientiert. Die Suche nach einem Interessenausgleich orientiert sich an den dem Deliktsgerichtsstand zugrundeliegenden Interessen der Sach- und Beweisnähe sowie der Klägerprivilegierung.

[882] Siehe unten 8. Teil, B, II, 1), h).
[883] Siehe unten 8. Teil, B, II, 1), l).
[884] Siehe unten 8. Teil, B, II, 1), k).
[885] Siehe hierzu eingehend 9. Teil, A und B, I.
[886] Schack, IZVR, Rn. 293.

7. Teil: Der Handlungsort

Der folgende Abschnitt untersucht den Handlungsort und damit die Frage, wo dieser bei Persönlichkeitsrechtsverletzungen im Internet zu lokalisieren ist. Es werden zunächst die bestehenden Anknüpfungsvorschläge zur Handlungsortbestimmung im Internet dargestellt. Sodann wird geklärt werden, anhand welcher Kriterien die zuständigkeitsrelevante von der zuständigkeitsrechtlich unbedeutenden Handlung abzugrenzen ist. Hierbei stellt sich die Frage, ob für die Suche nach dem Handlungsort im Zuständigkeitsrecht eine Abgrenzung von Vorbereitungs- und Ausführungshandlung in Betracht kommt. Im Anschluss folgt eine Abgrenzung der Handlungselemente anhand der zuständigkeitsrechtlichen Interessen, im Rahmen derer eine Bewertung der vorgeschlagenen Anknüpfungsorte erfolgt.

Denkbare Persönlichkeitsrechtsverletzungen im Internet sind, wie oben dargestellt[887], die unberechtigte Veröffentlichung eines Bildes, die unberechtigte Benutzung eines Namens, die Behauptung unwahrer Tatsachen, die ehrverletzende Äußerung, die unberechtigte Nutzung von Persönlichkeitsbestandteilen, die Veröffentlichung persönlicher Informationen und die Belästigung durch „Spam". Es bleibt die Frage an welchem Ort diese Handlungen im zuständigkeitsrechtlichen Sinne ausgeführt wurden.

Als Handlungsort gilt der Ort, an dem eine deliktische Ausführungshandlung mit Außenwirkung ganz oder teilweise vorgenommen wurde[888]. Möglich sind auch mehrere Handlungsorte, sofern sich die deliktische Handlung aus mehreren Teilakten zusammensetzt[889].

Persönlichkeitsrechtsverletzungen realisieren sich typischerweise in mehraktigen Geschehensabläufen. Dies kann zu räumlich und zeitlich gestreckten Handlungen führen, deren Einzelakte an unterschiedlichen Orten stattfinden. Bei Persönlichkeitsrechtsverletzungen im Internet eröffnet dies eine Vielzahl von denkbaren Handlungsorten. Zur Veranschaulichung ein Beispiel: Ein deutscher Journalist recherchiert in Großbritannien für eine brisante Geschichte über das englische Königshaus. Auf seiner Rückreise durch Belgien verfasst er einen Artikel und schmückt ihn mit erfundenen, ehrverletzenden Details aus. Nach seiner Rückkehr bietet er den Bericht einer deutschen Boulevardzeitung an, die diesen

---

[887] Siehe oben 2. Teil, A.

[888] BayOLG NJW-RR 1996, 508 (509); Wieczorek/Schütze-Hausmann, § 32 Rn. 32; Musielak-Heinrich, § 32 Rn. 15; Zöller-Vollkommer, § 32 Rn. 16; Schwarz, Der Gerichtsstand der unerlaubten Handlung, S. 42; Geimer/Schütze, EuZVR, Art. 5 Rn. 248.

[889] Schwarz, Der Gerichtsstand der unerlaubten Handlung, S. 42.

in ihrer Internetausgabe veröffentlicht, indem sie den Artikel von ihrem Verlagssitz aus auf ihren Server in Antigua einspeist. Während des Hochladens durchläuft der Artikel mehrere Vermittlungsrechner in unterschiedlichen Staaten. Die inkriminierte Web-Seite wird von Nutzern aus verschiedenen Staaten abgerufen. Zur Datenübertragung wird der Bericht in kleine Datenpakete zerlegt, die jeweils für sich auf unterschiedlichen geographischen Wegen zum Zielrechner gelangen[890].

An diesem Beispiel wird ersichtlich, dass die Entwicklung, inhaltliche Konzeption bzw. Fixierung, endgültige Entäußerung und der Zugang des persönlichkeitsrechts-verletzenden Artikels räumlich und zeitlich auseinander fallen können. Für die Bestimmung des Handlungsortes im Internet bieten sich daher eine Vielzahl verschiedener Anknüpfungspunkte an.

A. Lösungsvorschläge für die Handlungsortanknüpfung im Internet

Im Folgenden werden die in der Literatur und Rechtsprechung vertretenen Lösungsansätze für die Handlungsortanknüpfung im Internet dargestellt. Im Zuständigkeitsrecht wird die Diskussion um die richtige Anknüpfung des Handlungsortes im Internet in enger Anlehnung an die Lösungsvorschläge im Kollisionsrecht geführt. Aus diesem Grund werden die Anknüpfungsvorschläge des Kollisionsrechts mitaufgeführt, zumal diese vielfach bereits ins Zuständigkeitsrecht übertragen wurden.

I. Ort des Einspeisens

Sämtliche Verletzungsmöglichkeiten im Internet müssen vor der Kenntnisnahme zunächst in das Netz eingespeist worden sein. Das Einspeisen in das Netz bedeutet die Entäußerung der inkriminierten Web-Seite oder E-Mail. Die Handlung des Einspeisens ist hiermit ein wesentlicher Teilakt der unerlaubten Handlung, da sie Voraussetzung für die Kenntnisnahme der inkriminierten Inhalte ist.

Es wird daher vielfach die Meinung vertreten, dass bei Internetdelikten der Ort des Einspeisens, genauer gesagt der Ort, von dem aus der Inhalteanbieter die Information zwecks Einspeisung in das Internet absendet, der anknüpfungsrelevante Handlungsort sei[891]. Bei festvernetzten Computern sei dies der Standort

---

[890] Zum Zugang zum Internet vgl. Bachmann, IPRax 1998, 179 (180).

[891] Pansch, The European Legal Forum 2000/01, 353 (355) (zu Art. 5 Nr. 3 EuGVÜ); Bachmann (Bachmann, IPRax 1998, 179 (182)), die als Ort des Einspeisens den Standort des Computers des Täters nennt (zum Zuständigkeitsrecht); Ernst, BB 1997, 1057 (1059) (zum Zuständigkeitsrecht); Wüllrich, Das Persönlichkeistrecht des Einzelnen im Internet, S. 232 f. (zum Zuständigkeitsrecht); Kristin, Das Deliktsstatut bei Persönlichkeitsrechtsverletzungen

des benutzten Computers, bei tragbaren Computern gelte der Ort, an dem sich der Verletzer Zugang zum Netz verschaffe, als Ort des Einspeisens.

Am Ort des Einspeisens liege der aktive und steuerbare Teil der Verletzerhandlung des Täters[892]. Mit dem Absenden an den Server habe der Täter alles seinerseits Erforderliche getan, damit die Nachricht Dritten zur Kenntnis gelangt[893]. Die verletzenden Äußerungen verließen in diesem Moment den Herrschaftsbereich des Inhalteanbieters[894], so dass sich die Gefahr für das Rechtsgut mit dem Einspeisen objektiv realisiere[895]. Mit dem Absenden würde endgültig die Entscheidung über die Veröffentlichung der verletzenden Inhalte getroffen, der weitere Teil der Veröffentlichung geschähe nun automatisch. Da bei Briefdelikten nach h.M. der Ort der Absendung als zuständigkeitsrechtlicher Handlungsort gilt[896], müsse auch bei E-Mails der Ort maßgeblich sein, an dem der Täter den Absendebefehl über seine Computertastatur eingibt[897]. Gleiches gelte für die Absendung eines Web-Angebots zwecks Einspeisung.

Die Anknüpfung an den Ort des Einspeisens führt allerdings zu Beweisproblemen auf Seiten des Klägers. Die Ermittlung des Computers, den der Täter zum Abschicken seiner Daten verwendet hat, ist aufgrund von Verschlüsselungstechniken oft sehr schwierig[898]. Noch schwieriger gestaltet sich die Lokalisierung des Computers, wenn der Täter einen tragbaren Computer, unter Umständen noch in Verbindung mit einem Mobiltelefon, oder ein UMTS-Gerät benutzt hat.

über das Internet, S. 128 ff. (zum Kollisionsrecht); v. Hinden, Persönlichkeitsverletzungen im Internet, S. 68 ff. (zum Kollisionsrecht); Mankowski, RabelsZ 63 (1999), 203 (257 ff.) (zum Kollisionsrecht). Ablehnend Löffler, Mediendelikte im IPR und IZPR, S. 253, 262 (zum Kollisionsrecht und Zuständigkeitsrecht), mit der Argumentation, dass der Absendestandort nicht einwandfrei ermittelbar und die Manipulationsgefahr zu groß sei. Allerdings bezieht er sich bei seiner Kritik auf den Standort des Servers. Aus diesem Grunde wird nicht ersichtlich, ob Löffler sich schließlich gegen den Ort der Einspeisung oder gegen den Standort des Servers wendet.

[892] Kristin, Das Deliktsstatut bei Persönlichkeitsrechtsverletzungen über das Internet, S. 128 (zum Kollisionsrecht).

[893] Bachmann, IPRax 1998, 179 (182) (zum Zuständigkeitsrecht).

[894] v. Hinden, Persönlichkeitsverletzungen im Internet, S. 68 (zum Kollisionsrecht).

[895] Wüllrich, Das Persönlichkeistrecht des Einzelnen im Internet, S. 232 (zum Zuständigkeitsrecht).

[896] Zöller-Vollkommer, § 32 Rn. 17; MüKo-Patzina, ZPO, § 32 Rn. 23; Stein/Jonas-Roth, § 32 Rn. 32; Musielak-Heinrich, § 32 Rn. 16; RGZ 27, 419 (420); BGHZ 40, 391 (394); Geimer/Schütze, EuZVR, Art. 5 Rn. 251. A.A. (zum Kollisionsrecht) Schack, UFITA 108 (1988), 51 (65, Fn. 71): Erst der Ort der Übermittlung des Briefes an seinen Empfänger sei die eigentliche vom Täterwillen getragene Handlung, die den Handlungsort begründet. Schreiben und Absenden seien hingegen Vorbereitungshandlungen.

[897] v. Hinden, Persönlichkeitsverletzungen im Internet, S. 68 (zum Kollisionsrecht).

[898] Die Ermittlung des Eingabeortes kann unmöglich oder nur zu immens hohen Kosten möglich sein (Mankowski, RabelsZ 63 (1999), 203 (258)).

Der Kläger, der für den Tatort die Beweislast trägt[899], kann daher leicht in Beweisnot geraten. Die den Einspeisungsort vertretene Auffassung erkennt die mögliche Beweisnot des Klägers[900] und schlägt zu deren Vermeidung eine widerlegbare Vermutung bezüglich des Einspeisungsortes vor[901]. Soweit es sich bei dem Beklagten um ein großes Unternehmen handelt, wird der Unternehmenssitz als Einspeisungsort vermutet. Bei Privatpersonen soll hingegen der gewöhnliche Aufenthalt als regelmäßiger Ort des Einspeisens vermutet werden[902].

II. Ort der Entscheidung bei Unternehmen

Die Bedeutung der Handlung des Einspeisens tritt bei größeren Unternehmen aufgrund deren arbeitsteiliger Organisation gegenüber den maßgeblichen Entscheidungen hinsichtlich der verletzenden Inhalte und deren Veröffentlichung in den Hintergrund. Beispielsweise ist bei Medienunternehmen, die eine Online-Ausgabe ihrer Printmedien anbieten, die Handlung des auf Weisung der Redaktion handelnden einspeisenden Mitarbeiters nicht als wesentlicher Teilakt der unerlaubten Handlung zu qualifizieren.

Aus diesem Grund differenziert v. Hinden[903] hinsichtlich des Handlungsortes danach, ob es sich bei dem vermeintlichen Verletzer des Persönlichkeitsrechts um eine natürliche Person oder ein Medienunternehmen handelt. Bei Medienunternehmen trete an die Stelle des Absendeortes aufgrund der arbeitsteiligen Or-

---

[899] Der Kläger trägt die Beweislast für die für ihn günstigen Tatsachen (Zöller-Greger, Vor § 284 Rn. 17, 20). Da der Tatort keine doppelrelevante Tatsache darstellt, reicht selbst nach h.M. kein schlüssiger Vortrag (siehe oben 6. Teil, A).

[900] Bachmann (Bachmann, IPRax 1998, 179 ff.) äußert sich leider nicht zur Beweisproblematik.

[901] Lurger, Internationales Deliktsrecht und Internet, in: Basedow (u.a.), Aufbruch nach Europa, S. 479 (494) (zum Kollisionsrecht und Zuständigkeitsrecht); Kristin, Das Deliktsstatut bei Persönlichkeitsrechtsverletzungen über das Internet, S. 129 (zum Kollisionsrecht); v. Hinden, Persönlichkeitsverletzungen im Internet, S. 71 ff. (zum Kollisionsrecht); Mankowski (RabelsZ 63 (1999), 203 (258 ff.) (zum Kollisionsrecht)) spricht sich für eine Beweislastumkehr aus, die den Anbieter zwingt, seine Einspeisungsvorgänge zu dokumentieren, da sonst der Verletzte willkürlich einen für ihn günstigen Handlungsort behaupten kann. Ebenso diskutiert, aber abgelehnt, wird ein Auskunftsanspruch (Mankowski, RabelsZ 63 (1999), 203 (261) (zum Kollisionsrecht)); Kristin, Das Deliktsstatut bei Persönlichkeitsrechtsverletzungen über das Internet, S. 130 (zum Kollisionsrecht).

[902] v. Hinden, Persönlichkeitsverletzungen im Internet, S. 72 (zum Kollisionsrecht); Kristin, Das Deliktsstatut bei Persönlichkeitsrechtsverletzungen über das Internet, S. 129 (zum Kollisionsrecht); Lurger, Internationales Deliktsrecht und Internet, in: Basedow (u.a.), Aufbruch nach Europa, S. 479 (494) (zum Kollisionsrecht und Zuständigkeitsrecht).

[903] v. Hinden, Persönlichkeitsverletzungen im Internet, S. 69 und 58 ff. (zum Kollisionsrecht).

ganisation der Ort des Entscheidungszentrums. Lägen komplexe Betriebsabläufe vor, so müsse eine am Wesen des Delikts orientierte, unrechtsbezogene Schwerpunktbetrachtung vorgenommen werden. Hiernach sei die Entscheidung über die Veröffentlichung maßgeblich, die in Medienunternehmen nicht erst im Moment der Einspeisung durch einen technisch versierten Mitarbeiter, sondern bereits zuvor durch die Redaktion getroffen würde[904]. Unbeachtlich sei hingegen der Ort, an dem ein verletzender Artikel verfasst wird, da in diesem Moment noch keine Gefahr bestünde und der Verlag nicht für das Verfassen, sondern für die Entscheidung über die Veröffentlichung hafte[905]. Insofern ergäben sich bei Online-Ausgaben einer Zeitung keine Besonderheiten gegenüber herkömmlichen Massenmedien. Das Entscheidungszentrum würde regelmäßig mit dem Sitz des Verlages übereinstimmen.

III. Ort der Angebotskonzeption und -entwicklung

Des Weiteren könnte der Ort der Angebotskonzeption und -entwicklung der Internetinhalte ein Anknüpfungsmoment für den Handlungsort sein.

Persönlichkeitsrechtsverletzungen liegen typischerweise mehraktige Handlungen zugrunde. Die wesentlichen Stufen einer Persönlichkeitsrechtsverletzung bilden in der Regel die Konzeption des Erklärungsinhalts und der eigentliche Erklärungsakt. Ohne die inhaltliche Ausgestaltung entsteht keine persönlichkeitsrelevante Erklärung und ohne Entäußerung in die Öffentlichkeit kommt es zu keiner Verletzung.

Mankowski[906] ist hinsichtlich des Kollisionsrechts daher der Auffassung, dass für Delikte, bei denen es auf den Inhalt ankommt, neben dem Ort des Einspeisens auch der Ort, an dem die Inhalte konzipiert und entwickelt wurden, anknüpfungsrelevant ist. Abgesehen vom Beginn der Verbreitung sei auch auf die intellektuelle Leistung, welche die Substanz des deliktischen Handelns bilde, abzustellen. Die Grenzziehung zwischen Vorbereitung und Beginn des deliktischen Handelns könne in den verschiedenen Sachrechten voneinander abweichen. Vorbereitungshandlungen seien daher nicht bereits kollisionsrechtlich auszugrenzen, sondern die Abgrenzung sei dem Sachrecht zu überlassen. Dem Vorwurf der exzessiven Ausdehnung des Ubiquitätsprinzips durch die Vermehrung

---

[904] Berger spricht daher vom Ort, an dem der Upload eines Werks vom Rechtsverletzer veranlasst wurde (Berger, GRURInt. 2005, 465 (467)).

[905] Diese abweichende Anknüpfung bei Unternehmen mit internationaler Arbeitsteilung entspricht der zuständigkeitsrechtlichen Anknüpfung im Rahmen der Produkthaftung. Auch hier wird auf den Ort abgestellt, an dem die Entscheidung über die auf das Produkt anzuwendenden Sicherheitsstandards getroffen wird. Diese befinde sich am Sitz des Herstellers und nicht am Produktionsort der Ware (Wieczorek/Schütze-Hausmann, § 32 Rn. 46).

[906] Mankowski, RabelsZ 63 (1999), 203 (262 ff.) (zum Kollisionsrecht).

der Handlungsorte hält er entgegen, dass der Täter, der das Angebot an einem anderen Ort einspeist als dem Ort der Konzeption, bewusst unter mehreren Rechten handele. Vielmehr solle verhindert werden, dass der Täter, indem er das Angebot gezielt in einem anderen Staat einspeist, die Anwendung des Rechts des Staates der Konzeption umgehen kann[907].

Da der Ort der Angebotskonzeption insbesondere bei größeren Unternehmen dem Verletzten nicht unmittelbar erkennbar ist, wendet auch Mankowski Vermutungsregeln an. Es gelte die Beweisvermutung, dass der Ort der Angebotskonzeption und -entwicklung am Unternehmenssitz bzw. am gewöhnlichen Aufenthaltsort des Urhebers liegt. Die Vermutung verleihe der Handlungsortanknüpfung bei Internetdelikten eine „wünschenswerte Grundoperationabilität"[908].

IV. Standort des Servers[909]

Der Datenbestand, der die persönlichkeitsrechtsverletzende Äußerung, das Bild oder ein sonstiges verletzendes Angebot enthält, liegt auf dem Server zum Abruf bereit. Technisch betrachtet werden die inkriminierten Informationen erst über den Server verfügbar, da dieser die Übertragung an Dritte ermöglicht.

Aus diesem Grunde wird bei der Bestimmung des Handlungsortes vielfach auf den Belegenheitsort des Servers, das heißt des Rechners, auf welchem die Angebote zum Abruf bereit gehalten werden, abgestellt[910]. Erst mit der Zugänglichmachung durch Abrufbarkeit beginne die haftungsbegründende Handlung, so dass die Verbreitung die maßgebliche Handlung und der Serverstandort als Ort der Verbreitung und dauerhaften Gefahrenquelle daher Handlungsort sei. Mangels Außenwirkung seien alle vorgelagerten Handlungen hingegen unbedeutende Vorbereitungshandlungen[911].

---

907 Mankowski, RabelsZ 63 (1999), 203 (264) (zum Kollisionsrecht).

908 Mankowski, RabelsZ 63 (1999), 203 (266) (zum Kollisionsrecht).

909 Der Server ist ein leistungsstarker Computer, auf dem der Anbieter für einen Nutzer Daten/Informationen bereithält.

910 Hoeren/Sieber-Pichler, Handbuch Multimedia-Recht, Teil 25, Rn. 189 (zum Zuständigkeitsrecht, neuerdings mit Beschränkung auf den vom Täter willentlich und wissentlich verwendeten und von ihm mittelbar oder unmittelbar kontrollierten Server); Marly, Jur-PC 1992, 1449 (zum Zuständigkeitsrecht); LG Düsseldorf WM 1997, 1444 (1446) (zum Zuständigkeitsrecht); LG Frankfurt, ZIP 2000, 2080 (2081) (zu Art. 5 Nr. 3 EuGVÜ); Ubber, WRP 1997, 497 (502) (zum Zuständigkeitsrecht); Hoeren/Pichler in: Loewenheim/Koch, Praxis des Online-Rechts, 9.7.2.1.1, S. 461 (zum Kollisionsrecht).

911 Hoeren/Pichler in: Loewenheim/Koch, Praxis des Online-Rechts, 9.7.2.1.1, S. 460 f. (zum Kollisionsrecht); Hoeren/Sieber-Pichler, Handbuch Multimedia-Recht, Teil 25, Rn. 188 ff. Während Pichler früher hinsichtlich der Serverstandortanknüpfung argumentativ ausdrücklich auf die verhaltensteuernde Funktion der Handlungsortanknüpfung und das haftungsbegündende Verhalten abstellte (Hoeren/Sieber-Pichler, Handbuch Multimedia-Recht, Stand 2002,

V. Standorte der Durchleitungs- und Vermittlungsrechner

Der Weg der Übermittlung der Daten geht über zahlreiche Durchleitungsorte. Je nach Zugangsmodus muss der Täter sich zunächst in das Netz des Online-Dienstes einwählen und anschließend das Internet-Gateway überwinden. Sodann werden zahlreiche Server durchlaufen oder dienen als Zwischenspeicher. Auf den so genannten Cache-Servern wird zumindest vorübergehend eine Kopie des Angebots abgespeichert, die dann bei diesem abgerufen werden kann[912].

Die einzelnen Durchleitungsorte, wie der Standort des Einwahlknotens, des Internet-Gateway[913], der Vermittlungsrechner[914] und der Cache-Server[915] werden zwar als Anknüpfungspunkte für die Bestimmung des Handlungsorts genannt, sie werden jedoch übereinstimmend als Handlungsorte abgelehnt[916]. Der Durchleitungsweg unterliegt nicht der Kontrolle durch menschliches Handeln, sondern wird von der Technik automatisch bestimmt und variiert von Übermittlung zu Übermittlung. Die Daten werden in Pakete zerlegt und suchen sich den aktuell freien und schnellsten Weg, so dass der Übermittlungsweg beliebig und zufällig wird[917]. Der Einsatz von Cache-Servern beruht nicht auf einer Handlung des Täters, sondern ist für diesen weder erkennbar noch kontrollierbar[918]. Die Standor-

---

Teil 31, Rn. 124), betont er heute in seiner an den autonom-kollisionsrechtlichen Handlungsbegriff anlehnenden Begründung die Beherrschung einer dauerhaften Gefahrenquelle am Serverstandort (Hoeren/Sieber-Pichler, Handbuch Multimedia-Recht, Teil 25, Rn. 184, 192).

[912] Sie dienen als Vorratsstelle für häufig aufgerufene Web-Seiten (Hage/Hitzfeld in: Loewenheim/Koch, Praxis des Online-Rechts, 1.3.2.1, S. 16).

[913] Hierzu Bachmann, IPRax 1998, 179 (183) (zum Zuständigkeitsrecht). Da die Internet-Gateways vieler auch in Deutschland tätiger Online-Dienste zumeist in den USA belegen sind, würde eine dahingehende Anknüpfung zu einem weitreichenden und beziehungslosen amerikanischen Gerichtsstand führen.

[914] Hierzu Bachmann, IPRax 1998, 179 (183) (zum Zuständigkeitsrecht); Kristin, Das Deliktsstatut bei Persönlichkeitsrechtsverletzungen über das Internet, S. 131 (zum Kollisionsrecht); v. Hinden, Persönlichkeitsverletzungen im Internet, S. 67 (zum Kollisionsrecht); Mankowski, RabelsZ 63 (1999), 203 (267) (zum Kollisionsrecht).

[915] Hierzu Mankowski, RabelsZ 63 (1999), 203 (267) (zum Kollisionsrecht).

[916] Bachmann, IPRax 1998, 179 (183) (zum Zuständigkeitsrecht); Kuner, CR 1996, 453 (458) (zum Zuständigkeitsrecht); Mankowski, RabelsZ 63 (1999), 203 (267 f.) (zum Kollisionsrecht); Kristin, Das Deliktsstatut bei Persönlichkeitsrechtsverletzungen über das Internet, S. 131 (zum Kollisionsrecht); v. Hinden, Persönlichkeitsverletzungen im Internet, S. 67 (zum Kollisionsrecht); Fawcett/Torremans, Intellectual Property and Private International Law, S. 159 f.; 236 f. (zu Art. 5 Nr. 3 EuGVÜ); Hoeren/Sieber-Pichler, Handbuch Multimedia-Recht, Teil 25, Rn. 194 (zum Zuständigkeitsrecht); Wüllrich, Das Persönlichkeistrecht des Einzelnen im Internet, S. 229 f. (zum Zuständigkeitsrecht); Berger, GRURInt. 2005, 465 (467) (zum Zuständigkeitsrecht).

[917] Beim sog. Routing-Verfahren werden die günstigsten Transportpunkte berechnet (Hage/Hitzfeld in: Loewenheim/Koch, Praxis des Online-Rechts, 1.3.3.1.6, S. 28).

[918] Mankowski, RabelsZ 63 (1999), 203 (268).

te der Durchleitungs- und Vermittlungsrechner können, da sie durch technische Vorgänge und nicht durch das Handeln des Verletzers bestimmt werden, folglich nicht als Anknüpfungspunkte für den Handlungsort dienen.

B. Abgrenzung von Vorbereitungs- und Ausführungshandlung?

Die dargestellten Anknüpfungspunkte spiegeln die Stationen wieder, welche die persönlichkeitsverletzende Information bis zur Kenntnisnahme durchläuft. Inwiefern sie jedoch auch zuständigkeitsrechtliche Bedeutung haben ist fraglich.

Angesichts der Vielzahl der im Internet in Betracht kommenden Anknüpfungspunkte stellt sich zunächst die Frage, anhand welcher Kriterien die zuständigkeitsrelevante von der zuständigkeitsrechtlich unbedeutenden Handlung abzugrenzen ist.

Die dargestellten Anknüpfungspunkte orientieren sich, wie man ihrer Begründung entnehmen kann, zumeist an der Abgrenzung zwischen Vorbereitungs- und Ausführungshandlung, die dem Kollisionsrecht entnommen ist. Soweit die Anknüpfungspunkte ins Zuständigkeitsrecht übertragen wurden, geschah dies regelmäßig mitsamt ihrer kollisionsrechtlichen Begründung, das heißt ohne eine erforderliche zuständigkeitsrechtliche Betrachtung.

Entsprechend stößt man in der Literatur auf die allgemeine Meinung, dass durch bloße Vorbereitungshandlungen der Gerichtsstand der unerlaubten Handlung nicht begründet wird[919]. Hiernach müsste folglich die zuständigkeitsbegründende Ausführungshandlung von der zuständigkeitsrechtlich irrelevanten Vorbereitungshandlung abgegrenzt werden.

Da der Persönlichkeitsrechtsverletzung eine mehraktige Handlung zugrunde liegt, gehen der Kenntnisnahme durch den Geschädigten oder Dritten oft mehrere Handlungen voraus. Der im Netz veröffentlichte Artikel wird z.B. zunächst recherchiert, verfasst und von der Redaktion zur Veröffentlichung freigegeben. Der Benutzung eines Namens geht eine geschäftliche Entscheidung voraus, unter entsprechendem Namen aufzutreten. Vor der Benutzung von Persönlichkeitsmerkmalen zu Werbezwecken wird eine entsprechende Werbemaßnahme beschlossen und entworfen. Das zu veröffentlichende Bild wird zunächst aufgenommen, persönliche Informationen werden erst ausgespäht und belästigende und ehrverletzende E-Mails werden zuvor entworfen. Erst im Anschluss an die jeweils genannten Handlungen werden die inkriminierten Inhalte ins Netz eingespeist, und erst hiernach erhält der Nutzer durch seinen Abruf Kenntnis von diesen Inhalten.

---

[919] Zöller-Vollkommer, § 32 Rn. 16; Baumbach/Lauterbach-Hartmann, § 32 Rn. 16; Wieczorek/Schütze-Hausmann, § 32 Rn. 32, 68; RGZ 13, 424 (425); Stein/Jonas-Roth, § 32 Rn. 28; Geimer/Schütze, EuZVR, Art. 5 Rn. 250.

Fraglich ist, ob eine Abgrenzung dieser Handlungen nach Vorbereitungs- und Ausführungshandlung im Zuständigkeitsrecht tatsächlich interessengerecht ist. Dies ist anhand der Kriterien, die zur Unterscheidung zwischen anknüpfungsrelevanter Ausführungshandlung und unbeachtlicher Vorbereitungshandlung verwendet werden, zu ermitteln.

I. Abgrenzung zwischen Vorbereitungs- und Ausführungshandlung im Kollisionsrecht

Das gleiche Abgrenzungsproblem zwischen Vorbereitungs- und Ausführungshandlung entsteht im Kollisionsrecht bei der Handlungsortbestimmung im Rahmen des Art. 40 EGBGB. Es stellt sich daher die Frage, ob sich die dort gefundenen Abgrenzungsmethoden auf das Zuständigkeitsrecht übertragen lassen[920].

Die herrschende Lehre im Kollisionsrecht prüft anhand des materiellen Rechts des jeweiligen Vornahmeortes, ob die Grenze zwischen Vorbereitungs- und Ausführungshandlung bereits überschritten ist[921]. Im Zuständigkeitsrecht ist eine Anwendung dieser Abgrenzungsmethode allerdings abzulehnen. Eine Orientierung an dem Recht des jeweiligen Vornahmeortes[922] würde einer einheitlichen Anwendung der europäischen Regelungen des Art. 5 Nr. 3 EuGVO widersprechen und dazu führen, dass die ausländische Festlegung des Handlungsbegriffs über die Zuständigkeit deutscher Gerichte gemäß § 32 ZPO entscheidet. Ein entsprechender Rückgriff auf das materielle Recht zur Bestimmung des Handlungsortes i.S.d. § 32 ZPO bzw. Art. 5 Nr. 3 EuGVO ist zudem aufgrund der Eigenständigkeit der zuständigkeitsrechtlichen Regelungen, ihrer autonomen Bestimmung und der spezifischen zuständigkeitsrechtlichen Interessen abzulehnen[923].

Eine im Vordringen befindliche Meinung im Kollisionsrecht nimmt die Abgrenzung dagegen mit Hilfe eines autonom-kollisionsrechtlichen Handlungsbegriffs vor. Hiernach ist eine Ausführungshandlung „eine willensabhängige Tätigkeit, welche als Gefährdung eines rechtlich geschützten Interesses an die Außenwelt tritt“[924]. Die erforderliche Gefährdung sei gegeben, wenn die von dem Schädiger zu beherrschende Gefahr außer Kontrolle geraten ist[925]. Von Hinden

[920] Dies befürwortend Staudinger-Hoffmann, Vorbem. zu Art. 40 EGBGB Rn. 98; ebenso Geimer/Schütze, EuZVR Art. 5 Rn. 260, Geimer, IZPR, Rn. 1505 ff.; Geimer, JZ 1995, 1107 (1108).

[921] Kegel/Schurig, IPR, § 18 IV 1 a) bb), S. 726; MüKo-Junker, BGB, Art. 40 EGBGB Rn. 25; Soergel-Lüderitz, Art. 38 EGBGB Rn. 4; Hohloch, Deliktsstatut, S. 110.

[922] Die Abgrenzung nach dem Recht des Vornahmeortes bedeutet in der Sache eine Qualifikation nach der lex causae.

[923] Siehe oben 6. Teil, A.

[924] v. Hoffmann, IPR, § 11 Rn. 27; Staudinger-Hoffmann, Art. 40 EGBGB Rn. 17.

[925] v. Hein, Das Günstigkeitsprinzip im Internationalen Deliktsrecht, S. 277 f.

betont die durch diese Betrachtungsweise entstehende Konzentration auf einen einzig relevanten Akt und damit die Vermeidung mehrerer Handlungsorte[926].

Aus der Sicht des Deliktskollisionsrechts, das bezweckt, das *eine* Recht, welches dem Sachverhalt am nächsten ist, zu bestimmen, ist eine auf die Eingrenzung auf einen Ort bedachte Definition gerechtfertigt. Sie entspricht jedoch nicht den Zielvorstellungen der Deliktszuständigkeit, denn im Zuständigkeitsrecht sind konkurrierende Zuständigkeiten der Regelfall[927]. Inhalt des Zuständigkeitsrechts ist es eben nicht, das am besten geeignete Gericht zu finden und unter Ausschluss aller anderen nur dieses für zuständig zu erklären[928]. Die Zuständigkeitsinteressen bedingen vielmehr eine weniger begrenzende Anknüpfung. An welchem Ort sich das Interesse an der Sach- und Beweisnähe konkretisiert, ist je nach Streitigkeit verschieden, so dass mehrere Handlungsorte denkbar sind und sich die Festlegung auf einen Ort verbietet[929]. Des Weiteren erfordert insbesondere die Berücksichtung des Justizgewährungsanspruchs eine möglichst großzügige Eröffnung der internationalen Zuständigkeit[930]. Die Wahlmöglichkeit zwischen mehreren zuständigen Gerichtsständen ist daher im Zuständigkeitsrecht nicht außergewöhnlich, sondern vielmehr ein gewolltes Instrumentarium[931]. Eine zwingend auf *einen* Handlungsort zielende Definition ist folglich im Zuständigkeitsrecht nicht geboten, vielmehr widerspricht sie den zuständigkeitsrechtlichen Interessen.

Demnach ist weder das materielle Recht des Vornahmeortes noch die autonom-kollisionsrechtliche Definition des Handlungsbegriffs im Zuständigkeitsrecht anwendbar. Die Kriterien des Kollisionsrechts zur Abgrenzung von Vorbereitungs- und Ausführungshandlung lassen sich mithin nicht auf das Zuständigkeitsrecht übertragen[932].

---

926 v. Hinden, Persönlichkeitsverletzungen im Internet, S. 56 f.

927 Zur unterschiedlichen Zielvorstellung hinsichtlich der Anzahl der zu gewinnenden Gerichtsstände bzw. Rechtsordnungen siehe oben 4. Teil, C, II.

928 Schack, IZVR, Rn. 498.

929 Coester-Waltjen, Internationale Zuständigkeit bei Persönlichkeitsrechtsverletzungen, in: Festschrift für Schütze, S. 175 (181).

930 Zum Justizgewährungsanspruch im Zuständigkeitsrecht siehe oben 4. Teil, C, VI.

931 Zum Vergleich des Wahlrechts im Kollisonsrecht und im Zuständigkeitsrecht siehe oben 4. Teil, C, III. Siehe zudem § 35 ZPO. Ähnlich Looschelders, ZVglRWiss 95 (1996), 48 (89). Fricke (Fricke, Unterlassungsanspruch gegen Presseunternehmen im IPR, S. 306) spricht von einer grundsätzlichen Billigung konkurrierender Zuständigkeiten. Ähnlich Schack, IZVR, Rn. 498.

932 Die Antwort des EuGH auf den Vorschlag der deutschen Regierung zur Auslegung des Art. 5 Nr. 3 EuGVÜ (EuGH, Urteil v. 19.09.1995, Rs. 364/93 (Marinari./.Lloyds Bank), JZ 1995, 1107 (1008, Rz. 16 ff.)) wird von Hoffmann als Ablehnung der Berücksichtigung kollisionsrechtlicher Erwägung bei der Auslegung des Art. 5 Nr. 3 EuGVÜ verstanden (Staudinger-Hoffmann, Vorbem. zu Art. 40 EGBGB Rn. 98). Dies ist jedoch zweifelhaft, denn auch wenn die deutsche Stellungnahme ursprünglich auf eine kollisionsrechtliche Komponente

II. Abgrenzung zwischen Vorbereitungs- und Ausführungshandlung im Zuständigkeitsrecht

Auch im Zuständigkeitsrecht werden verschiedene Abgrenzungsmethoden hinsichtlich der Vorbereitungs- und Ausführungshandlung vertreten. Sie ähneln allerdings den Abgrenzungskriterien im Kollisionsrecht, so dass sich die Frage stellt, ob sie den zuständigkeitsrechtlichen Interessen gerecht werden.

1) Argumentation Kubis

Kubis möchte die Frage, welche Handlung schon zuständigkeitsbegründend ist und welche noch eine unbedeutende Vorbereitung darstellt, mit Hilfe der Zurechnung klären[933]. Ausschlaggebend sei daher die Vorstellung des Handelnden. Sobald der Täter aus seiner Sicht alles zur Verbreitung der Äußerung Erforderliche getan hat, habe er das Stadium der Vorbereitung verlassen und handele zuständigkeitsbegründend. Schreiben, Recherchieren und Produzieren der angeblich verletzenden Sendung oder Presseartikel seien daher nur unbeachtliche Vorbereitungshandlungen[934]. Lädt der Täter eine bestimmte Nachricht auf den von ihm genutzten Server und macht sie damit der Allgemeinheit zugänglich, so sei dies hingegen eine zuständigkeitsrechtlich relevante Handlung[935]. Keinesfalls sei die Abgrenzung jedoch von materiellrechtlichen Wertungen abhängig.

Zuzustimmen ist Kubis insoweit, als er in diesem Zusammenhang ebenfalls hervorhebt, dass die Abgrenzung von Vorbereitungs- und Ausführungshandlung von prozessualen Wertungen, insbesondere den Interessen der Parteien und dem Inlandsbezug der angeblich verletzenden Handlung abhängt[936]. Doch setzt er diesen Gedanken nicht in die Tat um, da seine Abgrenzung die prozessualen Interessen gerade nicht berücksichtigt. Statt den Sinn und Zweck des Deliktsgerichtstandes[937] zu berücksichtigen, konzentriert sich die Abgrenzung durch Kubis auf das straf- und haftungsrechtliche Ziel der Verhaltenssteuerung.

Die Orientierung an der Verhaltenssteuerung wird daran deutlich, dass die von Kubis umschriebene Zurechnung der strafrechtlichen Definition des Ver-

---

abgezielt hat (so Geimer, JZ 1995, 1107 (1108)), beziehen sich die Ausführungen des EuGH jedenfalls auf die Auslegung nach dem materiellen Deliktsrecht (lex causae) und nicht nach dem Kollisionsrecht.

[933] Kubis, IZ bei Persönlichkeits- und Immaterialgüterrechtsverletzungen, S. 148.

[934] Kubis, IZ bei Persönlichkeits- und Immaterialgüterrechtsverletzungen, S. 156.

[935] Kubis, IZ bei Persönlichkeits- und Immaterialgüterrechtsverletzungen, S. 172.

[936] Kubis, IZ bei Persönlichkeits- und Immaterialgüterrechtsverletzungen, S. 149.

[937] Zum Sinn und Zweck des Deliktsgerichtsstands siehe oben 5. Teil, A, II, 1), b) und 5. Teil, B, II, 1), d).

suchsbeginns gleicht. Das Strafrecht sowie auch das Haftungsrecht[938] dienen maßgeblich der Verhaltenssteuerung. Über die mit den Verhaltensnormen verbundene Strafe bzw. Haftung soll der potentielle Schädiger zu normgerechtem Verhalten angehalten werden[939]. Im Bereich des materiellen Schutzes der Privatsphäre steht die verhaltenssteuernde Funktion sogar im Vordergrund[940].

Betrachtet man das Kollisionsrecht, so ist eine Orientierung der Abgrenzung von Vorbereitungs- und Ausführungshandlung an der Verhaltenssteuerung konsequent. Das Kollisionsrecht dient der Ermittlung des auf den Sachverhalt anwendbaren materiellen Rechts und damit der Bestimmung des maßgeblichen Haftungsrechts. Hierdurch erhält auch das Kollisionsrecht eine verhaltenssteuernde Funktion[941]. Um sich haftungsfrei verhalten zu können, muss der potentielle Täter wissen, nach welchen Sachnormen, das heißt, nach wessen Landes Haftungsrecht, er sein Verhalten ausrichten muss[942]. Daraus folgt auf Seiten der Parteien ein legitimes Interesse an der Vorhersehbarkeit des anwendbaren Rechts und damit das kollisionsrechtliche Ziel des singulären Handlungsortes[943].

Wie bereits dargelegt[944], ist die Festlegung auf *einen* Handlungsort im Zuständigkeitsrecht weder erforderlich noch gewollt. Abgesehen davon wäre eine Orientierung der Handlungsortanknüpfung an der verhaltenssteuernden Funktion im Rahmen der Deliktszuständigkeit nur dann vertretbar, wenn auch das Zuständigkeitsrecht der Verhaltenssteuerung diente.

---

[938] Die zweite Funktion des Haftungsrechts ist die Ausgleichsfunktion, die mehr den Rechtsgüterschutz als die Verhaltensnormen betont (Staudinger-Hoffmann, Art. 40 EGBGB Rn. 3 f.).

[939] Ehmann/Thorn, AfP 1996, 20 (22).

[940] Staudinger-Hoffmann, Art. 40 EGBGB Rn. 4.

[941] Zur verhaltenssteuernden Funktion des Kollisionsrechts vgl. Staudinger-Hoffmann, Art. 40 EGBGB Rn. 3 f.; v. Hinden, Persönlichkeitsverletzungen im Internet, S. 65 ff.

[942] Während der kollisionsrechtliche Handlungsort die Einhaltung der Verhaltensnormen berücksichtigt, dient die Anknüpfung an den Erfolgsort der Ausgleichsfunktion des Haftungsrechts (vgl. hierzu näher Staudinger-Hoffmann, Art. 40 EGBGB Rn. 3 f.).

[943] Siehe oben 7. Teil, B, I. Zur Vereinheitlichung und damit zur besseren Vorhersehbarkeit des anwendbaren Rechts bei Persönlichkeitsrechtsverletzungen im Rahmen des Europäischen Union dient der Vorschlag für eine Verordnung des Europäischen Parlaments und des Rates über das auf außervertragliche Schuldverhältnisse anwendbare Recht („Rom II) vgl. für den ursprünglichen Vorschlag KOM (2003) 427 endgültig, v. 22.07.2003 abrufbar unter: http://eur-lex.europa.eu/smartapi/cgi/sga_doc?smartapi!celexplus!prod!DocNumber&lg=de&type_doc=COMfinal&an_doc=2003&nu_doc=427 (Stand: 28.03.07) und für den geänderten Vorschlag KOM (2006) 83 endgültig, v. 21.01.2006, abrufbar unter: http://eur-lex.europa.eu/smartapi/cgi/sga_doc?smartapi!celexplus!prod!DocNumber&lg=de&type_doc=COMfinal&an_doc=2006&nu_doc=83 (Stand: 28.03.07). Siehe zum Persönlichkeitsrecht im Rahmen von Rom II: Luckey, Internationale Urheber- und Persönlichkeitsrechtsverletzungen im Internet, S. 197 ff.

[944] Siehe oben 7. Teil, B, I.

Das Zuständigkeitsrecht ist prozessuales Recht und hat über das Kollisionsrecht des Gerichtsstaates nur indirekt Auswirkung auf das Sachrecht. Diese mittelbare Entscheidung über das anwendbare Recht bedeutet jedoch nicht, dass es Zweck der Zuständigkeitsregelung ist, die maßgeblichen Verhaltensnormen zu bestimmen. Eine dennoch praktische Auswirkung des Zuständigkeitsrechts auf das Verhalten des Täters ist zwar nicht zu leugnen, doch hat diese ein wesentlich geringeres Gewicht als im Kollisionsrecht[945].

Das Interesse an der Verhaltenssteuerung und damit an der Vorhersehbarkeit der Gerichtspflichtigkeit tritt im Zuständigkeitsrecht zugunsten räumlicher Kriterien zurück. Die Klagemöglichkeit am Tatort bezweckt die besten prozessualen Umstände für eine sachgerechte Entscheidung zu schaffen und den Ausgleich zwischen den divergierenden Gerichtsstandsinteressen der Parteien herbeizuführen. Zwar wird mit der Anknüpfung an den Handlungsort sowohl im Deliktskollisionsrecht als auch bei der Deliktszuständigkeit die Nähe zum Geschehen beabsichtigt. Diese Nähe zum Geschehen wird jedoch im Kollisionsrecht anhand soziologischer Beziehungen ermittelt, während die Sachverhaltsnähe der Deliktszuständigkeit anhand räumlicher Gesichtspunkte festgestellt wird[946]. Folglich können die Gesichtspunkte der Verhaltenssteuerung, da sie soziologischer und nicht räumlicher Natur sind, lediglich im Kollisionsrecht, nicht aber im Zuständigkeitsrecht als Abgrenzung dienen. Den Zielen der Deliktzuständigkeit ist damit keine maßgebliche verhaltenssteuernde Funktion zu entnehmen.

Schließlich folgt aus der Trennung und Eigenständigkeit von Zuständigkeit und anwendbarem Recht, die dem deutschen wie auch dem europäischen Recht zugrunde liegt[947], dass dem Prozessrecht keine materiellrechtliche und damit keine verhaltenssteuernde Funktion zukommt[948].

Kubis' Ansatz der Zurechnung, der sich an einer verhaltenssteuernden Funktion orientiert, ist daher nicht zuzustimmen.

---

945 Coester-Waltjen, Internationale Zuständigkeit bei Persönlichkeitsrechtsverletzungen, in: Festschrift für Schütze, S. 175 (181).

946 Zur den verschiedenen Hintergründen für das Interesse an der Sachverhaltsnähe siehe oben 4. Teil, C, V.

947 Siehe oben 6. Teil, A, sowie 5. Teil, A, I und 5. Teil, B, I.

948 Die oben erwähnte Verzahnung von Prozessrecht und materiellem Recht (5. Teil, A, I, 2)) führt lediglich zu einer gegenseitigen Beeinflussung, nicht jedoch zu einer materiellrechtlichen Funktion des Zuständigkeitsrechts, die eine verhaltenssteuernde Funktion rechtfertigen könnte. Die materiellrechtliche Beeinflussung des Zuständigkeitsrecht findet ihre Grenze in den zuständigkeitsrechtlichen Interessen. Diese bedingen, wie oben erwähnt (7. Teil, B, I), dass die mit der verhaltenssteuernden Funktion verbundene Reduzierung des Handlungsortes auf *einen* Gerichtsstand im Zuständigkeitsrecht gerade nicht bezweckt ist. Für eine im Vergleich zum Kollisionsrecht geringere Rolle der Verhaltenssteuerungsfunktion im Zuständigkeitsrecht spricht sich Fricke aus (Fricke, Unterlassungsanspruch gegen Presseunternehmen im IPR, S. 303).

2) Argumentation Pichler

Pichler zieht zur Abgrenzung zwischen zuständigkeitsbegründender Ausführungshandlung und zuständigkeitsrechtlich unbedeutender Vorbereitungshandlung in den älteren Auflagen des Handbuchs für Multimedia-Recht ausdrücklich die verhaltenssteuernde Funktion der Handlungsortanknüpfung heran[949]. Als zu steuerndes Verhalten käme nur haftungsbegründendes Tun in Frage, so dass die reine inhaltliche Erstellung einer inkriminierten Web-Seite oder E-Mail ohne Ermöglichung des Zugangs noch keine zuständigkeitsbegründende Handlung darstelle. Erst mit der Zugänglichmachung durch Abrufbarkeit beginne das haftungsbegründende und damit zu steuernde Verhalten. Handlungsort sei aus diesem Grunde der Belegenheitsort des Servers sowie der Wohnsitz desjenigen, der die Verbreitung von seinem Wohnsitz aus willentlich steuert. In seinen jüngsten Ausführungen[950] betont Pichler zwar nicht mehr ausdrücklich die verhaltenssteuernde Funktion der Handlungsortanknüpfung. Indem er in Anlehnung an den autonom-kollisionsrechtlichen Handlungsbegriff auf ein unmittelbar schädigungsgeeignetes Verhalten abstellt, vertritt er jedoch weiterhin eine Anknüpfung mit verhaltenssteuerndem Hintergrund.

Die Abgrenzung von Vorbereitungs- und Ausführungsverhalten an die Frage des zu steuernden Verhaltens zu knüpfen, entspricht, wie soeben dargelegt[951], nicht den zuständigkeitsrechtlichen Interessen. Die Abgrenzungsmethode von Pichler ist daher abzulehnen.

III. Ergebnis zur Abgrenzung zwischen Vorbereitungs- und Ausführungshandlung

Eine Orientierung an materiellrechtlichen Wertungen zur Abgrenzung zwischen Vorbereitungs- und Ausführungshandlung widerspricht der Eigenständigkeit des Zuständigkeitsrechts. Kollisionsrechtliche Wertungen können wiederum mangels Vergleichbarkeit der Interessen nicht herangezogen werden. Den Lösungsansätzen von Kubis und Pichler im Zuständigkeitsrecht mangelt es schließlich an einer eigenständigen zuständigkeitsrechtlichen Wertung. Sie orientieren sich an einer verhaltenssteuernden Funktion, welche zwar dem Kollisionsrecht nicht aber dem Zuständigkeitsrecht zukommt.

Den obigen Ausführungen ist damit zu entnehmen, dass die klassische Unterscheidung zwischen Vorbereitungs- und Ausführungshandlung, die dem materiellen Recht entliehen ist, im Zuständigkeitsrecht nicht interessengerecht ist.

---

[949] Hoeren/Sieber-Pichler, Handbuch Multimedia-Recht, Stand 2002, Teil 31, Rn. 123 f. Ebenso: Wüllrich, Das Persönlichkeistrecht des Einzelnen im Internet, S. 228.

[950] Hoeren/Sieber-Pichler, Handbuch Multimedia-Recht, Teil 25, Rn. 184 ff.

[951] Siehe oben 7. Teil, B, II, 1).

Die Abgrenzungsmethode zwischen Vorbereitungs- und Ausführungshandlung kann daher nicht zur Bestimmung des Handlungsortes im Zuständigkeitsrecht dienen.

C. Stellungnahme

Im Rahmen der Handlungsortbestimmung im Zuständigkeitsrecht muss nicht zwischen den materiellen Begrifflichkeiten Vorbereitung und Ausführung, sondern zwischen zuständigkeitsrechtlich relevant und zuständigkeitsrechtlich nicht relevanten Teilakten unterschieden werden. Ausschlaggebendes Abgrenzungskriterium sind die bisher vernachlässigten prozessualen Wertungen. Welche der Handlungen lediglich zuständigkeitsrechtlich irrelevante Teilakte und welche bereits anknüpfungsrelevante Teilakte sind, ist mithin anhand zuständigkeitsrechtlicher Interessen zu untersuchen. Hierbei spielen insbesondere die Beweis- und Sachnähe des Gerichts sowie die Klägerprivilegierung eine bedeutende Rolle. Die vorgeschlagenen Anknüpfungspunkte sind daher anhand ihrer Vereinbarkeit mit den Zuständigkeitsinteressen zu bewerten.

I. Die Sach- und Beweisnähe als Kriterium zur Bestimmung der Gerichtszuständigkeit

Als wesentliches Ziel des Deliktsgerichtsstands wird dessen Sach- und Beweisnähe genannt[952]. Befindet sich das entscheidende Gericht am Ort der deliktischen Handlung, so besteht ein besonderes Näheverhältnis zum streitgegenständlichen Geschehen, das eine Klärung des streitigen Sachverhalts beschleunigt und vereinfacht. Der Handlungsbegriff im zuständigkeitsrechtlichen Sinne wird mithin maßgeblich durch seine beweisbezogene Bedeutung für das streitige Geschehen bestimmt.

Bei mehraktigen Delikten ist Sach- und Beweisnähe an jedem Ort gegeben, an dem ein umstrittener Teilakt verwirklicht worden ist. Zu dem Zeitpunkt, in dem sich die Zuständigkeitsfrage stellt, ist jedoch noch offen, welcher Teilakt

---

[952] Zu § 32 ZPO: Musielak-Heinrich, § 32 Rn. 1; Wieczorek/Schütze-Hausmann, § 32 Rn. 1; Stein/Jonas-Roth, § 32 Rn. 1; Zöller-Vollkommer, § 32 Rn. 1; Kollar, Der Gerichtsstand der unerlaubten Handlung, S. 115; Schröder, Internationale Zuständigkeit, S. 266 ff.
Zu Art. 5 Nr. 3 EuGVO: Koch, IPRax 2000, 186 (187); Linke, IZPR, Rn. 157 (ebenfalls zu § 32); Wieczorek/Schütze-Hausmann, Art. 5 EuGVÜ Rn. 49; MüKo-Gottwald, ZPO, Art. 5 EuGVÜ Rn. 34; Kropholler, EuZPR, Art. 5 Rn. 82; Geimer/Schütze, Internationale Urteilsanerkennung, Bd. I, 1. Hb, § 84 I, S. 604; Geimer/Schütze, EuZVR, Art. 5 Rn. 202, der allerdings der Beweisnähe nur eine untergeordnete Rolle zuspricht; EuGH, Urteil v. 30.11.1976, Rs. 21/76 (Bier./.Mines des Potasse), NJW 1977, 493 (493).

zwischen den Parteien im konkreten Rechtsstreit umstritten sein wird, so dass zunächst die Orte sämtlicher Teilakte die erforderliche Sach- und Beweisnähe liefern können. Es stellt sich die Frage, ob nach dem Sinn und Zweck der Sach- und Beweisnähe dennoch eine Begrenzung der zahlreichen Teilakte bei Persönlichkeitsrechtsverletzungen im Internet geboten ist.

1) Keine Begrenzung der Handlungsortanknüpfung auf haftungsbegründende Teilakte

Das Kollisionsrecht möchte den Handlungsort auf einen Ort konzentrieren und zieht hierfür, wie dies in einigen der aufgeführten Lösungsvorschläge deutlich wird, die materiellrechtliche Abgrenzung zwischen haftungsfreier Vorbereitungs- und haftungsbegründender Ausführungshandlung heran. Im Sinne des deutschen Haftungsrechts ist eine Handlung erst gegeben, wenn die willensabhängige Tätigkeit als Gefährdung eines rechtlich geschützten Interesses in die Außenwelt tritt[953]. Nach dieser Definition ist beispielsweise das Verfassen der inkriminierten Inhalte noch nicht haftungsbegründend.

Die Abgrenzung zwischen Vorbereitungs- und Ausführungshandlung ist jedoch, wie bereits ausgeführt[954], im Zuständigkeitsrecht nicht sachdienlich.

Für die Frage der Sachaufklärung und effektiven Beweiserhebung ist unbedeutend, ob der Teilakt bereits haftungsbegründend war. Es steht der gesamte Sachverhalt und nicht nur das haftungsbegründende Moment zur Aufklärung. Auch Teilakte, die isoliert betrachtet noch keine Haftung ausgelöst hätten, wie das Verfassen eines Artikels, können, sobald eine Verletzung behauptet wird, für die Sachaufklärung erhebliche Bedeutung haben. Der Täter wird schließlich in der Regel insbesondere das Verfassen der inkriminierten Inhalte bestreiten. Ebenso können beispielsweise bei einem verfälscht wiedergegebenen Interview insbesondere an dem Ort, an dem das Interview stattgefunden hat, Beweise hinsichtlich des tatsächlich Geäußerten zu finden sein (z.B. in Form eines Zeugen).

2) Begrenzung der Handlungsortanknüpfung auf wesentliche Teilakte

Die Einbeziehung von Teilakten ohne haftungsbegründende Bedeutung heißt jedoch nicht, dass sämtliche nur denkbaren Vorbereitungshandlungen, wie der Kauf eines Computers, für die Sachaufklärung von Bedeutung sind. Die durch die Anknüpfung an den Handlungsort bezweckte Sachnähe bedeutet die räumliche Nähe zum streitgegenständlichen Geschehen. Der Anknüpfungspunkt muss daher für das streitgegenständliche Geschehen von nicht unerheblicher Bedeu-

---

[953] Deutsch, Haftungsrecht, Rn. 96.
[954] Siehe oben 7. Teil, B.

tung sein. Der Streitgegenstand wird durch das begangene Unrecht bestimmt. Handlungselemente, die für die Frage des Unrechts nicht oder nur von geringer Bedeutung sind, sind demnach auch für Beweisfragen unergiebig.

Dementsprechend muss der Anknüpfungspunkt ein wesentlicher Teilakt und nicht nur eine unspezifische Vorbereitungshandlung oder eine unbedeutende, nachgeschaltete und automatisierte Ausführungshandlung sein. Ähnlich äußert sich Schröder, indem er „schwächlich" deliktische Verhaltensweisen als kompetenzbegründende Anknüpfungspunkte ignorieren und den Kläger zuständigkeitsrechtlich auf die Kernbereiche seiner materiellen Auseinandersetzung mit dem Beklagten verweisen möchte[955].

Dem Zweck der besten Sachaufklärung widerspricht damit zwar eine Beschränkung auf haftungsbegründende Teilakte, eine Reduzierung auf wesentliche Teilakte ist hingegen geboten.

3) Begrenzung der Handlungsortanknüpfung auf körperliches Tätigwerden

Die Reduzierung auf wesentliche Teilakte spricht dafür, den Handlungsbegriff auf das ausschließlich körperliche Tätigwerden des Verletzers zu konzentrieren[956]. Hierunter sind Handlungen des Täters zu verstehen, die nach außen sichtbar sind. Das physische Handeln ist das, was der Täter in tatsächlicher Hinsicht bestreiten kann. Als Handlungsort unter Berücksichtigung der Sach- und Beweisnähe gilt demnach der Ort, an dem der Verletzer aktiv, das heißt körperlich, tätig wurde.

Hingegen muss hiernach der Weg, der bei Distanz- und Streudelikten zwischen dem körperlichen Tätigwerden und dem Eintritt des Erfolges liegt, aus dem Handlungsbegriff ausgeklammert werden. Die Handlungselemente, die über die Zurechnung[957] entstehen, sind normativ geprägt und werden vom Täter im Zweifel nur in rechtlicher Hinsicht bestritten. Die Stationen, welche die persönlichkeitsrechtverletzenden Inhalte nach der entäußernden körperlichen Handlung des Täters bis zum Taterfolg durchlaufen, sind weder hinsichtlich des Unrechtsgehalts der Handlung noch bezüglich der Beweis- und Sachnähe von besonderer Bedeutung.

---

[955] Schröder, Internationale Zuständigkeit, S. 272.

[956] Pansch (Pansch, The European Legal Forum 2000/01, 353 (355)) stellt fest, dass die Handlung dort stattfindet, wo der sich eines Werkzeugs (z.B. Internet als Übermittlungsmedium) Bedienende anpackt.

[957] Im Rahmen des Erfolgsortes wird die physische Anwesenheit durch Zurechnung ersetzt, da es hinsichtlich des Erfolges nicht mehr auf das körperliche Tätigwerden, sondern auf dessen Auswirkungen ankommt. Hier kann die Frage der Zurechnung demnach eine Rolle spielen, nicht jedoch wie von Kubis (Kubis, IZ bei Persönlichkeits- und Immaterialgüterrechtsverletzungen, S. 148) vertreten, bei der Abgrenzung von zuständigkeitsrechtlich irrelevanten Vorbereitungshandlungen im Rahmen des Handlungsortes.

Fraglich ist jedoch, auf wessen körperliches Tätigwerden bei arbeitsteiligen Unternehmen abzustellen ist. Auch hier sind die Stationen, die die Inhalte nach der endgültigen Entscheidung über die Entäußerung bis zur Kenntnisnahme nehmen, selbst wenn diese durch Mitarbeiter des Unternehmens körperlich unterstützt werden, hinsichtlich des Unrechts, des Beweises und der Sachnähe von minderer Bedeutung. In der Entscheidung über den Inhalt und die Veröffentlichung konzentriert sich bei Unternehmen hingegen sowohl die Konzeption als auch die Entäußerung. Bei arbeitsteiligen Unternehmen kommt es daher auf das körperliche Tätigwerden der für die Veröffentlichung verantwortlich Handelnden an. Am Ort der Entscheidung über Inhalt und Veröffentlichung ist das maßgebliche Unrecht begangen und hier sind die eventuell erforderlichen Beweise zu finden. Alle nachfolgend zur Ausführung der Entscheidung Handelnden fungieren hingegen lediglich als Werkzeuge.

Dies bedeutet bei Medienunternehmen, dass auf die Redaktion oder bei sonstigen Unternehmen auf das entscheidendungsfassende Gremium abzustellen ist. Bei Entscheidungen, die von einem Team getroffen werden, stellt die Absprache und die gemeinsame Beschlussfassung das körperliche Tätigwerden dar. Entscheidet nur eine einzelne Person, so wird ihre Entscheidung erst durch die entsprechende nachfolgende Anweisung nach außen sichtbar, so dass das körperliche Tätigwerden in der Weisung liegt. Wird hingegen nicht das Medienunternehmen sondern der Journalist als Verfasser des inkriminierten Artikels in Anspruch genommen, so sind dessen physische Aktivitäten für die Sachaufklärung maßgeblich.

4) Sach- und Beweisnähe bei den vorgeschlagenen Anknüpfungspunkten

Damit die vorgeschlagenen Anknüpfungsmomente dem Interesse der Sach- und Beweisnähe des Gerichts genügen, muss ihnen, wie soeben festgestellt, ein körperliches Tätigwerden und zudem ein wesentlicher Teilakt zu Grunde liegen.

a) Durchleitungsorte und Serverstandort

Die Durchleitungsorte und der Serverstandort sind keine Handlungsorte im zuständigkeitsrechtlichen Sinne, da hier keine körperliche Handlung des Täters, sondern lediglich die Folgen seines Tätigwerdens vorliegen. Hat der Täter den persönlichkeitsverletzenden Inhalt zur Einspeisung ins Netz abgeschickt, so wird die Übermittlung der inkriminierten Information auf den Server, die eventuelle Speicherung auf Cache-Servern und die Verbreitung vom Standort des Servers aus automatisch vom technischen System vollzogen. Hinsichtlich des Weges der Informationsübermittlung besteht kein besonderes Bedürfnis nach Beweisnähe, die eine Zuständigkeit entlang des Übermittlungsweges rechtfertigen würde. Dies entspricht der Rechtslage bei den herkömmlichen Distanz- bzw. Streudelikten. So hat bei Briefdelikten der Postweg und bei Pressedelikten der Vertriebs- und Transportweg ebenfalls keine beweisbedingte Bedeutung und ist daher zuständigkeitsrechtlich irrelevant[958].

b) *Ort des Einspeisens und der Angebotskonzeption bzw. -entwicklung*

Soweit auf das körperliche Tätigwerden abzustellen ist, ist hingegen sowohl der Ort des Einspeisens als auch der Ort der Angebotskonzeption und -entwicklung von kompetenzbegründender Bedeutung, da der Verletzer an diesen Orten physisch aktiv geworden ist. Auch hat der Verletzer am Ort des Einspeisens und am Ort der Angebotskonzeption und -entwicklung wesentliche Teilakte zur Verwirklichung des Unrechts geleistet. Das Anfertigen und Abschicken bzw. Einspeisen der inkriminierten Inhalte sind maßgebliche Etappen auf dem Weg zur Verwirklichung des Unrechts und stellen somit Teilakte dar, die das streitgegenständliche Geschehen wesentlich bestimmen. Am Ort der Angebotskonzeption und -entwicklung sowie am Ort des Einspeisens des Angebots stellen sich folglich die maßgeblichen Beweisfragen. Aus diesem Grund ist die Tatsachenermittlung durch ein an diesen Orten belegenes Gericht am schnellsten, billigsten und effizientesten.

Wird beispielsweise eine beleidigende E-Mail in England verfasst, dort im Fach „Entwürfe" gespeichert und erst in Deutschland wieder aufgerufen und abgeschickt, so ist eine Beweisnähe sowohl in England als auch in Deutschland gegeben. Denn bestreitet der Täter, er habe die E-Mail selbst verfasst, und diese sei lediglich von seinem E-Mail-account aus abgeschickt worden, so sind mögliche Beweise, wie Kopien auf dem verwendeten Computer oder Zeugen, die beim Verfassen der E-Mail anwesend waren, in England zu finden. Gibt der Täter hingegen an, er habe die E-Mail nicht abgeschickt, so sind eventuelle Beweise hierfür auf dem zur Absendung benutzten Computer oder entsprechende Zeugen in Deutschland auszumachen.

c) *Ort der Entscheidung bei Unternehmen*

Legt man den aus der Sach- und Beweisnähe entwickelten Maßstab des körperlichen Tätigwerdens und des wesentlichen Teilakts zu Grunde, so ist der Hand-

[958] Bei Briefdelikten wird auf den Absendeort (Zöller-Vollkommer, § 32 Rn. 17; Stein/Jonas-Roth, § 32 Rn. 29; Musielak-Heinrich, § 32 Rn. 16; RGZ 27, 419 (420); BGHZ 40, 391 (394); Geimer/Schütze, EuZVR, Art. 5 Rn. 251) bei Pressedelikten auf den Erscheinungsort (MüKo-Patzina, ZPO, § 32 Rn. 23; Zöller-Vollkommer, § 32 Rn. 17; Wieczorek/Schütze-Hausmann, § 32 Rn. 40; MüKo-Gottwald, ZPO, Art. 5 EuGVÜ Rn. 42) abgestellt. Explizit zur Irrelevanz des Vertriebsweges bei Produkthaftung: Schack, IZVR, Rn. 301.

lungsort bei arbeitsteiligen Unternehmen entsprechend der von v. Hinden vertretenen Differenzierung am Ort des Entscheidungszentrums zu finden. Am Ort der Entscheidung bzw. der hierauf beruhenden Weisung wird der Verletzer körperlich tätig und an diesem Ort verwirklicht er einen maßgeblichen Teil des Unrechts.

Die Anknüpfung an den Entscheidungsort beschränkt sich allerdings nicht, wie v. Hinden dies vertritt[959], auf die Entscheidung hinsichtlich der Veröffentlichung. Auch Entscheidungen, einen Artikel in Auftrag zu geben oder anzukaufen, das heißt hinsichtlich der Wesentlichkeit der Handlung dem Verfassen des Artikels vergleichbare Handlungen, sind bereits hinsichtlich Unrecht und Beweis von Bedeutung. Gleiches gilt beispielsweise für die persönlichkeitsrechtsverletzende Werbung, sei sie in Form unberechtigter Verwendung von Persönlichkeitsrechtsmerkmalen (insbesondere Bildern), ehrverletzender Inhalte oder belästigender, ungefragter Zusendung von E-Mails. Die Beschlüsse der Unternehmen über die Inhalte einer Werbemaßnahme können für die Sachaufklärung und für das Unrecht der Verletzung von erheblicher Bedeutung sein.

Die Orte der Entscheidung über Inhalt und Veröffentlichung fallen jedoch in der Regel am benannten Ort des Entscheidungszentrums zusammen, da die Entscheidungen hinsichtlich Inhalt und Veröffentlichung meist von dem gleichen Gremium bzw. der gleichen Person getroffen werden.

d) Ergebnis zur Sach- und Beweisnähe der Anknüpfungspunkte

Im Hinblick auf das zuständigkeitsrechtliche Interesse der Beweis- und Sachnähe ist demnach sowohl der Ort der Erstellung der inkriminierten Inhalte als auch der Ort, an dem diese ins Netz eingespeist werden, kompetenzbegründend. Bei arbeitsteiligen Unternehmen entspricht der unter den Gesichtpunkten der Sach- und Beweisnähe anknüpfungsrelevante Handlungsort dem Ort der Entscheidung über Inhalt und Entäußerung bzw. der diesbezüglichen Anweisung[960].

II. Die Klägerprivilegierung als Kriterium zur Bestimmung der Gerichtszuständigkeit

Mit dem Deliktsgerichtsstand wird des Weiteren eine Privilegierung des Klägers bezweckt, indem ihm ein zusätzlicher Gerichtsstand zur Verfügung gestellt

[959] v. Hinden, Persönlichkeitsverletzungen im Internet, S. 69, 73 ff.

[960] Im Ergebnis ebenso: MüKo-Gottwald, ZPO, Art. 5 EuGVÜ Rn. 42: „Bei Pressedelikten ist Handlungsort der Ort der Nachrichtenerstellung und der Erscheinungsort“. Im Ergebnis ähnlich: Koch, CR 1999, 121 (124) (zum Kollisionsrecht): „Bei Pressedelikten ist Handlungsort allein der Ort von dem aus Herstellung und Vertrieb einer elektronischen Publikation gesteuert werden.“

wird[961]. Da es unbillig wäre, den unvorhergesehen Geschädigten auf den möglicherweise weit entfernten allgemeinen Gerichtsstand des Beklagten zu verweisen, soll dem Verletzten eine zumutbare Möglichkeit der Rechtsverfolgung am Tatort gegeben werden[962]. Ansonsten ist zu befürchten, dass die Unbequemlichkeit der gerichtlichen Verfolgung am weit entfernten Wohnsitz des Täters für das Opfer leicht in Rechtsverweigerung umschlagen kann[963]. Die Begünstigung des Klägers gegenüber dem allgemeinen Gerichtsstand rechtfertigt sich durch die geringere Schutzwürdigkeit des Deliktsschuldners[964].

Im Internet wird die Gefahr der Rechtsverweigerung und das Bedürfnis des unvorhersehbar betroffenen Opfers nach Waffengleichheit gegenüber dem Deliktsschuldner, der des Schutzes durch den alleinigen Beklagtengerichtsstand nicht würdig ist, besonders deutlich. Die Anonymität sowie das günstige und schnelle Verbreiten von Informationen im Internet erleichtern das Handeln des Deliktstäters. Der Verletzte hingegen sieht sich durch die Bedeutungslosigkeit von geographischen Entfernungen im globalen Netz Tätern gegenüber, die unter Umständen in fernen Ländern wohnhaft sind. Sucht sich der Täter ein von seinem Wohnsitz weit entferntes Opfer aus, so muss er kaum fürchten, dass der Verletzte ihm an seinen Gerichtsstand folgt. Der Gesichtspunkt der Klägerprivilegierung muss folglich insbesondere im Internet Berücksichtigung finden.

Die unter den Gesichtspunkten der Sach- und Beweisnähe gefundenen Anknüpfungsorte bieten dem Verletzten zusätzliche Gerichtsstände, so dass sie alle eine Privilegierung des Klägers gewährleisten.

---

[961] Zu § 32 ZPO: Musielak-Heinrich, § 32 Rn. 1; Wieczorek/Schütze-Hausmann, § 32 Rn. 1; Stein/Jonas-Roth, § 32 Rn. 1; Zöller-Vollkommer, § 32 Rn. 1; Kollar, Der Gerichtsstand der unerlaubten Handlung, S. 115; Schack, IZVR, Rn. 222; Schwarz, Der Gerichtsstand der unerlaubten Handlung, S. 3 f.; a.A. hinsichtlich der Privilegierung des Opfers Schröder, Internationale Zuständigkeit, S. 266 ff; Neumann-Duesberg, NJW 1955, 696 (698).
Zu Art. 5 Nr. 3 EuGVO: Koch, IPRax 2000, 186 (187); Linke, IZPR, Rn. 157 (ebenfalls zu § 32); Wieczorek/Schütze-Hausmann, Art. 5 EuGVÜ Rn. 49; Geimer/Schütze, Internationale Urteilsanerkennung, Bd. I, 1. Hb, § 84 I, S. 604; Geimer/Schütze, EuZVR, Art. 5 Rn. 202; Schack, IZVR, Rn. 222.

[962] Wieczorek/Schütze-Hausmann, Art. 5 EuGVÜ Rn. 49; Geimer/Schütze, Internationale Urteilsanerkennung, Bd. I, 1. Hb, § 84 I, S. 604; Koch, IPRax 2000, 186 (187).

[963] Schröder, Internationale Zuständigkeit, S. 264; Looschelders, ZVglRWiss 95 (1996), 48 (89).

[964] Wieczorek/Schütze-Hausmann, § 32 Rn. 1; Musielak-Heinrich, § 32 Rn. 1.

III. Begrenzung der Handlungsortanknüpfung durch Beklagteninteressen

Die „Sympathie mit dem rechtssuchenden Opfer“[965] geht allerdings nicht so weit, dem Kläger unzählige Gerichtsstände zu eröffnen, ohne die Interessen des Beklagten zu berücksichtigen[966]. Im Hinblick darauf, dass der angebliche Verletzer die unerlaubte Handlung vielleicht gar nicht begangen oder aber gerechtfertigt oder schuldlos gehandelt hat, darf dieser ebenso wenig einem aus seiner Sicht zufälligen Gerichtsstand unterworfen werden[967]. Das den Tatortgerichtsstand prägende Kriterium des besonderen Näheverhältnisses des Gerichts zum streitgegenständlichen Geschehen zeigt, dass vielmehr ein streitgegenstands- und damit parteineutraler Gerichtsstand gewollt ist. Es muss demnach ein Ausgleich zwischen den Interessen des verletzten Klägers an einer leichteren Rechtsverfolgung und dem Schutzinteresse des Beklagten vor möglicherweise unberechtigten Angriffen geschaffen werden.

Der Justizgewährungsanspruch des Klägers, der eine großzügige Eröffnung der internationalen Zuständigkeit verlangt[968], findet mithin seine Grenze in dem Recht des Beklagten auf ein faires, rechtsstaatliches Verfahren, das eine Begrenzung auf zumutbare Gerichtsstände gebietet[969].

1) Keine Begrenzung wegen verhaltenssteuernder Funktion des Zuständigkeitsrechts

Die oben aufgeführten Anknüpfungsvorschläge sind allesamt von einer dem Beklagten zugute kommenden Begrenzung der möglichen Gerichtsstände bestimmt. Allerdings entsprechen die Überlegungen, die der Begrenzung zugrunde liegen, nicht den Zuständigkeitsinteressen.

Die Begründungen für die jeweils alleinige Anknüpfung an den Einspeisungsort, den Ort der Entscheidung und den Standort des Servers weisen einen Bezug zur strafrechtlichen Definition des „unmittelbaren Ansetzens zur Tat“ auf. So wird beispielsweise argumentiert, dass der Täter in dem Moment das seinerseits Erforderliche getan habe bzw. die Gefährdung des Rechtsguts eingetreten

---

[965] Die „Sympathie mit dem Opfer“ wird von Kollar als Motiv für den Tatortgerichtsstand genannt (Kollar, Der Gerichtsstand der unerlaubten Handlung, S. 114 f.).

[966] Ähnlich Ahrens, IPRax 1990, 128 (131).

[967] Schack, IZVR, Rn. 289. Schack misst den Interessen des angeblichen Schädigers im Rahmen der internationalen Deliktszuständigkeit besondere Bedeutung bei, da hier die Gefahr besonders groß sei, dass dieser durch unberechtigte Behauptungen mit einer Klage überzogen werde, mit der er außerhalb von Rechtsbeziehungen nicht rechnen muss (Schack, ZEuP 1998, 931 (945)).

[968] Siehe oben 4. Teil, C, VI.

[969] Zum Widerstreit dieser beiden verfassungsrechtlichen Positionen siehe oben 4. Teil, C, VI.

sei[970]. Dieser strafrechtliche Einschlag zeigt, dass die Anknüpfungen insbesondere durch die dem Straf- und Haftungsrecht eigene verhaltenssteuernde Funktion geprägt sind. Im Gegensatz zum Kollisionsrecht hat das Zuständigkeitsrecht jedoch, wie oben dargelegt[971], keine verhaltenssteuernde Funktion, so dass eine hierauf beruhende Begrenzung nicht den Zuständigkeitsinteressen entspricht.

2) Zumutbarkeit der vorgeschlagenen Anknüpfungspunkte

Es ist nicht erforderlich, dass die internationale Gerichtspflichtigkeit des Täters auf *einen* Gerichtsstand begrenzt wird. Vielmehr muss, um dem Beklagten eine reale Chance auf eine effektive Verteidigung zu gewährleisten, lediglich die Zumutbarkeit der Gerichtsstände gegeben sein[972].

a) Einflussmöglichkeit auf Handlungsort

Die Gerichtspflichtigkeit ist dem Verletzer nur an solchen Orten zumutbar, an denen er auf die verletzende Handlung Einfluss nehmen kann. Eine Begründung von Gerichtsständen, die der Deliktstäter durch sein Verhalten nicht beeinflussen und damit auch nicht verhindern kann, würde den Beklagten über Gebühr belasten. Das Recht auf ein faires und rechtsstaatliches Verfahren verlangt vielmehr, dass dem Täter ermöglicht wird, sich durch sein Verhalten vor bestimmten Gerichtsständen zu schützen.

Hinsichtlich der genannten Anknüpfungspunkte sind damit sowohl der Serverstandort als auch die Standorte der Durchleitungs- und Vermittlungsrechner dem Beklagten als Gerichtsstände nicht zumutbar. Der Datenfluss vom verletzenden Inhalteanbieter zum Server und von dort zum abrufenden Nutzer unterliegt nicht der Kontrolle des Verletzers. Vielmehr werden der Übermittlungsweg und damit die Durchleitungs- und Vermittlungsrechner von den aus rechtlicher Perspektive zufälligen und beliebigen Berechnungen des Netzwerkprotokolls bestimmt[973]. Ebenso ist der Einsatz und der Belegenheitsort von Cache-Servern vom Täter nicht beeinflussbar[974]. Gleiches gilt für den Standort des Servers, auf welchem das Angebot zum Abruf bereitgehalten wird. Der Server-Standort ist dem Verletzer in der Regel nicht bekannt, es sei denn er betreibt einen eigenen

[970] Siehe oben 7. Teil, A, I und 7. Teil, A, II.
[971] Siehe oben 7. Teil, B, II, 1).
[972] Pfeiffer, Internationale Zuständigkeit und prozessuale Gerechtigkeit, S. 16.
[973] Mit ähnlicher Argumentation die Durchleitungsorte ablehnend Bachmann, IPRax 1998, 179 (183); Mankowski, RabelsZ 63 (1999), 203 (267) (zum Kollisionsrecht).
[974] Mankowski, RabelsZ 63 (1999), 203 (268).

Server. Im Regelfall wird der Server jedoch von einem Internet Service Provider betrieben, auf dessen Server-Standorte er keinen Einfluss hat[975].

Auf den Rechner abzustellen, von welchem abgerufen werden kann, würde überdies zu Abgrenzungsproblemen im Hinblick auf die ebenfalls das Angebot zum Abruf bereithaltenden Cache-Servern führen. Deren beliebigen Standorten wäre der Verletzer selbst bei dem Betrieb eines eigenen Servers ausgesetzt.

Die Unkenntnis des Serverstandorts gilt auch für die Teilnahme an Newsgroups. Die Entscheidung, welche Newsgroups auf welchem News-Server geführt werden, trifft der Betreiber des betreffenden News-Servers[976]. In der Regel wird die Nachricht zudem automatisch an andere News-Server weitergegeben. Entsprechend bestimmt der Betreiber des ersten News-Servers auch darüber, an welche weiteren News-Server er die Gruppe versendet, und die Betreiber dieser News-Server beschließen, ob sie die Daten akzeptieren[977]. Der Täter ist in diese Entscheidungsprozesse nicht eingebunden, er hat von diesen in der Regel auch keine Kenntnis.

Andererseits kann der Täter sich tatsächlich Einfluss auf den Standort des Servers verschaffen, indem er z.B. einen eigenen Server betreibt, den er in einem beliebigen Staat installieren kann oder indem er sich bewusst einen ausländischen Service-Provider mit Serverstandort in einem bestimmten Staat sucht. Auf diese Weise kann er mit denkbar geringem Aufwand und ohne Folgen für die verletzende Handlung den Anknüpfungsort manipulieren. Hierfür müsste sich der Verletzer noch nicht einmal selbst ins Ausland begeben, da er die Angebote per FTP[978] auf den ausländischen Server hochladen könnte[979]. So könnte eine gesamte Online-Zeitung beispielsweise über einen Server in Antigua verbreitet werden, ohne dass der Leser oder der Verletzte dies bemerken würden, denn die Top-Level-Domain gibt über den Ursprung der Datenübertragung nicht zwingend Auskunft[980].

Konzentriert man den Handlungsort, wie die den Server-Standort als Deliktsort befürwortenden Meinungen, auf den Standort des Servers, so kann sich der Täter aufgrund der Netztechnik des Internet mit geringer Mühe in ausländische Gerichtsstände flüchten, die für ihn vorteilhaft sind. Mit der Handlungsortanknüpfung ist zwar stets ein gewisses Umgehungspotential verbunden, so dass

975 Mankowski, RabelsZ 63 (1999), 203 (257).

976 Bachmann, IPRax 1998, 179 (180).

977 Allgemein zu diesem System vgl. Sieber, CR 1997, 581 (596); Bachmann, IPRax 1998, 179 (180).

978 FTP = File Transfer Protocol. Dies ist ein Internet-Dienst zur Übertragung von Dateien, näher vgl. Hage/Hitzfeld in: Loewenheim/Koch, Praxis des Online-Rechts, 1.3.2.2, S. 17.

979 v. Hinden, Persönlichkeitsverletzungen im Internet, S. 62.

980 Die Top-Level-Domain „.com" sagt z.B. nichts über das Ursprungsland der Datenübertragung. Auch eine Beibehaltung der „deutschen" Länderdomain „.de" wäre bei einer Verlagerung des Servers möglich (siehe v. Hinden, Persönlichkeitsverletzungen im Internet, S. 62).

Anknüpfungsmanipulationen nie vollständig ausgeschlossen werden können[981]. Entscheidend für die Frage der Akzeptanz einer Manipulationsgefahr ist jedoch das Ausmaß der Gefahr. Dieses Ausmaß der Manipulationsgefahr ist wiederum abhängig von dem erforderlichen Umgehungsaufwand. Im Falle der Anknüpfung an den Server-Standort besteht, bedingt durch den geringen erforderlichen Aufwand zur Manipulation des Server-Standorts, eine sehr hohe Manipulationsgefahr. Eine alleinige Anknüpfung an den Server-Standort als Handlungsort ist daher nicht vertretbar[982]. Eine leichte Manipulierbarkeit des Anknüpfungspunktes durch den Täter, schließt eine Zuständigkeitsbegründung an diesem Punkt in gleicher Weise aus wie eine fehlende Einflussmöglichkeit des Täters auf den Anknüpfungspunkt.

Vom Täter beeinflussbare und damit ihm zumutbare Handlungsorte sind hingegen sowohl der Ort, an dem die persönlichkeitsrechtsverletzenden Angebote bzw. E-Mails ins Netz eingespeist wurden, als auch der Ort, an dem er diese konzipiert und entwickelt hat. Sowohl das Verfassen der verletzenden Information als auch das Entäußern dieser beruhen auf einer Entscheidung und auf einer Handlung des Verletzers. Ebenso ist arbeitsteiligen Unternehmen der vorgeschlagene Ort der Entscheidung als Handlungsort zumutbar, da diese den Ort ihrer maßgeblichen Entscheidungen festlegen und beeinflussen können.

b) Hinreichender Inlandsbezug der Streitigkeit

Die Zumutbarkeit des Deliktsgerichtsstands kann des Weiteren auch dann entfallen, wenn sich der Gerichtsstand nicht durch Sachgründe rechtfertigt, das heißt der sachliche Bezug zum Gerichtsstaat zu schwach ist. Die durch den Grundsatz des Beklagtenwohnsitzes geschützten Interessen des Beklagten, sich möglichst vor den ihm bekannten Gerichten nach dem ihm vertrauten Verfahrens- und Kollisionsrecht gegen Anschuldigungen verteidigen zu müssen, treten nur dann zurück, wenn legitime Gründe – insbesondere die Sachnähe – eine weitere Gerichtspflichtigkeit zumutbar machen[983].

Die Zumutbarkeit ergibt sich daher aus dem Inlandsbezug der Streitigkeit. Ist der Bezug des Sachverhalts zum Gerichtsstaat zu gering, so kann der Beklagte nicht mit einem zusätzlichen Gerichtsstand in diesem Staat belastet werden. Ein Ausschluss der Handlungen mit zu geringem Inlandsbezug entspricht überdies

[981] So auch v. Hinden, Persönlichkeitsverletzungen im Internet, S. 76; Mankowski, RabelsZ 63 (1999), 203 (266 f.) (jeweils zum Kollisionsrecht).

[982] Den Serverstandort ebenso aus Gründen der Manipulierbarkeit ablehnend: Lurger, Internationales Deliktsrecht und Internet, in: Basedow (u.a.), Aufbruch nach Europa, S. 479 (494) (zum Kollisionsrecht und Zuständigkeitsrecht); v. Hinden, Persönlichkeitsverletzungen im Internet, 61 ff. (zum Kollisionsrecht).

[983] Coester-Waltjen, Internationale Zuständigkeit bei Persönlichkeitsrechtsverletzungen, in: Festschrift für Schütze, 175 (182).

dem staatlichen Interesse, die eigenen Gerichte nicht mit inlandsfernen Streitigkeiten zu belasten, zumal derartige Entscheidungen in anderen Staaten wegen des zu schwachen Bezuges zum Gerichtsstaat oft nicht anerkannt werden[984].

Das Erfordernis eines bedeutenden Bezuges zum Gerichtsstaat gebietet die Konzentration des Handlungsortes auf wesentliche Teilakte, da unbedeutende, geringe Teilakte einer unerlaubten Handlung nicht den erforderlichen sachlichen Bezug zum Gerichtsstand erzeugen.

Bedeutende Teilakte, die den erforderlichen Inlandsbezug herstellen, sind bei Persönlichkeitsrechtsverletzungen die Erstellung der Web-Seite bzw. der E-Mail und die Entäußerung in Form des Einspeisens ins Netz. Beide Teilhandlungen sind von wesentlicher Bedeutung für die unerlaubte Handlung der Persönlichkeitsrechtsverletzung, denn die intellektuelle Leistung des Verfassens der inkriminierten Inhalte bildet die Substanz des deliktischen Handelns, während das Einspeisen ins Netz für die erforderliche Außenwirkung sorgt. Bei arbeitsteiligen Unternehmen entsprechen diese Teilakte den Entscheidungen über Inhalt und Veröffentlichung. Indessen finden weder am Server-Standort noch an den Standorten der Durchleitungs- und Vermittlungsrechner Teilhandlungen des Verletzers statt. Vielmehr nehmen die wesentlichen Handlungen des Erstellens und Entäußerns der Nachricht an diesen Orten lediglich ihren weiteren automatischen Verlauf.

Bei dem wesentlichen Teilakt des Verfassens kann es sich um eine räumlich und zeitlich gestreckte Handlung handeln. So liegt beispielsweise einem in das Internet gestellten Buch oder einem im Internet abrufbaren Film meist eine lange Entwicklungs- und Konzeptionsphase zugrunde. Im Rahmen dieser Phase können Berührungen zu zahlreichen Orten entstehen. Fraglich ist jedoch, ob eine Gerichtspflichtigkeit des Täters an sämtlichen Orten, an denen der Verletzer das Buch verfasst oder den Film gedreht hat, gerechtfertigt ist.

Die Gerichtspflichtigkeit am Tatort erfordert, wie dargelegt, einen hinreichenden Bezug des streitgegenständlichen Sachverhalts zum Gerichtsstaat, wonach Berührungen nur geringen Gewichts noch keinen Gerichtsstand zu begründen vermögen. Folglich rechtfertigt nicht jede Tätigkeit an einem bestimmten Ort einen dortigen Gerichtsstand. Im Fall einer räumlich und zeitlich stark gestreckten Entstehungsphase des persönlichkeitsrechtsverletzenden Inhalts ist daher auf den Schwerpunkt des Verfassens abzustellen. An dem Ort, an dem der Beklagte schwerpunktmäßig tätig wurde, ist ein hinreichender Bezug zum Gerichtsstand gegeben und dem Beklagten damit ein zusätzlicher Gerichtsstand zuzumuten. Durch die Berührungen mit den übrigen Orten wird hingegen ein zu geringer Bezug zum Gerichtsstaat erzeugt, so dass sie keinen vom Beklagtenwohnsitz abweichenden Gerichtsstand rechtfertigen. Die Gerichtspflichtigkeit

---

[984] Coester-Waltjen, Internationale Zuständigkeit bei Persönlichkeitsrechtsverletzungen, in: Festschrift für Schütze, 175 (181).

des Täters an sämtlichen Orten, an denen er das Buch verfasst oder den Film gedreht hat, würde den Beklagten ohne sachliche Rechtfertigung durch einen hinreichenden Inlandsbezug überlasten und ihm somit die Möglichkeit einer effektiven Verteidigung nehmen.

3) Ergebnis zur Begrenzung der Handlungsortanknüpfung

Der Ausgleich zwischen den Interessen des verletzten Klägers an einer leichteren Rechtsverfolgung und dem Schutzinteresse des Beklagten vor möglicherweise unberechtigten Angriffen wird nicht, wie in den aufgeführten Anknüpfungsvorschlägen, durch eine Anknüpfung des zuständigkeitsrechtlichen Handlungsortes an die verhaltenssteuernde Funktion des Haftungsrechts gefunden. Vielmehr ist die internationale Gerichtspflichtigkeit des Täters durch sein berechtigtes Interesse an zumutbaren Gerichtsständen zu begrenzen. Zumutbar sind dem Täter nur solche Gerichtsstände, deren Begründung er durch sein Verhalten beeinflussen kann und die durch einen hinreichenden Bezug zur Streitigkeit gerechtfertigt sind. Nicht zumutbar sind aus diesen Gründen der Server-Standort und die Standorte der Durchleitungs- und Vermittlungsrechner. Sowohl am Ort der Angebotserstellung als auch am Ort der Einspeisung ist dem Kläger hingegen eine Gerichtspflichtigkeit zuzumuten. Bei arbeitsteiligen Unternehmen entspricht dies den Entscheidungen über Inhalt und Veröffentlichung.

IV. Wiederherstellung des Rechtsfriedens

Ein weiteres nennenswertes Zuständigkeitsinteresse ist das Staatsinteresse an der Wiederherstellung des Rechtsfriedens[985]. Wo der Täter Unrecht getan hat, dort soll er sich der Gerichtsgewalt unterwerfen, um an Ort und Stelle die Integrität der Rechtsgemeinschaft wiederherzustellen. Die Tatortzuständigkeit dient hiernach u.a. der prozessualen Genugtuung[986].

Unter Berücksichtigung des zivilprozessualen Interesses der Wiederherstellung des Rechtsfriedens knüpft die Handlungsortbestimmung demnach an den Ort des begangenen Unrechts an. Der Unrechtsbegriff kann hier jedoch nicht im Sinne der materiellrechtlichen Haftung verstanden werden, wonach nur die haftungsbegründende Handlung relevant sein würde. Vielmehr muss, da die Wiederherstellung bzw. Genugtuung aus zivilprozessualer Sicht angestrebt wird, der

[985] Kollar, Der Gerichtsstand der unerlaubten Handlung, S. 115.

[986] Schröder, Internationale Zuständigkeit, S. 268 f. Bereits der Tatortgerichtsstand in der justinianischen Gesetzgebung diente dem Allgemeininteresse, die gestörte Rechtsordnung dort wiederherzustellen, wo sie übertreten wurde (Schröder, Internationale Zuständigkeit, S. 241).

Unrechtsbegriff als weiter, vom anwendbaren materiellen Recht unabhängiger Begriff gesehen werden. Hierfür spricht, dass der Beginn der Haftung in den materiellen Rechtsordnungen der verschiedenen Länder divergieren kann. Das Zuständigkeitsrecht bezweckt nicht, bereits festzustellen, ob nach den maßgeblichen Verhaltensnormen eine Haftung besteht bzw. Unrecht im materiellen Sinne begangen wurde. Es bestimmt lediglich das Forum, das über diese Frage sodann im Rahmen der Sachentscheidung zu urteilen hat. Verstünde man den Unrechtsbegriff im haftungsrechtlichen Sinne, würde ein Rückgriff auf das materielle Recht notwendig, der aus den genannten Gründen nicht gewollt ist[987].

Unter Zugrundelegung eines weiten Unrechtsbegriff im zuständigkeitsrechtlichen Sinne ist eine Wiederherstellung des Rechtsfriedens überall dort geboten, wo ein wesentlicher Teilakt der unerlaubten Handlung begangen wurde. Dies ist unabhängig davon, ob dieser Teilakt bereits haftungsbegründend ist.

Auch nach dem zivilprozessualen Interesse der Wiederherstellung des Rechtsfriedens sind mithin die Orte zuständigkeitsbegründend, an denen die wesentlichen Teilakte der Erstellung des inkriminierten Angebots und der Einspeisung desselben vorgenommen wurden bzw. bei arbeitsteiligen Unternehmen über diese entschieden wurde.

V. Vermutungsregeln

Die anhand der zivilprozessualen Interessen ermittelten Orte des Einspeisens und der Angebotserstellung bzw. bei arbeitsteiligen Unternehmen die Orte der diesbezüglichen Entscheidung sind für den Verletzten nicht unmittelbar ersichtlich. Der Kläger gerät folglich, da er die Beweislast für den Tatort trägt[988], in erhebliche Beweisschwierigkeiten, sobald der von ihm behauptete Handlungsort vom Gericht angezweifelt[989] oder vom Beklagten bestritten wird.

1) Ermittelbarkeit des Handlungsortes

Der Kläger kann den verletzenden Inhalten einer Web-Seite oder einer E-Mail nicht entnehmen, wo diese erstellt und eingespeist wurden bzw. wo über ihren Inhalt und ihre Veröffentlichung entschieden wurde.

---

[987] Siehe oben 5. Teil, A, I und 5. Teil, B, I. Mankowski, RabelsZ 63 (1999),203 (263) (zur kollisionsrechtlichen Problematik).

[988] Siehe oben Fn. 899.

[989] Der Beklagte muss den Handlungsort nicht rügen, sondern Zweifel des Gerichts hinsichtlich des Handlungsortes genügen, da der Tatort von Amts wegen geprüft wird, siehe oben 5. Teil, C, IV.

Die Top-Level-Domain eines Domain-Namens[990] gibt keine zuverlässige Auskunft darüber, wo die inkriminierten Inhalte konzipiert und eingespeist wurden. So sagen beispielsweise die generischen Top-Level-Domains „com", „edu", „net" und „org"[991] nichts über das Ursprungsland der Datenübertragung aus. Auch die länderbasierten Top-Level-Domains geben keine zuverlässige Auskunft über das Herkunftsland der Inhalte. Der Inhalteanbieter bzw. Inhaber eines E-Mail-account einer länderbasierten Top-Level-Domain[992] kann sich mühelos der Top-Level-Domain eines Staates bedienen, der nicht dem Staat entspricht, in dem er tatsächlich agiert. Häufig kommt dies beispielsweise bei E-Mail Adressen vor, wenn der gewünschte Name mit der Top-Level-Domain des Wohnsitzstaates bereits vergeben ist. Aber auch Web-Seiten tragen länderbasierte Top-Level-Domains, die, statt eine Aussage über das Herkunftsland der Web-Seiten zu treffen, einen Bezug zum Gegenstand der Seite oder zur Gesellschaftsform des Inhalteanbieters aufweisen. Beispielsweise wird die länderbasierte Top-Level-Domain von Tuvalu „tv" gerne von Fernsehsendern oder die Top-Level-Domain von Antigua „ag" vorzugsweise von Aktiengesellschaften verwendet. Die Länderkennung der Top-Level-Domain kann zudem, selbst wenn sie dem Herkunftsland des Inhalteanbieters entspricht, keinesfalls eine Aussage darüber treffen, wo der Verletzer im Einzelfall die Informationen tatsächlich erstellt und eingespeist hat.

Fraglich ist, ob der Kläger den Einspeiseort mit Hilfe technischer Daten ermitteln kann. Die Lokalisierung des Ortes, an dem der Verletzer die Inhalte im Einzelfall effektiv eingespeist hat, wird zunächst durch Verschlüsselungstechniken erschwert. Der Deliktstäter wird unter Umständen versuchen, seine Spuren zu verwischen.

Des Weiteren stellt sich die Frage, ob anhand der technischen Daten des Einspeisungsvorgangs der geographische Ort des Einspeisenden überhaupt zuverlässig ermittelbar ist und wenn ja, mit welchem Zeit- und insbesondere mit welchem Kostenaufwand dies verbunden ist[993].

Doch neben der Frage der technischen Möglichkeit einer Lokalisierung des Einspeisenden, begegnet die Ermittlung des Einspeiseortes durch den Kläger

---

[990] Domain-Namen setzen sich aus einer Kennung für den belegten Hauptbereich im globalen System (Top-Level-Domain) zusammen, sowie weiteren individuell wählbaren Unterkennungen (Subdomains), die nach links durch Punkte getrennt werden (Hage/Hitzfeld in: Loewenheim/Koch, Praxis des Online-Rechts, 1.3.3.2, S. 29).

[991] Die generischen Top-Level-Domains (gTLD) richten sich nach der Art des Angebots bzw. der Sparte des Angebotsanbieters, z.B. steht „net" für Angebote mit Internetbezug und „edu" für Bildungsorganisationen (Hoeren, Rechtsfragen im Internet, Internetskript, § 3, I., 1.). Zum Hintergrund der Domain-Namen siehe oben 1. Teil, I.

[992] Diese sind die so genannten country code Top-Level-Domains (ccTDL), z.B. „de" für Deutschland, „fr" für Frankreich, „uk" für Großbritannien, „at" für Österreich oder „ch" für die Schweiz.

[993] Zum Kostenaufwand und zur Zuverlässigkeit siehe unten 8. Teil, B, II, 1), b), aa).

insbesondere datenschutzrechtlichen Hindernissen[994]. Die Daten des Einspeisungsvorgangs sind zunächst nur dem Betreiber des Servers und damit, soweit der Täter keinen eigenen Server betreibt, nur dem Host-Provider bekannt. Es ist bereits zweifelhaft, ob der Host-Provider die Daten zum Einspeisungsvorgang für einen längeren Zeitraum, welcher in der Regel bis zur gerichtlichen Verfolgung des Anspruchs vergeht, speichert. In der Regel dürfte er hierzu zumindest nicht berechtigt sein[995], da personenbezogene Daten[996] nach den Grundsätzen der datenschutzrechtlichen Regelungen frühestmöglich zu löschen sind[997]. Auf jeden Fall ist er bisher nicht zur längeren Aufbewahrung verpflichtet[998]. Doch unabhängig davon, ob der Provider die Daten zum Einspeisungsvorgang noch zur Verfügung hat, darf er diese zur Verfolgung zivilrechtlicher Ansprüche weder an den Kläger noch an das Gericht herausgeben[999]. Die datenschutzrechtlichen Regelungen sehen seitens des Diensteanbieters lediglich eine Erteilung von Auskünften an die Strafverfolgungsbehörden[1000] oder den Einspeisenden selbst vor[1001].

Betreibt der Täter einen eigenen Server, so mangelt es bereits an zuverlässigen Daten zum Einspeisungsvorgang. Der Täter stellt die inkriminierten Inhalte

---

994 Im Folgenden wird neben dem Bundesdatenschutzgesetz auf die Vorschriften des Teledienstedatenschutzgesetzes (TDDSG) abgestellt. Im Rahmen der Internetdienste kommt ebenso eine Anwendung des Mediendienstestaatsvertrages (MDStV) in Betracht. Eine Abgrenzung der Anwendungsbereiche des TDDSG und des MDStV ist angesichts der Übereinstimmungen der datenschutzrechtlichen Regelungen in beiden Regelungswerken nicht erforderlich.

995 Zulässig wäre die Erstellung von Nutzungsprofilen unter Verwendung von Pseudonymen, vgl. § 6 Abs. 3 TDDSG, § 15 Abs. 3 TMG. Ein Interesse an einem Nutzungsprofil zum Zwecke der Marktforschung, Werbung o.ä. besteht zwar u.U. hinsichtlich des Abrufortes, nicht aber bezüglich des Einspeisungsortes. Aus diesem Grund werden Einspeisungsdaten in der Regel nicht zu Marktforschungszwecken o.ä. länger gespeichert.

996 Personenbezogene Daten sind gemäß § 3 Abs. 1 BDSG Einzelangaben über persönliche oder sachliche Verhältnisse einer bestimmten oder bestimmbaren natürlichen Person (Betroffener). Die Einspeisungsdaten sind personenbezogene Daten, da mit ihrer Hilfe die tatsächliche Identität des Einspeisenden ermittelt werden kann. Zu personenbezogenen Daten im Internet siehe Hoeren/Sieber-Helfrich, Handbuch Multimedia-Recht, Teil 16.1 Rn. 30 f., der im Ergebnis auch technische Daten als geeignet betrachtet, vom Begriff der „personenbezogenen Daten“ erfasst zu sein.

997 Vgl. Hoeren, Rechtsfragen im Internet, Internetskript, § 7 VII, 2. Es sei denn es handelt sich um Abrechnungsdaten i.S.v. § 6 Abs. 4 TDDSG, § 15 Abs. 4 TMG.

998 Die Europäische Richtlinie über Vorratsspeicherung (Richtlinie 2006/24/EG, ABl. EU Nr. L 105, S. 54 ff.) wurde in Deutschland noch nicht umgesetzt. Die Umsetzungsfrist läuft am 15. März 2009 ab. Seitens Irland wurde Klage gegen die Richtlinie eingereicht. Eine Entscheidung des EuGH wird für 2008 erwartet.

999 Eine Übermittlung von Nutzungs- oder Abrechnungsdaten ist nur an die in § 6 Abs. 5 TDDSG genannten Personen und unter den dort genannten Voraussetzungen zulässig.

1000 Vgl. § 6 Abs. 5 Abs. 5 S. 5 TDDSG.

1001 Vgl. § 4 Abs. 7 TDDSG.

ins Netz, indem er sie beispielsweise mittels FTP auf seinen Server überträgt. Die Daten dieser Übertragung werden, da sie eine Kommunikation mit sich selbst darstellen, an keiner weiteren unabhängigen Stelle gespeichert. Der Täter könnte sie lediglich selbst speichern. In diesem Falle sind die Daten jedoch leicht durch den Täter manipulierbar und daher für den Kläger undienlich.

Ein eventueller Auskunftsanspruch des Klägers gegen den Beklagten zum Zwecke der Ermittlung des Einspeisungsortes wäre nur auf sachrechtlicher Ebene denkbar und würde damit neben der Ermittlung des diesbezüglich anwendbaren Rechts bei Verweigerung der Auskunft einen zweiten Prozess erfordern[1002]. Ein weiterer Prozess allein zur Ermittlung des zuständigkeitsrechtlichen Handlungsortes ist jedoch nicht prozessökonomisch und dem Kläger nicht zumutbar.

Ebenso ist der Ort, an dem der Täter die Angebote erstellte, für den Verletzten schwer ermittelbar, denn die Konzeption fällt in den Organisationsbereich des Verletzers, in den der Kläger keinen Einblick hat. Dies gilt in gleicher Weise für Unternehmen, da deren Entscheidungspraxis sich als interne Firmenangelegenheit ebenfalls der Kenntnis des Verletzten entzieht.

2) Tatsächliche Vermutungsregel

Um den Verletzten vor der Beweisnot zu bewahren, wenn der Täter den vom Kläger gemutmaßten Ort der Erstellung und Einspeisung bestreitet oder das Gericht ihn bezweifelt, muss ihm mit einer tatsächlichen Vermutungsregel geholfen werden[1003]. Für Privatpersonen ist nach den Erfahrungen des täglichen Lebens zu vermuten, dass der Ort der Erstellung und Einspeisung mit dem Wohnsitz oder dem gewöhnlichen Aufenthalt des Verletzers[1004] identisch ist. Bei arbeitsteiligen Unternehmen weist die Vermutung auf den Sitz des Unternehmens hin[1005]. Dies ist der Fall, da dort nach allgemeiner Erkenntnis in der Regel die maßgeblichen Entscheidungen bezüglich Inhalt und Entäußerung der inkriminierten Angebote getroffen werden.

Möchte der Kläger der Vermutung hinsichtlich des Konzeptions- und Einspeiseortes entgehen, stehen ihm mehrere Möglichkeiten zur Verfügung. Entweder

---

1002 Kristin, Das Deliktsstatut bei Persönlichkeitsrechtsverletzungen über das Internet, S. 130 (zur entsprechenden Problematik im Kollisionsrecht).

1003 Zur Vermutung für den Einspeiseort siehe bereits oben 7. Teil, A, I.

1004 Der Wohnsitz bestimmt sich nach der lex fori (Art. 59 Abs. 1 EuGVO bzw. Art. 52 Abs. 1 EuGVÜ/LugÜ).

1005 Der Unternehmenssitz bei juristischen Personen ist im Rahmen der deutschen ZPO der Verwaltungssitz gemäß § 17 ZPO. Im Rahmen des EuGVO ist der Unternehmenssitz für Gesellschaften und juristische Personen gemäß Art. 59 EuGVO an dem Ort, an dem sich der satzungsmäßige Sitz, die Hauptverwaltung oder die Hauptniederlassung befindet. Im Rahmen des LugÜ und des EuGVÜ wird der Unternehmenssitz nach dem internationalen Privatrecht des Gerichtsstaates bestimmt (Art. 53 Abs. 1 EuGVÜ/LugÜ).

kann er seine Täterschaft bestreiten, da diese die Grundlage der Vermutung ist, die an seinen gewöhnlichen Aufenthaltsort anknüpft. Er kann jedoch auch die Vermutungsgrundlage bestreiten, dass am Gerichtsort sein Wohn- bzw. Unternehmenssitz oder gewöhnlicher Aufenthalt belegen ist. Ebenfalls ist es möglich, dass er die Vermutungsfolge widerlegt, indem er darlegt, dass die ernsthafte Möglichkeit eines anderen, untypischen Geschehensverlaufs gegeben ist, der auf einen vom Wohn- bzw. Unternehmenssitz oder gewöhnlichen Aufenthalt abweichenden Ort der Erstellung und Einspeisung hinweist. Die Umstände, aus denen die ernsthafte Möglichkeit eines anderweitigen, untypischen Verlaufs gefolgert wird, muss der Beklagte allerdings dann beweisen[1006].

3) Keine Beweislastumkehr

Eine den Kläger noch nachhaltiger begünstigende Beweislastumkehr ist hingegen abzulehnen[1007]. Eine Beweislastumkehr zugunsten des Verletzten würde die Zuständigkeitsbestimmung allein in die Hände des Klägers legen. Der Geschädigte könnte willkürlich einen für sich günstigen Handlungsort behaupten, und der Verletzer müsste sodann beweisen, dass er sein Angebot nicht an jenem Ort eingespeist oder erstellt hat.

Ein positiver Effekt der Beweislastumkehr wäre zwar, dass der Verletzer durch die Gefahr des mangelnden Gegenbeweises dazu angehalten würde, seine Einspeisungsvorgänge zu protokollieren, so dass das Geschehen transparenter würde[1008]. Gegen den beweistechnischen Nutzen einer solchen Transparenz spricht jedoch das Problem der technischen Manipulierbarkeit eines solchen Protokolls[1009].

Außerdem überwiegt für die Frage der internationalen Zuständigkeit letztlich der Gesichtspunkt der Belastung des Beklagten mit willkürlichen Gerichtsständen, die ihn zu einer jeweiligen Entkräftigung zwingen. Dies rührt daher, dass den Beklagten im Rahmen der internationalen Zuständigkeit die Folgen des mit der Beweislastumkehr verbundenen Anreizes zur Begründung willkürlicher Gerichtsstände besonders schwer treffen. Der Beklagte würde der Gefahr ausgesetzt, aufgrund einer unrichtigen Behauptung des Klägers vor ein möglicherweise weit entferntes, fremdsprachiges Gericht gezogen zu werden.

[1006] Zu den Möglichkeiten des Beweisgegners sich gegen Vermutungen zu wehren vgl. Anders/Gehle, Assessorexamen im Zivilrecht, Rn. 358.

[1007] Für eine Beweislastumkehr im Kollisionsrecht Mankowski, RabelsZ 63 (1999), 203 (258 ff.); a.A Kristin, Das Deliktsstatut bei Persönlichkeitsrechtsverletzungen über das Internet, S. 129.

[1008] So Mankowski, RabelsZ 63 (1999), 203 (259); Kristin, Das Deliktsstatut bei Persönlichkeitsrechtsverletzungen über das Internet, S. 129 (jeweils zum Kollisionsrecht).

[1009] Vgl. ausführlich Mankowski, RabelsZ 63 (1999), 203 (259 f.).

4) Vergleich mit der Rechtsprechung des EuGH zu Pressedelikten

Der EuGH hat in seiner Rechtsprechung zu Pressedelikten den Niederlassungsort des Herausgebers der ehrverletzenden Veröffentlichung als maßgeblichen Handlungsort festgelegt[1010]. Der Konzeptions- und Einspeiseort in Verbindung mit der genannten Vermutungsregel entspricht im Ergebnis dem vom EuGH bestimmten Niederlassungsort als Handlungsort. Eine generelle Festlegung auf den Niederlassungsort, die nicht an ein körperliches Tätigwerden anknüpft, widerspricht allerdings dem tätigkeitsbezogenen Charakter des Handlungsbegriffs. Durch die Vermutungsregel hingegen geht der Bezug zur tatsächlichen Handlung nicht verloren. Trotz der mit ihr verbundenen Vereinfachung der Handlungsortbestimmung führt sie zu einer flexiblen und dem Handlungsbegriff gerecht werdenden Bestimmung des Handlungsortes und ist daher einer vorweggenommenen Festlegung auf den Wohnsitz bzw. Unternehmenssitz vorzuziehen.

Eine Festlegung auf den Wohn- bzw. Unternehmenssitz würde zudem mit dem allgemeinen Gerichtsstand des Beklagten zusammenfallen und somit keinerlei Begünstigung für den Kläger bedeuten. Dem Kläger bleibt es im Rahmen der Vermutungsregel hingegen unbenommen den Rechtsstreit an einem vom Wohnsitz, allgemeinen Aufenthaltsort oder Unternehmenssitz abweichenden Handlungsort zu verfolgen. In diesem Falle muss er den abweichenden Handlungsort zwar beweisen, sofern er vom Beklagten bestritten oder vom Gericht bezweifelt wird. Hat der Kläger allerdings Anlass zur Annahme eines von der Vermutungsregel abweichenden Handlungsortes, so wird er auch Indizien hierfür haben. Im Hinblick darauf, dass der zu beweisende Ort des Erstellens oder Einspeisens in der ausschließlichen Einflusssphäre des Beklagten liegt, dürfen an die Beweisführung des beweisbelasteten Klägers keine überspannten Anforderungen gestellt werden. Ein mit Indizien und Erfahrungswerten untermauerter Vortrag des Klägers kann damit bereits zur vollen Überzeugung des Gerichts führen.

Bei der Vermutungsregel wird der Kläger zudem durch die Vermutung hinsichtlich des allgemeinen Aufenthaltsortes begünstigt, da der allgemeine Aufenthaltsort im deutschen Zivilprozessrecht nicht dem allgemeinen Gerichtsstand entspricht[1011].

Gegen eine Festlegung auf den Niederlassungsort, wie sie der EuGH befürwortet, spricht zudem, dass der Täter je nach Umgehungsaufwand dazu ermutigt würde, seine Niederlassung in für ihn insbesondere hinsichtlich Prozess- und Kollisionsrecht zuträgliche Gerichtsstaaten zu verlegen[1012].

[1010] EuGH, Urteil v. 07.03.1995, Rs. 68/93 (Shevill./.Press Alliance), EuGH NJW 1881 (1882).

[1011] Vgl. als Ausnahme § 20 ZPO.

[1012] Hinsichtlich des Umgehungsaufwandes wäre dies nur dann reizvoll, wenn der Unternehmenssitz allein nach dem Gründungsrecht bestimmt würde. Dies ist im Rahmen der deutschen

D. Zusammenfassung zum Handlungsort

Der Handlungsort als Ort der Ausführungshandlung ist bei Persönlichkeitsrechtsverletzungen im Internet am Ort der Erstellung der persönlichkeitsrechtsverletzenden Inhalte sowie am Ort der Einspeisung der Inhalte ins Netz bzw. bei arbeitsteiligen Unternehmen an den Orten der diesbezüglichen Entscheidungen zu lokalisieren.

Diese Handlungsorte entsprechen den vorherrschenden zivilprozessualen Interessen. Die Anknüpfung an die Orte der Erstellung und Einspeisung gewährleistet die erforderliche Sach- und Beweisnähe des Gerichts zum streitgegenständlichen Geschehen. Zudem ist an diesen Orten aus dem Gesichtspunkt der distributiven Gerechtigkeit die zuständigkeitsrechtliche Mitte, das heißt der Ausgleich zwischen dem Interesse des Klägers auf Justizgewährung und dem Interesse des Beklagten auf ein faires, rechtsstaatliches Verfahren, zu finden.

Die mit den Orten der Einspeisung und Erstellung verbundenen Beweisschwierigkeiten seitens des Klägers werden mit Hilfe einer Vermutungsregel zugunsten des gewöhnlichen Aufenthaltsortes des Verletzers bzw. des Unternehmenssitzes überbrückt.

Gerichtszuständigkeit jedoch weder bei der Anwendung der ZPO noch bei der Anwendung des EuGVO oder des EuGVÜ bzw. LugÜ der Fall.

8. Teil: Der Erfolgsort

Neben dem Handlungsort gilt der Erfolgsort als gleichwertiger Anknüpfungspunkt für den Deliktsgerichtsstand.

Der Erfolgsort im Sinne des § 32 ZPO ist dort belegen, wo sich die Handlung in einem Verletzungserfolg niederschlägt[1013]. Hierbei ist nur auf den unmittelbaren Verletzungserfolg, das heißt hinsichtlich des Persönlichkeitsrechts auf die Rechtsgutverletzung und nicht auf die hierauf beruhenden Schadensfolgen abzustellen[1014].

Für Art. 5 Nr. 3 EuGVO gilt als Erfolgsort ganz allgemein der Ort, an dem der durch die unerlaubte Handlung verursachte Schaden eingetreten ist[1015]. Der Rechtsprechung des EuGH ist dabei zu entnehmen, dass der Gerichtshof hinsichtlich der Tatortbestimmung nicht auf den Schaden, sondern auf die Rechtsgutverletzung im Sinne des deutschen Rechts abstellt[1016]. Demnach ist der Erfolgsort auch im Rahmen der EuGVO dort belegen, wo sich die Handlung in einer Rechtsgutverletzung niederschlägt[1017].

Die Bestimmung des Erfolgsorts gilt im Schrifttum als das wesentliche Problem bei der Anknüpfung von Persönlichkeitsrechtsverletzungen im Internet.

Als Ort der Rechtsgutverletzung erfordert der Erfolgsort zunächst eine Lokalisierung des Rechtsguts. Die Untersuchung der Anknüpfung beginnt daher mit der Frage, ob das Rechtsgut „Persönlichkeitsrecht" an irgendeinem Ort „belegen" ist, und wenn ja, an welchem Ort. Diese Frage stellt sich unabhängig davon, ob die Persönlichkeitsrechtsverletzung über das Internet oder ein herkömmliches Medium erfolgt.

Auf der Grundlage der durch die Untersuchung der Existenz und der Belegenheit eines Erfolgsortes bei Persönlichkeitsrechtsverletzungen gewonnenen Erkenntnisse werden sodann die besonderen Probleme der Erfolgsortanknüpfung im Internet untersucht. Bei der Suche nach einem praktikablen und interessengerechten Anknüpfungspunkt wird aufgrund der verschiedenen Art und des unterschiedlichen Ausmaßes der Verbreitung einer verletzenden Äußerung im Internet zwischen den verschiedenen Internetdiensten differenziert. Es werden

---

[1013] Schwarz, Der Gerichtsstand der unerlaubten Handlung, S. 43. „Ort, an dem in das geschützte Rechtsgut eingegriffen wurde" (BGH NJW 1994, 1413 (1414 f.); Zöller-Vollkommer, § 32 Rn. 16; Wieczorek/Schütze-Hausmann, § 32 Rn. 33).

[1014] Siehe oben 6. Teil, B, II.

[1015] Kropholler, EuZPR, Art. 5 Rn. 81; EuGH, Urteil v. 30.11.1976, Rs. 21/76 (Bier./.Mines des Potasse), NJW 1977, 493 (493).

[1016] Zur EuGH Rspr. siehe oben 6. Teil, B, II.

[1017] Schwarz, Der Gerichtsstand der unerlaubten Handlung, S. 157.

die verschiedenen Lösungsvorschläge zur Anknüpfung diskutiert und schließlich der Erfolgsort anhand der zuständigkeitsrechtlichen Interessen ermittelt.

A. Erfolgsort bei Persönlichkeitsrechtsverletzungen

Der Erfolgsort als Ort der Rechtsgutverletzung ist derjenige Ort, an dem sich das unmittelbar betroffene Rechtsgut in dem Zeitpunkt der Verletzung befindet bzw. lokalisiert wird[1018]. Die örtliche Lokalisierung der Persönlichkeitsrechtsverletzung wird jedoch durch den besonderen Charakter des Persönlichkeitsrechts erschwert.

I. Existenz eines Erfolgsortes bei Persönlichkeitsrechtsverletzungen

Die Existenz eines Erfolgsortes bei Persönlichkeitsrechtsverletzungen wird von einer Ansicht mit der Begründung abgelehnt, dass sich das Persönlichkeitsrecht mangels einer gegenständlichen Verkörperung nirgends konkret befinde[1019]. Im Gegensatz zu gegenständlich verkörperten Rechtsgütern, wie dem Eigentum oder dem Körper, sei das Persönlichkeitsrecht nicht räumlich fixierbar, da es überall und nirgends örtlich belegen sei[1020]. Ein Verletzungsort könne mithin nicht festgestellt werden. Damit verbleibe nur eine Anknüpfung an den Handlungsort. Die Vertreter dieser Auffassung fassen den Handlungsort jedoch sehr weit auf, indem sie auch den Verbreitungsort als Handlungsort bezeichnen[1021].

Diese Meinung verkennt, indem sie den Verbreitungsort als Handlungsort ansieht, die im Rahmen der Tatortregel übliche Differenzierung zwischen Hand-

---

[1018] So zum Kollisionsrecht Kropholler, IPR, § 53 IV 1 b, S. 522. Die Frage nach der Belegenheit des Persönlichkeitsrechts wird an dieser Stelle unabhängig von kollisionsrechtlichen oder zivilprozessualen Interessen diskutiert. Aus diesem Grunde können die Ausführungen und Meinungen aus dem Kollisionsrecht auch im Rahmen der Untersuchung der Zuständigkeit herangezogen werden.

[1019] Schack, UFITA 108 (1988), 51 (64 f.); v. Bar, Persönlichkeitsschutz im gegenwärtigen und zukünftigen deutschen internationalen Privatrecht, in: Festschrift für die Waseda Universität, S. 575 (588 ff.); Kubis, IZ bei Persönlichkeits- und Immaterialgüterrechtsverletzungen, S. 122, Hoeren/Pichler in: Loewenheim/Koch, Praxis des Online-Rechts, 9.7.2.1.1, S. 461; für das Kollisionsrecht: v. Bar, IPR, Bd. II, Rn. 664.

[1020] Schack, UFITA 108 (1988), 51 (64).

[1021] Kubis, IZ bei Persönlichkeits- und Immaterialgüterrechtsverletzungen, S. 145 f.; Schack, UFITA 108 (1988), 51 (65); Schack, IZVR, Rn. 303; v. Bar, Persönlichkeitsschutz im gegenwärtigen und zukünftigen deutschen internationalen Privatrecht, in: Festschrift für die Waseda Universität, S. 575 (589 ff.). Löffler sieht Handlungs- u. Erfolgsort an einem Ort und zwar am Verbreitungsort belegen, denn Mediendelikte seien keine Multi-State-Delikte (Löffler, Mediendelikte im IPR und IZPR, 125 f., 139, 177).

lungs- und Erfolgsort[1022]. Schon begrifflich fällt es schwer, den Verbreitungsort als Handlungsort zu betrachten, denn am Ort des Abrufs einer Web-Seite oder des Empfangs einer E-Mail kann keine Handlung des Täters festgestellt werden[1023]. Die Kenntnisnahme der verletzenden Inhalte beruht vielmehr auf einer Handlung des Verletzten oder Dritter. Des Weiteren ist anzumerken, dass der Verbreitungsort dem Ort der Kenntnisnahme entspricht, und es daher letztlich als bloße Begriffsspielerei erscheint, ob man den Ort der Verbreitung bzw. der Kenntnisnahme als Handlungs- oder als Erfolgsort bezeichnet. Schließlich sind Handlungs- und Erfolgsort zwei gleichrangige Gerichtsstände, zwischen denen der Kläger wählen kann[1024]. Entscheidend ist damit vielmehr, dass der Verbreitungsort als relevanter Anknüpfungspunkt hinsichtlich des Tatorts bei Persönlichkeitsrechtsverletzungen gilt.

Zutreffend ist allerdings, wie bereits dargelegt[1025], dass es dem Persönlichkeitsrecht an gegenständlicher Verkörperung mangelt, so dass auch eine Verletzung des Persönlichkeitsrechts, anders als bei gegenständlichen Rechtsgütern, in materieller Form nicht erkennbar ist. Es können zwar auch unkörperliche Rechtsgüter der räumlichen Begrenzung unterliegen und damit abstrakt örtlich lokalisiert werden, insofern, als sich die Begrenzung aus dem Inhalt des Rechts selbst ergibt. So sind Immaterialgüterrechte[1026] beispielsweise durch das Territorialprinzip lokal begrenzt, wonach ein Immaterialgüterrecht nur für das Territorium des gewährenden Staates Geltung beanspruchen kann[1027]. Hinsichtlich des allgemeinen Persönlichkeitsrechts kommt jedoch hinzu, dass das Rechtsgut abstrakt nicht bestimmbar ist, sondern sich der konkrete Inhalt des Persönlichkeitsrechts erst aus seiner Verletzung ergibt. Der Inhalt steht also erst in der jeweiligen Konfliktsituation fest[1028]. Wenn das Persönlichkeitsrecht jedoch abstrakt nicht bestimmbar ist, kann es damit auch abstrakt nicht örtlich lokalisiert werden.

[1022] So auch Kristin, Das Deliktsstatut bei Persönlichkeitsrechtsverletzungen über das Internet, S. 139.

[1023] So auch v. Hinden, Persönlichkeitsverletzungen im Internet, S. 84.

[1024] Nicht egal, als was man den Verbreitungsort bezeichnet, ist es, wenn man eine beschränkte Kognitionsbefugnis am Erfolgsort annimmt. Dies wird allerdings im Rahmen dieser Arbeit abgelehnt, vgl. ausführlich hierzu den 9. Teil.

[1025] Siehe oben 2. Teil, 2. Teil, A, VII.

[1026] Immaterialgüterrechte sind subjektive Rechte, die an unkörperlichen Gütern bestehen und einen selbständigen Vermögenswert haben. Beispiele hierfür sind das Urheberrecht oder das Markenrecht (Creifelds, Rechtswörterbuch, Immaterialgüterrechte). Eine Mindermeinung befürwortet die Existenz von persönlichkeitsbezogenen Immaterialgüterrechten (Ullmann, AfP 1999, 209 (214); Beuthien/Schmölz, Persönlichkeitsschutz durch Persönlichkeitsgüterrechte, S. 16 f., 64 f.; a.A. Peukert, ZUM 2000, 710 ff. m.w.N. zur herrschenden Meinung in Fn. 29).

[1027] Hoeren, Rechtsfragen im Internet, Internetskript, § 9, I., 2., a), Fn. 1383.

[1028] Siehe oben 2. Teil, 2. Teil, A, VII.

Der hieraus von der genannten Meinung gezogenen Schlussfolgerung, die Persönlichkeitsrechtsverletzung sei ein erfolgsortloses Delikt, ist dennoch zu widersprechen. Denn auch wenn das Persönlichkeitsrecht abstrakt nicht lokalisierbar ist, so ist dennoch die Verletzung des Persönlichkeitsrechts in der konkreten Konfliktsituation lokalisierbar. Eines gegenständlich feststellbaren Makels bedarf es hingegen nicht, um eine Rechtsgutverletzung räumlich zu konkretisieren.

Die verletzungsbezogene Lokalisierung des Persönlichkeitsrechts bedeutet jedoch nicht, dass an den Anknüpfungsorten eine Verletzung des Persönlichkeitsrechts im materiellrechtlichen Sinne festgestellt werden muss[1029]. Die Frage der materiellrechtlichen Verletzung ist auf der Ebene des Sachrechts, nicht aber im Zuständigkeitsrecht zu beantworten. Vielmehr ist im Rahmen des eigenständigen zivilprozessualen Tatortbegriffs auf die tatsächlichen Auswirkungen der Handlung abzustellen. Der faktische Verletzungserfolg ist mithin überall dort zu finden, wo sich die streitige Handlung persönlichkeitsrelevant auswirkt, das heißt dort, wo die Interessen des Verletzers auf die Interessen des Rechtsgutsträgers stoßen[1030].

Auswirken kann sich die persönlichkeitsrelevante Handlung des Verletzten jedoch erst, wenn sie zur Kenntnis des Verletzten oder Dritter gelangt. So erfordert die Verletzung der Privatsphäre die Veröffentlichung der Einzelheiten aus dem persönlichen Bereich und eine Namensrechtsverletzung die Gebrauchnahme des geschützten Namens gegenüber Dritten. Die Erfolgsorte der Persönlichkeitsrechtsverletzung sind mithin überall dort belegen, wo die Äußerung oder das Bild bzw. das Persönlichkeitsmerkmal vom Verletzten oder einem Dritten zur Kenntnis genommen wird. So wird ein Persönlichkeitsbild beispielsweise dort entstellt, wo Dritte die unwahren Tatsachen wahrnehmen.

In der konkreten Konfliktsituation ist ein Verletzungsort mithin anhand der tatsächlichen Auswirkungen auf den jeweiligen Schutzbereich örtlich lokalisierbar. Die Persönlichkeitsrechtsverletzung ist demnach kein Delikt ohne Erfolgsort[1031].

II. Verschiedene Schutzrichtungen des Persönlichkeitsrechts

Um den Erfolgsort sachgerecht zu lokalisieren, kann zwischen zwei Bereichen des Persönlichkeitsschutzes unterschieden werden. Zum einen schützt das Per-

[1029] Ebenso v. Hinden, Persönlichkeitsverletzungen im Internet, S. 80 (zum Kollisionsrecht).

[1030] Ebenso auf das Aufeinanderstoßen der Interessen abstellend (zum Kollisionsrecht): Schack, UFITA, 108 (1988), 51 (62). Die Abwägung der sich gegenüberstehenden Interessen bzw. Grundrechtspositionen ist hingegen eine Frage der Begründetheit.

[1031] Ebenso Looschelders, ZVglRWiss 95 (1996), 48 (75); Wüllrich Das Persönlichkeitsrecht des Einzelnen im Internet, S. 69 ff.

sönlichkeitsrecht den einzelnen als Individuum („personale Identität"), zum anderen wird der Rechtsgutsträger in seiner Beziehung zur Umwelt geschützt („soziale Identität")[1032].

1) Personale Identität

Der Schutz des Individuums betrifft Angriffe auf die Persönlichkeit gegenüber dem Rechtsgutsträger selbst, das heißt durch direkte Kundgabe gegenüber dem Rechtsgutsträger. Delikte dieser Art sind relativ leicht zu lokalisieren. Als Kommunikationsform im Internet bietet sich hier der E-Mail-Dienst oder der Zweier-Chat an. Betroffene Schutzbereiche des Persönlichkeitsrechts bei der Verletzung durch Kundgabe allein gegenüber dem Rechtsgutsträger können nur der Ehrenschutz und der Schutz vor Belästigungen (z.B. „Spam" [1033]) sein, da alle weiteren Schutzbereiche zu ihrer Verletzung einer Kenntnisnahme durch Dritte bedürfen.

Eine Verletzung der „inneren" Ehre[1034], das heißt des personalen Geltungswerts, oder eine Belästigung durch „Spam" sind vergleichbar mit einer Körperverletzung, da sie sich in ihrer Auswirkung auf die betroffene Person beschränken. Der Ort der Auswirkung ist damit der Ort, an dem sich der Betroffene zum Zeitpunkt der Kenntnisnahme und damit der Verletzung aufhält. Der Erfolgsort bei Verletzungen der „personalen Identität" ist somit der Aufenthaltsort des Rechtsgutsträgers[1035].

2) Soziale Identität

Der Schutz des Rechtsgutsträgers in seiner Beziehung zur Umwelt („soziale Identität") soll dem Einzelnen seinen Anspruch auf autonome Selbstdarstellung in der Öffentlichkeit sichern. Bei Angriffen auf die „soziale Identität" wird der Betroffene nicht in seiner individuellen Sphäre, sondern in seinem Sozialbezug gestört. Bei Ehrverletzungen ist die „soziale Identität" beispielsweise die Geltung innerhalb der menschlichen Gesellschaft („äußere" Ehre).

[1032] Diese Unterscheidung trifft ebenso Looschelders, ZVglRWiss 95 (1996), 48 (75 ff.); Buchner, Kläger- und Beklagtenschutz, S. 136; v. Hinden, Persönlichkeitsverletzungen im Internet, S. 82.

[1033] Siehe oben 2. Teil, A, IV, 5).

[1034] Eine Unterscheidung zwischen „innerer" (der innere Wert oder die Würde) und „äußerer" (Geltung in den Augen der anderen) Ehre ist ebenso dem Strafrecht zu entnehmen (Schönke/Schröder-Lenckner, StGB, Vorbem §§ 185 ff. Rn. 1).

[1035] Ebenso Looschelders, ZVglRWiss 95 (1996), 48 (75 ff.); Buchner, Kläger- und Beklagtenschutz, S. 136; v. Hinden, Persönlichkeitsverletzungen im Internet, S. 82.

Verletzungen des Rechtsgutsträgers in seiner Beziehung zur Umwelt sind nur möglich, indem die streitigen Äußerungen, Bildnisse oder sonstige Persönlichkeitsmerkmale Dritten zur Kenntnis gelangen. Delikte dieser Art sind wesentlich schwieriger räumlich einzuordnen, insbesondere sobald sie einer unbestimmbaren Vielzahl von Dritten zur Kenntnis gelangen, beispielsweise bei einer Verbreitung ehrenrühriger oder unwahrer Tatsachen über Massenmedien (Streudelikte[1036]). Als Massenmedium globalen Ausmaßes fungiert der WWW-Dienst[1037] des Internet sowie das Angebot von Newsgroups[1038]. Abgesehen von dem Belästigungsschutz können alle Schutzbereiche des Persönlichkeitsrechts von Delikten mit Sozialbezug betroffen werden.

Die Sozialsphäre konzentriert sich anders als die Individualsphäre nicht auf die Person des Rechtsgutsträgers, sondern kann als „imaginäres Bindeglied zwischen dem einzelnen und der Allgemeinheit überall und nirgends"[1039] verletzt werden. Der Träger des Sozialbezugs ist das Persönlichkeitsbild des Betroffenen. Dieses durch die Äußerung oder das Abbild beeinflusste Persönlichkeitsbild wird in den Köpfen der Wahrnehmenden erstellt. Die persönlichkeitsrechtsrelevante Handlung wirkt sich damit in den Köpfen der Wahrnehmenden aus, hier treffen das Persönlichkeitsrecht des Betroffenen und die Äußerungs- und Handlungsfreiheit des Handelnden aufeinander. Ein Erfolgsort bei Verletzungen der sozialen Identität muss demnach zunächst überall dort angenommen werden, wo die Äußerung, das Bildnis oder sonstige Persönlichkeitsmerkmale von Dritten zur Kenntnis genommen werden.

III. Belegenheit des Persönlichkeitsrechts am gewöhnlichen Aufenthalt des Verletzten

Teilweise wird vertreten, dass der Erfolgsort bei Persönlichkeitsrechtsverletzungen unabhängig vom Verbreitungsgebiet allein am Ort des gewöhnlichen Aufenthalts des Verletzten zu finden sei, da dort die geschützten Persönlichkeitsinteressen belegen seien[1040]. Bei einer Persönlichkeitsrechtsverletzung konzentrie-

[1036] Zur Definition von Streudelikten und Distanzdelikten siehe oben 6. Teil, B, IV.

[1037] Zur Beschreibung siehe oben 1. Teil, B, III.

[1038] Zur Beschreibung siehe oben 1. Teil, B, III.

[1039] So Buchner, Kläger- und Beklagtenschutz, S. 136 f.

[1040] Schwiegel-Klein, Persönlichkeitsrechtsverletzungen durch Massenmedien, S. 82 ff. (zum Kollisionsrecht, jedoch unter Heranziehung des Zuständigkeitsrechts); Geimer, IZPR, Rn. 1513 (zum Zuständigkeitsrecht); Ehmann/Thorn, AfP 1996, 20 (23) (im Zusammenhang mit dem Kollisionsrecht); Binder, RabelsZ 20 (1955) 401 (477), der auf das Hauptwirkungsfeld abstellt und dies in der Regel am Wohnsitz annimmt (zum Kollisionsrecht);. Die Belegenheit des Rufes und der Achtung am Wohnort des Verletzten wurde vom BGH, NJW 1977,1590 (1591) (zu § 32 ZPO) angesprochen, eine Lokalisierung des Persönlichkeitsrechts

re sich alles auf die Person des Verletzten und ihre persönliche Sphäre[1041]. Bei einer Äußerung über eine Person seien daher, ungeachtet dessen, wo die Äußerung gemacht wurde, stets die Umweltbeziehungen des Verletzten an dessen Wohnsitz am stärksten beeinträchtigt[1042]. Die Meinung geht damit von einer untrennbaren Verbundenheit von Persönlichkeitsrecht und Rechtsgutsträger aus.

Diese Ansicht ist abzulehnen. Eine generelle räumliche Verbundenheit von Recht und Person stimmt mit dem materiellrechtlichen Verständnis des Persönlichkeitsrechts nicht überein. Abgesehen von den Verletzungen der „personalen" Identität"[1043], haftet das Persönlichkeitsrecht nicht dem Rechtsgutsträger als körperliche Person an, sondern entfaltet sich unabhängig von seinem Aufenthaltsort und seinem Wohnsitz. Ein Artikel über einen weltbekannten Popstar mit unwahren Behauptungen über dessen Lebensstil entstellt dessen Persönlichkeitsbild nicht lediglich an dessen Wohnsitz, sondern ebenso dort, wo der Artikel gelesen wird. Die Veröffentlichung von Bildern aus der Privatsphäre einer Person führt nicht nur am Wohnsitz, sondern auch an allen anderen Orten, an dem die Bilder wahrgenommen wurden, zu einer Entblößung der Privatsphäre des Betroffenen. Die Verwendung des Namens eines Schauspielers zu Werbezwecken kann in dessen wirtschaftliche Interessen im Ausland eingreifen, da die wirtschaftliche Nutzbarkeit der Persönlichkeitsgüter meist auch über den gewöhnlichen Aufenthalt hinaus oder auch nur im Ausland besteht.

Ebenso muss der Aussage, dass der Schwerpunkt der persönlichkeitsrechtlichen Beeinträchtigung stets am Wohnsitz bzw. gewöhnlichen Aufenthalt des Betroffenen zu finden ist, widersprochen werden[1044]. Insbesondere Prominente haben ihren Wohnsitz oder gewöhnlichen Aufenthalt oft nicht an dem Ort, an dem sie ihren größten Bekanntheits- und Berühmtheitsgrad aufweisen. Nicht selten kommt es vor, dass sie sich in einen Staat zurückziehen, in dem sie möglichst anonym leben können. Die Betroffenen trifft eine Entstellung des Persönlichkeitsbildes oder eine Ehrverletzung dann jedoch keineswegs schwerpunktmäßig in ihrem Wohnsitzstaat, in dem die Betroffenen völlig unbekannt sind und Äußerungen über sie mangels Interesse kaum wahrgenommen werden. Die Verletzung wiegt vielmehr wesentlich schwerer in den Ländern, in denen sie große Aufmerksamkeit genießen.

Ein Schwerpunkt der Beeinträchtigung kann zudem insbesondere dann nicht am Wohnsitz bzw. am gewöhnlichen Aufenthaltsort angenommen werden, wenn

---

am Verletztenwohnort unabhängig von einer dortigen Verbreitung des Presserzeugnisses hat der BGH jedoch im Ergebnis abgelehnt.

[1041] Schwiegel-Klein, Persönlichkeitsrechtsverletzungen durch Massenmedien, S. 82.

[1042] Staudinger-Hoffmann, Art. 40 EGBGB Rn. 62 (zum Kollisionsrecht); BGH NJW 1977, 1590 (1591) zu § 32 ZPO.

[1043] Zu den Verletzungen der personalen Identität siehe oben 8. Teil, A, II, 1).

[1044] Dem widerspricht ebenso Fricke, Unterlassungsanspruch gegen Presseunternehmen im IPR, S. 301.

die streitige Äußerung oder das Bild an diesem Ort überhaupt nicht verbreitet wurde. Wird ein Brief, der eine ehrverletzende Äußerung über eine in Frankreich lebende Person enthält, an einen Adressaten in Deutschland geschickt, so wird das Ansehen des Betroffenen schwerpunktmäßig in Deutschland verletzt und keinesfalls im Wohnsitzstaat Frankreich, wo der Brief niemals gelesen wurde. Nur dort, wo die Äußerung von Dritten zur Kenntnis genommen wird, kann sie sich auf die gesellschaftliche Anerkennung des Rechtsgutsträgers auswirken, nicht jedoch unabhängig davon am Wohnsitz des Betroffenen[1045]. Deutlich wird dies, wenn beispielsweise verletzende Äußerungen von Lesern wahrgenommen werden, die keinerlei Beziehungen zum Lebenskreis des Geschädigten an dessen Wohnsitz haben[1046]. In diesem Fall tritt am Wohnsitz des Verletzten nie eine Beeinträchtigung seiner Beziehung zur Umwelt ein. Den Schwerpunkt der persönlichkeitsrechtlichen Beeinträchtigung ausnahmslos am Wohnsitz bzw. gewöhnlichen Aufenthalt des Betroffenen zu lokalisieren, widerspricht demnach der im Rahmen des „sozialen Identitätsschutzes“[1047] bestehenden Abhängigkeit des Ausmaßes der Beeinträchtigung von der Wahrnehmung durch die Umwelt.

Ein Schwerpunkt am Wohnsitz bzw. gewöhnlichen Aufenthalt des Verletzten könnte lediglich hinsichtlich der Schadensfolgen angenommen werden. Es mag durchaus sein, dass der Verletzte die Folgen der Persönlichkeitsrechtsverletzung in seelischer, finanzieller oder sonstiger Form an seinem gewöhnlichen Aufenthaltsort am stärksten verspürt. So kann das Ansehen des Rechtsgutsträgers in Deutschland ruiniert worden sein, er sich hierüber aber an seinem Wohnort in einem anderen Land am meisten verletzt fühlen. Der Name eines Prominenten kann im Ausland ohne dessen Einwilligung zu Werbezwecken missbraucht worden sein, die hierdurch entgangenen Einnahmen werden ihm jedoch in seinen Finanzen am Wohnsitz fehlen[1048]. Bloße Schadensfolgen der eigentlichen Rechtsgutverletzung, das heißt des Ansehensverlustes oder des Eingriffs in die Persönlichkeitsgüter, bilden allerdings, wie dargelegt[1049], keinen zuständigkeitsrechtlich relevanten Anknüpfungspunkt.

[1045] Ähnlich zu Persönlichkeitsrechtsverletzungen mittels Presseerzeugnissen BGH NJW 1977, 1590 (1591). Hierfür spricht zudem § 7 Abs. 2 StPO, der dem Privatkläger bei Beleidigungen mittels Druckschrift einen zusätzlichen Gerichtsstand am Wohnsitz nur unter der weiteren Voraussetzung, dass die Druckschrift dort verbreitet worden ist, eröffnet.

[1046] BGH NJW 1977, 1590 (1591).

[1047] Zum sozialen Identitätsschutz siehe oben 8. Teil, A, II, 2).

[1048] Zur Frage des Erfolgsortes am Vermögensmittelpunkt des Verletzten vgl. das ablehnende Urteil des EuGH, Urteil vom 10.06.2004, Rs. 168/02 (Kronhofer./.Maier), Rn. 18 ff., zu finden unter http://lexetius.com/2004,1135 (Stand: 28.03.2007).

[1049] Siehe oben 6. Teil, B, II.

IV. Ergebnis zum Erfolgsort bei Persönlichkeitsrechtsverletzungen

Eine abstrakte Belegenheit des Persönlichkeitsrechts ist nicht feststellbar, auch nicht am Wohnsitz oder gewöhnlichen Aufenthaltsort des Verletzten. Die Besonderheiten des Persönlichkeitsrechts erfordern vielmehr eine verletzungsbezogene Lokalisierung. Die Verletzung des Persönlichkeitsrechts ergibt sich aus der Kollision der Interessen des Rechtsgutsträgers und des Verletzers. Der Ort der Rechtsgutverletzung ist demnach der Ort, an dem das Persönlichkeitsrecht des Betroffenen auf die Äußerungs- und Handlungsfreiheit des Handelnden trifft. Hinsichtlich der Verletzung der „personalen Identität" ist dies der Aufenthaltsort des Rechtsgutträgers zum Zeitpunkt der Kenntnisnahme. Bei der Verletzung der „sozialen Identität" stoßen die Interessen an den Orten der Kenntnisnahme durch Dritte aufeinander, da das durch die Äußerung oder das Bild beeinflusste Persönlichkeitsbild in den Köpfen der Wahrnehmenden erstellt wird.

B. Erfolgsort bei Persönlichkeitsrechtsverletzungen im Internet

Die Frage der internationalen Zuständigkeit bei Persönlichkeitsrechtsverletzungen ist im Zusammenhang mit Internet-Sachverhalten von besonderer Bedeutung. Das Internet hat zu einer immensen Zunahme von Persönlichkeitsrechtsverletzungen mit grenzüberschreitendem Bezug geführt. Dies ist auf die Besonderheiten des Kommunikationsmediums Internet zurückzuführen.

Im Rahmen des Internet ist es jedermann möglich, sich an ein weltweites Publikum zu wenden. Der einzelne bedarf hierzu nicht mehr der Presse oder des Rundfunks und unterliegt mithin nicht mehr deren Inhaltskontrolle, vielmehr ist jeder Inhalteanbieter sein eigener Verleger. Hierdurch kommt es zu einer vermehrten und unselektierten Veröffentlichung persönlichkeitsrechtsrelevanter Inhalte, deren Publikation im Rahmen der herkömmlichen Medien zum großen Teil an den hiermit verbundenen Kosten oder der inhaltlichen Kontrolle durch die Redaktion gescheitert wäre. Zudem ermuntert die Erleichterung der Verdeckung der eigenen Identität zu persönlichkeitsrechtsverletzenden Äußerungen und Darbietungen. Die niedrigen Kosten der Kommunikation führen darüber hinaus zur Belästigung durch unerwünschte E-Mails.

Aufgrund der globalen Reichweite des Internet handelt es sich bei den Persönlichkeitsrechtsverletzungen im Internet zugleich in der Regel um grenzüberschreitende Sachverhalte. Territoriale Grenzen und geographische Entfernungen haben in dem virtuellen Raum des Internet keine Bedeutung. Es existiert kein homogener kultureller und juristischer Standard im Verbreitungsgebiet.

Die Bedeutungslosigkeit von Staatsgrenzen im Internet führt hinsichtlich der herkömmlichen Regeln des Rechts jedoch zu Anwendungsschwierigkeiten. Die Regelungen des internationalen Zuständigkeitsrechts beruhen auf dem Konzept des souveränen und auf Gebietshoheit fußenden Territorialstaats[1050]. Insbesondere die Deliktszuständigkeit baut angesichts der Anknüpfung an den Tatort auf der territorialen Lokalisierbarkeit von Sachverhalten auf. Das Internet hingegen zeichnet sich durch Ubiquität und territoriale Unabhängigkeit aus. Dieser Konflikt zwischen der territorialen Ausrichtung des Rechts und der Ubiquität des Internet zeigt sich deutlich im Rahmen der Ermittlung des Erfolgsortes von Persönlichkeitsrechtsverletzungen im Internet.

Der Erfolgsort bei Persönlichkeitsrechtsverletzungen ist, wie dargelegt[1051], der Ort der Kenntnisnahme der verletzenden Nachricht. Die Frage, wer und wie viele Internetnutzer von der Nachricht Kenntnis erlangen, und damit verbunden auch die Frage, wo überall Kenntnis genommen wird, ist davon abhängig, welchen Internetdienst der Verletzer zur Verbreitung der verletzenden Nachricht verwendet. Während die Versendung von E-Mails gezielt an eine oder mehrere bestimmte E-Mail-Adressen erfolgt, werden Informationen im Rahmen des WWW-Dienstes oder einer Newsgroup jedem Interessierten zur Kenntnisnahme zur Verfügung gestellt. Eine Mischform bilden die Mailing-Listen oder E-Mail-Informationsdienste sowie die zugriffsgeschützten Inhalte im WWW, die die Kenntnisnahme einer bestimmten bzw. einer bestimmbaren Anzahl von Personen ermöglichen.

Die aufgezeigten Unterschiede der Internetdienste in Art und Ausmaß der Verbreitung einer verletzenden Nachricht führen zu einer unterschiedlichen Einflussnahme des Verletzers auf den/die Kenntnisnehmenden und zu einer unterschiedlichen Quantität der Kenntnisnahme. Diese Unterschiede bedingen eine unterschiedliche Bewertung der möglichen Erfolgsorte. Im Rahmen der Ermittlung des Erfolgsortes ist daher eine differenzierte rechtliche Betrachtung der verschiedenen Internetdienste erforderlich[1052].

Die Internetdienste lassen sich zunächst in Dienste, die der Individualkommunikation dienen, und solche, die zur Massenkommunikation bestimmt sind, unterteilen. Im Rahmen der Individualkommunikation wird der Adressat der Nachricht bestimmt, das heißt der Verletzer nimmt bewusst mit einer bestimmten oder bestimmbaren Person Kontakt auf. Hierzu gehören der reguläre E-Mail-Dienst und die Internet-Telefonie. Bei der Massenkommunikation hingegen kontaktiert der Verletzer keine bestimmte oder bestimmbare Person, sondern

---

[1050] Kur, GRURInt. 2001, 908 (915) spricht von einem strikten Territorialprinzip im Bereich der internationalen Zuständigkeit.

[1051] Siehe oben 8. Teil, A, IV.

[1052] Hinsichtlich der Handlungsortbestimmung muss zwischen den unterschiedlichen Internetdiensten nicht unterschieden werden. Die Frage, wie viele Internetnutzer die Handlung erreicht, das heißt welchen Internetdienst E-Mail, Newsgroup oder WWW der Verletzer zur Verbreitung verwendet, hat keinen Einfluss auf das Tätigkeitsfeld des Verletzers und damit auf den Handlungsort. Daher sind bezüglich der verschiedenen Internetdienste keine abweichenden rechtlichen Betrachtungen erforderlich

stellt die Nachricht für jeden Interessierten bereit. Unter die Massenkommunikation fällt insbesondere der WWW-Dienst sowie die Newsgroups[1053]. Während der Verletzer im Rahmen der Individualkommunikation folglich in der Regel weiß, wen die Nachricht erreicht, ist dies dem Verletzer bei der Verwendung eines Internetdienstes der Massenkommunikation nicht bekannt.

I. Erfolgsort im Rahmen der Individualkommunikation

Im Rahmen der Individualkommunikation werden die Nachrichten bzw. Gesprächsinhalte gezielt an eine Benutzeradresse versandt[1054]. Die Individualkommunikation ist damit die einfachste Kommunikationsform des Internet und gleicht den herkömmlichen Kommunikationsweisen wie Post und Telefon. Insbesondere Verletzungen der personalen Identität, das heißt Angriffe auf die Persönlichkeit gegenüber dem Rechtsgutsträger selbst, geschehen auf dem Wege der Individualkommunikation. Besonders auffällig sind diesbezüglich im Bereich des Internet die Belästigungen durch „Spam"[1055].

1) Anknüpfung im Rahmen der herkömmlichen Individualkommunikation

Bereits der deutsche Ausdruck „elektronische Post" für den Begriff der „E-Mail" weist daraufhin, dass die E-Mail funktionell der herkömmlichen Briefpost entspricht. Sowohl die Post als auch der E-Mail-Dienst übermitteln Nachrichten von einem Absender an einen konkreten Adressaten. Neu an der elektronischen Post erscheint zunächst lediglich die digitale Übertragungstechnik und die damit verbundene Geschwindigkeit und Kostensparsamkeit der Kommunikation.

Bezüglich der E-Mail-Kommunikation könnten daher die auf dem Gebiet der Briefdelikte gewonnenen Erkenntnisse zur Bestimmung des Erfolgsortes herangezogen werden. Bei einer durch einen Brief oder durch ein Telefax begangenen unerlaubten Handlung liegt der Erfolgsort dort, wo der Brief oder das Telefax den Empfänger erreicht hat[1056].

[1053] Zu der Frage, welcher Kategorie die Mischformen der Mailing-Listen, E-Mail-Informationsdienste und zugriffsgeschützten Inhalte im WWW angehören, deren Verbreitung auf einen bestimmten Kreis von Abonnenten begrenzt ist, siehe unten 8. Teil, B, III.

[1054] Auch bei E-Mails, die z.B. zum Informationsaustausch innerhalb einer Gruppe (z.B. Freundeskreis oder Arbeitskreis) an eine Mehrzahl von Empfängern gesendet werden, bleibt der Charakter der Individualkommunikation. Allerdings gilt dies nur, solange es sich nicht um Mailing-Listen oder E-Mail-Informationsdienste handelt. Zu dieser Form der Kommunikation zwischen einer begrenzten bzw. begrenzbaren Anzahl von Personen siehe unten 8. Teil, B, III.

[1055] Zur Belästigungsform „Spam" siehe oben 2. Teil, A, IV, 5).

[1056] Wieczorek/Schütze-Hausmann § 32 Rn. 38; Stein/Jonas-Roth, § 32 Rn. 32; MüKo-Patzina, ZPO, § 32 Rn. 18; Geimer/Schütze, EuZVR, Rn. 251; BGHZ 40, 391 (394); RGZ 27,

Hinsichtlich der Verletzung der „personalen Identität" ist dies der Ort, an dem der Rechtsgutsträger den Brief entgegennimmt. Bei der Verletzung der „sozialen Identität", das heißt der Beziehung des Rechtsgutsträgers zu seiner Umwelt, tritt die Beeinträchtigung der sozialen Entfaltungsmöglichkeit hingegen dort ein, wo der jeweilige Adressat den Brief erhält. Für die Verletzung der „sozialen Identität" bedeutet dies beispielsweise, dass wenn A einen Brief an C in England schickt, in welchem er sich ehrenrührig über den in Spanien wohnhaften B äußert, der Erfolg in England eintritt.

2) Anknüpfung im Rahmen der elektronischen Individualkommunikation

Überträgt man die Erkenntnisse bei Briefdelikten auf das Internet, dann entspricht dem Empfangsort des Briefes im Internet der Ort, an dem der Adressat die E-Mail abruft, da dort ebenso wie am Empfangsort des Briefes die Nachricht den Empfänger erreicht. Der allgemeinen Auffassung zum Erfolgsort bei Briefdelikten entspricht damit im Internet die Anknüpfung an den Abrufort der E-Mail.

Da am Abrufort der E-Mail regelmäßig mit der Kenntnisnahme zu rechnen ist, genügt der Ort des Abrufs zudem der bei Persönlichkeitsrechtsverletzungen dargelegten Anknüpfung an den Ort der Kenntnisnahme[1057]. Entsprechend fühlt sich der Rechtsgutsträger dort von den unerwünschten E-Mails (so genannter „Spam") belästigt oder von der ehrverletzenden E-Mail beleidigt, wo er diese abruft (Verletzung der „personalen Identität"). Ebenso wird die Beziehung des Rechtsgutsträgers zu seiner Umwelt („soziale Identität") an dem Ort gestört, an dem die verletzende E-Mail von dem jeweiligen Adressaten abgerufen wird.

Im Rahmen der elektronischen Individualkommunikation könnte demnach, entsprechend dem Empfangsort bei Briefdelikten, an den jeweiligen Abrufort der E-Mail angeknüpft werden[1058].

---

418 (419); Wagner, IPR bei Persönlichkeitsrechtsverletzungen, S. 56, 75 f. Bei einer Persönlichkeitsrechtsverletzung per Telefon wird auf den Hörort abgestellt (Zum Kollisionsrecht: MüKo-Junker, Art. 40 EGBGB, Rn. 163. An dem Ort, an dem der Brief den Empfänger erreicht, kann in der Regel mit einer Kenntnisnahme gerechnet werden. Der Empfangsort des verletzenden Briefes entspricht damit den Feststellungen zum Erfolgsort bei Persönlichkeitsrechtsverletzungen, siehe oben 8. Teil, A, IV.

[1057] Zum Erfolgsort bei Persönlichkeitsrechtsverletzungen siehe oben 8. Teil, A.

[1058] Für den jeweiligen Standort des Empfängercomputers: LG Berlin 13.10.1998, MMR 1999, 43 (43) (zu §§ 32 ZPO, 24 Abs. 2, S. 1 UWG). Für den Empfangsort im Kollisionsrecht Koch, CR 1999, 121 (122); ebenso Staudinger-Hoffmann, Art. 40 EGBGB Rn. 63, der die Ausführungen zum Kollisionsrecht auch für das Zuständigkeitsrecht für maßgeblich hält (Staudinger-Hoffmann, Vorbem. zu Art. 40 EGBGB Rn. 98.)

3) Begrenzung der Erfolgsortanknüpfung durch Beklagteninteressen

Zwischen Empfangs- und Abrufort besteht ein wesentlicher Unterschied, der sich aus der Besonderheit der elektronischen Post gegenüber dem traditionellen Brief ergibt.

Während der herkömmliche Brief stets an einen bestimmten Ort gerichtet ist, kann der E-Mail-Adresse kein Empfangsort entnommen werden. Der Absender schickt die Nachricht mithin nicht an einen bestimmten geographischen Ort, sondern lediglich an eine oft nur innerhalb des Internet anhand der E-Mail-Adresse identifizierbare Person.

Zudem kann der E-Mail-Adressat aus technischer Sicht die betreffende E-Mail von jedem Ort der Erde abrufen. Der Nutzer kann selbst aus einem Zug oder Flugzeug heraus seine Mailbox abrufen. Befindet sich der Adressat vorübergehend im Ausland, kann er folglich auch dort seine E-Mails lesen. So kann sich beispielsweise ein amerikanischer Geschäftsreisender in seinem Hotel in Deutschland ins Netz einwählen und von dort aus seine elektronische Post abrufen.

Angesichts dieser geographischen Ungebundenheit des E-Mail-Dienstes ist es fraglich, ob die ausnahmslose Anknüpfung an den tatsächlichen Abrufort der E-Mail mit den zuständigkeitsrechtlichen Interessen vereinbar ist. Möglicherweise könnte sich aus den Zuständigkeitsinteressen eine Begrenzung der anknüpfungsrelevanten Abruforte ergeben.

Dem zuständigkeitsrechtlichen Interesse der Sach- und Beweisnähe ist keine Eingrenzung der Abruforte zu entnehmen, da die Sach- und Beweisnähe des Gerichts an jedem Abrufort der E-Mail in gleichem Maße gegeben ist.

Ähnlich verhält es sich mit dem zuständigkeitsrechtlichen Interesse der Klägerprivilegierung. Auch hier bedeutet jeder zusätzliche Gerichtsstand für den Kläger eine Begünstigung, so dass das Ziel der Klägerprivilegierung keine Begrenzung der Abruforte erfordert.

Wie bereits dargelegt[1059], findet die in Form einer großzügigen Eröffnung von Gerichtsständen gebotene Begünstigung des Klägers jedoch ihre Grenze in dem berechtigten Interesse des Beklagten an der Möglichkeit einer effektiven Verteidigung. Die Gewährleistung einer realen Chance auf eine effektive Verteidigung gebietet, dass es dem Beklagten möglich ist, Gerichtsstände, an denen seine Verteidigung beispielsweise durch Unkenntnis der Sprache und des Rechts erheblich erschwert wird, zu vermeiden.

Der Beklagte muss sich mithin vor ihm unangenehmen Gerichtsständen schützen können. Schützen kann sich der Beklagte jedoch nur vor Gerichtsständen, mit denen er rechnet und die er beeinflussen kann. Gerichtsstände an Orten, an denen der Handelnde mit einem Erfolgseintritt, das heißt einem Abruf, nicht

---

[1059] Siehe oben 7. Teil, C, III.

rechnen konnte, kann er hingegen nicht verhindern. Ein E-Mail-Absender kann z.B. darauf achten, dass er seine E-Mails nur an in Deutschland wohnhafte Adressaten schickt. Er kann jedoch nicht verhindern, dass der Empfänger die E-Mail dennoch im Ausland abruft. Die Gewährleistung einer effektiven Verteidigung gebietet daher eine Begrenzung der Gerichtspflichtigkeit auf die Orte, an denen der Beklagte mit einem Erfolgseintritt rechnen musste[1060].

Ob dem Beklagten der tatsächliche Abrufort der E-Mail zumutbar ist, muss folglich danach beurteilt werden, inwieweit er mit diesem Ort des Abrufs rechnen konnte.

a) Abruf vom gewöhnlichen Abrufort

Im Gegensatz zur Massenkommunikation nimmt der Verletzer im Rahmen der Individualkommunikation direkten Einfluss auf die Verbreitung, indem er den Adressaten der Nachricht bestimmt. Dem Absender einer E-Mail dürfte daher oft der Empfänger und dessen Wohnsitz bekannt sein. So kennt der Absender, der eine ehrverletzende E-Mail aus China an das elektronische Postfach eines Wissenschaftlers einer deutschen Universität sendet, vermutlich den Wissenschaftler oder kann zumindest aus der E-Mail-Adresse Rückschlüsse auf den Ort seines Arbeitsplatzes ziehen. Oft kann auch die Länderkennung (z.B. „.de“ für Deutschland) am Ende der E-Mail-Adresse (Top-Level-Domain) einen Hinweis darauf geben, in welchem Staat die Nachricht vermutlich gelesen wird[1061].

Kennt der Absender den Empfänger und seinen gewöhnlichen Aufenthaltsort oder enthält die angeschriebene E-Mail-Adresse einen Hinweis auf den Aufenthaltsort des Empfängers, so muss und wird der Beklagte mit einem Abruf an diesem Ort rechnen. Die Gerichtspflichtigkeit, die sich aus dem Abruf am bekannten oder erkennbaren gewöhnlichen Aufenthaltsort des Adressaten ergibt, ist dem Beklagten mithin zumutbar.

[1060] In gleicher Weise den Erfolgsort einschränkend: MüKo-Gottwald, ZPO, Art. 5 EuGVÜ Rn. 43.

[1061] Wobei zu bedenken ist, dass die Länderkennung nicht zwingend mit dem Wohnsitzstaat des Inhabers der E-Mail-Adresse übereinstimmen muss. Der Nutzer kann auch E-Mail-Adressen mit fremder Länderkennung haben, sei es z.B., weil die gewünschte Adresse mit der Länderkennung des Wohnsitzstaates bereits vergeben war oder er umgezogen ist. Dies liegt jedoch außerhalb der Regel und ist für den Beklagten nicht beeinflussbar und vorhersehbar, so dass ein derartiger Fall wie der Abruf außerhalb des gewöhnlichen Abrufortes zu behandeln ist (siehe unten 8. Teil, B, I, 3), b).

b) Abruf außerhalb des gewöhnlichen Abrufortes

Wie erwähnt, ist es im Rahmen der elektronischen Post ohne besonderen Aufwand möglich, dass der Adressat seine E-Mails während einer Auslandsreise abruft.

Die weltweite Abrufbarkeit scheint den E-Mail-Dienst zunächst von der altbekannten Post zu unterscheiden, da der Adressat eines Briefes den Brief in der Regel am Ort der Zieladresse erhält. Gleichwohl findet sich bei Briefdelikten eine entsprechende Problematik, denn auch der Adressat herkömmlicher Post kann mit Hilfe eines Nachsendeantrags (Briefe) bzw. einer Rufumleitung (Telefax) die Post an seinen jeweiligen Aufenthaltsort senden lassen. Die elektronische Post unterscheidet sich daher bezüglich der Empfangsumleitung ins Ausland lediglich hinsichtlich des diesbezüglich erforderlichen Aufwands von der herkömmlichen Post.

Bei der herkömmlichen Post hat sich die Erkenntnis durchgesetzt, dass, wenn ein Brief ohne Wissen des Absenders in ein anderes Land nachgesandt wird, nicht auf den tatsächlichen Empfangsort, sondern auf die vom Absender angegebene Adresse, das heißt den Bestimmungsort, abgestellt wird[1062]. Entsprechend wird der Fall behandelt, wenn der Adressat eines Briefes den im Inland empfangenen Brief erst in einem anderem Land liest oder der Käufer eines Presseerzeugnisses die Zeitung außerhalb des eigentlichen Verbreitungsgebietes verbringt[1063]. In beiden Fällen wird nicht auf den Leseort abgestellt, sondern auf den ursprünglichen Zielort[1064]. Ähnlich verhält es sich bei Persönlichkeitsrechtsverletzungen per Telefon. Bei einer automatischen Weiterschaltung von Anrufen auf andere Anschlüsse soll der tatsächliche Hörort, wenn dieser von dem ursprünglichen Zielort des Gesprächs abweicht, nicht für die zuständigkeitsrechtliche Anknüpfung maßgeblich sein[1065].

Fraglich ist, ob eine derartige Begrenzung der Erfolgsorte auf den Bestimmungs- bzw. Zielort der Nachricht entsprechend für die Abruforte einer E-Mail möglich ist. Die E-Mail enthält zwar eine Zielperson nicht aber einen geographischen Zielort. Der Abrufort ist damit nicht vom Absender vorgegeben, sondern kann nur anhand zusätzlicher Informationen über die Zielperson vermutet werden.

Wie erläutert, sind nur die Erfolgsorte, die innerhalb der Einflusssphäre des potentiellen Verletzers liegen, dem Beklagten zumutbar. Hierzu gehören nicht die Abruforte, die außerhalb des voraussehbaren Abrufortes liegen. Greift der

---

[1062] Zum Kollisionsrecht: Looschelders, ZVglRWiss 95 (1996), 48 (77).

[1063] Zum Kollisionsrecht: Wagner, IPR bei Persönlichkeitsrechtsverletzungen, S. 80.

[1064] Zur Zeitung außerhalb des eigentlichen Verbreitungsgebietes: BGH NJW 1977, 1590 (1590) (zum Zuständigkeitsrecht).

[1065] OLG München NJW-RR 1994, 190 (190 f.) (zum Zuständigkeitsrecht); Kubis, IZ bei Persönlichkeits- und Immaterialgüterrechtsverletzungen, S. 151 (zum Zuständigkeitsrecht).

Adressat z.B. nicht an seinem gewöhnlichen Aufenthaltsort, sondern während eines Auslandsaufenthalts auf sein elektronisches Postfach zu, so ist der Beklagte dem Gerichtsstand am ausländischen Abrufort ausgeliefert, ohne dass es ihm möglich war, diesen zu verhindern[1066]. Denn weiß der Beklagte nicht um den Auslandsaufenthalt des Adressaten, so erfährt er weder davon, dass seine Nachricht im Ausland abgerufen wird, noch kann er dies abwenden. Ein Gerichtsstand am Ort des vom gewöhnlichen Aufenthaltsstaat des Adressaten abweichenden tatsächlichen Abrufes ist dem Beklagten mithin nicht zumutbar[1067].

Wird der tatsächliche Zugriffsort in derartigen Fällen als zuständigkeitsrechtlicher Anknüpfungspunkt ausgeschlossen, so ist zunächst keine Zuständigkeit am Erfolgsort gegeben. Dem Verletzten bliebe nur die Klage am Handlungsort, während der Schädiger durch den zufällig vom gewöhnlichen Abrufort abweichenden Zugriff keine Klage am Erfolgsort fürchten müsste. Es ist jedoch nicht ersichtlich, warum der Beklagte auf Kosten des Verletzten besser stehen soll als bei normalem Geschehensablauf.

Sachgerechter ist es in diesem Falle, in Analogie zur Rechtslage bei der herkömmlichen Individualkommunikation auf den ursprünglichen Zielort, das heißt den Bestimmungsort, abzustellen[1068]. Der Verletzer hat die Nachricht auf den Empfänger der E-Mail und damit in der Regel auf dessen gewöhnlichen Aufenthalt ausgerichtet, da er dort normalerweise auf seine elektronische Post Zugriff nimmt. Ein vom gewöhnlichen Aufenthaltsort abweichender Ort der Kenntnisnahme führt zwar zu einer Beeinträchtigung des Persönlichkeitsrechts des Betroffenen an diesem Ort. Die Verletzung wirkt jedoch regelmäßig am gewöhnlichen Aufenthaltsort des Adressaten weiter, insofern als der Empfänger der E-Mail mitsamt dem beeinträchtigten Persönlichkeitsbild des Rechtsgutsträgers an den gewöhnlichen Aufenthaltsort zurückkehrt. Eine Anknüpfung an den gewöhnlichen Aufenthaltsort des Adressaten der E-Mail erfüllt mithin auch die im Rahmen des Erfolgsortes erforderliche Rechtsgutverletzung.

c) *Abrufort bei so genannter ortsabhängiger Push-Werbung („mobiles Spamming")*

Eine Besonderheit hinsichtlich des zumutbaren Abrufortes gilt bei der so genannten ortsabhängigen Push-Werbung[1069].

[1066] Dies gilt natürlich nicht, wenn der Absender von dem Auslandsaufenthalt weiß.

[1067] Entsprechendes gilt bei dem Internetdienst der Internet-Telefonie, der – abgesehen von der Form der Datenübertragung – dem herkömmlichen Telefongespräch entspricht. Eine Rufumleitung ist mithin im Internet in gleicher Weise zu behandeln, wie beim traditionellen Telefongespräch.

[1068] So auch v. Hinden, Persönlichkeitsverletzungen im Internet, S. 116 (zum Kollisionsrecht).

[1069] Zu dem Belästigungspotential ortsabhängiger Push-Werbung siehe bereits 2. Teil, A, IV, 5).

Bei den Push-Technologien wird die Werbung, statt lediglich in den öffentlichen Raum gestellt zu werden, direkt an den einzelnen Verbraucher adressiert und dringt in dessen individuelle Sphäre ein[1070]. Push-Technologien bergen damit ein großes Belästigungspotential durch unerwünschte Werbung. Am bekanntesten ist hierbei das so genannte „Spamming".

Die mobilen Push-Technologien, das heißt solche, die den Kunden nicht nur in seiner Wohnung oder in seinem Büro sondern stets und überall treffen möchten, bedienen sich zwar momentan noch der SMS als Werbemedium. Angesichts der durch das Mobilfunk-System „Universal Mobile Telecommunication System" (UMTS)[1071] möglichen Konvergenz von Mobilfunk und Internet ist es allerdings denkbar, dass im Anwendungsbereich der mobilen Push-Werbung die SMS durch die E-Mail abgelöst wird. Durch den im Rahmen von UMTS geplanten dauerhaften Online-Status der Handys (Always-On-Funktionalität) entstünde eine ständige und mobile Empfangsmöglichkeit von E-Mails. Es ist daher zu vermuten, dass die Werbenden bei der Versendung von mobiler Push-Werbung von der kostspieligen SMS auf die kostengünstigere E-Mail umstellen werden.

Ein weiteres in diesem Zusammenhang für den Werbenden attraktives Merkmal der UMTS-Handynetze ist ihre verbesserte Ortungsmöglichkeit des einzelnen Handy-Benutzers[1072]. Die auf wenige Meter genaue Ortung des Handy-Benutzers ermöglicht dem Werbenden eine ortsabhängige Werbung. So kann z.B. ein Discounter in dem Moment Produktwerbung an den Mobilfunkbenutzer senden, in dem er sich in der Nähe seiner Filiale befindet[1073]. Diese führt zu einer ortsabhängigen Push-Werbung und durch ihre Attraktivität für den Werbenden zu einer Steigerung des Belästigungspotentials durch unerwünschte Werbung. Es entstünde ein mobiles „Spamming".

Zuständigkeitsrechtlich führt die ortsabhängige Push-Werbung zu einer Verschärfung der Zumutbarkeit des Gerichtsstands. Da der Werbende im Falle der ortsabhängigen Push-Werbung durch die Ortung exakt weiß, an welchem Ort sich der Nutzer befindet, wenn ihn die Werbe-Mail erreicht, ist ihm dieser Ort auch stets als Gerichtsort zumutbar.

[1070] Dazu Krajewski, MMR 2001, 86 (89).

[1071] Vgl. zur UMTS-Technik Klöck, RTkom 2000, 280 (280) oder Heilbock, MMR 1999, 23 ff.

[1072] Grund hierfür ist, dass ein Netz von UMTS-Sendestationen erheblich engmaschiger geknüpft sein muss als ein solches des bisher in Europa gängigen Mobilfunk-Standards „Global System for Mobile Communications" (GSM) (vgl. Berliner Zeitung vom 12.03.01, S. 2). Aus der Möglichkeit des Aufspürens haben sich die sogenannten „Location Based Services" – ortsabhängige Dienstleistungen, wie Verkehrsinformationsdienst, Hotelverzeichnis oder der mobile Einkaufsführer – entwickelt. Ausführlich zu den „Location Based Services" und den Ortungsmethoden vgl. MOBILE INTERNET 2/2001, S. 58 ff.

[1073] Ortungsverfahren existieren auch bei WLAN, siehe Dornbusch/Zündt, Realisierung von Positionsortungen in Wireless LAN (lokales Funknetz), abzurufen unter: http://www broy.informatik.tu-muenchen.de/publ/html.php?e=478 (Stand: 28.03.2007)

d) *Abrufort bei anonymisierter Adresse*

Eine weitere Besonderheit der elektronischen Post ist, wie dargelegt, der Umstand, dass es sich bei der E-Mail-Adresse nicht um eine geographische Zieladresse handelt. Vielmehr lassen die E-Mail-Adressen teilweise keinerlei Rückschlüsse auf die Person und ihren Aufenthalt zu. So enthalten generische Top-Level-Domains (z.B. „.com") keinerlei geographische Information über den Adressinhaber und auch dem sonstigen Teil der E-Mail-Adresse muss nicht zwingend eine geographische Information zu entnehmen sein. Zum Beispiel kann eine E-Mail-Adresse 1234.1234@yahoo.com lauten und damit vollständig anonym sein.

Darüber hinaus ist es im Internet nicht selten, dass E-Mails an Personen versendet werden, deren wahre Identität und gewöhnlichen Aufenthalt der Absender nicht kennt. Dies gilt insbesondere im Rahmen von großen E-Mail-Verteilern. Daneben kennen auch die Absender von „Spam" ihre Zielperson und deren gewöhnlichen Aufenthaltsort nicht[1074]. Ebenso ist denkbar, dass Kontakte geknüpft werden, bei denen nicht die geographische Adresse, sondern lediglich die elektronische Adresse ausgetauscht wird.

Kennt der Absender den Empfänger nicht über die elektronische Adresse hinaus und lässt sich der Empfangsort nicht aus der E-Mail-Adresse entnehmen, so muss der Absender überall mit einem Abruf der verletzenden E-Mail rechnen[1075]. Wendet sich der Absender zielgerichtet an eine bestimmte Person, so liegt es in seiner Einflusssphäre sich über den gewöhnlichen Aufenthalt dieser Person zu informieren. Unterlässt er dies, dann richtet er die Nachricht nicht an einen bestimmten Ort, sondern nimmt bewusst den globalen Wirkungskreis des Internet in Kauf und riskiert damit einen unvorhersehbaren Gerichtsstand. Dem Beklagten ist daher jeder Ort, an dem der Empfänger die Nachricht abruft, zumutbar. Mangelnde Kenntnis vom Abrufort kann den Beklagten nicht schützen, da es ihm möglich war, sich über den gewöhnlichen Empfangsort zu informieren[1076]. Zwar mag dies mit der Spontaneität und Anonymität im Internet möglicherweise nicht immer vereinbar sein, doch ist eine derartige Einschränkung angesichts des auch im Internet zu gewährleistenden Persönlichkeitsschutzes hinzunehmen[1077].

[1074] Im Rahmen von „Spam" scheitert die Verfolgung von Persönlichkeitsrechtsverletzungen zumeist schon an der Identifizierung des Absenders.

[1075] So auch Kubis, IZ bei Persönlichkeits- und Immaterialgüterrechtsverletzungen, S. 153 (zum Zuständigkeitsrecht).

[1076] So auch zum Kollisionsrecht: v. Hinden, Persönlichkeitsverletzungen im Internet, S. 114. Entsprechendes gilt bei dem Internetdienst der Internet-Telefonie. Hier kommt die Möglichkeit des potentiellen Verletzers hinzu, den Gesprächspartner zu fragen, wo dieser sich befindet.

[1077] So auch zum Kollisionsrechts: v. Hinden, Persönlichkeitsverletzungen im Internet, S. 114.

4) *Nachweis des Abrufortes*

Bezüglich des Nachweises des Abrufortes ergeben sich bei der elektronischen Post keine beträchtlichen Besonderheiten gegenüber den Briefdelikten. Im Gegensatz zum WWW[1078] sind der/die Empfänger der Nachricht i.d.R. bekannt oder ermittelbar, und die Nachricht ist zielgerichtet.

Folglich kann bei einer Verletzung der sozialen Identität die Zeugenaussage der/des Empfänger/s der verletzenden E-Mail als Beweismittel für den Erfolgsort dienen. Bei der Verletzung der personalen Identität, das heißt wenn der Adressat der verletzenden E-Mail der Verletzte selbst ist, kann der Verletzte zwar, da er Partei ist, nicht als Zeuge auftreten. Er kann jedoch Indizien anführen, die einen Schluss auf einen bestimmten Abrufort zulassen, oder er kann Zeugen seines Abrufs benennen. Die Vermutung spricht zunächst für einen Abruf vom gewöhnlichen Aufenthaltsort des Verletzten. Indizien für einen Abruf außerhalb des gewöhnlichen Aufenthaltsortes des Klägers wären z.B. Nachweise über einen im zeitlichen Zusammenhang mit dem Empfang der E-Mail stehenden Auslandsaufenthalt, wie Hotelrechnungen oder Internet-Café-Rechnungen.

5) *Ergebnis zum Erfolgsort im Rahmen der Individualkommunikation*

Maßgebliches Kommunikationsmittel der Individualkommunikation ist die E-Mail. Der Erfolgseintritt bei dem Versand verletzender E-Mails ist grundsätzlich dort zu lokalisieren, wo der Empfänger auf die betreffende Nachricht Zugriff nimmt (Abrufort). Dies ist in der Regel der gewöhnliche Aufenthaltsort des Adressaten. Kennt der Absender den gewöhnlichen Aufenthaltsort des Adressaten und ruft der Adressat die Nachricht von einem Ort ab, an dem er sich nur vorübergehend befindet, so ist dem Beklagten eine dortige Gerichtspflichtigkeit nicht zumutbar. Vielmehr ist trotz abweichenden Abrufortes auf den gewöhnlichen Aufenthaltsstaat des Adressaten als Ziel- und Bestimmungsort abzustellen. Wenn der Absender den gewöhnlichen Aufenthaltsort des Empfängers nicht kennt, ist ihm eine Gerichtspflichtigkeit am Abrufort hingegen stets zumutbar. Ebenso ist dem Absender ortsabhängiger Push-Werbung der Gerichtsstand am Abrufort stets zumutbar, da ihm der genaue Abrufort bekannt ist.

II. Erfolgsort im Rahmen der Massenkommunikation

Im Rahmen der Massenkommunikation stellt der Verletzer den inkriminierten Inhalt jedem Interessierten zur Verfügung. Dies bedeutet, dass die Inhalte einer privaten oder gewerblichen Web-Seite sowie die Berichte der elektronischen

---

[1078] Zur Ermittelbarkeit des Abrufortes im WWW siehe unten 8. Teil, B, II, 1), a), aa) und bb).

Presse oder die Beiträge in einer Newsgroup nicht planmäßig versendet werden, sondern erst die konkrete Anfrage eines interessierten Nutzers zur Übermittlung des verletzenden Inhalts führt. Möchte man eine Information in einem Internetdienst der Massenkommunikation anbieten, so hat man im Gegensatz zur E-Mail folglich keinen direkten Einfluss darauf, wen die Information erreicht. Zu den Diensten der Massenkommunikation gehören das WWW und die Newsgroups.

1) Lösungsvorschläge für die Erfolgsortanknüpfung im Internet

Der Erfolgsort bei Persönlichkeitsrechtsverletzungen ist, wie dargelegt[1079], der Ort der Kenntnisnahme durch den Verletzten oder durch Dritte. An welchem Ort das ins Netz gestellte Angebot zur Kenntnis genommen wird, weiß der Inhalteanbieter zum Zeitpunkt der Einspeisung jedoch nicht, da erst der Zugriff des Empfängers über die räumliche Verbreitung des Angebots entscheidet. Das Verbreitungsgebiet des verletzenden Inhalts bestimmt im Rahmen der Dienste der Massenkommunikation, wie WWW und Newsgroup, daher nicht der Inhalteanbieter, sondern der Empfängerkreis[1080].

Wie ist dieser Empfängerkreis jedoch örtlich zu ermitteln? Kann man das Verbreitungsgebiet im Internet technisch begrenzen? Kann man einen potentiellen Empfängerkreis zugrunde legen? Muss man angesichts des theoretisch weltweiten Verbreitungsgebietes doch auf ein anderes Kriterium als das des Empfängerkreises abstellen? Beispielsweise den Wohnsitz des Geschädigten? Oder kann man Einschränkungen der möglichen Erfolgsorte im weltweiten Verbreitungsgebiet vornehmen? Und wenn ja, an welchen Kriterien sollen sich diese Einschränkungen orientieren?

Diese Überlegungen liegen den im Folgenden dargestellten und diskutierten Vorschlägen der Literatur zur Anknüpfung des Erfolgsortes bei Persönlichkeitsrechtsverletzungen im Internet zugrunde. Es bleibt zu untersuchen, ob diese eine interessengerechte Lösung bieten.

a) Ort des tatsächlichen Abrufs

Ist der Erfolgsort bei Persönlichkeitsrechtsverletzungen der Ort der Kenntnisnahme durch den Verletzten oder durch Dritte, dann ist dies im Internet der Ort, an dem die verletzende Information abgerufen wird. Dies erklärt sich damit,

---

[1079] Siehe oben 8. Teil, A, I.

[1080] v. Hinden bezeichnet dies als das „Abrufprinzip“ im Internet. Hierdurch sei das Internet in weiten Teilen empfängergesteuert, während die traditionellen Massenmedien wie Rundfunk und Presse sendergesteuert seien. Das Abrufprinzip beherrsche allerdings nicht die sendergesteuerte Kommunikationsform der E-Mail (v. Hinden, Persönlichkeitsverletzungen im Internet, S. 13 f.).

dass im Zusammenhang mit dem Abruf regelmäßig mit einer Kenntnisnahme zu rechnen ist.

Eine Ansicht vertritt daher, dass der Erfolgsort bei Persönlichkeitsrechtsverletzungen im Internet am Ort des tatsächlichen Abrufs der verletzenden Inhalte zu finden ist[1081]. Die bloße Abrufbarkeit alleine reiche hingegen nicht aus, um einen Erfolgsort zu begründen[1082].

Zutreffend ist, dass nur der tatsächliche Zugriff aus einem bestimmten Staat eine Kenntnisnahme der Inhalte und damit eine Beeinträchtigung des Persönlichkeitsrechts gewährleistet. Stellt man auf den Ort der Abrufbarkeit ab, so ist damit hingegen lediglich eine sehr hypothetische Kenntnisnahme verbunden. Eine tatsächliche Rechtsgutverletzung, das heißt z.B. eine reale Beeinträchtigung der Beziehung des Betroffenen zu seiner Umwelt, muss am hypothetischen Ort der Abrufbarkeit nicht gegeben sein.

Man nehme zum Beispiel eine Homepage eines regionalen Vereins oder die Online-Version der Gemeindenachrichten eines kleinen Ortes, die jeweils eine ehrenrührige Bemerkung über den Bürgermeister enthalten. Es ist anzunehmen, dass diese Web-Seiten aufgrund ihres nur regional bedeutsamen Inhalts ausschließlich in Deutschland abgerufen werden. Zugriffe aus dem Ausland dürften hingegen in der Regel[1083] nicht erfolgen. Damit sind die Web-Seiten zwar im Ausland abrufbar, zu einer dortigen Störung des Sozialbezuges des Betroffenen kommt es mangels tatsächlichen Abrufs jedoch nicht.

Der wirkliche Wirkungskreis einer Persönlichkeitsrechtsverletzung ergibt sich demnach nicht aus der Abrufbarkeit sondern erst durch den tatsächlichen Zugriff durch den Nutzer.

Hinsichtlich des Internetdienstes der Newsgroups wenden Bachmann und v. Hinden hinsichtlich der Anknüpfung an den Ort des tatsächlichen Abrufs ein, dass selbst der Nachweis des Abrufs der Newsgroup nicht die Kenntnisnahme des Beitrages gewährleiste. Die Software des News-Servers könne nicht erken-

---

1081 LG München IPRax 1998, 208 (209) (zum Zuständigkeitsrecht); LG München, RIW 2000, 466 f. (zur internationalen Zuständigkeit); Mankowski, RabelsZ 63 (1999), 203 (269) (zum Kollisionsrecht); Hoeren/Pichler in: Loewenheim/Koch, Praxis des Online-Rechts, 9.7.2.1.1, S. 461 f., der allerdings grundsätzlich den Ort der Abrufbarkeit nennt und im tatsächlichen Abruf nur eine einschränkende Ausnahme sieht, und zwar in der Form, dass der Ort der Abrufbarkeit nicht gilt, wenn nachweisbar ist, dass die betroffene Seite aus einem bestimmten Land niemals abgerufen wurde (zum Zuständigkeitsrecht); Pfeiffer, NJW 1997, 1207 (1215) (zum Kollisionsrecht); Wüllrich, Das Persönlichkeistrecht des Einzelnen im Internet, S. 236, 247 (zum Zuständigkeitsrecht), allerdings mit dem zusätzlichen Erfordernis einer „schlüssigen“ Darlegung des Vorliegens einer Persönlichkeitsrechtsverletzung im Forumstaat.

1082 Mankowski, RabelsZ 63 (1999), 203 (269) (zum Kollisionsrecht); Wüllrich, Das Persönlichkeistrecht des Einzelnen im Internet, S. 235 ff.

1083 Abgesehen von der vernachlässigbaren Möglichkeit des Abrufs durch Vereinsmitglieder im Urlaub oder ausgewanderter ehemaliger Gemeindemitglieder.

nen, welche Nachricht innerhalb der Newsgroup abgerufen wurde und könne damit nicht feststellen, ob der streitgegenständliche Beitrag tatsächlich zur Kenntnis genommen wurde[1084].

Dieser Einwand ist jedoch keineswegs internetspezifisch. Die aufgezeigte Problematik ist vergleichbar mit der Situation bei Presseerzeugnissen. Auch hier kann keine Aussage darüber getroffen werden, ob der umstrittene Artikel in dem Presseerzeugnis tatsächlich gelesen wurde. Gleichwohl wird es als ausreichend erachtet, dass das Presseprodukt im Gerichtsstaat verbreitet wurde[1085].

Die Ungewissheit, ob die umstrittenen Inhalte tatsächlich gelesen wurden, ist unabhängig vom verwendeten Medium niemals ganz auszuräumen. Ein Nachweis darüber, ob und welche Inhalte eines in Anspruch genommenen Mediums tatsächlich zur Kenntnis genommen wurden, ist nicht ohne weiteres möglich. Angesichts dessen genügt zur Gerichtsstandsbegründung eine hohe Wahrscheinlichkeit der Kenntnisnahme. Der Anknüpfung an den Abrufort liegt die Annahme zugrunde, dass, sobald eine Web-Seite aufgerufen wurde, auch ihr Inhalt zur Kenntnis genommen wurde. Diese Annahme ist angesichts der diesbezüglich hinreichenden Wahrscheinlichkeit gerechtfertigt. Der Nutzer ruft eine Newsgroup nur dann gezielt auf, wenn er Interesse an deren Inhalt hat. Die Ungewissheit, ob der Nutzer speziell die streitgegenständliche Nachricht zur Kenntnis genommen hat, ist entsprechend der Ungewissheit der Kenntnisnahme einzelner Artikel in Presseerzeugnissen unbeachtlich[1086]. Der Anknüpfung an den Abruf der Web-Seite bzw. Newsgroup steht die mangelnde Gewährleistung der tatsächlichen Kenntnisnahme des einzelnen Artikels oder Beitrags mithin nicht entgegen.

Als weiterer Vorteil der Anknüpfung an den Abrufort gegenüber der Anknüpfung an den Ort der Abrufbarkeit ist zu beachten, dass bei einer Anknüpfung an den Ort des tatsächlichen Abrufs, das Problem der Vielzahl von Erfolgsorten in einigen Fällen, in denen das Interesse an dem Inhalt begrenzt ist, ein vertretbares Maß annehmen würde. Internetseiten, die weltweit auf Interesse stoßen, sind schon aus sprachlichen Gründen nicht die Regel, vielmehr sind die Internet-

---

[1084] v. Hinden, Persönlichkeitsverletzungen im Internet, S. 122 (zum Kollisionsrecht); Bachmann, IPRax 1998, 179 (186) (zum Zuständigkeitsrecht). Bachmanns weiteres Argument, dass möglicherweise mehrere Personen den gleichen Computer benutzen, greift im Rahmen der Zuständigkeitsproblematik nicht. Denn wer die einzelne Nachricht abgerufen hat, ist für die Frage des Erfolgsortes irrelevant.

[1085] Zum Verbreitungsgebiet als Erfolgsort: EuGH, Urteil v. 07.03.1995, Rs. 68/93 (Shevill./.Press Alliance), NJW 1995, 1881 (1882); BGH NJW 1977, 1590 (1590) m. w. N (jeweils zum Zuständigkeitsrecht).

[1086] Ähnlich das Amtsgerichts Charlottenburg, Geschäftsnummer 230 C 150/01 (abrufbar unter http://www.jurawelt.com/gerichtsurteile/zivilrecht/ag/6019?stylelite Stand: 28.03.2007): Auf die Frage, ob der Text tatsächlich im Gerichtsstand abgerufen wurde, käme es ebenso wenig an, wie auf die Frage, ob das Printmedium tatsächlich gelesen worden ist (zum Zuständigkeitsrecht).

Angebote vielfach nur auf einen regional begrenzten Interessentenkreis zugeschnitten.

Die Anknüpfung an den tatsächlichen Abrufort setzt jedoch voraus, dass man feststellen kann, an welchem Ort eine bestimmte Web-Seite tatsächlich abgerufen wurde. Des Weiteren stellt sich die Frage, ob unter Berücksichtigung zivilprozessualer Interessen jeder einzelne tatsächliche Abrufort bereits zuständigkeitsbegründend wirken soll.

aa) Technische Ermittelbarkeit des Abrufortes

Im Rahmen der Printmedien ist anhand des gegenständlichen Presseerzeugnisses leicht feststellbar, ob die entsprechende Ausgabe in einem bestimmten Staat verbreitet wurde. Im virtuellen Medium des Internet hingegen fehlt es an einer Verkörperung des einzelnen Abrufs[1087], soweit kein Ausdruck des Inhalts erfolgt ist.

Fraglich ist, ob sich mit Hilfe technischer Mittel ermitteln lässt, von wo aus auf die umstrittenen Inhalte zugegriffen wurde. Möglicherweise könnten die technischen Daten, die beim Abrufvorgang anfallen, die Nutzerlokalisierung ermöglichen.

Zu Frage der technischen Ermittelbarkeit des Abrufortes gehört an dieser Stelle ein Blick auf die zugrunde liegende Technik. Die Datenübertragung im Internet beruht auf einem einheitlichen Adressierungsverfahren. Jeder Computer, der am Internet „teilnimmt" erhält, zumindest für die Zeit des aktiven Datenaustauschs, mindestens eine IP-Nummer/IP-Adresse[1088]. Greift der Nutzer auf eine bestimmte Web-Seite zu, so kann der Betreiber des Web-Servers die IP-Nummer des Nutzers erkennen[1089]. Meist führen die Server-Betreiber so genannte „log files", in denen die IP-Nummern der abrufenden Rechner mit Datum und Uhrzeit protokolliert werden[1090]. Der Abruf eines Internetangebotes wird hierdurch registriert.

Die beim Abrufvorgang eingesetzte IP-Nummer des Nutzers ermöglicht, aufgrund der Zugehörigkeit zu einem bestimmten teilnehmenden Computer die

---

[1087] v. Hinden, Persönlichkeitsverletzungen im Internet, S. 121.

[1088] Hage/Hitzfeld in: Loewenheim/Koch, Praxis des Online-Rechts, 1.3.3.1.3, S. 25. IP = Internet Protokoll. Feste IP-Nummern werden z.B. an Standleitungen von Unternehmen vergeben. Temporäre Verbindungen, wozu auch die meisten DSL-Zugänge zählen, erhalten bei jedem neuen Verbindungsaufbau eine andere IP-Adresse (Brauch, c't 2002, 128 (128)).

[1089] Dem Web-Server muss die IP-Adresse mitgeteilt werden, damit er weiß, wohin er die Web-Seite, Dateien oder andere angeforderte Pakete senden soll (Brauch, c't 2002, 128 (128)).

[1090] Hage/Hitzfeld in: Loewenheim/Koch, Praxis des Online-Rechts, 1.3.2.2, S. 17. Datum und Uhrzeit des Abrufs sind von Bedeutung, da die dynamisch vergebenen IP-Nummern sonst keinen eindeutigen Schluss auf den Nutzer zulassen.

Identifizierung des abrufenden Computers innerhalb des Netzwerkes. Um eine örtliche Lokalisierung des Nutzers zu ermöglichen, müsste sie jedoch zudem Aufschluss über den Standort des Computers, von dem aus die Nachricht abgerufen wurde, geben. Tatsächlich enthält die IP-Nummer auch geographische Informationen. Um diese jedoch erkennen zu können bedarf es zusätzlicher Informationen.

Zum einen lässt sich die IP-Nummer in Verbindung mit den Log-Dateien der Provider geographisch aufschlüsseln. Verfolgt man die Verbindung zur IP-Adresse Schritt für Schritt zurück, so stößt man auf den Einwahlknoten. Jeder Einwahlknoten hat wiederum eine eigene IP-Adresse. Die meisten der großen Provider setzen in die IP-Adresse ihres Einwahlknotens ein eindeutiges Kürzel für den Ort, an dem sich der Einwahlknoten befindet. Der von einem Nutzer mit einer bestimmten IP-Adresse benutzte Einwahlknoten lässt sich ermitteln[1091].

Eine weitere geographische Information ergibt sich aus der systematischen Vergabe von IP-Nummern. Die IP-Adressen werden in Blöcken an mehrere regionale Unterorganisationen verteilt, die sie wiederum blockweise lokalen Internetprovidern zuweisen. Die Internetprovider ihrerseits vergeben die IP-Adressen nach logischen Gesichtspunkten, wozu in der Regel geographische Kriterien zählen[1092].

Mit diesen Informationen der Provider und zusätzlichen Analysewerten arbeitet die Technologie der so genannten Geo-Tracking-Dienste[1093], die den Nutzer geographisch zuordnen kann. Ihre Software, die eines regelmäßigen Updates bedarf, ermöglicht es, den geographischen Ursprung jedes Nutzers in Echtzeit zu ermitteln. Zumindest den Geo-Tracking Diensteanbietern Quova und Digital Envoy ist inzwischen auch die Lokalisierung von AOL-Kunden möglich, die lange Zeit als Schwachpunkt der Geo-Tracking-Dienste galt[1094]. Quova wirbt damit, 98% der Nutzer staatengenau lokalisieren zu können[1095].

[1091] Brauch, c't 2002, 128 (128).

[1092] Olsen, Geographic tracking raises opportunities, fears, in: CNET News, 08.11.2000, zu finden unter http://news.com.com/2100-1023-248274.html?legacy=cnet (Stand: 28.03.2007). Das Prinzip der geographischen Verteilung wird allerdings inzwischen des Öfteren gebrochen.

[1093] Anbieter solcher Geo-Tracking Systeme sind u.a. Quova, Digital Envoy, NetGeo.

[1094] v. Hinden (v. Hinden, Persönlichkeitsverletzungen im Internet, S. 122) trägt diesen Schwachpunkt als bedeutsames Argument gegen die technische Ermittelbarkeit des Abrufortes vor. Bei AOL, dem weltweit größten Provider, sind die digitalen Spuren bisher stets am Hauptsitz von AOL im amerikanischen Virginia versandet, denn AOL versendet alle Anfragen nach Internetseiten zunächst an den dortigen Server bevor sie dort IP-Adressen erhalten. Die Geo-Tracking-Software hielt daher bisher auch europäische AOL-Kunden für Amerikaner. Andere Geo-Tracking-Dienste haben das AOL- Problem teilweise noch nicht gelöst.

[1095] Olsen, Quova upgrade pins down AOL users, in: CNET News, 13.02.2002, zu finden unter: http://news.com.com/2100-1023-836138.html (Stand: 28.03.2007).

Der Verletzte benötigt zur Lokalisierung der Nutzer eines Web-Angebots folglich die IP-Nummern der Nutzer bzw. die „log files" der streitgegenständlichen Seite sowie die genannte Geo-Tracking-Software, welche die benötigten zusätzlichen Informationen enthält, um die IP-Nummern geographisch aufzulösen. Fragen und Bedenken zur Geo-Tracking-Software können an dieser Stelle noch unerörtert bleiben, sofern bereits die benötigten IP-Nummern dem Kläger nicht zur Verfügung stehen. Im Folgenden wird daher die Verfügbarkeit der IP-Nummern untersucht.

bb) Verfügbarkeit der Abrufdaten

Die Beweislast hinsichtlich des Erfolgsortes und damit des tatsächlichen Abrufortes trägt der Kläger[1096].

Der Kläger könnte zunächst Zeugen benennen, die den tatsächlichen Zugriff auf die umstrittenen Inhalte von einem Ort innerhalb des Gerichtsstaates bestätigen. Hinsichtlich der Persönlichkeitsrechtsverletzung durch E-Mail ist dies in der Regel ein gangbarer Weg. Dies gilt indes nicht für Persönlichkeitsrechtsverletzungen im Rahmen von Newsgroup-Beiträgen und für Rechtsgutverletzungen auf Web-Seiten. Die Zeugenaussagen nur eines oder weniger Abrufender würden das später dargelegte[1097] Erfordernis eines qualifizierten Inlandsbezuges im Rahmen des Erfolgsorts im Internet nicht erfüllen. Würde man den Abruf durch einzelne Personen stets ausreichen lassen, bürge dies zudem die Gefahr der Manipulierbarkeit. Es wäre für den Kläger ein Leichtes, einen Freund in dem gewünschten Gerichtsstaat zu bitten, die streitgegenständliche Web-Seite abzurufen, um ihn sodann als Zeugen zu benennen. Nur selten wird der Verletzte jedoch eine Vielzahl von Zeugen benennen können, die den tatsächlichen Zugriff auf die umstrittenen Inhalte bestätigen können. Ein derartiges Beweisverfahren erscheint nicht praktikabel und dem Kläger nicht zumutbar.

Der Kläger ist daher auf die technischen Daten zum Abrufort angewiesen, um seiner Beweispflicht nachzukommen. Fraglich ist jedoch, ob und wie der Kläger Zugriff auf die benötigten Abrufdaten erhält.

Die Daten zum Abruf der streitgegenständlichen Seite fallen beim Betreiber des Web-Servers an[1098]. Im Zusammenhang mit der Untersuchung der Tatortzu-

---

[1096] Siehe oben Fn. 899; Putzo/Thomas-Thomas, § 32 Rn. 8 i.V.m. § 23 Rn. 4.

[1097] Siehe unten 8. Teil, B, II, 2), d).

[1098] Der Web-Server-Betreiber eines Internetangebots ist über die WHOIS-Datenbanken der Domainvergabestellen im Internet ermittelbar, vgl. für Domain-Namen mit der deutschen Länderkennung „.de" die WHOIS-Datenbank der DENIC: http://www.denic.de/de/whois/index.jsp (Stand: 28.03.2007). Mit Hilfe der Datenbanken lässt sich ebenso der Inhaber einer Web-Seite feststellen. Betreibt der Web-Seiteninhaber keinen eigenen Server, so können die Protokolle mit den Zugriffsdaten vom Web-Seiteninhaber beim Web-Hoster eingesehen werden bzw. meist schickt sie der Web-Hoster dem Kunden monatlich zu.

ständigkeit deutscher Gerichte wird sich der Betreiber des Web-Servers jedoch in der Regel im Ausland befinden. Dies erklärt sich wie folgt:

Die Frage nach der Tatortzuständigkeit und damit nach dem Erfolgsort in Deutschland entsteht lediglich dann, wenn der Beklagte seinen Wohn- oder Unternehmenssitz im Ausland, da ansonsten bereits der allgemeine Gerichtsstand am Beklagtenwohnsitz eine Klage in Deutschland zuließe. Befindet sich der Beklagte im Ausland, so gilt dies meist auch für den Web-Server-Betreiber. Augenscheinlich ist dies der Fall, wenn der Beklagte einen eigenen Web-Server betreibt. Doch auch wenn der Beklagte seine Web-Seite auf dem Server eines Providers bereithält, befindet sich der Web-Server meist in dem gleichen Staat wie der Beklagte, da der Beklagte in der Regel einen Provider in seinem Wohnsitzstaat wählt.

Dem Kläger ist es jedoch nicht zumutbar, sich die Nutzerdaten aus dem unter Umständen weit entfernten und fremdsprachigen Web-Server-Standort zu besorgen. Der Kläger würde mit sprachlichen und rechtlichen Schwierigkeiten belastet, die ihn insbesondere bei Weigerung des Web-Server-Betreibers in außerordentliche Beweisbedrängnis bringen können.

Namentlich könnte der Kläger datenschutzrechtlichen Hindernissen begegnen[1099]. Inwieweit die Auskunft über Nutzerdaten datenschutzrechtliche Probleme aufwirft kann anhand des deutschen Datenschutzrechts aufgezeigt werden.

Gemäß § 6 Abs. 3 Teledienstedatenschutzgesetz (TDDSG)[1100] darf der Web-Server-Betreiber die Abrufdaten (IP-Nummern und Zeitpunkt des Abrufs)[1101]

[1099] Für die Frage des anwendbaren Datenschutzrechts unterscheidet § 1 Abs. 5 BDSG zwischen dem Europäischen Wirtschaftsraum und Drittländern. Innerhalb des Europäischen Wirtschaftsraums ist der Ort der Niederlassung des für die Datenverarbeitung Verantwortlichen maßgeblich (Sitzlandprinzip). Handelt es sich um ein Drittland, so kommt es für die Frage des anwendbaren Rechts auf den Sitz der verarbeitenden Stellen an.

[1100] Voraussetzung für die Anwendbarkeit des TDSSG ist gemäß § 1 Abs. 1, dass ein Teledienst i.S.v. § 2 Teledienstegesetz (TDG) angeboten wird, bei dem personenbezogene Daten verarbeitet werden. Ein Teledienst ist z.B. das Angebot zur Nutzung des Internet und weiterer Netze (§ 2 Abs. 2 Nr. 3 TDG). Zugangsdienste zum Internet bzw. Dienste im Internet gelten unter den Voraussetzungen des § 2 Abs. 1-4 TDG als Teledienste. Siehe ausführlich zu den Anwendungsvoraussetzungen des TDDSG: Hoeren/Sieber-Schmitz, Handbuch des Multimedia-Recht, Teil 16.4 Rn. 13 ff.

[1101] Die IP-Nummern der Abrufenden und der Zeitpunkt des Abrufs werden als personenbeziehbare Daten verstanden, da sie in Verbindung mit weiteren Informationen einen Bezug zur tatsächlichen Identität des Abrufenden zulassen. Sie werden datenschutzrechtlich als personenbezogene Daten behandelt, wenn die entsprechende Stelle (z.B. der sog. Access Provider) über zusätzliche Identifizierungsmerkmale verfügt (Hoeren/Sieber-Schmitz, Handbuch Multimedia-Recht, Teil 16.4, Rn. 51 ff.; im Ergebnis ähnlich Hoeren/Sieber-Helfrich, Handbuch Multimedia-Recht, Teil 16.1, Rn. 30 f.). Die Aufsichtsbehörden behandeln IP-Nummern überwiegend als personenbezogene Daten. Anonymisierte, nicht personenbezogene Daten, die alleine die Abruforte einer Web-Seite wiedergeben ohne die IP-Nummer zu nennen, stehen

unter Verwendung von Pseudonymen im Rahmen von Nutzungsprofilen speichern. Damit ist es dem Web-Server-Betreiber zwar erlaubt, die so genannten „log files“ zu erstellen, er ist hierzu jedoch nicht verpflichtet. Eine Verpflichtung zur pauschalen Speicherung von Internet-Nutzerdaten würde vielmehr der Zielsetzung der Datenvermeidung im Datenschutzrecht widersprechen[1102]. Speichert der Betreiber des Web-Server die Nutzerdaten nicht oder nur für kurze Zeit, scheitert die Lokalisierung der Nutzer bereits an der mangelnden Existenz von Abrufdaten.

Doch selbst, wenn Abrufdaten vorhanden sind, dürfen diese zur Verfolgung zivilrechtlicher Ansprüche weder an den Kläger noch an das Gericht herausgegeben werden. Die deutschen datenschutzrechtlichen Regelungen erlauben lediglich die Erteilung von Auskünften zum Zwecke der Strafverfolgung[1103], eine Auskunft gegenüber dem Nutzer selbst[1104] oder eine Weitergabe anonymisierter Nutzungsdaten an andere Diensteanbieter[1105]. Der Kläger hat damit nach deutschem Datenschutzrecht keinen Zugriff auf die Abrufdaten.

Aus datenschutzrechtlichen Gründen scheidet auch die Möglichkeit einer Auskunftsklage gegen den Beklagten aus. Ein eventueller Auskunftsanspruch gegen den Beklagten beseitigt nicht die datenschutzrechtlichen Schwierigkeiten im Hinblick auf die Abrufdaten der Nutzer, da es sich bei diesen nicht um Daten zur Person des Beklagten, sondern um personenbezogene Daten Dritter handelt, über die der Beklagte nicht verfügen darf. Zudem ist eine Auskunftsklage dem Kläger, wie dargelegt, nicht zumutbar[1106].

Die anhand der deutschen Rechtslage aufgezeigten möglichen datenschutzrechtlichen Hindernisse lassen erkennen, dass die Daten hinsichtlich des Abrufortes dem Kläger selbst bei größter Anstrengung aus rechtlichen Gründen verwehrt bleiben können.

---

dem Web-Server-Betreiber nicht zur Verfügung, solange er nicht über eine Geo-Tracking-Software verfügt.

[1102] Zum Grundsatz der Datenvermeidung vgl. § 3a BDSG; § 3 Abs. 4 TDDSG. Die Europäische Richtlinie über Vorratsspeicherung (Richtlinie 2006/24/EG, ABl. EU Nr. L 105, S. 54 ff.) wurde in Deutschland noch nicht umgesetzt, vgl. Fn. 998.

[1103] An Strafverfolgungsbehörden bzw. Gerichte für die Zwecke der Strafverfolgung vgl. § 6 Abs. 5 S. 5 TDDSG.

[1104] Vgl. § 4 Abs. 7 TDDSG.

[1105] Vgl. § 6 Abs. 5 S. 4 TDDSG.

[1106] Siehe oben 7. Teil, C, V. Eine Auskunftsklage bliebe auch dann erforderlich, wenn der Web-Seiteninhaber gesetzlich verpflichtet würde, datenschutzrechtlich unproblematische anonymisierte geographische Daten zu erstellen und aufzubewahren. Zudem würde der Web-Seiteninhaber zur Erfüllung einer derartigen – zudem nur national bzw. höchstens EU-weit möglichen – Verpflichtung eine Geo-Tracking-Software benötigen. Denn nur mit Hilfe der Software lassen sich anonymisierte geographischen Daten erstellen, die die personenbezogenen IP-Nummern nicht mehr erkennen lassen.

Dem Kläger ist die Beschaffung der Abrufdaten damit weder zumutbar noch ist sie datenschutzrechtlich gesichert.

cc) Keine Lösung über Beweis- bzw. Vermutungsregelung

Auch eine Beweislastumkehr oder eine Vermutungsregel würden die Beweisschwierigkeiten hinsichtlich des tatsächlichen Abrufortes nicht beseitigen[1107].

Eine Beweislastumkehr würde lediglich eine entsprechende Beweisnot beim Beklagten auslösen. Im Gegensatz zum Handlungsort liegt der Ort des tatsächlichen Abrufs weder im ausschließlichen Einflussbereich des Klägers noch des Beklagten[1108]. Vielmehr wird der Ort des tatsächlichen Abrufs durch den Nutzer bestimmt. Damit hat auch der Beklagte keinen unmittelbaren Zugriff auf die beweiserheblichen Tatsachen und sieht sich mit mangelndem Datenbestand und Hindernissen des Datenschutzes konfrontiert.

Zudem begrenzt sich der Ort des tatsächlichen Abrufs im Sinne des Erfolgsortes, wie oben dargelegt[1109], nicht auf einen oder wenige beweiserhebliche Orte, sondern er umfasst eine Vielzahl von Abruforten. Unter dem Gesichtspunkt der Begrenzung des Erfolgsortes auf interessengerechte Gerichtsstände[1110] ist eine einzelne Zeugenaussage bezüglich eines Abrufs im Gerichtsstaat dementsprechend nicht ausreichend. Hierdurch ist die Beweisführung hinsichtlich des Ortes des tatsächlichen Abrufs nur durch die technischen Abrufdaten praktikabel. Anderen Beweismitteln ist der Ort des tatsächlichen Abrufs im Gegensatz zum Handlungsort damit nicht zugänglich.

Sind die Abrufdaten nie gespeichert oder inzwischen gelöscht worden, so ist keine der beiden Parteien im Stande den tatsächlichen Abrufort zu beweisen. Doch selbst wenn Abrufdaten vorhanden sind, so ist zur geographischen Lokalisierung der Nutzer zudem die erwähnte Geo-Tracking-Software erforderlich. Der Beklagte müsste folglich, um die Abruforte beweisen zu können, eine solche Geo-Tracking-Software erwerben bzw. die Dienste der genannten Anbieter in Anspruch nehmen. Dies ist dem Beklagten jedoch aufgrund der damit verbundenen sehr hohen Kosten nicht zuzumuten[1111].

Gegen eine Beweislastumkehr spricht des Weiteren die oben bereits ausgeführte[1112] Gefahr der Begründung willkürlicher Gerichtsstände durch den Kläger. Der Beklagte könnte auf diese Weise durch eine unrichtige Behauptung des

---

[1107] Für eine Beweislastumkehr Hoeren/Sieber-Pichler, Handbuch Multimedia-Recht, Stand 2002, Teil 31, Rn. 131.

[1108] Zur fehlenden Begrenzbarkeit des Abrufgebietes 8. Teil, B, II, 1), b), aa).

[1109] Siehe oben 8. Teil, B, II, 1), a), bb).

[1110] Siehe hierzu unten 8. Teil, B, II, 2).

[1111] Siehe hierzu ausführlicher 8. Teil, B, II, 1), b), aa).

[1112] Siehe oben 7. Teil, C, V.

Klägers vor ein weit entferntes Gericht gezogen werden und müsste dort beweisen, dass kein Abruf in diesem Staat stattgefunden hat.

Eine Vermutungsregel ist ebenso nicht praktikabel. Der bei einer Vermutungsregel angewandte Satz der Lebenserfahrung muss, ähnlich einer Norm, allgemein gehalten und präzise formuliert werden[1113]. Einen solchen allgemeinen und präzisen Satz der Lebenserfahrung aufzustellen scheint angesichts der Vielfältigkeit der Internetdienste und der Inhalte nicht möglich. So kann z.B. nicht der allgemeine Vermutungssatz aufgestellt werden, dass deutschsprachige Inhalte im Internet nur in Deutschland bzw. im deutschsprachigen Raum abgerufen werden. Eine in deutscher Sprache abgefasste Web-Seite, die sich an in den USA lebende Deutsche richtet, wird beispielsweise zwangsläufig im englischsprachigen Ausland abgerufen. Eine deutsche Web-Seite des Inhalteanbieters „SPIEGEL ONLINE" wird vermutlich, wenn auch in unterschiedlichem Ausmaß, fast weltweit gelesen. Je weiter man den Vermutungssatz jedoch präzisiert, desto geringer wird sein Anwendungsbereich in der Vielzahl der möglichen Dienste und Inhalte im Internet. Eine Fülle verschiedener Kombinationen aus Dienst, Sprache, Inhalt, Anbieter etc. ist unterschiedlichen Vermutungen zugänglich. Folglich wäre eine Vielzahl von Vermutungssätzen notwendig. Die Aufstellung einer solchen Vielzahl von Vermutungssätzen ist jedoch nicht praktikabel.

Es bleibt lediglich die Möglichkeit, dem Kläger eine Beweiserleichterung zuzugestehen, indem das Gericht bei fehlenden konkreten Anhaltspunkten, wie hier den fehlenden Abrufdaten, seine Überzeugung auf Erfahrungswerte stützt. Auf diesem Wege können die Erfahrungswerte im Einzelfall angewendet werden, statt, wie bei einer Vermutungsregel, eine Vielzahl allgemeiner Erfahrungssätze aufstellen zu müssen.

Bei dieser Lösung fällt zunächst auf, dass es irreführend wäre, von dem „tatsächlichen" Abrufort zu sprechen, wenn dieser durch bloße Vermutungen im Einzelfall ermittelt würde. Es würde ausdrücklich eine Tatsache als maßgebliche Anknüpfung benannt, ohne dass diese in der Praxis wirklich dem Beweis zugänglich wäre.

Ferner erscheint die Möglichkeit der Beweiserleichterung zwar praktikabel, es stellt sich jedoch die grundsätzliche Frage, ob in der Tat jeder einzelne tatsächliche Abrufort sofort die dortige Gerichtszuständigkeit begründen soll. Angesichts der fehlenden Steuerbarkeit des Abrufs durch den Inhalteanbieter ist an eine Begrenzung der Abruforte zu denken. Es liegt daher nahe, bereits die Definition des Erfolgsortes um ein eingrenzendes Kriterium zu ergänzen, um einen gerechten Ausgleich der Zuständigkeitsinteressen zu erreichen.

[1113] So Anders/Gehle, Assessorexamen im Zivilrecht, Rn. 353.

dd) Erforderliche Begrenzung der Abruforte

Würde jeder tatsächliche Abrufort einen Gerichtsstand begründen, so würde es zum Beispiel zur Begründung der deutschen Gerichtszuständigkeit reichen, wenn nur eine Person in Deutschland die Web-Seiten des Vereins einer Kleinstadt in Australien mit persönlichkeitsrechtsverletzendem Inhalt aufrufen würde. Dies würde auch dann gelten, wenn ansonsten ausschließlich aus Australien auf die Web-Seiten zugegriffen würde.

Diese geringen Anforderungen an den Abrufort würden sich auch in den für die Überzeugung des Gerichts erforderlichen Erfahrungswerten widerspiegeln. Folglich würde es beispielsweise ausreichen, wenn der Kläger darlegen würde, dass ein begeistertes, langjähriges Mitglied des Vereins für längere Zeit in Deutschland verweilt. Aufgrund seiner engen Verbundenheit mit dem Verein würde die Erfahrung dafür sprechen, dass dieses Mitglied weiterhin die Web-Seite des Vereins frequentiert.

Angesichts der technischen Unmöglichkeit, das Abrufgebiet zu beschränken[1114], erscheint es dem Inhalteanbieter und E-Mail-Absender jedoch nicht zumutbar, dass jeder Abrufort ohne qualitative oder quantitative Einschränkung bereits die Gerichtspflichtigkeit des Verletzers an diesem Ort begründet. Der Zugriff auf eine Web-Seite ist mühelos und kostengünstig möglich. Hierin liegt ein wesentlicher Unterschied zum Zugriff auf bestimmte Printmedien oder Rundfunk aus fernen Ländern. Dieser erfordert ein erhöhtes Maß an Mühe und Kosten. Die Gefahr, dass der Verletzer durch einzelne zufällige Abrufe einer fernen Gerichtspflichtigkeit ausgeliefert würde, ist daher im Internet wesentlich höher.

Um einen gerechten Ausgleich der Zuständigkeitsinteressen zu erreichen, muss daher eine Zumutbarkeitsprüfung erfolgen und, soweit erforderlich, die Definition des Erfolgsortes um ein eingrenzendes Kriterium ergänzt werden[1115].

ee) Ergebnis zum Ort des tatsächlichen Abrufs

Abgesehen von den technischen Schwierigkeiten bei der Ermittlung des tatsächlichen Abrufortes, ergeben sich für den Kläger erhebliche sowohl tatsächliche als auch rechtliche Hindernisse bei der Beschaffung der zur Lokalisierung der Nutzer erforderlichen technischen Daten. Die hiermit verbundenen Beweisschwierigkeiten sind auch nicht durch eine Beweislastumkehr oder Vermutungsregel behebbar. Die Anknüpfung an den tatsächlichen Abrufort ist mithin nicht

---

[1114] Siehe hierzu unten 8. Teil, B, II, 1), b), aa).

[1115] Siehe im Einzelnen hierzu 8. Teil, B, II, 2).

praktikabel[1116]. Abgesehen davon mangelt es ihr an einer interessengerechten Begrenzung der Abruforte. Dem Beklagten ist nicht zumutbar, dass grundsätzlich jeder einzelne Abruf zuständigkeitsbegründend wirkt.

b) Ort der Abrufbarkeit

Ferner könnte man den Ort der Abrufbarkeit der verletzenden Nachricht als Erfolgsort ansehen. Dies ist der Ort, an dem die Nutzer auf das Web-Angebot oder die Nachricht zugreifen können. Bei einer Anknüpfung an den Ort der Abrufbarkeit genügt die bloße Möglichkeit des Zugriffs aus dem Gerichtstaat. Auf den Nachweis des tatsächlich erfolgten Abrufs kann hingegen verzichtet werden. Aus diesem Grunde entfallen die oben dargelegten technischen, tatsächlichen und rechtlichen Schwierigkeiten. Teilweise wird daher vertreten, dass mangels Feststellbarkeit des tatsächlichen Abrufortes allgemein der Ort der Abrufbarkeit als Erfolgsort im Internet zu verstehen sei[1117].

Der uneingeschränkten Anknüpfung an den Ort der Abrufbarkeit stehen allerdings erhebliche Bedenken gegenüber.

aa) Weltweite Abrufbarkeit oder technische Beschränkbarkeit des Abrufgebietes?

Jede ins Internet gestellte Information kann in der Regel weltweit abgerufen werden. So ist auch ein inkriminierter Web-Seiteninhalt oder eine in die Newsgroup gestellte verletzende Nachricht von jedem Ort der Erde abrufbar. Entsprechend ist bei einer Anknüpfung an den Ort der Abrufbarkeit regelmäßig von einem weltweiten Erfolgsort auszugehen.

Etwas anderes gelte nur, wenn der Anbieter den Zugriff bzw. die Zugriffsmöglichkeit auf das Web-Angebot räumlich steuern könnte. In diesem Fall könnte der Anbieter das Verbreitungsgebiet im Internet ähnlich dem Vertriebsgebiet bei Printmedien einschränken. Das Verbreitungsgebiet wäre dann nicht

---

1116 Ebenso lehnt Bachmann die Anknüpfung an den tatsächlichen Abrufort ab und begründet dies mit technischen und datenschutzrechtlichen Hindernissen bei der Feststellung des tatsächlichen Abrufortes (Bachmann, IPRax 1998, 179 (186).

1117 Im Ergebnis: Spindler, ZUM 1996, 533 (563) (zum Zuständigkeitsrecht); LG Düsseldorf WM 1997, 1444 (1446) (zum Zuständigkeitsrecht); LG Paderborn MMR 2000, 49; AG Stuttgart MMR 2002, 766; Löffler, Mediendelikte im IPR und IZPR, S. 262, 277 (sowohl für das Kollisionsrecht als auch für das Zuständigkeitsrecht); Schack, MMR 2000, 135 (138) (zur internationalen Zuständigkeit bei Immaterialgüterrechtsverletzungen im Internet); Coester-Waltjen, Internationale Zuständigkeit bei Persönlichkeitsrechtsverletzungen, in: Festschrift für Schütze, S. 175 (184) (zum Zuständigkeitsrecht).

bloß empfängergesteuert, sondern könnte durch den Anbieter kontrolliert werden.

Weder die Seiten im Internet, die durch Passwörter geschützt sind, bewirken eine geographische Beschränkung des tatsächlichen Zugriffs[1118] noch kann die Angabe bestimmter „Zielstaaten" am Anfang der Web-Seite verhindern, dass diese Seite auch aus anderen, nicht genannten Staaten abgerufen wird. Sperrungen bestimmter Seiten, z.B. Seiten mit Kinderpornographie oder mit antisemitischem Inhalt, durch einen großen Service-Provider eines Staates stellen ebenso keine vollständige geographische Begrenzung der Abrufbarkeit dar, da der Zugriff über andere Provider möglich bleibt[1119].

Allerdings verleitet die sog. Yahoo-Entscheidung[1120] aus Frankreich zu der Annahme, das Verbreitungsgebiet im Internet könne technisch eingeschränkt werden. In dieser Entscheidung im einstweiligen Verfügungsverfahren verpflichtete das Tribunal de Grande Instance de Paris Yahoo Inc., den Zugang zu Versteigerungen von Nazi-Objekten für französische Nutzer zu sperren[1121]. Das Gericht stützte sich bei der Frage, ob es technisch möglich sei, die nationale Herkunft eines Internetnutzers festzustellen und für diesen den Zugang zu bestimmten Seiten zu sperren, auf ein von ihm im Rahmen des Verfahrens beauftragtes technisches Sachverständigengutachten. Dieses Gutachten über die technische Machbarkeit einer Zugangsbeschränkung für Nutzer aus bestimmten Ländern kommt zu dem Ergebnis, dass 70% der französischen Nutzer durch ihre persönlichen IP-Nummern feststellbar seien. Weitere 20% könnten laut Gutachten ermittelt werden, indem der Nutzer beim Zugang zur fraglichen Seite eine Herkunftserklärung abgäbe.

Bedeutet dieses Ergebnis des Gutachtens nun, dass das Abrufgebiet einer inkriminierten Web-Seite doch ohne weiteres eingeschränkt werden kann, indem der Zugriff aus bestimmten Staaten gesperrt wird?

[1118] Auch ein geographisches Passwort in der Form eines Abfragens des Abrufstaates vor der Freigabe des Zugriffs dient nicht der zuverlässigen geographischen Begrenzung, da die Richtigkeit der Benutzerangaben für den Anbieter kaum überprüfbar ist, vgl. Ausführungen unter 8. Teil, B, II, 1), h).

[1119] In China bedeutet die Sperrung bestimmter Seiten allerdings, abgesehen von bestimmten Umgehungsmöglichkeiten, eine landesweite Zugriffsverhinderung, da die Sperrung über die staatseigenen Service-Provider erfolgt.

[1120] Zum Sachverhalt und der Entscheidung siehe zusammenfassend den Kommentar von Lutz Hartmann in K&R 2001, 63 f. Eine englische Übersetzung des Beschlusses ist als PDF-Datei unter http://www.cdt.org/speech/international/20001120yahoofrance.pdf (Stand: 27.05.2007) abrufbar.

[1121] Ein kalifornisches Bezirksgericht hat in diesem Beschluss allerdings einen Verstoß gegen das US-Grundrecht auf die Freiheit der Rede („First Amendment") gesehen und daher erklärt, dass der Beschluss in den USA nicht vollstreckbar sei (Die Entscheidung des kalifornischen Gerichts vom 07.11.2001 ist unter http://www.cdt.org/jurisdiction/20011107judgement.pdf (Stand: 28.03.2007) abrufbar).

Zunächst muss angemerkt werden, dass die Herkunftserklärung für eine effektive Sperrung unbrauchbar ist, da sie durch die einfache Angabe falscher Tatsachen umgangen werden kann[1122]. Hingegen ist zuzustimmen, dass die Lokalisierung der Nutzer, wie bereits oben zu den Geo-Tracking Systemen ausgeführt wurde[1123], möglich ist. Hieraus folgt auch, dass der Server-Betreiber bzw. der Provider den Zugriff aus bestimmten Ländern sperren kann.

Die technische Möglichkeit der Beschränkung des Verbreitungsgebiets im Internet würde hinsichtlich der Ermittlung des Erfolgsortes eine Lösung entsprechend dem Vertriebsgebiet bei Printmedien nahe legen. Jeder Ort im eröffneten Abrufgebiet wäre damit entsprechend dem Vertriebsgebiet bei Printmedien ein Erfolgsort. Man könnte in diesem Fall argumentieren, dass wenn der Inhalteanbieter sein Verbreitungsgebiet begrenzen kann, dies aber bewusst nicht tut, ihm folglich auch eine weltweite Gerichtspflichtigkeit zuzumuten sei.

Diese Argumentation setzt jedoch voraus, dass jeder Inhalteanbieter den Zugriff auf die jeweilige Web-Seite oder auf die Nachricht im Rahmen einer Newsgroup räumlich beschränken und damit seine Gerichtspflichtigkeit begrenzen kann. Sie setzt damit voraus, dass eine solche Beschränkung zuverlässig und jedem Inhalteanbieter nicht nur möglich, sondern insbesondere auch zumutbar ist.

Zunächst kann eine Sperrung nur durch den Server-Betreiber vorgenommen werden. Dies bedeutet, dass diejenigen Inhalteanbieter, die über keinen eigenen Server verfügen, ihren Provider mit der Sperrung beauftragen müssten. Dies beträfe die meisten Privatseiten sowie die Seiten vieler kleinerer und mittelgroßer Unternehmen, Verbände, Vereine oder sonstiger Vereinigungen. Die geographische Verbreitung von Nachrichten im Rahmen einer Newsgroup könnte zudem nur durch den Betreiber der Newsgroup kontrolliert werden. Die Teilnehmer einer Newsgroup müssten folglich den Betreiber der Newsgroup mit der Sperrung beauftragen.

Sowohl Provider als auch alle anderen Server-Betreiber müssten ferner über die genannten Geo-Tracking Systeme verfügen. Diese Geo-Tracking Systeme sind allerdings außerordentlich kostspielig, da sie sowohl eine Software als auch eine regelmäßige Serviceleistung seitens der Anbieter der Geo-Tracking Systeme beinhalten. Die Preise bewegen sich im Rahmen von mehreren hundert bis mehreren tausend Euro im Monat. Monatliche Kosten in dieser Höhe sind zumindest den meisten kleineren Server-Betreibern nicht zumutbar. Diejenigen Inhalteanbieter, die über keinen eigenen Server verfügen, müssten dem Provider

[1122] Dahingehend auch die im technischen Gutachten im Rahmen des Yahoo-Verfahrens von einem der Gutachter (Vinton Cerf) geäußerten Bedenken, vgl. hierzu die englische Übersetzung des Yahoo-Beschlusses, abrufbar unter: http://www.cdt.org/speech/international/20001120yahoofrance.pdf (Stand: 27.05.2007).

[1123] Siehe oben 8. Teil, B, II, 1), a), aa).

im Falle einer Sperrungsanweisung die Kosten ersetzen. In welcher Größenordnung sich die Kosten für eine Sperrung durch den Provider bewegen, ist derzeit nicht zu sagen, da die Provider einen solchen Service in Deutschland bisher nicht anbieten.

Solange die Zumutbarkeit einer solchen Beschränkung jedoch nicht gegeben ist, oder aufgrund mangelnder Kostenvoraussage nicht gewährleistet werden kann, kann eine Definition des Erfolgsortes nicht auf der Grundlage einer möglichen Begrenzbarkeit des Verbreitungsgebietes erfolgen.

Eine Definition des Erfolgsortes auf der Grundlage einer möglichen Beschränkung des Verbreitungsgebietes erfordert des Weiteren eine hinreichende Zuverlässigkeit der Lokalisierung. Gegen die Möglichkeit der zuverlässigen Lokalisierung der Nutzer mittels der Geo-Tracking Systeme werden Bedenken geäußert. Insbesondere lässt die leichte Umgehungsmöglichkeit auf fehlende Verlässlichkeit schließen.

Ein wesentlicher Schwachpunkt des Geo-Tracking Systems ist, dass sie den Nutzer nicht lokalisieren können, sobald er einen so genannten „Anonymiser“[1124] verwendet. Internetnutzer nehmen solche Anonymisierungsdienste in Anspruch, wenn sie ihre Privatsphäre im Internet schützen möchten und daher anonym bleiben wollen. Der Nutzer kann in diesem Falle zwar als Verwender eines „Anonymisers“ erkannt werden[1125], die IP-Nummer des anonymisierten Servers, die der Web-Server erhält, lässt allerdings keine Aussage über den wahren Abrufort zu[1126]. Angesichts der zunehmenden Möglichkeiten der automatischen Speicherung und Verarbeitung personenbezogener Daten im Internet und deren Ausbeutung zu kommerziellen sowie auch kriminellen Zwecken nimmt die Verwendung von Anonymisierungsdiensten durch die Internetnutzer immer stärker zu.

Ein ähnliches Problem der Lokalisierung ergibt sich bei der automatischen Zwischenspeicherung auf so genannten „Caches“ von Proxy-Servern[1127]. Wird eine häufig aufgerufene Web-Seite auf netztechnisch nahegelegenen „Cache-Servern“ automatisch zwischengespeichert, so erfolgt kein Zugriff auf den

[1124] Bei der Verwendung eines „Anonymisers“ wird lediglich dessen IP-Adresse bekannt, nicht jedoch die des einzelnen Nutzers. Auf diese Weise ist der Nutzer nicht mehr identifizierbar und entgeht der kommerziellen Ausbeutung seiner Nutzerdaten.

[1125] Quova erklärte, dass sie zwar nicht den Nutzer anonymisierender Dienste lokalisieren, sie ihn aber als solchen erkennen und den Kunden hierüber in Echtzeit informieren kann (Olsen, Quova upgrade pins down AOL users, in: CNET News.com, 13.02.2002, zu finden unter: http://news.com.com/2100-1023-836138.html (Stand: 28.03.2007).

[1126] Bleich, c't 2002, 124 (126); ebenso v. Hinden, Persönlichkeitsverletzungen im Internet, S. 122.

[1127] Die „Proxy-Server“ sind Rechner, die als Zwischenspeicher fungieren und einmal abgerufene Seiten aus dem Internet in ihrem lokalen Arbeitsspeicher („Cache“) vorhalten (Hage/ Hitzfeld in: Loewenheim/Koch, Praxis des Online-Rechts, 1.3.2.1, S. 16).

ursprünglichen Web-Server, sondern das Angebot wird direkt vom Cache-Server abgerufen. Derartige Zugriffe auf das Angebot entgehen damit dem Protokoll des Inhalteanbieters. Auf dem „log-file“ des ursprünglichen Servers findet sich lediglich die IP-Nummer des Proxy-Servers[1128]. Quova erklärte dementsprechend, dass sie die Nutzer von Proxy-Servern als solche zwar identifizieren, sie aber nicht lokalisieren könne[1129]. Allerdings dürfte diese Ungenauigkeit des Geo-Tracking Systems im Rahmen der Feststellung der internationalen Zuständigkeit in der Regel nicht schädlich sein. Es handelt sich bei den Proxy-Server, die dem schnellerem Web-Seitenzugriff dienen, schließlich um einen dem Nutzer nahegelegenen Rechner, so dass zumindest eine staatengenaue Lokalisierung des Zugriffs dennoch möglich sein sollte[1130].

Eine bedeutende Fehlerquelle des Geo-Tracking Systems ist die Möglichkeit der Einwahl ins Internet über einen Provider im Ausland. Wenn sich beispielsweise eine Person in Deutschland über einen Service-Provider in den USA einwählt, erkennt die Geo-Tracking-Software diese als einen amerikanischen Nutzer. Momentan ist die Wahrscheinlichkeit, dass ein Internetnutzer eine Auslandsverbindung wählt, um ein Web-Angebot abzurufen vernachlässigbar gering. Der Nutzer hat in der Regel keinen Grund seinen Abrufort zu manipulieren und wird daher die mit einer Auslandsverbindung verbundenen höheren Kosten scheuen. Allerdings wird der Anreiz und damit die Wahrscheinlichkeit der Nutzung eines ausländischen Service-Providers erheblich steigen, wenn das Web-Angebot tatsächlich für einen Abruf aus einem bestimmten Staat gesperrt würde. Hat der Nutzer ein starkes Interesse an dem Inhalt der Web-Seite – und dies ist bei persönlichkeitsrechtsverletzenden Sensationsmeldungen oft der Fall – dann kann er die Sperrung durch die Einwahl über einen Provider im Ausland sehr leicht umgehen. Einer effektiven Beschränkung des Verbreitungsgebietes durch eine Sperrung steht mithin die große Umgehungsgefahr entgegen.

Ferner führt die Vermehrung von Intranets zu einer Ungenauigkeit der Lokalisierungsdaten und damit der Sperrung. In diesen werden die wahren IP-Nummern in einer Art und Weise verarbeitet, dass sie nicht mehr in originaler Form auf den log-files der Inhalteanbieter erscheinen[1131].

[1128] Um die Aktualität der Information zu gewährleisten, werden die Originalseiten in kurzen Zeitabständen nachgeladen (Hage/Hitzfeld in: Loewenheim/Koch, Praxis des Online-Rechts, 1.3.2.1, S. 16).

[1129] Olsen, Quova upgrade pins down AOL users, in: CNET News.com, 13.02.2002, zu finden unter: http://news.com.com/2100-1023-836138.html (Stand: 28.03.2007).

[1130] Eine Ausnahme bilden die Proxy-Server, die bewusst zur Verschleierung der IP-Adresse benutzt werden (anonymisierende Proxy-Server). Diese sind „Anonymiser“ im oben genannten Sinne. Zur Verwendung von Proxies zum anonym surfen vgl. Köpsell/Kossel, c't 2002, 132 ff.

[1131] Vgl. das technische Gutachten im Rahmen des Yahoo-Verfahrens, wiedergegeben im Yahoo-Beschluss vom 20.11.2000, englische Übersetzung abzurufen unter http://www.cdt.org/speech/international/20001120yahoofrance.pdf (Stand: 27.05.2007).

Bedenken hinsichtlich der staatengenauen Lokalisierung könnten auch noch für die Fälle bestehen, in denen sich der Nutzer über den Mobilfunk oder WLAN[1132] ins Internet einwählt. Die Verwendung eines mobilen Telefons oder von WLAN zur Einwahl ins Netz steht der staatengenauen Lokalisierung des Nutzers allerdings nicht entgegen. Wählt sich der Mobilfunkbenutzer ins Netz ein, so ist dem Provider der Ort, an dem die Verbindung über den Sendemast zum Mobilfunkbereich des Providers aufgebaut wird, bekannt und spiegelt sich in der vergebenen IP-Nummer. Ebenso ist dem Provider im Rahmen einer WLAN-Verbindung der „access point" und damit der Einwahlort bekannt.

Angesichts der genannten Bedenken verwundert es, dass die Hersteller der Geo-Tracking Software dennoch stets eine Trefferquote zwischen 95 % und 99 % angeben[1133]. Diese Zahl muss auf jeden Fall für die Zukunft angezweifelt werden. Sowohl die Zahl der Intranets als auch die Zahl der Nutzer von Anonymisierungsdiensten steigt fortwährend. Zudem würde der Anreiz zur Nutzung ausländischer Provider erst durch die Sperrung der Web-Seiten geschaffen. Auch die Gutachter im Rahmen des Yahoo-Verfahrens betonten im Hinblick auf diese Entwicklungen, dass die von Ihnen genannte Zahl von 70% für die geographisch identifizierbaren Nutzer vermutlich in Zukunft nicht aufrechtzuerhalten sei[1134].

Das Abrufgebiet ist damit zwar technisch beschränkbar, mangels Zuverlässigkeit und Zumutbarkeit dieser technischen Einrichtungen ist im Rahmen der Erfolgsortanknüpfung dennoch davon auszugehen, dass die Internetangebote weltweit abrufbar sind. Ein uneingeschränktes Abstellen auf den Ort der Abrufbarkeit führt daher zu einem weltweiten Erfolgsort.

bb) Keine Zumutbarkeit einer weltweiten Gerichtspflichtigkeit

Die Anknüpfung an den Ort der Abrufbarkeit zur Bestimmung des Gerichtsstandes bedeutet folglich eine weltweite Gerichtspflichtigkeit jedes Web-Seiteninhabers und Newsgroup-Teilnehmers. Die Inhalteanbieter müssen damit rechnen, an jedem Ort der Welt verklagt zu werden. Es ist jedoch fraglich, ob eine weltweite Gerichtspflichtigkeit dem Verwender des Mediums Internet wirklich allgemein zumutbar ist.

[1132] WLAN = Wireless Local Area Network.

[1133] Siehe hierzu jeweils die Web-Seiten der Anbieter von Geo-Tracking Systemen Quova (http://www.quova.com Stand: 28.03.2007), Digital Envoy (http://www.digitalenvoy.com/applications/rights_management.shtml Stand: 28.03.2007), NetGeo (http://www.netgeo.com/ip.location.htm Stand: 28.03.2007).

[1134] Siehe Florian Rötzer: Das französische Yahoo-Urteil gilt für alle Nazi-Inhalte, in heise online, 07.12.2000, zu finden unter: http://www.heise.de/tp/r4/artikel/4/4424/1.html (Stand: 28.03.2007).

Vielfach wird dies damit begründet, dass jeder Internet-Teilnehmer wisse bzw. wissen müsse, dass seine Aktivität im Internet globale Auswirkungen haben könne[1135]. Der Verletzer habe damit zu rechnen, dass aus aller Welt auf seine Nachricht Zugriff genommen wird. Das Internet diene dem Täter gerade zu dem Zweck, mit möglichst geringem Aufwand einen möglichst großen und internationalen Adressatenkreis zu erreichen[1136]. Wer sich die weltweite Verbreitung des Internet zunutze mache, müsse auch die Gefahr einer Ausdehnung der Gerichtsstände in Kauf nehmen[1137].

Es ist richtig, dass die globale Verfügbarkeit ein Markenzeichen der Internet-Kommunikation ist. Auch ist den Internet-Teilnehmern der potentiell weltweite Wirkungskreis ihrer Nachricht bewusst. Dass sie jedoch stets einen globalen Adressatenkreis beabsichtigen, ist zu bezweifeln. Vielfach beschränken sich Internetangebote meist auf einen lokal beschränkten Interessenkreis. So soll beispielsweise eine ehrverletzende Äußerung über ein Gemeinderatsmitglied auf der Homepage einer Bürgerinitiative vermutlich nicht zwingend auch in anderen Erdteilen zu lesen sein. Vielmehr führen die das Internet ebenso prägenden Merkmale der ständigen Verfügbarkeit und der Kostensparsamkeit dazu, dass das Internet als Verbreitungs- und Kommunikationsmedium gewählt wird, ohne dass hierdurch zugleich eine weltweite Verbreitung der Nachricht bezweckt wird.

Das Medium Internet dient folglich nicht unbedingt der weltweiten Verbreitung, sondern wird ebenso zur kostengünstigen Information und Kommunikation innerhalb einer begrenzten Region verwendet. Die globale Verbreitung bedeutet für viele Internet-Teilnehmer somit nur eine Nebenfolge und nicht unbedingt einen beabsichtigten Vorteil.

Das Argument, wer die Vorteile einer weltweiten Verbreitung genieße, müsse auch die rechtlichen Nachteile tragen, überzeugt daher nicht[1138]. Die bloße Erkennbarkeit der möglichen globalen Auswirkungen einer Nachricht kann die einseitige Last der weltweiten Gerichtpflichtigkeit des Internet-Teilnehmers hingegen nicht rechtfertigen.

Überdies gehen mit einer weltweiten Gerichtspflichtigkeit unzählige Kollisionsordnungen einher und damit eine Vielzahl von möglichen materiellen

---

1135 Bachmann, IPRax 1998, 179 (184); Kubis, IZ bei Persönlichkeits- und Immaterialgüterrechtsverletzungen, S. 174; zum Kollisionsrecht: Spindler, ZUM 1996, 533 (559); Mankowski, RabelsZ 63 (1999) 203 (270, 272).

1136 Bachmann, IPRax 1998, 179 (184).

1137 Bachmann, IPRax 1998, 179 (184) (zum Zuständigkeitsrecht); LG Düsseldorf WM 1997, 1444 (1446) (zum Zuständigkeitsrecht); Spindler, ZUM 1996, 533 (563) (zum Zuständigkeitsrecht); Schack, MMR 2000, 135 (138) (zum Zuständigkeitsrecht).

1138 So auch v. Hinden, Persönlichkeitsverletzungen im Internet, S. 135 (zum Kollisionsrecht) und OLG Köln CR 2000, 770 (771) (zur Zuständigkeit beim Wettbewerbsverstoß); a.A. Wüllrich, Das Persönlichkeitsrecht des Einzelnen im Internet, S. 256.

Rechtsordnungen, nach denen derjenige, der persönlichkeitsrechtsrelevante Inhalte ins Netz stellt, sein Verhalten ausrichten müsste. Es ist zweifelhaft, ob dies jedem, der das Internet als Verbreitungs- und Mitteilungsmedium verwendet, zumutbar ist oder ob nicht vielmehr Beschränkungen im Hinblick auf den streitgegenständlichen Inhalt des Internetangebots erforderlich sind.

cc) Auswirkungen einer weltweiten Gerichtspflichtigkeit auf das Internet

Ferner sind insbesondere die Auswirkungen, die eine weltweite Gerichtspflichtigkeit auf die Nutzung des Internet haben könnte, zu beachten.

Eine weltweite Gerichtspflichtigkeit bei Persönlichkeitsrechtsverletzungen könnte das Internet z.B. für Meinungsäußerungen, Werbung mit Persönlichkeitsmerkmalen und Berichterstattungen über Personen unbrauchbar machen, da die Gefahr, an jedem Ort der Welt verklagt werden zu können, wirtschaftlich und rechtlich unvorhersehbare Folgen beinhaltet. Es könnte nur noch derjenige das Internet nutzen, der über die organisatorischen und finanziellen Mittel verfügt, das Risiko einer weit entfernten Gerichtspflichtigkeit einzugehen[1139].

Bei der Frage der Gerichtspflichtigkeit ist demnach das Problem der Lähmung der privaten und kommerziellen Kommunikation über das Internet zu bedenken. Dabei ist zu berücksichtigen, dass das Internet der Meinungsäußerung und der Information dient, und daher sowohl seine Inhalte als auch das Internet selbst als allgemein zugänglicher Träger von Informationen durch Art. 5 Abs. 1 GG geschützt werden[1140].

Im Rahmen der Abwägung stehen sich somit das globale Verletzungspotential des Persönlichkeitsrechts und die Kundgabemöglichkeit über das Internet als Medium der Meinungs- und Informationsfreiheit gegenüber. Eine weltweite Gerichtspflichtigkeit würde durch ihre lähmenden Auswirkung auf das Internet eine einseitige Lösung zu Lasten der Meinungs- und Informationsfreiheit darstellen. Hierbei ist zu beachten, dass das globale Verletzungspotential des Persönlichkeitsrechts nicht bei jedem Internetdienst und jedem Inhalt des Internetangebots gleich zu bewerten ist und daher keine ausreichende sachliche Rechtfertigung für eine grundsätzliche, wenn auch nur mittelbare, Einschränkung des Internet als Träger von Informationen und Medium zur Meinungskundgabe bildet.

[1139] Ähnlich Kubis, IZ bei Persönlichkeits- und Immaterialgüterrechtsverletzungen, S. 162.

[1140] Informationsquelle im Sinne der Informationsfreiheit nach Art. 5 Abs. 1 S. 1, 2. HS GG ist zum einen jeder denkbare Träger von Informationen und zum anderen der Gegenstand der Information selbst (Pieroth/Schlink, Grundrechte – Staatsrecht II, § 13 II 2).

Eine stets weltweite Gerichtspflichtigkeit ist mithin auch im Hinblick auf den grundrechtlichen Schutz der Meinungs- und Informationsfreiheit nicht vertretbar[1141].

dd) Auswirkungen einer weltweiten Zuständigkeit auf die Vollstreckung des Urteils im Ausland und die Anerkennung ausländischer Urteile im Inland

Eine Gefahr birgt die uneingeschränkt weltweite Zuständigkeit zudem für die Vollstreckungsfähigkeit der hierauf beruhenden Urteile im Ausland (außerhalb der Staatsverträge[1142]). Die großzügige gerichtliche Zuständigkeit kann zu Urteilen in beziehungsarmen Gerichtsständen führen, die im Ausland mangels erforderlicher Mindestkontakte oft nicht durchsetzbar sind[1143]. Die umfassende Gerichtszuständigkeit verleitet den Kläger mithin dazu, Ansprüche einzuklagen, die er im Ergebnis nicht durchzusetzen vermag.

Ferner sind auch die Auswirkungen auf die Anerkennung ausländischer Urteile in Deutschland zu bedenken. Sofern es sich nicht um das EU-Ausland handelt[1144], erfolgt die Anerkennung ausländischer Urteile gemäß § 328 Abs. 1 Nr. 1 ZPO nach dem so genannten „Spiegelbildprinzip“. Hiernach müssen die ausländischen Gerichte unter hypothetischer Zugrundelegung der deutschen Zuständigkeitsvorschriften international zuständig gewesen sein[1145]. Aufgrund dieses Spiegelbildprinzips ist die Anerkennung ausländischer Urteile u.a. von der Auslegung der deutschen Vorschriften zur internationalen Entscheidungszuständigkeit abhängig. Eine ausufernde internationale Entscheidungszuständigkeit am Ort der Abrufbarkeit würde mithin zu einer entsprechend ausufernden Anerkennung ausländischer Urteile gemäß § 328 Abs. 1 Nr. 1 ZPO führen. Den Urteilen

---

[1141] Ähnlich Kubis, IZ bei Persönlichkeits- und Immaterialgüterrechtsverletzungen, S. 162. Hinsichtlich der herkömmlichen Medien verneint Fricke eine unrechtmäßige Beeinträchtigung der Presse- und Meinungsfreiheit, solange die Orte möglicher Gerichtsstände vorhersehbar bleiben (Fricke, Unterlassungsanspruch gegen Presseunternehmen im IPR, S. 309). Die herkömmlichen Medien sind im Gegensatz zum Internet jedoch kontrollierbar und lösen nicht stets eine weltweite Gerichtspflichtigkeit aus. Die Diskussion ist daher nicht übertragbar auf das Internet.

[1142] Im Rahmen der Staatsverträge besteht eine nur sehr eingeschränkte Überprüfung der Zuständigkeit im Rahmen der Vollstreckung (vgl. Art. 33, 42 EuGVO). Die besondere Zuständigkeit am Deliktsort wird nicht überprüft.

[1143] Schack, UFITA 108 (1988), 51 (70).

[1144] Im Rahmen des EuGVO/EuGVÜ gelten vereinfachte Anerkennungs- und Vollstreckungsvoraussetzungen (vgl. Art. 32 ff. EuGVO bzw. Art. 25 ff. EuGVÜ), die aufgrund der gemeinschaftlichen Zuständigkeitsregelung keine Prüfung der internationalen Zuständigkeit vorsehen.

[1145] Stein/Jonas-Roth, § 328 Rn. 82.

ausländischer Gerichte könnte die Anerkennung wegen Unzuständigkeit nur selten versagt werden[1146].

ee) Keine Annahme weltweiter Kenntnisnahme

Weitere Bedenken hinsichtlich der uneingeschränkten Anknüpfung an den Ort der Abrufbarkeit ergeben sich daraus, dass diese Anknüpfung von einer weltweiten Kenntnisnahme ausgeht, die in der Realität sehr selten gegeben ist. Die Kenntnisnahme ist jedoch, wie dargelegt, die Voraussetzung für eine Rechtsgutverletzung und damit für den Erfolgsort. Angesichts der häufig in ihrer Bedeutung regional begrenzten Internetangebote gleicht die Annahme eines globalen Erfolgsortes daher vielmehr einer Fiktion[1147].

ff) Keine Vergleichbarkeit mit Verbreitungsgebiet im Presserecht

Teilweise wird ein Vergleich des Ortes der Abrufbarkeit mit dem Verbreitungsort bei Pressedelikten vorgenommen. Bei Pressedelikten gilt nach h.M. jeder Ort als Erfolgsort, an dem das Presseerzeugnis verbreitet wurde[1148]. Das Abstellen auf das Verbreitungsgebiet zeige, dass auf einen Nachweis, dass das Presseerzeugnis tatsächlich gelesen wurde verzichtet werden könne. Entsprechend könne unter Verzicht des Nachweises einer tatsächlichen Kenntnisnahme durch den Abruf der Nachricht im Internet auf den Ort der Abrufbarkeit abgestellt werden[1149].

Der Vergleich vermag jedoch nicht zu überzeugen. Aus wirtschaftlichen Gründen vertreibt ein Presseunternehmen sein Produkt nur in solchen Ländern, in denen eine erhebliche Zahl der verbreiteten Exemplare auch tatsächlich verkauft wird. Gekauft wird ein Presseerzeugnis in der Regel nur, wenn der Erwerber es lesen möchte. Bei Presseerzeugnissen kann daher regelmäßig davon ausgegangen werden, dass ihr Inhalt im Verbreitungsgebiet auch zur Kenntnis genommen wird. Anders sieht dies hinsichtlich des weltweiten Verbreitungsgebietes des Internet aus. In vielen der potentiellen Abrufstaaten wird es mangels Interesse an dem Inhalt des Web-Angebots tatsächlich nicht zu einem Abruf

---

[1146] Zu den regulativen Rückwirkungen der Einschränkung der Entscheidungszuständigkeit auf die Anerkennungszuständigkeit siehe Mansel, Vermögensgerichtsstand und Inlandsbezug bei der Entscheidungs- und Anerkennungszuständigkeit am Beispiel der Anerkennung US-amerikanischer Urteile in Deutschland, in: Festschrift für Jayme, S. 561 (569 ff.)

[1147] v. Hinden, Persönlichkeitsverletzungen im Internet, S. 140.

[1148] EuGH, Urteil v. 07.03.1995, Rs. 68/93 (Shevill./.Press Alliance), NJW 1995, 1881 (1882); BGH NJW 1977, 1590 (1590) m. w. N.; so auch Löffler/Ricker, Handbuch des Presserechts, 44. Kap., III, Rn. 53.

[1149] Rosenthal, AJP 1997, 1340 (1344) (zum Kollisionsrecht).

kommen. Auch entstehen für die Zugriffsmöglichkeit auf ein Internetangebot aus einem bestimmten Staat weder für den Inhalteanbieter noch für den Nutzer zusätzliche Kosten, deren Aufwendung auf ein dortiges Interesse an dem Inhalt und damit auf eine Kenntnisnahme schließen lässt. Von der bloßen Zugriffsmöglichkeit kann im Internet daher nicht regelmäßig auf die Kenntnisnahme geschlossen werden.

gg) Ergebnis zum Ort der Abrufbarkeit

Als Ergebnis zu der Frage, ob der Ort der Abrufbarkeit als Erfolgsort im Internet zu qualifizieren ist, kann mithin festgehalten werden, dass die bloße Verfügbarkeit nicht als Anknüpfungspunkt für den Erfolgsort im Sinne der Deliktszuständigkeit ausreicht.

Im Hinblick auf die Folge einer weltweiten Gerichtspflichtigkeit ist die Anknüpfung an den Ort der Abrufbarkeit dem Internet-Teilnehmer nicht zumutbar. Auch erfolgt hierdurch eine mittelbare Beschränkung der Meinungs- und Informationsfreiheit. Des Weiteren bestehen Zweifel bezüglich der erforderlichen Kenntnisnahme am Erfolgsort, da die mit dem Ort der Abrufbarkeit verbundene Annahme einer grundsätzlich weltweiten Kenntnisnahme nicht der Realität entspricht. Schließlich kann auch nicht vorgebracht werden, dass der Ort der Abrufbarkeit dem Verbreitungsgebiet bei Pressedelikten entspräche, da im Internet, anders als bei Presseerzeugnissen, aufgrund der andersartigen wirtschaftlichen Verbreitungsstruktur aus der Verfügbarkeit einer Nachricht nicht auch auf deren Kenntnisnahme geschlossen werden kann.

c) Ort der bestimmungsgemäßen Abrufbarkeit

Die Schwierigkeiten bei der Bestimmung des Erfolgsortes im Rahmen der Massenkommunikation im Internet beruhen auf der allgemeinen Ausrichtung der Information und der damit verbundenen hohen Anzahl potentieller Erfolgsorte. Insofern erinnert die Problematik an die Anknüpfung von Persönlichkeitsrechtsverletzungen im Rahmen von grenzüberschreitenden Rundfunksendungen oder Presseerzeugnissen. In Anlehnung an die dort gefundene Lösung der Anknüpfung an das bestimmungsgemäße Verbreitungsgebiet der Rundfunksendung oder Presseerzeugnis[1150] wird vielfach vertreten, dass der Erfolgsort im Internet an die bestimmungsgemäße Abrufbarkeit der verletzenden Inhalte anzuknüpfen sei[1151].

1150 BGH NJW 1977, 1590 (1590) m.w.N.; Fricke, Unterlassungsanspruch gegen Presseunternehmen im IPR, S. 304 m.w.N.

1151 AG Charlottenburg, Geschäftsnummer 230 C 150/01 abrufbar unter http://www.jurawelt.com/gerichtsurteile/zivilrecht/ag/6019?stylelite (Stand: 28.03.2007) (zu § 32 ZPO bei Persönlichkeitsrechtsverletzungen); KG K&R 1998, 36 (36) (zu § 32 ZPO bei Namensrechtsverlet-

Das bestimmungsgemäße Verbreitungsgebiet im Presserecht ist laut BGH der Bereich, den der Verleger oder Herausgeber auch wirklich erreichen will oder in dem er mit einer Verbreitung rechnen musste[1152]. Ausgeschlossen sind damit die Orte, an denen die Exemplare eines Presseerzeugnisses nur zufällig verbracht wurden.

Die vom BGH zum Presserecht entwickelte objektive Beschränkung der Erfolgsorte auf das bestimmungsgemäße Verbreitungsgebiet lässt sich jedoch nicht auf das Internet übertragen, dessen globale Verbreitung für jeden Inhalteanbieter von vorneherein offensichtlich ist[1153]. Im Gegensatz zu den traditionellen Massenmedien wie Presse und Rundfunk legt der Anbieter im Internet sein Verbreitungsgebiet nicht vorher fest, sondern erst der Empfänger entscheidet durch seinen Zugriff auf das Angebot über dessen räumliche Verbreitung. Der Anbieter, der sich für eine Verbreitung im Internet entscheidet, muss allerdings damit rechnen, dass weltweit auf die Inhalte zugegriffen wird.

Dementsprechend gibt es im Internet auch keine zufälligen Verbreitungsorte im Sinne des Presserechts. Bei Presseerzeugnissen gilt ein Exemplar als zufällig und damit nicht bestimmungsgemäß verbreitet, wenn es vom Käufer außerhalb des vom Herausgeber festgelegten Erscheinungsgebiets verbracht wird[1154]. Im Internet wird die Kenntnisnahme an Orten außerhalb des vom Anbieter bezweckten Empfängerkreises hingegen nicht durch eine der Begrenzung des Verbreitungsgebietes zuwiderlaufende Handlung des Nutzers bewirkt. Vielmehr ist es der Anbieter selbst, der durch das Einstellen ins Internet eine Kenntnisnahme auch außerhalb seines bezweckten Empfängerkreises ermöglicht. Folglich muss er auch dort mit einer Verbreitung rechnen. Die eingespeisten Inhalte

---

zung (Domain-Name)); AG Charlottenburg MMR 2006, 254 (255); LG Köln, Aktenzeichen 33 O 343/04 (zu § 32 ZPO bei Namensrechtsverletzung (Domain-Name));LG München I CR 2000, 464 (465) (zu § 32 ZPO und Art. 5 Nr. 3 EuGVÜ bei Kennzeichenrechtsverletzungen); Zöller-Vollkommer § 32 Rn. 17 (zu Marken-, Firmen- und Namensrechtsverletzung); LG Düsseldorf WM 1997, 1444 (1446) zu § 32 ZPO bei Marken-, Wettbewerbs- und Namensrechtsverletzung; OLG Karlsruhe MMR 1999, 604 f. (zum Domain-Namen); LG-Düsseldorf GRUR 1998, 159 (160) (zur internationalen Zuständigkeit). Ebenso Pichler (Hoeren/Sieber-Pichler, Handbuch Multimedia-Recht, Teil 25, Rn. 210 ff.), der jedoch die bestimmungsgemäße Verbreitung anhand objektiver Kriterien, wie Inhalt oder Sprache der Information, bestimmen möchte; siehe hierzu unten 8. Teil, B, II, 1), m).

[1152] BGH NJW 1977, 1590 (1590).

[1153] So auch Bettinger, GRURInt. 1998, 660 (666) (zur Zuständigkeit); Wüllrich, Das Persönlichkeistrecht des Einzelnen im Internet, S. 239 (zum Zuständigkeitsrecht); Kur in: Loewenheim/Koch, Praxis des Online-Rechts, 8.6.2, S. 376 f. (zum Zuständigkeitsrecht und Kollisionsrecht).

[1154] BGH NJW 1977, 1590 (1590) (zum Zuständigkeitsrecht).

gelangen mithin nicht bloß zufällig, sondern durchaus bestimmungsgemäß zu den Orten, an denen ein Netzzugang gegeben ist[1155].

Das Erfordernis der „Bestimmungsgemäßheit" kann daher die weltweite internationale Gerichtspflichtigkeit nicht verhindern. Das Kriterium des bestimmungsgemäßen Verbreitungsgebiets lässt sich mithin nicht ohne Modifizierung[1156] in eine interessengerechte Anknüpfung an die bestimmungsgemäße Abrufbarkeit übertragen[1157].

d) Wohnsitz des Geschädigten im Verbreitungsgebiet

Kubis[1158] befürwortet eine Reduzierung der zuständigkeitsbegründenden Tatorte[1159] auf den Opferwohnsitz im Verbreitungsgebiet[1160].

Im Hinblick auf die Zuständigkeitsinteressen des Beklagten seien der weltweiten Gerichtspflichtigkeit Grenzen zu setzen. Kubis führt hierfür die bereits dargelegten[1161] Argumente des nicht kalkulierbaren Kostenrisikos des Inhalteanbieters bei einer weltweiten Gerichtspflichtigkeit und dessen Folgen für die Informations- und Meinungsvielfalt an[1162]. Ferner argumentiert er mit den bereits erwähnten[1163] Vollstreckungsrisken für Urteile, die auf extensiven Zuständigkeiten beruhen[1164].

Die Anknüpfung an den Opferwohnsitz im Verbreitungsgebiet sei eine vorhersehbare, klare, praktikable und interessengerechte Lösung hinsichtlich der

---

1155 Ähnlich Kubis (Kubis, IZ bei Persönlichkeits- und Immaterialgüterrechtsverletzungen, S. 173), der davon spricht, dass die weltweite Verbreitung von vorneherein absehbar war (zum Zuständigkeitsrecht).

1156 In modifizierter Form versteht Pichler das bestimmungsgemäße Verbreitungsgebiet (Hoeren/Sieber-Pichler, Handbuch Multimedia-Recht, Teil 25, Rn. 210 ff.) (zum Zuständigkeitsrecht), eingehender hierzu siehe unten 8. Teil, B, II, 1), m).

1157 Ebenso Kur in: Loewenheim/Koch, Praxis des Online-Rechts, 8.6.2, S. 376 (zum Zuständigkeitsrecht und Kollisionsrecht)

1158 Kubis, IZ bei Persönlichkeits- und Immaterialgüterrechtsverletzungen, S. 176 f (zum Zuständigkeitsrecht).

1159 Nach Kubis Auffassung gibt es bei Persönlichkeitsrechtsverletzungen keinen Erfolgsort, so dass er einzig an den Handlungsort anknüpft (Kubis, IZ bei Persönlichkeits- und Immaterialgüterrechtsverletzungen, S. 122). Die Verbreitung versteht er dabei jedoch als Tathandlung (Kubis, IZ bei Persönlichkeits- und Immaterialgüterrechtsverletzungen, S. 145).

1160 Im Kollisionsrecht sprechen sich für eine Anknüpfung des Erfolgsortes in Massenmedien an den Opferwohnsitz aus: Kristin, Das Deliktsstatut bei Persönlichkeitsrechtsverletzungen über das Internet, S. 152 (zum Internet); Heldrich, Persönlichkeitsverletzungen im Internationalen Privatrecht, in: Festschrift für Zajtay, S. 215 (230); Ehmann/Thorn, AfP 1996, 20 (23).

1161 Siehe oben 8. Teil, B, II, 1), b), cc).

1162 Kubis, IZ bei Persönlichkeits- und Immaterialgüterrechtsverletzungen, S. 162.

1163 Siehe oben 8. Teil, B, II, 1), b), dd).

1164 Kubis, IZ bei Persönlichkeits- und Immaterialgüterrechtsverletzungen, S. 163.

Zuständigkeitskonzentration. Als vorhersehbar könne sie gelten, da sie im Gegensatz zur Einzelfallbetrachtung der Forum-non-conveniens-Lehre eine generalisierende Betrachtung darstelle[1165]. Klar und praktikabel sei sie, da der Ort, an dem das Opfer seinen Wohnsitz habe, für den Verletzer wesentlich leichter feststellbar sei als die beliebig vielen Verbreitungsorte[1166]. Schließlich sei sie eine interessengerechte Lösung, weil sie an den regelmäßigen Schwerpunkt der Persönlichkeitsbeeinträchtigung anknüpfe. Am Wohnsitz habe der Betroffene typischerweise die engsten sozialen Bindungen, so dass er die beeinträchtigende Wirkung einer Persönlichkeitsrechtsverletzung hier am stärksten spüre[1167]. Dass die Anknüpfung zu einem klägernahen Gerichtsstand führe, sei unproblematisch, da es sich lediglich um ein Mittel zur Begrenzung der Gerichtsstände und nicht um die Begründung eines Klägergerichtsstandes handele[1168]. Die Reduzierung der Tatortzuständigkeit auf kläger- und beklagtennahe Gerichtsstände erfülle die elementaren Zuständigkeitsinteressen beider Parteien an einem jeweils heimatnahen Gericht zu klagen[1169].

Obwohl Kubis zu Recht die Notwendigkeit einer Begrenzung der weltweiten Gerichtspflichtigkeit im Internet anführt, ist der Lösung im Ergebnis nicht zuzustimmen. Die von ihm aufgeführten Risiken zwingen zwar, wie dargelegt[1170], zu einer Begrenzung der Tatortzuständigkeit, sie erfordern jedoch nicht die Konzentration des Erfolgsortes auf einen einzigen Ort in Form des Opferwohnsitzes. Vielmehr grenzt die Reduzierung auf den Ort des Opferwohnsitzes den Justizgewährungsanspruch des Opfers ohne Notwendigkeit über die Maßen ein[1171] und missachtet die Anknüpfungsgrundsätze bei Persönlichkeitsrechtsverletzungen, wonach jeder Ort der Kenntnisnahme als Erfolgsort gilt[1172]. Der Gefahr, bereits bei Minimalkontakten mit einem Staat (in Form der Abrufbarkeit) einen Gerichtsstand zu begründen, kann mit weitaus weniger weitgehenden Begrenzungen begegnet werden.

Fraglich ist ferner, wie sich die aus der konzentrierten Gerichtspflichtigkeit ergebende Begünstigung des Inhalteanbieters im Internet gegenüber dem Infor-

---

[1165] Kubis, IZ bei Persönlichkeits- und Immaterialgüterrechtsverletzungen, S. 163.

[1166] Kubis, IZ bei Persönlichkeits- und Immaterialgüterrechtsverletzungen, S. 166.

[1167] Kubis, IZ bei Persönlichkeits- und Immaterialgüterrechtsverletzungen, S. 164; ebenso KG zitiert als Vorinstanz in BGH NJW 1977, 1590 (1590).

[1168] Kubis, IZ bei Persönlichkeits- und Immaterialgüterrechtsverletzungen, S. 165.

[1169] Kubis, IZ bei Persönlichkeits- und Immaterialgüterrechtsverletzungen, S. 177.

[1170] Siehe oben 8. Teil, B, II, 1), b), cc) und dd).

[1171] Ähnlich Fricke, die in der Beschränkung auf den Klägerwohnsitz einen Widerspruch zum Wirksamkeitsinteresse des Klägers sieht (Fricke, Unterlassungsanspruch gegen Pressenunternehmen im IPR, S. 311).

[1172] Zur Anknüpfung von Persönlichkeitsrechtsverletzungen siehe oben 8. Teil, A, IV. Mit ähnlicher Argumentation den Wohnsitz als Erfolgsort ablehnend: Löffler, Mediendelikte im IPR und IZPR, S. 198 (zum Zuständigkeitsrecht).

mationslieferanten im Rahmen herkömmlicher Medien rechtfertigt, der nach Meinung Kubis zusätzlich im Hauptverbreitungsgebiet gerichtspflichtig ist[1173].

Darüber hinaus ist, wie bereits ausgeführt wurde[1174], der Annahme eines Schwerpunktes der Persönlichkeitsrechtsverletzung am Wohnsitz des Betroffenen insbesondere bei Prominenten nicht zuzustimmen[1175]. Bei der Suche nach einer interessengerechten Lösung sind die Fälle der Persönlichkeitsrechtsverletzung international bekannter Personen der Zeitgeschichte aufgrund ihrer Häufigkeit jedoch gerade nicht zu vernachlässigen. Dies gilt insbesondere hinsichtlich des Schutzbereichs der wirtschaftlichen Nutzung von Persönlichkeitsmerkmalen, da speziell die Persönlichkeitsmerkmale Prominenter einen wirtschaftlich nutzbaren Wert haben.

Ferner überzeugt auch Kubis Argument nicht, dass die Konzentration auf den Opferwohnsitz keinen Klägergerichtsstand darstelle, da es sich lediglich um eine Begrenzung der Gerichtsstände handele. Vielmehr ist festzuhalten, dass die generelle Festlegung des Schwerpunktes der Verletzung auf den Opferwohnsitz auch in ihrer Funktion als Begrenzung der Gerichtsstände zur Schaffung eines, wie dargelegt[1176], im Rahmen der Tatortzuständigkeit nicht gewollten forum actoris führt.

Schließlich entspricht die Reduzierung der Tatortzuständigkeit auf kläger- und beklagtennahe Gerichtsstände nicht, wie von Kubis vorgebracht, den Zuständigkeitsinteressen beider Parteien an einem heimatnahen Gerichtsstand. Aufgrund des einseitigen Wahlrechts des Klägers bedeutet die Schaffung eines klägernahen Gerichtsstandes für den Beklagten vielmehr eine unausweichliche Belastung, während der beklagtennahe Gerichtsstand keine ausgleichende Begünstigung bedeutet, zumal dieser bereits durch den allgemeinen Gerichtsstand gegeben ist. Ein beidseitiger Interessenausgleich ist daher nicht gegeben. Der diesbezüglichen Rechtfertigung Kubis eines klägernahen Gerichtsstands ist schließlich zu entgegnen, dass der Tatortgerichtsstand gerade keinen parteibezogenen, sondern einen streitgegenstandsbezogenen Gerichtsstand darstellt. Aus diesem Grund ist nicht die Parteinähe, sondern die Sachverhaltsnähe ausschlaggebend.

1173 Siehe Kubis, IZ bei Persönlichkeits- und Immaterialgüterrechtsverletzungen, S. 168 ff.

1174 Siehe oben 8. Teil, A, III.

1175 So auch Löffler, Mediendelikte im IPR und IZPR, S. 198 (zum Zuständigkeitsrecht); Fricke, Unterlassungsanspruch gegen Presseunternehmen im IPR, S. 312 (zum Zuständigkeitsrecht); Wüllrich, Das Persönlichkeistrecht des Einzelnen im Internet, S. 245 ff. (zum Zuständigkeitsrecht), der eine Differenzierung zwischen international bekannten Persönlichkeiten und „Normalbürgern“ mittels der Voraussetzung einer „schlüssigen“ Darlegung des Vorliegens einer Persönlichkeitsrechtsverletzung im Forumstaat befürwortet.

1176 Siehe oben 6. Teil, B, II.

e) Lebensmittelpunkt des Verletzten als „Treffpunkt" der Parteiinteressen

Einen der Anknüpfung Kubis an den Opferwohnsitz sehr ähnlichen Ansatz vertritt Buchner[1177]. Für die Bestimmung des Deliktsgerichtsstands[1178] sei die zuständigkeitsrechtliche Mitte zwischen den Parteien zu suchen. Dabei sei weder infolge des Grundprinzips des actor sequitor forum rei den Beklagteninteressen der Vorzug zu geben, noch sei wegen besonderer Schutzwürdigkeit des Opfers eine Bevorzugung des Klägers zu befürworten. Vielmehr sei der Gerichtsstand parteineutral und streitgegenstandsbezogen zu bestimmen[1179].

Die zuständigkeitsrechtliche Mitte konkretisiere sich dort, wo die Interessenssphären der Parteien aufeinanderstoßen. Bei diesem wertend zu ermittelnden Treffpunkt müsse es sich um einen Ort handeln, der nicht durch einseitiges Handeln nur einer Partei bestimmt wird, sondern zu dem sich beide Parteien in zurechenbarer Weise in Beziehung gesetzt haben[1180].

Bei Persönlichkeitsrechtsverletzungen solle allerdings nicht der Verbreitungsort als zuständigkeitsbegründender Treffpunkt gelten. An diesem würden zwar die Interessen der Parteien kollidieren; da der Verbreitungsort jedoch nur die Zuständigkeit über dem im Forumstaat erlittenen Schaden eröffne, käme es zu einem Nebeneinander von Gerichtsständen und einer Zerstückelung des Persönlichkeitsrechts[1181].

Zur Vermeidung einer Gerichtsstandszersplitterung sei der zuständigkeitsbegründende Treffpunkt unabhängig von einer dortigen Verbreitung alleine am Schwerpunkt des Persönlichkeitsrechts des Verletzten zu lokalisieren. Der Schwerpunkt des Persönlichkeitsrechts sei am Lebensmittelpunkt des Verletzten anzunehmen, da der Verletzte den Ansehensverlust in der Gesellschaft in erster Linie in seinem gewöhnlichen sozialen Umfeld verspüre[1182]. Durch den Angriff auf das Persönlichkeitsrecht einer bestimmten Person setze sich der Verletzer gerade zu dem gesellschaftlichen Umfeld der betroffenen Person in Beziehung, so dass ihm dieser Ort als Gerichtsstand zurechenbar sei[1183].

[1177] Buchner, Kläger- und Beklagtenschutz, S. 130 f., 141 ff. (zum Zuständigkeitsrecht)

[1178] Buchner differenziert bei seinem Lösungsvorschlag nicht zwischen Handlungs- und Erfolgsort und spricht daher allgemein vom Deliktsgerichtsstand.

[1179] Buchner, Kläger- und Beklagtenschutz, S. 128, 130.

[1180] Buchner, Kläger- und Beklagtenschutz, S. 131.

[1181] Buchner, Kläger- und Beklagtenschutz, S. 142.

[1182] Buchner, Kläger- und Beklagtenschutz, S. 142. Ebenso im Wege der Schwerpunktbetrachtung an den gewöhnlichen Aufenthaltsort des Rechtsgutträgers anknüpfend, ohne dass es auf eine dortige planmäßige Verbreitung ankäme: Staudinger-Hoffmann Art. 40 EGBGB Rn. 61 f. Die Ausführungen erfolgen zwar zur kollisionsrechtlichen Anknüpfung, Hoffmann hält jedoch die kollisionsrechtliche Bestimmung des Tatorts auch für das Zuständigkeitsrecht für maßgeblich (Staudinger-Hoffmann, Vorbem. zu Art. 40 EGBGB, Rn. 98).

[1183] Buchner, Kläger- und Beklagtenschutz, S. 143.

Buchners Ausführungen zu einem parteineutralen und streitgegenstandbezogenen Gerichtsstand sind zuzustimmen, nicht hingegen seiner ausschließlichen Anknüpfung an den Lebensmittelpunkt des Verletzten. Eine derartige Konzentration der Zuständigkeit auf die Sphäre des Klägers ist gerade nicht, wie von ihm gefordert, parteineutral, sondern begünstigt den Kläger in der Form eines Klägergerichtsstands. Eine Anknüpfung an den Lebensmittelpunkt des Verletzten wahrt damit nicht die von Buchner selbst geforderte zuständigkeitsrechtliche Mitte im Sinne eines gerechten Ausgleichs zwischen Kläger- und Beklagteninteressen.

Die klägernahe Anknüpfung kann nicht mit der Belegenheit des Persönlichkeitsrechts am Lebensmittelpunkt des Rechtsgutsträgers und damit mit einer streitgegenstandbezogenen Anknüpfung gerechtfertigt werden. Das Persönlichkeitsrecht in Gestalt der im Rahmen der Massenkommunikation relevanten „sozialen Identität" ist nämlich, wie oben dargelegt[1184], gerade nicht an den Aufenthaltsort des Rechtsgutsträgers gebunden, sondern entfaltet sich als Bindeglied zwischen Person und Gesellschaft an all den Orten, an denen es wahrgenommen wird.

Eine Anknüpfung an den Lebensmittelpunkt als Schwerpunkt der Persönlichkeitsrechtsverletzung widerspricht des Weiteren der Rechtsprechung des EuGH. Der Gerichtshof, der einen Klägergerichtsstand im Falle des Art. 5 Nr. 3 EuGVÜ ablehnt[1185], ist, wie sein jüngstes Urteil zu Art. 5 Nr. 3 EuGVÜ zeigt, entsprechend auch ein Gegner von Schwerpunktbildungen, die zum Wohnsitz des Klägers führen[1186]. Der EuGH führt zu Recht aus, dass der Vermögensmittelpunkt des Klägers nicht schon deshalb zum Erfolgsort wird, weil der Kläger einen Vermögensverlust in einem anderem Vertragsstaat erlitten hat, der sich auf sein Gesamtvermögen auswirkt[1187]. Entsprechend kann hinsichtlich des Persönlichkeitsrechts argumentiert werden, dass der Lebensmittelpunkt des Rechtsgutsträgers nicht allein deswegen als Erfolgsort gelten kann, weil die Rechtsgutsverletzung, die in einem anderen Mitgliedsstaat stattgefunden hat, sich an seinem Lebensmittelpunkt auf ihn auswirkt[1188].

[1184] Siehe oben 8. Teil, A, III.

[1185] EuGH, Urteil v. 19.09.1995, Rs. 364/93 (Marinari./.Lloyds Bank), JZ 1995, 1107 (1008).

[1186] EuGH, Urteil vom 10.06.2004, Rs. 168/02 (Kronhofer./.Maier), Rn. 18 ff., zu finden unter http://lexetius.com/2004,1135 (Stand: 28.03.2007).

[1187] EuGH, Urteil vom 10.06.2004, Rs. 168/02 (Kronhofer./.Maier), Rn. 21, zu finden unter http://lexetius.com/2004,1135 (Stand: 28.03.2007).

[1188] Der EuGH argumentiert ferner, dass die Suche nach einem Schwerpunkt den Gerichtsstand von ungewissen Umständen abhängig macht, und somit dem vom Übereinkommen verfolgten Ziel der Rechtssicherheit zuwider läuft (EuGH, Urteil vom 10.06.2004, Rs. 168/02, Rn. 20). Dieses Argument ist im Fall der Anknüpfung an den Lebensmittelpunkt allerdings nicht im gleichem Maße überzeugend, da der Lebensmittelpunkt des Klägers im Gegensatz zum Vermögensmittelpunkt leichter zu bestimmen und dem Beklagten meist bekannt ist.

Die Anknüpfung Buchners an den Treffpunkt der Interessensphären erscheint zwar schlüssig, diesen Treffpunkt jedoch ausschließlich am Lebensmittelpunkt des Verletzten zu lokalisieren widerspricht der Gewichtung der widerstreitenden Interessen im Rahmen einer Persönlichkeitsrechtsverletzung. Das Persönlichkeitsrecht besteht nicht absolut, sondern ergibt sich aus der wechselseitigen Abwägung mit den Interessen und Grundrechtspositionen des Beklagten. Eine generelle Lokalisierung des Treffpunkts der Interessenssphären am Lebensmittelpunkt des Verletzten würde jedoch zu einer einseitigen Beurteilung des Persönlichkeitsschutzes aus der Perspektive des Rechtsgutsträgers führen und die Interessen des Handelnden unberücksichtigt lassen.

Darüber hinaus ist der ausschließlichen Anknüpfung Buchners zu entgegnen, dass die von ihm geforderte Zurechenbarkeit und Vorhersehbarkeit des Tatortgerichtsstands keine Konzentration auf einen einzigen Ort gebietet. Vielmehr ist fraglich, ob eine derartig weitgehende Einschränkung des Justizgewährungsanspruchs des Opfers gerechtfertigt ist.

f) Betriebsort des Systems

Marly ist der Ansicht, dass bei bereithaltenden Systemen allein der Betriebsort des Rechners, auf dem der Artikel zum Abruf bereitgehalten wird, zuständigkeitsrelevant sei[1189]. Nur soweit der Netzwerkbetreiber Daten gezielt zu einem bestimmten Ort übertrage (weiterleitende Systeme), sei das Internet mit einer Verbreitung eines herkömmlichen Presseerzeugnisses vergleichbar, so dass in diesem Fall das bestimmungsgemäße Verbreitungsgebiet als zuständigkeitsrelevant gelten könne.

Eine zuständigkeitsrechtliche Unterscheidung zwischen gesendeten und abgerufenen Nachrichten, wie Marly sie vornimmt, ist jedoch nicht gerechtfertigt[1190]. Zur Kenntnisnahme bedarf es auch bei den herkömmlichen Massenmedien stets einer Mitwirkungshandlung des Nutzers, beispielsweise des Erwerbs des Presseexemplars oder des Einschaltens und Auswählens des Fernsehprogramms. Daher kann die eigenmotivierte Handlung des Nutzers in Form des Abrufs keinen Unterschied für die Erfolgsortanknüpfung machen. Entscheidend ist vielmehr das Zugänglichmachen der Information an einen großen Empfängerkreis, welches durch das Bereithalten auf einem Server in gleicher Weise gegeben ist wie

[1189] Marly, Jur-Pc (Web-Doc.), 1992, 1442 (1449) (zum Zuständigkeitsrecht).

[1190] Auf den Unterschied zwischen angeforderten und verschickten Informationen weist ebenso Kuner hin (Kuner, CR 1996, 453 (458) (zum Zuständigkeitsrecht).

durch das Bereitstellen an Kiosken oder auf Fernsehkanälen. Die Art und Weise der Kenntnisnahme durch den Konsumenten spielt hingegen keine Rolle[1191].

Zudem ist die Anknüpfung an den Server-Standort nicht mit der dargelegten Anknüpfung bei Persönlichkeitsrechtsverletzungen vereinbar, da am Server-Standort keine Kenntnisnahme stattfindet, sondern die Nachricht dort lediglich zur Übertragung bereitgehalten wird.

Bedenken begegnet die Anknüpfung Marlys ferner, da sie, wenn der Server-Standort als allein maßgeblich gilt, dem Inhalteanbieter eine unzulässige Möglichkeit eines antizipierten forum shopping ermöglicht[1192]. Konzentriert man den Erfolgsort allein auf den Standort des Servers, so kann sich der Täter aufgrund der Netztechnik des Internet mit geringem Aufwand in für ihn vorteilhafte ausländische Gerichtsstände flüchten. Eine Anknüpfung an den Server-Standort als Erfolgsort ist daher aufgrund der zu hohen Manipulationsgefahr nicht vertretbar[1193].

g) *Quantitativer Schwerpunkt der Verbreitung*

Eine von Bachmann[1194] aufgeworfene Anknüpfung an den Ort der höchstmöglichen Abrufbarkeit ist nicht praktikabel, da keine geeigneten Kriterien zur Feststellung der höchstmöglichen Abrufbarkeit bestehen[1195]. Weder die Anzahl der an das Internet angeschlossenen Computer noch die Bevölkerungszahl können für das Ausmaß der Abrufbarkeit und das Abrufverhalten der Nutzer herangezogen werden. Noch entscheidender gegen die Anknüpfung spricht jedoch, dass die höchstmögliche Abrufbarkeit kein Indikator für die tatsächlichen Auswirkungen auf den Verletzten ist, insbesondere da sie meist nicht mit der höchsten tatsächlichen Kenntnisnahme zusammenfällt. Würden beispielsweise die USA als der Ort der höchstmöglichen Abrufbarkeit gelten, so würde selbst der Erfolgsort einer Äußerung auf der Homepage einer Bürgerinitiative einer deutschen Stadt, die sich mit einem lokalen Thema beschäftigt, in den USA angenommen.

Eine Anknüpfung an den Ort mit der höchsten Anzahl an tatsächlichen Abrufen im Sinne eines Hauptverbreitungsgebietes misslingt, da der Kläger über die Tatsache, wie viele Nutzer aus welchen Ländern die Nachricht abgerufen haben,

---

1191 So auch LG Düsseldorf WM 1977, 1444 (1446) (zum Zuständigkeitsrecht); Hoeren/Sieber-Pichler, Handbuch Multimedia-Recht, Stand 2002, Teil 31, Rn. 126 (zum Zuständigkeitsrecht).

1192 Ebenfalls mit dieser Begründung den Serverstandort ablehnend: Buchner, Kläger- und Beklagtenschutz, S. 141, Fn. 169 (zum Zuständigkeitsrecht); ähnlich Hoeren/Sieber-Pichler, Handbuch Multimedia-Recht, Teil 25, Rn. 241 (zum Zuständigkeitsrecht).

1193 Siehe hierzu schon oben, 7. Teil, C, III, 2), a).

1194 Bachmann, IPRax 1998, 179 (184 f.) (zum Zuständigkeitsrecht).

1195 Ähnlich ablehnend Löffler, Mediendelikte im IPR und IZPR, S. 259 (zum Kollisionsrecht und Zuständigkeitsrecht).

keine verlässlichen Angaben besitzt[1196]. Denn, wie dargelegt, ist der Ort des tatsächlichen Abrufs für ihn nicht ermittelbar[1197]. Weiterhin ist das Kriterium der häufigsten Abrufe ungeeignet, da, solange die inkriminierte Äußerung sich im Netz befindet, die Zahl der tatsächlichen Abrufe einer ständigen Veränderung unterliegt[1198]. Zuletzt ist zweifelhaft, ob am Ort der meisten Abrufe stets der Schwerpunkt der Persönlichkeitsrechtsverletzung liegt, da die Intensität der Beeinträchtigung des Persönlichkeitsrechts nicht alleine von der Anzahl der Abrufe abhängt[1199].

h) Zielortbestimmung oder Herkunftserklärung zu Beginn der Web-Seite

Ebenfalls diskutiert, aber im Ergebnis abgelehnt, wird die Begrenzung der Erfolgsorte durch eine vom Inhalteanbieter vorgenommene Bestimmung des örtlichen Geltungsbereichs der Nachricht zu Beginn des Nachrichtentextes[1200].

Trotz einer Zielortbestimmung der Nachricht kann der Täter nicht verhindern, dass die Web-Seite dennoch von einem Ort außerhalb seines Bestimmungsgebietes abgerufen wird. Gäbe man dem Täter gleichwohl die Möglichkeit, sein Verbreitungsgebiet zuständigkeitsrechtlich durch eine bloße Angabe der Bestimmungsländer zu begrenzen, so würde man das Vorhandensein eines bestimmten Gerichtsstandes allein vom Willen des Täters abhängig machen. Der Täter könnte somit willkürlich bestimmte Gerichtsstände ausschließen, indem er sie im Kopf der Web-Seite ausgrenzt, ohne dass tatsächlich die Möglichkeit eines Zugriffs beschränkt wird. Dies würde weder die Interessen des Klägers hinreichend berücksichtigen, noch der Vorgabe entsprechen, dass Persönlichkeitsrechtsverletzungen am Ort der Kenntnisnahme zu lokalisieren sind. Das Abstellen auf die angegebenen Bestimmungsländer auf der Seite selbst steht mithin im Widerspruch zu den tatsächlichen Wirkungen und zu einem fairen Interessenausgleich.

Ebenso bewirkt das Erfordernis einer Herkunftserklärung des Nutzers beim Zugang zur fraglichen Web-Seite keine effektive Begrenzung der Abrufe. Mit

---

[1196] So auch Kubis, IZ bei Persönlichkeits- und Immaterialgüterrechtsverletzungen, S. 176. Fricke lehnt eine Beschränkung auf das Hauptverbreitungsgebiet auch für die herkömmlichen Medien ab (Fricke, Unterlassungsanspruch gegen Presseunternehmen im IPR, S. 311 f.).

[1197] Siehe oben 8. Teil, B, II, 1), a), aa).

[1198] Kristin, Das Deliktsstatut bei Persönlichkeitsrechtsverletzungen über das Internet, S. 151.

[1199] So für die Anzahl der Exemplare bei Presseerzeugnissen: Löffler, Mediendelikte im IPR und IZPR, S. 200 (zum Zuständigkeitsrecht).

[1200] Bachmann, IPRax 1998, 179 (185) (zum Zuständigkeitsrecht); Spindler, ZUM 1996, 533 (563) (zum Zuständigkeitsrecht); Löffler, Mediendelikte im IPR und IZPR, S. 260 (zum Kollisionsrecht und Zuständigkeitsrecht); Rüßmann, JurPC (Web-Doc.) 108/1998, Abs. 49 (zum Zuständigkeitsrecht); Kristin, Das Deliktsstatut bei Persönlichkeitsrechtsverletzungen über das Internet, S. 149 (zum Kollisionsrecht).

Hilfe einer Herkunftserklärung könnten die Inhalteanbieter den Zugang zu ihrer Web-Seite zwar von der Angabe eines gewünschten Staates abhängig machen, allerdings ist die Praktikabilität und Wirksamkeit einer solchen Begrenzung des Nutzerzugangs im Bereich der Persönlichkeitsrechtsverletzungen sehr zweifelhaft.

Die Begrenzung durch eine Herkunftserklärung ist im Bereich der Persönlichkeitsrechtsverletzungen nur eine scheinbare Begrenzung, da sie durch wahrheitswidrige Angaben der Nutzer sehr leicht umgangen werden kann. Erhält der Nutzer aufgrund der Angabe eines unerwünschten Staates keinen Zugang, so kann er einen anderen Herkunftsstaat angeben, der ihm den Zugang gewährt. Ein solches Vorgehen der Nutzer ist im Bereich von Persönlichkeitsrechtsverletzungen nicht auf wenige Nutzer mit krimineller Energie beschränkt. Gerade im Bereich der Sensationsmeldungen und Beleidigungen besteht ein sehr großes Interesse an den Inhalten, welches nicht durch einfach zu umgehende Schranken zu bremsen ist. Vielmehr weckt die Beschränkung die Neugier der Nutzer. Der Nutzer muss im Falle einer Umgehung keine Nachteile fürchten, da die Umgehung keine Rechtsfolgen nach sich zieht. Die Kenntnisnahme von Web-Seiten mit persönlichkeitsrechtsverletzenden Inhalten ist nicht verbunden mit einem nachfolgenden Vertrag oder einer nachfolgenden Rechtsbeziehung anderer Art, die den wahren Herkunftsstaat aufdecken oder zumindest aufgrund der wahrheitswidrigen Angaben in ihrer Wirksamkeit gefährden würde. Im Gegensatz zum Bereich der Anbahnung von Vertragsverhältnissen im Internet eignet sich im Bereich der Persönlichkeitsrechtsverletzungen die Herkunftserklärung mithin nicht als Nutzerbegrenzung.

Des Weiteren begegnet die Herkunftserklärung technischen Schwierigkeiten. Um tatsächlich eine Nutzerbeschränkung zu erreichen, bedürfte es eines Vorschaltens der Herkunftserklärung vor jede einzelne potentiell inkriminierte Web-Seite. Schaltet man lediglich vor die Startseite ein Fenster mit der Herkunftserklärung, so könnten die weiteren Seiten weiter über Links erreicht werden. Eine Beschränkung durch das Erfordernis einer Herkunftserklärung würde im Fall einer Online-Zeitung bedeuten, dass vor jedem Artikel zunächst ein Fenster mit der erforderlichen Herkunftserklärung erscheinen würde. Das Lesen einer Online-Zeitung oder eines anderen mehrseitigen Web-Angebots würde für den Nutzer äußerst mühsam. Diese Begrenzung der Nutzer ist daher nicht praktikabel.

Man könnte das Vorschalten vor jede einzelne Web-Seite vermeiden, indem man mit so genannten „Cookies“ arbeiten würde, die den Nutzer wiedererkennen. Ein Cookie ist ein von einem Web-Server erzeugter Datensatz, der an einen Web-Browser gesendet wird und bei diesem in einer Cookie-Datei des lokalen Rechners abgelegt wird. Es werden umgekehrt aber auch die lokalen Cookie-Einträge an den Web-Server übermittelt. Beide Vorgänge geschehen regelmäßig, ohne dass der Nutzer hiervon etwas bemerkt[1201]. Cookies dienen in der Regel dazu, Informationen über den Nutzer zu sammeln und an den Web-Server weiterzugeben.

Die Verwendung von Cookies ist allerdings sehr umstritten und unterliegt datenschutzrechtlichen Vorgaben. Sie wird von vielen als Eingriff in die Privatsphäre gesehen[1202]. Aus diesem Grund verwenden eine zunehmende Anzahl von Nutzern inzwischen Browser, die eine Speicherung von Cookies nicht zulassen und einige Nutzer löschen die gespeicherten Cookies nach jedem Internet-Besuch[1203]. Eine Lösung, die auf der Verwendung von Cookies aufbaut, ist daher nicht akzeptabel. Sie würde eine datenschutzrechtlich problematische und gesellschaftlich weitgehend kritisierte Vorgehensweise implizieren.

i) Eingrenzung im Rahmen des Entwurfes der Haager Konferenz

In dem Entwurf der Haager Konferenz für ein weltweites Gerichtsstands- und Vollstreckungsübereinkommen in Zivil- und Handelssachen soll eine Zuständigkeit am Erfolgsort nur insoweit bestehen, als der Beklagte nicht geltend macht, dass für ihn eine Berührung mit dem Erfolgsort bei vernünftiger Betrachtung unvorhersehbar war (Art. 10 Abs. 1 b des Entwurfs)[1204].

Hiergegen könnte zunächst vorgebracht werden, dass sich das Kriterium der Vorhersehbarkeit im Internet nicht zur Eingrenzung der Erfolgsorte eignet, da der Inhalteanbieter um die weltweite Verbreitung seiner Nachricht im Internet weiß, so dass er nicht einwenden kann, er hätte den Zugriff aus einem bestimm-

---

1201 Vgl. Hoeren, Rechtsfragen im Internet, Internetskript, § 7, VIII, 1.

1202 Dahingehend auch die im technischen Gutachten im Rahmen des Yahoo-Verfahrens geäußerten Bedenken von einem der drei Gutachter (Vinton Cerf), vgl. hierzu die englische Übersetzung des Beschlusses, S. 15, abrufbar unter http://www.cdt.org/speech/international/20001120yahoofrance.pdf (Stand: 27.05.07). Zur datenschutzrechtlichen Problematik siehe Hoeren, Rechtsfragen im Internet, Internetskript, § 7, VIII, 1.

1203 Vgl. hierzu die Ausführungen des Gutachters Vinton Cerf im Gutachten zum Yahoo-Verfahren, englische Übersetzung des Beschlusses inklusive Gutachten abrufbar unter http://www.cdt.org/speech/international/20001120yahoofrance.pdf (Stand: 27.05.07).

1204 Diese Darstellung des Deliktsgerichtsstands bezieht sich auf den Entwurf der Haager Konferenz für ein weltweites Gerichtsstands- und Vollstreckungsübereinkommen in Zivil- und Handelssachen in seiner Fassung nach dem ersten Teil der Diplomatischen Konferenz; siehe hierzu die Zusammenfassung des Ergebnisses des ersten Teils der Diplomatischen Konferenz unter http://www.hcch.net/upload/wop/jdgm2001draft_e.pdf (Stand: 28.03.2007). Weitere Dokumente zur Haager Konferenz für internationales Privatrecht siehe die Web-Seiten der Haager Konferenz http://www.hcch.net/index_en.php?act=progress.listing&cat=4 (Stand: 28.03.2007). Siehe zur Haager Konferenz bereits oben 3. Teil, C.

ten Staat nicht vorhersehen können[1205]. Fasst man unter die Vorhersehbarkeit des Erfolgsortes jedoch nicht alle abstrakt denkbaren Möglichkeiten des Erfolgseintritts auf, sondern versteht hierunter die nicht ganz fernliegende Möglichkeit eines Zugriffs[1206], so dient sie zumindest dazu, Orte der Abrufbarkeit auszuschließen, an denen ein Zugriff auf die konkreten Angebote nahezu ausgeschlossen werden kann. Sie vermag jedoch nicht die Orte auszusondern, an denen zwar mit einem Zugriff zu rechnen ist, an denen aber die Inhalte nur unbeachtliche Auswirkungen auf die Persönlichkeit des Betroffenen zeigen.

In Artikel 10 Absatz 3 des Entwurfs findet sich ein Vorschlag der USA zur Begrenzung der Gerichtspflichtigkeit wieder. Hiernach soll die Deliktszuständigkeit nicht gelten, wenn der Beklagte geeignete Maßnahmen getroffen hat, um zu vermeiden, dass er in diesem Staat einer Tätigkeit nachgeht oder eine Tätigkeit auf ihn ausrichtet. Diese Beschränkung soll insbesondere dem Schutz des elektronischen Handels dienen.

Eine solche Begrenzung hat hinsichtlich des Internet nur dann einen Sinn, wenn es dem Beklagten möglich ist, sein Angebot geographisch zu begrenzen. Im Rahmen des Handels ist dies denkbar. Der Anbieter kann die Lieferung der Ware auf bestimmte Staaten beschränken[1207]. Persönlichkeitsrechtsverletzungen entstehen jedoch meist im Zusammenhang mit Informationsangeboten. Im Hinblick auf ein Informationsangebot bedeutet eine geographische Beschränkung der Tätigkeit hingegen eine geographische Begrenzung des Verbreitungsgebietes im Internet. Ist das Verbreitungsgebiet begrenzbar, so dass der Zugriff aus bestimmten Ländern technisch nicht möglich ist, dann ist ein dortiger Erfolgsort allerdings bereits mangels Kenntnisnahme zu verneinen. Die Begrenzung wäre folglich nur für Zugriffe erforderlich, die trotz der Sperrung, das heißt unter Umgehung der Erkennungsmerkmale für eine geographische Sperrung, erfolgen.

Wie bereits ausgeführt, besteht eine technische Möglichkeit der Begrenzung des Abrufgebietes. Allerdings ist diese sehr kostspielig und daher nur für Inhalteanbieter, die aus der Lokalisierung ihrer Nutzer einen zusätzlichen wirtschaftlichen Nutzen ziehen und/oder eine gewisse Finanzstärke aufweisen, finanzierbar. Die von den USA vorgeschlagene Regelung würde daher finanzstarken und wirtschaftlich orientierten Inhalteanbietern die Möglichkeit eröffnen, ungewollte Gerichtsstände zu vermeiden. Kleinere, insbesondere private, wissenschaftlich

---

[1205] So Haines, The Impact of the Internet on the Judgments Project: Thoughts for the future, S. 18; Web-Doc., „Preliminary Document“ Nr. 17, February 2002, abrufbar unter http://www.hcch.net/upload/wop/gen_pd17e.pdf (Stand: 28.03.2007); ebenso Wüllrich, Das Persönlichkeistrecht des Einzelnen im Internet, S. 241 f.

[1206] Definition der Vorhersehbarkeit im deutschen Zivilrecht (Palandt-Heinrichs § 276 Rn. 20).

[1207] Hiermit lässt sich auch erklären, warum Art. 15 Abs. 1 lit. c) EuGVO, der bei Verbraucherverträgen auf die „Ausrichtung“ der Website auf einen Mitgliedsstaat abstellt, bei Verbraucherverträgen von einer territorialen Steuerungsmöglichkeit einer Website ausgeht.

orientierte oder karikative Inhalteanbieter, hätten hingegen keine Möglichkeit, der Gerichtspflichtigkeit durch technische Vorkehrungen zu entkommen. Dies würde zu einer ungerechtfertigten Besserstellung der finanzstarken Inhalteanbieter führen. Es würde der kostengünstigen Publikation und damit einem Wesensmerkmal des Internet entgegenwirken. Zudem ist angesichts der Bedenken, die gegen die Zuverlässigkeit dieser geographischen Beschränkung bestehen, fraglich, ob eine solche technische Einrichtung bereits als geeignete Maßnahme im Sinne des Entwurfs gelten kann.

Eine geographische Begrenzung der Nutzer mit Hilfe einer Herkunftserklärung ist aus den oben genannten Gründen ebenso ungeeignet. Sie ist zu leicht und insbesondere sanktionslos zu umgehen, um eine effektive Begrenzung zu bewirken und ist durch das Erfordernis des Vorschaltens vor jede einzelne Web-Seite unpraktikabel.

Die in Art. 10 Absatz 2 des Entwurfs vorgeschlagene Anknüpfung an eine häufige oder wesentliche Tätigkeit des Beklagten im Forumstaat bzw. die Ausrichtung seiner Tätigkeit auf den Forumstaat eignet sich bei Persönlichkeitsrechtsverletzungen nicht als Anknüpfung, sondern scheint auf die Zuständigkeitsfrage im Wettbewerbsrecht abzuzielen[1208]. Das Persönlichkeitsrecht des Betroffenen besteht im Gegensatz zum im Wettbewerbsrecht maßgeblichen „Markt" unabhängig von sonstigen Beziehungen des Verletzers zum Forumstaat. Die Beziehungen des Verletzers zum Forumstaat können lediglich ein Anhaltspunkt für das im Forumstaat bestehende Interesse an den Inhalten seiner Web-Seiten und damit für die Frage des Ausmaßes der Kenntnisnahme von Bedeutung sein. Die Tätigkeiten des Täters im Forumstaat sind jedoch nicht das einzige Kriterium, das zu einem Abruf der inkriminierten Inhalte führen kann, so dass sie als Anknüpfungspunkt nicht hinlänglich erschöpfend sind.

Die vorgeschlagenen Einschränkungen des Erfolgsortes im Rahmen des Entwurfs der Haager Konvention bieten mithin keine hinreichende Lösung für die Zuständigkeitsfrage bei Persönlichkeitsrechtsverletzungen im Internet.

j) Forum non conveniens

Eine weitere Erwägung zur Begrenzung der internationalen Zuständigkeit besteht darin, die Zuständigkeit, obwohl sie theoretisch gegeben wäre, mit der Begründung, die Streitsache sei in diesem Einzelfall vor einem anderen Gericht besser aufgehoben, nicht auszuüben. Diese so genannte Forum-non-conveniens-Lehre des angloamerikanischen Rechts ermöglicht es den Gerichten, ihre Zuständigkeit zu verneinen, wenn sie die Kontakte mit dem Forum nicht für ausreichend und ein anderes Gericht für geeigneter halten[1209].

[1208] Eine ähnliche Anknüpfung wird auch beim Vertragsgerichtsstand genannt.
[1209] Schack, IZVR, Rn. 494.

Auf diese Weise könnte ein Gericht, in dessen Staatsgebiet neben der Abrufbarkeit des streitgegenständlichen Internetangebots keine sonstige Beziehung zum Streitgegenstand besteht, seine Zuständigkeit unter Berufung auf das forum non conveniens ablehnen, da in diesem Falle Gerichtsstände existieren, die aufgrund ihrer zusätzlichen Bezüge deutlich besser geeignet sind.

Kuner befürwortet eine derartig flexible Zuständigkeitsregelung für das Internet. Eine Zuständigkeit über Handlungen im Internet solle nur in schwerwiegenden Fällen eröffnet werden, und die Möglichkeit, die Zuständigkeit zu verneinen, solle offen bleiben[1210].

Die Forum-non-conveniens-Lehre ist den kontinentaleuropäischen Rechtsordnungen, wie der deutschen Zivilprozessordnung und der EuGVO, allerdings fremd, da diese auf festen Regeln beruhen, die den Gerichtsstand vorhersehbar machen[1211]. Einschränkungen der Gerichtszuständigkeit müssen im deutschen Recht schon wegen der Garantie des gesetzlichen Richters in Art. 101 I, S. 2 GG generell-abstrakt formuliert sein[1212]. Die Zuständigkeit aufgrund einzelfallbezogener Erwägungen des forum non conveniens zu verneinen widerspricht ferner der aufgrund des Rechtsstaatsprinzips gebotenen Rechtssicherheit[1213]. Zudem kann, da im internationalen Recht die Möglichkeit einer bindenden Verweisung fehlt, die Abweisung einer Klage wegen forum non conveniens leicht eine Rechtsverweigerung bedeuten[1214].

Die Lehre vom forum non conveniens wird daher zu Recht sowohl im deutschen als auch europäischen Zuständigkeitsrecht von der h.M. abgelehnt[1215]. Aus

---

1210 Kuner, CR 1996, 453 (458).

1211 Kuner, CR 1996, 453 (457); Schack, IZVR, 2. Aufl. 1996, S. 198, Rn. 502. Für eine Übernahme des forum non conveniens in das deutsche Recht spricht sich allerdings u.a. Jayme aus (Jayme, StAZ 1975, 91 (91 ff.)). Ebenso Gottwald, Das Wetterleuchten des forum non conveniens, in: Festschrift für Jayme, S. 277 (278).

1212 Schack, MMR 2000, 135 (138). Großzügiger Schröder (Schröder, Internationale Zuständigkeit, S. 490), der eine bewegliche Zuständigkeitsregelung für zulässig hält, wenn sie unter justizgemäßen Gesichtspunkten generalisiert und sachfremden Einflüssen vorbeugt.

1213 Schack, IZVR, Rn. 502; Wüllrich, Das Persönlichkeitsrecht des Einzelnen im Internet, S. 252.

1214 Schack, IZVR, Rn. 497; Löffler, Mediendelikte im IPR und IZPR, S. 263. U.a. mit Hinweis auf eine praktische Versagung des Rechtsschutzes wegen abgelaufener Fristen: Gottwald, Das Wetterleuchten des forum non conveniens, in: Festschrift für Jayme, S. 277 (278).

1215 Schack, IZVR, Rn. 502 m.w.N.; Geimer, IZPR, Rn. 1075; Schütze, Forum non conveniens und Rechtschauvinismus, in: Festschrift für Jayme, S. 849 (849) m.w.N.; Zur Unvereinbarkeit der Forum-non-conveniens-Lehre mit dem EuGVÜ/EuGVO siehe EuGH EuZW 2005, 345 ff. Ausführlich zur Lehre vom forum non conveniens und dem EuGVÜ siehe Erwand, Forum non conveniens und EuGVÜ sowie Thiele, RIW 2002, 696 ff. Insbesondere Sinn und Zweck einer einheitlichen Rechtsanwendung sprechen gegen die Billigkeitserwägungen im Einzelfall im Rahmen der Forum-non-conveniens-Lehre (Wüllrich, Das Persönlichkeitsrecht des Einzelnen im Internet, S. 252).

den gleichen Gründen muss der von Kuner befürworteten flexiblen Zuständigkeitsregelung widersprochen werden.

k) Bekanntheit des Verletzten

Teilweise wird die Bekanntheit des Verletzten im Forumstaat als einschränkender Anknüpfungspunkt herangezogen. So hat der EuGH in seiner Entscheidung zu Ehrverletzungen in der Presse den zuständigkeitsrelevanten Verbreitungsort mit dem Zusatz versehen, dass der Betroffene dort bekannt sein müsse[1216].

Der Ansicht, dass eine Zuständigkeit nur eröffnet sei, wenn der Betroffene am Ort der Wahrnehmung bekannt ist, ist nicht zu folgen[1217]. Für den bloßen Erfolgseintritt der Rechtsgutverletzung ist die Bekanntheit nicht erforderlich, denn eine Persönlichkeitsrechtsverletzung tritt auch dann ein, wenn der Betroffene dem Abrufenden zuvor unbekannt war. Insbesondere bei Eingriffen in die Intimsphäre des Rechtsgutsträgers wird deutlich, dass es für die Frage der Verletzung irrelevant ist, ob derjenige, der z.B. Details aus dem Intimleben der betroffenen Person erfährt oder Nacktfotos des Betroffenen sieht, diesen vorher kannte oder nicht. Denn unabhängig davon, ob der Betroffene dem Wahrnehmenden zuvor bekannt war, greift eine indiskrete Berichterstattung in das Recht des Betroffenen auf informationelle Selbstbestimmung ein.

Lediglich die Antwort auf die Frage, wie intensiv und nachhaltig das Persönlichkeitsrecht verletzt wird, kann durch die Bekanntheit der betroffenen Person beeinflusst werden, denn mit erhöhtem Bekanntheitsgrad steigt das Interesse an den verletzenden Inhalten und damit die Anzahl der Abrufe. Da die Intensität der Verletzung unter anderem dadurch bestimmt wird, wie vielen Personen die verletzenden Inhalte zur Kenntnis gelangen, stellt die Bekanntheit mithin einen Faktor der Verletzungsintensität dar[1218].

Möchte man also den Erfolgsort von einer gewissen Intensität der Verletzung statt von der bloßen Rechtsgutverletzung abhängig machen, so kann allerdings nicht allein auf die Bekanntheit des Verletzten abgestellt werden, da diese nur

---

[1216] EuGH, Urteil v. 07.03.1995, Rs. 68/93 (Shevill./.Press Alliance), NJW 1995, 1881 (1882). In seinem Leitsatz hat der EuGH diese Voraussetzung allerdings nicht genannt. Ähnlich zum Kollisionsrecht Kristin (Kristin, Das Deliktsstatut bei Persönlichkeitsrechtsverletzungen über das Internet, S. 154 ff., 186), die jedoch grundsätzlich den Erfolgsort auf den gewöhnlichen Aufenthalt des Verletzten beschränkt und nur bei Prominenten ausnahmsweise auf den Ort der Bekanntheit abstellt, wenn dort eine spürbar erhöhte Bekanntheit gegenüber dem gewöhnlichen Aufenthalt des Verletzten gegeben ist.

[1217] Ebenso ablehnend Hoeren/Sieber-Pichler, Handbuch Multimedia-Recht, Teil 25, Rn. 255; Löffler, Mediendelikte im IPR und IZPR, S. 258; Kubis, IZ bei Persönlichkeits- und Immaterialgüterrechtsverletzungen, S. 132 f; zum Kollisionsrecht: Mankowski, RabelsZ 63 (1999), 203 (272).

[1218] Siehe oben 2. Teil, B, IV, 2), b).

eine von vielen Faktoren ist, welche die Wirkung der verletzenden Inhalte bestimmen[1219].

Auch ohne dass der Verletzte zuvor im Forumstaat bekannt war, kann er dort eine Persönlichkeitsrechtsverletzung von erheblicher Intensität erleiden, da der Wahrnehmende die betreffende Person erst kennen lernen bzw. die Person durch das verletzende Ereignis erst bekannt werden kann. Wird beispielsweise einer Person auf den Web-Seiten von CNN die Teilnahme an einem Terroranschlag unterstellt, so wird eine bis dorthin vermutlich unbekannte Person plötzlich einer breiten Öffentlichkeit bekannt. Gleiches gilt für Fälle, in denen die betroffene Person zuvor unbekannt war, nun jedoch durch eine behauptete Verbindung zu einer international bekannten Persönlichkeit in das Interesse der Öffentlichkeit gerät. Würde die Zuständigkeit nur an Orten, an denen die betroffene Person bekannt war, angenommen, so könnte der Verletzte nur an seinem Wohnort klagen, obwohl sein Persönlichkeitsbild weit darüber hinaus beeinträchtigt ist.

Die Wirkung der verletzenden Äußerung oder Darstellung ist, wie diese Beispiele zeigen, nicht ausschließlich von dem Bekanntheitsgrad des Betroffenen abhängig, sondern wird zudem unter anderem durch den Inhalt der Nachricht und die Person des Inhalteanbieters bestimmt. Den Erfolgsort allein von der Bekanntheit der betroffenen Person im Forum abhängig zu machen, widerspricht damit den tatsächlichen Auswirkungen persönlichkeitsrechtsverletzender Inhalte.

l) Besondere Beziehung des Verletzten zum Forumstaat

Bachmann[1220] vertritt die Auffassung, dass der Ort der Abrufbarkeit nur dann als Erfolgsort zu werten sei, wenn dort auch die Interessen des Verletzten beeinträchtigt sind.

Die Anknüpfung an die Interessenbeeinträchtigung des Verletzten sei trotz der hierdurch entstehenden Nähe zum Ort der Schadensfolgen mit der Ablehnung des Schadensortes als Erfolgsort vereinbar, da die Interessenbeeinträchtigung nicht als selbständiges Anknüpfungsmerkmal, sondern nur einschränkend bzw. als zweites Anknüpfungskriterium diene[1221]. Im Gegensatz zur wettbewerbsrechtlichen Anknüpfung, die auf das Aufeinandertreffen der Interessen abstellt, sollen bei Persönlichkeitsrechtsverletzungen nur die Interessen des Verletzten maßgeblich sein. Irrelevant sei daher, ob der Täter an diesem Ort bestimmte Interessen verfolge, die mit denjenigen des Verletzten kollidieren. Allerdings müsse der Verletzte als Kläger nachweisen, dass seine Interessen beein-

[1219] Zu den Faktoren, welche die Intensität der Persönlichkeitsbeeinträchtigung bestimmen, siehe oben 2. Teil, B, IV, 2), b).
[1220] Bachmann, IPRax 1998, 179 (185 f.) (zum Zuständigkeitsrecht).
[1221] Bachmann, IPRax 1998, 179 (185).

trächtigt seien, da sich sonst der Kläger durch bloße Behauptungen an allen möglichen Orten einen Gerichtsstand verschaffen könne[1222].

Bachmanns Anknüpfung an die Interessenbeeinträchtigung des Verletzten erscheint zu vage, da ihren Ausführungen nicht zu entnehmen ist, was sie unter einer Interessenbeeinträchtigung versteht. Der Betroffene kann grundsätzlich eine Interessenbeeinträchtigung hinsichtlich seines Rechtsguts der Persönlichkeit geltend machen, wenn eine verletzende Nachricht wahrgenommen wird. Da das Persönlichkeitsrecht also stets beeinträchtigt ist, wenn beispielsweise unwahre oder ehrverletzende Äußerungen verbreitet werden, muss Bachmann folglich von anderen Interessen als dem bloßen Interesse an der Wahrung des Persönlichkeitsbildes ausgehen. Bachmann kann daher nur Faktoren meinen, welche die Folgen der Verletzung beeinflussen, wie geschäftliche oder soziale Beziehungen etc. des Verletzten im Forumstaat. Hierfür spricht auch, dass sie die Interessenbeeinträchtigung in Zusammenhang mit dem Schadenseintritt sieht[1223].

Bachmann stellt jedoch nicht hinreichend klar, auf welche Interessen des Verletzten sie abstellt. Indem sie lediglich die Interessen des Verletzten nennt, bezieht sie sämtliche Schadensfolgen und damit Faktoren mit ein, die einen Klägergerichtsstand begründen. Die Anknüpfung an die Interessenbeeinträchtigung des Verletzten würde mithin nicht nur, wie von Bachmann eingeräumt, zu einer Nähe zum Ort der Schadensfolgen führen, sondern aufgrund der weltweiten Wirkung des ersten Anknüpfungsmerkmals (Abrufbarkeit) auch als zweites oder einschränkendes Anknüpfungsmerkmal grundsätzlich einen Gerichtsstand am Ort der Schadensfolgen eröffnen. Ein derartiger Gerichtsstand ist aus den oben genannten Gründen[1224] jedoch gerade nicht gewollt.

Zudem würde der von Bachmann geforderte Nachweis der Interessenbeeinträchtigung die materiellrechtliche Prüfung in die Zuständigkeit verlegen, was aufgrund der bereits dargelegten Gründe[1225] nicht zulässig ist. Die hiermit verbundene Ungewissheit der Zuständigkeitsbegründung wäre überdies der Rechtssicherheit abträglich[1226].

Ähnlich wie Bachmann stellt Lütcke[1227] auf die Beziehung des Verletzten zum Forumstaat ab. Lütcke schränkt den Erfolgsort ein, indem er alle Orte ausschließt, zu denen der Verletzte keine oder keine qualifizierte Beziehung besitzt.

1222 Bachmann, IPRax 1998, 179 (186).

1223 Siehe Bachmann, IPRax 1998, 183 (186).

1224 Siehe 6. Teil, B, II.

1225 Siehe oben 5.Teil, C.

1226 Ähnlich Löffler, Mediendelikte im IPR und IZPR, S. 258 zum Merkmal der Bekanntheit (zum Kollisionsrecht und Zuständigkeitsrecht).

1227 Lütcke, Persönlichkeitsrechtsverletzungen im Internet, S. 136 f., dort zwar zum Kollisionsrecht, doch lässt Lütcke die Tatortbestimmung im Kollisionsrecht auch für das Zuständigkeitsrecht gelten (vgl. S. 146 insbes. Fn. 514).

Konkretisierendes Kriterium sei daher die Frage, ob es anerkennungswerte Gründe dafür gäbe, den Persönlichkeitsschutz gerade in diesem Land zu suchen. Die Beziehung zu dem Forumstaat müsse sich dementsprechend in qualifizierter Weise von derjenigen zu anderen Staaten abheben, in denen nur die Verbreitung erfolge[1228]. Eine derartige Einschränkung führe bei Personen ohne grenzüberschreitende Kontakte zum alleinigen Erfolgsort am Aufenthaltsort des Verletzten, bei international bekannten Persönlichkeiten gewährleiste sie hingegen, dass diese nicht über die Maße privilegiert würden. Grenzbereiche, in denen die Abgrenzung schwierig ist, seien zugunsten eines interessengerechten Ausgleichs zwischen Täter- und Opferinteressen hinzunehmen[1229].

Der Anknüpfung an eine qualifizierte Beziehung des Verletzten zum Forumstaat ist insofern zu widersprechen, als sie nicht die Sachverhalte bedenkt, in denen es keiner qualifizierten Beziehung des Betroffenen zu dem Forumstaat bedarf, um eine erhebliche Verletzung des Persönlichkeitsrechts auszulösen. Hierzu gehören die Fälle, in denen beispielsweise die ehrverletzende Behauptung über den Betroffenen derart brisant ist, dass die vorigen Beziehungen dieser Person zum Forumstaat nicht ins Gewicht fallen[1230].

In derartigen Fällen kann die Schwere der Beeinträchtigung des Persönlichkeitsrechts auch darin liegen, dass es der betroffenen Person unmöglich wird, qualifizierte Beziehungen zu dem Forumstaat aufzubauen. Wird beispielsweise ein in Saudi Arabien lebender Geschäftsmann, der bisher keinerlei Geschäftsbeziehungen zu Deutschland unterhielt, in einer Online-Ausgabe einer fast ausschließlich in Deutschland gelesenen Zeitschrift mit höchst kriminellen Geschäften in Verbindung gebracht, so ist vorwiegend von einer Beeinträchtigung seines Persönlichkeitsbildes in Deutschland, zu dem er zuvor keinerlei qualifizierte Beziehung besaß, auszugehen. Infolgedessen wird es ihm schwer fallen, in Deutschland in Zukunft Geschäftsbeziehungen aufzubauen. Dem Verletzten die internationale Zuständigkeit in dem Land zu versagen, in dem die verletzenden Inhalte fast ausschließlich wahrgenommen wurden, widerspricht der Anknüpfung an den Ort der Kenntnisnahme bei Persönlichkeitsrechtsverletzungen und den berechtigten Interessen des Verletzten an der Wiederherstellung des Rechtsfriedens am Ort der Beeinträchtigung.

Soweit Lütcke die qualifizierte Beziehung zum Forumstaat ausschließlich auf den Verletzten bezieht, ist ihm mithin nicht zuzustimmen, da auch Umstände außerhalb der Person des Verletzten eine erhebliche Persönlichkeitsrechtsverletzung bedingen können.

[1228] Lütcke, Persönlichkeitsrechtsverletzungen im Internet, S. 137.

[1229] Lütcke, Persönlichkeitsrechtsverletzungen im Internet, S. 137.

[1230] Siehe hierzu auch oben die Ausführungen im Rahmen der Einschränkung durch das Merkmal der Bekanntheit, 8. Teil, B, II, 1), k).

m) Adressatenkreistheorie

Teilweise wird vertreten, dass ein Erfolgsort im Internet nur in dem Staat angenommen werden kann, in dem sich der Adressatenkreis des konkreten Angebots befindet[1231]. Die Anknüpfung an den Adressatenkreis ist dem internationalen Wettbewerbsrecht entnommen[1232]. Als Kriterien zur Bestimmung des Adressatenkreises werden die inhaltliche Ausgestaltung des Angebots, dass heißt die verwendete Sprache, der Themenkreis und der Zusammenhang des Angebots genannt[1233].

Gegen eine Anknüpfung an den Adressatenkreis wird eingewandt, dass sich der Adressatenkreis schwer bestimmen lasse. Das Kriterium der Sprache lasse keine vernünftige Einschränkung zu, da beispielsweise ein in englischer Sprache verfasster Text nahezu überall verstanden werden könne und sich im Internet Englisch als Kommunikationssprache durchgesetzt habe[1234]. Auch der Inhalt oder Zusammenhang des Angebots seien nicht immer eindeutig einem Land zuzuordnen[1235]. Schließlich lasse sich allenfalls das Hauptzielgebiet des Angebots bestimmen[1236], so genannte grenzüberschreitende „overspill-Effekte"[1237] schlössen die Kriterien aber nicht aus[1238].

Die Adressatenkreistheorie bietet einen parteineutralen Anknüpfungspunkt, der lediglich der Ergänzung bedarf. Hierauf und auf die genannten Kritikpunkte wird im Rahmen der Stellungnahme eingegangen.

1231 Hoeren/Sieber-Pichler, Handbuch Multimedia-Recht, Teil 25, Rn. 210 ff. (zum Zuständigkeitsrecht); BGH GRUR Int. 2005, 433 (434), lässt die Frage des Erfordernisses einer bestimmungsgemäßen Ausrichtung des Internetauftritts auf das Inland zwar offen (da eine solche zu bejahen gewesen wäre), erwähnt jedoch, dass einiges für eine derartige Begrenzung der Gerichtsstände spräche (zur internationalen Zuständigkeit im Kennzeichenrecht); Beucher/Leyendecker/Rosenberg, Mediengesetze, § 5 TDG Rn. 53 (zum Kollisionsrecht); Ähnlich Berger, GRURInt. 2005, 465 (468) (zur Zuständigkeit bei Urheberrechtsverletzungen).

1232 Vgl. Löffler, Mediendelikte im IPR und IZPR, S. 259 f sowie OLG Köln CR 2000, 770 ff. Im Wettbewerbsrecht wird damit der Ort der Marktbegegnung der Mitbewerber bestimmt. Diskutiert wird die Adressatenkreistheorie ebenfalls im Verbrauchervertragsrecht und im Strafrecht (vgl. Hilgendorf, NJW 1997, 1873 (1876 f.)).

1233 Rüßmann, JurPC (Web-Doc.) 108/1998, Abs. 50 ff.; Hoeren/Sieber-Pichler, Handbuch Multimedia-Recht, Teil 25, Rn. 210 ff.; Dethloff, NJW 1998, 1596 (1600 f.) (zum Kollisionsrecht im Wettbewerbsrecht); OLG Köln CR 2000, 770 (771 f.) (zur Zuständigkeit im Wettbewerbsrecht); Kotthoff, CR 1997, 676 (682)(zum Kollisionsrecht).

1234 Löffler, Mediendelikte im IPR und IZPR, S. 259 (zum Kollisionsrecht und Zuständigkeitsrecht); OLG Frankfurt K&R 1999, 138 (138) (zum Kollisionsrecht).

1235 Lütcke, Persönlichkeitsrechtsverletzungen im Internet, S. 135.

1236 Lütcke, Persönlichkeitsrechtsverletzungen im Internet, S. 135 (zum Kollisionsrecht).

1237 „Overspill" ist ein Begriff aus dem Rundfunkrecht. Er bezeichnet die Übertragung, die über die ursprünglich vorgesehenen Grenzen hinaus geht (Beucher/Leyendecker/Rosenberg, Mediengesetze, § 52 RStV Rn. 33.

1238 Mankowski, RabelsZ 63 (1999), 203 (272) (zum Kollisionsrecht).

2) *Stellungnahme*

Die moderne Massenkommunikation im Internet bedarf einer Zuständigkeitsanknüpfung, die sowohl den Interessen des Klägers als auch des Beklagten gerecht wird. Die obige Untersuchung hat keine interessengerechten Anknüpfungsorte ergeben. Die Ermittlung des tatsächlichen Empfängerkreises eines Web-Angebots, somit der Abruforte, begegnet, wie dargelegt[1239], u.a. technischen und datenschutzrechtlichen Hindernissen. Der potentielle Empfängerkreis, das heißt die Orte an dem das Angebot abrufbar ist, ist hingegen mangels technischer Eingrenzbarkeit im Internet stets weltweit gegeben und kann daher, wie erläutert[1240], ebenfalls nicht als Anknüpfungspunkt für die Begründung der internationalen Zuständigkeit des Gerichts dienen. Auch die oben aufgeführten Anknüpfungspunkte, die versuchen die umfassende Gerichtspflichtigkeit des Beklagten einzugrenzen, sind aus den jeweils genannten Gründen unzureichend[1241].

Es kommt allerdings nicht in Betracht, auf die Tatortzuständigkeit an Verbreitungsorten, und damit auf die Zuständigkeit am Erfolgsort, mangels Überprüfbarkeit und Kontrollierbarkeit der Verbreitung zu verzichten[1242]. Ein Verzicht auf die Erfolgsortzuständigkeit würde den Rechtsschutz des Verletzten in unzulässigerweise verringern. Auf diese Weise würde statt der Nutzer des Netzwerkes der Verletzte die negativen Konsequenzen einer erleichterten grenzüberschreitenden Kommunikation tragen. Es widerspricht jedoch einer interessengerechten Anknüpfung, den Inhalteanbieter auf Kosten des Opfers von dem im Internet erhöhten Risiko der Ausbreitung der verletzenden Inhalte zu befreien. Darüber hinaus hätte, wenn man nur den Handlungsort als zuständigkeitsbegründend betrachtete, der Verletzer es selbst in der Hand, das Forum zu bestimmen. Er könnte seine Handlungszentrale in ihm zuständigkeitsrechtlich genehme Staaten verlegen[1243].

Es muss folglich ein weiterer Anknüpfungspunkt gefunden werden, um den Erfolgsort bei Persönlichkeitsrechtsverletzungen im Rahmen der zur Massenkommunikation dienenden Internetdienste bestimmen zu können. Anhand der zuständigkeitsrechtlichen Interessen ist zu untersuchen, welches Anknüpfungsmoment eine interessengerechte Einschränkung der Gerichtszuständigkeit bei Persönlichkeitsrechtsverletzungen im Internet gewährleisten kann.

1239 Siehe oben 8. Teil, B, II, 1), a).

1240 Siehe oben 8. Teil, B, II, 1), b).

1241 Siehe oben 8. Teil, B, II, 1), c) bis m).

1242 Ebenso den Verzicht auf Tatortzuständigkeiten an Verbreitungsorten ablehnend: Kubis, IZ bei Persönlichkeits- und Immaterialgüterrechtsverletzungen, S. 163.

1243 Gleiche Bedenken bestehen im Kollisionsrecht, vgl. Kristin, Das Deliktsstatut bei Persönlichkeitsrechtsverletzungen über das Internet, S. 147.

a) *Die Klägerprivilegierung als Kriterium zur Bestimmung der Gerichtszuständigkeit*

Der Deliktsgerichtsstand dient der Privilegierung des Klägers, da diesem durch die Gerichtspflichtigkeit des Beklagten am Tatort ein zusätzlicher Gerichtsstand zur Verfügung gestellt wird[1244].

Wie bereits ausgeführt wurde[1245], zeigt sich insbesondere im Internet das Bedürfnis nach einem zusätzlichen Gerichtsstand neben dem allgemeinen Gerichtsstand am Wohnsitz des Beklagten.

Der zur Besserstellung des Klägers zur Verfügung gestellte zusätzliche Gerichtsstand am Tatort soll dem Kläger neben dem im Einflussbereich des Beklagten liegenden, allgemeinen Gerichtsstand einen neutralen Gerichtsstand bieten. Die Anknüpfung an den Tatort bewirkt, dass es sich bei dem zusätzlichen neutralen Gerichtsstand um einen streitgegenstandsbezogenen Gerichtsstand handelt. Es bedarf mithin eines hinreichenden Bezuges des Gerichtsstandes zum Streitgegenstand, um eine Privilegierung des Klägers in Form des zusätzlichen Gerichtsstands zu rechtfertigen.

b) *Die Sach- und Beweisnähe als Kriterium zur Bestimmung der Gerichtszuständigkeit*

Ein weiteres maßgebliches Ziel des Deliktsgerichtsstandes ist die Sach- und Beweisnähe des Gerichts[1246]. Das Gericht am Ort des Erfolgseintritts besitzt ein besonderes Näheverhältnis zum streitgegenständlichen Geschehen, welches eine Klärung des streitigen Sachverhalts beschleunigen und vereinfachen kann. Der Erfolgsort im zuständigkeitsrechtlichen Sinne wird mithin unter anderem durch seine sach- und beweisbezogene Bedeutung für das streitige Geschehen bestimmt.

Die Beweisnähe des Erfolgsortes ist im Sinne einer abstrakten Beweisnähe zu verstehen. Die Frage, ob im konkreten Rechtsstreit über den Deliktserfolg in einem bestimmten Staat Beweis erhoben werden muss, klärt sich erst im Laufe des Prozesses. Nur wenn der Deliktserfolg zwischen den Parteien umstritten ist, besteht ein Bedürfnis nach dem Beweis eines solchen und damit nach dem Beweis der Kenntnisnahme und des Ansehensverlustes. Zu dem Zeitpunkt, an dem

[1244] Siehe oben 7. Teil, C, II.

[1245] Siehe oben 7. Teil, C, II.

[1246] Siehe oben 7. Teil, C, I, Fn. 952. A.A. Schack, UFITA 108 (1988), 51 (70): Schack ist der Auffassung, dass die Sach- und Beweisnähe bei nicht lokalisierbaren Immaterialgüterrechtsverletzungen nicht ins Gewicht falle. Schacks Auffassung und Grundlage dieser Ansicht, dass das Persönlichkeitsrecht nicht lokalisierbar sei, wurde jedoch bereits oben widerlegt (siehe oben 8. Teil, A., I.).

sich die Zuständigkeitsfrage stellt, ist hingegen noch offen, ob und in welchem Staat der Deliktserfolg des Beweises bedarf. Folglich weisen zu diesem Zeitpunkt sämtliche Erfolgsorte die erforderliche Beweisnähe auf. Die abstrakte Beweisnähe scheint demnach zunächst nicht der Begrenzung der Erfolgsorte im Internet zu dienen.

Allerdings ist dem Ziel der Sach- und Beweisnähe in Verbindung mit der Tatortanknüpfung zu entnehmen, dass nicht jeder Ort, an dem sich möglicherweise eine zu beweisende Tatsache befinden könnte, bereits ein Zuständigkeitsbedürfnis der Gerichte hervorruft. Vielmehr bezweckt die Anknüpfung an den Tatort, eine Gerichtszuständigkeit am Schwerpunkt der Sach- und Beweisnähe zu bestimmen. Folglich sollen auch innerhalb der möglichen Erfolgsorte nur diejenigen Erfolgsorte als zuständigkeitsbegründend gelten, die eine hinreichende Sachnähe, das heißt einen hinreichenden Bezug zum Streitgegenstand aufweisen. Durch die Nähe zum Streitgegenstand erhalten diese Orte eine erhöhte Bedeutung für die Beweiserhebung. Je mehr Verbindungen des Forumstaates zum Streitgegenstand bestehen, desto größer ist die Wahrscheinlichkeit, dass an diesem Ort beweiserhebliche Tatsachen zu finden sind.

Das zuständigkeitsrechtliche Interesse der Sach- und Beweisnähe beschränkt die möglichen Erfolgsorte folglich auf solche mit hinreichendem Bezug zum Streitgegenstand.

c) Begrenzung der Erfolgsortanknüpfung durch Beklagteninteressen

Die genannten Ziele des Deliktsgerichtsstandes (Sach- und Beweisnähe sowie Klägerprivilegierung) sind stets unter Berücksichtigung der berechtigten Zuständigkeitsinteressen des Beklagten zu verfolgen. Der Beklagte hat das berechtigte Interesse, nicht einem zufälligen Gerichtsstand unterworfen zu werden. Vielmehr treten die durch den Grundsatz des Beklagtenwohnsitzes geschützten Zuständigkeitsinteressen des Beklagten in dem ihm vertrauten Heimatstaat verklagt zu werden, nur unter der Voraussetzung zurück, dass eine hinreichende Sachnähe des Gerichtsstands dem Beklagten eine weitere Gerichtspflichtigkeit zumutbar macht. Ziel der Anknüpfung ist damit, dass im konkreten Verletzungsfall der geschädigte Kläger von einem sachnahen Gerichtsstand Gebrauch machen kann, ohne dass die berechtigten Schutzinteressen des Beklagten vernachlässigt werden.

Eine Sachnähe zum Forumstaat ergibt sich aus dem Inlandsbezug des streitgegenständlichen Geschehens. Zum Schutze der Beklagteninteressen kann jedoch nicht jede beliebige Nähe zum Sachverhalt bereits zuständigkeitsbegründend sein. Vielmehr muss der Anknüpfungspunkt für das streitgegenständliche Geschehen von nicht unerheblicher Bedeutung sein, damit ein Ausgleich zwischen den Interessen des verletzten Klägers an einer leichteren Rechtsverfolgung und dem Schutzinteresse des Beklagten vor unzumutbaren Gerichtsständen gewährleistet wird. Ist der Bezug des Sachverhalts zum Forumstaat so gering, dass ein zusätzlicher Gerichtsstand nicht dem Interessenausgleich zwischen dem Kläger und dem Beklagten entspricht, so kann der Beklagte nicht mit einem zusätzlichen Gerichtsstand in diesem Staat belastet werden.

Zum Schutze der Beklagteninteressen bedarf es mithin eines hinreichenden Inlandsbezuges des Streitgegenstands.

d) Das Erfordernis eines qualifizierten Inlandsbezuges

Die vorstehenden Ausführungen zeigen, dass die Zuständigkeitsinteressen zur Zuständigkeitsbegründung im Forumstaat einen hinreichenden Inlandsbezug des streitgegenständlichen Geschehens fordern. Zunächst beschränkt das zuständigkeitsrechtliche Interesse der Sach- und Beweisnähe die möglichen Erfolgsorte auf solche Erfolgsorte mit hinreichendem Bezug zum Streitgegenstand. Zugleich ist die Privilegierung des Klägers auf einen streitgegenstandsbezogenen Gerichtsstand begrenzt, so dass es eines hinreichenden Inlandsbezuges bedarf, um einen zusätzlichen Gerichtsstand zu gewähren. Schließlich gebietet der Schutz der Beklagteninteressen einen hinreichenden Inlandsbezug des streitgegenständlichen Geschehens.

Das Erfordernis eines hinreichenden Inlandsbezuges des Rechtsstreits erfüllt überdies den völkerrechtlich geforderten Inlandsbezug[1247] und entspricht dem staatlichen Interesse, die Gerichte nicht mit inlandsfernen Streitigkeiten zu belasten[1248]; zudem trägt es zur besseren Anerkennungsfähigkeit des Urteils bei, da

---

[1247] Kuner, CR 1996, 453 (456); Frank Vischer, Bemerkungen zum Verhältnis von internationaler Zuständigkeit- und Kollisionsrecht, in: Festschrift für D'Alfred E. von Overbeck, Kollision und Vereinheitlichung, 1990, S. 350 (358).

[1248] Einen dem hinreichendem Inlandsbezug ähnlichen Anknüpfungspunkt beinhaltet der Entwurf der „Principles and Rules of Transnational Civil Procedure", der in Zusammenarbeit vom Internationalen Institut für die Vereinheitlichung des Privatrechts (International Institut for the Unification of Private Law, UNIDROIT) und dem American Law Institut erarbeitet wurde. Diese vorrangig für grenzüberschreitende handelsrechtliche Streitigkeiten („transnational commercial disputes") entworfenen zivilverfahrensrechtlichen Regeln nehmen eine Zuständigkeit des Gerichts u.a. an, wenn eine wesentliche Verbindung zwischen dem Forumstaat und der Partei oder der Transaktion oder dem streitigen Geschehen besteht (Principle 2.1.2: „Jurisdiction over a party may be exercised when there is a substantial connection between the forum state and the party or the transaction or occurance in dispute."). Der Entwurf der „Principles and Rules of Transnational Civil Procedure" ist abrufbar unter http://www.unidroit.org/english/principles/civilprocedure/ali-unidroitprinciples-e.pdf (Stand: 28.03.2007).

Entscheidungen aus Foren mit zu schwachem Inlandsbezug oft nicht anerkannt werden[1249].

Im Gegensatz zur Forum-non-conveniens-Lehre eröffnet das Erfordernis eines hinreichenden Inlandsbezuges keine weite, unvorhersehbare Möglichkeit zur Zuständigkeitsabweisung durch die Gerichte. Vielmehr sind die Gerichte bei Vorliegen des qualifizierten Inlandsbezuges zur Annahme ihrer Zuständigkeit gezwungen. Sie können ihre Zuständigkeit nur verneinen, wenn die Voraussetzungen des qualifizierten Inlandsbezuges nicht gegeben sind. Ein freies Ermessen der Gerichte zur Annahme bzw. zur Ablehnung ihrer Zuständigkeit liegt daher nicht vor, sondern das generell-abstrakt formulierte Erfordernis des qualifizierten Inlandsbezuges gibt den Gerichten eine feste Regel an die Hand und gewährleistet den Parteien damit die gebotene Vorhersehbarkeit und Rechtssicherheit.

Um eine interessengerechte Lösung zu finden, müssen also die beachtlichen von den unbeachtlichen Inlandsberührungen getrennt werden.

Meist besteht bei Persönlichkeitsrechtsverletzungen im Rahmen der Massenkommunikation nur eine sehr schwache Beziehung des Sachverhalts zur Mehrzahl der Orte der Abrufbarkeit. Die bloße Abrufbarkeit kann daher nicht den erforderlichen Inlandsbezug herstellen. Zuständigkeitsrelevant ist ein Ort vielmehr nur dann, wenn dort über die bloße Abrufbarkeit hinaus eine qualifizierte Beziehung des Sachverhalts zum Forumstaat besteht[1250]. Dabei ist jedoch nicht, wie dies in den oben dargestellten Lösungsvorschlägen[1251] vertreten wurde, monokausal entweder nur auf die Beziehung des Verletzten zum Forumstaat (wie u.a. Bekanntheit, Wohnsitz bzw. Lebensmittelpunkt des Verletzten) oder ausschließlich auf das vom Täter bezweckte Verbreitungsgebiet und damit auf die Intention des Täters abzustellen. Die erforderliche Sachnähe des Gerichtsstands ist vielmehr parteineutral zu bestimmen[1252]. Eine Lösung, die den Interessen beider Parteien gerecht wird, erfordert die Berücksichtigung aller qualifizierten Inlandsbezüge des Rechtsstreits, seien sie durch die Person des Verletzten, des Täters oder durch den Inhalt des Angebots bedingt.

[1249] Schack, UFITA 108 (1988), 51 (70); Frank Vischer, Bemerkungen zum Verhältnis von internationaler Zuständigkeit- und Kollisionsrecht, in: Festschrift für D'Alfred E. von Overbeck, Kollision und Vereinheitlichung, 1990, S. 350 (357).

[1250] Ähnlich LG Hamburg CR 1999, 785 (787) zum Anwendungsbereich des deutschen Markenschutzes.

[1251] Siehe oben 8. Teil, B, II, 1).

[1252] Ähnlich Mansel, der eine nicht rollenbezogene Zuständigkeitsbestimmung fordert und betont, dass das Merkmal des Inlandsbezuges eine ausreichende Nähebeziehung beider Parteien zum Inland sicherstellen soll (Mansel, Vermögensgerichtsstand und Inlandsbezug bei der Entscheidungs- und Anerkennungszuständigkeit am Beispiel der Anerkennung US-amerikanischer Urteile in Deutschland, in: Festschrift für Jayme, S. 561 (568 f.)).

Ob qualifizierte Inlandsbezüge gegeben sind, ist anhand von Indizien zu ermitteln. Ein Indiz, das heißt eine „Hilfstatsache“, kann je nach Ausprägung für sich allein oder in Verbindung mit weiteren Indizien den Rückschluss auf das Vorliegen des qualifizierten Inlandsbezuges zulassen. Eventuelle Bedenken, dass die Anknüpfung an das Erfordernis eines qualifizierten Inlandsbezugs die verfassungsrechtlichen Bestimmtheitsanforderungen verletzen könnte, werden spätestens durch die Konkretisierung des qualifizierten Inlandsbezugs mittels der folgenden Indizien ausgeräumt[1253].

aa) Qualifizierter Inlandsbezug durch geographisch begrenzten Interessentenkreis

Ein qualifizierter Inlandsbezug kann sich aus dem vermuteten Interessentenkreis des Angebots ergeben, denn dieser kann bei einer entsprechenden geographischen Begrenzung die Nähe des Streitgegenstands auf bestimmte Staaten konzentrieren.

Eine Web-Seite oder eine Newsgroup steht zunächst grundsätzlich allen Interessierten zur Verfügung[1254]. Erst das Interesse, das die Web-Seite oder Newsgroup zu erwecken vermag, bestimmt den Kreis der Interessenten und auf diese Weise das geographische Abrufgebiet. Die Ermittlung des Interessentenkreises entspricht damit dem vermuteten Abrufgebiet.

Für eine Eingrenzung auf den vermuteten Abrufort ist vorzubringen, dass dieser mit dem Erfolgseintritt bei Persönlichkeitsrechtsverletzungen übereinstimmt. Dieser ist am Ort der Kenntnisnahme und damit nur am tatsächlichen Abrufort gegeben.

Zudem entspricht die Eingrenzung auf den vermuteten Abrufort der Anknüpfung außerhalb der digitalen Welt, denn die aus dem Presse- und Rundfunkrecht stammende Anknüpfung an das Verbreitungs- bzw. Sendegebiet beruht ebenso auf einer Vermutung der Kenntnisnahme. Es wird vermutet, dass dort, wo das Presseerzeugnis vertrieben oder die Sendung ausgestrahlt wird, ein Interesse an dem Inhalt besteht, so dass die Inhalte dort wahrgenommen werden. Die Vermutung stützt sich darauf, dass die Verbreitung im Rundfunk- und Pressebereich Kosten verursacht, die nur aufgewendet werden, wenn eine Nachfrage vorhanden ist. Im Internet fällt der das Verbreitungsgebiet im Presse- und Rundfunkbereich bestimmende wirtschaftliche Aspekt weg. Daher muss das Interesse an

[1253] Gegen eine Verletzung der Bestimmtheitserfordernisse durch das Merkmal des Inlandsbezuges: Mansel, Vermögensgerichtsstand und Inlandsbezug bei der Entscheidungs- und Anerkennungszuständigkeit am Beispiel der Anerkennung US-amerikanischer Urteile in Deutschland, in: Festschrift für Jayme, S. 561 (569); Wollenschläger, IPRax 2002, 96 (97 f.).

[1254] Abgesehen von zugangsbeschränkten Inhalten, deren Beschränkung jedoch meist an das Alter, eine Gebühr oder die Mitgliedschaft gekoppelt ist und nicht an geographische Kriterien.

dem Inhalt und damit die Wahrscheinlichkeit der Kenntnisnahme aufgrund anderer Kriterien als dem des vertriebs- bzw. sendebedingten Verbreitungsgebiets vermutet werden.

Das Interesse an dem Inhalt ist, geographisch betrachtet, bei einem Bezug der Web-Seite oder der Newsgroup zum Forumstaat gegeben. Dieser Bezug ist zunächst gegeben, wenn das Angebot hinsichtlich seiner Ausgestaltung und seines Gegenstands auf den Forumstaat ausgerichtet ist, so dass auf ein dortiges Interesse zu schließen ist.

Es ist mithin zu untersuchen, ob das konkrete Angebot Anhaltspunkte bietet, die darauf hinweisen, dass der vermutliche Kreis der Interessenten des Angebots auf bestimmte Staaten begrenzt ist.

(1) Sprache als Anhaltspunkt für einen geographisch begrenzten Interessentenkreis

Als Anhaltspunkt für den vermutlichen Kreis der Interessenten des Angebots kann zunächst die Sprache des inkriminierten Texts dienen.

Für ein Angebot, das in einer nur in einem begrenzten Sprachraum verwendeten Sprache abgefasst ist, spricht die Vermutung, dass das Angebot nur in diesem Sprachraum Interesse findet und nur dort abgerufen wird. Eine in Japanisch verfasste Web-Seite oder ein Newsgroup-Beitrag in japanischer Sprache wird seinen vorwiegenden Zugriff deshalb im Sprachraum Japan finden. Exotische Sprachen führen daher zu einer nennenswerten Begrenzung des vermutlichen Abrufgebietes.

Es muss allerdings eingeräumt werden, dass eine derartig begrenzte geographische Zuordnung teilweise nicht mehr möglich ist, wenn auch im Ausland gängige Sprachen, wie Englisch, oder Sprachen, die in vielen verschiedenen Staaten gesprochen werden, wie Französisch oder Spanisch, verwendet werden. Des Weiteren darf nicht missachtet werden, dass Web-Seiten teilweise mit Hilfe eines automatischen Übersetzungsprogramms in die benötigte Sprache übersetzt werden können. Wenn dies auch meist in einer sehr fehler- und lückenhaften sowie schwer verständlichen Übersetzung mündet. Hinsichtlich der im Ausland gängigen Sprachen kann eine nennenswerte Begrenzung des vermutlichen Abrufgebietes daher nur für sprachlich anspruchsvolle Inhalte gelten, zu deren Verständnis fortgeschrittene Sprachkenntnisse erforderlich sind.

Demnach ist festzuhalten: Je exotischer die Sprache und je anspruchsvoller der Inhalt ist, desto unwahrscheinlicher ist eine Kenntnisnahme dieses Inhalts außerhalb der Sprachregion.

(2) Gegenstand des Angebots als Anhaltspunkt für einen geographisch begrenzten Interessentenkreis

Da die Sprache nicht stets zu einer hinreichenden Einschränkung führt, muss meist zudem auf den Gegenstand des Angebots abgestellt werden.

Die Homepage eines lokalen Vereins aus einer deutschen Kleinstadt wird im Ausland nicht auf Interesse stoßen und deshalb dort nicht abgerufen werden. Ebenso verhält es sich mit den privaten, familiären Homepages, die den Freundeskreis über Neuigkeiten informiert halten sollen. Die Inhalte dieser Web-Seiten interessieren nur einen begrenzten Kreis von Nutzern, der sich vorwiegend im geographischen Umfeld befindet. Die entsprechenden Web-Adressen sind nur diesem Kreis bekannt und werden mangels Öffentlichkeitsinteresse nicht von fremden Nutzern ermittelt. Homepages bestimmter Lokalitäten, Einrichtungen, Veranstaltungen oder sonstiger geographisch bestimmbarer Orte, die keine Touristenattraktion darstellen, finden in der Regel einen lokal begrenzten Interessentenkreis, der Abrufe im Ausland nicht vermuten lässt. Der geographische Interessentenkreis von Touristenattraktionen ist wiederum jeweils anhand der Herkunft der erfahrungsgemäß die Touristenattraktion besuchenden Ausländer feststellbar.

Schwieriger wird es bei themenkreisbezogenen Web-Seiten. Hier gibt es zunächst geographisch begrenzbare Themen, wie Lokalnachrichten, die keinen Zugriff im Ausland nahe legen. Handelt es sich jedoch beispielsweise um weltpolitische oder wissenschaftliche Themen von internationaler Bedeutung, so bedarf die geographische Einordnung des Abrufverhaltens zusätzlicher eingrenzender Kriterien. Ebenso sind Seiten mit pornographischen Darstellungen einem internationalen Publikum gewidmet.

Welches Interesse die Web-Seite erweckt ist ferner vom Sensationsgrad der Nachricht abhängig. Wird beispielsweise in einem Online-Magazin über einen hochbrisanten Skandal oder einen sportlichen Weltrekord berichtet, so spricht das internationale Interesse an derartigen Ereignissen dafür, dass sich auch das Ausland Zugriff zu der brisanten Quelle der Nachricht verschafft.

(3) Bekanntheitsgrad des Täters als Anhaltspunkt für einen geographisch begrenzten Interessentenkreis

Als Eingrenzung von Themen mit internationaler Bedeutung kann der Bekanntheitsgrad des Täters im Forumstaat dienen.

Die Online-Ausgabe einer Tageszeitung einer bestimmten Region, die keinen internationalen Bedeutungsgrad aufweist, wird im Ausland weitestgehend unbekannt sein und daher trotz weltpolitischen Inhalts dort nicht abgerufen werden. Bei international bekannten und weltweit gelesenen Medien, wie Wall Street Journal oder CNN, kann hingegen ein weltweiter Abrufort vermutet werden.

Ebenso werden wissenschaftliche Diskussionen in Newsgroups je nach Bekanntheitsgrad des Newsgroup-Betreibers entweder nur geographisch begrenzter oder weltweiter Teilnahme begegnen.

Web-Seiten von Unternehmen, im Rahmen derer persönlichkeitsverletzende Werbung denkbar ist, können entsprechend dem Kundenkreis des Unternehmens eingegrenzt werden. Bei international operierenden Unternehmen ist von einem weltweiten Zugriff auszugehen, während bei Web-Seiten eines national oder regional tätigen Unternehmens nur von einem geographisch begrenzten Abruf auszugehen ist.

(4) Bekanntheit des Opfers als Anhaltspunkt für einen geographisch begrenzten Interessentenkreis

Abgesehen von einem Inlandsbezug, der sich aus dem Inhalt des Angebots und der Person des Inhalteanbieters ergibt, kann auch die Beziehung des Klägers zum Forumstaat einen Inlandsbezug vermitteln, der einen Abruf im Forumstaat vermuten lässt. Hierzu gehört die Frage der Bekanntheit des Verletzten im Forumstaat.

Ist der Verletzte im Forumstaat bekannt, so kann davon ausgegangen werden, dass das im Forumstaat erhöhte Interesse am Leben und Wirken der Person zu Abrufen der inkriminierten Web-Seite führen kann. Dies gilt zumindest für Web-Seiten, die hinsichtlich ihrer Gestaltung und Bekanntheit einen Abruf im Forumstaat nicht ausschließen. Andererseits spricht die Unbekanntheit des Betroffenen im Forumstaat für ein mangelndes Interesse an dessen Person und damit gegen einen dortigen Abruf. Es sei denn, die konkrete Nachricht bzw. Darstellung ist aus anderem Grunde von internationalem Interesse bzw. findet gerade im konkreten Forumstaat Interesse, entweder weil sie einen hohen Sensationsgrad aufweist, die Person mit einem Prominenten des Forumstaates in Verbindung bringt oder weil sie, wie dies im Rahmen der Werbung der Fall sein kann, gerade bezweckt, die Bekanntheit der Person im Forumstaat herzustellen.

(5) Ergebnis zum geographisch begrenzten Interessentenkreis

Mit den dargelegten Kriterien zur Bestimmung eines geographisch begrenzten Interessentenkreises lassen sich vorwiegend die Hauptabrufgebiete ermitteln. Selbstverständlich wird damit nicht jeder in Betracht kommende Abrufort erfasst, denn dies würde wiederum zu einem weltweiten Abrufort führen. Dass auf diese Weise nicht sämtliche so genannte „overspill-Effekte" miteingeschlossen sind, wie von Mankowski kritisiert wird[1255], ist die Konsequenz aus der Ableh-

[1255] Siehe oben 8. Teil, B, II, 1), m).

nung einer weltweiten Gerichtspflichtigkeit im Internet und muss folglich zugunsten eines Ausgleichs der Kläger- und Beklagteninteressen hingenommen werden.

Die Eingrenzung auf den vermuteten Interessentenkreis scheidet die Orte aus, an denen sich die technische Möglichkeit des Zugriffs nicht in beachtenswerter Weise realisiert, und bewirkt somit eine Selektion zwischen beachtlichen und unbeachtlichen Orten der Zugriffsmöglichkeit. Auf diese Weise wird der Beklagte nicht an Orten gerichtspflichtig, die eine sehr schwache Beziehung zum Sachverhalt aufweisen.

Die Anknüpfung an den vermutlichen Abrufort folgt objektiven und damit parteineutralen Kriterien, so dass sie dem Ziel eines parteineutralen Gerichtsstandes genügt. Indem sie nicht auf das bestimmungsgemäße und damit subjektiv geprägte Verbreitungsgebiet, sondern auf das aufgrund des Inlandsbezuges objektiv vermutete Verbreitungsgebiet abstellt, führt sie zu einer interessengerechten Behandlung der Abrufe außerhalb des bezweckten Verbreitungsgebietes. Der Inhalteanbieter kann sich nicht darauf berufen, dass er eine Verbreitung in einem konkreten Staat nicht bezweckt hätte, wenn objektive Kriterien für ein über einzelne Zugriffe hinausgehendes Abrufverhalten in diesem Staat sprechen. Somit trägt der Inhalteanbieter, der sich das globale Medium Internet zunutze macht, die Gefahr, dass sein Angebot erhebliches Interesse außerhalb seines bezweckten Adressatengebietes erweckt. Der Verletzte seinerseits muss hinnehmen, dass seine Persönlichkeit verletzende Inhalte vereinzelt auch in Staaten wahrgenommen werden, in denen er nicht klagen kann[1256].

bb) Spürbarkeit der Persönlichkeitsbeeinträchtigung als Voraussetzung für einen qualifizierten Inlandsbezug

Ein qualifizierter Inlandsbezug erfordert neben dem, oder unter Umständen auch an Stelle des, vermuteten Interessentenkreises die Spürbarkeit der Persönlichkeitsrechtsverletzung im Inland.

In Anbetracht der wesentlichen Bedeutung, die der Anknüpfungspunkt für das streitgegenständliche Geschehen haben muss, können diejenigen Orte der Abrufbarkeit als zuständigkeitsrechtlich irrelevant ausgeschlossen werden, an denen die Beeinträchtigung des Persönlichkeitsrechts nicht spürbar ist.

Mit der Begrenzung auf die spürbaren Verletzungsorte wird nicht, wie dies in den oben aufgeführten Lösungsvorschlägen teilweise vertreten wurde, die Persönlichkeitsrechtsverletzung auf einen Schwerpunkt festgelegt, sondern es werden lediglich die im Vergleich unwesentlichen Verletzungsorte zuständigkeitsrechtlich ausgeklammert.

[1256] Es sei denn, diese Orte sind aus einem anderen Grund für das streitgegenständliche Geschehen von wesentlicher Bedeutung.

Um die Spürbarkeit der Persönlichkeitsrechtsverletzung im Inland festzustellen, muss der Intensitätsgrad der Persönlichkeitsrechtsverletzung im Forumstaat ermittelt werden.

Die Anknüpfung an die Spürbarkeit und damit an die Intensität der Persönlichkeitsrechtsverletzung widerspricht nicht der oben befürworteten Unbeachtlichkeit des Schadensortes[1257]. Zwar ist die Intensität der Persönlichkeitsrechtsverletzung auch ein Faktor der Schadensbemessung[1258], so dass sie im Zusammenhang mit dem Schadensort steht. Die Unbeachtlichkeit des Schadensortes gilt jedoch nur für die Faktoren der Schadensbemessung, die den im Rahmen der Diskussion um den Schadensort befürchteten Klägergerichtsstand bewirken. Hierzu zählen beispielsweise Vermögensschäden durch den Verlust der Arbeitsstätte oder eines Geschäftsabschlusses. Faktoren der Schadensbemessung, die nicht durch die Person des Klägers bestimmt werden, begründen hingegen keinen Klägergerichtsstand.

Für die Bestimmung der Spürbarkeit der Persönlichkeitsrechtsverletzung speziell im Forumstaat sind die Faktoren der Verletzungsintensität maßgeblich, die von Staat zu Staat verschieden sein können. Solche Faktoren sind die soziale Stellung des Täters oder des Betroffenen im Forumstaat sowie der Verbreitungsgrad der inkriminierten Inhalte im Forumstaat. Diese Faktoren der Verletzungsintensität sind weder ausschließlich am Wohnsitz des Täters zu lokalisieren, noch sind sie allein von dem Täter steuerbar. Eine sich an diesen Kriterien der Verletzungsintensität orientierende einschränkende Anknüpfung begründet daher keinen Klägergerichtsstand.

Die Intensität der Persönlichkeitsrechtsverletzung und damit die Spürbarkeit der Verletzung wird durch verschiedene Faktoren bedingt.

(1) Spürbarkeit aufgrund des Ausmaßes der Nachfrage

Wesentliche Bedeutung für das streitgegenständliche Geschehen haben diejenigen Verletzungsorte, an denen die Verletzung des Persönlichkeitsrechts aufgrund der Anzahl der Personen, die von den inkriminierten Inhalten Kenntnis nehmen, eine nicht unbeachtliche Intensität erhält. Auch bei nahezu weltweit gelesenen Medien, wie der Frankfurter Allgemeinen Zeitung, kann, wenn kein weiterer geographischer Faktor der Verletzungsintensität hinzukommt, nicht an jedem Ort der Kenntnisnahme von einem hinreichenden Bezug zum Streitgegenstand ausgegangen werden. Eine wesentliche Berührung des Sachverhalts zum Forumstaat ist vielmehr nur dann gegeben, wenn das vermutete Maß der Nachfrage in dem Forumstaat auf eine nicht unbeachtliche Intensität der Verlet-

[1257] Siehe oben 6. Teil, B, II.
[1258] Siehe oben 2. Teil, B, IV, 2), b).

zung schließen lässt, da nur dann eine spürbare Persönlichkeits-rechtsverletzung angenommen werden kann.

Das für eine beachtliche Intensität der Verletzung erforderliche Maß der vermuteten Kenntnisnahme ist wiederum von dem Grad der sonstigen Faktoren der Verletzungsintensität abhängig. Hierzu gehören neben den geographisch variablen Intensitätsfaktoren unter anderem die Aufmachung, die Position der Veröffentlichung und die Schutzintensität der betroffenen Sphäre des Persönlichkeitsrechts[1259]. Je niedriger der durch diese Faktoren bedingte Verletzungsgrad ist, desto höher sind die Anforderungen an die vermutete Nachfrage, um die Spürbarkeit der Persönlichkeitsrechtsverletzung zu bejahen. Umgekehrt sind die Anforderungen an das Maß der vermuteten Kenntnisnahme umso niedriger, je höher der Verletzungsgrad durch die sonstigen Faktoren ist, da eine Spürbarkeit der Persönlichkeitsrechtsverletzung in diesem Fall bereits bei geringer Nachfrage gegeben ist.

Das vermutete Ausmaß der Nachfrage richtet sich ebenso wie die Ermittlung des geographisch begrenzten Interessentenkreises nach den Kriterien Sprache, Gegenstand des Angebots, und Bekanntheit des Täters und des Opfers.

(2) Spürbarkeit der Persönlichkeitsbeeinträchtigung aufgrund der sozialen Stellung des Täters im Forumstaat

Ein wesentlicher Bezug zum Streitgegenstand kann ferner durch die soziale Stellung des Täters im Forumstaat hergestellt werden, denn die Bekanntheit des Täters im Forumstaat hat Einfluss auf die Frage, ob und in welchem Maße seine Inhalte abgerufen werden, und damit auf die Intensität der Verletzung. Des Weiteren gilt, je größer die Autorität des Äußernden im Forumstaat, desto intensiver trifft die Äußerung den Betroffenen. An einer Spürbarkeit der Persönlichkeitsrechtsverletzung kann es mithin fehlen, wenn der Inhalteanbieter im Forumstaat keinerlei Autorität genießt, während er in anderen Staaten große Anerkennung aufweist.

(3) Spürbarkeit der Persönlichkeitsbeeinträchtigung aufgrund der sozialen Stellung des Opfers im Forumstaat

Weiterhin ist die soziale Stellung des Opfers im Forumstaat ein wesentlicher Faktor für die Verletzungsintensität.

Spürbar ist eine Persönlichkeitsrechtsverletzung zunächst dort, wo die betroffene Person Ansehen genießt bzw. bekannt ist. Ausgeschlossen sind damit die

1259 Zu den einzelnen Sphären des Persönlichkeitsrechts siehe oben 2. Teil, A, IV, 2).

Orte, an denen die Person keine sozialen Beziehungen unterhält bzw. unbekannt ist.

Dies gilt allerdings nicht für die Fälle, in denen die Bekanntheit des Betroffenen im Forumstaat aufgrund des Sensationsgrades der Nachricht und der Bekanntheit des Inhalteanbieters unerheblich ist, das heißt der Betroffene durch die inkriminierte Nachricht erst eine beachtliche Bekanntheit im Forumstaat erlangt. Das Beispiel des auf den Seiten der CNN einer Terroristentat Verdächtigten zeigt, dass eine vorherige Bekanntheit für eine beachtliche und damit zuständigkeitsbegründende Persönlichkeitsrechtsverletzung nicht erforderlich ist.

Andererseits können auch die sozialen Beziehungen des Betroffenen im Forumsstaat einen hinreichenden Inlandsbezug begründen, der die weiteren Faktoren der Verletzungsintensität zurücktreten lässt. Hat der Betroffene beispielsweise im Forumstaat seinen sozialen Schwerpunkt, so können auch nur von wenigen Nutzern zur Kenntnis genommene verletzende Inhalte bereits eine erhebliche Beeinträchtigung des Persönlichkeitsrechts bedeuten. Je größer die sozialen Beziehungen des Opfers im Forumstaat sind, desto geringer sind demnach die Anforderungen an das Ausmaß der Verbreitung, um eine Spürbarkeit der Persönlichkeitsrechtsverletzung anzunehmen.

(4) Spürbarkeit aufgrund des hohen Sensationsgrades im Forumstaat

Abgesehen von den Beziehungen zum Forumstaat, die durch die beteiligten Personen erzeugt werden, kann der hohe Sensationsgrad im Forumstaat ebenso durch ein dortiges Ereignis oder durch ein Thema, das im Forumstaat auf ein besonderes Interesse stößt, bedingt sein. So kann, wenn ein ausländischer Unternehmer von einem ausländischen Journalisten des Betruges und der Bestechung im Forumstaat bezichtigt wird, eine solche Behauptung trotz fehlender sozialer Beziehungen des Täters und des Opfers im Gerichtsstaat auf erhebliches Interesse stoßen. Ebenso kann eine Nachricht über eine angebliche Verbindung des im Forumstaat bis zu diesem Zeitpunkt unbekannten Verletzten mit einer im Forumstaat prominenten Persönlichkeit das Interesse im Forumstaat hervorrufen. Das im Forumstaat erhöhte Interesse an den Inhalten spricht demnach für eine spürbare Persönlichkeitsrechtsverletzung im Gerichtsstaat.

(5) Ergebnis zur Spürbarkeit der Persönlichkeitsrechtsverletzung

Die Persönlichkeitsrechtsverletzung muss im Forumstaat spürbar sein, um einen qualifizierten Inlandsbezug bejahen zu können. Nur Persönlichkeitsrechtsverletzungen, die sich im Forumstaat merklich auswirken, bieten einen hinreichendenden Bezug zum Forumstaat.

Ein Indiz für die Spürbarkeit der Persönlichkeitsrechtsverletzungen ist das Ausmaß der Nachfrage des inkriminierten Inhalts im Forumstaat. Je höher das Ausmaß der Nachfrage, desto niedriger sind die Anforderungen an die übrigen Faktoren der Verletzungsintensität wie Aufmachung des Inhalts und Schutzintensität der betroffenen Persönlichkeitsrechtssphäre.

Des Weiteren wird die Intensität und damit die Spürbarkeit der Verletzung durch die soziale Stellung des Täters im Forumstaat beeinflusst. Je angesehener der Täter im Forumstaat ist, desto glaubwürdiger erscheinen seine Aussagen den Kenntnisnehmenden und desto intensiver wird das Ansehen des Verletzten durch diese verletzt.

Ein wesentlicher Faktor für die Verletzungsintensität ist die soziale Stellung des Opfers im Forumstaat. Je größer die sozialen Beziehungen des Opfers im Forumstaat, desto intensiver ist die Spürbarkeit der Persönlichkeitsrechtsverletzungen und desto geringer sind demnach die Anforderungen an die übrigen Faktoren der Verletzungsintensität wie das Ausmaß der Verbreitung.

Zuletzt kann die Spürbarkeit der Verletzung unabhängig von den Beziehungen der Parteien zum Forumstaat durch eine thematische Beziehung zum Forumstaat begründet werden. So kann das erhöhte Interesse des Forumstaates durch ein dortiges Ereignis, durch die Verbindung mit einer dort prominenten Persönlichkeit oder durch einen sehr hohen Sensationsgrad bedingt sein.

cc) Ergebnis zum qualifizierten Inlandsbezug

Ein qualifizierter Inlandsbezug, der die Interessen des Beklagten an einem zumutbaren Gerichtsstand gewährleistet, kann sich aus dem beschränkten Interessentenkreis des Angebots und/oder aus der Spürbarkeit der Persönlichkeitsbeeinträchtigung ergeben. Die genannten Merkmale, die einen Inlandsbezug hervorrufen können, sind nicht abschließend zu verstehen, sondern dienen lediglich als Anhaltspunkte.

Die einzelnen den Inlandsbezug bewirkenden Umstände können je nach Aussagekraft bzw. Intensitätsgrad entweder alleine oder in Verbindung mit weiteren Faktoren den erforderlichen qualifizierten Inlandsbezug herstellen. Der qualifizierte Inlandsbezug ist mithin ein Zusammenspiel verschiedener Faktoren. Liegt einer der Faktoren nicht vor, so spricht dies zunächst gegen einen qualifizierten Inlandsbezug, es sei denn dieser wird durch die besondere Stärke eines anderen Faktors bedingt.

Der Justizgewährungsanspruch des Klägers erfordert nicht die Gewährleistung aller Gerichtsstände mit Bezug zum Streitgegenstand. Insofern ist der prüfenden Fragestellung Lützkes[1260], ob es anerkennenswerte Gründe dafür gibt, den Persönlichkeitsschutz gerade in diesem Land zu suchen, zuzustimmen. Dem

---

[1260] Siehe oben 8. Teil, B, II, 1), l).

Ziel eines besonders sachnahen Gerichtsstands und dem Interesse des Beklagten nach einer Begrenzung der Gerichtspflichtigkeit auf ein zumutbares Maß ist gedient, wenn bei Streitgegenständen mit einer Vielzahl von Auslandsberührungen die unwesentlichen Bezüge ausgeschlossen werden. Dies geschieht im Rahmen des vorgeschlagenen Anknüpfungspunkts des qualifizierten Inlandsbezugs[1261], indem ein im Vergleich zu den anderen Orten erheblicher Bezug zum Streitgegenstand gefordert wird.

Ist der Interessentenkreis der Inhalte global, der Anbieter global bekannt und führt die Nachricht beispielsweise aufgrund ihres brisanten Inhalts zu einer weltweit merklich spürbaren Persönlichkeitsbeeinträchtigung, so ist hingegen auch eine weltweite Gerichtspflichtigkeit gerechtfertigt. Über den Umfang der Gerichtspflichtigkeit bestimmen die Person des Verletzers, dessen Auswahl des Opfers und die vom Verletzer angebotenen Inhalte. Der Verletzer kann folglich Einfluss auf das Risiko einer weiten Gerichtspflichtigkeit nehmen. Daher hat er auch das entsprechende Risiko zu tragen. Wählt der Inhalteanbieter zur Verbreitung seiner Informationen ein weltweites Medium, so dass es im Zusammenhang mit den genannten Umständen zu einer weltweit spürbaren Verletzung führt, so kann er nicht auf Kosten des berechtigten Justizgewährungsanspruchs des Opfers vor einer Vielzahl von Gerichtsständen geschützt werden.

3) Ergebnis zum Erfolgsort im Rahmen der Massenkommunikation

Die zu Anfang dargestellten Vorschläge der Literatur für die Erfolgsortanknüpfung im Internet[1262] bieten keine zufriedenstellende Lösung.

Die Anknüpfung an den Ort des tatsächlichen Abrufs ist aufgrund technischer und rechtlicher Hindernisse nicht praktikabel. Indem sie jeden einzelnen tatsächlichen Abruf als zuständigkeitsbegründend erfasst, ohne eine Begrenzung der Abruforte vorzusehen, berücksichtigt sie zudem nicht ausreichend den Interessenausgleich zwischen den Parteien.

Die bloße Abrufbarkeit der inkriminierten Inhalte im Forumstaat kann ebenfalls nicht zuständigkeitsbegründend wirken. Sie würde zu einer weltweiten Gerichtspflichtigkeit führen, die weder dem Inhalteanbieter zumutbar ist, noch dem Erfordernis einer tatsächlichen Kenntnisnahme entspricht.

[1261] Auch Mansel sieht im Erfordernis eines ausreichenden Inlandsbezugs ein „Mittel zur territorialen Rückführung" einer ausufernden Gerichtspflichtigkeit (Mansel, Vermögensgerichtsstand und Inlandsbezug bei der Entscheidungs- und Anerkennungszuständigkeit am Beispiel der Anerkennung US-amerikanischer Urteile in Deutschland, in: Festschrift für Jayme, S. 561 (568)).

[1262] Siehe oben 8. Teil, B, II, 1).

Der Mangel an Überprüfbarkeit und Kontrollierbarkeit der Verbreitung der Inhalte im Internet kann jedoch keinen Verzicht auf die Erfolgsortzuständigkeit begründen. Dies würde das erhöhte Risiko der Ausbreitung der verletzenden Inhalte im Internet dem Verletzten statt dem Inhalteanbieter, der Nutznießer des Netzwerkes ist, aufbürden. Eine alleinige Anknüpfung an den Handlungsort, der im Einflussbereich des Verletzers liegt, würde zudem eine zu große Manipulierbarkeit des Tatortgerichtsstandes bedeuten.

Die zur Begrenzung der Tatortzuständigkeit in der Literatur vorgeschlagenen Anknüpfungspunkte bieten allerdings ebenfalls kein interessengerechtes Ergebnis.

Der Ort der bestimmungsgemäßen Abrufbarkeit führt zu keiner Begrenzung der Erfolgsorte. Im Gegensatz zu den traditionellen Massenmedien legt der Inhalteanbieter im Internet das Verbreitungsgebiet nicht vorher fest, so dass er damit rechnen muss, dass weltweit auf die Inhalte zugegriffen wird.

Die Reduzierung der zuständigkeitsbegründenden Erfolgsorte auf den Opferwohnsitz im Verbreitungsgebiet beschneidet den Justizgewährungsanspruch des Opfers unverhältnismäßig und missachtet, dass Persönlichkeitsrechtsverletzungen an jedem Ort der Kenntnisnahme angeknüpft werden. Außerdem führt die Anknüpfung an den Opferwohnsitz zu einem Klägergerichtsstand und bietet daher keinen Ausgleich der Zuständigkeitsinteressen beider Parteien. Gleiches gilt für die Anknüpfung an den Lebensmittelpunkt des Verletzten.

Ebenfalls scheidet eine Anknüpfung an den Betriebsort des Systems aus, da die für die Anknüpfung von Persönlichkeitsrechtsverletzungen maßgebliche Kenntnisnahme der inkriminierten Nachrichten nicht am Server-Standort stattfindet. Zudem könnte der Inhalteanbieter mit wenig Aufwand ein ihm vorteilhaften Server-Standort wählen und auf diese Weise den Erfolgsort zu seinen Gunsten manipulieren.

Die Anknüpfung an den quantitativen Schwerpunkt der Verbreitung ist nicht praktikabel, da weder der Ort der höchstmöglichen Abrufbarkeit noch der Ort der meisten Abrufe ermittelbar ist.

Auch können eine Zielortbestimmung oder eine Herkunftserklärung zu Beginn der Web-Seite die Erfolgsorte nicht begrenzen, denn weder eine Zielortbestimmung noch eine Herkunftserklärung zu Beginn der Web-Seite können wirksam verhindern, dass die inkriminierte Web-Seite nicht dennoch von einem Ort außerhalb des Bestimmungsgebietes abgerufen wird.

Die im Rahmen der Haager Konferenz vorgeschlagenen Begrenzungsmethoden bieten ebenfalls keine hinreichende Lösung der Zuständigkeitsfrage bei Persönlichkeitsrechtsverletzungen im Internet.

Eine Begrenzung der internationalen Zuständigkeit mit Hilfe der Forum-non-conveniens-Lehre scheidet aus, da diese Lehre im deutschen und europäischen Recht allgemein abgelehnt wird.

Die Bekanntheit des Verletzten als einschränkenden Anknüpfungspunkt heranzuziehen widerspricht den tatsächlichen Auswirkungen der persönlichkeitsrechtsverletzenden Inhalte, da eine Persönlichkeitsrechtsverletzung auch ohne die Bekanntheit des Verletzten im Forumstaat möglich ist.

Zu einseitig ist es, die Zuständigkeit von einer besonderen Beziehung des Verletzten zum Forumstaat abhängig zu machen. Eine solche Anknüpfung birgt die Gefahr eines Klägergerichtsstandes und verkennt, dass auch Umstände außerhalb der Person des Verletzten erhebliche Persönlichkeitsrechtsverletzungen bewirken können.

Der Adressatenkreistheorie, wonach ein Erfolgsort nur in dem Ort angenommen wird, in dem sich der objektiv zu ermittelnde Adressatenkreis des konkreten Angebots befindet, ist hingegen zuzustimmen. Sie bedarf allerdings einer Konkretisierung und Ergänzung. Hierzu dient das Anknüpfungsmerkmal des qualifizierten Inlandsbezuges.

Es ist anzumerken, dass es aufgrund der Natur der Sache bei derart weitreichenden Streudelikten, wie wir sie im Internet vorfinden, nicht möglich ist, eine Lösung zu finden, die allen Interessen gleich gerecht wird[1263]. Aufgrund der Komplexität der Inhalte im Internet sind daher flexible Regeln vorzugswürdiger als eine rigorose Rechtssicherheit. Die Anknüpfung an einen qualifizierten Inlandsbezug gewährleistet eine sowohl abstrakte und damit vorhersehbare Regelung als auch eine Anpassungsmöglichkeit an die Verschiedenartigkeit der Inhalte im Internet. Indem die Anknüpfung an einen qualifizierten Inlandsbezug nicht auf die Beziehungen einer Partei zum Forumstaat begrenzt ist, verhindert sie eine parteibezogene Anknüpfung. Ferner führt die Beschränkung durch das Erfordernis eines qualifizierten statt eines einfachen Inlandsbezugs zu einer Berücksichtigung der Interessen des Beklagten, ohne dem Kläger den bezweckten Gerichtsstand der besonderen Sachnähe zu nehmen. Hierdurch wird der Interessenausgleich zwischen den Zuständigkeitsinteressen der Parteien gewährleistet.

III. Erfolgsort im Rahmen der Kommunikation zwischen einer begrenzten bzw. begrenzbaren Anzahl von Personen

Eine Mischform zwischen der Individualkommunikation und der Massenkommunikation bilden die Mailing-Listen, die E-Mail-Informationsdienste (z.B. so genannte Newsletter) sowie die zugriffsgeschützten Inhalte im WWW[1264]. Diese Internetdienste ermöglichen die Kenntnisnahme durch eine begrenzte bzw. begrenzbare Anzahl von Personen.

[1263] So auch schon Müller zu Umweltdelikten, Müller, Internationale Zuständigkeit bei grenzüberschreitenden Umweltbeeinträchtigungen, S. 169.

[1264] Siehe zur Funktionsweise dieser Dienste 1. Teil, B, II.

Mailing-Listen, E-Mail-Informationsdienste und zugriffsgeschützte Inhalte im WWW sind gebräuchliche Erscheinungsformen der Kommunikation im Internet. Alle drei Internetdienste besitzen ein persönlichkeitsrechtliches Konfliktpotential. Im Rahmen von Mailing-Listen werden zumeist Diskussionen geführt, in deren Zusammenhang beleidigende oder verleumderische Beiträge entstehen können. E-Mail-Informationsdienste können insbesondere die unbefugte Benutzung von Persönlichkeitsbestandteilen, wie Name, Bildnis oder Schriftzug, enthalten. Zugriffsgeschützte Inhalte im WWW sind unter den Online-Ausgaben vieler international bekannter Tageszeitungen oder Fachzeitschriften sehr verbreitet und enthalten folglich das pressespezifische persönlichkeitsrechtliche Konfliktpotential.

Die Mailing-Listen, E-Mail-Informationsdienste und zugriffsgeschützten Inhalte im WWW unterscheiden sich von der Massen- und Individualkommunikation hinsichtlich ihrer Art und ihres Ausmaßes der Verbreitung. Es bleibt daher zu untersuchen, an welcher Erfolgsortanknüpfung sich diese Mischform orientiert.

1) Mailing-Listen und E-Mail-Informationsdienste

Mailing-Listen und E-Mail-Informationsdienste basieren in technischer Hinsicht auf E-Mails, sie werden jedoch als Instrument massenhafter Verbreitung eingesetzt.

Es stellt sich demnach die Frage, ob der Absender so behandelt wird, als habe er eine Vielzahl von E-Mails jeweils an den gewöhnlichen Aufenthaltsort des Adressaten geschickt (Individualkommunikation) oder, ob er so behandelt wird, als habe er die Informationen jedem hieran Interessierten zur Verfügung gestellt (Massenkommunikation).

Bei Mailing-Listen und E-Mail-Informationsdiensten werden die Nachrichten, wie im Rahmen der Individualkommunikation, gezielt an eine Benutzeradresse versandt. Allerdings bekommt jede Person, die Interesse an den Inhalten der Nachricht äußert, diese zugesandt. So erhält derjenige, der sich bei einer Mailing-Liste anmeldet, alle Nachrichten, die das von ihm ausgesuchte Thema beinhalten. Der an regelmäßigen Informationen, z.B. über das Angebot eines bestimmten Unternehmens, Interessierte kann auf der Web-Seite dieses Unternehmens den entsprechenden Newsletter anfordern und bekommt diesen dann regelmäßig zugesandt. Die Nachricht wird überdies nicht an einen oder wenige E-Mail-Adressaten versandt, sondern regelmäßig an eine Vielzahl von Adressaten. Oft ist mit einer Versendung über Mailing-Listen oder Newsgroups eine erheblich größere Verbreitung verbunden als manche Inhalte im WWW sie erreichen.

Der Versender der Nachricht hat daher in der Regel keine über die Versendung der E-Mails hinausgehende Beziehung zu dem Empfänger. Er verfügt in der Regel über keine weiteren Informationen des Empfängers als dessen E-Mail-Adresse. Insbesondere hat er üblicherweise keine Kenntnis von dessen Wohnsitz oder Aufenthaltsort.

Der Einsender eines Beitrages für eine Mailing-Liste kennt in der Regel die E-Mail-Adressen der übrigen Teilnehmer nicht. Erst recht hat er keinen Einfluss auf die personelle oder geographische Zusammensetzung der Teilnehmer und damit der Empfänger seines Beitrages. Insofern besteht kein Unterschied zu einer Newsgroup. Die Mailing-Liste unterscheidet sich von der Newsgroup lediglich durch ein Anmeldeverfahren, das ein Teilnehmer einer Mailing-Liste zuvor durchlaufen muss. Auf dieses, meist automatisierte, Verfahren hat der Einsender jedoch keinen Einfluss. In der Regel erfolgt im Rahmen der Anmeldung zudem keine Selektierung, sondern die Teilnahme steht jedem offen.

Auch die Versendung von E-Mail-Informationsdiensten beruht normalerweise auf keiner persönlichen Beziehung zum Adressaten. Die E-Mail-Informationsdienste übernehmen die Funktion des WWW-Angebots des Versenders, indem sie den interessierten Nutzer automatisch über Neuigkeiten informiert halten, ohne dass dieser die Web-Seiten von sich aus aufrufen muss. Sie individualisieren den Adressaten lediglich als interessierte Person bzw. als potentiellen Kunden, in der Regel aber nicht als eine an einem bestimmten Ort ansässige Person. Es bleibt folglich bei einer anonymen Kommunikation.

Der Versender von Newslettern oder Beiträgen im Rahmen einer Mailing-Liste macht sich demnach keine Vorstellung darüber, an welchem Ort die Nachricht zur Kenntnis genommen wird. Er sendet die Nachricht vielmehr ins „Blaue" hinein.

Im Rahmen der Individualkommunikation hingegen kennen sich in der Regel die Kommunikationspartner und wissen um ihre Herkunft. Diese Kenntnis bedingt die im Rahmen der Individualkommunikation gefundene Anknüpfung an den gewöhnlichen Aufenthaltsort des Adressaten als Bestimmungsort der E-Mail. Der Versender einer Nachricht im Rahmen einer Mailing-Liste oder im Wege des Newsletters hat zwar, im Gegensatz zum WWW, Einfluss darauf, an wen er die Nachricht verschickt, er kennt jedoch die Person und dessen gewöhnlichen Aufenthaltsort nicht. Mangels Kenntnis des Aufenthaltsortes gibt es in seiner Vorstellung auch keinen Bestimmungsort der E-Mail. Eine Anknüpfung an den gewöhnlichen Aufenthaltsort des Adressaten als Bestimmungsort der E-Mail kommt daher nicht in Betracht.

Die Internetdienste der E-Mail-Listen und der E-Mail-Informationsdienste gleichen, auch wenn sie sich des technischen Mittels der Individualkommunikation bedienen, vielmehr der Massenkommunikation. Es erfolgt eine massenhafte Versendung an Adressaten, mit denen der Versender zumeist keine persönliche Beziehung hat.

Sowohl die Anmeldung zur Teilnahme an Mailing-Listen als auch die Bestellung von Newslettern erfolgt in der Regel über die Web-Seiten des Listenbetreibers bzw. des Anbieters des Newsletters. Die Teilnehmer der Mailing-Liste bzw. Abonnenten der Newsletter entsprechen folglich dem Interessentenkreis der jeweiligen Web-Seite, auf welchen die Teilnahme bzw. Bestellung ermöglicht wird. Daraus ergibt sich, dass die Nachrichten dort zur Kenntnis genommen werden, wo auch die jeweiligen Web-Seiten auf Interesse stoßen. Zur Ermittlung des Erfolgsortes der einzelnen Nachricht ist damit der Interessentenkreis der jeweiligen Web-Seite festzustellen. Der Erfolgsort der einzelnen verletzenden Nachricht ergibt sich somit aus der Ermittlung des Erfolgsortes bei einem entsprechend verletzenden Inhalt auf der Web-Seite des Listenbetreibers bzw. des Anbieters des Newsletters. Es gelten für die Ermittlung des Erfolgsortes von inkriminierten Nachrichten im Rahmen von Mailing-Listen, deren Anmeldung über das WWW erfolgt, bzw. im Rahmen von Newslettern, die über das WWW bestellt werden, folglich die gleichen Kriterien wie im WWW. Es bedarf demnach eines qualifizierten Inlandsbezuges, um die Gerichtspflichtigkeit zu bejahen.

Etwas anderes gilt lediglich wenn der Anbieter entgegen der oben dargestellten Regel eine über den E-Mail-Kontakt hinausgehende Beziehung zu dem Empfänger der E-Mail hat und ihm aufgrund dieser die E-Mail-Adresse und der gewöhnliche Aufenthaltsort des Empfängers bekannt ist. Dies ist z.B. der Fall, wenn ein Unternehmen an seine Kunden Newsletter verschickt. Ist dem Anbieter aufgrund des vorangegangen Kontakts die geographische Adresse des Empfängers bekannt, so ist der gewöhnliche Aufenthaltsort des Adressaten als Bestimmungsort zu werten. Eine eingeschränkte Anknüpfung an den gewöhnlichen Aufenthaltsort entsprechend der Individualkommunikation bei Vertrautheit mit dem Adressaten ist mithin gerechtfertigt[1265].

Eine Anknüpfung entsprechend der Individualkommunikation kann ferner dann ausnahmsweise gelten, wenn die Bestellung des Newsletters oder die Teilnahme an einer Mailing-Liste die Nennung der geographischen Adresse erfordert und gewährleistet ist, dass keine falschen Angaben seitens des Nutzers gemacht werden. Dies ist z.B. der Fall, wenn die Adresse zugleich als Lieferadresse für bestellte Ware dient. In diesem Fall muss der Erfolgsort an den gewöhnlichen Aufenthaltsort als Bestimmungsort angeknüpft werden[1266].

2) Zugriffsgeschützte Inhalte des WWW

Entsprechend der Mailing-Liste können auch die zugriffsgeschützten Inhalte des WWW als Massenkommunikation eingeordnet werden.

Der Inhalteanbieter begrenzt den Kreis der zugriffsberechtigten Personen nicht nach geographischen Kriterien. Dies ist ihm ohne den genannten kostspie-

---

1265 Siehe oben 8. Teil, B, I, 3), a) und b).

1266 Siehe oben 8. Teil, B, I, 3), a) und b).

ligen Geo-Tracking-Service auch nicht möglich. Das Anmeldeverfahren ist, ähnlich wie bei den Mailing-Listen, meistens kein Hindernis für den Nutzer. Häufig wird im Rahmen der zugriffsgeschützten Inhalte nur die Kreditkartennummer (bei kostenpflichtigen Angeboten) oder das Alter abgefragt. Werden Angaben des Nutzers zu seinem Wohnsitz verlangt, so werden diese jedoch zumeist vom Inhalteanbieter nicht kontrolliert. Es ist vielmehr sehr verbreitet, dass die Nutzer zu weitergehenden Fragen, wie dem Wohnsitz, falsche Angaben machen, um einer missbräuchlichen Verwendung persönlicher Daten vorzubeugen[1267]. Bei zugriffsgeschützten Inhalten handelt es sich folglich um Massenkommunikation, die geographisch nicht begrenzbar ist bzw. auf dessen Empfangsort keinen Einfluss genommen werden kann.

Abgesehen von den tatsächlichen Problemen, die Empfangsorte zu beschränken, verfolgt die Zugriffsbeschränkung der Inhalteanbieter in der Regel nicht den Zweck, das geographische Verbreitungsgebiet zu begrenzen. Bezweckt wird vielmehr die Begrenzung auf bestimmte Personengruppen, nämlich z.B. solche, die für das Angebot zahlen. Der Anbieter von zugriffsbeschränkten Inhalten verfolgt mit der Angebotsbegrenzung zumeist kommerzielle Interessen, der Zugriffsort ist ihm dabei in der Regel gleichgültig.

Die Anknüpfung der Erfolgsorte bei zugriffsgeschützten Inhalten des WWW erfolgt demnach entsprechend den entwickelten Kriterien zur Erfolgsortanknüpfung im Rahmen der Massenkommunikation. Es bedarf mithin auch hier eines qualifizierten Inlandsbezuges.

Etwas anderes muss allerdings gelten, wenn der Anbieter ein hinreichendes Maß an Sorgfalt aufbringt, um die Herkunft des Nutzers zu ermitteln. Eine sichere geographische Identifizierung ist beispielsweise durch die Zusendung der Kopie des Personalausweises, durch das Erfordernis einer Lieferadresse oder durch Konstruktionen vorstellbar, in denen ein vertrauenswürdiger Dritter die Richtigkeit der Angaben des Nutzers bestätigt[1268]. Ein solcher Aufwand wird von Informationsmedien jedoch meistens nicht betrieben, und Lieferadressen sind im Rahmen von Informationsdiensten regelmäßig nicht erforderlich. Es bleibt daher vorwiegend bei einer Anknüpfung an die Orte, die einen qualifizierten Bezug zum Streitgegenstand aufweisen.

1267 Siehe hierzu auch die Ausführungen zur Zielortbestimmung oder Herkunftserklärung zu Beginn der Web-Seite unter 8. Teil, B, II, 1), h).

1268 Ähnlich Junker, Anwendbares Recht und internationale Zuständigkeit bei Urheberrechtsverletzungen im Internet, S. 351.

3) Ergebnis zum Erfolgsort im Rahmen der Kommunikation zwischen einer begrenzten bzw. begrenzbaren Anzahl von Personen

Die Internetdienste der E-Mail-Listen und E-Mail-Informationsdienste bedienen sich zwar des technischen Mittels der Individualkommunikation, sie gleichen in ihrer praktischen Anwendung jedoch vorwiegend der Massenkommunikation. In der Regel erfolgt die Anmeldung zur Teilnahme an Mailing-Listen oder die Bestellung von Newslettern über die Web-Seiten des Listenbetreibers bzw. des Anbieters des Newsletters. Es gelten daher zur Ermittlung des Erfolgsortes die gleichen Kriterien wie im WWW. Eine Anknüpfung an den gewöhnlichen Aufenthaltsort entsprechend der Individualkommunikation gilt nur dann, wenn der Teilnahme an einer Mailing-Liste bzw. der Bestellung eines Newsletters die Nennung der geographischen Adresse vorausgegangen ist. Dies ist der Fall, wenn die Angabe der geographischen Adresse als Bedingung für die Teilnahme/Bestellung gilt und deren Richtigkeit gewährleistet ist oder wenn die Adresse aus dem vorangegangenen Kontakt bereits bekannt war, z.B. wenn es sich bei dem Bezieher des Newsletters um einen Geschäftskunden handelt.

Zugriffsgeschützte Inhalte des WWW werden ebenso als Massenkommunikation eingeordnet, so dass die Erfolgsorte anhand des qualifizierten Inlandsbezuges zu ermitteln sind. Die Zugriffsbeschränkung bedingt nicht die Begrenzung des geographischen Verbreitungsgebietes und kann daher nicht zu einer abweichenden Anknüpfung führen. Eine Ausnahme gilt lediglich, wenn der Anbieter mit einem hinreichendem Maß an Sorgfalt die geographische Herkunft seiner Nutzer sicherstellt.

C. Zusammenfassung zum Erfolgsort

Der Erfolgsort ist der Ort der Rechtsgutverletzung. Das Rechtsgut „Persönlichkeitsrecht" lässt sich jedoch nicht abstrakt sondern lediglich verletzungsbezogen lokalisieren. Damit ist der Ort der Rechtsgutverletzung der Ort, an dem das Persönlichkeitsrecht des Betroffenen auf die Äußerungs- und Handlungsfreiheit des Handelnden trifft. Dies ist der Ort der Kenntnisnahme der verletzenden Nachricht.

Im Rahmen der Individualkommunikation ist der Ort der Kenntnisnahme der Ort, an dem der Empfänger die Nachricht abruft. Allerdings ist dem Beklagten eine Gerichtspflichtigkeit nur an denjenigen Orten zumutbar, an denen er mit einem Abruf rechnen musste. In der Regel ruft der Empfänger die Nachrichten an seinem gewöhnlichen Aufenthaltsort ab. Kennt der Absender den gewöhnlichen Aufenthaltsort des Empfängers und rechnet er mit einem dortigen Abruf, dann ist ihm ein hiervon abweichender Abrufort nicht zumutbar. Stattdessen gilt der gewöhnliche Aufenthaltsort des Adressaten, der Bestimmungsort der Nachricht war, als Erfolgsort. Dem Absender, der den gewöhnlichen Aufenthaltsort des Adressaten nicht kennt, ist hingegen eine Gerichtspflichtigkeit an jedem tatsächlichen Abrufort zumutbar, da er überall mit einem Abruf der Nachricht rechnen muss. Erst recht ist dem Absender ortsabhängiger Push-Werbung eine Gerichtspflichtigkeit am Abrufort zumutbar, denn er kennt den genauen Abrufort.

Im Rahmen der Massenkommunikation ist der Erfolgsort der Ort der Kenntnisnahme durch den Verletzten oder durch Dritte. Dies entspricht dem tatsächlichen Verbreitungsgebiet der verletzenden Inhalte. Dieses ist jedoch aufgrund technischer und rechtlicher Hindernisse nicht feststellbar. Eine Anknüpfung an die bloße Abrufbarkeit der verletzenden Inhalte würde hingegen zu einer dem Inhalteanbieter nicht zumutbaren weltweiten Gerichtspflichtigkeit führen. Die in der Literatur diskutierten Vorschläge zur Begrenzung der Tatortzuständigkeit bieten kein interessengerechtes Ergebnis. Indessen wird eine Anknüpfung an das Erfordernis eines qualifizierten Inlandsbezuges den Zuständigkeitsinteressen gerecht. Indem ein hinreichender Bezug des Forumstaates zum streitgegenständlichen Geschehen verlangt wird, führt die Anknüpfung zu einer den Beklagteninteressen entsprechenden Beschränkung der Tatortzuständigkeit, ohne dem Kläger einen sachnahen Gerichtsstand zu nehmen. Die Anknüpfung an das Erfordernis eines qualifizierten Inlandsbezuges des Rechtsstreites bietet zudem eine abstrakte und dennoch an die Verschiedenartigkeit der Inhalte anpassungsfähige Regelung.

Die Internetdienste der E-Mail-Listen, E-Mail-Informationsdienste und zugriffsgeschützten Inhalte sind als Massenkommunikation einzuordnen. Mit einigen Ausnahmen, in denen der gewöhnliche Aufenthaltsort der Empfänger bzw. Nutzer dem Verletzer bekannt ist, gelten daher die im Rahmen der Massenkommunikation genannten Kriterien zur Ermittlung des Erfolgsortes.

9. Teil: Umfang der Kognitionsbefugnis

Bei Persönlichkeitsrechtsverletzungen im Internet führen sowohl der ermittelte Handlungs- als auch der Erfolgsort in zahlreichen Fallgestaltungen zur Annahme einer Vielzahl von Handlungs- bzw. Erfolgsorten und damit zu einer Vielzahl von Gerichtsständen.

Mehrere Handlungsorte entstehen, wenn der Ort der Erstellung der persönlichkeitsrechtsverletzenden Inhalte und der Ort der Einspeisung der Inhalte ins Netz auseinander fallen. Ist ein inkriminierter Artikel beispielsweise in England verfasst und in Deutschland ins Netz eingespeist worden, so gelten beide Orte als Handlungsorte.

Eine Vielzahl von Erfolgsorten gibt es stets bei Streudelikten, d.h. wenn die verletzenden Inhalte an mehreren Orten zur Kenntnis genommen werden und an diesen Orten jeweils der erforderliche qualifizierte Bezug zum Streitgegenstand[1269] gegeben ist. Dies ist bei Web-Seiten, Newsgroups oder E-Mail-Listen mit internationalem Interessentenkreis der Fall.

Die hieraus entstehende Vielzahl von Gerichtsständen führt zu einem Folgeproblem auf der Seite der Rechtsfolge. Es stellt sich die Frage, ob das angerufene Gericht für die Entscheidung über sämtliche Rechtsfolgen in allen betroffenen Staaten zuständig ist, oder ob sich die Rechtsanwendungsbefugnis (Kognitionsbefugnis) auf die Rechtsfolgen in dem Staat des angerufenen Gerichts beschränkt. Kann also ein deutsches Gericht etwa auch über den in England und in den USA eingetretenen Schaden befinden?

A. Die Shevill-Entscheidung des EuGH und die Entscheidung des Reichsgerichts

Die Shevill-Entscheidung des EuGH zu Art. 5 Nr. 3 EuGVÜ[1270] hat maßgeblich zur Diskussion dieses Problems beigetragen[1271]. In dieser Entscheidung hat der EuGH im Hinblick auf eine Ehrverletzung durch einen Presseartikel dem Gericht am Handlungsort die Entscheidungsbefugnis für den Ersatz des gesamten

[1269] Zum qualifizierten Inlandsbezug siehe oben 8. Teil, B, II, 2), d).

[1270] EuGH, Urteil v. 07.03.1995, Rs. C-68/93 (Shevill./.Presse Alliance), NJW 1995, 1881 ff.

[1271] In der Rechtssache Shevill./.Press Alliance ging es um die Frage, an welchem Gerichtsstand gemäß Art. 5 Nr. 3 EuGVÜ Schadensersatzklagen wegen Ehrverletzungen durch in mehreren Vertragsstaaten verbreitete Presseartikel erhoben werden können.

durch die unerlaubte Handlung entstandenen Schadens zugestanden[1272]. Seines Erachtens seien die Gerichte am Erfolgsort hingegen nur für die Entscheidung über den Ersatz der Schäden zuständig, die im Staat des angerufenen Gerichts verursacht worden sind[1273].

Eine nähere Begründung für die eingeschränkte Kognitionsbefugnis der Gerichte am Erfolgsort führt der EuGH nicht an. Er nennt das Gericht am Erfolgsort lediglich als örtlich am Besten geeignet, um die in diesem Staat erfolgte Persönlichkeitsrechtsverletzung zu beurteilen und den Umfang des entsprechenden Schadens zu bestimmen. Dies entspräche dem Erfordernis einer geordneten Rechtspflege, das der Zuständigkeitsregel des Art. 5 Nr. 3 EuGVÜ zugrunde liege[1274]. Den Nachteilen einer solchen Beschränkung der Entscheidungsbefugnis, die durch die Beurteilung ein und desselben Rechtsstreits durch verschiedene Gerichte entstehen, hält der Gerichtshof die Möglichkeit des Klägers entgegen, durch eine Klage am Wohnsitz oder am Handlungsort den gesamten Anspruch geltend zu machen[1275].

Die vom EuGH befürwortete eingeschränkte Kognitionsbefugnis am Gerichtsstand des Erfolgsortes führt im Hinblick auf die Zuständigkeit zu einer territorialen Aufspaltung des Sachverhalts. Der Anspruch des Betroffenen aus der Persönlichkeitsrechtsverletzung setzt sich hierdurch aus einer Vielzahl von Ansprüchen der jeweiligen Erfolgsortstaaten zusammen und gleicht mithin einem Mosaik aus nebeneinander bestehenden Ansprüchen, die jeweils auf den Ersatz des im Erfolgsortstaat entstandenen Schadens beschränkt sind. Eine solche territoriale Aufspaltung des Erfolgsortgerichtsstands wird daher Mosaikbeurteilung genannt[1276].

Hinsichtlich der Kognitionsbefugnis im Rahmen des § 32 ZPO verdient eine Entscheidung des Reichsgerichts aus dem Jahre 1909[1277] besondere Beachtung. Diese Reichsgerichtsentscheidung legt eine im Vergleich zur Entscheidung des EuGH entgegengesetzte Behandlung der Kognitionsbefugnis am Erfolgsort nahe.

Die vereinigten Zivilsenate des Reichsgerichts hatten über eine unerlaubte Handlung zu entscheiden, die sich aus mehreren in verschiedenen Gerichtsbe-

---

[1272] EuGH, Urteil v. 07.03.1995, Rs. C-68/93 (Shevill./.Presse Alliance), NJW 1995, 1881 (1882, Tz. 25).

[1273] EuGH, Urteil v. 07.03.1995, Rs. C-68/93 (Shevill./.Presse Alliance), NJW 1995, 1881 (1882, Tz. 30).

[1274] EuGH, Urteil v. 07.03.1995, Rs. C-68/93 (Shevill./.Presse Alliance), NJW 1995, 1881 (1882, Tz. 31).

[1275] EuGH, Urteil v. 07.03.1995, Rs. C-68/93 (Shevill./.Presse Alliance), NJW 1995, 1881 (1882, Tz. 32).

[1276] Siehe Staudinger-Hoffmann, Art. 38 EGBGB Rn. 484.

[1277] RGZ 72, 41 ff.

zirken verübten Einzelhandlungen zusammensetzte[1278]. Das Reichsgericht musste die Frage klären, ob die Zuständigkeit des Gerichts nur in dem Umfang begründet war, in welchem Ansprüche gerade aus der in dem Bezirk des angerufenen Gerichts begangenen Einzelhandlung abgeleitet wurden.

Das Gericht verneinte eine eingeschränkte Entscheidungsbefugnis der Gerichte am Ort der Einzelhandlung. Es war der Meinung, dass man nicht jede Einzelhandlung des Täters für sich allein als unerlaubte Handlung sehen könne, und bezog sich bei dieser Aussage ausdrücklich auf das Verbreiten einer Druckschrift[1279]. Das Verbreiten der Zeitung an einem beliebigen Ort sei nur ein Teil des dem Beklagten zur Last gelegten Tuns. Es würde jedoch nicht wegen einer Reihe einzelner Ansprüche geklagt, die auf an verschiedenen Orten vorgenommenen oder in Wirksamkeit getretenen Handlungen beruhten. Die streitgegenständliche Handlung bestünde vielmehr erst aus der Summe der Teilhandlungen. Bei einer Teilung der Handlung würde demnach nicht mehr über die zum Gegenstand der Klage gemachte Handlung verhandelt. Der Gerichtsstand des § 32 ZPO sei daher für die gesamte in Betracht kommende Tat begründet[1280].

Das Gericht merkte zudem an, dass eine exakte Schadensfestsetzung für die einzelnen Gerichtsbezirke kaum möglich erscheine, während bei einer Gesamtkognitionsbefugnis eine Schätzung des Gesamtschadens nach § 287 ZPO keine Probleme aufweise[1281]. Darüber hinaus bezeichnete das Gericht das mit einer eingeschränkten Kognitionsbefugnis verbundene Erfordernis, mehrere Verfahren anstrengen zu müssen, als außerordentliche Belästigung sowohl des Klägers als auch des Beklagten[1282]. Eventuelle durch die Gesamtkognitionsbefugnis entstehende Härten für den Beklagten seien durch die Begründung des Gerichtsstands der unerlaubten Handlung und das Wahlrecht des Klägers gemäß § 35 ZPO bedingt und demnach vom Gesetzgeber akzeptiert[1283].

Entsprechend diesen beiden entgegengesetzten Gerichtsentscheidungen gehen auch die Meinungen in der Literatur über den Umfang der Kognitionsbefugnis der Tatortgerichte auseinander.

Die Argumentation im Rahmen dieses Streits unterscheidet allerdings nicht je nach zugrundeliegender Vorschrift. Vielmehr werden zur Bestimmung des Entscheidungsumfangs im Rahmen des Art. 5 Nr. 3 EuGVO und des § 32 ZPO die gleichen Gesichtspunkte herangezogen. Dies ist darauf zurückzuführen, dass beiden Vorschriften übereinstimmende Interessen zugrunde liegen. Zu diesen Interessen zählen insbesondere die der besonderen Zuständigkeitsregel des Ge-

[1278] Es handelte sich hierbei um eine mittels der Verbreitung eines Presseerzeugnisses begangene Verletzung des Schutzes der Warenbezeichnungen.
[1279] RGZ 72, 41 (45).
[1280] RGZ 72, 41 (44).
[1281] RGZ 72, 41 (45).
[1282] RGZ 72, 41 (45 f.).
[1283] RGZ 72, 41 (46).

richtsstands der unerlaubten Handlung zu entnehmenden Interessen der Klägerprivilegierung und der Sach- und Beweisnähe[1284] sowie die allgemeinen zivilprozessualen Interessen der Prozessökonomie, der Rechtssicherheit und des effektiven Rechtsschutzes[1285]. Es liegt darüber hinaus im Interesse des internationalen Rechtsanwendungseinklangs, die Frage des Umfangs der Kognitionsbefugnis der Tatortgerichte für Art. 5 Nr. 3 EuGVO und für § 32 ZPO entsprechend zu behandeln.

B. Meinungsstand

Die Entscheidung des EuGH zu Gunsten der eingeschränkten Kognitionsbefugnis der Tatortgerichte wurde von vielen Seiten kritisiert. In Deutschland spricht sich lediglich eine Mindermeinung in der Literatur für die Mosaikbeurteilung des EuGH aus[1286]. Die herrschende Meinung in der Literatur befürwortet hingegen eine Gesamtentscheidungskompetenz der Tatortgerichte[1287].

[1284] Siehe oben 5. Teil, A, II, 1), b) und 5. Teil, B, II, 1), d).

[1285] Effektiver Rechtsschutz: siehe Zöller-Vollkommer, Einl. Rn. 48 ff.; Prozessökonomie: siehe Zöller-Vollkommer, Einl. Rn. 95; Rechtssicherheit: siehe EuGH, Urteil v. 19.09.1995, Rs. C-364/93 (Marinari./.Lloyds Bank), JZ 1995, 1107 (1108, Rz. 19); EuGH, Urteil v. 17.06.1992, Rs. C-26/91 (Handte./.TMCS), JZ 1995, 90 (91, Rz. 19) zum Ziel der EuGVO sichere und voraussehbare Gerichtsstände zu schaffen.

[1286] Befürworter der Mosaikbeurteilung: Löffler, Mediendelikte im IPR und IZPR, S. 201 ff. und 263 ff.; Gleichauf, Das postmortale Persönlichkeitsrecht im internationalen Privatrecht, S. 401 ff.; G. Wagner, RabelsZ 62 (1998), 243 (279 ff.); Huber, ZEuP 1996, 295 (304 ff.); Dietze/Schnichels, EuZW 1996, 455 (457); Buchner, Kläger- und Beklagtenschutz, S. 139 ff.; Junker, Anwendbares Recht und internationale Zuständigkeit bei Urheberrechtsverletzungen im Internet, S. 287 und 304 (zu Urheberrechtsverletzungen); Berger, GRURInt. 2005, 465 (469) (zu Urheberrechtsverletzungen); Reber, ZUM 2005, 194 (202 f.) (zu Urheberrechtsverletzungen); Bachmann, IPRax 1998, 179 (187) allerdings nur für Schadensersatzansprüche, für Unterlassungsansprüche solle im Internet hingegen Gesamtentscheidungsbefugnis bestehen.

[1287] Befürworter der Gesamtkognitionsbefugnis: Schack, JZ 1998, 753 (763); Schack, MMR 2000, 135 (139); Schack, IZVR, Rn. 306; Schack, UFITA 108 (1988), 51 (70); Geimer, IZPR, Rn. 1524; Geimer/Schütze, EuZVR, Art. 5 Rn. 244; Stein/Jonas-Roth, § 32 Rn. 4, 40; Geimer/Schütze, Internationale Urteilsanerkennung, Bd. I, 1. Hb, § 84 XIII, S. 631; MüKo-Gottwald, ZPO, Art. 5 EuGVÜ Rn. 42 bezüglich Unterlassungs- und Beseitungsansprüchen; Wieczorek/Schütze-Hausmann § 32 Rn. 63, Art. 5 EuGVÜ Rn. 62; Kreuzer/Klötgen, IPRax 1997, 90 (94 ff.); Reinmüller, IPRax 1985, 233 (234 f.); Kubis, IZ bei Persönlichkeits- und Immaterialgüterrechtsverletzungen, S. 134 ff.; Stauder, GRURInt. 1986, 556 (556 f.); Schröder, Internationale Zuständigkeit, S. 282; Coester-Waltjen, Internationale Zuständigkeit bei Persönlichkeitsrechtsverletzungen, in: Festschrift für Schütze, S. 175 (185); Looschelders, ZVglRWiss 95 (1996), 48 (89); Fricke, Unterlassungsanspruch gegen Presseunternehmen im IPR, S. 317 ff.; Wüllrich, Das Persönlichkeitsrecht des Einzelnen im Internet, S. 221 ff.; Bachmann, IPRax 1998, 179 (187) allerdings nur hinsichtlich des Unterlassungsanspruchs im Internet; Rauscher,

I. Befürworter der Mosaikbeurteilung

1) Stimmen im deutschen Schrifttum

Die Befürworter der Mosaikbeurteilung führen insbesondere an, durch die beschränkte Kognitionsbefugnis der Gerichte am Erfolgsort würde die Gefahr eines schrankenlosen forum shopping verhindert[1288]. Im Rahmen des forum shopping könne sich der Kläger den Gerichtsstand auswählen, der ihm das günstigste Prozessrecht und das nach seinem Kollisionsrecht zu bestimmende günstigste Sachrecht bietet. Indem jedoch nicht an jedem Gericht der Gesamtschaden geltend gemacht werden könne, würde die Anzahl der für den Kläger erfolgsversprechenden Gerichtsstände reduziert[1289]. Zwar habe sich der Gesetzgeber im Rahmen der EuGVO und der ZPO für eine Wahlmöglichkeit zwischen den Gerichtsständen und damit für die Zulässigkeit des forum shopping entschieden. Er habe zu diesem Zeitpunkt jedoch noch nicht an Streudelikte, wie Mediendelikte, gedacht, die erhebliche Verbreitungsgrade aufweisen. Bei Annahme einer Gesamtkompetenz entstünde daher eine vom gesetzgeberischen Willen nicht mehr gedeckte exorbitante Wahlmöglichkeit[1290].

Als weiteres maßgebliches Argument gilt der vom EuGH in den Vordergrund gestellte Gesichtspunkt der Sachnähe. Während am Handlungsort das dem Anspruch zugrundeliegende Verhalten stattgefunden habe, welches Bedingung für sämtliche Schäden ist, sei der Erfolgsort mit dem Streitgegenstand nur durch die örtliche Rechtsgutsverletzung verbunden. Dies rechtfertige, am Handlungsort eine Gesamtkompetenz anzunehmen, während das Gericht am Ort der Rechtsgutsverletzung nur geeignet sei, die in seinem Gebiet erfolgte Verletzung zu beurteilen[1291]. Das örtliche Gericht sei für die Frage, ob überhaupt und in welchem Umfang ein Verbreiten im Gerichtsstaat stattgefunden hat, wesentlich besser geeignet als ein weit entferntes ausländisches Gericht, welches neben geographischen Entfernungen auch noch mit sprachlichen Problemen bei der Sachverhaltsaufklärung zu kämpfen habe[1292]. Auf diese Weise würde zudem die Gefahr

---

ZZP Int. 1 (1996), 151 (158 ff.) lehnt die Mosaikbeurteilung ab, ohne sich jedoch eindeutig zur Gesamtkognitionsbefugnis zu bekennen; Abweichend Thum, GRURInt. 2001, 9 (26), die sich hinsichtlich des Urheberrechts für eine Regionalisierung des deliktischen Gerichtsstands ausspricht. Danach könne der Kläger nicht sämtliche, aber immerhin ein begrenzte Anzahl von nationalen Ansprüchen, die auf die Verletzungsfolge in räumlich benachbarten Ländern gestützt werden, in einer Klage zusammenfassen.

1288 Huber, ZEuP 1996, 295 (307); G. Wagner, RabelsZ 62 (1998), 243 (285); Kropholler, EuZPR, Art. 5 Rn. 84.

1289 Dietze/Schnichels, EuZW 1996, 455 (457).

1290 Löffler, Mediendelikte im IPR und IZPR, S. 203 f.

1291 Huber, ZEuP 1996, 295 (306).

1292 Löffler, Mediendelikte im IPR und IZPR, S. 207.

des „Heimwärtsstrebens" der Gerichte[1293] gebannt. Dies erkläre sich dadurch, dass, sofern im Kollisionsrecht ebenfalls das Mosaikprinzip angewendet würde, der Richter sich nicht mit ausländischem Recht und nicht mit Dokumenten in ausländischer Sprache befassen müsste[1294].

Des Weiteren wird argumentiert, dass die Klägerinteressen im Falle der Annahme einer Gesamtkognitionsbefugnis überbewertet würden und dadurch zu viel Raum für Klägergerichtsstände entstehe. Die Klägerinteressen erforderten zwar eine Klagemöglichkeit am Erfolgsort, es bestünde zu ihrer Verwirklichung aber keine Notwendigkeit, dort den ganzen Schaden einklagbar zu machen[1295].

Dem Vorbringen der Gegenmeinung, eine limitierte Kompetenz berge die Gefahr unvereinbarer Entscheidungen i.S.d. Art. 27 Nr. 3 EuGVÜ bzw. Art. 41 Nr. 3 EuGVO, entgegnen die Befürworter der Mosaikbeurteilung damit, dass aufgrund der unterschiedlichen Streitgegenstände eine Unvereinbarkeit i.S.d. der zitierten Regelungen nicht angenommen werden könne[1296]. Es könnten zwar widersprechende Entscheidungen entstehen, wenn ein Gericht eine Persönlichkeitsrechtsverletzung für den Schaden in seinem Staatsgebiet annimmt, während ein anderes Gericht den Anspruchsgrund verneint; solche Entscheidungen seien jedoch aufgrund des unterschiedlichen Streitgegenstands nicht unvereinbar i.S.d. Art. 27 Nr. 3 EuGVÜ[1297]. Eine Unvereinbarkeit verschiedener Urteile läge entsprechend dem so genannten Hoffmann-Urteil[1298] nur dann vor, wenn sich die Rechtsfolgen der Tat gegenseitig ausschließen. Dies sei jedoch im Rahmen der limitierten Entscheidungskompetenz nicht der Fall, da jedes Gericht über einen anderen Schaden, nämlich den im eigenen Hoheitsgebiet, entscheide[1299].

Weiterhin verteidigen sich die Befürworter der Mosaikbeurteilung gegen den Vorwurf der Gegenmeinung, bei einer limitierten Entscheidungskompetenz der Gerichte müsste der Kläger eine Vielzahl von Gerichten anrufen, um seinen Gesamtschaden geltend machen zu können. Hiergegen führen sie an, dass es dem Betroffenen stets offen stehe, die Anrufung mehrerer Erfolgsortgerichte zu vermeiden, indem er sich an die Gerichte am Handlungsort oder am Wohnort wen-

---

1293 Unter „Heimwärtsstreben" der Gerichte versteht man die Tendenz der Gerichte, das ihnen vertraute eigene materielle Recht anzuwenden (Kegel/Schurig, IPR, § 2 II 3 d), S. 143).

1294 Löffler, Mediendelikte im IPR und IZPR, S. 207.

1295 Huber, ZEuP 1996, 295 (308).

1296 Schlussantrag des Generalanwalts Darmon in der Rechtssache C-68/93 (Shevill./.Press Alliance), Slg. 1995, I-436; Schlussantrag des Generalanwalts Léger in der Rechtssache C-68/93 (Shevill./.Press Alliance), Slg. 1995, I-443; Löffler, Mediendelikte im IPR und IZPR, S. 204 f; Junker, Anwendbares Recht und internationale Zuständigkeit bei Urheberrechtsverletzungen im Internet, S. 307; Huber, ZEuP 1996, 295 (304).

1297 Schlussantrag des Generalanwalts Darmon in der Rechtssache C-68/93 (Shevill./.Press Alliance), Slg. 1995, I-436; Löffler, Mediendelikte im IPR und IZPR, S. 204 f.

1298 EuGH, Urteil v. 04.02.1988, Rs. 145/86 (Hoffmann./.Krieg), Slg. 1988, 645, Rn. 22.

1299 Löffler, Mediendelikte im IPR und IZPR, S. 204; Huber, ZEuP 1996, 295 (304).

det. Diese könnten schließlich weiterhin über den Gesamtschaden entscheiden[1300].

Weiterhin wird das Protokoll zur Regelung von Streitigkeiten über die Verletzung und Rechtsgültigkeit von Gemeinschaftspatenten als Argumentationsstütze herangezogen[1301]. Nach Art. 17 Streitlegungsprotokoll ist das Gericht in seiner Entscheidungsbefugnis auf die Verletzungshandlungen beschränkt, die im Hoheitsgebiet des Gerichtsstaates begangen worden sind.

Löffler[1302] ist ferner der Auffassung, dass Mediendelikte keine einheitliche Handlung sind, die an mehreren Orten Rechte verletzt. Das charakteristische Element der Handlung bei Mediendelikten läge in der Verbreitung. Die Verbreitung erfolge jedoch ohne zeitlichen und räumlichen Zusammenhang unabhängig in den verschiedenen Ländern und könne sich zudem zeitlich versetzt vollziehen. Sie setze sich daher aus getrennten unerlaubten Handlungen in jedem Verbreitungsstaat zusammen. Für die Annahme getrennter unerlaubter Handlungen spräche außerdem, dass der Vertrieb sowohl im Printmedienbereich als auch im Bereich von Funk- und Fernsehen für jedes Land unabhängig voneinander gefasste Entscheidungen erfordere. Mangels einheitlichen Sachverhalts bestünde daher kein Bedürfnis für einen einheitlichen Gerichtsstand.

2) *Argumentation der europäischen Generalanwälte*

Die Plädoyers der Generalanwälte, die mit dem Shevill-Fall betraut worden waren, ähneln der vorgenannten Argumentation in der Literatur.

Generalanwalt Darmon betonte zunächst, dass eine uneingeschränkte Kompetenz der Erfolgsortgerichte zu einer vom Übereinkommen nicht gewollten Förderung des forum shopping führe, und verwies darauf, dass es am Wohnort des Beklagten und am Handlungsort bereits zwei zentrale Gerichtsstände gibt, deren Zuständigkeit nicht begrenzt werden dürfe[1303]. Zudem bezog er sich auf die Ausführungen des EuGH im so genannten Effer-Urteil[1304]. Hiernach bevorzuge das EuGVÜ zur Vermeidung mehrerer gleichzeitig anhängiger Verfahren das terri-

---

[1300] Löffler, Mediendelikte im IPR und IZPR, S. 213; EuGH, Urteil v. 07.03.1995, Rs. C-68/93 (Shevill./.Press Alliance), NJW 1995, 1881 (1882, Tz. 32), Huber, ZEuP 1996, 295 (305).

[1301] LG Düsseldorf, GRURInt. 1999, 455 (458) im Rahmen eines Patentverletzungsstreits; Schlussantrag des Generalanwalts Darmon in der Rechtssache C-68/93 (Shevill./.Press Alliance), Slg. 1995, I-434 unter Bezugnahme des Art. 69 Abs. 2 des Gemeinschaftspatentübereinkommens, der eine zu Art. 17 Abs. 2 Streitlegungsprotokoll inhaltsgleiche Regelung enthält.

[1302] Löffler, Mediendelikte im IPR und IZPR, S. 210 f.

[1303] Schlussantrag des Generalanwalts Darmon in der Rechtssache C-68/93 (Shevill./.Press Alliance), Slg. 1995, I-430.

[1304] EuGH, Urteil v. 04.03.1982, Rs. 38/81 (Effer./.Kantner), Slg. 1982 I, 825, 834 Rn. 6.

torial am Besten geeignete Gericht[1305]. An einem Erfolgsgerichtsort sei ferner keine sachgerechte Prozessgestaltung hinsichtlich der in einem anderen Vertragsstaat eingetretenen Schäden zu erwarten, da es in diesem Falle an einer Nähebeziehung zwischen Gerichtsstand und Rechtsstreit fehle[1306].

Des Weiteren führt Darmon an, die Beschränkung der Kognitionsbefugnis entspräche den Zielen des Übereinkommens. Dies begründet er damit, dass die Gerichte am Erfolgsort am Besten geeignet seien, Ansehensverletzung und Schadensumfang in ihrem Bezirk zu beurteilen, und damit, dass keine konkurrierenden Zuständigkeiten entstünden. Ferner seien die Gerichtsstände entsprechend dem Verbreitungsgebiet der Zeitung vorhersehbar und die im so genannten Kalfelis-Urteil geforderte enge Auslegung der besonderen Zuständigkeitsregeln sei gewährleistet[1307].

Generalanwalt Léger schloss sich dem Standpunkt Darmons an und betonte erneut den Gesichtspunkt der Sachnähe. Die Gerichte eines Vertragsstaates hätten keine hinreichend enge Beziehung zu den in anderen Vertragsstaaten verursachten Schäden. Sie würden weder auf Grund des Ortes der Verwirklichung noch auf Grund der Handlung eine Beziehung aufweisen und seien daher funktionell beschränkt[1308]. Zudem sei es im Bereich der Ehrverletzungen, in dem das in den Vertragsstaaten anwendbare materielle Recht nicht harmonisiert ist, im besonderen Maße erforderlich, den Gefahren des forum shopping vorzubeugen[1309].

3) Mosaikprinzip in anderen Rechtsgebieten

Eine ähnliche Aufspaltung des Rechtsverhältnisses wie im Rahmen der Mosaikbeurteilung findet sich im deutschen internationalen Urheber- und Wettbewerbs-

---

[1305] Schlussantrag des Generalanwalts Darmon in der Rechtssache C-68/93 (Shevill./.Press Alliance), Slg. 1995, I-430.

[1306] Schlussantrag des Generalanwalts Darmon in der Rechtssache C-68/93 (Shevill./.Press Alliance), Slg. 1995, I-431.

[1307] Schlussantrag des Generalanwalts Darmon in der Rechtssache C-68/93 (Shevill./.Press Alliance), Slg. 1995, I-431 f. Schließlich lehnt Darmon die von Huet vorgeschlagene Gesamtkognitionsbefugnis am Ort des Hauptschadens ab. Die Ermittlung des Hauptschadens könne bei international bekannten Persönlichkeiten schwierig bis unmöglich sein und widerspräche dem Ziel des Übereinkommens, eine einfache Bestimmung des Gerichtsstands anhand klarer, bestimmter und hinreichend objektiver Merkmale zu ermöglichen. Man befände sich „am Rande" des Zivilrechts, so dass die Territorialitätslösung zu bevorzugen sei (Schlussantrag des Generalanwalts Darmon in der Rechtssache C-68/93 (Shevill./.Press Alliance), Slg. 1995, I-433 f.).

[1308] Schlussantrag des Generalanwalts Léger in der Rechtssache C-68/93 (Shevill./.Press Alliance), Slg. 1995, I-448 f.

[1309] Schlussantrag des Generalanwalts Léger in der Rechtssache C-68/93 (Shevill./.Press Alliance), Slg. 1995, I-449.

recht[1310]. Auch hinsichtlich des Kollisionsrechts für Persönlichkeitsrechtsverletzungen im Internet geht die überwiegende Literatur von der Mosaikbeurteilung aus[1311]. Diese Ansätze betreffen allerdings das Kollisionsrecht und nicht das Zuständigkeitsrecht. Wie bereits festgestellt[1312], können die Ergebnisse des Kollisionsrechts hinsichtlich der Tatortanknüpfung nicht auf das Zuständigkeitsrecht übertragen werden[1313].

Mit dem Zuständigkeitsrecht beschäftigte sich eine Arbeitsgruppe im Rahmen einer Tagung des Max-Planck-Instituts zu Fragen der internationalen Zuständigkeit und des anwendbaren Rechts im Bereich des geistigen Eigentums[1314]. Der Arbeitsgruppenvorschlag stellte fest, dass Verfahren, welche die Verletzung von Schutzrechten in verschiedenen Ländern betreffen, grundsätzlich nur am allgemeinen Gerichtsstand konsolidiert werden könnten. Ausnahmen von diesem Grundsatz sollten allerdings für Internet-Sachverhalte gelten, da diese im Hinblick auf das erhöhte Gefahrenpotential und die gesteigerte Mobilität von Verletzern einer flexibleren Regelung bedürften[1315]. Der Vorschlag der Arbeitsgruppe sieht für Internet-Sachverhalte vor, dass die angeblich verletzende Handlung auf das betreffende Territorium gerichtet gewesen sein oder dort eine kommerzielle Wirkung oder einen sonstigen substantiellen Effekt enthalten haben muss, um einen Anknüpfungspunkt zu bejahen[1316]. Eine eingeschränkte Kognitionsbefugnis der Gerichte an diesen Anknüpfungspunkten wird nicht erwähnt[1317].

[1310] Im Urheberrecht herrscht das so genannte Schutzlandprinzip, welches das Recht des Landes für anwendbar erklärt, in dem Schutz beansprucht wird. Nationale Urheberechte gelten danach grundsätzlich nur national begrenzt.
Das Wettbewerbsrecht folgt nach herrschender Meinung dem Marktortprinzip, wonach für Wettbewerbshandlungen das Recht des Territoriums gilt, auf dem die Wettbewerbsinteressen der Mitbewerber aufeinandertreffen. Hiernach können wettbewerbsrechtliche Konflikte mit einem Mitbewerber in einem Land nicht nach dem gleichen Recht beurteilt werden wie die Streitigkeit mit dem gleichen Mitbewerber in einem anderen Land.

[1311] Siehe zu den Nachweisen v. Hinden, Persönlichkeitsverletzungen im Internet, S. 154, der allerdings selbst ein Gegner der Mosaikbeurteilung ist (v. Hinden, Persönlichkeitsverletzungen im Internet, S. 167). Für eine Mosaikbeurteilung im Kollisionsrecht spricht sich ebenso Fricke aus (Fricke, Unterlassungsanspruch gegen Presseunternehmen im IPR, S. 253 ff.), die diese jedoch für das Zuständigkeitsrecht ablehnt (ebenda, S. 317 ff.).

[1312] Siehe oben 4. Teil.

[1313] Ebenso die Erwägungen des Kollisionsrechts zur Mosaikbetrachtung für das Zuständigkeitsrecht ablehnend: Wüllrich, Das Persönlichkeitsrecht des Einzelnen im Internet, S. 223 f.

[1314] Siehe Tagungsbericht von Kur, GRURInt. 2004, 306 ff.

[1315] Kur, GRURInt. 2004, 306 (308).

[1316] Kur, GRURInt. 2004, 306 (309).

[1317] Hinsichtlich des Patentrechts hat das LG Düsseldorf (LG Düsseldorf, GRURInt. 1999, 455 (458)) entschieden, dass Art. 5 Nr. 3 EuGVÜ eine gerichtliche Zuständigkeit nur für die in diesem Vertragsstaat begangenen Patentverletzungen begründe und nicht für weitere Patentverletzungen, die in anderen Vertragsstaaten begangen worden sind und dort bestehende

4) *Mosaikprinzip in anderen Staaten*

Die französische Rechtsprechung folgt seit jeher nahezu einhellig dem Mosaikprinzip[1318] und gewährte beispielsweise bei Persönlichkeitsrechtsverletzungen durch international verbreitete Presseerzeugnisse am angerufenen Gericht nur ein anteiliges Schmerzensgeld[1319]. Es ist zu vermuten, dass sich der EuGH im Shevill-Urteil an der in Frankreich vorherrschenden Meinung orientiert hat. Hierfür spricht insbesondere, dass die vom EuGH angeführte Begründung der Sach- und Beweisnähe der Zielsetzung entspricht, die sich hinter der in der französischen Rechtsprechung angegebenen Argumentation der „bonne administration de la justice et d´organisation utile" verbirgt.

Im Übrigen besteht in den Mitgliedsstaaten der EU keine einheitliche Meinung über die Frage des Umfangs der Kognitionsbefugnis an den Erfolgsortgerichtsständen[1320].

Im US-amerikanischen Recht entspricht die Mosaikbeurteilung der „multiple publication rule". Hiernach stellt die Verbreitung eines Presseerzeugnisses in verschiedenen Staaten jeweils eine neue Veröffentlichung dar, so dass es sich um unabhängig voneinander zu beurteilende unerlaubte Handlungen handeln würde[1321].

Allerdings folgt die neuere US-amerikanische Rechtsprechung für Verleumdungen im Internet der so genannten „single publication rule", wonach die Online-Veröffentlichung verleumderischer Inhalte als einheitliches Delikt betrachtet wird[1322]. Die Rechtsprechung war im Zuge des Aufkommens der Massenmedien

---

inhaltsgleiche Patente betreffen. Allerdings bezog sich diese Entscheidung auf Patentverletzungen, die auf getrennte ursächliche Handlungen in den jeweiligen Vertragsstaaten zurückzuführen waren. Das Gericht hat ausdrücklich offen gelassen, wie der Fall zu behandeln gewesen wäre, wenn die Patentverletzung in den anderen Vertragsstaaten ihren Ursprung an dem Ort gehabt hätten, für den das angerufene Tatortgericht zuständig war.

[1318] Schlussantrag des Generalanwalts Darmon in der Rechtssache C-68/93 (Shevill./.Press Alliance), Slg. 1995, I-430. Siehe hierzu mit Nachweisen der französischen Rechtsprechung Löffler, Mediendelikte im IPR und IZPR, S. 183 ff.; Reinmüller, IPRax, 1985, S. 233 (234) und Huber, ZEuP 1996, 295 (303).

[1319] Reinmüller, IPRax 1985, 233 (234).

[1320] Siehe zu einer rechtvergleichenden Betrachtung Gleichauf, Das postmortale Persönlichkeitsrecht im internationalen Privatrecht, S. 392 ff.

[1321] Restatement of the Law of Torts, Volume III, Division 5, § 578 comment b (1938); G. Wagner, RabelsZ 62 (1998) 243 (264).

[1322] Erstes maßgebliches Urteil: Firth vs. State of New York, N.Y. Ct. App. 02.07.2002, No. 87, 2002 N.Y. Lexis 1901. Das Urteil betraf den Beginn der geltenden Einjahresfrist zur Geltendmachung eines Anspruchs wegen Verleumdung. Die fortlaufende Verfügbarkeit des verleumderischen Artikels im Internet bedeutet nach Auffassung des Gerichts keine neue Veröffentlichung. Sie löse daher nicht jeden Tag einen neuen Beginn der Verjährungsfrist aus. Vielmehr gelte der erste Tag der Veröffentlichung allein als maßgeblich.

bereits immer mehr von der „multiple publication rule“ abgerückt und hatte die Veröffentlichung eines Druckwerkes in mehreren Staaten gemäß der „single publication rule“ als einheitliches Delikt behandelt[1323]. Die US-amerikanischen Gerichte, die sich mit Veröffentlichungen im Internet bislang beschäftigt haben, übertrugen jeweils die bisherige Rechtsprechung bezüglich der traditionellen Massenmedien zu Gunsten der „single publication rule“ auf Online-Veröffentlichungen[1324]. Die Gerichte haben dies damit begründet, dass das Ziel der „single publication rule“, eine Vielzahl von Verfahren zu verhindern und dem Kläger die Möglichkeit zu eröffnen, seine Schadensersatzansprüche in einem Verfahren geltend zu machen, auch für das Internet Geltung fände[1325]. Vielfach wird die Kommunikation über das Internet von den Gerichten als moderne Form der Massenmedien gesehen und mit der traditionellen Massenkommunikation gleichgesetzt[1326].

Für den Bereich des Internet lässt sich der Rechtsprechung der USA mithin keine Befürwortung des Mosaikprinzips entnehmen.

[1323] Kubis, IZ bei Persönlichkeits- und Immaterialgüterrechtsverletzungen, S. 20, mit Nachweisen, insbesondere Restatement (Second) of Torts § 577 A (1977).

[1324] Firth vs. State of New York, N.Y. Ct. App. 02.07.2002, No. 87, 2002 N.Y. Lexis 1901, at *370; Van Buskirk vs. New York Times Co., No. 99 Civ. 4265 (MBM), 2000 WL 1206732 at *2 (S.D.N.Y. 24.08.2000); Mitan vs. Davis, 243 F. Supp. 2d 719, at *722 + (W.D.Ky. 03.02.2003); The Traditional Cat Association vs. Gilbreath, 13 Cal. Rptr. 3d 353, at **359 + (06.05.2004). Im Rahmen eines Gutachtens zur Vorbereitung eines informellen Beratertreffens der WIPO zu internationalprivatrechtlichen Fragen im Dezember 1998 (Meeting of the Group of Consultants on the Private International Law Aspects of the Protection of Works and Objects of Related Rights Transmitted Through Global Digital Networks, Geneva, December 16 to 18, 1998) vertritt Ginsburg hinsichtlich des Urheberrechts die Auffassung, dass neben dem allgemeinen Gerichtsstand und dem Gerichtsstand am Handlungsort noch ein weiterer Gerichtsstand für die Geltendmachung des Gesamtschadens eröffnet werden solle. Dies solle der Gerichtsstand mit den engsten Beziehungen zu dem verletzten Werk (the most significant relationship to the work) sein, welcher in der Regel der Gerichtsstand im Heimatstaat des Urhebers und damit des Klägers sei. Vgl. hierzu näher Thum, GRURInt. 2001, 9 (25). Das Gutachten ist unter der Adresse http://www.wipo.int/meetings/en/details.jsp?meeting_id=3648 (Stand: 28.03.2007) abrufbar. Diese Auffassung führt allerdings zu dem oben (6. Teil, B, II) bereits abgelehnten Klägergerichtsstand.

[1325] Firth vs. State of New York, N.Y. Ct. App. 02.07.2002, No. 87, 2002 N.Y. Lexis 1901, at *370; The Traditional Cat Association vs. Gilbreath, 13 Cal. Rptr. 3d 353, at **361 (06.05.2004).

[1326] Mitan vs. Davis, 243 F. Supp. 2d 719, at *724 (W.D.Ky. 03.02.2003); The Traditional Cat Ass'n vs. Gilbreath, 13 Cal. Rptr. 3d 353, at **362 (06.05.2004); Firth vs. State of New York, N.Y. Ct. App. 02.07.2002, No. 87, 2002 N.Y. Lexis 1901, at *370. Die Argumentation für die Annahme eines einheitlichen Delikts wird zwar meist hinsichtlich der Frage des Beginns der Verjährungsfrist geführt, sie findet jedoch entsprechende Geltung hinsichtlich der Frage des Umfangs der Entscheidungsbefugnis.

II. Befürworter der Gesamtkognitionsbefugnis

Trotz der EuGH-Rechtsprechung und der verbreiteten Praxis der Mosaikbeurteilung in Frankreich wird diese im deutschen Schrifttum überwiegend abgelehnt[1327].

Die Befürworter der Gesamtkognitionsbefugnis führen an, dass die limitierte Kognitionsbefugnis die praktische Wirksamkeit der deliktsrechtlichen Zuständigkeitsregeln entfallen ließe[1328]. Die Anknüpfung an die Erfolgsorte würde für den Betroffenen wertlos, da er gezwungen sei, den Gerichtsstand am Handlungsort anzurufen, um den Gesamtschaden geltend zu machen. Dieser falle aber wiederum mit dem allgemeinen Gerichtsstand zusammen und habe daher keine eigenständige Bedeutung[1329]. Es sei zu berücksichtigen, dass Art. 5 Nr. 3 EuGVO bezweckt, dem Deliktsgeschädigten neben dem allgemeinen Gerichtsstand am Beklagtenwohnsitz wahlweise eine eigenständige Gerichtszuständigkeit am Tatort zu eröffnen. Ein solcher vollwertiger Wahlgerichtsstand setze jedoch voraus, dass dieses Gericht über einheitliche Verletzungshandlungen auch außerhalb seiner an sich gegebenen Gerichtsgewalt entscheiden könne[1330].

Außerdem wird angeführt, dass der Zweck der EuGVO als multilaterale Verordnung gegen eine Beschränkung der Kognitionsbefugnis spricht. Ihr Ziel, einen einheitlichen internationalen Gerichtsstand zur Verfügung zu stellen, basiere auf der Gleichwertigkeit der Entscheidungskompetenz aller vom EuGVO für zuständig erklärten Gerichte der Vertragsstaaten[1331]. Die Ratio des EuGVO erfordere daher eine Gesamtzuständigkeit aller für kompetent erklärten Gerichtsstände und damit auch des Gerichtsstandes am Erfolgsort[1332].

Die mit der Mosaikbeurteilung verbundene Aufspaltung der Zuständigkeit für einen einheitlichen Sachverhalt sei vom EuGVO in keinem einzigen Fall vorgesehen[1333]. Vielmehr verstoße man durch die Aufspaltung des Sachverhalts und das damit bedingte Erfordernis, mehrere Gerichte anrufen zu müssen, gegen das Ziel der Verordnung, das Verfahren zu erleichtern und zu beschleunigen[1334]. Die Vervielfachung der Verfahren bedeute einen überflüssigen Mehraufwand für die

---

1327 Befürworter der Gesamtkognitionsbefugnis: siehe oben Fn. 1287.

1328 Kreuzer/Klötgen, IPRax 1997, 90 (96); Kubis, IZ bei Persönlichkeits- und Immaterialgüterrechtsverletzungen, S. 135 f; Wüllrich, Das Persönlichkeitsrecht des Einzelnen im Internet, S. 222.

1329 Kreuzer/Klötgen, IPRax 1997, 90 (96).

1330 Stauder, GRURInt. 1986, 556 (557).

1331 Stauder, GRURInt. 1986, 556 (557).

1332 Kreuzer/Klötgen, IPRax 1997, 90 (95); Reinmüller, IPRax 1985, 233 (235).

1333 Kreuzer/Klötgen, IPRax 1997, 90 (95).

1334 Kubis, IZ bei Persönlichkeits- und Immaterialgüterrechtsverletzungen, S. 137 f.; Schack, UFITA 108 (1988), 51 (69 f); Ähnlich Wüllrich, Das Persönlichkeitsrecht des Einzelnen im Internet, S. 221 f.

Parteien, der durch keine schützenswerte Situation des Beklagten gerechtfertigt sei[1335].

Kubis[1336] führt an, dass der Rechtsschutz des Opfers im Rahmen der Mosaikbeurteilung durch die Entwertung des Erfolgsortgerichtsstandes verkürzt würde, während der Schutz des Verletzers sich verstärke. Der Verletzer könne vorweg am Handlungsort, der in der Regel seinem Wohnsitzstaat entspricht, eine negative Feststellungsklage erheben und hierdurch unter Umständen ein umfassendes Urteil über das Nichtvorliegen einer Persönlichkeitsrechtsverletzung erhalten.

Des Weiteren wird vorgebracht, dass das vom EuGH zu Gunsten der beschränkten Kognitionsbefugnis vorgebrachte Argument der Sachnähe der Erfolgsortgerichte hinsichtlich der dort entstandenen Schäden sich nicht mit der von ihm befürworteten Gesamtzuständigkeit des Handlungsgerichtsstandes decke. Der Handlungsort weise diese Sachnähe zu der Rechtsgutsverletzung gerade nicht auf. Es sei fraglich, womit in Konsequenz einer solchen Argumentation der Handlungsgerichtsstand und insbesondere seine Bevorzugung in Form der Gesamtzuständigkeit zu rechtfertigen sei[1337]. Soweit hierzu die Gesamtkausalität der Handlung vorgebracht würde, könne diese keinesfalls die Vorraussetzung der Sachnähe hinsichtlich der Rechtsgutsverletzung erfüllen[1338].

An der Sachnähe mangele es zudem bereits bei Streudelikten innerhalb eines Staatsgebietes. Würde dem Gericht allerdings zugetraut und zugestanden, die unter Umständen auch nicht in der Nähe des Gerichts liegenden Verletzungen im eigenen Staat zu beurteilen, so müsse dies ebenso für die erforderlichen Sachverhaltsfeststellungen des Gerichts gelten, wenn Verletzungen im Nachbarstaat einbezogen würden[1339].

Schack[1340] ist überdies der Auffassung, dass es auf die vom EuGH im Rahmen des Shevill-Urteils betonte Sach- und Beweisnähe des Gerichts im Bereich der Verletzungen des Persönlichkeitsrechts nicht wesentlich ankäme. Schließlich sei das Rechtsgut ohnehin nur schwer lokalisierbar.

Die beschränkte Kognitionsbefugnis könne schließlich auch nicht damit begründet werden, dass es sich bei dem Verbreiten einer Nachricht um ein „Bündel“ selbständiger, voneinander unabhängiger Einzelakte in jedem Verbreitungsstaat handele. Dies stelle eine bedenkliche Verengung des Handlungsbegriffs dar, da es eine willkürliche Zergliederung eines einheitlichen Geschehens in je-

---

1335 Stauder, GRURInt. 1986, 556 (557).
1336 Kubis, IZ bei Persönlichkeits- und Immaterialgüterrechtsverletzungen, S. 138.
1337 Kreuzer/Klötgen, IPRax 1997, 90 (94); Ähnlich Kubis, IZ bei Persönlichkeits- und Immaterialgüterrechtsverletzungen, S. 135.
1338 Kreuzer/Klötgen, IPRax 1997, 90 (94). Auch Löffler als Befürworter des Mosaikprinzips lehnt die Argumentation der Kausalverbindung im Rahmen der Kognitionsbefugnis ab (Löffler, Mediendelikte im IPR und IZPR, S. 205).
1339 Stauder, GRURInt. 1986, 556 (556).
1340 Schack, UFITA 108 (1988), 51 (70).

weils eine Handlung „pro Staat" beinhalten würde. Gerade im integrationswilligen Europa könnten Ländergrenzen an der Einheitlichkeit der Verbreitung nichts ändern. Die Verbreitung in einem Staat sei daher ein unselbständiger Teilakt der gesamten Verbreitung[1341].

C. Stellungnahme

Den Befürwortern einer Gesamtkognitionsbefugnis ist zuzustimmen. Auch wenn sich einige Argumente für eine Einschränkung der Kompetenz der Erfolgsortgerichte finden lassen, so überwiegen im Ergebnis doch die Nachteile einer Aufsplitterung eines einheitlichen Sachverhalts.

I. Wortlaut der Tatortgerichtsstände

Dem Wortlaut des § 32 ZPO und des Art. 5 Nr. 3 EuGVO lässt sich keine Beschränkung der Kognitionsbefugnis entnehmen[1342]. Weder die Formulierung des § 32 ZPO, wonach „für Klagen aus unerlaubten Handlungen das Gericht zuständig ist, in dessen Bezirk die Handlung begangen ist" noch die Fassung des Art. 5 Nr. 3 EuGVO, wonach Klagen „wegen unerlaubter Handlungen... vor dem Gericht des Ortes" erhoben werden dürfen, „an dem das schädigende Ereignis eingetreten ist oder einzutreten droht", geben einen Hinweis auf eine territorial beschränkte Prüfungskompetenz dieser Gerichte.

Zumindest im Rahmen der EuGVO bedarf eine beschränkte Entscheidungsbefugnis allerdings einer ausdrücklichen Erwähnung, denn sie stellt eine Sonderregelung gegenüber der in der EuGVO enthaltenen Regel der Gesamtzuständigkeit dar. Diese Regel lässt sich dem Ziel der EuGVO entnehmen. Die EuGVO bezweckt die Vereinheitlichung der Zuständigkeiten, indem sie die Entscheidungszuständigkeiten zwischen den Vertragsstaaten verteilt. Dabei sieht die EuGVO gerade keine territoriale Aufspaltung des Sachverhalts vor, sondern verteilt die Zuständigkeiten jeweils für den gesamten Rechtsstreit. Bei einer Zersplitterung der Kompetenzen würde es sich folglich um eine Abweichung von dieser Regel handeln[1343].

Das Erfordernis einer ausdrücklichen Regelung beschränkter Kompetenzen im Rahmen der EuGVO wird durch die vormals geplanten speziellen Regelungen bei gemeinschaftsrechtlichen Patentrechten bestätigt. So sah Art. 17 Abs. 2

[1341] Kubis, IZ bei Persönlichkeits- und Immaterialgüterrechtsverletzungen, S. 136 f.
[1342] Ebenso Junker, Anwendbares Recht und internationale Zuständigkeit bei Urheberrechtsverletzungen im Internet, S. 304; Kaum, WIB 1996, 513 (515).
[1343] Ebenso Kreuzer/Klötgen, IPRax 1997, 90 (95).

des Streitlegungsprotokolls[1344] eine Sonderregelung vor[1345], nach der das Gemeinschaftspatentgericht (nationales Gericht) nur für die im Hoheitsgebiet des Gerichtsstaates begangenen Handlungen zuständig ist. Diese spezielle Regelung wäre entbehrlich gewesen, wenn die Mosaikbeurteilung grundsätzlich im Rahmen des Art. 5 Nr. 3 EuGVO gelten würde. Die damals geplante Sonderregelung indiziert damit die grundsätzliche Gesamtzuständigkeit der Gerichte am Erfolgsort, anstatt sie, wie die Befürworter der Mosaikbeurteilung vorbringen[1346], zu widerlegen[1347].

II. Keine unangemessene Privilegierung des Klägers durch die Möglichkeit des forum shopping

Für eine Mosaikbeurteilung könnte sprechen, dass eine Entscheidungsbefugnis über den gesamten Schaden den Kläger unter Umständen unangemessen und einseitig privilegiert. Dies wäre der Fall, wenn der Geschädigte den für ihn, insbesondere hinsichtlich des anwendbaren Rechts, günstigsten Gerichtsstand weltweit auswählen und dort sämtliche Rechtsfolgen geltend machen könnte.

Zunächst ist allerdings anzumerken, dass die Gefahr der Suche nach dem günstigsten anwendbaren Recht nicht besteht, wenn im Kollisionsrecht entsprechend der herrschenden Meinung[1348] die Mosaikbetrachtung Anwendung findet. Im Rahmen der Mosaikbetrachtung käme für jedes Verbreitungsgebiet dessen Rechtsordnung zur Anwendung. Dann verblieben nur prozessuale Anreize zum forum shopping.

Zudem kann dem Einwand des unangemessenen forum shopping entgegengesetzt werden, dass der Kläger nach dem hier ermittelten Ergebnis zum Erfolgsort nicht jeden beliebigen Ort der Verbreitung als ihm günstigsten Gerichtsstand wählen kann. Vielmehr muss der gewählte Gerichtsstand den erforderlichen Bezug zum Streitgegenstand aufweisen. Das ermittelte Kriterium der Spürbarkeit

---

[1344] Protokoll über die Regelung von Streitigkeiten über die Verletzung und die Rechtsgültigkeit von Gemeinschaftspatenten, ABl. EG L 401/34-44 v. 30.12.1989. Diese Vereinbarungen traten nie in Kraft, da im Zusammenhang mit dem „Vorschlag für eine Verordnung des Rates über das Gemeinschaftspatent“ (KOM (2000) 412 endgültig, v. 01.08.2000) inzwischen eine zentralisierte Gerichtszuständigkeit, d.h. die Schaffung einer Gemeinschaftspatentgerichtsbarkeit, geplant ist (vgl. hierzu den Beschluss des Rates zur Übertragung der Zuständigkeit in Gemeinschaftspatentsachen auf den Gerichtshof, KOM (2003) 827 endgültig, v. 23.12.2003).

[1345] Diese Regelung ausdrücklich als Sonderrecht bezeichnend: Stauder, GRURInt. 1986, 556 (557).

[1346] Siehe oben 9. Teil, B, I.

[1347] Auch Reinmüller weist auf die fehlende Einschränkung der Entscheidungsbefugnis im Rahmen des EuGVÜ im Vergleich zur ausdrücklichen Einschränkung im Gemeinschaftspatentrecht hin (Reinmüller, IPRax, 1985, 233 (235).

[1348] Siehe oben Fn. 1311.

ist hierbei mehr als eine bloße Aussonderung vollkommen beziehungsschwacher Gerichtsstände. Durch das Erfordernis der Spürbarkeit wird vorausgesetzt, dass sich die Persönlichkeitsrechtsverletzung am Ort des angerufenen Gerichts merklich auswirkt. Dem Betroffenen steht damit keine exorbitante Wahlmöglichkeit zu.

Die Tatsache, dass der Kläger zwischen einer Mehrzahl von Gerichtsständen auswählen kann, ist dem Zuständigkeitsrecht jedoch nicht fremd, sondern vielmehr von diesem gewollt. Forum shopping ist durchaus legitim[1349] und vom EuGH ausdrücklich anerkannt[1350]. Dem Kläger soll durch den Tatortgerichtsstand gerade ein zusätzlicher Wahlgerichtsstand eröffnet werden. Dieses Wahlrecht nun durch eine Beschränkung der Kognitionsbefugnis der Gerichte wieder zu entwerten, erscheint widersprüchlich und nicht sachgerecht[1351].

Zudem ist anzumerken, dass es auch dem Verletzter im Rahmen einer negativen Feststellungsklage offen steht, den Vorzug der Gerichtsstandswahl in Anspruch zu nehmen.

III. Sinn und Zweck der Tatortgerichtsstände

Die Entscheidung des EuGH widerspricht dem Sinn und Zweck des Tatortgerichtsstandes. Der Sinn und Zweck des besonderen Gerichtsstandes der unerlaubten Handlung ist neben der Sach- und Beweisnähe des Gerichtsstandes zum Streitgegenstand unter anderem die Privilegierung des Klägers durch die Begründung eines zusätzlichen Gerichtsstandes.

Der EuGH hingegen begünstigt durch seine Mosaikbeurteilung den Beklagten anstelle des Klägers, da er den Erfolgsortgerichtsstand entwertet[1352]. Möchte der Kläger Mehrfachprozesse vermeiden, so bleibt ihm keine andere Möglichkeit, als am allgemeinen Gerichtsstand oder am Gerichtsstand des Handlungsortes zu klagen. Diese beiden Gerichtsstände sind jedoch Gerichtsstände, die von dem Beklagten beeinflusst werden können und in dessen Nähe liegen.

Eine beschränkte Kompetenz der Tatortgerichte ignoriert die bezweckte Bevorzugung des Klägers[1353] und seine sachliche Rechtfertigung[1354]. Für eine Pri-

[1349] So auch Vischer, Bemerkungen zum Verhältnis von internationaler Zuständigkeit- und Kollisionsrecht, in: Festschrift für D'Alfred E. von Overbeck, Kollision und Vereinheitlichung, 1990, S. 350 (356); Schack, IZVR, Rn. 222; Fricke, Unterlassungsanspruch gegen Presseunternehmen im IPR, S. 306.

[1350] EuGH, Urteil v. 30.11.1976, Rs. 21/76 (Bier./.Mines de Potasse), Slg. 1976, 1735, Rn. 15/9; Kubis, IZ bei Persönlichkeits- und Immaterialgüterrechtsverletzungen, S. 135.

[1351] Ähnlich Wüllrich, Das Persönlichkeitsrecht des Einzelnen im Internet, S. 221.

[1352] Zur Entwertung des Erfolgsortgerichtsstands siehe auch Kreuzer/Klötgen, IPRax 1997, 90 (96); Wüllrich, Das Persönlichkeitsrecht des Einzelnen im Internet, S. 221 f.

[1353] Das Argument des Opferschutzes im Rahmen des Tatortgerichtsstands ziehen heran: Weiß, Konkretisierung, S. 86, 92; Geimer/Schütze, EuZVR, Art. 5, Rn. 202; Geimer/Schütze,

vilegierung des Klägers spricht insbesondere der fakultative Charakter des Tatortgerichtsstandes. Wäre allein die Sachnähe ausschlaggebend, müsste es sich um eine ausschließliche und nicht um eine Wahlzuständigkeit handeln[1355]. Gerechtfertigt ist die Privilegierung des Betroffenen dadurch, dass im Bereich der unerlaubten Handlung der Täter in die Rechtsphäre des Betroffenen eindringt. Der Betroffene wird somit unvorbereitet und ohne eigene Beteiligung mit der Rechtsverfolgung und den mit dieser einhergehenden Schwierigkeiten konfrontiert[1356]. Die Umstände der Rechtsverfolgung können insbesondere bei Sachverhalten mit Auslandsberührung leicht in Rechtsverweigerung umschlagen. Der Tatortgerichtsstand soll dies vermeiden, indem er verhindert, dass das Opfer an einem von seinem Wohnsitz weit entfernten Ort klagen muss.

Die allein an dem Zuständigkeitsinteresse der Sach- und Beweisnähe orientierte Begründung des EuGH, das Gericht am Erfolgsort sei das zur Beurteilung der Ehrverletzung und zur Bestimmung des Schadens örtlich am Besten geeignete Gericht, lässt die übrigen Zuständigkeitsinteressen, beispielsweise das Interesse der Prozessökonomie[1357], unberücksichtigt[1358].

Wenn entsprechend der Begründung des EuGH das Kriterium der Sach- und Beweisnähe das allein ausschlaggebende Interesse ist, dann erscheint es unverständlich, dass am Gerichtsstand des Handlungsortes der gesamte Schaden geltend gemacht werden kann. Dem Gericht am Handlungsort ist schließlich die sich in einem anderen Staat auswirkende Ehrverletzung und der dort entstandene Schaden genauso fern, wie dem Gericht am Erfolgsort in einem anderen Staat[1359].

Internationale Urteilsanerkennung, Bd. I, 1. Hb, § 84 I, S. 604; Kiethe, NJW 1994, 222 (226); G. Wagner, RabelsZ 62 (1998), 243 (282); Fricke, Unterlassungsanspruch gegen Presseunternehmen, S. 289, 318 f.

[1354] Ähnlich Fricke, die den Schutz der Klägerinteressen betont, der nicht aus Gründen des Sach- und Beweisnähe zurückgesetzt werden dürfe (Fricke, Unterlassungsanspruch gegen Presseunternehmen im IPR, S. 319).

[1355] Siehe oben 5. Teil, A, II, 1), b), bb).

[1356] Siehe oben 5. Teil, A, II, 1), b), bb), (1). Ebenso Bourel zur Begründung des Opferschutzes in früheren Stellungnahmen (Bourel, Rev.crit.dr.int.pr. 1977, 568 (571); Bourel, Rev.crit.dr.int.pr. 1971, 282 (290)).

[1357] Siehe ausführlicher unten 9. Teil, C, VIII.

[1358] So auch: Rauscher, ZZP Int. 1 (1996), 151 (158 f.); Wüllrich, Das Persönlichkeitsrecht des Einzelnen im Internet, S. 222.

[1359] Siehe ebenso unten 9. Teil, C, V.

IV. Vollstreckbarkeit der Urteile

Ein weiteres Argument, das gegen die Aufspaltung der Rechtsanwendungsbefugnis spricht, ist die Frage der Vollstreckbarkeit der Urteile aus den einzelnen Erfolgsortstaaten.

Die Mosaikbeurteilung birgt stets die Gefahr, dass der Kläger im Ergebnis nicht den gesamten Schaden ersetzt bekommt. Um den gesamten Schaden ersetzt zu bekommen, müsste der Kläger sämtliche Ansprüche an den verschiedenen Gerichtsständen nicht nur einklagen, er müsste die Urteile zudem im Anschluss daran auch im Staat der Vollstreckung anerkennen und für vollstreckbar erklären lassen[1360]. Bei in Erfolgsortstaaten ergangenen Urteilen, die keine Aussicht auf Anerkennung im Vollstreckungsstaat haben, würde dem Kläger der Ersatzanspruch hinsichtlich der in diesen Staaten entstandenen Schäden vollständig verwehrt bleiben. Die Versagung der Anerkennung ausländischer Urteile ist in Deutschland zum Beispiel denkbar, wenn die Verbürgung der Gegenseitigkeit gemäß § 328 Nr. 5 ZPO nicht gegeben ist, d.h. wenn der Urteilsstaat deutsche Urteile nicht anerkennt[1361].

Bei einer umfassenden Kognitionsbefugnis der Gerichte am Erfolgsort könnte der Kläger hingegen einen Erfolgsortgerichtsstand auswählen, gegen den keine Bedenken hinsichtlich der späteren Vollstreckung im Vollstreckungsstaat bestehen. Hiergegen kann nicht eingewendet werden, dass dies eine Umgehung der Vollstreckungsbeschränkungen für Schadensersatzansprüche aus diesem Staat bedeuten würde. Schließlich bekäme der Kläger auch nach der Auffassung des EuGH den in diesem Staat entstandenen Schaden ersetzt, indem er den Gesamtschaden am Gerichtsstand des Handlungsortes geltend macht.

V. Unsachgemäße Privilegierung des Handlungsortes

Die Mosaikbeurteilung widerspricht der Ubiquitätsregel, nach der sämtliche Handlungs- und Erfolgsorte gleichwertig sind.

Der EuGH gibt in seiner Entscheidung zur Mosaikbeurteilung keine nachvollziehbare Begründung, warum das Gericht am Handlungsort für den gesamten Schaden zuständig sein soll. Er führt aus, dass der Ort des ursächlichen Geschehens der Ort der Niederlassung des Herausgebers der streitigen Veröffentlichung sei, da dies der Ort ist, an dem das schädigende Ereignis seinen Lauf nahm und von dem aus die ehrverletzende Äußerung gemacht und in Umlauf gebracht wurde. „Deshalb“ müsse das Gericht an diesem Ort für die Entscheidung über

---

[1360] Im Anwendungsbereich der EuGVO gilt ein vereinfachtes Anerkennungs- und Vollstreckungsverfahren für in einem Mitgliedstaat ergangene Urteile, vgl. Art. 32 ff. EuGVO.

[1361] Innerhalb des Anwendungsbereichs des EuGVO besteht diese Gefahr wegen des erleichterten Anerkennungsverfahrens nicht (vgl. Art. 33 ff. EuGVO)

den Ersatz des gesamten durch die unerlaubte Handlung entstandenen Schadens zuständig sein[1362]. Die Kausalverbindung erschließt sich jedoch nicht aus den vorhergehenden Ausführungen.

Vielmehr erscheint nicht ersichtlich, warum die vom EuGH zur Begründung der limitierten Kognitionsbefugnis der Erfolgsortgerichte monierte Sachnähe hinsichtlich der in anderen Staaten entstandenen Schäden gerade am Ort der Niederlassung gegeben sein soll. Das Gericht am Ort der Niederlassung wird hinsichtlich der Schäden in anderen Staaten auf die gleichen Nachteile bei der Sachverhaltsaufklärung stoßen (fremde Sprache, geographische Entfernung etc.) wie die Gerichte am Erfolgsort bei einer Gesamtkognitionsbefugnis. Während die mangelnde Beweisnähe im Rahmen der Zuständigkeit am Erfolgsort ausschlaggebend für eine begrenzte Entscheidungskompetenz der Gerichte sein soll, scheint dieser Mangel für die Vertreter der Mosaikbeurteilung im Rahmen des Gerichtsstands am Handlungsort nicht hinderlich zu sein.

Die bloße kausale Verbindung zwischen der Handlung und den entstandenen Schäden kann eine solche Privilegierung der Gerichte am Handlungsort nicht rechtfertigen. Die Kausalität ist für die im Rahmen der Tatortzuständigkeit regierenden Interessen der Sach- und Beweisnähe, der Klägerprivilegierung und der Prozessökonomie ohne Bedeutung. Die Sonderstellung des Handlungsortes ist daher nicht nachvollziehbar[1363].

VI. Einheitliche Handlung

Löfflers Annahme, dass Handlungs- und Erfolgsort bei Mediendelikten am Ort der Verbreitung zusammen fallen und die Verbreitung der Medienerzeugnisse völlig unabhängig in verschiedenen Ländern erfolgt[1364], ist abzulehnen.

Wie bereits ausgeführt[1365], kann der Handlungsort nicht, wie von Löffler angenommen, am Verbreitungsort lokalisiert werden. Am Ort des Abrufs einer Web-Seite oder einer E-Mail handelt nicht der Täter, sondern dort handeln der Betroffene und/oder Dritte. Deren Kenntnisnahme der inkriminierten Inhalte bewirkt die Rechtsgutsverletzung. Am Verbreitungsort ist damit nicht das ursächliche Geschehen sondern allein der Erfolg zu lokalisieren.

Die Verbreitung von Medienerzeugnissen besteht nicht, wie von Löffler angenommen, aus einzelnen, getrennten unerlaubten Handlungen in jedem Verbreitungsstaat. Auch im Rahmen von Mediendelikten handelt es sich um ei-

---

[1362] EuGH, Urteil v. 07.03.1995, Rs. C-68/93 (Shevill./.Press Alliance), NJW 1995, 1881 (1882, Tz. 24 und 25).

[1363] Der gleichen Auffassung sind Löffler, Mediendelikte im IPR und IZPR, S. 214 ff., Kreuzer/Klötgen IPRax 1997, 90 (94).

[1364] Löffler, Mediendelikte im IPR und IZPR, S. 210 f.

[1365] Siehe oben 8. Teil, D, A, I.

nen einheitlichen Sachverhalt[1366], denn bei Mediendelikten lassen sich die Erfolge an den Verbreitungsorten jeweils auf *eine* Handlung des Entwerfens und Einspeisens und nicht auf getrennte Handlungen zurückführen. Zur Verbreitung im Internet bedarf es nicht einzelner Entschlussfassungen für jedes Land, wie von Löffler im Hinblick auf Printmedien und Funk- und Fernsehen vorgebracht. Die Verbreitung im Internet beruht vielmehr auf einer einheitlichen Entscheidung zum Zeitpunkt des Einspeisens.

Löffler stellt zwar durch die Zuständigkeit der Gerichte am Verbreitungsort einen vom Wohnort verschiedenen Gerichtsstand zur Verfügung; indem er diesem entsprechend dem EuGH aber nur eine limitierte Entscheidungsbefugnis zuspricht, nimmt er ihm die praktische Wirksamkeit. Möchte der Kläger den Gesamtschaden ersetzt bekommen, so bleibt ihm wiederum nur der Gerichtsstand am Wohnort.

Ebenso greift Löfflers Kritik, dass der Gesamtkognitionsbefugnis im vorläufigen Rechtsschutz die praktische Wirksamkeit fehle[1367], nicht. Der von ihm vorgebrachte Zeitverlust durch eine Umschreibung des Titels in den einzelnen Verbreitungsgebieten ist nicht gegeben. Die Notwendigkeit einer solchen Umschreibung zum Zwecke der Vollstreckung ist nicht ersichtlich. Erhält der Kläger einen Titel hinsichtlich des gesamten Verbreitungsgebietes, so muss er einen Unterlassungs- oder Schadensersatzanspruch in der Regel nur am Wohnsitz des Beklagten vollstrecken lassen, da dort regelmäßig sowohl die Handlungszentrale als auch das Vermögen lokalisiert sind.

VII. Forum shopping bei Streudelikten

Das Löfflers[1368] Argument, der Gesetzgeber habe damals Streudelikte nicht bedacht und deswegen führe eine Gesamtkognitionsbefugnis in diesem Bereich zu einer vom gesetzgeberischen Willen nicht mehr gedeckten Wahlbefugnis der Gerichtsstände, kann durch die Neufassung der europäischen Zuständigkeitsregelung im Rahmen der EuGVO entkräftet werden. Obwohl dem Verordnungsgeber inzwischen Streudelikte und deren Problematik bekannt waren, wurde hinsichtlich der Wahlbefugnis im Rahmen des Art. 5 Nr. 3 EuGVO keine Veränderung oder Klarstellung des Verordnungstextes vorgenommen. Dies spricht dafür, dass der Gesetzgeber ein forum shopping auch im Rahmen von Streudelikten als legitim ansieht.

[1366] Ebenso Fricke, Unterlassungsanspruch gegen Presseunternehmen im IPR, S. 322.
[1367] Löffler, Mediendelikte im IPR und IZPR, S. 213.
[1368] Löffler, Mediendelikte im IPR und IZPR, S. 203 f. Siehe auch oben 9. Teil, B, I, 1).

VIII. Prozessökonomie

Des Weiteren sprechen prozessökonomische Gründe maßgeblich gegen eine beschränkte Kognitionsbefugnis. Wie dargestellt, ist die Konsequenz der Mosaikbeurteilung, dass der Kläger an allen Gerichtsständen des Erfolgsortes klagen muss, um seinen gesamten Anspruch geltend machen zu können. Durch die limitierte Kompetenz der Gerichte müssten bei grenzüberschreitenden Persönlichkeitsrechtsverletzungen folglich mehrere Gerichte über einen gleichgelagerten Sachverhalt entscheiden. Mehrere Gerichte müssten jeweils den Sachverhalt ermitteln, eventuelle Zeugen müssten in mehreren Verfahren aussagen und die Parteien müssten an mehreren, meist zeitintensiven Verfahren teilnehmen. Hinzu kämen eventuelle Verfahren hinsichtlich der Anerkennung und Vollstreckung der Urteile der einzelnen Erfolgsortgerichte. Zudem entstünden für die Beteiligten bei Mehrfachprozessen untragbare Verfahrenskosten. Diese Belastung der Gerichte sowie der Beteiligten ist durch eine Gesamtentscheidungsbefugnis, die zu einer Konzentration der Zuständigkeiten führt, vermeidbar.

Insofern ist Bourel, der von Generalanwalt Leger in seinem Schlussantrag zitiert wird[1369], zuzustimmen: „Das Ziel einer geordneten Rechtspflege kann nur dann erreicht werden, wenn das empfindliche Gleichgewicht zwischen dem Ziel der Nähe des Gerichts zum Rechtsstreit einerseits und dem Erfordernis einer gewissen Konzentration der Zuständigkeiten andererseits gewahrt bleibt". Dieses Gleichgewicht ist im Rahmen der Gesamtkognitionsbefugnis gegeben. Der ermittelte Erfolgsort wahrt durch das Erfordernis des qualifizierten Inlandsbezuges die nötige Nähe des Gerichts zum Rechtsstreit, während die umfassende Entscheidungsbefugnis die erforderliche Konzentration der Zuständigkeiten bewirkt. Ein Zuständigkeitssplitting, wie im Rahmen der Mosaikbeurteilung, würde das Verhältnis zwischen Sachnähe und Zuständigkeitskonzentration hingegen aus dem Gleichgewicht bringen und das Ziel der geordneten Rechtspflege gefährden.

Ähnlich der Aussage Bourels ist das von Generalanwalt Darmon zitierte Effer-Urteil[1370] zu verstehen, wonach das Übereinkommen „mehrere gleichzeitig anhängige Gerichtsverfahren ... verhindern" und „im Interesse der Rechtssicherheit sowie der Parteien ... das in territorialer Hinsicht ... am Besten geeignete" Gericht bestimmen möchte[1371]. Das Effer-Urteil stützt damit die Gesamtkognitionsbefugnis, da diese Mehrfachprozesse vermeidet. Ebenso hat der EuGH in anderem Zusammenhang mehrfach hervorgehoben, dass eine umfassende Entscheidungsbefugnis des angerufenen Gerichts im Interesse des effektiven

[1369] Schlussantrag des Generalanwalts Léger in der Rechtssache C-68/93 (Shevill./.Press Alliance), Slg. 1995, I-441.

[1370] Siehe oben 9. Teil, B, I, 2).

[1371] Siehe Schlussantrag des Generalanwalts Darmon in der Rechtssache C-68/93 (Shevill./.Press Alliance), Slg. 1995, I-430 f.

Rechtsschutzes und der Rechtssicherheit sei[1372]. Der BGH hat in einer Entscheidung zur örtlichen Zuständigkeit nach § 32 ZPO das prozessökonomische Interesse einer möglichst schnellen und einfachen Beilegung des Rechtsstreits sogar als gewichtiger bewertet als das Anliegen, ein Gericht entscheiden zu lassen, das die engsten Beziehungen zur jeweiligen Rechtsmaterie aufweist[1373]. Mithin kommt dem Interesse der Prozessökonomie eine wesentliche Bedeutung zu, die es verbietet im Rahmen der Frage nach dem Umfang der Entscheidungsbefugnis ausschließlich auf das Interesse der Sachnähe abzustellen, wie dies der EuGH getan hat.

IX. Widersprechende Entscheidungen

Die Zersplitterung der Tatortzuständigkeit kann des Weiteren zu Parallelverfahren in verschiedenen Staaten führen. Dies kann zu widersprechenden Entscheidungen führen, da angesichts der noch nicht ausreichend fortgeschrittenen Rechtsvereinheitlichung wenig Aussicht darauf besteht, dass derselbe Sachverhalt von Gerichten verschiedener Staaten völlig gleich beurteilt wird[1374].

Der Regelung des Art. 28 EuGVO (bzw. Art. 22 EuGVÜ) ist zu entnehmen, dass die Verordnung nicht nur unvereinbare, sondern auch sich widersprechende Entscheidungen verhindern möchte[1375]. Die dort enthaltenen Regelungen hinsichtlich der in Zusammenhang stehenden Klagen werden in Art. 28 Abs. 3 EuGVO ausdrücklich mit dem Ziel der Vermeidung widersprechender Entscheidungen begründet. Widersprechende Entscheidungen sind jedoch, wie von den Befürwortern der Mosaikbeurteilung eingestanden[1376], eine mögliche Folge der durch die beschränkte Entscheidungsbefugnis entstehenden Zersplitterung der Gerichtsstände. Ein solch judizieller Widerspruch im Rahmen der Gemeinschaft ist mit dem Interesse einer abgestimmten Rechtspflege nicht vereinbar. Zu beachten ist zudem, dass das Ziel eines internationalen Entscheidungseinklangs auf diese Weise in weite Ferne rückt.

Auch außerhalb des Gemeinschaftsrechts gilt das Gebot der Vermeidung gegensätzlicher Entscheidungen. Widersprechende Entscheidungen stören den

[1372] Mansel, IPRax 1989, 84 (85) mit entsprechenden Nachweisen.

[1373] BGH NJW 2003, 828 (829).

[1374] So auch Hau, Positive Kompetenzkonflikte im Internationalen Zivilprozessrecht, S. 47 und Kubis, IZ bei Persönlichkeits- und Immaterialgüterrechtsverletzungen, S. 138.

[1375] So auch Hau, Positive Kompetenzkonflikte im Internationalen Zivilprozessrecht, S. 48. Ebenfalls ist dem von Generalanwalt Darmon in dem Shevill-Fall erwähnten Effer-Urteil des EuGH (siehe oben 9. Teil, B, I, 2)) der Wunsch nach Vermeidung von Parallelverfahren zu entnehmen, vgl. EuGH, Urteil v. 04.03.1982, Rs. 38/81 (Effer./.Kantner), Slg. 1982 I, 825, 834 Rn. 6.

[1376] Z.B. Schlussantrag des Generalanwalts Darmon in der Rechtssache C-68/93 (Shevill./.Press Alliance), Slg. 1995, I-431.

Rechtsfrieden, da die Justiz durch sie einen Ansehens- und Vertrauensverlust erleidet und der Konflikt zwischen den Parteien nicht gelöst wird. Zudem bieten sie keine Rechtssicherheit, wenn das Verhalten des Beklagten in einem Urteil gebilligt wird, während es in einem anderen Urteil untersagt wird[1377].

Im Hinblick auf die Unterlassungs- und Gegendarstellungsansprüche im Internet muss der Auffassung der Vertreter des Mosaikprinzips ferner widersprochen werden, wonach die auf den Gerichtsstaat begrenzten Entscheidungen mangels gegenseitigen Ausschlusses der Rechtsfolgen nicht unvereinbar seien. Unterlassungs- und Gegendarstellungsansprüche lassen sich im Internet nur sehr schwer territorial begrenzt durchsetzen[1378]. Auch eine Gerichtsentscheidung, die das Unterlassen einer Äußerung oder das Recht der Gegendarstellung auf einen Gerichtsstaat beschränkt, hat aufgrund des nicht steuerbaren weltweiten Verbreitungsgebietes des Internet stets eine staatenübergreifende Wirkung. De facto schließen sich die Rechtsfolgen bei diesen Anspruchsarten demnach aus.

Doch auch bei Schadensersatzklagen liegen dem Klagegrund nach Parallelverfahren vor, die durch die EuGVO gerade vermieden werden sollen[1379]. Der parallele Klagegrund rührt daher, dass der zugrundeliegende Sachverhalt stets die Verbreitung einer inkriminierten Nachricht im globalen Internet darstellt. Die Verbreitung an dem angerufenen Erfolgsortgerichtsstand steht zum Zeitpunkt, an dem sich die Frage des Umfangs der Entscheidungsbefugnis stellt, nicht mehr in Frage. Diese wurde bereits im Rahmen der Zuständigkeit im Wege des qualifizierten Inlandsbezuges festgestellt. Der Unterschied zwischen den Verfahren in den einzelnen Vertragsstaaten besteht mithin lediglich in der Intensität der Verletzung, d.h. in der Schadenshöhe.

Die Mosaikbeurteilung widerspricht damit dem Art. 27 und Art. 28 EuGVO zu entnehmenden Ziel einer umfassenden Erledigung des Rechtsstreits in einem einzigen Verfahren[1380].

Außerhalb des Anwendungsbereichs der EuGVO kann es zudem nicht nur zu widersprechenden, sondern auch zu unvereinbaren Urteilen der verschiedenen Erfolgsortstaaten kommen. Die Gerichte außerhalb der Mitgliedsstaaten sind nicht an das zuständigkeitsrechtliche Mosaikprinzip des EuGH gebunden. Sie werden daher nicht stets begrenzt auf den Schaden in ihrem eigenen Hoheitsgebiet entscheiden. Urteilt ein Erfolgsortgericht beispielsweise positiv hinsichtlich des gesamten Schadens und ein anderes Erfolgsortgericht negativ in Bezug auf den in seinem Hoheitsgebiet entstandenen Schaden, so entstehen Rechtsfolgen, die sich gegenseitig ausschließen.

[1377] Hau, Positive Kompetenzkonflikte im Internationalen Zivilprozessrecht, S. 49.

[1378] Siehe hierzu ausführlich unten 9. Teil, C, X, 2) und 3).

[1379] Die Vermeidung von Parallelverfahren wird betont in dem Erwägungsgrund Nr. 15 zum EuGVO.

[1380] So auch Kubis, IZ bei Persönlichkeits- und Immaterialgüterrechtsverletzungen, S. 138; Fricke, Unterlassungsanspruch gegen Presseunternehmen im IPR, S. 322.

X. Praktikabilität

Maßgeblich gegen die Mosaikbeurteilung spricht, dass diese insbesondere im Bereich von Internetdelikten nicht praktikabel ist. Dies gilt sowohl für Schadensersatz- und Bereicherungsansprüche als auch für Unterlassungs- und Widerrufsansprüche sowie für Gegendarstellungsansprüche.

1) Schadensersatzansprüche

Die Mosaikbeurteilung bewirkt eine Zersplitterung des Schadensersatzanspruchs in nationale Ersatzansprüche, deren Addition den Gesamtschadensanspruch ergibt.

Eine solche Aufspaltung des Schadensersatzanspruchs setzt voraus, dass eine Aufschlüsselung des Schadens nach territorialen Kriterien möglich ist.

a) Materielle Schäden

Bei materiellen Schäden, wie bei Vermögenseinbußen durch den Verlust eines Auftrages nach einer Persönlichkeitsverfälschung, erscheint dies zunächst denkbar. Es liegt nahe, die Vermögenseinbußen durch den verlorenen Auftrag dem Staat zuzuordnen, in dem der Auftrag erfüllt werden sollte.

Diese territoriale Zuordnung des Schadens nach dem Ort seines Eintritts entspricht jedoch nicht der Betrachtungsweise des EuGH. Der Gerichtshof erklärt die Erfolgsortgerichte für diejenigen Schäden zuständig, „die in dem Staat des angerufenen Gerichts verursacht worden sind“[1381]. Er ordnet den Schaden also dem Ort seiner Verursachung zu. Maßgeblich für den Umfang der Entscheidungsbefugnis ist folglich nicht, ob der Schaden im Gerichtsstaat eingetreten ist, sondern ob der Schaden auf einer Rechtsgutsverletzung beruht, die im Gerichtsstaat stattgefunden hat[1382]. Den Schaden dem Staat zuzuordnen, indem er eingetreten ist, würde gegen den Grundsatz der Unbeachtlichkeit des Schadensortes verstoßen[1383]. Somit ist nur derjenige Schaden einem Gerichtsstaat zuzuordnen, der auf der Kenntnisnahme der verletzenden Nachricht in diesem Gerichtsstaat beruht.

Der beispielhaft genannte Auftragsverlust müsste folglich gerade auf die Kenntnisnahme der verletzenden Nachricht im Staat der Auftragserfüllung zurückzuführen sein. Dies ist jedoch nicht der Fall, wenn der Auftraggeber nicht

---

[1381] EuGH, Urteil v. 07.03.1995, Rs. C-68/93 (Shevill./.Press Alliance), NJW 1995, 1881 (1882, Tz. 33).

[1382] So auch Fricke, Unterlassungsanspruch gegen Presseunternehmen im IPR, S. 253 f. zum Kollisionsrecht.

[1383] Siehe oben 6. Teil, B, II.

im Staat der Auftragserfüllung ansässig ist und er daher die persönlichkeitsverfälschende Nachricht in einem anderen Staat zur Kenntnis genommen hat. Ebenso kann keine eindeutige territoriale Zuordnung des Auftragsverlustes erfolgen, wenn nicht auszuschließen ist, dass der Verlust des Auftrages auf eine Verbreitung der Nachricht in mehreren Staaten zurückzuführen ist. Es stellt sich dann die Frage, wessen Kenntnisnahme der verletzenden Nachricht in diesem Falle ursächlich für die Kündigung war bzw. welchem Staat der Schaden zuzuordnen ist, wenn nicht eindeutig ist, auf welche Rechtsgutsverletzung, d.h. auf die Kenntnisnahme in welchem Staat, der Schaden zurückzuführen ist. Der Auftraggeber könnte gekündigt haben, weil er selbst das Vertrauen in den Betroffenen verlor, oder weil das Ansehen des Betroffenen in der Öffentlichkeit beschädigt wurde und der Betroffene daher für den Auftrag nicht mehr tragbar war. Kommt man zu dem Ergebnis, dass die Kenntnisnahme durch die Öffentlichkeit ursächlich war, dann scheitert eine kausale Zuordnung häufig daran, dass es sich um eine staatenübergreifende Öffentlichkeit handelt. In diesem Fall bilden Rechtsgutsverletzungen in mehreren Staaten die Ursache, so dass der Schaden nicht eindeutig einem Staat zugeordnet werden kann.

Die Zuordnung des Schadens, ist folglich nur dann problemlos, wenn die materiellen Einbußen gerade auf die Verbreitung in einem bestimmten Staat zurückzuführen sind[1384]. Die obigen Ausführungen zeigen jedoch, dass es oft nicht möglich ist, den Schaden einem bestimmten ursächlichen Ort der Rechtsgutsverletzung zuzuordnen.

b) Immaterielle Schäden

Meist sind bei Persönlichkeitsverletzungen nicht materielle Schäden zu beklagen, sondern solche immaterieller Natur. Auch im Bereich der immateriellen Schäden stößt das Mosaikprinzip auf einige Hindernisse. Es muss feststellbar sein, inwieweit eine Persönlichkeitsrechtsverletzung in dem einen und inwieweit sie in dem anderen Staat erfolgt ist. Die Quantifizierung der im Inland erlittenen Rechtsgutsverletzung könnte einige praktische Probleme aufwerfen.

Zuvor stellt sich jedoch die Frage, anhand welcher Rechtsordnung die Bemessung des im Forumstaat entstandenen Schadens zu erfolgen hat. Im Rahmen des autonom auszulegenden Art. 5 Nr. 3 EuGVO ist zunächst an autonome Bemessungskriterien zu denken. Es existieren allerdings keine einheitlichen europäischen Kriterien für die Bemessung von immateriellen Schäden bei Persönlichkeitsrechtverletzungen. Eine Bemessung des nationalen Schadens anhand eines autonomen Standards scheidet mithin aus.

[1384] Ähnlich v. Hinden, Persönlichkeitsverletzungen im Internet, S. 159 f. (für das Kollisionsrecht).

Des Weiteren kommt eine Feststellung der Schadenshöhe im Forumstaat gemäß der Bemessungskriterien der lex fori in Betracht. Die Schadensbemessung ist eine Frage des materiellen Rechts, so dass diesbezüglich das materielle Recht des Forumstaates zur Anwendung käme. Dies würde jedoch unter Umständen dazu führen, dass die Schadensbemessung nach einem anderen Recht erfolgt als die Prüfung der Anspruchsvoraussetzungen. So würde, wenn das anwendbare Recht nicht dem Recht des Forumstaates entspricht, die materielle Prüfung eines Anspruchs aufgesplittet und zwei verschiedenen materiellen Rechtsordnungen zugeordnet. Dies könnte zu nicht gewollten Wertungswidersprüchen führen, da die Anspruchsvoraussetzungen und die Schadensbemessung im materiellen Recht aufeinander abgestimmt sind. So werden beispielsweise in den USA teilweise höhere Anforderungen an die Annahme einer Persönlichkeitsrechtsverletzung gestellt, im Falle dessen jedoch auch höhere Schadensersatzsummen gewährt. Abgesehen davon ist die Frage der Schadensbemessung, wie bereits erwähnt, eine Frage des materiellen Rechts. Über die Anwendung materiellen Rechts entscheidet jedoch das Kollisionsrecht des Forumstaates, das bei einer Anwendung des materiellen Rechts der lex fori umgangen würde.

Richtigerweise müssen daher die Bemessungskriterien der lex causae über den Umfang des im Forumstaat entstandenen Schadens entscheiden. Auf diese Weise bestimmt das Kollisionsrecht des Forumstaates über das auf die Schadensbemessung anwendbare materielle Recht und die materielle Anspruchsprüfung unterliegt einheitlich einer materiellen Rechtsordnung. Entsprechend stellt auch der EuGH fest, dass der Umfang des Schadens nach dem durch das Kollisionsrecht des Forumstaates maßgeblichen materiellen Recht zu bestimmen sei[1385]. Zu Recht führt der EuGH aus, dass das Übereinkommen im Hinblick auf die Haftung aus unerlaubter Handlung nur die Verteilung der gerichtlichen Zuständigkeiten zur Aufgabe habe, die Bestimmung des Schadensumfangs hingegen nicht Gegenstand des Übereinkommens sei[1386].

Dieser Hinweis des EuGH auf die Anwendung der lex causae überwindet allerdings nicht die mit der territorial beschränkten Schadensbestimmung verbundenen Probleme. Denn die meisten materiellen Rechtsordnungen sehen keine Regeln für eine Schadensaufteilung vor[1387]. Teilweise wird vertreten, dass eine territorial begrenzte Schadensberechnung nicht möglich bzw. willkürlich sei[1388]. Um diese Frage zu klären, sind die Bemessungskriterien für den immateriellen Schadensersatz bei Persönlichkeitsrechtsverletzungen exemplarisch nach deut-

---

[1385] EuGH, Urteil v. 07.03.1995, Rs. C-68/93 (Shevill./.Presse Alliance), NJW 1995, 1881 (1882, Tz. 41)

[1386] EuGH, Urteil v. 07.03.1995, Rs. C-68/93 (Shevill./.Presse Alliance), NJW 1995, 1881 (1882, Tz. 37 ff.)

[1387] So Mansel, RabelsZ 61 (1997), 756 (757).

[1388] Kubis, IZ bei Persönlichkeits- und Immaterialgüterrechtsverletzungen, S. 140; RGZ 72, 41 (45).

schem materiellem Recht zu betrachten[1389]. Sie sind daraufhin zu untersuchen, ob sie eine getrennte Erhebung und Berechnung der Faktoren zulassen.

aa) Staatenübergreifende Bemessungskriterien

Bemessungskriterien, die aus der Genugtuungsfunktion des immateriellen Schadensersatzes folgen, wie das Verschulden des Verletzers, die Solvenz des Verletzers und des Täters sowie das Verhalten des Verletzers nach der Verletzungshandlung, bieten keinen Maßstab, um den Umfang der Verletzung gerade in einem bestimmten Staat zu ermitteln. Das Verschulden des Täters unterscheidet sich nicht von Staat zu Staat. Der Täter hat nicht in einem Staat vorsätzlich und in einem anderen Staat grob fahrlässig gehandelt. Vielmehr beruht die Persönlichkeitsrechtsverletzung im Internet auf einer einheitlichen Handlung. Auch das Verhalten des Verletzers nach der Verletzungshandlung kann nicht territorial verschieden ausfallen. Es sei denn, der Verletzer benutzt für seine Wiedergutmachungshandlungen territorial begrenzte Medien anstelle des Internet bzw. anstelle von Maßnahmen direkt gegenüber dem Verletzten. Schließlich kann auch die Frage nach der Solvenz des Verletzers und des Täters in den einzelnen Staaten nicht unterschiedlich beantwortet werden, sondern stellt eine unteilbare Tatsache dar.

Die aus der Präventivfunktion des immateriellen Schadensersatzes folgenden Kriterien, wie Wiederholungsgefahr, Abschreckung und Motivation des Schädigers, geben ebenso keinen Anhaltspunkt zur Quantifizierung der Verletzung in einem bestimmten Territorium. Im Hinblick auf Verletzungshandlungen im Internet, die stets global wirken, besteht nicht in einem Staat eine höhere Wiederholungsgefahr oder ein größeres Bedürfnis nach Abschreckung als in einem anderen Staat. Ebenso unterscheidet sich die Motivation des Schädigers nicht danach, in welchem Staat man sich befindet. Handelte der Verletzer im Zeitpunkt der einheitlichen Verletzungshandlung mit Profitinteresse, dann hat diese Intention Bedeutung für alle Erfolgsortstaaten.

Die der Genugtuungs- und der Präventionsfunktion zu entnehmenden Bemessungskriterien des immateriellen Schadensersatzes sind folglich staatenübergreifend in gleichem Maße gegeben und bestimmen maßgeblich den Grundsockel des immateriellen Schadensersatzes.

bb) Territorial unterschiedliche Bemessungskriterien

Eine territoriale Differenzierung scheinen nur die Bemessungskriterien zuzulassen, die sich aus der Ausgleichsfunktion des immateriellen Schadensersatzes

[1389] Zu den Bemessungskriterien siehe 2. Teil, B, IV, 2), b).

ergeben. Im Rahmen der Ausgleichsfunktion kommt es für die Entschädigungsbemessung maßgeblich auf die Intensität der Persönlichkeitsbeeinträchtigung an. Diese wird insbesondere durch das Ausmaß der Verbreitung und die soziale Stellung des Verletzers und des Betroffenen beeinflusst.

(1) Ausmaß der Verbreitung

Die Intensität der Verletzung steigert sich, je mehr Personen von der inkriminierten Nachricht Kenntnis nehmen. Bei Presseartikeln in Printmedien kann die Verbreitung anhand der Auflage ermittelt werden. An diese Vorgehensweise zur Bestimmung der Höhe des Schadensersatzes wird der EuGH vermutlich im Rahmen der Shevill-Entscheidung gedacht haben[1390]. Der Entscheidung lag ein das Persönlichkeitsrecht von Frau Shevill verletzender Artikel in einer in mehreren Staaten vertriebenen Zeitung zugrunde.

Im Internet ist eine Orientierung der Schadensersatzhöhe am Ausmaß der Verbreitung jedoch schwieriger, da sich der genaue Umfang der Kenntnisnahme in den einzelnen Staaten nicht bestimmen lässt. Wie dargelegt, ist der Ort des tatsächlichen Abrufs nicht ermittelbar[1391]. Entsprechend kann eine exakte Anzahl der Abrufe aus einem bestimmten Staat nicht festgestellt werden[1392].

Ebenso bietet eine Orientierung an dem Ausmaß der möglichen Abrufbarkeit keine Lösung. Das Ausmaß der bloßen Abrufbarkeit ist kein Indikator für die tatsächlichen Auswirkungen auf den Verletzten, insbesondere da sie meist nicht mit dem Ausmaß der tatsächlichen Kenntnisnahme zusammenfällt. Würde das Ausmaß der Abrufbarkeit für maßgeblich befunden, so müsste stets in den USA, als einem Ort mit sehr hoher Abrufbarkeit, der höchste Schadensersatz gewährt werden. Dies würde selbst dann gelten, wenn es sich um eine verletzende Äußerung handelt, die in anderen Staaten auf erheblich stärkeres Interesse gestoßen ist. Außerdem existieren keine geeigneten Kriterien zur Feststellung der Abrufbarkeit und des Abrufverhaltens der Nutzer[1393].

Doch auch wenn die Abrufbarkeit kein geeignetes Mittel zur Bestimmung des Ausmaßes der Verbreitung ist und sich die tatsächliche Anzahl der Abrufe nicht ermitteln lässt, so kann das Ausmaß der Verbreitung dennoch anhand der oben zum qualifizierten Inlandsbezug ermittelten Kriterien[1394] geschätzt werden. Sprache, Gegenstand des Angebots und der Bekanntheitsgrad des Täters und des Opfers geben Anhaltspunkte für den geographischen Interessentenkreis und das

---

[1390] So v. Hinden, Persönlichkeitsverletzungen im Internet, S. 160.

[1391] Siehe oben 8. Teil, B, II, 1), a).

[1392] So auch Kubis, IZ bei Persönlichkeits- und Immaterialgüterrechtsverletzungen, S. 176; v. Hinden, Persönlichkeitsverletzungen im Internet, S. 161.

[1393] Siehe hierzu bereits oben 8. Teil, B, II, 1), g).

[1394] Siehe oben 8. Teil, B, II, 2), d).

Ausmaß der Nachfrage. Im Gegensatz zur Frage des Gerichtsstandes bedarf es im Rahmen der Schadensfeststellung keiner exakten Angaben zum Abrufverhalten. Vielmehr unterliegt die Schadenshöhe, insbesondere im Bereich des immateriellen Schadens, stets einer Schätzung durch das Gericht gemäß § 287 ZPO.

(2) Soziale Stellung des Täters und des Betroffenen

Die Intensität der Beeinträchtigung des Persönlichkeitsrechts im Gerichtsstaat richtet sich nicht alleine nach der Anzahl der vermuteten Abrufe. So können bereits wenige Abrufe eine bedeutende Rufschädigung bewirken, wenn deren Kenntnisnahme in einem sensiblen Umfeld erfolgt. Ein weiterer Bemessungsfaktor, der territorial unterschiedlich ausfallen kann, ist daher die soziale Stellung des Täters und/oder des Betroffenen. In den Staaten, in welchen der Täter sehr bekannt ist und eine große Autorität genießt, trifft die Äußerung den Betroffenen besonders intensiv, da in diesen Staaten die Kenntnisnehmenden den Aussagen des Täters mehr Glauben schenken. Der Betroffene erleidet ferner dort starke „geistige Schmerzen", wo er sein soziales Umfeld hat und auf einen untadeligen Ruf in der Öffentlichkeit angewiesen ist. Die soziale Stellung ist folglich ebenso ein in den einzelnen Staaten feststellbares Bemessungskriterium, das Grundlage für einen territorial unterschiedlichen Ersatzanspruch sein kann.

Allerdings ist anzumerken, dass dieses Bemessungskriterium gegenstandslos wird, wenn es sich um derart brisante Nachrichten handelt, dass die vorherige soziale Stellung des Betroffenen in den einzelnen Verbreitungsstaaten in den Hintergrund tritt. Denkbar ist dies beispielsweise bei Nachrichten über eine angebliche Beteiligung des Betroffenen an einem Terroranschlag[1395]. Ebenso verliert das Kriterium der nationalen sozialen Stellung des Täters an Bedeutung, wenn es sich bei dem Täter um einen international genutzten und anerkannten Informationsanbieter handelt.

(3) Ergebnis zu den territorialen Bemessungsfaktoren

Es lassen sich folglich Bemessungsfaktoren feststellen, die territorial begrenzt erhoben und bewertet werden können. Allerdings muss einschränkend darauf hingewiesen werden, dass die Feststellung des nationalen Schadens auf einer Schätzung beruht und in gewissen Fallkonstellationen die Bemessungsfaktoren keine Differenzierung zulassen.

[1395] Zur Untauglichkeit der Kriterien der sozialen Stellung/Bekanntheit des Betroffenen zur Feststellung der Intensität der Persönlichkeitsrechtsverletzung in bestimmten Fallkonstellationen siehe bereits oben 8. Teil, B, II, 1), k) und l).

cc) Bemessungsmethoden

Zur Bestimmung der nationalen Teilschäden ist an verschiedene Bemessungsmethoden zu denken.

(1) Unabhängige Bemessung der nationalen Schäden

Zunächst können die nationalen Schadensersatzansprüche unabhängig voneinander festgestellt werden. Die Addition der einzelnen inländischen Ersatzansprüche ergibt dann den Gesamtschadensanspruch.

Im Rahmen dieser Bemessungsmethode spricht entscheidend gegen eine uneingeschränkte Praktikabilität der territorial begrenzten Schadensbemessung, dass der Schadensersatzanspruch sich maßgeblich aus Kriterien ergibt, die staatenübergreifend gegeben sind[1396]. Sie bilden den Grundsockel des Schadensersatzes. Es ist den Gerichten nicht möglich, diese staatenübergreifenden Bemessungskriterien begrenzt auf ihr Hoheitsgebiet in die Schadensschätzung einzubeziehen. Aus diesem Grund besteht die Gefahr, dass Faktoren, wie die Wiederholungsgefahr und die Abschreckung, bei einer Betrachtung der addierten Ersatzansprüche übermäßig stark in die Gesamtschadensbemessung einfließen. Ein bedeutender Kritikpunkt an der territorialen Schadensbemessung ist damit die Gefahr eines unangemessen hohen Gesamtschadensanspruchs[1397].

(2) Bemessung der nationalen Schäden am Gesamtschaden

Eine solche Überhöhung des Gesamtschadensanspruchs durch die mehrfache Veranschlagung der staatenübergreifenden Bemessungskriterien ließe sich verhindern, wenn, wie teilweise vorgeschlagen wird[1398], der im Gerichtsstaat erlittene Schadensanteil am Gesamtschaden gemessen würde. Hierzu müsste zunächst der Gesamtschaden geschätzt und dann der nationale Anteil dazu ins Verhältnis gesetzt werden.

[1396] Siehe oben. Diese Kriterien können in den Staaten sehr unterschiedlich gewichtet werden. Beispielsweise kann die Intention des Verletzers in einem Staat als außerordentlich verwerflich gelten, während ein anderer Staat in der Äußerung eher eine Art Kavaliersdelikt sieht. Starke Abweichungen sind diesbezüglich insbesondere zwischen Staaten denkbar, die aufgrund ihres kulturellen Hintergrundes deutlich verschiedene Ehrvorstellungen haben.

[1397] Ähnlich Mansel, RabelsZ 61 (1997), 756 (757).

[1398] Kubis, IZ bei Persönlichkeits- und Immaterialgüterrechtsverletzungen, S. 140, der diese Bemessungsmethode seiner Kritik zugrundelegt. Mansel, RabelsZ 61 (1997), 756 (757), der die Bemessung der nationalen Teilschäden anhand des Verhältnisses zum Gesamtschaden als Frage aufwirft.

Diese Vorgehensweise der Schadensbemessung ist jedoch mit der Rechtsprechung des EuGH nicht vereinbar. Die Schätzung des Gesamtschadens durch das Erfolgsortgericht widerspräche der vom EuGH geforderten Sachnähe des urteilenden Gerichts, da das Erfolgsortgericht keine Sachnähe zum Gesamtschaden aufweist.

Zudem stellt sich die Frage, nach welcher Bemessungsgrundlage der Gesamtschaden zu schätzen wäre[1399]. Es existieren keine einheitlichen, weltweiten Bemessungsstandards für Schadensersatzansprüche[1400]. In den einzelnen Staaten erfolgt die Bemessung des Schadensersatzes jedoch auf höchst unterschiedliche Art und Weise. So gewähren das englische und US-amerikanische Recht beispielsweise sogar einen Strafschadensersatz.

Legt man die oben dargelegten deutschen Bemessungskriterien[1401] zugrunde, so kommt als Grundlage für die Schätzung der einzelnen Teilschäden nur das Ausmaß der Verbreitung sowie die soziale Stellung des Täters und des Betroffenen in Betracht. Dies ergibt sich daraus, dass, wie soeben festgestellt wurde, nur diese Bemessungskriterien territorial unterschiedlich ausfallen. Bei der Schätzung des Teilschadens anhand dieser Kriterien zeigt sich deutlich der Widerspruch zu der vom EuGH geforderten Sachnähe des befassten Gerichts. Das Gericht müsste sich mit dem gesamten Abrufgebiet befassen, um das Ausmaß der Abrufe in dem Gerichtsstaat zu den gesamten Abrufen ins Verhältnis zu setzen. Außerdem sind die soziale Stellung des Täters und die des Betroffenen in den einzelnen Staaten nur sehr schwer zueinander ins Verhältnis zu setzen. Zumindest bedürfte es erneut einer Beurteilung der sozialen Stellung des Täters und des Betroffenen im gesamten Verbreitungsgebiet, wozu dem Gericht die vom EuGH geforderte Sachnähe fehlt.

Es stellt sich ferner die Frage, wie die beiden territorialen Bemessungskriterien Verbreitungsgrad und soziale Stellung im Verhältnis zueinander gewichtet würden. Über welchen prozentualen Schadensanteil könnte beispielsweise in einem Gerichtsstaat entschieden werden, in dem zwar von einer sehr hohen anteiligen Kenntnisnahme von 60% ausgegangen wird, in dem der Betroffene im Vergleich zu einem anderen Erfolgsortstaat jedoch eher unbekannt ist. Ein Beispiel wäre, wenn in der Internetausgabe der New York Times, die vorwiegend in den USA und nur in einem wesentlich geringerem Ausmaß auch in Deutschland abgerufen wird, ein verleumderischer Artikel über einen in Deutschland sehr bekannten Vorstand eines großen deutschen Unternehmens publiziert würde. In welchem Umfang würde in diesem Fall jeweils das Verbreitungsausmaß im Vergleich zum Bekanntheitsgrad Einfluss auf die jeweilige Bemessung der prozentualen Teilschäden in den USA und in Deutschland haben?

[1399] Zur Frage der maßgeblichen Rechtsordnung zur Bemessung der Teilschäden siehe oben 9. Teil, C, X, 1), b).

[1400] Siehe zur Nichtexistenz europaweiter Standards bereits oben 9. Teil, C, X, 1), b).

[1401] Siehe 2. Teil, B, IV, 2), b).

Diese Schwierigkeiten bei der Bestimmung der Teilschäden und die fehlende Sachnähe des Gerichts zum Gesamtschaden schließen eine Bemessung des territorialen Schadens im Verhältnis zum Gesamtschaden aus.

dd) Keine international einheitlichen Bemessungskriterien und -methoden

Schließlich ist der Mosaikbeurteilung der Vorwurf der Rechtsunsicherheit zu machen. Jeder Staat verwendet seine eigenen Bemessungskriterien und gewichtet diese auf seine Art und Weise. Dies führt dazu, dass der Beklagte, selbst wenn ihm bereits eine Entscheidung eines Erfolgsortgerichts vorliegt, nicht vorhersehen kann, welche Ersatzansprüche weiter auf ihn zukommen.

ee) Ergebnis zum immateriellen Schadensersatzanspruch

Der Mosaikbeurteilung kann für den Bereich des immateriellen Schadensersatzes folglich keine uneingeschränkte Praktikabilität zugesprochen werden. Beiden Bemessungsmethoden stehen erhebliche Einwände entgegen. Eine Bemessung des inländischen Teilschadens am Gesamtschaden widerspricht der vom EuGH geforderten Sachnähe des angerufenen Gerichts. Und eine vom Gesamtschaden unabhängige Berechnung des territorialen Schadens führt aufgrund der überwiegend territorial übergreifenden Bemessungsfaktoren zu der Gefahr eines überhöhten Gesamtschadensersatzanspruchs.

2) Unterlassungs- und Widerrufsansprüche

Noch schwieriger ist die Durchführung der Mosaikbeurteilung im Internet, wenn der Kläger statt Schadensersatz in Geld die Unterlassung, den Widerruf oder die Richtigstellung der verletzenden Nachricht fordert. Theoretisch kann das Gericht die Untersagung einer Äußerung, deren Widerruf oder ihre Richtigstellung auf einen bestimmten Staat begrenzen. De facto ist der Beklagte jedoch nicht in der Lage, sein Verhalten territorial aufzuteilen.

Im Bereich der Printmedien mag es noch möglich sein, den Anspruch nur für einen bestimmten Verbreitungsstaat zu erfüllen, da Printmedien ihr Verbreitungsgebiet selbst beherrschen und teilweise für bestimmte Verbreitungsgebiete unterschiedliche Ausgaben herausgeben. Im Internet gilt jedoch das „Alles-oder-nichts-Prinzip“[1402]. Der Beklagte kann die Verbreitung nicht territorial steuern. Er kann die Nachricht nur insgesamt löschen oder sie der weltweiten Kenntnisnahme zur Verfügung stellen. Die technischen Möglichkeiten zur territorialen Begrenzung des Verbreitungsgebiets sind aus den oben genannten Gründen

[1402] v. Hinden, Persönlichkeitsverletzungen im Internet, S. 164.

nicht hinreichend zuverlässig und zu kostspielig, um sie zur Grundlage einer rechtlichen Lösung machen zu können[1403]. Die Veröffentlichung im Internet beruht auf einer einheitlichen Handlung des Einspeisens, die nicht territorial aufgespaltet werden kann. Ein Urteil, dass nur die territorial auf seinen Gerichtsstaat begrenzte Unterlassung aufgibt, hat somit unwillkürlich stets weltweite Wirkung[1404]. Eine Beachtung der beschränkten Kognitionsbefugnis ist dem Tatortgericht aufgrund des faktischen Zwangs damit gar nicht möglich[1405]. Dies führt zu dem bereits genannten Problem der unvereinbaren Entscheidungen[1406].

Zusätzliche Hindernisse bestehen bei vorbeugenden Unterlassungsansprüchen. Die Ermittlung des voraussichtlichen Verbreitungsgebiets kann einige Schwierigkeiten bereiten, wenn genauere Angaben zu der Web-Seite, auf der die Rechtsgutsverletzung droht, z.B. deren Ausgestaltung, noch nicht bekannt sind. In diesem Falle lässt sich ein vermutlicher Interessentenkreis unter Umständen nicht feststellen, so dass eine Schätzung der räumlichen Verbreitung nicht möglich ist[1407].

3) Gegendarstellungsansprüche

Der Gegendarstellungsanspruch ist – ebenso wie der Unterlassungs- und Widerrufsanspruch – nicht territorial teilbar. Aufgrund der mangelnden Steuerbarkeit des Verbreitungsgebietes im Internet hat die auf den Gerichtsstaat begrenzte Verurteilung zu einer Gegendarstellung auch hier stets eine weltweite Wirkung.

Des Weiteren widerspricht die territoriale Begrenzung der Entscheidungsbefugnis dem durch den Gegendarstellungsanspruch bezweckten effektiven und schnellen Rechtsschutz. Wie bereits erwähnt, erfordert die Mosaikbeurteilung, um einen vollständigen Rechtsschutz zu erhalten, eine kumulative Geltendmachung der Gegendarstellungsansprüche an jedem Erfolgsort. Dies bedeutet eine Verzögerung des Rechtsschutzes, die angesichts des notwendigen schnellen Handelns einer Rechtsverweigerung gleichkommt[1408]. Darüber hinaus ist die begrenzte Kognitionsbefugnis nicht mit dem Gebot der Waffengleichheit zwischen der Presse und dem Betroffenen vereinbar. Der Gegendarstellungsanspruch dient dazu, einen ausgeglichenen öffentlichen Meinungskampf zu gewährleisten, indem er der strukturellen Überlegenheit der Medien einen schnellen und effektiven Rechtsschutz des Betroffenen entgegensetzt. Einer Waffengleichheit wi-

---

[1403] Siehe oben 8. Teil, B, II, 1), b), aa).
[1404] So auch Bachmann, IPRax 1998, 179 (187).
[1405] So auch Kubis, IZ bei Persönlichkeits- und Immaterialgüterrechtsverletzungen, S. 139 f.
[1406] Siehe oben 9. Teil, C, IX.
[1407] Ähnlich v. Hinden zum Kollisionsrecht (v. Hinden, Persönlichkeitsverletzungen im Internet, S. 166).
[1408] Ähnlich Stadler für das Kollisionsrecht (Stadler, JZ 1994, 642 (650)).

derspricht es jedoch, wenn die Gegendarstellung nicht mit dem gleichen Wirkungsgrad publiziert wird wie die Erstveröffentlichung. Vielmehr muss, wenn die Presse ein weltweites Verbreitungsgebiet wählt, auch der Kläger die Gegendarstellung im gesamten Verbreitungsgebiet verlangen können[1409].

4) Bereicherungsansprüche

Ebenso kann im Internet die im Bereicherungsrecht gewährte fiktive Lizenzgebühr nicht für einen bestimmten Gerichtsstaat begrenzt zugesprochen werden. Die Verbreitung und damit die Nutzung des Persönlichkeitsrechtsmerkmals erfolgt im Internet aus den oben genannten Gründen der Unkontrollierbarkeit des Verbreitungsgebiets stets global. Folglich muss auch die fiktive Lizenzgebühr für eine weltweite Nutzung zugesprochen werden.

Dies gilt nur dann nicht, wenn eine territorial begrenzte Nutzung sichergestellt wird. Hiergegen spricht zunächst die oben erwähnte mangelnde hinreichende Zuverlässigkeit der technischen Begrenzung[1410]. Ferner ist eine auf bestimmte Gerichtsstaaten begrenzte Nutzung aufgrund der damit verbundenen immensen Kosten[1411] nur bei außerordentlich hohen Lizenzgebühren denkbar. Eine grundsätzliche Teilbarkeit des Bereicherungsanspruchs kann daher nicht angenommen werden. Eine solche ist jedoch Vorraussetzung für die Durchführung der Mosaikbeurteilung.

XI. Gleichwertigkeit der Gerichtsstände der Mitgliedstaaten

Das Mosaikprinzip beruht auf mangelndem Vertrauen in Entscheidungen ausländischer Gerichte und widerspricht damit der Basis der EuGVO, welche die Gleichwertigkeit der Entscheidungen der Gerichte der Mitgliedsstaaten beinhaltet[1412].

Die Grundlage für die Vergemeinschaftung ist das gegenseitige Vertrauen in die Rechtspflege der Mitgliedsstaaten. Die Ratio der EuGVO schließt damit eine Zuständigkeitsverteilung nach territorialen Kriterien aus[1413]. Nur die Überwindung der Staatlichkeit kann zur europäischen Integration führen. Befürchtungen, fremdes Recht womöglich fehlerhaft anzuwenden, können durch eine fortschreitende Harmonisierung des materiellen Rechts überwunden oder zumindest ver-

[1409] So auch Stadler, JZ 1994, 642 (650).
[1410] Siehe oben 8. Teil, B, II, 1), b), aa).
[1411] Siehe oben 8. Teil, B, II, 1), b), aa).
[1412] Erwägungsgrund 16 und 17 der EuGVO nennen das gegenseitige Vertrauen in die Justiz im Rahmen der Gemeinschaft als Rechtfertigung für die Vereinheitlichung und Vereinfachung des Anerkennungs- und Vollstreckungsverfahrens.
[1413] Ähnlich Kreuzer/Klötgen, IPRax 1997, 90 (95).

ringert werden. Vereinheitlichungsmaßnahmen lösen zudem das Problem des forum shopping bei konkurrierenden Zuständigkeiten der Gerichte mehrerer Mitgliedsstaaten.

XII. Ergebnis

Gegen eine beschränkte Kognitionsbefugnis der Erfolgsortgerichte sprechen gewichtige Argumente. Zunächst fehlt es für eine solche Sonderreglung an einer ausdrücklichen Erwähnung im Gesetzeswortlaut. Die Gesamtkognitionsbefugnis entspricht hingegen dem in der EuGVO enthaltenen Zweck, die Entscheidungszuständigkeit bei Sachverhalten mit Bezug zu mehreren Vertragsstaaten einheitlich zuzuteilen, ohne diese territorial aufzuspalten.

Ferner missachtet die beschränkte Entscheidungsbefugnis, indem sie den Erfolgsortgerichtsstand entwertet, die vom Tatortgerichtsstand bezweckte Privilegierung des Klägers. Sie widerspricht des Weiteren durch ihre unsachgemäße Bevorzugung des Handlungsortes in Form der dortigen Gesamtkognitionsbefugnis der Ubiquitätsregel. Im Rahmen der Gesamtkognitionsbefugnis stellt der Erfolgsortgerichtsstand hingegen einen vollwertigen und dem Gerichtsstand am Handlungsort gleichwertigen Gerichtsstand dar.

Die Gesamtkognitionsbefugnis gewährleistet ferner, dass der Betroffene im Rahmen eines einzigen Verfahrens seinen gesamten Schaden geltend machen kann. Die Beschränkung der Entscheidungsbefugnis ruft hingegen vermeidbare Mehrfachprozesse hervor und muss sich daher prozessökonomische Einwände entgegenhalten lassen. Die Aufteilung der Tatortzuständigkeit kann durch Parallelverfahren in verschiedenen Staaten außerdem zu widersprechenden und außerhalb des Anwendungsbereichs des EuGVO sogar zu unvereinbaren Entscheidungen führen. Die Mosaikbeurteilung birgt zudem stets die Gefahr, dass der Kläger im Ergebnis nicht den gesamten Schaden ersetzt bekommt, da sich Urteile aus bestimmten Erfolgsortstaaten als nicht vollstreckbar erweisen können.

Als entscheidendes Argument gegen die Mosaikbeurteilung spricht darüber hinaus, dass diese im Internet insbesondere hinsichtlich Unterlassungs-, Widerrufs- und Gegendarstellungsansprüchen nicht praktikabel ist. Die Ansprüche sind de facto territorial nicht begrenzbar, da die Veröffentlichung im Internet auf einer unteilbaren Handlung beruht. Der Gesamtkognitionsbefugnis stehen solche Praktikabilitätshindernisse nicht entgegen.

Schließlich widerspricht die Mosaikbeurteilung dem Grundgedanken der EuGVO, die ein gegenseitiges Vertrauen in die Rechtspflege der Mitgliedsstaaten gebietet. Die Zuteilung der umfassenden Entscheidungsbefugnis an Gerichte auch anderer Vertragsstaaten wird diesem gegenseitigen Vertrauen hingegen gerecht.

Die Defizite der Mosaikbeurteilung streiten folglich für die praktikable und interessengerechte Gesamtkognitionsbefugnis. Die Gesamtkognitionsbefugnis berücksichtigt die im Rahmen des Tatortgerichtsstands wesentlichen Zuständigkeitsinteressen der Klägerprivilegierung, Sach- und Beweisnähe, Prozessökonomie sowie der Widerspruchsfreiheit der Entscheidungen, während die beschränkte Kognitionsbefugnis sich unter Missachtung der übrigen Zuständigkeitsinteressen allein an der Sachnähe orientiert.

Das vorherrschende Argument der Befürworter der Mosaikbeurteilung gegen eine Gesamtkognitionsbefugnis ist, dass diese zu einem unangemessenen forum shopping führe. Dieser Einwand kann allerdings entkräftet werden. Durch das einschränkende Erfordernis des qualifizierten Inlandsbezugs im Rahmen der Ermittlung des Erfolgsortes entsteht keine exorbitante Wahlmöglichkeit. Im Übrigen ist eine Wahlmöglichkeit des Klägers im Zuständigkeitsrecht auch bei Streudelikten gewollt und darf durch eine eingeschränkte Entscheidungsbefugnis der Gerichte nicht entwertet werden.

Zusammenfassung

Die Frage nach der internationalen Gerichtszuständigkeit bei Rechtsstreitigkeiten über die Verletzung des Persönlichkeitsrechts im Internet führt zu einer Untersuchung der Gerichtsstände der unerlaubten Handlung gemäß § 32 ZPO und Art. 5 Nr. 3 EuGVO. Ein wesentliches Ziel dieser Arbeit ist es, eine interessengerechte und praktikable Interpretation der genannten internationalen Zuständigkeitsnormen zu finden. Dabei liegt der Schwerpunkt auf der Zuordnung der Ansprüche aus Persönlichkeitsrechtsverletzungen zu den Deliktsgerichtsständen und in der Suche nach den zulässigen Orten bzw. Staaten der gerichtlichen Geltendmachung. Es galt, einen Weg zu finden, das ubiquitäre Persönlichkeitsrecht im weltweiten Netz örtlich anzuknüpfen.

Doch bevor die gerichtliche Zuständigkeit für die Streitigkeiten festgestellt wird, war zu klären, um welche Sachverhalte es sich bei Persönlichkeitsrechtsverletzungen im Internet handelt. Es wurde daher untersucht, in welcher Form Persönlichkeitsrechtsverletzungen im Internet entstehen können und welche Ansprüche sie hervorrufen (2. Teil).

(1) Das Persönlichkeitsrecht im Internet

Das Persönlichkeitsrecht ist im Internet einer gesteigerten Verletzungsgefahr ausgesetzt. Sowohl die besonderen Persönlichkeitsrechte, wie das Recht am Bild und das Namensrecht, als auch die verschiedenen Schutzbereiche des allgemeinen Persönlichkeitsrechts, wie der Ehrenschutz, der Verfälschungsschutz, der wirtschaftliche Nutzungsanspruch, der Belästigungsschutz und der Schutz der Privatsphäre, erfahren im anonymen, kostengünstigen und globalen Internet eine neue Qualität und Quantität der Angriffe. Das Persönlichkeitsrecht ist den Angriffen im Internet insbesondere deswegen verstärkt ausgesetzt, weil es ihm an einer gegenständlichen Verkörperung fehlt und es damit ebenso wie das Internet überall und nirgends belegen ist (2. Teil, A, III und IV).

(2) Charakteristika des Persönlichkeitsrechts

Eine weitere Besonderheit des Persönlichkeitsrechts macht es für den Bereich des internationalen Rechts besonders interessant. Es ist als Spannungsfeld zwischen mehreren Grundrechten sehr stark normativ geprägt und erfährt auf diese Weise in den verschiedenen nationalen Rechtsordnungen sehr unterschiedliche Ausprägungen. Dies macht Persönlichkeitsrechtsverletzungen für das forum shopping besonders attraktiv. Denn Nachrichten, die in einem Staat als Persönlichkeitsrechtsverletzung gewertet werden und deren gerichtliche Verfolgung immense Schadenersatzsummen verspricht, bewirken in einem anderen Staat möglicherweise nur einen sehr geringen Ersatzanspruch oder fallen erst gar nicht unter den Persönlichkeitsschutz (2. Teil, A, VII).

Das Persönlichkeitsrecht unterliegt ferner wegen seiner Natur als Rahmenrecht, seiner verfassungsrechtlichen Grundlage und seines ausgeprägten Konfliktfeldes mit der Meinungs- und Pressefreiheit einer dynamischen Entwicklung und ständigen Veränderung. Auch dies hat es mit der sich rasant entwickelnden Technik des Internet gemeinsam. Das Persönlichkeitsrecht bleibt Gegenstand ständiger Diskussion und bedarf ebenso wie die Technik einer von immanenten Veränderungen unabhängigen Anknüpfung (2. Teil, A, II).

(3) Ansprüche bei Persönlichkeitsrechtsverletzungen

So vielfältig wie der Persönlichkeitsschutz sind auch die Ansprüche bei Persönlichkeitsrechtsverletzungen. Sie reichen vom presserechtlich bekannten Gegendarstellungsanspruch über den Unterlassungs-, Widerrufs-, Richtigstellungs- und Bereicherungsanspruch bis zum Geldentschädigungsanspruch einschließlich des Ersatzes immaterieller Schäden (2. Teil, B).

(4) Auslegungsorientierung für den Begriff der unerlaubten Handlung

Die festgestellten Ansprüche führen aufgrund ihres deliktisch oder deliktsähnlich anmutenden Charakters zur Untersuchung des Gerichtsstands der unerlaubten Handlung. Dieser hat seine Rechtsgrundlage in § 32 ZPO und Art. 5 Nr. 3 EuGVO/EuGVÜ/LugÜ. Im Rahmen der europäischen Vorschriften ist der Begriff der unerlaubten Handlung autonom zu bestimmen. Im deutschen Recht ist eine materiellrechtsfreundliche Auslegung des zivilprozessual eigenständigen Begriffs der unerlaubten Handlung, die unter Beachtung der besonderen zivilprozessualen Interessen und Wertungen erfolgt, zu befürworten (3. Teil; 5. Teil, A, I und 5. Teil B, I).

(5) Anwendbarkeit des Deliktsgerichtsstands auf die Ansprüche aus Persönlichkeitsrechtsverletzungen

Hinsichtlich des Anwendungsbereichs des Deliktsgerichtsstands kann festgestellt werden, dass sämtliche bei Persönlichkeitsrechtsverletzungen relevante Ansprüche am Gerichtsstand der unerlaubten Handlung geltend gemacht werden können. Sowohl die Auslegung des zivilprozessual eigenständigen Begriffs der unerlaubten Handlung gemäß § 32 ZPO als auch die autonome Auslegung des

Art. 5 Nr. 3 EuGVO führen zu einer einheitlichen Bewertung der Ansprüche bei Persönlichkeitsrechtsverletzungen als Ansprüche aus unerlaubter Handlung im zuständigkeitsrechtlichen Sinne. Bei der Auslegung des zivilprozessualen Begriffs der unerlaubten Handlung muss maßgeblich auf die dem internationalen Deliktsgerichtsstand zugrunde liegenden Interessen der Sach- und Beweisnähe des Gerichts und der Klägerprivilegierung abgestellt werden. Sowohl der Bereicherungs- und Gegendarstellungsanspruch als auch der Unterlassungs- und Widerrufsanspruch weisen eine mit dem klassischen materiellen Deliktsanspruch vergleichbare zivilprozessuale Interessenlage und die entsprechenden materiellrechtlichen Mindesterfordernisse auf. Entsprechend dem Ergebnis dieser Untersuchung, wonach alle relevanten Ansprüche aus Persönlichkeitsrechtsverletzungen am Deliktsgerichtsstand geltend gemacht werden können, muss der deutsche Richter folglich nur noch feststellen, dass es sich um die Haftung aus Persönlichkeitsrechtsverletzung handelt. In diesem Fall kann er dann die entsprechende Klage ohne Individualisierung der Ansprüche am internationalen Deliktsgerichtsstand zulassen (5. Teil, A, II und 5. Teil, B, II).

(6) Umfang der Zuständigkeitsprüfung

Das Vorliegen einer unerlaubten Handlung muss der Richter in der Zuständigkeitsprüfung nicht untersuchen. Er muss weder prüfen, ob tatsächlich die Voraussetzungen einer unerlaubten Handlung gegeben sind, noch ob sie schlüssig vorgetragen wurden. Das Gericht stellt lediglich fest, dass die Ansprüche aus Persönlichkeitsrechtsverletzungen als deliktisch zu qualifizieren sind. Es prüft darüber hinaus von Amts wegen, ob die in Streit stehende Persönlichkeitsrechtsverletzung im Forumstaat stattgefunden hat. Dieser Prüfungsumfang schützt den Beklagten hinreichend vor einer willkürlichen Zuständigkeitsbegründung und die inländischen Gerichte vor einem Tätigwerden ohne hinreichende Beziehung zum Inland (5. Teil, C).

(7) Eigenständige Untersuchung des Deliktsgerichtsgerichtsstandes statt Rückgriff auf die Lösungen des Kollisionsrechts

Für die Suche nach dem zulässigen Ort der gerichtlichen Geltendmachung ist beim Begriff des Tatorts anzusetzen. Hierbei fällt auf, dass das Deliktsstatut des Kollisionsrechts den Tatort ebenfalls als Anknüpfungspunkt für die Bestimmung des anwendbaren Rechts verwendet. Die Frage, ob die zum Deliktstatut bei Persönlichkeitsrechtsverletzungen gesammelten Erkenntnisse des Kollisionsrechts für die Auslegung des Tatortbegriffs im Zuständigkeitsrecht herangezogen werden können, ist im Ergebnis allerdings zu verneinen. Eine Gegenüberstellung der Grundsätze, Interessen und Wertungen des Kollisionsrechts und des internationalen Zuständigkeitsrechts ergibt, dass beiden Bereichen eine eigene unverwechselbare rechtliche Wertung zugrunde liegt, die eine schlichte Gleichschaltung der Auslegung verbietet. Statt eines Rückgriffs auf die im Kollisionsrecht gefundenen Anknüpfungsregeln bedarf es daher einer eigenständigen Untersuchung (4. Teil).

(8) Zivilprozessuale Interessen als Grundlage für die Tatortbestimmung

Zur Bestimmung des Tatortbegriffs sind zivilprozessuale Interessen, das heißt Sinn und Zweck der Zuständigkeitsregelung und deren systematische Stellung, zu berücksichtigen. Die Auslegung erfolgt demnach maßgeblich anhand der dem Deliktsgerichtsstand zugrunde liegenden Zuständigkeitsinteressen der Sach- und Beweisnähe des Gerichts sowie der Klägerprivilegierung. Sie zielt auf einen Ausgleich zwischen dem Interesse des Klägers auf Justizgewährung und dem Interesse des Beklagten auf ein faires, rechtsstaatliches Verfahren (6. Teil, A).

(9) Der Tatort als Handlungs- und Erfolgsort

Der Tatort umfasst den Handlungsort, als Ort, an dem eine deliktische Ausführungshandlung vorgenommen wurde, und den Erfolgsort als Ort, an dem in das Rechtsgut eingriffen wurde. Keine zuständigkeitsrechtliche Relevanz hat hingegen der Schadensort als Ort, an dem weitere über den primären Verletzungserfolg hinausgehende Schadensfolgen auftreten. Der Kläger kann zwischen den Gerichtsständen am Handlungs- und Erfolgsort wählen, wenn diese, wie dies im Internet regelmäßig der Fall ist, auseinander fallen oder ein Streudelikt vorliegt. Dies gibt dem Kläger die Möglichkeit des forum shopping. Um die Möglichkeit des forum shopping einzugrenzen werden im Rahmen der Tatortbestimmung verschiedene Beschränkungen vertreten (6. Teil, B).

(10) Der Handlungsort im Internet

Der Handlungsort ist bei Persönlichkeitsrechtsverletzungen im Internet am Ort der Erstellung der persönlichkeitsrechtsverletzenden Inhalte sowie am Ort der Einspeisung der Inhalte ins Netz zu lokalisieren. Bei arbeitsteiligen Unternehmen wird zur Handlungsortbestimmung an die Orte der diesbezüglichen Entscheidungen angeknüpft. Aufgrund von Beweisschwierigkeiten gilt hinsichtlich des Ortes der Einspeisung und Erstellung eine Vermutungsregel zugunsten des gewöhnlichen Aufenthaltsortes des Verletzers bzw. des Unternehmenssitzes. Diese Anknüpfung entspricht den vorherrschenden zivilprozessualen Interessen. Zum einen gewährleistet sie die Sach- und Beweisnähe des entscheidenden Gerichts und zum anderen bietet sie einen Ausgleich zwischen den Interessen des verletzten Klägers an einer leichteren Rechtsverfolgung und dem Schutzinteresse des Beklagten vor möglicherweise unberechtigten Angriffen (7. Teil).

(11) Differenzierung der Internetdienste für die Bestimmung des Erfolgsortes

Bei der Ermittlung des Erfolgsortes muss zwischen den verschiedenen Nutzungsformen des Internet unterschieden werden. Der Begriff Internet wird oft als Synonym für das WWW benutzt. Tatsächlich ist das WWW jedoch nur ein Internetdienst unter vielen. Das Internet umfasst neben dem WWW unter anderem auch die Internetdienste E-Mail, Internet-Telefonie, Mailing-Listen, E-Mail-Informationsdienste, zugriffsgeschützte Inhalte im WWW, Newsgroups und Chats. Diese Kommunikationsformen im Internet enthalten alle persönlichkeitsrechtliches Konfliktpotential. Sie unterscheiden sich jedoch hinsichtlich der Einflussnahme des Verletzers auf den/die Kenntnisnehmenden und hinsichtlich der Quantität der Kenntnisnahme. Die Unterschiede zwischen den Internetdiensten haben Einfluss auf den Interessenausgleich unter den Parteien. Sie bedingen daher eine getrennte Ermittlung der Erfolgsorte je nachdem, ob es sich um Individualkommunikation, Massenkommunikation oder um die Kommunikation zwischen einer bestimmten oder bestimmbaren Anzahl von Personen handelt (1. Teil).

(12) Lokalisierung des Persönlichkeitsrechts

Der Erfolgsort ist der Ort der Rechtsgutsverletzung. Er ist damit derjenige Ort, an dem sich das unmittelbar betroffene Rechtsgut im Zeitpunkt der Verletzung befindet. Das betroffene Rechtsgut „Persönlichkeitsrecht" kann nicht allgemein am Wohnsitz oder gewöhnlichen Aufenthaltsort des Verletzten lokalisiert werden, da es keine generelle räumliche Verbundenheit von Person und Recht gibt. Vielmehr entfaltet sich das Persönlichkeitsrecht unabhängig vom Aufenthalt des Rechtsgutsträgers in der Beziehung des Rechtsgutsträgers zu seiner Umwelt. Der Inhalt des Persönlichkeitsrechts ergibt sich erst aus der Konfliktsituation, in der die Interessen des Rechtsgutsträgers auf die Interessen des Handelnden stoßen. Die Belegenheit des Persönlichkeitsrechts ist daher abstrakt nicht feststellbar, sondern es muss eine verletzungsbezogene Lokalisierung des Persönlichkeitsrechts vorgenommen werden. Danach ist der Ort der Rechtsgutsverletzung der Ort, an dem das Persönlichkeitsrecht des Betroffenen auf die Äußerungs- und Handlungsfreiheit des Handelnden trifft. Bei der Verletzung der „sozialen Identität" ist dies der Ort, an dem die verletzende Nachricht von Dritten zur Kenntnis genommen wird. Die „personale Identität" wird hingegen dort verletzt, wo der Rechtsgutsträger sich zum Zeitpunkt der Kenntnisnahme befindet (8. Teil, A).

(13) Der Erfolgsort im Rahmen der Individualkommunikation

Der Erfolgsort bei der Individualkommunikation ist grundsätzlich dort, wo der Adressat die betreffenden Inhalte empfängt. Bei der E-Mail, als maßgeblichem Kommunikationsmittel der Individualkommunikation, ist dies der Ort, an dem der Empfänger Zugriff auf die Nachricht nimmt (Abrufort). Angesichts der geographischen Ungebundenheit des E-Mail-Dienstes ist der Abrufort jedoch nicht im gleichen Maße festgelegt und voraussehbar wie der Empfangsort bei Briefdelikten. Dem Beklagten sind im Interesse einer effektiven Verteidigung daher nur die tatsächlichen Abruforte zumutbar, mit denen er rechnen konnte. Dies ist auf jeden Fall der Abrufort am gewöhnlichen Aufenthaltsort des Adressaten. Ruft der Adressat hingegen die Nachricht von einem anderen Staat als seinem gewöhnlichen Aufenthaltsstaat ab, dann ist dem Beklagten eine dortige Gerichtspflichtigkeit nicht zumutbar, vorausgesetzt, er kennt den gewöhnlichen Aufenthaltsort des Adressaten und hat mit einem dortigen Abruf gerechnet. In diesem Fall ist trotz abweichenden Abrufortes auf den gewöhnlichen Aufenthaltsstaat des Adressaten als Ziel- und Bestimmungsort abzustellen. Kennt der Absender den gewöhnlichen Aufenthaltsort des Empfängers hingegen nicht, so muss er überall mit einem Abruf der verletzenden E-Mail rechnen. Ihm ist daher eine Gerichtspflichtigkeit am tatsächlichen Abrufort stets zumutbar. Dies gilt erst recht für den Absender ortsabhängiger Push-Werbung, da dieser den genauen Abrufort kennt (8. Teil, B, I.)

(14) Der Erfolgsort im Rahmen der Massenkommunikation

Die Ermittlung des Erfolgsortes im Rahmen der Massenkommunikation stellt den Schwerpunkt der Arbeit dar. Der Erfolgsort bei Persönlichkeitsrechtsverletzungen ist der Ort der Kenntnisnahme durch den Verletzten oder durch Dritte. Er entspricht damit dem tatsächlichen Verbreitungsgebiet der Nachricht. Im Gegensatz zur E-Mail hat man bei der Massenkommunikation allerdings keinen direkten Einfluss darauf, wen die Information erreicht. Das Verbreitungsgebiet des verletzenden Inhalts wird vielmehr durch den Empfängerkreis bestimmt. Die tatsächlichen Abruforte der Empfänger sind jedoch aufgrund technischer und rechtlicher Hindernisse nicht ermittelbar. Die vielfach vertretene Anknüpfung an die bloße Abrufbarkeit der inkriminierten Inhalte im Forumstaat würde zu einer unzumutbaren, weltweiten Gerichtspflichtigkeit führen. In der Literatur wurden bereits verschiedene Vorschläge zur Begrenzung der Tatortzuständigkeit diskutiert. Sie dienen dem Schutz des Beklagten vor einer weltweiten Gerichtspflichtigkeit und der Einschränkung des forum shopping. Dieses Ziel ist zwar zu befürworten, die von der Literatur gefundenen Wege bieten jedoch keine interessengerechte und praktikable Lösung.

Die Anknüpfung an den Ort der bestimmungsgemäßen Abrufbarkeit führt zu keiner Begrenzung der Erfolgsorte, da der Inhalteanbieter im Internet damit rechnen muss, dass weltweit auf die Inhalte zugegriffen wird. Die Reduzierung der zuständigkeitsbegründenden Erfolgsorte auf den Opferwohnsitz im Verbreitungsgebiet oder den Lebensmittelpunkt des Verletzten führt zu einem nicht gewollten Klägergerichtsstand. Eine Anknüpfung an den Betriebsort des Systems scheidet aus, da dieser leicht manipulierbar ist und dort nicht die für die Erfolgsortanknüpfung maßgebliche Kenntnisnahme der inkriminierten Nachrichten stattfindet. Die Anknüpfung an den quantitativen Schwerpunkt der Verbreitung ist nicht praktikabel, da er nicht ermittelbar ist. Die ebenfalls vorgeschlagene Zielortbestimmung oder Herkunftserklärung zu Beginn der Web-Seite kann einen Abruf außerhalb des Bestimmungsgebietes nicht wirksam verhindern. Auch bieten die im Rahmen der Haager Konferenz vorgeschlagenen Begrenzungsmethoden keine hinreichende Lösung der Zuständigkeitsfrage bei Persönlichkeitsrechtsverletzungen im Internet. Einer Anknüpfung an die Bekanntheit des Verletzten steht entgegen, dass eine Persönlichkeitsrechtsverletzung auch ohne die Bekanntheit des Verletzten im Forumstaat möglich ist. Die Anknüpfung an eine besondere Beziehung des Verletzten zum Forumstaat verkennt, dass auch Umstände außerhalb der Person des Verletzten eine erhebliche Persönlichkeitsrechtsverletzung bewirken können. Abzulehnen ist schließlich auch eine Begrenzung der internationalen Zuständigkeit mit Hilfe der Forum-non-conveniens-Lehre (8. Teil, B, II, 1).

(15) Erfordernis eines qualifizierten Inlandsbezugs zur Eingrenzung der Erfolgsortzuständigkeit

Eine Lösung, die den Zuständigkeitsinteressen gerecht wird und insbesondere einen Ausgleich zwischen den Interessen der Parteien bietet, ist die Anknüpfung an das Erfordernis eines qualifizierten Inlandsbezugs. Sie entspricht der Komplexität der Inhalte im Internet, da sie eine abstrakte und damit vorhersehbare Regelung darstellt. Außerdem bietet sie die Möglichkeit der Anpassung an die Verschiedenartigkeit der Inhalte im Internet.

Das Erfordernis eines qualifizierten Inlandsbezugs bedeutet, dass das streitgegenständliche Geschehen einen hinreichenden Bezug zum Forumstaat aufweisen muss. Ein qualifizierter Inlandsbezug kann sich aus dem beschränkten Interessentenkreis des Angebots und/oder aus der Spürbarkeit der Persönlichkeitsbeeinträchtigung ergeben. Der qualifizierte Inlandsbezug beinhaltet eine besondere Qualifikation des konkreten Ortes gegenüber den übrigen Orten der Abrufbarkeit.

Der qualifizierte Inlandsbezug stellt damit die Rechtfertigung dafür dar, dass Persönlichkeitsschutz gerade in diesem Forumstaat gesucht wird. Indem er die Gerichtsstände mit unwesentlichen Bezügen zum Streitgegenstand ausschließt, dient er dem Interesse eines sachnahen Gerichtsstandes und der Begrenzung der Gerichtspflichtigkeit des Beklagten. Das Erfordernis eines qualifizierten Inlandsbezugs bietet dem Beklagten auf diese Weise einen zumutbaren Gerichtsstand, ohne den Justizgewährungsanspruch des Klägers über Gebühr einzuschränken. Die Anknüpfung an einen qualifizierten Inlandsbezug verhindert zudem eine einseitig auf eine Partei bezogene Anknüpfung, da sie nicht auf die Beziehungen einer Partei zum Forumstaat begrenzt ist. Sie stellt somit die gesuchte zuständigkeitsrechtliche Mitte dar.

Die gefundene Anknüpfung führt schließlich zu einer gerechten Risikoverteilung. Wählt der Inhalteanbieter ein weltweites Medium und führen seine Inhalte wegen des globalen Interessentenkreises, des global bekannten Anbieters und der globalen sowie brisanten Inhalte zu einer weltweit merklich spürbaren Persönlichkeitsbeeinträchtigung, so muss er auch das Risiko einer weltweiten Gerichtspflichtigkeit tragen. Dies erscheint billig, denn der Inhalteanbieter kann auf dieses Risiko Einfluss nehmen, weil seine Person und seine Inhalte für den Umfang der Gerichtspflichtigkeit entscheidend sind (8. Teil, B, II, 2)).

(16) Der Erfolgsort im Rahmen der Kommunikation zwischen einer begrenzten bzw. begrenzbaren Anzahl von Personen

Eine Mischform zwischen Individual- und Massenkommunikation bilden die Mailing-Listen, die E-Mail-Informationsdienste und die zugriffsgeschützten Inhalte im WWW. Sie ermöglichen die Kenntnisnahme einer bestimmten bzw. einer bestimmbaren Anzahl von Personen. Sowohl die Internetdienste der E-Mail-Listen und der E-Mail-Informationsdienste als auch die zugriffsgeschützten Inhalte des WWW sind als Massenkommunikation einzuordnen. Zur Ermittlung des Erfolgsortes gilt daher das Kriterium des qualifizierten Inlandsbezugs zum Streitgegenstand.

Bei Mailing-Listen und E-Mail-Informationsdiensten gilt jedoch folgende Ausnahme: Wenn der Teilnahme an einer Mailing-Liste bzw. der Bestellung eines Newsletters die Nennung der geographischen Adresse vorausgegangen ist, erfolgt eine Anknüpfung an den gewöhnlichen Aufenthaltsort entsprechend der Individualkommunikation. Ebenso ist im Rahmen der zugriffsgeschützten Inhalte des WWW ausnahmsweise auf den gewöhnlichen Aufenthaltsort der Nutzer abzustellen, wenn der Anbieter mit einem hinreichendem Maß an Sorgfalt die geographische Herkunft seiner Nutzer sicherstellt (8. Teil, B, III).

(17) Kognitionsbefugnis der Tatortgerichte

Abschließend wurde der Umfang der Entscheidungsbefugnis der Gerichte am Tatort festgestellt. Es sind sowohl die Handlungs- als auch die Erfolgsortgerichte für die Entscheidung über den gesamten Schaden zuständig. Die Mosaikbeurteilung des EuGH, wonach die Gerichte am Erfolgsort nur für die Entscheidung über die in dem Staat des angerufenen Gerichts entstandenen Schäden zuständig sind, wird abgelehnt.

Die Mosaikbeurteilung findet weder im Wortlaut der Zuständigkeitsregelungen noch in den Zuständigkeitsinteressen Halt. Vielmehr widerspricht sie, indem sie den Erfolgsortgerichtsstand entwertet, der bezweckten Privilegierung des Klägers sowie der Ubiquitätsregel. Die Mosaikbeurteilung führt darüber hinaus zu vermeidbaren Mehrfachprozessen, so dass sie prozessökonomischen Einwänden begegnet. Außerdem ist sie im Internet hinsichtlich Unterlassungs-, Widerrufs- und Gegendarstellungsansprüchen nicht praktikabel.

Die Gesamtkognitionsbefugnis entspricht hingegen den im Rahmen des Tatortgerichtsstands wesentlichen Zuständigkeitsinteressen der Klägerprivilegierung, der Sach- und Beweisnähe, der Prozessökonomie sowie der Widerspruchsfreiheit der Entscheidungen. Das von den Vertretern der Mosaikbeurteilung befürchtete exorbitante forum shopping hat die Gesamtkognitionsbefugnis wegen des die Tatortzuständigkeit einschränkenden Merkmals des qualifizierten Inlandsbezugs nicht zu befürchten (9. Teil).

Abkürzungsverzeichnis

a.A.	andere Ansicht
Abl.	Amtsblatt
Abs.	Absatz
AcP	Archiv für die civilistische Praxis
AfP	Archiv für Presserecht
AG	Amtsgericht
Anmerk.	Anmerkung
APR	Allgemeines Persönlichkeitsrecht
Art.	Artikel
Aufl.	Auflage
AuR	Arbeit und Recht, Zeitschrift für Arbeitsrechtspraxis
BB	Betriebsberater
Bd.	Band
BDSG	Bundesdatenschutzgesetz
BGB	Bürgerliches Gesetzbuch
BGBl	Bundesgesetzblatt
BGH	Bundesgerichtshof
BGHZ	Entscheidungen des Bundesgerichtshofs in Zivilsachen
BT-Drs.	Bundestags-Drucksache
BVerfG	Bundesverfassungsgericht
BVerfGE	Entscheidungen des Bundesverfassungsgerichts
bzgl.	bezüglich
c't	Magazin für Computertechnik
ca.	zirka
ccTLD	Country code Top-Level-Domain
Cl.	Claim
CR	Computer und Recht
Cri	Computer Law Review International
Ct.	Court
d.h.	das heißt
DB	Der Betrieb
ECRL	E-Commerce-Richtlinie
EG	Europäische Gemeinschaften

EGBGB	Einführungsgesetz zum Bürgerlichen Gesetzbuche
EGMR	Europäischer Gerichtshof für Menschenrechte
EGV	Vertrag zur Gründung der Europäischen Gemeinschaft
Einf.	Einführung
EU	Europäische Union
EuGH	Europäischer Gerichtshof
EuGVO	Verordnung (EG) Nr. 44/2001 des Rates vom 22.12.2000 über die gerichtliche Zuständigkeit und die Anerkennung und Vollstreckung von Entscheidungen in Zivil- und Handelssachen
EuGVÜ	Europäisches Übereinkommen über die gerichtliche Zuständigkeit und die Vollstreckung gerichtlicher Entscheidungen in Zivil- und Handelssachen
EuZPR	Europäisches Zivilprozessrecht
EuZVR	Europäisches Zivilverfahrensrecht
EuZW	Europäische Zeitschrift für Wirtschaftrecht
EWG	Europäische Wirtschaftsgemeinschaft
EWGV	Vertrag zur Gründung der Europäischen Wirtschaftsgemeinschaft
EWiR	Entscheidungen zum Wirtschaftrecht
f.; ff.	(fort) folgend (e)
FAZ	Frankfurter Allgemeine Zeitung
Fn.	Fußnote
FS	Festschrift
GG	Grundgesetz für die Bundesrepublik Deutschland
gTLD	Generische Top-Level-Domain
grds.	grundsätzlich
GRUR	Gewerblicher Rechtsschutz und Urheberrecht (nationaler Teil)
GRURInt.	Gewerblicher Rechtsschutz und Urheberrecht (Auslands- und) Internationaler Teil
GSM	Global System for Mobile Communications
GVG	Gerichtsverfassungsgesetz
Hb	Halbband
HGB	Handelsgesetzbuch
Hk-BGB	Handkommentar Bürgerliches Recht
Hrsg.	Herausgeber
HTML	Hypertext Markup Language
i.d.F.	in der Fassung
i.d.R.	in der Regel
i.S.	im Sinne

i.V.m.	in Verbindung mit
Inc.	Incorporation
IP	Internet Protokoll
IPR	Internationales Privatrecht
IPRax	Praxis des Internationalen Privat- und Verfahrensrechts
IRC	Internet Relay Chat
IZ	Internationale Zuständigkeit
IZPR	Internationales Zivilprozessrecht
IZVR	Internationales Zivilverfahrensrecht
Jur-PC	Internet-Zeitschrift für Rechtsinformatik (abrufbar unter: http://www.jurpc.de/index.html (Stand: 25. 6. 2005)
JuS	Juristische Schulung
JZ	Juristenzeitung
K&R	Kommunikation und Recht
Kap.	Kapitel
KUG	Kunsturhebergesetz
Ky.	Kentucky
LG	Landgericht
LugÜ	Luganer Übereinkommen über die gerichtliche Zuständigkeit und die Vollstreckung gerichtlicher Entscheidungen in Zivil- und Handelssachen
m.w.N.	mit weiteren Nachweisen
MarkenG	Markengesetz
MDStV	Mediendienste-Staatsvertrag
MedienG	Mediengesetz
MFM	Mittelstandsgemeinschaft Foto-Marketing
MMR	MultiMedia und Recht
MR	Medien und Recht
MüKo	Münchener Kommentar
n.F.	neue Fassung
NJW	Neue Juristische Wochenschrift
NJW-CoR	NJW-Computerreport
NJW-RR	NJW-Rechtsprechungs-Report
Nr.	Nummer
OLG	Oberlandesgericht
PC	Personal Computer

RabelsZ	Rabels Zeitschrift für ausländisches und internationales Privatrecht
Rev.crit.dr.int.pr.	Revue critique de droit international privée
RGRK	Das Bürgerliche Gesetzbuch mit besonderer Berücksichtigung der Rechtsprechung des Reichsgerichts und des Bundesgerichtshofes – Kommentar
RGZ	Entscheidungen des Reichsgerichts in Zivilsachen
RIW	Recht der internationalen Wirtschaft
Rn.	Randnummer
Rs.	Rechtssache
Rspr.	Rechtssprechung
RStV	Rundfunkstaatsvertrag
RTkom	Zeitschrift für das Recht der Telekommunikation und das Recht der elektronischen Medien; seit 2002 Telekommunikations- & Medienrecht
Rz.	Randziffer
S.	Seite bei Literaturangaben, Satz bei Gesetzesangaben
s.o.	siehe oben
s.u.	siehe unten
SMS	Short Message Service
sog.	so genannte
StAZ	Das Standesamt (Zeitschrift)
StGB	Strafgesetzbuch
StPO	Strafprozessordnung
TDDSG	Teledienstedatenschutzgesetz
TDG	Teledienstegesetz
TMG	Telemediengesetz
Tz.	Textziffer
u.a.	unter anderen
u.U.	unter Umständen
UFITA	Archiv für Urheber-, Film-, Funk- und Theaterrecht
UMTS	Universal Mobile Telecommunication System
URL	Uniform Resource Locater
v.	vom
VersR	Versicherungsrecht, Juristische Rundschau für die Individualversicherung
vgl.	vergleiche
Vol.	Volume
Vorbem.	Vorbemerkung

vs.	versus
WIB	Wirtschaftliche Beratung
WLAN	Wireless Local Area Network
WM	Wertpapiermitteilungen
WRP	Wettbewerb in Recht und Praxis
WWW	World Wide Web
z.B.	zum Beispiel
ZEuP	Zeitschrift für Europäisches Privatrecht
Ziff.	Ziffer
ZIP	Zeitschrift für Wirtschaftrecht
ZPO	Zivilprozessordnung
ZRP	Zeitschrift für Rechtspolitik
ZUM	Zeitschrift für Urheber- und Medienrecht
ZVglRWiss	Zeitschrift für vergleichende Rechtswissenschaft
ZZP	Zeitschrift für Zivilprozess
ZZP Int.	Zeitschrift für Zivilprozess International

Literatur

Ahrens, Hans-Jürgen	Die internationale Deliktszuständigkeit im englischen Recht – ein englischer Denkanstoß zu offenen Fragen des deutschen Rechts, IPRax 1990, S. 128-133
Ahrens, Hans-Jürgen	Das Herkunftslandprinzip in der E-Commerce-Richtlinie, CR 2000, S. 835-841
Anders, Monika/ Gehle, Burkhard	Das Assessorexamen im Zivilrecht, 8. Auflage, Düsseldorf 2005 (zitiert: Anders/Gehle, Assessorexamen im Zivilrecht)
Bachmann, Birgit	Der Gerichtsstand der unerlaubten Handlung im Internet (zu LG München I, 17.10.1996 – 4 HK O 12190/96), IPRax 1998, S. 179-187
Bamberger, Heinz Georg/ Roth, Herbert	Kommentar zum Bürgerlichen Gesetzbuch, Band 1 (§§ 1-610), München 2003 (zitiert: Bamberger/Roth-Bearbeiter)
Bar, Christian v.	Schmerzensgeld und gesellschaftliche Stellung des Opfers bei Verletzungen des allgemeinen Persönlichkeitsrechtes, NJW 1980, S. 1724-1729
Bar, Christian v.	Persönlichkeitsschutz im gegenwärtigen und zukünftigen deutschen internationalen Privatrecht, in: Recht in Ost und West, Festschrift zum 30 jährigen Jubiläum des Instituts für Rechtsvergleichung der Waseda Universität, Hrsg: Institute of Comparative Law Waseda University Tokyo 1988, S. 575-595 (zitiert: v. Bar, Persönlichkeitsschutz im gegenwärtigen und zukünftigen deutschen internationalen Privatrecht, in: Festschrift für die Waseda Universität)
Bar, Christian v.	Internationales Privatrecht, Band II, Besonderer Teil, München 1991 (zitiert: v. Bar, IPR, Bd.II)

Basedow, Jürgen — Vergemeinschaftung des Kollisionsrechts nach dem Vertrag von Amsterdam,
in: Baur/Mansel, Systemwechsel im europäischen Kollisionsrecht,
München 2002, S. 19-46

Basedow, Jürgen — Was wird aus der Haager Konferenz für Internationales Privatrecht?,
in: Festschrift für Werner Lorenz zum 80. Geburtstag,
Hrsg.: Rauscher/Mansel, München 2001, S. 463-482

Baumbach, Adolf/ Lauterbach, Wolfgang/ Albers, Jan/ Hartmann, Peter — Zivilprozessordnung mit Gerichtsverfassungsgesetz und Nebengesetzen, Kommentar,
65. Aufl., München 2007
(zitiert: Baumbach/Lauterbach-Bearbeiter)

Beater, Axel — Zivilrechtlicher Schutz vor der Presse als konkretisiertes Verfassungsrecht: Grundstrukturen im Vergleich von englischem, US-amerikanischem und deutschem Recht,
Tübingen 1996

Behr, Volker — Internationale Tatortzuständigkeit für vorbeugende Unterlassungsklagen bei Wettbewerbsverstößen,
GRURInt. 1992, S. 604-608

Berger, Christian — Die internationale Zuständigkeit bei Urheberrechtsverletzungen in Internet-Websites aufgrund des Gerichtsstands der unerlaubten Handlung nach Art. 5 Nr. 3 EuGVO,
GRURInt. 2005, S. 465-468

Bettinger, Torsten — Der lange Arm amerikanischer Gerichte: Personal Jurisdiction im Cyberspace – Bericht über die neuere Rechtsprechung amerikanischer Gerichte zur interlokalen und internationalen Zuständigkeit bei Kennzeichenkonflikten im Internet,
GRURInt. 1998, S. 660-666

Beucher, Klaus/ Leyendecker, Ludwig/ Rosenberg, Oliver v. — Mediengesetze – Rundfunk, Mediendienste, Teledienste,
München 1999

Beuthien, Volker/ Hieke, Mario — Unerlaubte Werbung mit dem Abbild prominenter Personen – dogmatische Grundlagen und Rechtsfolgen,
AfP 2001, S. 353-363

Beuthien, Volker/ Schmölz, Anton | Persönlichkeitsschutz durch Persönlichkeitsgüterrechte – Erlösherausgabe statt nur billige Entschädigung in Geld, München 1999 (zitiert: Beuthien/Schmölz, Persönlichkeitsschutz durch Persönlichkeitsgüterrechte)

Beuthien, Volker | Was ist vermögenswert, die Persönlichkeit oder ihr Image?, NJW 2003, S. 1220-1222

BGB-RGRK | Das Bürgerliche Gesetzbuch mit besonderer Berücksichtigung der Rechtsprechung des Reichsgericht und des Bundesgerichtshofes, Kommentar, Band II, 5. Teil (§§ 812-831), 12. Auflage Berlin/New York 1989 (zitiert: RGRK-Bearbeiter)

Binder, Heinz | Zur Auflockerung des Deliktsstatuts, RabelsZ 20 (1955), S. 401-499

Bleich, Holger | Ach wie gut, dass niemand weiß...Wie anonym sind Internetnutzer wirklich?, c't 19/2002, S. 124 ff.

Blomeyer, Arwed | Zivilprozessrecht, 2. Aufl., Berlin 1985

Böhm, Steffen | Unerlaubte Telefonwerbung im geschäftlichen Bereich, MMR 1999, S. 643-648

Bourel, Pierre | Du 18 avril 1969 – Tribunal de grande Instance de Paris (3e Ch.), Rev.crit.dr.int.pr. 1971, S. 282-294

Bourel, Pierre | Du 30 novembre 1976 – Cour de justice des Communautés européennes (aff. 21/76), Rev.crit.dr.int.pr. 1977, S. 567-576

Bourel, Pierre | Et O'Keeffe, Juges; Capotori, av.gén., MMR 1999, S. 643-648

Brauch, Patrick | Von wegen Incognito – Wie anonym ist man im Internet?, c't 19/2002, S. 128 ff.

Breuer, Barbara | Anwendbarkeit des deutschen Strafrechts auf exterritorial handelnde Internet-Benutzer, MMR 1998, S. 141-145

Brisch, Klaus	EU-Richtlinienvorschlag zum elektronischen Geschäftsverkehr, CR 1999, S. 235-244
Buchner, Benedikt	Kläger- und Beklagtenschutz im Recht der internationalen Zuständigkeit, Tübingen 1998 (zitiert: Buchner, Kläger- und Beklagtenschutz)
Buck, Carsten	Über die Auslegungsmethoden des Gerichtshofs der Europäischen Gemeinschaft, Frankfurt a.M. (u.a.) 1998
Bülow, Arthur/ Böckstiegel, Karl-Heinz/ Geimer, Reinhold/ Schütze, Rolf	Der internationale Rechtsverkehr in Zivil- und Handelssachen, 2. Band, Loseblattsammlung, München Januar 2006 (zitiert: Bülow/Böckstiegel, Internationaler Rechtsverkehr)
Busse, Daniel	Internationales Bereicherungsrecht, Tübingen 1998
Capotorti, Francesco	Die Aufgabe des Gerichtshofes und das System des Brüsseler Übereinkommens, in: Gerichtshof der Europäischen Gemeinschaften (Hrsg.), Internationale Zuständigkeit und Urteilsanerkennung in Europa – Berichte und Dokumente des Kolloquiums „Die Auslegung des Brüsseler Übereinkommens durch den Europäischen Gerichtshof und der Rechtsschutz im europäischen Raum", Luxemburg, 11. u. 12. März 1991; Köln (u.a.) 1993, S. 11-19
Coester-Waltjen, Dagmar	Internationales Beweisrecht – Das auf den Beweis anwendbare Recht in Rechtsstreitigkeiten mit Auslandsbezug, Ebelsbach 1983 (zitiert: Coester-Waltjen, Internationales Beweisrecht)
Coester-Waltjen, Dagmar	Internationale Zuständigkeit bei Persönlichkeitsrechtsverletzungen, in: Wege zur Globalisierung des Rechts, Festschrift für Rolf Schütze zum 65. Geburtstag, Hrsg: Reinhold Geimer, München 1999, S. 175-185
Cornils, Karin	Der Begehungsort von Äußerungsdelikten im Internet, JZ 1999, S. 394-398
Creifelds, Carl	Rechtswörterbuch, 19. Auflage, München 2007

Damm, Renate/ Rehbock, Klaus — Widerruf, Unterlassung und Schadensersatz in Presse und Rundfunk,
2. Aufl., München 2001

Dethloff, Nina — Marketing im Internet und Internationales Wettbewerbsrecht,
NJW 1998, S. 1596-1603

Deutsch, Erwin — Allgemeines Haftungsrecht,
2. Aufl., Köln (u.a.) 1996
(zitiert: Deutsch, Haftungsrecht)

Deutsch, Volker — Gedanken zum Gerichtsstand der unerlaubten Handlung (insbesondere bei Persönlichkeits- und Wettbewerbssachen),
MDR 1967, S. 88-91

Dewall, Hans v. — Gegendarstellungsrecht und right of reply,
Berlin 1973

Dietze, Jan/ Schnichels, Dominik — Die aktuelle Rechtsprechung des EuGH zum EuGVÜ – Übersicht über das Jahr 1995,
EuZW 1996, S. 455-459

Donaldson, David — Zum Problem der sicheren Bemessung des Schmerzensgeldes,
AcP 166 (1966), S. 462-480

Dornbusch, Peter/ Zündt, Maximilian — Realisierung von Positionsortungen in WLAN, zu finden unter:
http://wwwbroy.informatik.tu-muenchen.de/publ/html.php?e=478
(Stand: 28.03.2007)

Ehmann, Horst — Zur Struktur des Allgemeinen Persönlichkeitsrechts,
JuS 1997, S. 193-203

Ehmann, Horst/ Thorn, Karsten — Erfolgsort bei grenzüberschreitenden Persönlichkeitsrechtsverletzungen,
AfP 1996, S. 20-25

Erman, Walter — Bürgerliches Gesetzbuch, Handkommentar, Hrsg.: v. Harm Peter Westermann,
Band I (§§ 1-811), 10. Aufl., Köln 2000
(zitiert: Erman-Bearbeiter, 10. Aufl.)
Band I (§§ 1-811),
Band II (§§ 812-2385), 11. Auflage, Köln 2004
(zitiert: Erman-Bearbeiter)

Ernst, Stefan — Wirtschaftsrecht im Internet,
BB 1997, S. 1057-1062

Ernst, Stefan — Anmerkung zu LG Düsseldorf: Gegendarstellung im Internet, Beschluss v. 29.04.1998 – 12 O 132/98,
NJW CoR 1998, S. 430-431

Ernst, Stefan — Internetadressen – der Stand der Rechtsprechung,
MMR 2001, S. 368-374

Erwand, Christine — Forum non conveniens und EuGVÜ,
Frankfurt a.M. (u.a.) 1996

Fawcett, James J./ Torremans, Paul — Intellectual Property and Private International Law,
Oxford 1998

Fechner, Frank — Medienrecht – Lehrbuch des gesamten Medienrechts unter besonderer Berücksichtigung von Presse, Rundfunk und Multimedia,
8. Auflage, Tübingen 2007
(zitiert: Fechner, Medienrecht)

Fikentscher, Wolfgang/ Heinemann, Andreas — Schuldrecht,
10. Aufl., Berlin/New York 2006

Flessner, Axel — Interessenjurisprudenz im internationalen Privatrecht,
Tübingen 1990

Freydorf, R. von — Prozessordnung in bürgerlichen Rechtsstreitigkeiten für das Großherzogtum Baden,
Heidelberg 1865

Fricke, Verena — Der Unterlassungsanspruch gegen Presseunternehmen zum Schutze des Persönlichkeitsrechts im IPR,
Tübingen 2003
(zitiert: Fricke, Unterlassungsanspruch gegen Presseunternehmen im IPR)

Geimer, Reinhold — Zur Prüfung der Gerichtsbarkeit und der internationalen Zuständigkeit bei der Anerkennung ausländischer Urteile, Bielefeld 1966

Geimer, Reinhold — Anmerkung zu BGH NJW 1974, 410, NJW 1974, S. 1045-1055

Geimer, Reinhold — Anmerkung zu OLG Oldenburg, Urteil v. 14.11.1975 (6 U 74/75), WM 1976, S. 1289-1291

Geimer, Reinhold — Anmerkung zu EuGH-Urteil vom 06.10.1976 – Rs. 12/76, NJW 1977, S. 492-493

Geimer, Reinhold — Die Prüfung der internationalen Zuständigkeit, WM 1986, S. 117-123

Geimer, Reinhold — Die Gerichtspflichtigkeit des Beklagten nach Art. 5 Nr. 1 und Nr. 3 EuGVÜ bei Anspruchskonkurrenz, IPRax 1986, S. 80-82

Geimer, Reinhold — Anmerkung zu EuGH-Urteil vom 27.09.1988 – Rs. 189/87, NJW 1988, S. 3089-3090

Geimer, Reinhold — Ungeschriebene Anwendungsgrenzen des EuGVÜ: Müssen Berührungspunkte zu mehreren Vertragsstaaten bestehen?, IPRax 1991, S. 31-35

Geimer, Reinhold — Anmerkung zu EuGH-Urteil vom 19.09.1995 – C-364/93, JZ 1995, S. 1108-1108

Geimer, Reinhold — Salut für die Verordnung (EG) Nr. 44/2001 (Brüssel I-VO) – einige Betrachtungen zur „Vergemeinschaftung“ des EuGVÜ, IPRax 2002, S. 69-74

Geimer, Reinhold — Internationales Zivilprozessrecht, 5. Aufl., Köln 2005 (zitiert: Geimer, IZPR)

Geimer, Reinhold/ Schütze, Rolf — Internationale Urteilsanerkennung, Band I, 1. Halbband, München 1983

Geimer, Reinhold/ Schütze, Rolf — Europäisches Zivilverfahrensrecht, Kommentar zum EuGVÜ und Luganer Übereinkommen,
2. Aufl., München 2004
(zitiert: Geimer/Schütze, EuZVR)

Gerlach, Jürgen v. — Der Schutz der Privatsphäre von Personen des öffentlichen Lebens in rechtsvergleichender Sicht,
JZ 1998, S. 741-753

Gerlach, Jürgen v. — Persönlichkeitsschutz und öffentliches Informationsinteresse im internationalen Vergleich,
AfP 2001, S. 1-8

Gerlach, Jürgen v. — Gewinnherausgabe bei Persönlichkeitsrechtsverletzungen nach schweizerischem Vorbild? – Das Anspruchssystem der Schweiz und Deutschlands im Vergleich,
VersR 2002, S. 917-960

Gleichauf, Jürgen — Das postmortale Persönlichkeitsrecht im internationalen Privatrecht – unter besonderer Berücksichtigung des französischen Rechts,
Frankfurt a.M. (u.a.) 1999
(zitiert: Gleichauf, Das postmortale Persönlichkeitsrecht im internationalen Privatrecht)

Götting, Horst-Peter — Persönlichkeitsrechte als Vermögensrechte,
Tübingen 1995

Gottwald, Peter — Europäische Gerichtspflichtigkeit kraft Sachzusammenhangs,
IPRax 1989, S. 272-274

Gottwald, Peter — Anerkennungszuständigkeit und doppelrelevante Tatsachen,
IPRax 1995, S. 75-76

Gottwald, Peter — Das Wetterleuchten des forum non conveniens,
in: Festschrift für Jayme,
Hrsg.: Mansel/Pfeiffer/Kronke/Kohler/Hausmann,
München 2004, S. 277-284

Gounalakis, Georgios — Persönlichkeitsschutz und Geldersatz,
AfP 1998, S. 10-25

Grolimund, Pascal — Drittstaatenproblematik des europäischen Zivilverfahrensrechts,
Tübingen 2000

Grunsky, Wolfgang — EWG-Übereinkommen über die gerichtliche Zuständigkeit und die Vollstreckung gerichtlicher Entscheidungen in Zivil- und Handelssachen im deutsch-italienischen Rechtsverkehr,
RIW 1977, S. 1-9

Hafner, Katie / Lyon, Matthew — Arpa Kadabra – Die Geschichte des Internet,
2. Auflage, Hannover 2000

Hage, Markus/ Hitzfeld, Timm — Technische Gestalt der Kommunikationsnetze,
in: Loewenheim/Koch, Praxis des Online-Rechts,
Weinheim (u.a.) 1998, S. 1-56

Hager, Johannes — Die Manipulation des Rechtsweges,
in: Arbeitsrecht in der Bewährung, Festschrift für Otto Rudolf Kissel,
Hrsg.: Heinze (u.a.), München 1994, S. 327-346

Haines, Avril — The Impact of the Internet on the Judgments Project: Thoughts for the future, Web-Doc., Preliminary Document Nr. 17, February 2002,
abrufbar unter
http://www.cptech.org/ecom/hague/hague17feb2002-ah-internet.rtf (Stand: 28.03.2007)

Handkommentar Bürgerliches Recht — Schriftleitung Reiner Schulze,
5. Aufl., Baden-Baden 2006
(zitiert: Hk-BGB-Bearbeiter)

Härting, Niko — Erstkontakt mit dem Verbraucher nach dem Fernabsatzgesetz,
DB 2000, S. 2312-2314

Härting, Niko — Gesetzentwurf zur Umsetzung der E-Commerce-Richtlinie,
CR 2001, S. 271-277

Hartmann, Lutz — Kommentar zum Beschluss des Tribunal de Grande Instance de Paris vom 20.11.2000,
K&R 2001, S. 63-64

Hau, Wolfgang Jakob — Positive Kompetenzkonflikte im Internationalen Zivilprozessrecht: Überlegungen zur Bewältigung von multi-fora disputes,
Frankfurt a.M. (u.a.) 1996
(zitiert: Hau, Positive Kompetenzkonflikte im Internationalen Zivilprozessrecht)

Hausmann, Rainer — Zur Anerkennung und Vollstreckung von Maßnahmen des einstweiligen Rechtsschutzes im Rahmen des EG-Gerichtsstands- und Vollstreckungsübereinkommens – zu EuGH, 21.5.1980, RS 125 / 79,
IPRax 1981, S. 79-82

Heilbock, Jürgen — UMTS – Die dritte Mobilfunkgeneration aus rechtlicher Sicht,
MMR 1999, S. 23-28

Hein, Jan v. — Das Günstigkeitsprinzip im Internationalen Deliktsrecht,
Tübingen 1999

Heldrich, Andreas — Internationale Zuständigkeit und anwendbares Recht,
Berlin 1969

Heldrich, Andreas — Persönlichkeitsverletzungen im Internationalen Privatrecht,
in: Festschrift für Imre Zajtay,
Hrsg.: Graveson/Kreuzer/Tunc/Zweigert,
Tübingen 1982, S. 215-232

Helle, Jürgen — Besondere Persönlichkeitsrechte im Privatrecht – Das Recht am eigenen Bild, das Recht am gesprochenen Wort und der Schutz des geschriebenen Wortes,
Tübingen 1991
(zitiert: Helle, Besondere Persönlichkeitsrechte im Privatrecht)

Helle, Jürgen — Wirtschaftliche Aspekte zivilrechtlichen Persönlichkeitsschutzes,
RabelsZ 60 (1996), S. 448-474

Henrich, Dieter — 20 Jahre IPRax,
IPRax 2000, S. 453

Heß, Burkhard — Die „Europäisierung" des internationalen Zivilprozessrechts durch den Amsterdamer Vertrag – Chancen und Gefahren,
NJW 2000, S. 23-32

Heß, Burkhard — Steht das geplante weltweite Zuständigkeitsübereinkommen vor dem Aus?,
IPRax 2000, S. 342-343

Hilgendorf, Eric — Überlegungen zur strafrechtlichen Interpretation des Ubiquitätsprinzips im Zeitalter des Internet,
NJW 1997, S. 1873-1878

Hinden, Michael v. — Persönlichkeitsverletzungen im Internet, Tübingen 1999

Hoeren, Thomas — Vorschlag für eine EU-Richtlinie über E-Commerce – Eine erste kritische Analyse, MMR 1999, S. 192-199

Hoeren, Thomas — Virenscanning und Spamfilter – Rechtliche Möglichkeiten im Kampf gegen Viren, Spam & Co., NJW 2004, S. 3513-3592

Hoeren, Thomas — Internetrecht, Internetskript, Münster, März 2007, abrufbar unter: http://www.uni-muenster.de/Jura.itm/hoeren (Stand: 27.05.2007) (zitiert: Hoeren, Rechtsfragen im Internet, Internetskript)

Hoeren, Thomas/ Pichler, Rufus — Zivilrechtliche Haftung im Online-Bereich, in: Loewenheim/Koch, Praxis des Online-Rechts, Weinheim (u.a.) 1998, S. 381-471

Hoeren, Thomas/ Sieber, Ulrich — Handbuch Multimedia-Recht – Rechtsfragen des elektronischen Geschäftsverkehrs, München, Loseblattsammlung, Stand: August 2006 (zitiert: Hoeren/Sieber-Bearbeiter, Handbuch Multimedia-Recht)

Handbuch Multimedia-Recht – Rechtsfragen des elektronischen Geschäftsverkehrs, München, Loseblattsammlung, Stand: 2002 (zitiert: Hoeren/Sieber-Bearbeiter, Handbuch Multimedia-Recht, Stand 2002)

Hoffmann, Bernd v. — Internationales Privatrecht einschließlich der Grundzüge des internationalen Zivilverfahrensrechts, 8. Auflage, München 2005 (zitiert: v. Hoffmann, IPR)

Hoffmann, Helmut — Die Entwicklung des Internet-Rechts von Anfang 2001 bis Mitte 2002, NJW 2002, S. 2602-2610

Hohloch, Gerhard — Deliktsstatut – Grundlagen und Grundlinien des internationalen Deliktsrechts, Frankfurt a.M. 1984 (zitiert: Hohloch, Deliktsstatut)

Hohloch, Gerhard — Neue Medien und Individualrechtsschutz – Kollisionsrechtliche Aspekte grenzüberschreitender Rundfunksendungen, ZUM 1986, S. 165-179

Hohloch, Gerhard — Anerkennungsfähigkeit eines US-amerikanischen Zahlungsurteils, JuS 1994, S. 800-801

Holl, Volker — Der Gerichtsstand des Erfüllungsortes nach Art. 5 Nr. 1 EuGVÜ bei einem „claim for restitution based on unjust enrichment", IPRax 1998, S. 120-122

Holleben, Kevin v. — Geldersatz bei Persönlichkeitsverletzungen durch die Medien, Baden-Baden 1998 (zitiert: v. Holleben, Geldersatz bei Persönlichkeitsrechtsverletzungen)

Huber, Peter — Verleumdungsklagen und Art 5 Nr. 3 EuGVÜ vor englischen Gerichten, IPRax 1992, S. 263-265

Huber, Peter — Persönlichkeitsschutz gegenüber Massenmedien im Rahmen des Europäischen Zivilprozessrechts – Entscheidung des Europäischen Gerichtshofs vom 7. März 1995 (Rechtssache C-68/93 – Fiona Shevill u.a./Presse Alliance SA), ZEuP 1996, S. 295-313

Jankowski, Rayner — Kosten beim Empfänger unverlangter E-Mails – nur ein Scheinargument?, K&R 2000, S. 499-502

Jauernig, Othmar — Bürgerliches Gesetzbuch, Kommentar, 12. Aufl., München 2007 (zitiert: Jauernig-Bearbeiter)

Jauernig, Othmar — Zivilprozessrecht, 28. Aufl., München 2003

Jayme, Erik — Zur Übernahme der Lehre vom „forum non conveniens" in das deutsche Internationale Verfahrensrecht, StAZ 1975, S. 91-94

Jayme, Erik — Europa: Auf dem Weg zu einem interlokalen Kollisionsrecht?, in: Heinz-Peter Mansel, Vergemeinschaftung des Europäischen Kollisionsrechts, Köln 2001, S. 31-40

Jayme, Erik/ Kohler, Christian — Europäisches Kollisionsrecht 1999 – Die Abendstunde der Staatsverträge, IPRax 1999, S. 402-413

Jayme, Erik/ Kohler, Christian — Europäisches Kollisionsrecht 2000 – Interlokales Privatrecht oder universelles Gemeinschaftsrecht?, IPRax 2000, S. 454-465

Jayme, Erik/ Kohler, Christian — Europäisches Kollisionsrecht 2001 – Anerkennungsprinzip statt IPR, IPRax 2001, S. 501-514

Jenard, Paul — Bericht zu dem Übereinkommen über die gerichtliche Zuständigkeit und die Vollstreckung gerichtlicher Entscheidungen in Zivil- und Handelssachen, in: Amtsblatt der Europäischen Gemeinschaften vom 05.03.1979, Nr. C 59

Junker, Markus — Anwendbares Recht und internationale Zuständigkeit bei Urheberrechtsverletzungen im Internet, Kassel 2002

Kaum, Markus — Rechtsprechungsbericht: Die Entwicklung der EuGH-Judikatur zum EuGVÜ im Jahre 1995, WIB 1996, S. 513-518

Kegel, Gerhard/ Schurig, Klaus: — Internationales Privatrecht, 9. Aufl., München 2004 (zitiert: Kegel/Schurig, IPR)

Kerameus, Konstantinos — Erweiterung des EuGVÜ-Systems und Verhältnis zu Drittstaaten, in: Gottwald, Revision des EuGVÜ – Neues Schiedsverfahrensrecht, Bielefeld 2000, S. 75-91

Kessel, Christian — Grundsätze des englischen Zivilprozessrechts, ZVglRWiss 92 (1993), S. 395-419

Kiethe, Kurt — Internationale Zuständigkeit bei unerlaubter Handlung – die Problematik des Vermögensschadens, NJW 1994, S. 222-227

Klein, Stefanie — Der zivilrechtliche Schutz des einzelnen vor Persönlich-keits-rechtsverletzungen durch die Sensationspresse, Frankfurt a.M. 2000

Klippel, Diethelm — Der zivilrechtliche Persönlichkeitsschutz von Verbänden, JZ 1988, S. 625-635

Klöck, Oliver — Rechtliche Probleme der Versteigerung von UMTS-Lizenzen, RTkom 2000, S. 280-290

Koch, Frank — Internationale Gerichtszuständigkeit und Internet, CR 1999, S. 121-129

Koch, Harald — Anmerkung zu BGH, Urteil v. 25.11.1993, IX ZR 32/93, ZZP 108 (1995), S. 367-372

Koch, Harald — Europäische Vertrags- und Deliktsgerichtsstände für Seetransportschäden („Weiche Birnen") – zu EuGH, 27.10.1998 – Rs. C-51/97, IPRax 2000, S. 186-193

Kollar, Axel — Der Gerichtsstand der unerlaubten Handlung, Köln 1963

Köpsell, Stefan/ Kossel, Axel — Maskenball – Tools zum anonymen Surfen, c't 19/2002, S. 132 ff.

Kotthoff, Jost — Die Anwendbarkeit des deutschen Wettbewerbsrechts auf Werbemaßnahmen im Internet, CR 1997, S. 676-683

Krajewski, Markus — Werbung über das Handy – Zur Zulässigkeit kommerzieller SMS-Nachrichten, MMR 2001, S. 86-89

Kreuzer, Karl/ Klötgen, Paul — Die Shevill-Entscheidung des EuGH: Abschaffung des Deliktsortsgerichtsstands des Art 5 Nr. 3 EuGVÜ für ehrverletzende Streudelikte, IPRax 1997, S. 90-96

Kristin, Tanja — Das Deliktsstatut bei Persönlichkeitsrechtsverletzungen über das Internet,
München 2000

Kropholler, Jan — Internationales Einheitsrecht,
Tübingen 1975

Kropholler, Jan — Kapitel III, Internationale Zuständigkeit,
in: Handbuch des Internationalen Zivilverfahrensrechts, Band I,
Hrsg.: Max-Planck-Institut für ausländisches und internationales Privatrecht, Tübingen 1982, S. 184-533
(zitiert: Kropholler, Internationale Zuständigkeit, in: Handbuch des IZVR, Bd. I)

Kropholler, Jan — Die Auslegung von EG-Verordnungen zum Internationalen Privat- und Verfahrensrecht,
in: Aufbruch nach Europa – 75 Jahre Max-Planck-Institut für Privatrecht,
Hrsg.: Basedow/Drobnig/Ellger/Hopt/Kötz/Kulms/Mestmäcker, Tübingen 2001, S. 583-594
(zitiert: Die Auslegung von EG-Verordnungen zum Internationalen Privat- und Verfahrensrecht, in: Basedow (u.a.), Aufbruch nach Europa)

Kropholler, Jan — Europäisches Zivilprozessrecht – Kommentar zum EuGVÜ und Lugano-Übereinkommen,
6. Aufl., Heidelberg 1998
(zitiert: Kropholler, EuZPR, 6. Aufl.)
8. Aufl., Heidelberg 2005
(zitiert: Kropholler, EuZPR)

Kropholler, Jan — Internationales Privatrecht – einschl. Grundbegriffe des Internat. Zivilverfahrensrecht,
6. Auflage, Tübingen 2006
(zitiert: Kropholler, IPR)

Kubis, Sebastian — Internationale Zuständigkeit bei Persönlichkeits- und Immaterialgüterrechtsverletzungen,
Bielefeld 1999
(zitiert: Kubis, IZ bei Persönlichkeits- und Immaterialgüterrechtsverletzungen)

Kuner, Christopher — Internationale Zuständigkeitskonflikte im Internet,
CR 1996, S. 453-458

Kur, Annette — Internet und Kennzeichenrecht, in: Loewenheim/Koch, Praxis des Online-Rechts, Weinheim (u.a.) 1998, S. 325-380

Kur, Annette — Territorialität versus Globalität – Kennzeichnungskonflikte im Internet, WRP 2000, S. 935-940

Kur, Annette — Immaterialgüterrechte in einem weltweiten Vollstreckungs- und Gerichtsstandsübereinkommen – Auf der Suche nach dem Ausweg aus der Sackgasse, GRURInt. 2001, S. 908-915

Kur, Annette — Jurisdiction and Choice pf Law in Intellectual Property Matters – Perpectives for the Future – Tagungsbericht, GRURInt. 2004, S. 306-315

Lange, Paul — Der internationale Gerichtsstand der unerlaubten Handlung nach dem EuGVÜ bei Verletzungen von nationalen Kennzeichen, WRP 2000, S. 940-947

Larenz, Karl/ Canaris, Claus-Wilhelm — Lehrbuch des Schuldrechts, Besonderer Teil, 2. Halbband, 13. Aufl., München 1994 (zitiert: Larenz/Canaris, Schuldrecht II 2)

Larenz, Karl — Methodenlehre der Rechtswissenschaft, 6. Aufl., Berlin (u.a.) 1991 (zitiert: Larenz, Methodenlehre)

Lerch, Janusz-Alexander — Der Gegendarstellungsanspruch im Internet – Findet der Gegendarstellungsanspruch auch auf die elektronische Presse Anwendung?, CR 1997, S. 261-269

Leuze, Dieter — Die Entwicklung des Persönlichkeitsrechts im 19. Jahrhundert, Bielefeld 1962

Linke, Hartmut — Internationales Zivilprozessrecht – Leitfaden für Verfahren mit Auslandsbezug, 4. Aufl., Köln 2006 (zitiert: Linke, IZPR)

Loewenheim, Ulrich/ Koch, Frank/ Hage, Markus — Praxis des Online-Rechts,
Weinheim (u.a.) 1998
(zitiert: Bearbeiter in: Loewenheim/Koch, Praxis des Online-Rechts)

Löffler, Martin — Presserecht,
5. Aufl., München 2006
(zitiert: Löffler-Bearbeiter, Presserecht)

Löffler, Martin/ Ricker, Reinhart — Handbuch des Presserechts,
5. Auflage, München 2005

Löffler, Severin — Mediendelikte im IPR und IZPR – Persönlichkeitsverletzungen durch Medien im Spiegel des deutschen, französischen., schweizerischen, österreichischen Rechts unter besonderer Berücksichtigung des Internets und des Gegendarstellungsanspruchs,
Frankfurt a.M. (u.a.) 2000
(zitiert: Löffler, Mediendelikte im IPR und IZPR)

Lohse, Martin — Das Verhältnis von Vertrag und Delikt: eine rechtsvergleichende Studie zur vertragsautonomen Auslegung von Art. 5 Nr. 3 EuGVÜ,
München 1991

Looschelders, Dirk — Persönlichkeitsschutz in Fällen mit Auslandsberührung – unter bes. Berücksichtigung des österreichischen und schweizerischen Rechts,
ZVglRWiss 95 (1996), S. 48-91

Lorenz, Werner — Internationale Zuständigkeit für die Rückforderungsklage einer italienischen Bank nach fehlerhafter Ausführung einer Giroüberweisung nach Deutschland,
IPRax 1993, S. 44-46

Luckey, Jan — Internationale Urheber- und Persönlichkeits-rechtsverletzungen im Internet,
Bonn 2002

Lüderitz, Alexander — Internationales Privatrecht,
2. Aufl., Neuwied (u.a.) 1992
(zitiert: Lüderitz, IPR)

Lundtstedt, Lydia — Gerichtliche Zuständigkeit und Territorialprinzip im Immaterialgüterrecht – Geht der Pendelschlag zu weit?,
GRURInt. 2001, S. 103-111

Lurger, Brigitta — Internationales Deliktsrecht und Internet, in: Aufbruch nach Europa – 75 Jahre Max-Planck-Institut für Privatrecht, Hrsg.: Basedow/Drobnig/Ellger/Hopt/Kötz/Kulms/Mestmäcker, Tübingen 2001, S. 479-501
(zitiert: Lurger, Internationales Deliktsrecht und Internet, in: Basedow (u.a.), Aufbruch nach Europa)

Lütcke, Jens — Persönlichkeitsrechtsverletzungen im Internet – Eine rechtsvergleichende Untersuchung zum deutschen und amerikanischen Recht,
München 1999
(zitiert: Lütcke, Persönlichkeitsrechtsverletzungen im Internet)

Maennel, Frithjof — Elektronischer Geschäftsverkehr ohne Grenzen – der Richtlinienvorschlag der Europäischen Kommission,
MMR 1999, S. 187-192

Magold, Hanns A. — Personenmerchandising – der Schutz der Person im Recht der USA und Deutschlands,
Frankfurt a.M. (u.a.) 1994
(zitiert: Magold, Personenmerchandising)

Mankowski, Peter — Das Internet im Internationalen Vertrags- und Deliktsrecht,
RabelsZ 63 (1999), S. 203-294

Mankowski, Peter — Kurzkommentar zum OLG Urteil v. 17.02.2000 – Werbung im Internet, Gerichtsstand des Begehungsortes bei Wettbewerbsdelikten,
EWiR 2000, S. 651-652

Mansel, Heinz-Peter — Kollisions- und zuständigkeitsrechtlicher Gleichlauf der vertraglichen und deliktischen Haftung,
ZVglRWiss 86 (1987), S. 1-24

Mansel, Heinz-Peter — Gerichtliche Prüfungsbefugnis im forum delicti,
IPRax 1989, S. 84-87

Mansel, Heinz-Peter — Tagungsbericht: Japanisches und deutsches internationales Verfahrensrecht im Rechtsverkehr mit den USA,
JZ 1994, S. 618-622

Mansel, Heinz-Peter — Das Kölner Institut heute, in: Mansel, Vergemeinschaftung des Europäischen Kollisionsrechts,
Köln 2001, S. 1-9

Mansel, Heinz-Peter — Rezession zu Jan Kropholler: Europäisches Zivilprozessrecht, 5. Aufl., RabelsZ 61 (1997), S. 756-758

Mansel, Heinz-Peter — Zum Systemwechsel im europäischen Kollisionsrecht nach Amsterdam und Nizza, in: Baur/Mansel, Systemwechsel im europäischen Kollisionsrecht – Fachtagung des Bayer-Stiftung für deutsches und internationales Arbeits- und Wirtschaftsrecht am 17. und 18. Mai 2001, München 2002, S. 1-15

Mansel, Heinz-Peter — Vermögensgerichtsstand und Inlandsbezug bei der Entscheidungs- und Anerkennungszuständigkeit am Beispiel der Anerkennung US-amerikanischer Urteile in Deutschland, in: Festschrift für Jayme, Hrsg.: Mansel/Pfeiffer/Kronke/Kohler/Hausmann, München 2004, S. 561-573

Marly, Jochen — Die Verteilung von Artikeln und Programmen in Datennetzen aus urheber- und wettbewerbsrechtlicher Sicht, Jur-PC (Web-Doc.), 2/1992, S. 1442-1449, abrufbar unter: http://www.makrolog.de/jurpc/jurpc_faksimile.nsf (Stand 28.03.2007)

Meissner, Michael — Persönlichkeitsschutz juristischer Personen im deutschen und US-amerikanischen Recht, Frankfurt a.M. 1998

Mezger, Ernst — Drei Jahre EG – Zuständigkeits- und Vollstreckungsübereinkommen in Frankreich, RIW 1976, S. 345-349

Micklitz, Hans-W./ Rott, Peter — Vergemeinschaftung des EuGVÜ in der Verordnung (EG) Nr. 44/2001 (Teil 1 – Zuständigkeit), EuZW 2001, S. 325-334

Micklitz, Hans-W./ Rott, Peter — Vergemeinschaftung des EuGVÜ in der Verordnung (EG) Nr. 44/2001 (Teil 2 – Anerkennung und Vollstreckung), IPRax 2002, S. 15-24

Müller, Markus — Internationale Zuständigkeit bei grenzüberschreitenden Umweltbeeinträchtigungen, Basel/Frankfurt 1994

Münchener Kommentar zum Bürgerlichen Gesetzbuch
Band 1 (§§ 1-240), 3. Aufl., München 1993 (zitiert: MüKo-Bearbeiter, BGB, 3. Aufl.); Band 1 (§§ 1-240), 4. Aufl., München 2001 (zitiert: MüKo-Bearbeiter, BGB, 4. Aufl.); Band 1 Teilband 1 (§§ 1-240), 5. Aufl., München 2006; Band 5 (§§ 705-853), 4. Aufl., München 2004; Band 10 (Art. 1-46 EGBGB), 4. Aufl., München 2006 (zitiert: MüKo-Bearbeiter, BGB)

Münchener Kommentar zur Zivilprozessordung
Band 1 (§§ 1-354), 1. Aufl., München 1992 (zitiert: MüKo-Bearbeiter, ZPO, 1. Aufl.) Band 1 (§§ 1-354), 2. Aufl., München 2000; Band 3 (§§ 803-1066, EGZPO, GVG, EGGVG), 2. Aufl., München 2001 (zitiert: MüKo-Bearbeiter, ZPO)

Musielak, Hans-Joachim
Zivilprozessordnung, Kommentar, 5.Aufl., München 2007 (zitiert: Musielak-Bearbeiter)

Nagel, Heinrich/ Gottwald, Peter
Internationales Zivilprozessrecht, 6. Aufl., Köln 2007 (zitiert: Nagel/Gottwald, IZPR)

Neumann-Duesberg, Horst
Der Gerichtsstand der unerlaubten Handlung, NJW 1955, S. 696-698

Neumann-Duesberg, Horst
Bildberichterstattung über absolute und relative Personen der Zeitgeschichte, JZ 1960, S. 114-118

Neumann-Duesberg, Horst
Verwechslung des Urheberpersönlichkeitsrechts mit dem allgemeinen Persönlichkeitsrecht, NJW 1971, S. 1640-1642

Neuner, Robert
Internationale Zuständigkeit, Mannheim 1929

Nipperdey, Hans
Das allgemeine Persönlichkeitsrecht, UFITA Bd. 30 (1960/I), S. 1-29

Ohly, Ansgar
Der Schutz der Persönlichkeit im englischen Zivilrecht – Heutiger Stand und Entwicklungstendenzen nach dem Human Rights Act 1998, RabelsZ Band 65 (2001), S. 39-77

Ohly, Ansgar: Herkunftslandprinzip und Kollisionsrecht, GRURInt. 2001, S. 899-907

Olsen, Stefanie Geographic tracking raises opportunities, fears, in: CNET News, 08.11.2000, zu finden unter: http://news.com.com/2100-1023-248274.html?legacy=cnet (Stand: 28.03.2007)

Olsen, Stefanie Quova upgrade pins down AOL users, in: CNET News, 13.02.2002, zu finden unter: http://news.com.com/2100-1023-836138.html (Stand: 28.03.2007)

Oppermann, Thomas Europarecht, 3. Aufl., München 2005

Ost, Konrad Doppelrelevante Tatsachen im Internationalen Zivilverfahrensrecht, Frankfurt a.M. 2002 (zitiert: Ost, Doppelrelevante Tatsachen im IZVR)

Pagenstecher, Max Gerichtsbarkeit und internationale Zuständigkeit als selbständige Prozessvoraussetzungen – Zugleich ein Beitrag zur Lehre von der internationalen Prorogation, RabelsZ 11 (1937), S. 337-483

Palandt, Otto Bürgerliches Gesetzbuch Kommentar, 66. Aufl., München 2007 (zitiert: Palandt-Bearbeiter)

Pansch, Rüdiger Der Gerichtsstand der unerlaubten Handlung bei grenzüberschreitenden Verletzungen gewerblicher Schutzrechte, The European Legal Forum 5/2000/01, S. 353-362

Peukert, Alexander Persönlichkeitsbezogene Immaterialgüterrechte?, ZUM 2000, S. 710-721

Pfeiffer, Thomas Internationale Zuständigkeit und prozessuale Gerechtigkeit, Frankfurt a.M. 1994

Pfeiffer, Thomas Die Entwicklung des Internationalen Vertrags-, Schuld- und Sachenrechts in den Jahren 1995 / 6, NJW 1997, S. 1207-1216

Pieroth, Bodo/ Schlink, Bernhard Grundrechte – Staatsrecht II, 22. Aufl., Heidelberg 2006

Plaßmeier, Heiko — Ungerechtfertigte Bereicherung im IPR und aus rechtsvergleichender Sicht,
Berlin 1996
(zitiert: Plaßmeier, Ungerechtfertigte Bereicherung im IPR)

Pocar, Fausto — Die besonderen Zuständigkeiten bei Streitigkeiten aus unerlaubter Handlung und aus dem Betrieb einer Sekundärniederlassung,
in: Gerichtshof der Europäischen Gemeinschaften (Hrsg.), Internationale Zuständigkeit und Urteilsanerkennung in Europa – Berichte und Dokumente des Kolloquiums „Die Auslegung des Brüsseler Übereinkommens durch den Europäischen Gerichtshof und der Rechtsschutz im europäischen Raum", Luxemburg, 11. u. 12 März 1991;
Köln (u.a.) 1993, S. 99-104

Prinz, Matthias — Der Schutz der Persönlichkeitsrechte vor Verletzungen durch die Medien,
NJW 1995, S. 817-821

Prinz, Matthias — Geldentschädigung bei Persönlichkeitsrechtsverletzungen durch Medien,
NJW 1996, S. 953-1016

Prinz, Matthias — Der Schutz vor Verletzungen der Privatsphäre durch Medien auf europäischer Ebene,
ZRP 2000, S. 139-144

Prinz, Matthias/ Peters, Butz — Medienrecht – Die zivilrechtlichen Ansprüche,
München 1999
(zitiert: Prinz/Peters, Medienrecht)

Putzo, Hans/ Thomas, Heinz — Zivilprozessordnung, Kommentar,
27. Aufl., München 2005
(zitiert: Putzo/Thomas-Bearbeiter)

Rauscher, Thomas — Teleologische Grenzen des Art. 21 EuGVÜ,
IPRax 1993, S. 21 – 24

Rauscher, Thomas — Anmerkung zu EuGH, Urteil v. 07.03.1995, Rs. C-68/93 (Shevill./.Presse Alliance),
ZZPInt. 1 (1996), S. 151-166

Rauscher, Thomas — Internationales Privatrecht,
2. Aufl., Heidelberg 2002
(zitiert: Rauscher, IPR)

Rauscher, Thomas — Europäisches Zivilprozessrecht, Kommentar, 2. Auflage, München 2006 (zitiert: Rauscher-Bearbeiter, EuZPR)

Reber, Ulrich — Die internationale gerichtliche Zuständigkeit bei grenzüberschreitenden Urheberrechtsverletzungen, ZUM 2005, S. 194-203

Reichelt, Gerte — Europäisches Kollisionsrecht – die Konventionen von Brüssel, Lugano und Rom, ausländische Erfahrungen und österreichische Perspektiven, Frankfurt a.M. (u.a.) 1993 (zitiert: Reichelt, Europäisches Kollisionsrecht)

Reinmüller, Bernd — Gesamtschaden und internationale Deliktszuständigkeit nach dem EuGVÜ, IPRax 1985, S. 233-235

Renck, Andreas — Kennzeichenrechte versus Domain-Names – Eine Analyse der Rechtsprechung, NJW 1999, S. 3587-3594

Restatement of the Law of Torts — Volume III, Divisions 3-9; St. Paul 1938

Rimmelspacher, Bruno — Zur Prüfung von Amts wegen im Zivilprozess, Göttingen 1966

Rosenberg, Leo/ Schwab, Karl-Heinz/ Gottwald, Peter — Zivilprozessrecht, 16. Aufl., München 2004

Rötelmann, Friedrich Wilhelm — Nichtvermögensschaden und Persönlichkeitsrechte nach schweizerischem Recht, AcP 160 (1961), S. 366-409

Roth, Herbert — Die Reichweite der Lex-fori-Regel im internationalen Zivilprozessrecht, in: Festschrift für Walter Stree und Johannes Wessels zum 70. Geburtstag, Hrsg.: Küper/Welp, Heidelberg 1993, S. 1045-1060 (zitiert: Roth, Die Reichweite der Lex-fori-Regel im IZPR, in: FS für Stree/Wessels)

Roth, Peter | Reasonable Extraterritoriality: Correcting the Balance of Interests, International and Comparative Law Quarterly 1992 Vol. 41, S. 245 ff.

Rötzer, Florian | Das französische Yahoo-Urteil gilt für alle Nazi-Inhalte, in: heise online, 07.12.2000, zu finden unter: http://www.heise.de/tp/r4/artikel/4/4424/1.html (Stand 28.03.2007)

Rüßmann, Helmut | Internationale Zuständigkeit für die Durchsetzung von Ansprüchen aus Geschäfts- und Wettbewerbshandlungen im Internet, Jur-PC (Web-Doc.), 108/1998, Abs. 1-56, abrufbar unter: http://www.jurpc.de/aufsatz/19980108.htm (Stand: 28.03.2007)

Sakowski, Klaus | Gerichtsstand im Internet – Rechtslage im Überblick, zu finden unter: http://www.sakowski.de/onl-r/onl-r26.html (Stand: 28.03.2007)

Sakowski, Klaus | Domain-Recht (II) – Gerichtsstand / Anwendbares Recht, zu finden unter: http://www.sakowski.de/onl-r/onl-r38.html (Stand: 28.03.2007)

Schack, Haimo | Der Erfüllungsort im deutschen, ausländischen und internationalen Privat- und Zivilprozessrecht, Frankfurt a.M. 1985

Schack, Haimo | Die grenzüberschreitende Verletzung allgemeiner und Urheberpersönlichkeitsrechte, UFITA 108 (1988), S. 51-72

Schack, Haimo | Rechtsschutz gegen grenzüberschreitende Persönlichkeitsrechtsverletzungen durch Rundfunksendungen, in: Das Persönlichkeitsrecht im Spannungsfeld zwischen Informationsauftrag und Menschenwürde, Vortragsveranstaltung vom 6. und 7. Mai 1988, Hrsg.: Heinz Hübner, München 1989, S. 113-131

Schack, Haimo | Neue Techniken und Geistiges Eigentum, JZ 1998, S. 753-763

Schack, Haimo | Entscheidungszuständigkeit in einem weltweiten Gerichtsstands- und Vollstreckungsübereinkommen, ZEuP 1998, S. 931-956

Schack, Haimo — Die EG-Kommission auf dem Holzweg von Amsterdam, ZEuP 1999, S. 805-808

Schack, Haimo — Internationale Urheber-, Marken- und Wettbewerbsrechtsverletzungen im Internet – Internationales Privatrecht, MMR 2000, S. 59-65

Schack, Haimo — Internationale Urheber-, Marken- und Wettbewerbsrechtsverletzungen im Internet – Internationales Zivilprozessrecht, MMR 2000, S. 135-140

Schack, Haimo — Anmerkung zu BGH-Urteil v. 01.12.1999, JZ 2000, S. 1060-1062

Schack, Haimo — Internationales Zivilverfahrensrecht, 4. Aufl., München 2006 (zitiert: Schack, IZVR)

Schaub, Renate — Die Neuregelung des Internationalen Deliktsrechts in Deutschland und das europäische Gemeinschaftsrecht, RabelsZ 66 (2002), S. 18-65

Schertz, Christian — Die wirtschaftliche Nutzung von Bildnissen und Namen Prominenter, AfP 2000, S. 495-505

Schlechtriehm, Peter — Bereicherung aus fremden Persönlichkeitsrecht, in: Strukturen und Entwicklungen im Handels-, Gesellschafts-, und Wirtschaftsrecht, Festschrift für Wolfgang Hefermehl zum 70. Geburtstag, Hrsg.: Fischer/Gessler/Schilling/Serick/Ulmer, München 1976

Schlosser, Peter — Bericht zu dem Übereinkommen über die gerichtliche Zuständigkeit und die Vollstreckung gerichtlicher Entscheidungen in Zivil- und Handelssachen, in: Amtsblatt der Europäischen Gemeinschaften v. 05.03.1979, Nr. C 59

Schlosser, Peter — Anmerkung zu: EuGH, Urteile vom 27. September 1988, Rs. 189/87 (Kalfelis ./. Schröder) und vom 8. März 1988, Rs. 9 / 87 (Arcado ./. Haviland), RIW 1988, S. 987-989

Schlosser, Peter
EU-Zivilprozessrecht, Kommentar zum EuGVVO, EuEheVO, EuBVO, EuZVO,
2. Aufl., München 2003
(zitiert: Schlosser, EuZPR)

Schmidt-Parzefall, Tillmann
Die Auslegung des Parallelabkommens von Lugano,
Tübingen 1995

Schönke, Adolf/
Schröder, Horst
Kommentar zum Strafgesetzbuch,
27. Aufl., München 2006
(zitiert: Schönke/Schröder-Bearbeiter, StGB)

Schröder, Jochen
Internationale Zuständigkeit – Entwurf eines Systems von Zuständigkeitsinteressen im zwischenstaatlichen Privatrechtsverfahrensrecht aufgrund rechtshistorischer, rechtsvergleichender und rechtspolitischer Betrachtungen,
Opladen 1971
(zitiert: Schröder, Internationale Zuständigkeit)

Stauder, Dieter
Anmerkung zum Urteil des Tribunal de grande instance Paris vom 27.04.1983 und zum Urteil des Cour d'appel de Paris vom 19.03.1984,
GRURInt. 1986, S. 556-557

Schultsz, J.C.
Die besonderen Zuständigkeiten bei Streitigkeiten aus unerlaubter Handlung und aus dem Betrieb einer Sekundärniederlassung,
in: Gerichtshof der Europäischen Gemeinschaften (Hrsg.), Internationale Zuständigkeit und Urteilsanerkennung in Europa – Berichte und Dokumente des Kolloquiums „Die Auslegung des Brüsseler Übereinkommens durch den Europäischen Gerichtshof und der Rechtsschutz im europäischen Raum", Luxemburg, 11. u. 12 März 1991;
Köln (u.a.) 1993, S. 89-97

Schumann, Ekkehard
Internationale Zuständigkeit: Besonderheiten, Wahlfeststellung, doppelrelevante Tatsachen,
in: Beiträge zum Internationalen Verfahrensrecht und zur Schiedsgerichtsbarkeit, Festschrift für Heinrich Nagel zum 75. Geburtstag,
Hrsg.: Habscheid/Schwab, Münster 1987, S. 402-426

Schurig, Klaus
Interessenjurisprudenz contra Interessenjurisprudenz im IPR – Anmerkung zu Flessners Thesen,
RabelsZ 59 (1995), S. 229-244

Schütze, Rolf — Deutsches Internationales Privatrecht, Berlin (u.a.) 1985

Schütze, Rolf — Forum non conveniens und Rechtschauvinismus, in: Festschrift für Jayme, Hrsg.: Mansel/Pfeiffer/Kronke/Kohler/Hausmann, München 2004, S. 849-858

Schwarz, Matthias — Der Gerichtsstand der unerlaubten Handlung nach dem deutschen und europäischen Zivilprozessrecht, Frankfurt a.M. (u.a.) 1991 (zitiert: Schwarz, Der Gerichtsstand der unerlaubten Handlung)

Schwiegel-Klein, Evelyn — Persönlichkeitsrechtsverletzungen durch Massenmedien im internationalen Privatrecht – Zur Anwendung der lex loci delicti commisi auf Pressedelikte unter bes. Berücksichtigung der amerik. Rechtsprechung, Münster 1983 (zitiert: Schwiegel-Klein, Persönlichkeitsrechtsverletzungen durch Massenmedien)

Seemann, Bruno — Prominenz als Eigentum – parallele Rechtsentwicklung einer Vermarktung der Persönlichkeit im amerikanischen, deutschen und schweizerischen Persönlichkeitsschutz, Baden-Baden 1996 (zitiert: Seemann, Prominenz als Eigentum)

Seitz, Walter/ Schmidt, German/ Schoener, Alexander — Der Gegendarstellungsanspruch in Presse, Film, Funk und Fernsehen, München 1980 (zitiert: Seitz u.a., Gegendarstellungsanspruch)

Sieber, Ulrich — Kontrollmöglichkeiten zur Verhinderung rechtswidriger Inhalte in Computernetzen (I) – Zur Umsetzung von § 5 TDG am Beispiel der Newsgroup im Internet, CR 1997, S. 581-598

Siemes, Christian — Gewinnabschöpfung bei Zwangskommerzialisierung der Persönlichkeit durch die Presse, AcP 201 (2001), S. 202-231

Siemssen, Detlev — Eine Analyse der Anknüpfungen für die internationale Zuständigkeit im internationalen Zivilprozess, Hamburg 1966

Soehring, Jörg — Die Entwicklung des Presse- und Äußerungsrecht, NJW 1997, S. 360-373

Soergel, Hans Theodor — Kommentar zum Bürgerlichen Gesetzbuch, Band 10 (Einführungsgesetz), 12. Aufl., Stuttgart (u.a.) 1996; Band 12 (§§ 823-853), 13. Auflage, Stuttgart 2005 (zitiert: Soergel-Bearbeiter)

Spickhoff, Andreas — Gerichtsstand des Sachzusammenhangs und Qualifikation von Anspruchsgrundlagen, ZZP 109 (1996), S. 493-516

Spindler, Gerald — Deliktsrechtl. Haftung im Internet – nationale und internationale Rechtsprobleme, ZUM 1996, S. 533-563

Spindler, Gerald — Die international-deliktsrechtliche Zuständigkeit für Informationsdelikte (unrichtige Bankauskünfte), IPRax 2001, S. 153-155

Stadler, Astrid — Die internationale Durchsetzung von Gegendarstellungsansprüchen, JZ 1994, S. 642-654

Stadler, Astrid — Rezension betreffend Sebastian Kubis: Internationale Zuständigkeit bei Persönlichkeits- und Immaterialgüterrechtsverletzungen 1999, ZZP 2001, S. 373-380

Staudinger, Julius von — Kommentar zum Bürgerlichen Gesetzbuch, Art. 38-42 EGBGB, Berlin 2001; 2. Buch (§§ 823-832), 12. Aufl., Berlin 1986 (zitiert: Staudinger-Bearbeiter, 12. Aufl.) 2. Buch (§§ 652-704), 13. Bearbeitung 1995, Berlin 1995; 2. Buch (§§ 812-822), 13. Bearbeitung 1999, Berlin 1999; 2. Buch (§§ 823-832), 13. Bearbeitung 1999, Berlin 1999 (zitiert: Staudinger-Bearbeiter)

Steffen, Erich — Schmerzensgeld bei Persönlichkeitsrechtsverletzungen durch Medien, NJW 1997, S. 10-14

Stein, Friedrich/ Jonas, Martin
Kommentar zur Zivilprozessordnung,
Band 1 (§§ 1-90), 21. Aufl., Tübingen 1993
(zitiert: Stein/Jonas-Bearbeiter, 21. Aufl.)
Band 1 (§§ 1-40), 22. Aufl., Tübingen 2003,
Band 3 (§§ 253-299a), 21. Aufl., Tübingen 1997,
Band 4/1 (§§ 300-347), 21. Aufl., Tübingen 1998
(zitiert: Stein/Jonas-Bearbeiter)

Ströfer, Joachim
Reform des immateriellen Schadensersatzes nach dem BGB,
JZ 1982, S. 663-670

Strömer, Tobias H.
Online-Recht – Rechtsfragen im Internet,
4. Aufl., Heidelberg 2006

Tebbens, Harry Duintjer
Die besonderen Zuständigkeiten bei Streitigkeiten aus unerlaubter Handlung und aus dem Betrieb einer Sekundärniederlassung,
in: Gerichtshof der Europäischen Gemeinschaften (Hrsg.), Internationale Zuständigkeit und Urteilsanerkennung in Europa – Berichte und Dokumente des Kolloquiums „Die Auslegung des Brüsseler Übereinkommens durch den Europäischen Gerichtshof und der Rechtsschutz im europäischen Raum", Luxemburg, 11. u. 12 März 1991;
Köln (u.a.) 1993, S. 77-87

Thiele, Christian
Forum non conveniens im Lichte europäischen Gemeinschaftsrechts,
RIW 2002, S. 696-700

Thum, Dorothee
Internationalprivatrechtliche Aspekte der Verwertung urheberrechtlich geschützter Werke im Internet
Zugleich Bericht über eine WIPO-Expertensitzung in Genf,
GRURInt. 2001, S. 9-28

Thümmel, Hans/ Schütze, Rolf
Zum Gegendarstellungsrecht bei ausländischen Presseveröffentlichungen,
JZ 1977, S. 786-789

Ubber, Thomas
Rechtsschutz bei Missbrauch von Internet-Domains,
WRP 1997, S. 497-513

Ullmann, Eike
Persönlichkeitsrechte in Lizenz?,
AfP 1999, S. 209-214

Vehslage, Thorsten — Auswirkungen der Fernabsatzrichtlinie auf die Telefon- und E-Mail-Werbung, GRUR 1999, S. 656-659

Vischer, Frank — Bemerkungen zum Verhältnis von internationaler Zuständigkeit und Kollisionsrecht, in: Kollision und Vereinheitlichung, Festschrift für Alfred E. von Overbeck zum 65. Geburtstag, Hrsg.: Walter a. Stoffel/Paul Volken, Fribourg, Suisse 1990, S. 349-377

Vollkommer, Max — Zum Schutz der Persönlichkeit vor unbefugter Vermarktung durch die Medien, in: Freiheit und Eigentum, Festschrift für Walter Leisner zum 70. Geburtstag, Hrsg.: Lecheler/Isensee, Berlin 1999, S. 599-614

Wagner, Gerhard — Ehrenschutz und Pressfreiheit im europäischen Zivilverfahrens- und Internationalen Privatrecht, RabelsZ 62 (1998), S. 243-285

Wagner, Gerhard — Das Zweite Schadensersatzänderungsgesetz, NJW 2002, S. 2049-2064

Wagner, Rolf — Das deutsche internationale Privatrecht bei Persönlichkeitsrechtsverletzungen, unter besonderer Berücksichtigung der Eingriffe durch die Massenmedien, Frankfurt a.M. 1986

Wagner, Rolf — Die geplante Reform des Brüsseler und des Lugano-Übereinkommens, IPRax 1998, S. 241-244

Wagner, Rolf — Zum Inkrafttreten des Gesetzes zum Internationalen Privatrecht für außervertragliche Schuldverhältnisse und für Sachen, IPRax 1999, S. 210-212

Wagner, Rolf — Die Bemühungen der Haager Konferenz für Internationales Privatrecht um ein Übereinkommen über die gerichtliche Zuständigkeit und ausl. Entscheidungen in Zivil- und Handelssachen, IPRax 2001, S. 533-546

Wahl, Ulrich — Die verfehlte internationale Zuständigkeit – Forum non conveniens und internationales Rechtsschutzbedürfnis, Berlin 1974 (zitiert: Wahl, Die verfehlte internationale Zuständigkeit)

Waldenberger, Arthur — Electronic Commerce: der Richtlinienvorschlag der EG-Kommission, EuZW 1999, S. 296-303

Wanckel, Endress — Persönlichkeitsschutz in der Informationsgesellschaft – Zugleich ein Beitrag zum Entwicklungsstand des allgemeinen Persönlichkeitsrechts, Frankfurt a.M. 1999 (zitiert: Wanckel, Persönlichkeitsschutz in der Informationsgesellschaft)

Wannemacher, Katrin — Die Außenkompetenz der EG im Bereich des Internationalen Zivilverfahrensrechts, Frankfurt a.M. 2003 (zitiert: Wannemacher, Die Außenkompetenz der EG im Bereich des IZVR)

Wasserburg, Klaus — Der Schutz der Persönlichkeit im Recht der Medien – Ein Handbuch über die Ansprüche auf Schadensersatz, Unterlassung, Widerruf und Gegendarstellung, Heidelberg 1998 (zitiert: Wasserburg, Der Schutz der Persönlichkeit im Recht der Medien)

Weichert, Thilo — Die Ökonomisierung des Rechts auf informationelle Selbstbestimmung, NJW 2001, S. 1463-1469

Weigand, Frank-Bernd — Der Beitritt Spaniens und Portugals zum EuGVÜ – Das Beitrittsübereinkommen von Donostia-San Sebastian vom 26.05.1989, RIW 1991, S. 717-722

Weiß, Josef — Die Konkretisierung der Gerichtsstandsregeln des EuGVÜ durch den EuGH, Frankfurt a.M. 1997 (zitiert: Weiß, Konkretisierung)

Wenzel, Karl Egbert — Das Recht der Wort- und Bildberichterstattung – Handbuch des Äußerungsrechts,
5. Aufl., Köln 2003
(zitiert: Wenzel-Bearbeiter, Das Recht der Wort- und Bildberichterstattung)

Wickler, Peter — Ausgleich von immateriellen Schäden bei mobbingbedingten Persönlichkeits- und Gesundheitsverletzungen,
AuR 2004, S. 87-93

Wieczorek, Bernhard/ Schütze, Rolf — Zivilprozessordnung und Nebengesetze, Großkommentar,
1. Band. 1. Teilband (§§ 1-49, EuGVÜ);
1. Band, 2. Teilband (§§ 50-127a);
3. Aufl., Berlin/N.Y. 1994
(zitiert: Wieczorek/Schütze-Bearbeiter)

Wilske, Stephan — Conflict of Laws in Cyber Torts,
CRi 2001, S. 68-74

Wollenschläger, Peter — Zum Merkmal des hinreichenden Inlandsbezuges in § 23 ZPO – Auslegungsdifferenzen in den verschiedenen Verfahrensarten der Zivilprozessordnung,
IPRax 2002, S. 96-100

Wronka, Georg — Das Verhältnis zwischen dem allgemeinen Persönlichkeitsrecht und den sogenannten besonderen Persönlichkeitsrechten,
UFITA Band 69 (1973), S. 71-94

Wurster, Bettina — Persönlichkeitsrechtsverletzungen im Internet,
JurPC (Web-Doc) 249/2001,
abrufbar unter: http://www.jurpc.de/aufsatz/20010249.htm
(Stand: 28.03.2007)

Wüllrich, Phillipp — Das Persönlichkeitsrecht des Einzelnen im Internet,
Jena 2006

Würthwein, Susanne — Zur Problematik der örtlichen und internationalen Zuständigkeit aufgrund unerlaubter Handlung,
ZZP 106 (1993), S. 51-78

Wyss, Ralph — Der Gerichtsstand der unerlaubten Handlung im schweizerischen und internationalen Zivilprozessrecht, Lachen SZ/St. Gallen 1997
(zitiert: Wyss, Gerichtsstand der unerlaubten Handlung)

Zehentmeier, Ursula — Unaufgeforderte E-Mail-Werbung – Ein wettbewerbswidriger Boom im Internet?,
BB 2000, S. 940-946

Zöller, Richard — Zivilprozessordnung, Kommentar,
20. Aufl., Köln 1997
(zitiert: Zöller-Bearbeiter, 20. Aufl.)
26. Aufl., Köln 2007
(zitiert: Zöller-Bearbeiter)

Zuleeg, Manfred — Das Recht der Europäischen Gemeinschaften im innerstaatlichen Bereich,
Köln (u.a.) 1969

Zweigert, Konrad / Kötz, Hein — Einführung in die Rechtsvergleichung auf dem Gebiete des Privatrechts,
3. Aufl., Tübingen 1996
(zitiert: Zweigert/Kötz, Einführung in die Rechtsvergleichung)

STUDIEN ZUM VERGLEICHENDEN UND INTERNATIONALEN RECHT

Herausgeber: Bernd von Hoffmann, Erik Jayme und Heinz-Peter Mansel

Band 1 Ferdinand Henke: Die Datenschutzkonvention des Europarates. 1986.

Band 2 Peter Czermak: Der express trust im internationalen Privatrecht. 1986.

Band 3 Peter Kindler: Der Ausgleichsanspruch des Handelsvertreters im deutsch-italienischen Warenverkehr. Eine rechtsvergleichende und kollisionsrechtliche Untersuchung. 1987.

Band 4 Wilhelm Denzer: Stellung und Bedeutung des Engineers in den FIDIC-Bauvertragsbedingungen. 1988.

Band 5 Marijan-Maximilian Lederer: Die internationale Enteignung von Mitgliedschaftsrechten unter besonderer Berücksichtigung der französischen Enteignungen 1982. 1989.

Band 6 Rainer Esser: Klagen gegen ausländische Staaten. 1990.

Band 7 Chang Jae-Ok: Auf dem Weg zu einer Materialisierung des Immateriellen? Personen-, Persönlichkeitsschutz und Geldersatz des immateriellen Schadens in rechtsvergleichender Hinsicht am Beispiel des koreanischen und japanischen Zivilrechts unter besonderer Berücksichtigung des deutschen Rechts. 1990.

Band 8 Paul-Frank Weise: Lex mercatoria. Materielles Recht vor der internationalen Handelsschiedsgerichtbarkeit.1990.

Band 9 Werner Born: Der Auftrittsvertrag für Musikgruppen im Bereich der Rock- und Popmusik. 1990.

Band 10 Ralf Erich Jürgens: IPR und Verfassung in Italien und in der Bundesrepublik Deutschland. 1990.

Band 11 Rainer Gildeggen: Internationale Schieds- und Schiedsverfahrensvereinbarungen in Allgemeinen Geschäftsbedingungen vor deutschen Gerichten. 1991.

Band 12 Klaus Grabinski: Die kollisionsrechtliche Behandlung des Durchgriffs bei rechtlich verselbständigten Unternehmen in privater oder öffentlicher Hand. 1991.

Band 13 Dieter Stummel: Konkurs und Integration. Konventionsrechtliche Wege zur Bewältigung grenzüberschreitender Insolvenzverfahren. 1991.

Band 14 Joachim Güntzer: Die Rechtsstellung des Geschäftsführers im spanischen Aktienrecht. Die Neuregelung des spanischen Aktienrechts nach dem Beitritt Spaniens zur EG. 1991.

Band 15 Sabine Isenburg-Epple: Die Berücksichtigung ausländischer Rechtshängigkeit nach dem Europäischen Gerichtsstands- und Vollstreckungsübereinkommen vom 27.9.1968. Untersuchungen zum Anwendungsbereich von Art. 21 EuGVÜ unter schwerpunktmäßiger Behandlung der Frage nach der Bestimmung eines europäischen Streitgegenstandsbegriffs. 1992.

Band 16 Ulrich Nickl: Die Qualifikation der culpa in contrahendo im Internationalen Privatrecht. 1992.

Band 17 Theo Rauh: Leistungserschwerungen im Schuldvertrag. Eine rechtsvergleichende Untersuchung des englischen, US-amerikanischen, französischen und deutschen Rechts unter besonderer Berücksichtigung der gerichtlichen Praxis. 1992.

Band 18 Bernadette Chaussade-Klein: Vorvertragliche "obligation de renseignements" im französischen Recht. 1992.

Band 19 Josef Sievers: Verbraucherschutz gegen unlautere Vertragsbedingungen im französischen Recht. Vom Code civil zum "Code de la consommation" – die Entstehung eines Sonderprivatrechts für Verbraucher. 1993.

Band 20 Achim Schäfer: Grenzüberschreitende Kreditsicherung an Grundstücken, unter besonderer Berücksichtigung des deutschen und italienischen Rechts. 1993.

Band 21 Eugenio Hernández-Breton: Internationale Gerichtsstandsklauseln in Allgemeinen Geschäftsbedingungen. Unter besonderer Berücksichtigung des deutsch-südamerikanischen Rechtsverkehrs (dargestellt am Beispiel Argentinien, Brasilien und Venezuela). 1993.

Band 22 Ingo Reng: Unterhaltsansprüche aufgrund nichtehelicher Lebensgemeinschaft – Internationales Privatrecht und ausländisches materielles Recht. 1994.

Band 23 Stefanie Roloff: Die Geltendmachung ausländischer öffentlicher Ansprüche im Inland. 1994.

Band 24 Katharina Ludwig: Der Vertragsschluß nach UN-Kaufrecht im Spannungsverhältnis von Common Law und Civil Law. Dargestellt auf der Grundlage der Rechtsordnungen Englands und Deutschlands. 1994.

Band 25 Malte Diesselhorst: Mehrparteienschiedsverfahren. Internationale Schiedsverfahren unter Beteiligung von mehr als zwei Parteien. 1994.

Band 26 Manfred Kost: Konsensprobleme im internationalen Schuldvertragsrecht. 1995.

Band 27 Wolff-Heinrich Fleischer: Das italienische Wettbewerbsrecht und die Probleme des selektiven Parfümvertriebs unter Berücksichtigung der Rechtslage in Frankreich und Deutschland. 1995.

Band 28 Angelika Fuchs: Lateinamerikanische Devisenkontrollen in der internationalen Schuldenkrise und Art. VIII Abschn. 2 b) IWF-Abkommen. 1995.

Band 29 Jacques Matthias Aull: Der Geltungsanspruch des EuGVÜ: "Binnensachverhalte" und Internationales Zivilverfahrensrecht in der Europäischen Union. Zur Auslegung von Art. 17 Abs. 1 S. 1 EuGVÜ. 1996.

Band 30 Hartmut Ost: EVÜ und fact doctrine. Konflikte zwischen europäischer IPR-Vereinheitlichung und der Stellung ausländischen Rechts im angelsächsischen Zivilprozeß. 1996.

Band 31 Stefan Wagner: Die Testierfähigkeit im Internationalen Privatrecht. 1996.

Band 32 Wolfgang Jakob Hau: Positive Kompetenzkonflikte im Internationalen Zivilprozeßrecht. Überlegungen zur Bewältigung von *multi-fora disputes*. 1996.

Band 33 Markus Schütz: UN-Kaufrecht und *Culpa in contrahendo*. 1996.

Band 34 Volker Geyrhalter: Das Lösungsrecht des gutgläubigen Erwerbers. Ein "vergessener" Kompromiß und die Auswirkungen auf das heutige deutsche Recht unter besonderer Berücksichtigung des internationalen Sachenrechts. 1996.

Band 35 Andreas Kramer: Abwicklungsstörungen bei Kaufverträgen. Die Lieferung vertragswidriger Sachen im deutschen und italienischen Recht. 1996.

Band 36 Petra Krings: Erfüllungsmodalitäten im internationalen Schuldvertragsrecht. 1997.

Band 37 Tonja Gaibler: Der rechtsgeschäftliche Irrtum im französischen Recht. 1997.

Band 38 Dirk Otto: Rechtsspaltung im indischen Erbrecht. Bedeutung und Auswirkungen auf deutsch-indische Nachlaßfälle. 1997.

Band 39 Gregor W. Decku: Zwischen Vertrag und Delikt. Grenzfälle vertraglicher und deliktischer Haftung dargestellt am Beispiel der Berufs- und Expertenhaftung zum Schutze des Vermögens Dritter im deutschen und englischen Recht. 1997.

Band 40 Gregor W. Decku: Zwischen Vertrag und Delikt. Grenzfälle vertraglicher und deliktischer Haftung dargestellt am Beispiel der Berufs- und Expertenhaftung zum Schutze des Vermögens Dritter im deutschen und englischen Recht. 1997.

Band 41 Ulrike Höpping: Auswirkungen der Warenverkehrsfreiheit auf das IPR unter besonderer Berücksichtigung des Internationalen Produkthaftungsrechts und des Internationalen Vertragsrechts. 1997.

Band 42 Helene Boriths Müller: Die Umsetzung der europäischen Übereinkommen von Rom und Brüssel in das Recht der Mitgliedstaaten. Dargestellt am Beispiel Deutschlands und Dänemarks. 1997.

Band 43 Bernd von Hoffmann / Myong-Chang Hwang (eds.): The Public Concept of Land Ownership. Reports and Discussions of a German-Korean Symposium held in Seoul on October 7-9, 1996. 1997.

Band 44 Oliver Heeder: Fraus legis. Eine rechtsvergleichende Untersuchung über den Vorbehalt der Gesetzesumgehung in Deutschland, Österreich, der Schweiz, Frankreich und Belgien unter besonderer Berücksichtigung des Internationalen Privatrechts. 1998.

Band 45 Heinrich Schütt: Deliktstyp und Internationales Privatrecht. Dargestellt an grenzüberschreitenden Problemen der Arzthaftung. 1998.

Band 46 Axel Steiner: Die stillschweigende Rechtswahl im Prozeß im System der subjektiven Anknüpfungen im deutschen Internationalen Privatrecht. 1998.

Band 47 Martina Schulz: Der Eigentumsvorbehalt in europäischen Rechtsordnungen. Rechtsvergleichende Untersuchung des deutschen, englischen und französischen Rechts unter besonderer Berücksichtigung von Erweiterungen und Verlängerungen. 1998.

Band 48 Karin Dreher: Die Rechtswahl im internationalen Erbrecht. Unter besonderer Berücksichtigung des italienischen IPR-Reformgesetzes N. 218 vom 31. Mai 1995. 1999.

Band 49 Giuliano Gabrielli: Das Verhältnis zwischen der Anfechtung wegen Eigenschaftsirrtums und den Gewährleistungsansprüchen im deutschen, österreichischen und italienischen Recht. 1999.

Band 50 Bernd von Hoffmann / Myong-Chan Hwang (eds.): Developments in Land Law. Reports and Discussions of a German-Korean Symposium held in Berlin and Trier on July 21-24, 1997. 1999.

Band 51 Volker Heidbüchel: Das UNCITRAL-Übereinkommen über unabhängige Garantien und Standby Letters of Credit. Vergleiche mit den Richtlinien der Internationalen Handelskammer, dem deutschen, englischen und US-amerikanischen Recht. 1999.

Band 52 Jan Christoph Nordmeyer: Pflichtteilsansprüche und Wiedervereinigung. Eine systematische Analyse der Ausgleichsansprüche nach BGB-Pflichtteilsrecht unter besonderer Berücksichtigung der durch den Wiedervereinigungsprozeß eingetretenen Wertveränderungen. 1999.

Band 53 Bettina Linder: Vertragsabschluß beim grenzüberschreitenden Verbraucherleasing. 1999.

Band 54 Almontasser Fetih: Die zivilrechtliche Haftung bei Vertragsverhandlungen. Eine rechtsvergleichende Studie zum deutschen, französischen, ägyptischen und islamischen Recht. 2000.

Band 55 Sona Rajani: Die Geltung und Anwendung des Gemeinschaftsrechts im Vereinigten Königreich von Großbritannien und Nordirland. Der Grundsatz der Parlamentssouveränität im Wandel. 2000.

Band 56 Joachim Kayser: Gegenmaßnahmen im Außenwirtschaftsrecht und das System des europäischen Kollisionsrechts. Eine Analyse der EU-Abwehrverordnung gegen die Auswirkungen extraterritorialer Rechtserstreckung eines Drittlandes. 2001.

Band 57 Albrecht Conrad: Qualifikationsfragen des Trust im Europäischen Zivilprozeßrecht. 2001.

Band 58 Bernd Borgmann: Die Entsendung von Arbeitnehmern in der Europäischen Gemeinschaft. Wechselwirkungen zwischen Kollisionsrecht, Grundfreiheiten und Spezialgesetzen. 2001.

Band 59 Aleksandar Jaksic: Arbitration and Human Rights. 2002.

Band 60 Islamisches und arabisches Recht als Problem der Rechtsanwendung. Symposium zu Ehren von Professor Emeritus Dr. iur. Omaia Elwan. Veranstaltet vom Institut für ausländisches und internationales Privat- und Wirtschaftsrecht der Universität Heidelberg und der Gesellschaft für Arabisches und Islamisches Recht e.V. Herausgegeben von Herbert Kronke, Gert Reinhart und Nika Witteborg. 2001.

Band 61 Patrick Fiedler: Stabilisierungsklauseln und materielle Verweisung im internationalen Vertragsrecht. 2001.

Band 62 Werner Mangold: Die Abtretung im Europäischen Kollisionsrecht. Unter besonderer Berücksichtigung des spanischen Rechts. 2001.

Band 63 Eike Dirk Eschenfelder: Beweiserhebung im Ausland und ihre Verwertung im inländischen Zivilprozess. Zur Bedeutung des US-amerikanischen discovery-Verfahrens für das deutsche Erkenntnisverfahren. 2002.

Band 64 Bernd Ehle: Wege zu einer Kohärenz der Rechtsquellen im Europäischen Kollisionsrecht der Verbraucherverträge. 2002.

Band 65 Heiko Lehmkuhl: Das Nacherfüllungsrecht des Verkäufers im UN-Kaufrecht. 2002.

Band 66 Jochen Nikolaus Schlotter: Erbrechtliche Probleme in der Société Privée Européenne. IPR-Harmonisierung im einheitlichen Europäischen Rechtsraum. 2002.

Band 67 Konrad Ost: Doppelrelevante Tatsachen im Internationalen Zivilverfahrensrecht. Zur Prüfung der internationalen Zuständigkeit bei den Gerichtsständen des Erfüllungsortes und der unerlaubten Handlung. 2002.

Band 68 Tobias Bosch: Die Durchbrechungen des Gesamtstatuts im internationalen Ehegüterrecht. Unter besonderer Berücksichtigung deutsch-französischer Rechtsfälle. 2002.

Band 69 Ursula Philipp: Form im amerikanischen Erbrecht. Zwischen Formalismus und harmless error. 2002.

Band 70 Christian Stefan Wolf: Der Begriff der wesentlich engeren Verbindung im Internationalen Sachenrecht. 2002.

Band 71 André Fomferek: Der Schutz des Vermögens Minderjähriger. Ein Vergleich des deutschen und des englischen Rechts unter Berücksichtigung des schottischen und irischen Rechts. 2002.

Band 72 nicht erschienen

Band 73 Markus Dreißigacker: Sprachenfreiheit im Verbrauchervertragsrecht. Der Verbraucher im Spannungsfeld zwischen kultureller Identität und Privatautonomie. 2002.

Band 74 Vassiliki Myller-Igknay: Auskunftsansprüche im griechischen Zivilrecht. Auswirkungen im deutsch-griechischen Rechtsverkehr sowie im deutschen internationalen Privat- und Verfahrensrecht. 2003.

Band 75 Stefan Bruinier: Der Einfluss der Grundfreiheiten auf das Internationale Privatrecht. 2003.

Band 76 Nika Witteborg: Das gemeinsame Sorgerecht nichtverheirateter Eltern. Eine Untersuchung im soziologischen, rechtsgeschichtlichen, verfassungsrechtlichen, rechtsvergleichenden und internationalen Kontext. 2003.

Band 77 Peter Stankewitsch: Entscheidungsnormen im IPR als Wirksamkeitsvoraussetzungen der Rechtswahl. 2003.

Band 78 Jan Wilhelm Ritter: Euro-Einführung und IPR unter besonderer Berücksichtigung nachehelicher Unterhaltsverträge. Eine Untersuchung mit Blick auf das deutsche, französische und schweizerische Recht. 2003.

Band 79 Wolf Richard Herkner: Die Grenzen der Rechtswahl im internationalen Deliktsrecht. 2003.

Band 80 Ira Ditandy: Internationale Zuständigkeit. Neuregelung durch die LOPJ 1985. Vergleich mit dem europäischen Vorbild und Auswirkungen auf das spanische internationale Zivilverfahrensrecht. 2003.

Band 81 Andrea Verena Schefold: Werbung im Internet und das deutsche Internationale Privatrecht. 2004.

Band 82 Klaus Herkenrath: Die Umsetzung der Richtlinie 93/13/EWG über missbräuliche Klauseln in Verbraucherverträgen in Deutschland, dem Vereinigten Königreich, Frankreich und Italien. Auswirkungen nationaler Umsetzungstechniken auf dem Harmonisierungserfolg. 2003.

Band 83 Alexander Thünken: Das kollisionsrechtliche Herkunftslandprinzip. 2003.

Band 84 Barbara v. Daumiller: Die Rechtswahl im italienischen internationalen Erbrecht: und ihre Auswirkungen im deutsch-italienischen Rechtsverkehr. 2003.

Band 85 Robert Mödl: Macht, Verantwortlichkeit und Zurechnung im Konzern. Eine rechtsvergleichende Untersuchung auf der Grundlage des deutschen, spanischen und US-amerikanischen Rechts. 2003.

Band 86 Ursula Kerpen: Das Internationale Privatrecht der Persönlichkeitsrechtsverletzungen. Eine Untersuchung auf rechtsvergleichender Grundlage. 2003.

Band 87 Barbara Ploeckl: Umgangsrechtsstreitigkeiten im deutsch-französischen Rechtsverkehr. Bestehende internationale und nationale Regelungen und der geplante *europäische Besuchstitel*. 2003.

Band 88 Katrin Wannemacher: Die Außenkompetenzen der EG im Bereich des Internationalen Zivilverfahrensrechts. Der räumliche Anwendungsbereich des Art. 65 EGV am Beispiel der EuGVO und der EheVO. 2003.

Band 89 Maren B. Eilinghoff: Das Kollisionsrecht der ungerechtfertigten Bereicherung nach dem IPR-Reformgesetz von 1999. 2004.

Band 90 Patrick Niehr: Die zivilprozessuale Dokumentenvorlegung im deutsch-englischen Rechtshilfeverkehr nach der deutschen und der englischen Prozessrechtsreform. 2004.

Band 91 Anna Christina Gördes: Internationale Zuständigkeit, Anerkennung und Vollstreckung von Entscheidungen über die elterliche Verantwortung. Die VO(EG) Nr. 1347/2000, ihre geplanten Änderungen und das Verhältnis beider zum Minderjährigen- und Kinderschutzabkommen. 2004.

Band 92 Martin Rädler: Rechtsbehelfe des Käufers eines Unternehmens oder einer unternehmerischen Beteiligung gegen den Verkäufer im deutschen und französischen Recht. 2004.

Band 93 Marc-Yngve Dietrich: Rechtsstellung und Beteiligung der Gläubiger im französischen Insolvenzverfahren. 2004.

Band 94 Katia Niemann: Die rechtsgeschäftliche und organschaftliche Stellvertretung und deren kollisionsrechtliche Einordnung. Deutschland und England im Vergleich. 2004.

Band 95 Daniel Ludwig: Neuregelungen des deutschen Internationalen Insolvenzverfahrensrechts. Eine Untersuchung unter vergleichender Heranziehung der Europäischen Insolvenzverordnung. 2004.

Band 96 Cordelia Faulenbach: Der gemeinschaftsrechtliche Vorbehalt im europäischen Wettbewerbsrecht. Die Herkunftslandanknüpfung der E-Commerce-Richtlinie unter dem Einfluss der Grundfreiheiten. 2004.

Band 97 Ulf Dörner: Der Vertragsgerichtsstand nach dem Protokoll von Buenos Aires. 2004.

Band 98 Martin Schmidhuber: Verhaltenskodizes im nationalen und grenzüberschreitenden elektronischen Geschäftsverkehr. Zur Frage der Integration der Selbstregulierung durch Private in die staatliche Rechtsordnung. 2004.

Band 99 Florian Kienle: Die fehlerhafte Banküberweisung im internationalen Rechtsverkehr. Unter besonderer Berücksichtigung des Artikels 4A US Uniform Commercial Code. 2004.

Band 100 Thomas Alexander Brandt: Die Adoption durch eingetragene Lebenspartner im internationalen Privat- und Verfahrensrecht. 2004.

Band 101 Florian Pulkowski: Subunternehmer und Internationales Privatrecht. Der Subunternehmer als Quasi-Verbraucher im Europäischen Kollisionsrecht. 2004.

Band 102 Ulrich Becker: Grundrechtsschutz bei der Anerkennung und Vollstreckbarerklärung im europäischen Zivilverfahrensrecht. Bestimmung der Grenzen für die Einführung eines europäischen Vollstreckungstitels. 2004.

Band 103 Thomas Badelt: Aufrechnung und internationale Zuständigkeit unter besonderer Berücksichtigung des deutsch-spanischen Rechtsverkehrs. 2005.

Band 104 Florian D. Wagner: Vorvertragliche Aufklärungspflichten im internationalen Franchising. Zur Harmonisierung von Delikts- und Vertragsstatut im internationalen Privatrecht unter besonderer Berücksichtigung der Franchise-Gesetzgebung des US-Bundesstaates Kalifornien. 2005.

Band 105 Vera Heine: Die Umsetzung der *EG-Richtlinie über missbräuchliche Klauseln in Verbraucherverträgen* im englischen und deutschen Recht. 2005.

Band 106 Alexander Franz: Überregionale Effektentransaktionen und anwendbares Recht. Eine kollisionsrechtliche Untersuchung unter besonderer Berücksichtigung der Vorschrift des § 17 a DepotG. 2005.

Band 107 Hanna-Maria Uhlenbrock: Gesetzliche Regelungen für nichteheliche Lebensgemeinschaften in Deutschland und Frankreich. Ein Vergleich des Unterhaltsrechts bei der eingetragenen Lebenspartnerschaft und beim Pacte civil de Solidarité. 2005.

Band 108 Katrin Stieß: Anknüpfungen im internationalen Urheberrecht unter Berücksichtigung der neuen Informationstechnologien. 2005.

Band 109 Hendrik Otto: Der gesetzliche Abschlussprüfer im italienischen Recht. Eine rechtsvergleichende Untersuchung unter besonderer Berücksichtigung der zivilrechtlichen Haftung. 2005.

Band 110 Frauke Stuphorn: Bankhaftung für Kreditauskünfte im deutschen und französischen Recht. 2005.

Band 111 Nina Fürer: Die zivilrechtliche Haftung für Raucherschäden. 2005.

Band 112 Giovanni B. Barillà: *Contratto autonomo di garanzia* e *Garantievertrag*. Categorie civilistiche e prassi del commercio. 2005.

Band 113 Timo Torz: Gerichtsstände im Internationalen Insolvenzrecht zur Eröffnung von Partikularinsolvenzverfahren. 2005.

Band 114 Martina Schmid: Die Grenzen der Auslegungskompetenz des EuGH im Vorabentscheidungsverfahren nach Art. 234 EG. Dargestellt am Beispiel der überschießenden Richtlinienumsetzung. 2005.

Band 115 Stephan Lesage-Mathieu: Dispositives Kollisionsrecht im prozessualen Kontext. 2005.

Band 116 Jürgen Görtz: Die subjektiven Grenzen der Rechtskraft US-amerikanischer Urteile. 2005.

Band 117 Vera Hoppe: Die Einbeziehung ausländischer Beteiligter in US-amerikanische class actions. Unter Berücksichtigung des Class Action Fairness Act 2005. 2005.

Band 118 Silke Pütz: Parteiautonomie im internationalen Urhebervertragsrecht – Eine rechtsdogmatische und rechtspolitische Betrachtung der Grenzen freier Rechtswahl im internationalen Urhebervertragsrecht unter besonderer Berücksichtigung des neuen deutschen Urhebervertragsrechts. 2005.

Band 119 Alice Nieroba: Die europäische Rechtshängigkeit nach der EuGVVO (Verordnung (EG) Nr. 44/2001) an der Schnittstelle zum nationalen Zivilprozessrecht. 2006.

Band 120 Jan Kayser: Alternative Formen gerichtlicher und außergerichtlicher Streitbeilegung im deutschen und französischen Zivilprozess. Les modes alternatifs judiciaires et extrajudiciaires de résolution des conflits en procédure civile allemande et française. 2006.

Band 121 Mirko Ehrich: Der internationale Anwendungsbereich des deutschen und französischen Rechts gegen irreführende Werbung. Freie Wahl von Form und Mittel, Rom II und Herkunftslandprinzip. 2006.

Band 122 Daniel Thelen: Die Haftung des Sekundärschädigers für Gewalttaten anderer im US-amerikanischen Deliktsrecht ausgehend von dem Problem rechtsextremistisch motivierter Gewalttaten. 2006.

Band 123 Anne Winterling: Die Entscheidungszuständigkeit in Arbeitssachen im europäischen Zivilverfahrensrecht. 2006.

Band 124 Sarah Gerling: Die Gleichstellung ausländischer mit inländischen Vollstreckungstiteln durch die Verordnung zur Einführung eines Europäischen Vollstreckungstitels für unbestrittene Forderungen. Im Vergleich zum bisherigen Recht und zur Rechtslage in den USA. 2006.

Band 125 Christian Bank: Präventivmaßnahmen börsennotierter Gesellschaften zur Abwehr feindlicher Übernahmeversuche in Deutschland und Großbritannien. Eine rechtsvergleichende Untersuchung des deutschen und britischen Rechts unter Berücksichtigung der Europäischen Übernahmerichtlinie. 2006.

Band 126 Christian Weis: Kaufrechtliche Gewährleistung und Garantievergabe in Deutschland und Spanien. Unter besonderer Berücksichtigung des Unternehmenskaufs. 2006.

Band 127 Emilio Maus Ratz: Der Nacherfüllungsanspruch nach UN-Kaufrecht. Im Lichte der deutschen, spanisch-mexikanischen und US-amerikanischen Rechtswissenschaft. 2006.

Band 128 Constanze Jacobs: Die Sachmängelgewähr im deutschen und belgischen Kaufrecht nach Umsetzung der Verbrauchsgüterkauf-Richtlinie. 2006.

Band 129 Ulrike Teichert: Lückenfüllung im CISG mittels UNIDROIT-Prinzipien – Zugleich ein Beitrag zur Wählbarkeit nichtstaatlichen Rechts. 2007.

Band 130 Sascha Reichardt: Internationale Zuständigkeit im Gerichtsstand der unerlaubten Handlung bei Verletzung europäischer Patente. 2006.

Band 131 Bilgehan Cetiner: Die Sachmängelhaftung des Verkäufers im UN-Kaufrecht und im neuen deutschen Schuldrecht. Eine rechtsvergleichende Studie. 2006.

Band 132 Jan Streer: Die Umsetzung der Verbrauchsgüterkaufrichtlinie im englischen Recht durch die Sale and Supply of Goods to Consumer Regulations 2002. 2007.

Band 133 Kathrin Wannenmacher: Einstweilige Maßnahmen im Anwendungsbereich von Art. 31 EuGVVO in Frankreich und Deutschland: Eine Betrachtung ausgesuchter Verfahren des einstweiligen Rechtsschutzes im internationalen Zivilverfahrensrecht – gerichtliche Zuständigkeit, Anerkennung und Vollstreckung. 2007.

Band 134 Wim Kreytenberg: Die individuelle Schwerpunktbestimmung internationaler Schuldverträge nach der Ausweichklausel des Artikel 4 Absatz 5 Satz 2 EVÜ. Ein Beitrag zur Förderung von Rechtssicherheit und Einzelfallgerechtigkeit im europäischen Kollisionsrecht der Schuldverträge. 2007.

Band 135 Nikolaus Geiben: Der Vorvertrag im Internationalen Privatrecht. Unter besonderer Berücksichtigung des Immobilienerwerbs im portugiesischen und brasilianischen Recht. 2007.

Band 136 Predrag Maksimovic: Der Kapitalschutz im europäischen, serbischen und deutschen Recht der Gesellschaft mit beschränkter Haftung. 2007.

Band 137 Alexander Rathenau: Die Anwendung des EuGVÜ durch portugiesische Gerichte unter Berücksichtigung des autonomen internationalen Zivilverfahrensrechts. 2007.

Band 138 Matthias Creydt: Die Besicherung von Weltraumvermögenswerten. Ein neues einheitliches internationales Sicherungsrecht und dessen Vergleich zum US-amerikanischen Mobiliarsicherungsrecht. 2007.

Band 139 Oliver Borkhardt: Registerpublizität und Kollisionsrecht besitzloser Mobiliarsicherheiten nach dem neuen Art. 9 UCC. 2007.

Band 140 Jens Engelmann-Pilger: Deliktische Haftung für das Fehlverhalten Dritter im Common Law. 2007.

Band 141 Bastian Rotmann: Der Schutz des Dritten in der europäischen Mobiliarzwangsvollstreckung. Eine rechtsvergleichende Untersuchung vor dem Hintergrund der Verordnung (EG) Nr. 805/2004 zur Einführung eines Europäischen Vollstreckungstitels für unbestrittene Forderungen. 2007.

Band 142 Oliver Ratzel: Die Präklusion isolierter Unterhaltsverfahren durch den ausländischen Scheidungsverbund. Zugleich ein Beitrag zur internationalen Verbundszuständigkeit im Lichte der Quellenveränderung. 2007.

Band 143 Bettina Maria Stade: Die Konstitutionalisierung des Zivilprozessrechts in Spanien und Deutschland vor dem Hintergrund der Europäisierung des Zivilprozessrechts. 2007.

Band 144 Julia El-Bitar: Der deutsche und der französische Kulturgüterschutz nach der Umsetzung der Kulturgüterrückgaberichtlinie. Eine materiellrechtliche und kollisionsrechtliche Untersuchung. 2007.

Band 145 Aris Kaschefi: Sachmängelhaftung im französischen Kaufrecht nach Umsetzung der Verbrauchsgüterkaufrichtlinie. Mit rechtsvergleichenden Hinweisen zum deutschen Recht unter besonderer Berücksichtigung von Weiterfressersachverhalten. 2007.

Band 146 Isabel Roth: Die internationale Zuständigkeit deutscher Gerichte bei Persönlichkeitsrechtsverletzungen im Internet. 2007.

Band 147 Theresa Wilhelmi: Das Weltrechtsprinzip im internationalen Privat- und Strafrecht. Zugleich eine Untersuchung zu Parallelitäten, Divergenzen und Interdependenzen von internationalem Privatrecht und internationalem Strafrecht. 2007.

www.peterlang.de

FSC
www.fsc.org
MIX
Papier | Fördert gute Waldnutzung
FSC® C083411

Kolibri 360 GmbH
Ferdinand-Jühlke-Straße 7
99095 Erfurt, Deutschland
produktsicherheit@kolibri360.de

Druck:
CPI Druckdienstleistungen GmbH
im Auftrag der
Kolibri 360 GmbH
Ferdinand-Jühlke-Str. 7
99095 Erfurt